AF403663

ADDITIONS 1923

AU

PETIT DICTIONNAIRE

DE DROIT

DALLOZ

ADDITIONS 1923

AU

PETIT DICTIONNAIRE

DE DROIT

Publiées sous la direction de MM.

Gaston GRIOLET
Docteur en droit

Charles VERGÉ
Maître des requêtes honoraire

Avec la collaboration de

M. Henry WEBER, docteur en droit

PARIS

LIBRAIRIE DALLOZ

11, RUE SOUFFLOT

R. DE RIGNY, Administrateur

EXPLICATION DES ABRÉVIATIONS

L. Loi.

Décr. Décret.

Art. Article (d'une loi ou d'un code).

C. civ. Code civil.

C. com. Code de commerce.

C. for. Code forestier.

C. instr. crim. Code d'instruction criminelle.

C. pén. Code pénal.

C. proc. Code de procédure civile.

C. rur. Code rural.

C. trav. Code du travail.

V. nos 24 et s. Voyez ce qui est dit sous les numéros 24 et suivants.

Comp. no 30. Comparez, rapprochez ce qui est dit au no 30.

V. Retraites ouvrières. Voir le mot *Retraites ouvrières*.

ADDITIONS 1923

AU

PETIT DICTIONNAIRE DE DROIT

(OCTOBRE 1922)

***

Nota. — Ces *Additions* ont pour objet de tenir le *Petit Dictionnaire* au courant des principales modifications survenues, depuis sa publication, dans la législation et la jurisprudence. Il est, par suite, nécessaire, quand on consulte le *Petit Dictionnaire*, de s'assurer que les *Additions* ne mentionnent pas de règles nouvelles sur la matière. Cette recherche est facilitée par l'emploi aux *Additions* des mêmes mots qu'au *Petit Dictionnaire* et de numéros *bis*, *ter*, etc., correspondant exactement à ceux où se trouve traité dans cet ouvrage le point spécial qui fait l'objet d'une modification.

A

ABATTOIR

4 *bis*. Les communes soumises ou non à l'octroi, mais possédant un abattoir public, ont le droit de taxer, au maximum à 5 cent. par kilogr. de viande nette, les viandes de toute nature abattues dans l'établissement. Ce maximum peut être temporairement porté à 10 cent. dans les villes où la valeur du centime communal ne dépasse pas 2000 fr., lorsque ce relèvement de taxe est destiné à permettre la construction ou la réédification d'abattoirs communaux. — Il peut être perçu une taxe de 3 cent. au maximum par kilogr. de viande nette, sur les viandes dites à la main ou foraines, pour frais de visite ou de poinçonnage ; mais, en aucun cas, cette taxe ne peut dépasser celle prévue par la disposition précédente (L. 8 janv. 1905, art. 1er, modifié par L. 8 janv. 1921). — Dans les communes dépourvues d'un abattoir communal ou intercommunal, et dans les fractions de commune situées en dehors du périmètre fixé par l'art. 2 de la loi de 1905, une taxe de 3 cent. au plus par kilogr. de viande nette qui y est abattu peut être établie pour droit de visite et de poinçonnage. La même taxe peut être établie pour les viandes importées du dehors ou abattues hors de la commune (L. 1905, art. 5, modifié par L. 8 janv. 1921).

ABONNEMENT. — Convention bilatérale par laquelle on fixe à une certaine somme et pour un temps ordinairement limité des droits, services ou fournitures dont le produit ou le prix est incertain ou peut varier suivant les circonstances.

ABORDAGE

Sous-titre, *lire : Code de commerce*, art. 407 et 436.

2 *bis*. En cas d'abordage survenu entre navires de mer, ou entre navires de mer et bateaux de navigation intérieure, les indemnités dues à raison des dommages causés aux navires, aux choses ou aux personnes se trouvant à bord sont réglées sans qu'il y ait à tenir compte des eaux

où l'abordage s'est produit (C. com. art. 407, § 1, modif. par L. 15 juill. 1915).

4 *bis.* Si l'abordage est *fortuit*, s'il est dû à un cas de *force majeure*, ou s'il y a *doute sur les causes de l'accident*, les dommages sont supportés par ceux qui les ont éprouvés, sans qu'il y ait à distinguer le cas où, soit les navires, soit l'un d'eux, auraient été au mouillage au moment de l'abordage (C. com. art. 407 nouveau, § 2).

5 *bis.* Si l'abordage est causé par la *faute* de l'un des navires, la réparation des dommages incombe à celui qui l'a commise (C. com. art. 407 nouveau, § 3).

6 *bis.* S'il y a *faute commune*, la responsabilité de chacun des navires est proportionnelle à la gravité des fautes respectivement commises; toutefois, si, d'après les circonstances, la proportion ne peut être établie ou si les fautes apparaissent comme équivalentes, la responsabilité est partagée par parties égales. Les dommages causés, soit aux navires, soit à leur cargaison, soit aux effets ou autres biens des équipages, des passagers ou autres personnes se trouvant à bord, sont supportés par les navires en faute, dans ladite proportion, sans solidarité à l'égard des tiers. Les navires en faute sont tenus solidairement à l'égard des tiers pour les dommages causés par mort ou blessures, sauf recours de celui qui a payé une part supérieure à celle que, conformément à la disposition qui précède, il doit définitivement supporter (C. com. 407 nouveau, § 4).

7 *bis.* La réparation des dommages causés par l'abordage *mixte* ou *douteux* est régie par l'art. 407 nouveau, § 2 (V. nº 4 *bis*).

7 *ter.* La responsabilité établie par les paragraphes 1 à 4 de l'art. 407 c. com. (V. *supra*, nºˢ 2 *bis* à 7 *bis*) subsiste dans le cas où l'abordage est causé par la faute d'un pilote, même lorsque celui-ci est obligatoire (C. com. 407 nouveau, § 5).

7 *quater.* Les dispositions qui précèdent sont applicables à la réparation des dommages que, soit par exécution ou omission de manœuvre, soit par inobservation des règlements, un navire a causés soit à un autre navire, soit aux choses ou personnes se trouvant à son bord, alors même qu'il n'y aurait pas eu abordage (C. com. 407 nouveau, § 6).

8 *bis.* Pour la réparation des dommages causés par l'abordage douteux, V. nº **4** *bis*.

12 *bis.* Toutes actions en indemnité pour dommage aux biens ou aux personnes causé par abordage sont prescrites après deux ans à compter du jour de l'accident. Toutefois, le recours prévu au paragraphe 4, al. 3, de l'art. 407 (V. nº **6** *bis, in fine*) est prescrit après un an à compter du jour où le payement a été effectué. Les délais ci-dessus prévus ne courent pas lorsque le navire défendeur n'a pu être saisi dans les eaux territoriales françaises (C. com. 436, mod. par L. 15 juill. 1915).

ABSENCE

9 et 10 *bis.* Les civils disparus par suite de faits de guerre entre le 2 août 1914 et la cessation des hostilités (24 oct. 1919) peuvent être déclarés absents, à la demande de toute personne intéressée, dans les mêmes conditions que les militaires et marins (L. 25 juin 1919, art. 1ᵉʳ, § 2). V. nº 41 *bis*.

27 *bis.* Le jugement déclarant l'absence des militaires, marins et civils disparus pendant la guerre de 1914-1919 peut réduire à 5 ans le délai de 30 ans fixé par l'art. 129 c. civ. pour l'envoi en possession définitif (L. 25 juin 1919, art. 8).

40 *bis.* Si le disparu reparaît ou donne de ses nouvelles postérieurement au jugement déclaratif de décès, il est statué quant à ses biens conformément aux dispositions du code civil visant le cas de retour après envoi en possession définitive (L. 25 juin 1919, art. 10).

41 *bis.* — **Des militaires absents.** — La situation des militaires absents a fait l'objet de règles particulières. Une législation spéciale fixait : 1º les droits éventuels des militaires absents dans les successions ouvertes à leur profit après leur départ; 2º la conservation des biens des militaires pendant leur séjour aux armées; 3º les moyens de constater le sort des militaires absents (L. 11 vent. et 16 fruct. an 2; 6 brum. an 5; 13 janv. 1817). Ces règles ont été complétées par la loi du 25 juin 1919 (V. nº 41 *ter*).

41 *ter.* La loi du 25 juin 1919 règle le sort des militaires et marins disparus, pour quelque cause que ce soit, entre le 2 août 1914 et la date de la cessation des hostilités (24 oct. 1919), et dont le décès n'a pas été régulièrement constaté. Ces dispositions s'appliquent aux civils, pourvu toutefois que leur disparition résulte de faits de guerre (art. 1ᵉʳ). Toutes personnes intéressées (Comp. nº 10); ou le ministère public, peuvent se pourvoir devant le tribunal du domicile du disparu pour faire déclarer son absence. La requête est publiée au *Journal officiel* (art. 3). Le tribunal statue sur le rapport d'un juge, après enquête s'il y a lieu. L'absence ne peut être déclarée que six mois après l'annonce au *Journal officiel*, et si plus d'une année s'est écoulée sans nouvelles du disparu depuis la cessation des hostilités (art. 4). L'envoi en possession provisoire peut être demandé sans délai, même si l'absent a laissé une procuration (art. 7). L'envoi en possession définitif peut être demandé 5 ans après la déclaration d'absence (art. 8). — Ces dispositions sont applicables à l'Algérie (Décr. 5 juin 1920).

ABSINTHE. — V. *Boissons.*

ABUS D'AUTORITÉ. — Délit du fonctionnaire qui use de ses pouvoirs d'une manière dommageable, soit pour les particuliers, soit pour la chose publique (V. *Fonctionnaire public*).

ABUS DE JOUISSANCE. — Ce terme désigne les actes par lesquels une personne excède les limites du droit qu'elle a de jouir d'une chose (V. *Louage, Propriété, Servitudes*).

ABUS DE POUVOIR. — V. *Abus d'autorité.*

ACCIDENTS DU TRAVAIL

Sous-titre, *ajouter* : lois des 26 mars 1908, 29 mai 1909, 25 nov. 1916, 5 mars 1917, 17 oct. 1919, 6 juill. 1920, 31 juill. 1920 (art. 53), 5 août 1920, 6 janv. 1921 (*Petit Code du travail Dalloz*).

1 *bis.* La législation sur les accidents du travail a été étendue, avec quelques modifications (V. nºˢ 57 *bis*, 81 *bis*, 86 *bis*, 109 *bis*, et vº *Caisse nationale d'assurances*, nº 2 *ter*), aux délégués à la sécurité des ouvriers mineurs pour les accidents survenus par le fait ou à l'occasion de leur service (L. 13 déc. 1912). — Ladite législation a été étendue également, sous réserve de quelques dispositions spéciales (V. nºˢ 7 *bis*, 20 *bis*, 29 *bis*, 58 *bis*, 81 *bis*, 88 *bis*, 91 *bis*, 110 *bis* et 112 *bis*), aux *exploitations de bois* par la loi du 15 juill. 1914. Une loi du 25 nov. 1916 a édicté des règles spéciales en ce qui concerne les rentes dues aux ouvriers ou à leurs ayants droit, lorsque ces ouvriers étaient atteints d'infirmités graves résultant soit de blessures de guerre, soit de maladies contractées ou aggravées au service pendant la guerre (V. nos 79 *bis* et 112 *quinquies*). — A un autre point de vue, le champ d'application de la loi de 1898 a été élargi par son extension aux maladies d'origine professionnelle (L. 25 oct. 1919) (V. n° 36 *bis*). — L'ensemble de cette législation est applicable à l'Algérie, sous réserve de quelques dispositions spéciales (L. 25 sept. 1919).

7 *bis*. L'affichage de la législation sur les accidents du travail n'est pas exigé dans les exploitations de bois (L. 15 juill. 1914, art. 8).

12 *bis*. Il y a lieu d'ajouter à cette énumération certaines exploitations agricoles les délégués à la sécurité des ouvriers mineurs (V. n° 1 *bis*). — Enfin certaines industries, où l'on emploie le plomb et le mercure, sont soumises à la loi du 25 oct. 1919, concernant les maladies d'origine professionnelle (V. n° 36 *bis*).

19 *bis*. Les *ouvriers cavistes et tonneliers*, employés à l'année ou pendant une période suffisamment longue sont également soumis à la loi de 1898.

20 *bis*. Ligne 10, *remplacer la dernière phrase par ce qui suit :* En ce qui concerne les *exploitations de bois* soumises par la loi du 15 juill. 1914 à la législation sur les accidents du travail, sont seuls considérés comme tels les travaux d'abatage, d'ébranchage, lançage, schlittage, transport à la main en forêt, et, lorsqu'ils sont exécutés sur le parterre de la coupe, les travaux de débit, façonnage, sciage, empilage, écorçage et carbonisation (L. 15 juill. 1914, art. 2, § 1er). Toutefois, ladite loi de 1914 n'est pas applicable aux terrains boisés, exploités en tout ou en partie, dont la superficie, d'un seul tenant, n'excède pas trois hectares, ni aux arbres plantés hors des bois, lorsque l'opération n'a pas le caractère d'une exploitation, ni aux éclaircies faites dans les plantations de moins de vingt ans. Elle n'est pas non plus applicable aux coupes de bois effectuées, pour son usage personnel, par le propriétaire du sol ou par le fermier ou métayer (art. 2, § 2 et 3).

29 *bis*. Dans les exploitations forestières est considéré comme chef d'entreprise le propriétaire des bois abattus ou mis en œuvre, si leur exploitation n'a été assumée par un entrepreneur à la suite d'une adjudication ou en exécution d'un contrat d'entreprise. Dans tous les cas, la responsabilité du chef d'entreprise s'étend aux ouvriers et employés de l'exploitation, à la condition, pour la victime ou ses ayants droit, d'établir la preuve de l'embauchage (L. 15 juill. 1914, art. 3).

30 *bis*. L'Etat est, comme chef d'entreprise, soumis aux dispositions de la loi de 1898. Il y a exception toutefois en ce qui concerne les ouvriers, apprentis ou journaliers appartenant aux ateliers de la marine, et les ouvriers immatriculés des manufactures d'armes dépendant du ministère de la Guerre (L. 1898, art. 32).

34 *bis*. Ligne 10, *lire :* D'autre part, les ouvriers ou employés dont le salaire annuel dépasse 4 500 fr. ne bénéficient des dispositions de la loi, en ce qui touche les rentes (V. n° 66 *bis*), que jusqu'à concurrence de cette somme; pour le surplus, et jusqu'à 15 000 fr., ils n'ont droit qu'au quart des rentes stipulées; au delà de 15 000 fr., ils n'ont droit qu'à un huitième, sauf convention contraire élevant le chiffre de la quotité (art. 2, modifié par L. 5 août 1920). Mais cette restriction ne s'applique qu'aux rentes et non à l'indemnité temporaire (Même article, modifié par la loi du 22 mars 1902).

36 *bis*. La loi du 9 avr. 1898 ne visant que les accidents, il s'ensuivait que les *maladies professionnelles*, auxquelles on ne saurait assigner une origine et une date déterminées, étaient exclues du bénéfice de cette loi. — Mais la loi du 25 oct. 1919 a étendu, sous réserve de quelques dispositions spéciales, la législation des accidents du travail aux maladies d'origine professionnelle. Cette loi, qui est entrée en vigueur le 27 janv. 1921, considère comme telles certaines affections aiguës ou chroniques, dont elle donne l'énumération (saturnisme et hydrargyrisme, c'est-à-dire maladies causées par le plomb et le mercure), lorsqu'elles atteignent des ouvriers habituellement occupés aux travaux industriels correspondants. La nomenclature de ces maladies est susceptible de révision par voie législative (art. 2), après avis d'une commission supérieure (art. 10; Décr. 19 nov. 1919). Les industriels qui emploient des procédés de travail comportant l'usage de substances susceptibles de provoquer ces maladies, doivent en faire la déclaration, par lettre recommandée avec accusé de réception, à l'inspecteur départemental du travail (Décr. 31 déc. 1920). — Lorsqu'un ouvrier quitte une exploitation assujettie à la loi, son employeur demeure responsable des maladies professionnelles correspondantes à cette exploitation qui peuvent atteindre cet ouvrier durant le délai fixé par la loi pour chaque affection (un an pour le saturnisme et l'hydrargyrisme). Toutefois, cette responsabilité va en décroissant en raison du temps écoulé entre le départ de l'ouvrier et le moment où survient une incapacité de travail résultant de la maladie et comportant indemnité. — Le dernier des employeurs responsable est tenu, vis-à-vis de la victime ou de ses ayants droit, pour le tout de l'indemnité, sauf son recours contre les employeurs précédents (L. 25 oct. 1919, art. 3).

47 *bis*. La règle d'après laquelle le trajet accompli par l'ouvrier pour se rendre au travail doit être compté dans le temps du travail, s'il est effectué par un moyen de transport mis par le patron lui-même à la disposition de ses ouvriers, a été confirmée par la Cour de cassation.

52 *bis*. Le remboursement des frais médicaux et pharmaceutiques est dû pendant toute la durée, quelle qu'elle soit, de l'interruption du travail occasionnée par l'accident (art. 4, § 1er, modifié par L. 17 oct. 1919). — Pour les délégués mineurs, les frais médicaux et pharmaceutiques sont payés par le Trésor sur mandats délivrés par le préfet et recouvrés sur les exploitants comme en matière de contributions directes (L. 13 déc. 1912, art. 3, § 2).

52 *ter*. L'art. 11 de la loi du 25 oct. 1919, relative aux maladies d'origine professionnelle, punit d'une amende de 100 fr. à 500 fr. et d'un emprisonnement de trois jours à trois mois quiconque, par menaces, dons, promesse d'argent, ristourne sur les honoraires médicaux ou fournitures pharmaceutiques faits à des accidentés du travail, à des syndicats ou associations, à des chefs d'entreprise, à des assureurs, ou à toute autre personne, aura attiré ou tenté d'attirer les victimes d'accidents du travail ou de maladies professionnelles dans une clinique ou cabinet médical, ou officine de pharmacie, et aura ainsi porté atteinte ou tenté de porter atteinte à la liberté de l'ouvrier de choisir son médecin ou son pharmacien.

52 *quater*. La somme jusqu'à concurrence de laquelle le chef d'entreprise peut être tenu des frais médicaux et pharmaceutiques est fixée par le juge de paix, conformément à un tarif établi par arrêté du ministre de l'Hygiène, de l'Assistance et de la Prévoyance sociale après avis d'une commission spéciale, et qui ne peut être modifié qu'à intervalles de six mois (L. 9 avr. 1898, art. 4, § 2, modifié par L. 31 mars 1905 et 6 janv. 1921).

54 *bis.* Depuis la loi du 31 mars 1905, modifiée par les lois des 5 mars 1917 et 6 juill. 1920, le chef d'entreprise est seul tenu, dans tous les cas, des frais d'hospitalisation, qui, tout compris, ne peuvent dépasser le tarif établi pour l'application de l'art. 24 de la loi du 15 juill. 1893 sur l'assistance médicale gratuite, majoré de 30 p. 100.

55 *bis.* Les frais funéraires sont évalués à la somme de 200 fr. au maximum (L. 9 avr. 1898, art. 4, § 1er, modifié par L. 12 avr. 1922).

56 *bis.* Les victimes d'un accident du travail survenu avant l'application de la loi du 5 août 1920 (V. nos 34 *bis* et 66 *bis*) ou leurs ayants droit, titulaires d'une rente au titre des lois sur les accidents du travail, reçoivent sur leur demande, à partir du 1er juillet 1921 jusqu'au 30 juin 1924, des allocations temporaires spéciales (L. 15 juill. 1922, art. 1er). Le quantum de ces allocations varie suivant l'incapacité (même loi, art. 2). Un décret du 20 juill. 1922 a fixé les conditions d'application de cette loi.

57 *bis.* Pour les délégués mineurs, l'indemnité journalière est fixée à la moitié du prix de journée (de visite), déterminé en exécution de l'art. 16 de la loi du 8 juill. 1890 (V. *infrà*, vo *Mines*, no 41 *ter*) (L. 13 déc. 1912, art. 2). Elle est payée par le Trésor sur mandats délivrés par le préfet et recouvrés sur les exploitants comme en matière de contributions directes (Même loi, art. 3, § 2).

58 *bis.* Ligne 13, *ajouter* : En cas d'accident survenu dans une exploitation forestière, le droit à l'indemnité temporaire ne court au profit de la victime que du jour de l'envoi de l'avis d'accident, si cet envoi, sauf dans les cas de force majeure, n'a pas eu lieu dans les quatre jours qui ont suivi l'accident (L. 15 juill. 1914, art. 5, § 8).

59 *bis.* L'indemnité temporaire est insaisissable, aussi bien que les rentes prévues par la loi de 1898.

66 *bis.* *Lire* : La rente due à l'ouvrier atteint d'une incapacité permanente partielle est, d'après l'art. 3 de la loi du 9 avr. 1898, égale à la moitié de la réduction que l'accident a fait subir au salaire. Toutefois, cette proportion de moitié n'est rigoureusement applicable que lorsque le salaire n'excède pas 4500 fr. (art. 2, modifié par L. 5 août 1920). Si le salaire est supérieur à 4500 fr., la rente n'est calculée conformément au taux de l'art. 3 que sur un salaire fictif équivalent à ce chiffre. Pour le surplus, et jusqu'à 15000 fr., c'est-à-dire pour la différence entre le salaire réel et la somme de 4500 fr., la victime a bien droit à une rente supplémentaire; mais cette rente n'est, en principe, que du quart du chiffre qu'elle atteindrait sans cette limitation. Ainsi, dans le cas d'un salaire réel de 6000 fr., le calcul de la rente qui est due à l'ouvrier ou employé en cas d'incapacité permanente donne lieu à une double opération : on calcule d'abord la rente afférente à 4500 fr.; en second lieu, on calcule la rente afférente à la différence entre 4500 fr. et le salaire réel (soit 1500 fr.), et on divise cette dernière rente par 4; on totalise ensuite. Pour la partie du salaire qui dépasse 15000 fr., l'ouvrier n'a droit qu'au huitième de la rente (L. 5 août 1920).

71 *bis.* Il n'est, d'ailleurs, pas nécessaire que l'inaptitude absolue au travail résulte de l'accident lui-même; il suffit que l'accident ait aggravé, au point de la rendre absolue, une inaptitude partielle préexistante à cet accident. — Pour le cas où l'infirmité antérieure résulte de faits de guerre, V. no 79 *bis*.

72 *bis.* La rente due en cas d'incapacité permanente absolue est égale aux deux tiers du salaire perdu par suite de l'accident (art. 3), sous réserve de l'application de l'art. 2 au cas où le salaire de base excède 4500 fr. (V. no 66 *bis*).

79 *bis.* — *Rentes dues aux ouvriers atteints d'infirmités du fait de la guerre, ou à leurs ayants droit.* — Toutes les fois qu'un militaire, marin ou assimilé, atteint d'infirmités graves et incurables résultant soit de blessures reçues au cours d'événements de guerre ou en service commandé pendant la guerre de 1914-1919, soit de maladies contractées ou aggravées par suite des fatigues ou dangers de service pendant la guerre, est victime d'un accident du travail survenu dans les conditions prévues par la loi du 9 avr. 1898, l'ordonnance du président ou le jugement du tribunal qui fixe le montant des rentes pouvant résulter tant de sa mort que de la réduction permanente de sa capacité de travail doit indiquer expressément : 1o si l'accident a eu pour cause exclusive l'infirmité de guerre préexistante; 2o si la réduction permanente de capacité résultant de l'accident a été aggravée par le fait de ladite infirmité et dans quelle proportion. Dans le premier cas, le chef d'entreprise est exonéré de la totalité des rentes allouées à la victime ou à ses ayants droit par l'ordonnance ou le jugement et, dans le second cas, de la quotité desdites rentes correspondant à l'aggravation ainsi déterminée (L. 25 nov. 1916, art. 1er, § 1 et 2). — Sur les garanties du payement des rentes dont le patron est ainsi exonéré, V. no 112 *quinquies*.

81 *bis.* Pour les délégués à la sécurité des ouvriers mineurs, le salaire servant de base à la fixation des rentes est supputé en tenant compte tant des indemnités allouées à la victime pour ses visites (V. *Mines*, no 41 *ter*) que de son gain d'ouvrier pendant le reste de l'année (L. 13 déc. 1912, art. 2, § 2). — Dans les exploitations forestières, si la victime n'est pas salariée par le chef de l'entreprise ou n'a pas un salaire fixe, l'indemnité due est calculée d'après le salaire moyen des salariés agricoles du département. Un règlement d'administration publique du 27 mai 1915 détermine les conditions dans lesquelles ce salaire moyen est fixé (L. 15 juill. 1914, art. 4).

86 *bis.* Pour les accidents survenus aux délégués mineurs, la procédure est suivie contre l'État, représenté par le préfet, dans les mêmes conditions que pour les salariés des exploitations de l'État (L. 13 déc. 1912, art. 4).

88 *bis.* Les déclarations d'accidents survenus dans les exploitations forestières sont soumises à des règles spéciales (L. 15 juill. 1914, art. 5).

88 *ter.* Pour les maladies professionnelles (V. no 36 *bis*), la victime doit faire une déclaration, dans les quinze jours qui suivent la cessation du travail, au maire de la commune, qui en dresse procès-verbal et en délivre immédiatement récépissé. Un certificat du médecin, indiquant la nature de la maladie et ses suites probables, doit compléter la déclaration (L. 25 oct. 1919, art. 5).

88 *quater.* Immédiatement après qu'il a reçu la déclaration d'accident (ou de maladie), le maire en donne avis à l'inspecteur départemental du travail ou à l'ingénieur ordinaire des mines chargé de la surveillance de l'entreprise (L. 1898, art. 11; L. 25 oct. 1919, art. 5, § 3). Lorsqu'il s'agit d'une maladie professionnelle, le maire adresse copie de la déclaration au chef d'entreprise (L. 25 oct. 1919, art. 5, § 3).

91 *bis.* Ligne 5, *ajouter* : dans les vingt-quatre heures. Ce délai est porté à trois jours lorsque l'accident est survenu dans une exploitation forestière (L. 15 juill. 1914, art. 5, § 7).

91 *ter*. Ligne 7, *ajouter* : Sauf le cas d'impossibilité matérielle, dûment constatée dans le procès-verbal, l'enquête doit être close au plus tard dans les dix jours de l'accident (art. 13). Ce délai est de quinze jours lorsqu'il s'agit d'un accident survenu dans une exploitation forestière (L. 15 juill. 1914, art. 5, § 7).

100 *bis*. Pour les maladies d'origine professionnelle, le délai de prescription court de la déclaration de maladie (V. n° 88 *ter*) (L. 25 oct. 1919, art. 5, § 4).

109 *bis*. Il faut noter, cependant, que les délégués mineurs et délégués suppléants *doivent* faire, par les soins du préfet, l'objet d'une assurance à la Caisse nationale d'assurance en cas d'accidents contre les risques d'incapacité permanente ou de mort. Les primes de cette assurance sont payées par le Trésor, sur mandats délivrés par le préfet et recouvrés sur les exploitants de mines comme en matière de contributions directes (L. 13 déc. 1912, art. 3).

110 *bis*. Des syndicats de garantie formés exclusivement entre exploitants de coupes de bois peuvent être constitués dans les conditions prévues par l'art. 6 de la loi du 12 avr. 1906, s'ils comprennent au moins cinquante exploitants adhérents, si les salaires moyens assurés s'élèvent au moins à 2 millions de francs, ou si le montant moyen de leurs acquisitions réunies s'élève au moins à 5 millions (L. 15 juill. 1914, art. 7).

111 *bis*. Pour les exploitations forestières comme pour les entreprises industrielles, le chef d'entreprise est passible d'une taxe de quatre centimes additionnels à la contribution des patentes. Exceptionnellement, pour les mines, la taxe additionnelle est de cinq centimes par hectare concédé (L. 15 juill. 1914, art. 6, 25).

111 *ter*. Le montant des allocations temporaires spéciales payées aux victimes d'accidents du travail ou à leurs ayants droit, en vertu de la loi du 15 juill. 1922, est remboursé aux débirentiers autres que l'Etat employeur par le fonds de garantie institué par l'art. 24 de la loi du 9 avr. 1898 (L. 15 juill. 1922, art. 7). Pour faire face à ces remboursements, il est ajouté au principal de la contribution des patentes des chefs d'entreprise assujettis des centimes additionnels supplémentaires, au nombre de seize pour les industriels et de huit pour les commerçants (L. 15 juill. 1922, art. 7).

112 *bis*. Ligne 9, *ajouter* : le capital constitutif de la rente est déterminé, pour la perception de la contribution, d'après un barème et dans des conditions qui ont été fixées par un règlement d'administration publique du 11 juin 1909, modifié par Décr. 5 août 1921. — La quotité des taxes dont il est parlé au n° 111 est modifiée chaque année avant le 1er juin pour l'année suivante, par un décret. — Ces dispositions s'appliquent aux chefs d'entreprise des exploitations forestières (L. 15 juill. 1914, art. 6).

112 *ter*. Ligne 18, *après les mots* « non assurés », *intercaler* : et pour ceux qui ne sont assurés que contre le risque d'incapacité temporaire...

112 *quater*. Les taux fixés par la loi du 30 janv. 1907 ont été successivement renouvelés, chaque fois pour une période de cinq ans, par la loi du 13 déc. 1912 à compter du 1er janv. 1912 et par la loi du 18 déc. 1917 à compter du 1er janv. 1917.

112 *quinquies*. Le capital représentatif des rentes auxquelles s'applique l'exonération prévue par l'art. 1er de la loi du 25 nov. 1916 (V. n° 79 *bis*) est versé à la Caisse nationale des retraites pour la vieillesse par prélèvement sur les ressources d'un fonds spécial de prévoyance dit « des blessés de la guerre », dont le fonctionnement est assuré par le ministre de l'Hygiène, de l'Assistance et de la Prévoyance sociale et la gestion financière par la Caisse des dépôts et consignations. Le fonds spécial de prévoyance est alimenté par une contribution des employeurs et des organismes d'assurance, dont le taux est fixé chaque année par la loi de finances, en ce qui concerne tant les différentes catégories d'employeurs que les organismes d'assurance ; la contribution de ceux-ci doit rester exclusivement à leur charge (L. 25 nov. 1916, art. 1er, § 3 et 4).

113 *bis*. Les opérations de la Caisse nationale d'assurances en cas d'accidents (V. ce mot) sont étendues aux risques prévus par la loi du 25 oct. 1919, pour les *maladies professionnelles* ayant entraîné la mort ou une incapacité permanente absolue ou partielle. Les tarifs correspondants sont établis par décret et calculés de manière que les risques et les frais généraux de la Caisse soient entièrement couverts (L. 25 oct. 1919, art. 6).

ACCROISSEMENT. — Ce mot a plusieurs acceptions dans notre droit. L'art. 556 c. civ. l'emploie pour désigner le mode d'acquisition de la propriété par alluvion (V. *Propriété*). En ce qui concerne la taxe d'accroissement perçue sur les biens des congrégations, V. *Congrégation*, n° 28.

ACTE. — « Donner acte » signifie : constater par jugement, sur la demande d'une partie, soit un aveu ou une déclaration de son adversaire, soit une réserve que la partie croit devoir faire dans son intérêt.

ACTE DE COMMERCE

27 *bis*. L'exploitation des mines constitue un acte de commerce. Cette disposition s'applique aux sociétés civiles existantes, sans qu'il y ait lieu de modifier leurs statuts (L. 9 sept. 1919, art. 5).

ACTES DE L'ÉTAT CIVIL

12 *bis*. Un nouveau formulaire général des actes de l'état civil a été adopté par la commission de l'état civil instituée au ministère de la Justice par arrêtés en date des 17 juill. et 25 nov. 1911. Ce formulaire a été rendu obligatoire par une circulaire du garde des sceaux du 10 janv. 1913.

13 *bis*. L'établissement des tables annuelles et décennales de l'état civil a été réglementé par un décret du 27 févr. 1913.

19 *bis*. Lignes 1-3, *lire* : Toute personne peut, sauf l'exception prévue à l'art. 57 Code civ. (V. n° 20), se faire délivrer par les dépositaires des registres de l'état civil des copies des actes inscrits sur les registres (Code civ. 45, modifié par L. 9 août 1919).

20 *bis*. Les copies conformes aux registres doivent être revêtues de la signature et du sceau de l'autorité qui les a délivrées (Code civ. 45, § 2, modifié par L. 9 août 1919). — A l'appui des demandes de pension sur le Trésor public, il peut être délivré des extraits qui contiennent, outre le nom de la commune où l'acte a été dressé, la copie littérale de cet acte et des mentions et transcriptions mises en marge, à l'exception de tout ce qui est relatif aux pièces produites à l'officier de l'état civil qui l'a dressé et à la comparution des témoins (Code civ. 45, § 3, ajouté par L. 9 août 1919).

21 *bis*. Pour les mariages antérieurs à la promulgation de la loi du 30 déc. 1915, il ne peut être délivré d'expédition commune de l'acte de légitimation et de l'acte de célébration du mariage que dans les conditions déterminées par l'art. 57 Code civ. (L. 30 déc. 1915, art. 6, § 1er).

27 *bis*. La mention de la croix de guerre doit être insérée dans les actes de l'état civil (Circ. min. just. 16 mai 1916).

30 *bis*. Ligne 8, *ajouter* : Il est fait exception à cette règle pour les déclarations de décès aux armées par la loi du 1er juill. 1918, n° 67 *bis*. — Ligne 11 : La prohibition faite au mari et à la femme d'être témoins dans le même acte a disparu par suite de l'abrogation de l'art. 37, § 2, Code civ. par la loi du 27 oct. 1919.

39 *bis*. L'obligation de présenter l'enfant à l'officier de l'état civil a été supprimée par la loi du 20 nov. 1919, art. 4, modifiant l'art. 55, § 1er, Code civ. Les municipalités ont le choix entre divers procédés pour constater que le nouveau-né est vivant au moment où est dressé l'acte de naissance : visite du médecin de l'état civil au chevet de l'accouchée, remise à tous les médecins et sages-femmes de la commune de bulletins dont ils remplissent les blancs après l'accouchement et que le déclarant apporte à la mairie; déplacement de l'officier de l'état civil; présentation du nouveau-né à la mairie si le déclarant est lié par le secret professionnel quant à la maison où l'accouchement a eu lieu, etc.

46 *bis*. Si les père et mère de l'enfant naturel, ou l'un d'eux, ne sont pas désignés à l'officier de l'état civil; il ne doit être fait sur les registres aucune mention à ce sujet (Code civ. art. 57, complété par L. 22 juill. 1922). Les dispositions du registre ne doivent plus, dans les copies conformes des actes de l'état civil, reproduire les mentions « de père ou de mère, ou non dénommé », ni aucune mention analogue. Ces mentions ne doivent pas non plus être reproduites sur les registres dans les actes de l'état civil où dans les transcriptions concernant les personnes dont l'acte de naissance ne désigne pas les père et mère (L. 22 juill. 1922).

47 *bis*. Supprimer le n° 47 (V. n° 39 *bis*).

50 *bis*. L'adoption par la France d'un orphelin de la guerre (pupille de la nation) doit être mentionnée en marge de l'acte de naissance de l'enfant, et nulle expédition ne peut être délivrée sans que cette mention y soit portée (L. 27 juill. 1917, art. 8).

52 *bis*. Lignes 8 et s., *lire* : Les déclarations de décès doivent être faites dans un délai de vingt-quatre heures depuis le décès (Décr. 15 avr. 1919, art. 8). Cette prescription ne comporte aucune sanction pénale.

53 *bis*. Une circulaire du ministre de la Justice du 1er sept. 1910 a prescrit la mention, dans les actes de décès, de la date de naissance du défunt. — Les actes de décès des militaires et des civils décédés par suite de faits de guerre doivent, sur avis de l'autorité militaire, contenir la mention : « Mort pour la France ». (L. 2 juill. 1915).

53 *ter*. Lorsqu'un décès se produit ailleurs que dans la commune où le défunt était domicilié, l'officier de l'état civil qui a dressé l'acte de décès envoie, dans le plus bref délai, à l'officier de l'état civil du dernier domicile du défunt une expédition de cet acte, laquelle est immédiatement transcrite sur les registres (Code civ. 80, § 1er, modifié par L. 20 nov. 1919, art. 5).

56 *bis*. Des mesures spéciales ont été prises par la loi du 25 juin 1919 au sujet des militaires, marins et civils disparus pendant la guerre de 1914-1919. Après deux années écoulées depuis la disparition, causée par un fait de guerre, le tribunal saisi à la requête de toutes personnes intéressées prononce un jugement déclaratif de décès, indi-

quant la date présumée de la mort. — Si le disparu reparaît ou donne de ses nouvelles après le jugement, il peut en poursuivre l'annulation.

57 *bis*. Dans le second cas, les règles à suivre sont les mêmes qu'en France. Toutefois, en ce qui concerne les déclarations de naissance, le délai pour les faire est de dix jours dans les pays d'Europe, sauf la Russie (L. 21 juin 1903); de trente jours en Russie et dans les pays hors d'Europe (Décr. 17 mai 1909).

62 *bis*. Les copies conformes aux registres et les extraits font foi jusqu'à inscription de faux (Code civ. 45, modifié par la loi du 9 août 1919).

63 *bis*. Il peut être suppléé par des actes de notoriété à tous les actes de l'état civil dont les originaux ont été détruits ou sont disparus par suite de faits de guerre; ces actes de notoriété sont dressés sans frais par le juge de paix du domicile ou de la résidence du requérant, devant trois témoins ; ils sont visés pour timbre et enregistrés gratis (L. 20 juin 1920).

63 *ter*. L'art. 3 de la loi du 28 févr. 1922 prescrit l'inscription à la mairie du 1er arrondissement de Paris des actes ou mentions qui ne peuvent être transcrits, à raison de l'inexistence du service de l'état civil, dans certaines communes des régions libérées. — L'art. 4 valide les actes reçus depuis le 2 août 1914 par les personnes qui exerçaient en fait les fonctions municipales ou celles d'officier de l'état civil.

67 *bis*. Il résulte de l'art. 99, § 1er, Code civ., modifié par la loi du 20 nov. 1919, que la requête à fin de rectification des actes de l'état civil peut émaner du procureur de la République.

68 *bis*. La rectification des actes de l'état civil est ordonnée par le *président* du tribunal de l'arrondissement dans lequel l'acte a été dressé, sauf appel. Le président peut renvoyer l'affaire devant le tribunal : le procureur de la République est entendu dans ses conclusions (Code civ. 99, modifié par L. 20 nov. 1919).

69 *bis*. Celui qui veut faire rectifier un acte de l'état civil présente requête au président du tribunal de première instance. Le président statue par une ordonnance, dont la minute est déposée au greffe, ou renvoie l'affaire devant le tribunal; dans ce cas, il est statué sur rapport et sur conclusions du ministère public (Code proc. 85, modifié par L. 20 nov. 1919).

73 *bis*. Les actes relatifs aux procédures afférentes à la reconstitution des registres détruits ou perdus par suite d'événements de guerre sont visés pour timbre ; les registres destinés à remplacer ceux qui ont été perdus ou détruits sont exempts du timbre (L. 1er juin 1916).

74 *bis*. Ligne 3, *lire* : sur papier timbré à 3 fr. (L. 25 juin 1920, art. 36, § 5).

ACTE DE NOTORIÉTÉ

1 *bis*. Jusqu'à ce que la reconstitution ou la restitution des registres ait été effectuée; il peut être suppléé par des actes de notoriété à tous les actes de l'état civil dont les originaux ont été détruits ou sont disparus par suite de faits de guerre (L. 20 juin 1920, art. 1er). — Ces actes sont reçus sans frais par le juge de paix du domicile ou de la résidence du requérant; le nombre des témoins est réduit à trois (art. 2).

6 *bis*. Le droit fixe est de 6 fr., sans décimes (L. 25 juin 1920, art. 28).

7 *bis*. Ajouter, *in fine* : ... pour suppléer aux actes de l'état civil dont les originaux ont disparu ou ont été détruits par suite de faits de guerre (L. 20 juin 1920, art. 2).

ACTION CIVILE

14 *bis.* L'action civile consécutive à une infraction commise par un mineur de 13 ans ne peut être exercée que devant les tribunaux civils (L. 22 juill. 1912, art. 2, § 2).

ACTION POSSESSOIRE

Sous-titre, ligne 2, *lire :* Loi du 12 juill. 1905, art. 7, § 2 (*Petit Code de procédure civile Dalloz*).

ACTION PUBLIQUE

18 *bis.* Ligne 5, *lire 4°, au lieu de* 3°.

ACTION DE TRAVAIL. — V. *Société anonyme.*

ADMINISTRATION LÉGALE. — V. *Puissance paternelle.*

ADOPTION

12 *bis.* Il est fait mention de l'adoption ainsi inscrite en marge de l'acte de naissance de l'adopté (Code civ. 359, § 3, ajouté par la loi du 13 févr. 1909).

16 *bis.* Si l'adopté est un enfant naturel non reconnu, le nom de l'adoptant peut, par l'acte même d'adoption, et du consentement des parties, lui être conféré purement et simplement, sans être ajouté à son propre nom (L. 13 févr. 1909).

28 *bis.* Lorsqu'un pupille de la nation a été confié pendant trois ans à un particulier, à titre gratuit, ce dernier, même s'il est âgé de moins de 50 ans, et l'enfant de plus de 15 ans, peut, avec le consentement du conseil de famille, devenir le tuteur officieux de l'enfant (L. 27 juill. 1917, art. 27).

34 *bis.* Le droit fixe de 1 fr. 50 a été doublé (3 fr., sans décimes) par l'art. 28 de la loi du 25 juin 1920. Les droits fixes de 75 fr. et de 7 fr. 50 ont été doublés (150 fr. et 15 fr., sans décimes). Le droit fixe de 150 fr. prévu pour l'arrêt confirmatif est porté à 200 fr., sans décimes ; le droit fixe de 25 fr. prévu pour l'arrêt infirmatif est doublé (L. 25 juin 1920, art. 28).

35 *bis.* Le droit fixe de 75 fr. a été doublé (150 fr. sans décimes) (L. 25 juin 1920, art. 28). — Lorsque la tutelle officieuse concerne un pupille de la nation, l'acte est dispensé du timbre et enregistré gratis (L. 27 juill. 1917, art. 31). — Le droit fixe de 7 fr. 50 est doublé (15 fr., sans décimes) (L. 25 juin 1920, art. 28).

AÉRODROME. — V. *Navigation aérienne.*

AÉRONAUTIQUE. — V. *Armée, Navigation aérienne.*

AÉRONEF. — V. *Navigation aérienne.*

AFFICHE

7 *bis.* Aux termes de la loi du 20 avr. 1910, l'affichage est interdit sur les immeubles et monuments historiques classés, ainsi que sur les monuments naturels et dans les sites de caractère artistique également classés (V. *Monuments historiques*). Il peut être également interdit autour desdits immeubles, monuments et sites, dans un périmètre déterminé, pour chaque cas particulier, par un arrêté préfectoral. — Toute infraction est punie d'une amende de 25 à 1000 fr.

7 *ter.* En ce qui concerne l'affichage électoral, V. *Elections,* n° 97 *bis.*

15 *bis. Remplacer* par : Les dispositions relatives aux droits de timbre dont sont passibles les affiches ont été notablement modifiées par la loi de finances du 8 avr. 1910, art. 16 à 23. Aux termes de l'art. 16, les *affiches sur papier ordinaire, imprimées ou manuscrites,* sont assujetties à un droit de timbre dont la quotité est fixée de la manière suivante : Pour les affiches dont la dimension ne dépasse pas 12 dmq. 1/2, 5 cent. ; au-dessus de 12 dmq. 1/2 jusqu'à 25 dmq., 10 cent. ; au-dessus de 25 dmq. jusqu'à 50 dmq., 15 cent. ; au-dessus de 50 dmq. jusqu'à 2 mq., 20 cent. ; au delà de cette dimension, 10 cent. en plus par mètre carré ou fraction de mètre carré. Ces droits sujets au double décime ont, en outre, été doublés par l'art. 41 de la loi du 25 juin 1920. — Les *affiches ayant subi une préparation* quelconque en vue d'en assurer la durée, soit que le papier ait été transformé ou préparé, soit qu'elles se trouvent protégées par un verre, un vernis ou une substance quelconque, soit qu'antérieurement à leur apposition on les ait collées sur une toile, plaque de métal, etc., sont assujetties à un droit double de celui ci-dessus établi (art. 17).

16 *bis.* Sont encore exemptes du droit de timbre les affiches, imprimées ou non, concernant exclusivement les offres et demandes de travail et d'emplois apposées par les offices publics départementaux ou locaux et par les bureaux municipaux de placement gratuit (Code trav., livre 1, art. 86, modifié par L. 25 juin 1920, art. 43) ; ... les affiches, imprimées ou non, apposées par les comités de patronage des habitations à bon marché qui ont exclusivement pour objet la vulgarisation des dispositions législatives et réglementaires concernant les habitations à bon marché, la petite propriété, les jardins ouvriers et les bains-douches (L. 23 déc. 1912, art. 9).

17 *bis.* Sont considérés comme enseignes et exemptés du droit de timbre les affiches et tableaux-annonces apposés à l'intérieur d'un établissement où le produit annoncé est en vente, ou à l'extérieur, sur les murs mêmes de cet établissement ou de ses dépendances, lorsque les affiches ou tableaux-annonces ont exclusivement pour objet d'indiquer le produit vendu (L. 8 avr. 1910, art. 22).

18 *bis.* Les auteurs des affiches sur papier ordinaire, imprimées ou manuscrites, encourent une amende de 5 fr. par chaque exemplaire apposé sans avoir été préalablement timbré ou revêtu de timbres mobiles régulièrement oblitérés (L. 8 avr. 1910, art. 16). Les amendes fiscales sont majorées de 2 décimes et demi par l'art. 110 de la loi du 25 juin 1920.

19 *bis.* Les *affiches peintes,* et généralement toutes les affiches inscrites dans un lieu public, quand bien même ce ne serait ni sur un mur, ni sur une construction, autrement dit les affiches autres que celles imprimées ou manuscrites sur papier, sont soumises, pour toute leur durée, à un droit de timbre dont la quotité est fixée à 2 fr. par mètre carré ou fraction de mètre carré, sans addition de décimes (L. 8 avr. 1910, art. 18 ; L. 25 juin 1920, art. 41).

19 *ter.* Les affiches sur papier et les affiches peintes sont passibles du double du droit correspondant à leurs dimensions, si elles contiennent plus de cinq annonces distinctes (L. 8 avr. 1910, art. 19).

19 *quater.* Les *affiches lumineuses,* constituées par la réunion de lettres ou de signes installés spécialement sur un support pour rendre une annonce visible tant la nuit que le jour, sont soumises à un droit de timbre dont la quotité est fixée à 20 fr. par mètre carré ou fraction de mètre carré pour la première année, et à 10 fr. pour chacune des années suivantes (L. 8 avr. 1910, art. 20 et 25 juin 1920, art. 41). Les affiches lumineuses obtenues, soit au moyen de projections intermittentes ou successives sur un transparent ou sur un écran, soit au moyen de combinaisons de points lumineux susceptibles de former successivement les différentes lettres de l'alphabet dans le même espace, soit au moyen de tout procédé analogue, sont soumises à un droit mensuel de 10 fr. par mètre carré, ou fraction de mètre carré, sans addition de décimes, et ce, quel que soit le nombre des annonces. Ce droit est dû par mois sans fractions, et payable d'avance (L. 8 avr. 1910, art. 20).

19 *quinquies*. La loi du 12 juill. 1912 a soumis à une taxe spéciale de timbre les affiches dites *panneaux-réclame*, affiches-écrans ou affiches sur portatif spécial, imprimées, peintes ou constituées au moyen de tout autre procédé, établies sur toute partie d'un immeuble, bâti ou non, autre qu'un mur de clôture ou de maison, et au delà d'un périmètre de 100 mètres autour de toute agglomération de maisons ou de bâtiments. La taxe varie, suivant la dimension de l'affiche, de 50 à 400 fr. par mètre carré. Pour les affiches existant antérieurement au 11 juin 1912 et qui auront été déclarées au bureau de l'enregistrement dans un certain délai, la taxe n'a été applicable qu'à partir du 1er juill. 1915. — Les terrains, cultivés ou non, utilisés pour la publicité commerciale ou industrielle sont cotisés à la contribution foncière dans les conditions prévues par l'art. 1er de la loi du 29 déc. 1884. L'exemption temporaire édictée par l'art. 9 de la loi du 8 août 1890 ne leur est pas applicable. Toute contravention est punie d'une amende de 500 fr., sans décimes (L. 12 juill. 1912, art. 9).

AFFOUAGE COMMUNAL. — V. *Usages forestiers.*

AGENT DE CHANGE

9 *bis*. En cas de négociation en bourse de titres nominatifs, l'agent de change acheteur doit payer son prix à son confrère vendeur, contre remise du titre nominatif accompagné d'une déclaration de transfert signée par le titulaire et certifiée par l'agent de change vendeur. La régularisation du transfert au nom du client acheteur est ensuite poursuivie par l'agent de change acheteur. Toutefois, cette disposition n'est pas applicable aux cessions de titres immatriculés au nom de femmes mariées, mineurs, interdits et autres incapables, ou de titres frappés d'usufruit, d'indivision ou de clauses quelconques restrictives du droit d'aliéner. Nonobstant toute disposition contraire des statuts, et sauf en ce qui concerne les actions non libérées, les sociétés et autres établissements débiteurs ne peuvent exiger l'*acceptation* du transfert par le cessionnaire (L. 31 juill. 1920, art. 16).

12 *bis*. Le tarif des courtages des agents de change près la Bourse de Paris a été fixé, en dernier lieu, par décret du 25 août 1919.

29 *bis*. Ligne 3, *au lieu de* : 0 fr. 10, *lire* : 0 fr. 25 (L. 25 juin 1920, art. 55).

29 *ter*. Les bordereaux rédigés par les agents de change pour constater les opérations de bourse doivent faire ressortir distinctement le montant de l'impôt payé au Trésor et le montant des courtages ou commissions revenant au rédacteur du bordereau (L. 25 juin 1920, art. 47).

30 *bis*. Le droit de timbre auquel l'art. 82 de la loi du 28 avr. 1893 soumet toute opération de bourse ayant pour objet l'achat et la vente de valeurs de toute nature, au comptant ou à terme, est porté à 0 fr. 30 par 1 000 fr. ou fraction de 1 000 fr. du montant de la négociation. Sur les opérations de report, le droit est élevé à 0 fr. 10 par 1 000 fr. En ce qui concerne les opérations relatives aux rentes sur l'Etat français, le droit reste fixé à 0 fr. 0125 par 1 000 fr. pour les opérations au comptant ou à terme, et à 0 fr. 00625 pour les opérations de report (L. 25 juin 1920, art. 46).

AGENT DIPLOMATIQUE

2 *bis*. La loi du 25 août 1919 a créé au ministère du Commerce, pour être placés auprès d'une mission ou d'un groupe de missions diplomatiques à l'étranger, des emplois d'*attachés commerciaux*. Ces attachés sont chargés, dans le ressort de leur circonscription, d'étudier et de traiter l'ensemble des questions économiques intéressant la mission. — La même loi a créé au ministère du Commerce, pour être placés auprès des postes diplomatiques ou consulaires, des emplois d'*agents commerciaux*. Sous la direction et le contrôle des attachés commerciaux, ces agents sont chargés de l'étude, de la défense et de l'extension des intérêts économiques français.

AGRICULTURE

1 *bis*. Un décret du 19 juill. 1919 a organisé le service de l'inspection générale des associations agricoles et des institutions de crédit.

1 *ter*. La loi du 21 août 1912 a organisé sur de nouvelles bases l'enseignement départemental et communal de l'agriculture.

2 *bis*. Un institut des recherches agronomiques, chargé de développer les recherches scientifiques appliquées à l'agriculture, a été créé par la loi du 30 avr. 1921 ; un comité central de culture mécanique et des stations expérimentales de motoculture, par celle du 10 mai 1921.

3 *bis*. Les chambres d'agriculture, prévues par la loi du 20 mars 1851, n'ont été créées et organisées que par la loi du 25 oct. 1919. Il en existe une par département ; son siège est au chef-lieu. Elles peuvent se concerter, constituer des unions, ou se fédérer sous forme de chambres régionales ; dans ce dernier cas, la chambre départementale devient un comité agricole départemental. Chaque chambre d'agriculture comprend des membres élus pour six ans, renouvelables par moitié tous les trois ans et rééligibles, et un délégué des sociétés et syndicats agricoles de chaque arrondissement ; il y a autant de membres élus que de cantons. — Sont électeurs, sans distinction de sexe, les agriculteurs, éleveurs, etc., les ouvriers agricoles, les propriétaires ruraux, les membres du corps enseignant agricole. — Tous les électeurs âgés de vingt-cinq ans sont éligibles. Le bureau de chaque chambre est composé d'un président, de vice-présidents, de deux secrétaires ; ils sont élus pour un an et rééligibles. — Les chambres d'agriculture se réunissent deux fois par an (mai et décembre) en sessions ordinaires ; le préfet a entrée aux séances. — Elles présentent au Gouvernement et aux conseils généraux leurs vues sur toutes les questions intéressant l'agriculture ; elles sont consultées sur les changements projetés dans la législation touchant aux intérêts agricoles, sur les tarifs douaniers, sur l'enseignement et le crédit agricoles, sur l'exécution de travaux publics, sur le déboisement et le reboisement, etc. — Reconnues comme établissements publics, elles peuvent acquérir, posséder, aliéner, emprunter, après y avoir été autorisées. Elles peuvent créer ou subventionner tous établissements d'utilité agricole (caisses de crédit, entrepôts, magasins généraux, expositions, écoles et cours, etc.), créer des œuvres collectives, exécuter des travaux, exercer un contrôle sur la loyauté des transactions, poursuivre les falsificateurs des produits agricoles et ceux qui se livrent à la spéculation illicite, créer ou encourager des caisses d'assurances, favoriser la constitution de petites propriétés rurales, etc.

3 *ter*. Il existe, indépendamment des chambres d'agriculture, des *offices agricoles* régionaux et départementaux, chargés d'améliorer les méthodes de production (L. 6 janv. 1919).

6 *bis*. La loi du 31 mars 1904, accordant des encouragements à la culture du lin et du chanvre, a été prorogée pour une durée de six années, à compter du 1er avr. 1910, par la loi du 9 avr. 1910. La loi du 9 avr. 1910 a été elle-même prorogée pour six années à partir de l'exercice 1916 (L. 24 oct. 1916).

6 *ter*. Une loi du 13 avr. 1910 a institué, pour une durée de dix ans à partir de l'exercice 1911, des primes à la culture de l'olivier. — Pendant une période de cinq années à compter du jour de la cessation des hostilités (24 oct. 1919), l'abatage des oliviers est interdit, à moins d'une autorisation spéciale du préfet, sous peine d'une amende de 500 à 1000 fr. et de la confiscation des arbres abattus. L'amende peut être portée à 5000 fr. en cas de récidive (L. 19 juin 1918).

12 *bis*. Les dispositions de la loi du 24 déc. 1888 sont applicables à la destruction des *corbeaux* et des *pies*.

ALGÉRIE

4 *bis*. La législation relative à la réglementation du travail a été rendue applicable à l'Algérie par un décret du 5 janv. 1909.

8 *bis*. La répartition des délégués indigènes composant la troisième délégation financière a été modifiée par un décret du 23 avr. 1919.

13 *bis*. Une décision de l'assemblée plénière des délégations financières algériennes, en date du 21 juin 1918, homologuée par décret du 30 nov. 1918, a supprimé les impôts arabes et la contribution des patentes, ainsi que les centimes additionnels à ces impôts, et introduit en Algérie la législation relative à l'impôt sur le revenu (impôts cédulaires et impôt complémentaire sur l'ensemble du revenu).

13 *ter*. Les impôts sur le revenu des valeurs mobilières, des créances, dépôts et cautionnements, sur les traitements, salaires, pensions, etc., sur les bénéfices des charges et offices, sur les bénéfices des professions non commerciales, sont perçus suivant des règles analogues à celles édictées pour la métropole (V. *Impôts directs*, nos 92-37° et s.). — Les dispositions de l'art. 4 de la loi de finances du 8 avr. 1910, relatif à l'assiette des redevances sur les mines (V. *Mines, minières, carrières*, nos 23 *bis* et s.), sont applicables à l'Algérie (L. 26 nov. 1912). Le taux de la redevance proportionnelle a été doublé à partir du 1er janv. 1919 (Décr. 13 nov. 1918).

13 *quater*. La perception d'une taxe réduite sur les sucres a été autorisée, en Algérie, à partir du 1er sept. 1903 (L. 22 juill. 1903). — La vente des eaux-de-vie, liqueurs, apéritifs et vins de liqueurs est assujettie à une taxe de 20 pour 100 (Décr. 30 déc. 1919 et 29 janv. 1920). Les formalités prescrites en France pour la circulation des vins (V. *Boissons*, nos 5 et s.) sont applicables en Algérie (Décr. 28 déc. 1907). — La culture et la vente du tabac ne sont plus libres en Algérie depuis les décrets des 25 nov. et 24 déc. 1906 qui les ont réglementées. — Enfin un impôt sur les automobiles est également perçu en Algérie (Décr. 14 et 16 déc. 1920, et 2 déc. 1921).

14 *bis*. La loi du 1er mai 1915 a mis à la charge du budget de l'Algérie les dépenses relatives aux écoles primaires publiques spéciales aux indigènes.

20 *bis*. Les conseils de préfecture, en Algérie, ont été réorganisés par décret du 22 juill. 1905.

21 *bis*. Les conseils généraux ont été modifiés par le décret du 1er déc. 1918.

24 *bis*. Dans les communes de plein exercice, toutes les questions affectant les intérêts des douars ou des fractions de douars rattachés à la commune doivent être, préalablement à la délibération du conseil municipal, soumises à l'avis d'une djemmaâ (L. 5 avr. 1884, art. 164, complété par L. 1er août 1918).

31 *bis*. Ligne 11, *ajouter* : Les écoles d'enseignement supérieur d'Alger ont reçu le titre de facultés et ont été constituées en université par une loi du 30 déc. 1909. — Bien qu'organisée, en principe, conformément au droit commun, la nouvelle université diffère de celles de la métropole : d'une part, les facultés qui la composent ne jouissent ni de la personnalité civile, ni de l'autonomie financière ; d'autre part, elles ne peuvent conférer les titres d'Etat (baccalauréat, licence, doctorat) que dans certaines conditions qui ont été réglées par décrets.

34 *bis*. Le recrutement et l'avancement des juges de paix en Algérie ont été réglés par décret du 30 déc. 1908. — La loi du 31 juill. 1913 a rendu applicables en Algérie les dispositions de la loi du 12 juill. 1905 étendant la compétence civile des juges de paix (V. *Justice de paix*, nos 7 et s.). — Toutefois sont maintenues les dispositions anciennes relatives à la compétence des juges de paix à compétence étendue.

46 *bis*. Les indigènes musulmans non citoyens français sont admis, au même titre que les citoyens français et sous les mêmes conditions d'aptitude, aux fonctions et emplois publics, sauf certaines fonctions d'autorité (L. 4 févr. 1919, art. 14).

46 *ter*. Les indigènes qui remplissent les conditions suivantes : être âgé de 25 ans, être monogame ou célibataire, n'avoir jamais été condamné pour crime ou pour délit ou pour actes d'hostilité contre la France, avoir deux ans de résidence consécutive dans la même commune, obtiennent la qualité de citoyen français s'ils satisfont, en outre, à l'une des conditions spéciales ci-après : avoir accompli leur service militaire, savoir lire et écrire en français, être propriétaire ou fermier, avoir été investi d'un mandat électif, être fonctionnaire, ou pensionné pour services publics, etc. (L. 4 févr. 1919). Après enquête du juge de paix, le tribunal civil déclare que le postulant est admis à la qualité de citoyen français.

ALIÉNÉS

24 *bis*. Les dépenses de transfert et d'entretien des aliénés indigents sans domicile de secours sont supportées par l'Etat dans leur intégralité depuis le 1er janv. 1914 (L. 13 juill. 1911, art. 101).

27 *bis*. Ligne 2, *au lieu de :* enquêtes, *lire :* requêtes.

ALIMENTS

4 *bis*. Ligne 5, *au lieu de :* trois cas, *lire :* deux cas. — Lignes 8 à 22, *supprimer depuis :* 3° Lorsque la belle-mère..., *jusque :* à ses enfants (En effet, l'art. 12 de la loi du 9 août 1919, modifiant l'art. 206 Code civ., maintient l'obligation alimentaire à la charge des gendres et belles-filles lorsque la belle-mère a convolé en secondes noces). — Avant-dernière ligne, *supprimer :* ni pour la belle-mère, ni...

19 *bis*. Les juges de paix connaissent, à charge d'appel, des demandes de pension alimentaire lorsqu'elles n'excèdent pas 600 francs par an (V. *Justice de paix,* nº 29).

ALLAITEMENT MATERNEL. — V. *Assistance publique.*

ALLUMETTES CHIMIQUES. — V. *Impôts indirects.*

ALSACE ET LORRAINE

1. Les territoires d'Alsace et de Lorraine cédés à l'Allemagne en vertu du traité de Francfort du 10 mai 1871 ont été réintégrés dans la souveraineté française, à compter du 11 nov. 1918, date de l'armistice, par l'art. 51 du Traité de paix du 28 juin 1919. Ces provinces ont fait retour à la France avec leur frontière de 1870, et franches et quittes de toutes dettes publiques (art. 55). Le Traité de paix règle les conditions de cette réintégration.

2. — I. Administration. — Au lendemain de l'armistice, un décret du 15 nov. 1918 confia l'administration civile de l'Alsace-Lorraine à trois commissaires de la République respectivement chargés des territoires de Lorraine, Basse-Alsace et Haute-Alsace et placés sous l'autorité directe du président du conseil. — Actuellement, et jusqu'à ce qu'il ait été pourvu par une loi à l'organisation des services publics, l'administration des territoires d'Alsace et de Lorraine est exercée, sous l'autorité directe et par délégation permanente du président du conseil, par le commissaire général de la République à Strasbourg. Trois commissaires de la République résidant à Strasbourg, Metz et Colmar assurent, sous son autorité, l'administration des départements du Bas-Rhin, de la Moselle et du Haut-Rhin. — Un conseil consultatif, comprenant 35 membres (sénateurs, députés, conseillers généraux, etc.), siège auprès du commissaire général; il délibère et émet son avis sur toutes les questions dépassant le cadre d'un département.

3. Les circonscriptions administratives existant en Alsace et en Lorraine sont provisoirement maintenues. Toutefois, les districts de Basse-Alsace, de Haute-Alsace et de Lorraine sont redevenus les départements du Bas-Rhin, du Haut-Rhin et de la Moselle. Les cercles ont repris le nom d'arrondissement (L. 17 oct. 1919, art. 2). — La loi du 10 août 1871, relative aux conseils généraux, ainsi que les lois qui l'ont modifiée ou complétée, sont applicables en Alsace et Lorraine (Décr. 10 janv. 1921). Toutefois, plusieurs dispositions sont réservées.

4. — II. Régime législatif. — Jusqu'à ce qu'il ait été procédé à l'introduction des lois françaises, les territoires d'Alsace et de Lorraine continuent à être régis par les dispositions législatives ou réglementaires qui y étaient en vigueur lors de la loi du 17 oct. 1919. La législation française est introduite, en principe, par des lois spéciales, qui fixent les modalités et les délais de son application; toutefois, en cas d'urgence, l'introduction peut être faite par des décrets soumis à la ratification du Parlement. — Des décrets peuvent également être pris en vue d'assurer l'application des lois et règlements locaux ou leur adaptation temporaire aux lois et institutions françaises.

5. Il est procédé aux élections sénatoriales, législatives, départementales et communales conformément aux lois électorales françaises (L. 17 oct. 1919, art. 8).

6. Le budget d'Alsace et de Lorraine est préparé par le commissaire général de la République et approuvé par décret soumis à la ratification des Chambres (L. 31 juill. 1920, art. 72). — A partir de l'exercice 1922, les recettes et les dépenses de ce budget sont rattachées au budget général de l'Etat (L. 31 déc. 1921).

7. La perception des droits, produits et revenus est autorisée annuellement par la loi. Les droits de douane sont établis et perçus selon les lois en vigueur sur l'ensemble du territoire. A titre temporaire, et jusqu'à ce qu'une loi spéciale soit intervenue à cet effet, l'introduction du régime fiscal français, par voie de création, modification ou suppression d'impôts, taxes ou redevances de toute nature, fait l'objet de décrets contresignés par le président du conseil et le ministre des Finances et rendus sur le rapport du commissaire général de la République. Ces décrets sont soumis à la ratification des Chambres dans le délai d'un mois (L. 17 oct. 1919, art. 6). V. nᵒˢ 24 et s.

8. — III. Nationalité. — A dater du 11 nov. 1918, ont été réintégrés de plein droit dans la nationalité française : 1º les personnes qui avaient perdu cette nationalité par application du traité de Francfort du 10 mai 1871 et n'avaient pas acquis depuis lors une nationalité autre que la nationalité allemande; 2º les descendants légitimes ou naturels des personnes ci-dessus visées, à l'exception de ceux ayant parmi leurs ascendants en ligne paternelle un Allemand émigré en Alsace-Lorraine postérieurement au 15 juill. 1870; 3º tout individu né en Alsace-Lorraine de parents inconnus ou dont la nationalité est inconnue. — La réintégration est constatée par l'inscription des intéressés sur un registre tenu à la mairie de la commune d'Alsace ou de Lorraine où ils ont leur domicile ou leur résidence. Un extrait de l'inscription est délivré d'office par le maire.

9. Dans l'année qui a suivi la mise en vigueur du traité de paix (c'est-à-dire du 11 janv. 1920 au 11 janv. 1921), les personnes appartenant aux catégories ci-après ont pu réclamer la nationalité française : 1º Toute personne non réintégrée et qui a, parmi ses ascendants, un Français ou une Française ayant perdu la nationalité française dans les conditions prévues au paragraphe 1ᵉʳ (V. nº 8); 2º tout étranger, non ressortissant d'un Etat allemand, qui a acquis l'indigénat alsacien-lorrain avant le 3 août 1914; 3º tout Allemand domicilié en Alsace-Lorraine, s'il y est domicilié depuis une date antérieure au 15 juill. 1870, ou si l'un de ses ascendants était à cette date domicilié en Alsace-Lorraine; 4º tout Allemand né ou domicilié en Alsace-Lorraine, qui a servi dans les rangs des armées alliées ou associées pendant la guerre de 1914-1919, ainsi que ses descendants; 5º toute personne née en Alsace-Lorraine avant le 10 mai 1871 de parents étrangers, ainsi que ses ascendants; 6º le conjoint de toute personne soit réintégrée en vertu du paragraphe 1ᵉʳ (V. nº 8), soit réclamant et obtenant la nationalité française aux termes des dispositions qui précèdent.

10. — IV. Législation civile (état des personnes, propriété, contrats, preuves, etc.). — Jusqu'à l'introduction des lois civiles françaises dans les départements du Bas-Rhin, du Haut-Rhin et de la Moselle, l'état et la capacité des Alsaciens-

Lorrains et de leurs enfants légitimes ou naturels, nés même depuis le 11 nov. 1918, sont régis par la loi locale. Il en est de même de l'état et de la capacité des enfants nés dans ces départements de parents inconnus. L'état et la capacité de toute autre personne de nationalité française, même domiciliée dans un de ces départements, sont régis par la loi française (L. 24 juill. 1921, art. 1er).

11. Le régime de la propriété et des droits réels en matière mobilière ou immobilière est déterminé par la loi du lieu de la situation des biens. En matière mobilière, la situation qui détermine la loi applicable est celle que le meuble occupe au début de l'instance (L. 24 juill. 1921, art. 4). — Les successions sont régies, sans distinction entre la masse mobilière et la masse immobilière, par la loi qui détermine l'état et la capacité du *de cujus* au moment du décès.

12. En principe, et sous réserve de la faculté d'option prévue ci-après, les formes de tous les actes juridiques volontaires, et notamment des contrats, sont déterminées par la loi du lieu de la passation de l'acte; les règles de la procédure, par la loi de la juridiction saisie (L. 24 juill. 1921, art. 6). Les effets des contrats sont déterminés par la loi à laquelle les parties se sont référées; à défaut de référence, le juge applique la loi du lieu de l'exécution (art. 7). — Tous les actes juridiques volontaires, et notamment les contrats, qui sont régis par la loi locale, peuvent être soustraits pour leur forme et leurs effets à l'application de cette loi et soumis à la loi française par une simple déclaration de volonté des parties (L. 24 juill. 1921, art. 10). Ainsi les Alsaciens-Lorrains peuvent, par une simple déclaration insérée à leur contrat de mariage, adopter un régime matrimonial organisé par le Code civil français.

13. — V. **Législation commerciale.** — Le décret du 16 févr. 1921 a rendu applicables dans les départements d'Alsace et de Lorraine l'art. 1er, § 1er, de la loi du 24 juill. 1867 sur les sociétés, relatif au montant minimum des actions et coupures d'actions (V. *Société anonyme*, n° 4), et l'art. 24 de la même loi en tant qu'il se réfère au précédent (V. *ibid.*, n° 9).

14. Les règles de la faillite sont déterminées par la loi du lieu du domicile du débiteur (L. 24 juill. 1921, art. 9).

15. Le régime monétaire de l'Alsace et Lorraine a été réglementé par un arrêté ministériel du 26 nov. 1918. Depuis le 15 déc. 1918, la monnaie divisionnaire allemande, les billets de banque et autres instruments monétaires allemands n'ont plus cours dans les départements recouvrés; l'importation de cette monnaie y est interdite. Elle a été échangée aux Alsaciens, aux Lorrains et à ceux des ressortissants alliés ou autres qui résidaient dans le pays avant le 1er août 1914, contre billets et monnaie ayant cours en France, au taux de 1 fr. 25 pour 1 mark. Le même taux a été appliqué au remboursement des dépôts à vue dans les banques et à la conversion en francs des valeurs exprimées en marks dans les contrats passés entre Alsaciens-Lorrains, ou entre Alsaciens Lorrains et Français. — La loi du 22 juin 1922, relative à la réforme monétaire en Alsace et Lorraine, a eu pour objet de régler la situation des banques, de la Caisse des dépôts et consignations d'Alsace et de Lorraine et des caisses d'épargne.

16. Les transports par chemin de fer sont soumis aux dispositions du Code civil et du Code de commerce français concernant le contrat de transport (Décr. 28 juill. 1921).

17. Sont applicables dans les départements du Bas-Rhin, du Haut-Rhin et de la Moselle les lois françaises concernant les brevets d'invention, les marques de fabrique et de commerce, le nom commercial, les noms de localités, indications de provenance et d'origine, les secrets de fabrique, les médailles et récompenses, les dessins et modèles, la propriété littéraire et artistique. — Les droits résultant de brevets allemands qui, appartenant à des Alsaciens-Lorrains ou à des Français, font l'objet d'une exploitation suffisante, au sens de la loi française, sur les territoires réintégrés, bénéficient de la protection de la loi française pendant la durée normale fixée par la loi allemande. Les établissements qui fabriquent des produits ou utilisent des procédés brevetés en France ne peuvent vendre leurs marchandises qu'en Alsace et Lorraine.

18. — VI. **Lois pénales et d'instruction criminelle.** — Sous réserve de certaines dispositions des lois allemandes ou locales qui sont provisoirement maintenues, les lois pénales et d'instruction criminelle françaises sont applicables dans les départements du Bas-Rhin, du Haut-Rhin et de la Moselle (Décr. 25 nov. 1919, art. 1er). — Les contraventions, les délits et les crimes sont respectivement de la compétence des tribunaux de bailliage, des tribunaux régionaux et des cours d'assises (Décr. 25 nov. 1919, art. 12).

19. — VII. **Organisation judiciaire.** — En matière civile comme en matière pénale, la juridiction est exercée, en Alsace et Lorraine, par les tribunaux de bailliage et par les tribunaux régionaux (Décr. 6 déc. 1918, art. 3). Les crimes sont déférés à la cour d'assises (Décr. 12 févr. 1920). — Les tribunaux de bailliage statuent en dernier ressort jusqu'à une valeur de 375 fr.

20. A Colmar siège un tribunal supérieur dont la compétence est, en principe, celle de l'*Oberlandesgericht* (Décr. 6 déc. 1918, art. 12). — Les appels devant le tribunal supérieur sont formés soit conformément à la loi locale, soit par déclaration au greffe du tribunal régional ou des tribunaux de bailliage. — Les décisions des juridictions susindiquées peuvent être l'objet de pourvois devant la Cour de cassation, conformément à la loi française. A cet égard, les tribunaux de bailliage sont assimilés aux justices de paix, les tribunaux régionaux aux tribunaux de première instance, le tribunal supérieur à une cour d'appel.

21. La loi du 21 nov. 1872 sur le jury criminel est applicable dans les départements du Bas-Rhin, du Haut-Rhin et de la Moselle (Décr. 12 févr. 1920). Les membres du jury ont droit aux indemnités prévues par les lois et règlements français (Décr. 3 sept. 1920).

22. Un tribunal administratif, siégeant à Strasbourg, a été institué par le décret du 26 nov. 1919. Il remplace les conseils de district et le conseil impérial. En principe, sa compétence est celle de ces anciennes juridictions; la procédure en usage devant elles est maintenue. Toutefois, les réclamations en matière électorale sont jugées par le tribunal administratif conformément aux règles suivies devant le conseil de préfecture. Cette disposition ne concerne pas les réclamations contre les élections des conseillers généraux, qui sont portées directement au Conseil d'Etat. — Le Conseil d'Etat est compétent pour connaître des recours pour excès de pouvoir contre les actes des autorités administratives (Décr. 26 nov. 1919, art. 10).

23. — VIII. **Législation fiscale.** — Un certain nombre de lois françaises, en matière d'impôts, ont été rendues applicables à l'Alsace-Lorraine. Ces mesures ont eu pour corollaire l'abrogation des lois d'Empire et des lois locales qui auraient fait double emploi avec la législation introduite.

24. L'impôt général sur le revenu et l'impôt cédulaire sur les traitements, salaires, pensions et rentes viagères sont applicables en Alsace et Lorraine (L. 25 juin 1920, art. 113). Il en est de même de l'impôt cédulaire sur le revenu des créances, dépôts et cautionnements (Décr. 22 mars 1920, art. 15). En ce qui concerne l'impôt sur le revenu des valeurs mobilières, V. n° 27. — Les taxes créées par les art. 57 à 76 de la loi du 25 juin 1920 (taxes sur le chiffre d'affaires et sur les ventes d'objets de luxe) sont perçues dans les départements du Bas-Rhin, du Haut-Rhin et de la Moselle conformément au décret du 24 juill. 1920. L'art. 114 de la loi précitée du 25 juin 1920, qui introduit cette législation, abroge la loi d'empire du 26 juill. 1918 relative à l'impôt sur le chiffre d'affaires.

26. La législation française relative aux droits d'enregistrement a été introduite en Alsace et Lorraine par le décret du 22 mars 1920, sauf certaines restrictions ou réserves. — Quant à la législation concernant les **droits de timbre**, elle a été introduite par le décret du 20 juill. 1920.

27. Le décret précité du 22 mars 1920 a étendu aux départements du Bas-Rhin, du Haut-Rhin et de la Moselle le régime fiscal français des sociétés et des valeurs mobilières. Les communes, établissements publics, etc., et les sociétés, compagnies ou entreprises ayant leur siège social en Alsace et Lorraine supportent le droit de timbre, l'impôt de transmission, l'impôt sur le revenu, l'impôt sur les tantièmes des administrateurs. Les lois relatives à l'impôt sur le revenu des valeurs étrangères sont également applicables. Les émissions de titres de sociétés sont soumises aux formalités de publicité prévues par l'art. 3 de la loi du 30 janv. 1907. Les opérations d'achat et de vente de valeurs de bourse sont assujetties au droit de timbre institué par les art. 28 et s. de la loi du 28 avr. 1893.

28. En matière de contributions indirectes, les départements d'Alsace et Lorraine sont soumis, quant au régime fiscal des vins, aux lois françaises (Décr. 25 août 1921). — La législation française relative aux distilleries, à l'alcool dénaturé, aux alambics, aux eaux-de-vie et alcools naturels, à l'absinthe, etc., a été introduite par le décret du 12 mars 1921. Un décret du même jour a étendu à l'Alsace-Lorraine les art. 82, 85, 86, 87, 91, 92 à 96, 98, 104, 105 et 108 de la loi du 25 juin 1920, relatifs au sel, au droit de consommation sur la bière et sur les eaux minérales, aux vermouths et vins de liqueur, aux jeux dans les casinos, aux spectacles, aux courses de chevaux, au droit des pauvres, etc. — L'art. 2 de ce décret a introduit les art. 99 à 103 de la loi précitée, complétés par les art. 35, 36 et 37 de la loi du 31 juill. 1920, concernant l'impôt sur les voitures automobiles. — La production, la circulation et la détention du tabac sont réglementées par les décrets des 27 mai 1920 et 20 oct. 1921. — Les lois, décrets, etc., relatifs aux modes de poursuite et de recouvrement des impôts indirects, à la prescription et à la restitution des droits, au régime des acquits-à-caution, à la force probante des actes dressés par les agents, à la responsabilité des redevables, sont applicables en Alsace et Lorraine (Décr. 12 mars 1921, art. 7).

29. Les tarifs douaniers et, d'une manière générale, la législation douanière française sont applicables dans les départements d'Alsace et Lorraine (Arr. min. 30 janv. 1919 ; L. 17 oct. 1919, art. 6).

30. — IX. **Législation sociale.** — En matière d'assurance, le Code des assurances sociales du 19 juill. 1911 a été maintenu en vigueur. Ses dispositions ont été modifiées : ... relativement à l'assurance contre la maladie et contre l'invalidité, par le décret du 28 oct. 1920 ; ... quant aux taux des rentes et des cotisations, par le décret du 17 nov. 1920 ; ... quant à l'organisation des caisses de malades agréées, par le décret du 19 févr. 1921. — La loi du 19 avr. 1921 règle la situation des assurés de la loi des retraites ouvrières qui travaillent en Alsace et Lorraine et des Alsaciens-Lorrains affiliés à l'assurance-invalidité qui travaillent en France.

31. En matière d'assistance, il convient de signaler : ... le décret du 11 avr. 1920, qui étend aux départements alsaciens-lorrains la législation française sur les enfants assistés ; ... les deux décrets du 14 oct. 1921, relatifs à l'assistance aux familles nombreuses et à l'assistance aux femmes en couches ; ... les décrets du 12 juin et du 31 juill. 1920, concernant les subventions aux sanatoriums et aux dispensaires d'hygiène sociale et de préservation antituberculeuse.

32. La législation locale sur les caisses d'épargne a été modifiée par le décret du 25 nov. 1919, qui a mis cette législation en concordance avec la loi française du 18 oct. 1919. — Ont été introduites en Alsace et Lorraine : ... la législation relative aux habitations à bon marché et à la petite propriété (Décr. 12 mars 1921) ; ... les lois du 21 mars 1884 et du 12 mars 1920 sur les syndicats professionnels (Décr. 3 déc. 1919).

33. — X. **Dommages de guerre.** — Divers décrets ont d'abord rendu applicables dans les départements du Bas-Rhin, du Haut-Rhin et de la Moselle des dispositions spéciales de la loi du 17 avr. 1919 sur la réparation des dommages de guerre. Puis le décret du 3 sept. 1920, ratifié par L. 19 juill. 1921, et modifié par Décr. 27 août 1921, a introduit cette législation d'une manière générale, à l'exception de quelques articles, et sous réserve de certaines mesures transitoires. La loi locale du 3 juill. 1916, sur la constatation des dommages de guerre, est partiellement maintenue en vigueur.

ANTIQUITÉS. — V. *Vente publique de meubles.*

APÉRITIFS. — V. *Impôts indirects.*

APPEL CIVIL ET COMMERCIAL

78. — Lire : b) *Délai dans lequel il doit être statué sur l'appel.* — Le tribunal civil doit statuer sur l'appel des jugements des conseils de prud'hommes dans les trois mois à partir de l'acte d'appel.

APPEL CRIMINEL

6 bis. Dans les affaires forestières poursuivies à la requête de l'Administration, l'appel est toujours possible de la part de toutes les parties, quelles que soient la nature et l'importance des condamnations (L. 31 déc. 1906).

9 bis. Le délai de dix jours est porté à quinze jours pour l'appel interjeté par les agents forestiers dans les affaires forestières poursuivies à la requête des agents de l'Administration (L. 31 déc. 1906).

APPELLATIONS D'ORIGINE. — V. *Propriété industrielle et commerciale, Vente de substances falsifiées.*

APPRENTISSAGE. — V. *Travail.*

ARBITRAGE INTERNATIONAL

12 et s. *bis.* Le Traité de paix de Versailles, du 28 juin 1919, prévoit (art. 13 et 14) le règlement arbitral de litiges internationaux et l'institution d'une cour permanente de justice internationale (Protocole du 16 déc. 1920, approuvé par L. 22 juill. 1921). — V. *Société des nations.*

ARCHITECTE

3 *bis.* Les honoraires alloués pour la direction des travaux d'architecture exécutés au compte de l'Etat ne peuvent dépasser 5 pour 100 du montant des travaux exécutés (L. 27 févr. 1912, art. 52).

ARCHIVES

3 *bis.* Les cadres et les traitements du personnel des Archives nationales ont été fixés par un décret du 23 mai 1912, modifié par Décr. 2 juill. 1913.

6 *bis.* Les archivistes départementaux sont des fonctionnaires de l'Etat. Ils sont nommés par le ministre de l'Instruction publique, après avis du préfet (L. 11 mai 1921, modifiée par L. 31 déc. 1921, art. 112).

ARGENT. — V. *Or-argent-platine.*

ARMÉE

1 *bis.* La constitution des cadres et effectifs des différentes armes a été remaniée par les lois des 7 août 1913 et 15 avr. 1914. Les dispositions de ces lois ont été profondément modifiées en raison de la guerre. D'autres, prises postérieurement, ont été exceptionnelles et temporaires. Des projets de loi actuellement en discussion devant les Chambres ont pour objet d'adapter l'organisation de l'armée à la situation nouvelle.

3 *bis.* Le Conseil supérieur de la guerre, réorganisé par le décret du 23 janv. 1920 (modifié par Décr. 30 mars et 1er juill. 1920, 5 janv. 1921), comprend : le ministre de la Guerre, président, les maréchaux de France, dix généraux de division au maximum, dont le chef d'état-major général. Les sous-chefs de l'état-major général en font partie avec voix consultative. Les membres du conseil sont nommés par décret au début de chaque année. — Le président de la République peut provoquer la réunion du conseil supérieur. Il en prend la présidence quand il le juge utile; dans ce cas, le président du conseil assiste à la séance. — Le Conseil supérieur de la guerre est chargé de fournir des avis motivés sur les questions se rattachant à la préparation à la guerre. Il est obligatoirement consulté sur tous les sujets intéressant l'organisation générale de l'armée, les méthodes d'instruction et d'entraînement des troupes, la mobilisation, les plans de concentration, l'adoption de nouveaux engins de guerre, les systèmes défensifs des frontières, etc. — Le maréchal de France ou général de division appelé à commander les armées françaises en temps de guerre prend, en temps de paix, le titre de vice-président du conseil supérieur de la guerre.

3 *ter.* Le Conseil supérieur de la défense nationale, créé par décret du 3 avr. 1906, et réorganisé par le décret du 17 nov. 1921, a pour mission d'étudier toutes les questions relatives à la défense nationale qui exigent la coopération de plusieurs départements ministériels. Il se compose du président du conseil des ministres, président, des ministres des Affaires étrangères, de

l'Intérieur, des Finances, de la Guerre, de la Marine, des Travaux publics, des Colonies. Il se réunit sur la convocation de son président et au moins deux fois par an. Le président de la République en provoque la réunion chaque fois qu'il le juge utile, et il en prend la présidence quand il estime devoir le faire.

14 *bis.* L'état-major général de l'armée est placé sous la haute autorité du maréchal de France ou du général de division vice-président du Conseil supérieur de la guerre. Celui-ci est assisté d'un officier général, membre du Conseil supérieur, qui prend le titre de chef d'état-major général et qui est le chef d'état-major désigné des armées mobilisées. Il est secondé dans ses fonctions par trois sous-chefs, généraux de division ou de brigade, dont l'un, du grade de général de division, a le titre de premier sous-chef de l'état-major général de l'armée (Décr. 23 janv. 1920).

16 *bis.* En cas de mobilisation, le cadre du corps de santé militaire est complété, non seulement par des médecins et des pharmaciens, mais aussi par des *dentistes* militaires de réserve et de l'armée territoriale. Les dentistes possèdent une hiérarchie propre.

19 *bis.* La loi du 11 avr. 1911 a créé, pour les officiers, la position « en réserve spéciale ».

20 *bis.* Des *congés sans solde* d'une durée de trois ans peuvent être accordés, jusqu'à concurrence du chiffre fixé chaque année par la loi de finances, aux officiers et assimilés qui en font la demande et qui comptent au moins quatre ans de services effectifs, dont deux dans le grade d'officier ou assimilé.

21 *bis.* Les officiers et assimilés de la réserve et de l'armée territoriale restés dans les cadres de l'armée jusqu'à la limite d'âge (60 ans pour les officiers subalternes, 65 ans pour les officiers supérieurs), et s'étant de ce fait créé des services exceptionnels dans les réserves, sont placés dans la position d'*officier honoraire.*

22 *bis.* Un décret du 16 mai 1910 a attribué aux élèves officiers des écoles de sous-officiers, et aux élèves des grandes écoles militaires ayant accompli une année de service, le grade d'*aspirant.* L'aspirant est le supérieur du sergent-major ou du maréchal des logis chef; mais il est l'inférieur de l'adjudant. — La loi du 30 mars 1912 a créé le grade d'*adjudant chef*, intermédiaire entre le grade de sous-lieutenant et l'emploi d'adjudant.

27 *bis.* Le nombre des régions de corps d'armée a été porté à vingt (pour le territoire de la France) par la loi du 22 déc. 1913.

39 *bis.* Le corps du commissariat des troupes coloniales a été transformé en *intendance* de ces troupes par la loi du 14 avr. 1906.

ARMÉE DE MER. — V. *Marine militaire.*

ARMES

7 *bis.* Dans tous les cas, les armes et les engins prohibés sont confisqués et détruits, à la diligence du procureur de la République (L. 24 mai 1834, art. 1er, complété par L. 27 déc. 1916, art. 2).

ARRONDISSEMENT

5 *bis.* Les conseillers d'arrondissement peuvent recevoir, en vertu de l'art. 38 de la loi du 27 févr. 1912, une indemnité de déplacement et une indemnité de séjour dans les mêmes conditions que les conseillers généraux. — V. *Conseil général,* n° 2 *bis.*

ARTILLERIE. — V. *Armée.*

ARTILLERIE NAVALE. — V. *Marine militaire*.

ARTISAN. — V. *Impôts directs, Impôt sur le chiffre d'affaires*.

ASSISTANCE AUX FAMILLES NOMBREUSES. — V. *Assistance publique*.

ASSISTANCE AUX FEMMES EN COUCHES. — V. *Assistance publique*.

ASSISTANCE AUX VIEILLARDS, INFIRMES, ETC. — V. *Assistance publique*.

ASSISTANCE JUDICIAIRE

20 *bis. Ajouter :* 3° aux ouvrières et employées qui ont à former des demandes en dommages-intérêts contre leurs patrons pour congédiement en violation de la loi du 27 nov. 1909 (V. *Louage de services*, n°s 32 *bis* et s.) garantissant leur travail aux femmes en couches ; 4° aux salariés pour les différends relatifs à l'exécution de la loi du 5 avr. 1910 (V. *Retraites ouvrières*), sur les retraites ouvrières et paysannes (art. 33).

ASSISTANCE PUBLIQUE

2 *bis.* L'assistance publique dépend du ministère de l'Hygiène, de l'Assistance et de la Prévoyance sociales, créé par le décret du 27 janv. 1920. — Le Conseil supérieur de l'Assistance publique a été réorganisé par le décret du 28 févr. 1919, modifié par Décr. 10 juill. 1919 et 16 mai 1922.

6 *bis.* — I. Assistance de l'enfance. — Les enfants en dépôt, enfants en garde, enfants abandonnés, orphelins pauvres, enfants délaissés, maltraités ou moralement abandonnés, ont leur domicile de secours dans le département où ils sont nés (L. 13 juill. 1911, art. 99).

6 *ter.* En remplacement du Conseil supérieur de la natalité et de la protection de l'enfance institué par décret du 24 mai 1921, il a été créé, par décret du 16 mai 1922, au ministère de l'Hygiène, de l'Assistance et de la Prévoyance sociales un Conseil supérieur de la natalité et un Conseil supérieur de la protection de l'enfance distincts l'un de l'autre.

17 *bis.* — II. Assistance des vieillards et des infirmes. — Depuis le 1er juill. 1918 l'allocation mensuelle attribuée aux vieillards, aux infirmes et aux incurables est majorée d'une somme de 10 fr., à la charge exclusive de l'Etat (L. 28 juin 1918, art. 5). Cette disposition, dont l'effet devait prendre fin un an après la cessation des hostilités, a été prorogée par des lois successives, dont la dernière en date du 31 déc. 1921 (art. 141), jusqu'au 31 déc. 1922.

17 *ter.* Avant tout payement d'allocation il est remis aux assistés par l'ordonnateur du bureau de bienfaisance ou d'assistance une carte d'identité valable pendant trois ans. — Les allocations sont payées à l'assisté ou à un tiers le représentant sur le vu de la carte d'identité et après signature de la partie prenante pour acquit (Décr. 9 mai 1922).

28 *bis.* — III. Assistance médicale gratuite. — Lignes 14 à 17, *supprimer :* Dans tous les cas, celle-ci (la commune) supporte les frais des dix premiers jours de traitement... *et lire :* La commune ne supporte les frais de traitement que si celui-ci n'a pas duré plus de dix jours ; en cas de traitement plus prolongé, les frais sont remboursés à la commune par le département à partir du premier jour (L. 15 juill. 1893, art. 21, modifié par L. 1er août 1919).

29 *bis.* Jusqu'au 31 déc. 1924, le prix de journée des personnes placées dans les hôpitaux et hospices pourra être revisé annuellement et ne sera pas inférieur au prix de journée constaté pour l'année précédente. En cas de contestation, les recours seront portés devant la section permanente du conseil supérieur de l'Assistance publique. Des reversements seront faits soit par les hôpitaux, soit par les départements et les communes, suivant que, en fin d'exercice, la moyenne des prix de revient constatés sera inférieure ou supérieure au prix de journée fixé pourvu que la différence soit de plus de 1 pour 100 de celui-ci (L. 28 juin 1918, art. 7, remplacé par L. 14 févr. 1921).

30 *bis.* La loi du 15 avr. 1916 a prévu l'institution de *dispensaires publics d'hygiène sociale et de préservation antituberculeuse*, chargés de faire l'éducation antituberculeuse, de donner des conseils de prophylaxie et d'hygiène, d'assurer et de faciliter aux malades atteints de maladies transmissibles l'admission dans les hospices, sanatoria, maisons de cure ou de convalescence, etc., et, le cas échéant, de mettre à la portée du public des services de désinfection du linge, du matériel, des locaux et des habitations rendus insalubres par des malades.

31. — IV. Assistance aux familles nombreuses. — L'assistance aux familles nombreuses a été organisée par la loi du 14 juill. 1913, à titre de service obligatoire pour les départements, avec la participation des communes et de l'Etat. Ce service est organisé par le conseil général et administré par le préfet. — Tout chef de famille, de nationalité française, ayant à sa charge plus de trois enfants légitimes ou naturels reconnus, et dont les ressources sont insuffisantes pour les élever, reçoit une allocation annuelle par enfant de moins de treize ans au delà du *troisième* enfant de moins de treize ans. — Si les enfants restent à la charge de la mère par suite de la mort du père, de sa disparition ou de toute autre cause, l'assistance est due pour chaque enfant de moins de treize ans au delà du *premier* enfant de moins de treize ans. — Si les enfants restent à la charge du père par suite de la mort ou de la disparition de la mère, l'assistance est donnée pour chaque enfant de moins de treize ans au delà du *deuxième* enfant de moins de treize ans.

32. Le taux de l'allocation est arrêté, pour chaque commune, par le conseil municipal, sous réserve de l'approbation du conseil général et du ministre de l'Intérieur. Il ne peut être inférieur à 60 fr. par an et par enfant, ni supérieur à 90 fr. Si l'allocation est supérieure à ce dernier chiffre, l'excédent est à la charge de la commune. — Depuis le 1er juill. 1918, chacune des allocations mensuelles attribuées aux familles nombreuses est majorée d'une somme de 10 fr., à la charge exclusive de l'Etat (L. 28 juin 1918, art. 6). Cette disposition, dont l'effet devait prendre fin un an après la cessation des hostilités, a été prorogée jusqu'au 31 déc. 1922 (L. 31 déc. 1921, art. 141).

33. L'admission à l'assistance et la procédure d'appel et de recours sont réglées dans les conditions déterminées par les art. 4, 5 et 7 à 18 de la loi du 14 juill. 1905 (V. n°s 20 et 21). Le mode d'assistance est l'assistance à domicile. — Le domicile de secours est fixé dans les conditions déterminées par les art. 6, 7 et 8 de la loi du 15 juill. 1893 (V. n°s 25 et 26). — L'allocation est payée par mois et d'avance. Elle est incessible et insaisissable. — L'allocation est fournie en argent, en principe ; mais le conseil municipal peut décider que tout ou partie sera donné soit en secours de loyer, soit en nature par le bureau de bienfaisance. Avant tout payement d'allocation, il est remis aux assistés par l'ordonnateur du bureau de bienfaisance ou d'assistance une carte d'identité valable pendant trois ans. L'allocation est payée sur le vu de la carte d'identité, présentée par l'assisté et après signature pour acquit de l'état d'émargement. L'intéressé peut toucher son allocation par l'intermédiaire de son conjoint, d'un ascendant ou d'un descendant âgé de plus de 15 ans ou encore d'un tiers muni d'une procuration spéciale établie devant le maire (Décr. 9 mai 1922).

34. Les dépenses du service sont partagées entre les communes, les départements et l'État. Sont obligatoires : 1° pour les communes, les dépenses d'assistance résultant des allocations accordées aux chefs de famille ayant le domicile de secours communal ; 2° pour les départements, outre les subventions à allouer aux communes et les frais d'administration et de contrôle du service, les dépenses résultant des allocations aux chefs de famille ayant le domicile de secours départemental ; 3° pour l'État, indépendamment des subventions aux départements, les dépenses résultant des allocations aux chefs de famille n'ayant pas de domicile de secours.

35. — V. **Assistance aux femmes en couches.** — L'assistance aux femmes en couches pendant leur repos, dans les conditions déterminées par la loi du 17 juin 1913 et par les art. 69 à 73 de la loi du 30 juill. 1913 modifiés par les lois des 15 juill. 1914, 2 déc. 1917, 24 oct. 1919 et 30 avr. 1921, constitue un service obligatoire pour les départements avec la participation des communes et de l'État. Ce service est organisé par le conseil général et administré par le préfet (L. 30 juill. 1913, art. 68). — Toute femme de nationalité française et privée de ressources suffisantes a droit, pendant la période de repos qui précède et qui suit immédiatement ses couches, à une allocation journalière qui ne peut être cumulée avec aucun secours public de maternité institué en vertu de la loi du 24 juin 1914. Les ressources temporaires résultant de leur participation à des sociétés de prévoyance, et notamment aux mutualités maternelles, n'entrent pas en compte dans l'évaluation de ressources (L. 17 juin 1913, art. 3, modif. par L. 2 déc. 1917, art. 1er).

36. Avant les couches, la postulante doit justifier, par la production d'un certificat médical, qu'elle ne peut continuer à travailler sans danger pour elle-même et pour l'enfant. Après les couches, l'allocation est accordée pendant les quatre premières semaines. Dans tous les cas, l'allocation ne peut, tant pour la période qui précède que pour celle qui suit les couches, être maintenue pendant une durée totale supérieure à huit semaines. L'allocation est réduite de moitié en cas d'hospitalisation, si l'intéressée n'a pas d'autre enfant vivant au-dessous de treize ans. — L'assistance ne peut, à un moment quelconque, être accordée ou maintenue que si l'intéressée, non seulement a suspendu l'exercice de sa profession habituelle, mais encore observe tout le repos effectif compatible avec les exigences de sa vie domestique, et que si elle prend pour son enfant et pour elle-même les soins d'hygiène nécessaires, conformément aux instructions que lui donnera à cet effet la personne désignée par le bureau d'assistance.

37. L'admission au bénéfice de l'allocation journalière est prononcée dans les conditions fixées au titre III de la loi du 15 juill. 1893. Le domicile de secours s'acquiert et se perd dans les conditions prévues par cette même loi. — L'allocation est incessible et insaisissable. Elle est payée à l'assistée directement ou par l'intermédiaire d'un tiers (Décr. 9 mai 1922). Elle peut être donnée en nature, en totalité ou en partie. — Une carte d'identité valable pour toute la période des secours est délivrée aux assistées par la mairie (Décr. 9 mai 1922).

38. Le taux de l'allocation est arrêté pour chaque commune par le conseil municipal, sous réserve de l'approbation du conseil général et du préfet. Elle ne peut être inférieure à 0 fr. 50 ni supérieure à 1 fr. 50. Si elle est supérieure à 1 fr. 50, l'excédent est à la charge exclusive de la commune. — Toute Française admise au bénéfice de ces allocations et allaitant son enfant au sein reçoit, pendant les douze mois qui suivent l'accouchement, une allocation mensuelle supplémentaire de 15 fr. (L. 24 oct. 1919). — L'allocation journalière est réduite de moitié en cas d'hospitalisation, pendant toute la durée de celle-ci, si l'intéressée n'a pas d'autre enfant vivant au-dessous de treize ans (L. 17 juin 1913, art. 5). — En cas de naissances multiples, les allocations après les couches sont proportionnelles au nombre des enfants nés (L. 30 avr. 1921, art. 93).

39. Les dépenses du service sont partagées entre les communes, les départements et l'État. Sont obligatoires : 1° pour les communes, les dépenses d'assistance résultant des allocations pour le repos des femmes en couches et pour l'allaitement maternel accordées aux femmes privées de ressources ayant le domicile de secours communal ; 2° pour les départements, les dépenses d'assistance résultant des allocations aux femmes privées de ressources ayant le domicile départemental, les frais d'administration et de contrôle départemental du service, les subventions à allouer aux communes ; 3° pour l'État, indépendamment des subventions aux départements, les allocations aux femmes privées de ressources n'ayant aucun domicile de secours et les frais généraux d'administration et de contrôle.

40. Toute mutualité maternelle, toute société de secours mutuel, toute œuvre d'assistance, peut être chargée par le conseil municipal, le bureau d'assistance consulté, d'assurer le fonctionnement de l'assistance dans la commune où elle a établi son siège social ou une section. Le traité passé entre l'œuvre et la commune est soumis à l'approbation du préfet.

41. Les certificats, significations, jugements, contrats, quittances et autres actes faits en vertu de la loi du 14 juill. 1905 ou de la loi du 14 juill. 1913 et ayant exclusivement pour objet soit le service de l'assistance aux vieillards, aux infirmes et aux incurables, soit le service de l'assistance aux familles nombreuses et nécessiteuses, sont dispensés du timbre et enregistrés gratis, lorsqu'il y a lieu à la formalité de l'enregistrement (L. 14 juill. 1905, art. 38 ; L. 14 juill. 1913, art. 10).

ASSOCIATION

21 bis. Ligne 5, *ajouter :* Cependant les associations reconnues d'utilité publique peuvent acquérir, à titre onéreux ou à titre gratuit, des bois, forêts ou terrains à boiser (L. 1er juin 1901, art. 11, § 2, modifié par la loi du 2 juill. 1913, art. 2).

ASSOCIATION EN PARTICIPATION. —

V. *Société en participation.*

ASSOCIATION SYNDICALE
DE PROPRIÉTAIRES

3 *bis.* A ces trois catégories d'associations syndicales, il y a lieu d'ajouter les syndicats que les propriétaires des voies privées et ceux des immeubles riverains sont *obligés* de constituer, sur la réquisition du maire, ou, à son défaut, du préfet, pour l'exécution des travaux d'assainissement nécessaires (L. 22 juill. 1912, art. 2. — V. *Salubrité publique*, nº 2 *ter*).

16 *bis.* Les budgets des associations syndicales autorisées, après avoir été votés par le syndicat, sont transmis à la préfecture. Si le préfet constate qu'on a omis d'y inscrire un crédit à l'effet de pourvoir à l'acquittement des dettes exigibles, il doit, après mise en demeure, inscrire d'office au budget le crédit nécessaire pour faire face à cette dépense (L. 5 août 1911, art. 1er).

19 *bis.* Il est créé en faveur des associations syndicales autorisées, pour le recouvrement des taxes de l'année échue et de l'année courante, sur les récoltes, fruits, loyers et revenus des terrains compris dans le périmètre de l'association, un privilège qui prend rang immédiatement après celui de la contribution foncière et s'exerce dans les mêmes formes (L. 5 août 1911, art. 2).

21 *bis.* Sur les syndicats *obligatoires* que doivent former les propriétaires pour l'assainissement des voies privées, V. nº 3 *bis*.

ASSURANCES

4 *bis.* Lignes 1 à 12 (1er paragraphe), *lire :* Tout contrat d'assurance sur la vie ou de rente viagère, tout contrat d'assurance contre les accidents corporels ou les accidents ou risques matériels, passé par les sociétés, compagnies d'assurances et tous autres assureurs, ainsi que tout acte ayant exclusivement pour objet la formation, la modification ou la résiliation amiable de ces contrats, est soumis à une taxe annuelle et obligatoire, moyennant le payement de laquelle la formalité de l'enregistrement est donnée gratis toutes les fois qu'elle est requise. Cette taxe est fixée à 1 fr. 25 pour 100, sans décimes, du total des versements faits chaque année à ces sociétés, compagnies et assureurs. Ne sont pas assujettis à la taxe : 1º les contrats enregistrés avant le 1er juill. 1918 et les contrats exempts de droits d'enregistrement d'après les lois en vigueur ; 2º les sommes reçues dans les agences à l'étranger pour les contrats souscrits dans lesdites agences par des personnes domiciliées à l'étranger, sauf enregistrement au comptant de ces contrats en cas d'usage en France ; 3º les contrats de réassurances, lorsque la taxe est payée par l'assureur primitif (L. 29 juin 1918, art. 16 et 17).

4 *ter.* Lorsqu'un Français, domicilié en France, souscrit, à l'étranger, une assurance sur la vie, un contrat de rente viagère ou une assurance contre les accidents corporels ou contre les accidents matériels auprès d'une compagnie étrangère, il est tenu : 1º de passer au bureau de l'enregistrement de son domicile, dans les trois mois à compter de la date de la police, une déclaration faisant connaître la date de la police, la compagnie ou l'assureur avec lequel l'assurance ou la rente a été contractée, le montant du capital assuré ou de la rente, le montant de la prime, unique ou annuelle, la date stipulée pour le payement des primes, les noms et domicile de la personne sur la tête de laquelle l'assurance ou la rente a été contractée, les nom et domicile du

bénéficiaire désigné, l'époque à laquelle le capital assuré ou la rente a été stipulé payable ; 2º d'acquitter chaque année, dans les trois mois à compter de l'échéance stipulée pour chaque prime, au bureau de l'enregistrement qui a reçu la déclaration, la taxe d'abonnement représentative des droits d'enregistrement édictée par les art. 16 et 17 de la loi du 29 juin 1918 (V. nº 4 *bis*) (L. 29 juin 1918, art. 18).

5 *bis.* L'abonnement au timbre est également obligatoire pour les sociétés, compagnies d'assurances et autres assureurs ... contre les accidents corporels ou les accidents ou risques matériels (L. 29 juin 1918, art. 21, § 1er) ; ... contre la mortalité du bétail, la gelée, les inondations et autres risques agricoles (L. 14 juin 1919, art. 2).

ASSURANCES CONTRE L'INCENDIE
ET AUTRES SINISTRES

18 *bis.* La surveillance des opérations de réassurance exécutées en France et en Algérie a été organisée par la loi du 15 févr. 1917.

ASSURANCES MARITIMES

18 *bis.* Pendant la guerre de 1914-1919, les risques de guerre ont été assurés par l'Etat (L. 10 avr. 1915 ; L. 19 avr. 1917).

ATTACHÉ COMMERCIAL. — V. *Agent diplomatique.*

ATTROUPEMENT

4 *bis.* Ligne 4, *au lieu de :* ou tout agent dépositaire, *lire :* ou tout autre agent dépositaire.

AUMONIER. — V. *Armée.*

AUTOMOBILE. — V. *Impôts directs, Réquisitions militaires, Voiture.*

AUTORISATION DE FEMME MARIÉE

15 *bis.* La femme mariée n'a besoin d'aucune autorisation pour poursuivre en justice l'exercice des droits que lui confère la loi du 12 juill. 1909 sur le bien de famille (V. *Bien de famille*).

32 *bis.* Le principal du droit fixe est doublé, mais n'est plus soumis aux décimes (L. 25 juin 1920, art. 28).

AVANCE DE L'HEURE. — V. *Heure légale.*

AVANCES A L'AGRICULTURE, AU COMMERCE, A L'INDUSTRIE, AUX DÉMOBILISÉS. — V. *Crédit industriel et commercial.*

AVARIES

Sous-titre : *au lieu de :* « à 429 », *lire :* « à 409 et 433 ».

AVOCAT

1 *bis.* L'exercice de la profession d'avocat est aujourd'hui régi par le décret du 20 juin 1920, qui abroge les décrets et ordonnances antérieurs. Il faut y ajouter les règlements particuliers et les usages du barreau. — Chaque barreau doit avoir un règlement intérieur ; copie en est transmise au premier président de la cour d'appel, au procureur général, au président du tribunal et à chacun des avocats inscrits au tableau ou stagiaires. Le procureur général est en droit de déférer ces règlements intérieurs à la cour d'appel qui peut, après audition du bâtonnier, annuler celles de leurs dispositions qui sont contraires à la loi (Décr. 20 juin 1920, art. 46).

2 *bis*. Le titre d'avocat, sans qualificatif, n'existe plus. Seuls sont avocats les licenciés en droit régulièrement inscrits au tableau ou au stage du barreau d'une cour d'appel ou d'un tribunal de première instance; ils doivent faire suivre leur titre d'avocat de la mention de ce barreau (Décr. 20 juin 1920, art. 5). — Cependant, à titre transitoire, les licenciés en droit ayant prêté serment et non inscrits à un barreau, qui, antérieurement à la date de la publication du décret, avaient pris habituellement le titre d'avocat, peuvent conserver cette dénomination. Le titre d'avocat honoraire peut être conféré par le conseil de l'ordre aux avocats qui ont été inscrits au tableau pendant trente ans et qui ont donné leur démission.

6 *bis*. La profession d'avocat est incompatible avec toutes les fonctions de l'ordre judiciaire, à l'exception de celle de suppléant non rétribué, avec les fonctions de préfet, de sous-préfet et de secrétaire général de préfecture, avec celles de greffier, de notaire et d'avoué, avec les emplois à gage et ceux d'agent comptable, avec toute espèce de négoce. En sont exclues toutes personnes exerçant la profession d'agent d'affaires ou dont le conjoint exerce cette profession (Décr. 20 juin 1920, art. 45).

7 *bis*. Les avocats inscrits au tableau peuvent exercer leur ministère en conformité des lois et règlements et devant toutes les juridictions, sauf devant le Tribunal des conflits, le Conseil d'État, la Cour de cassation, la Cour des comptes et le Conseil des prises, et ce, sans autorisation et sous la seule obligation, lorsqu'ils se déplacent, de se présenter au président et au magistrat du ministère public tenant l'audience où ils plaident, ainsi qu'au bâtonnier du barreau local. Ils peuvent également, et dans les mêmes conditions, assister leurs clients, ou les représenter, s'il y a lieu, dans les mesures d'instruction prescrites par jugement ou par ordonnance (Décr. 20 juin 1920, art. 6).

7 *ter*. La mission qui est confiée à l'avocat, et qui consiste à défendre son client, ne lui donne pas le pouvoir de le représenter. Les parties sont représentées devant les cours d'appel et les tribunaux de première instance par un avoué. Devant les juridictions où n'existent pas d'avoués (tribunaux de commerce, tribunaux civils jugeant commercialement, justices de paix, conseils de prud'hommes), les parties doivent donc se présenter en personne pour assister l'avocat (C. pr. 421). Toutefois, par dérogation à ces principes, les avocats régulièrement inscrits à un barreau sont dispensés de présenter une procuration : devant les justices de paix et les tribunaux de simple police (L. 12 juill. 1905, art. 26); ... devant les conseils de prud'hommes (L. 27 mars 1907, art. 26); ... devant les juridictions commerciales (L. 13 juill. 1911, art. 96).

11 *bis*. Les droits de plaidoirie accordés aux avocats et entrant en taxe ont été réglés à nouveau par le décret du 13 juin 1922.

18 *bis*. *Ajouter in fine :* Toutefois, pendant les cinq années judiciaires qui suivront celle de la cessation des hostilités, les conseils de discipline seront composés de trois membres dans les barreaux où le nombre des avocats inscrits était au moins égal à six avant la déclaration de guerre, et où ce nombre se trouve réduit à cinq ou à quatre par suite du décès d'avocats morts pour la France (Décr. 11 août 1918).

AVORTEMENT

2 *bis*. L'art. 1er de la loi du 31 juill. 1920 punit d'un emprisonnement de six mois à trois ans et d'une amende de 100 fr. à 3 000 fr. la *provocation* au crime d'avortement, alors même que cette provocation n'a pas été suivie d'effet.

2 *ter*. La propagande anticonceptionnelle est réprimée par l'art. 3 de la loi du 31 juill. 1920, qui punit d'un emprisonnement de un mois à six mois et d'une amende de 100 fr. à 5 000 fr. quiconque décrit ou divulgue, ou offre de révéler des procédés propres à prévenir la grossesse, ou facilite l'usage de ces procédés.

AVOUÉ

4 *bis*. Les avoués ne peuvent se présenter que comme *mandataires* devant les tribunaux de commerce, les tribunaux civils jugeant commercialement, les justices de paix et les conseils de prud'hommes. Toutefois, ils sont dispensés de présenter une procuration devant celles de ces juridictions qui sont comprises dans le ressort du tribunal près lequel ils exercent leur ministère.

B

BAGAGES. — V. *Chemin de fer*, *Voiture*.

BAIL. — V. *Guerre de 1914 (Loyers)*, *Louage*.

BANQUE - BANQUIER

1 *bis*. Les banquiers sont soumis aux obligations imposées aux loueurs de coffres-forts par la loi du 18 avr. 1918 (V. *Louage*, n° 128 *bis*) (Même loi, art. 6).

3 *bis*. En ce qui concerne les obligations (déclaration, tenue d'un répertoire) imposées aux personnes, notamment aux banquiers, qui font profession de recueillir, acheter ou vendre, négocier, escompter, encaisser des monnaies ou devises étrangères, coupons, titres, V. *Change-changeur*, n° 2 *bis*.

5 *bis*. L'art. 12 de la loi du 30 juill. 1913 a soumis à un droit de timbre de 10 centimes les écrits désignés communément sous le nom d'*ordre* *de virement en banque.* Ce droit est porté à 20 centimes pour les ordres de virement qui doivent être exécutés sur une place autre que celle d'où ils ont été donnés. Il n'est pas soumis aux décimes. — Ces dispositions sont applicables dans le cas où l'ordre de virement est donné à un agent de change (L. 15 juill. 1914, art. 30).

BANQUE D'ALGÉRIE. — V. *Banque de France, Guerre de 1914 (Billet de banque).*

BANQUE DE FRANCE

4 *bis.* Ajouter, *in fine* : Les obligations émises par le Crédit national (Décr. 22 déc. 1919).

5 *bis.* Le chiffre maximum des émissions de billets de la Banque de France a été porté à 6 milliards 800 millions par la loi du 29 déc. 1911. Ce chiffre, élevé à 12 milliards par la loi du 5 août 1914, a été de nouveau majoré par plusieurs décrets; la loi du 31 juill. 1920 a autorisé le Gouvernement à porter l'émission à 43 milliards.

5 *ter.* Le maximum d'émission de la Banque d'Algérie a été porté de 200 à 250 millions par la loi du 29 déc. 1911. Ce chiffre, élevé à 400 millions par la loi du 5 août 1914, a été également majoré par plusieurs décrets successifs; le plus récent, du 19 oct. 1918, l'a porté à 1 milliard. De plus, la Banque d'Algérie a été autorisée à émettre des coupures de 5 fr. (L. 5 août 1914, art. 2, § 2).

5 *quater.* Jusqu'à ce qu'il en soit disposé autrement par une loi, la Banque de France et la Banque d'Algérie sont dispensées de l'obligation de rembourser leurs billets en espèces (L. 5 août 1914, art. 3). C'est le *cours forcé* des billets.

5 *quinquies.* Le privilège de la Banque de France et celui de la Banque d'Algérie ont été prorogés de 25 ans, jusqu'au 31 déc. 1945 par la loi du 20 déc. 1918. Le privilège accordé à la Banque de l'Afrique occidentale par le décret du 29 juin 1901, prorogé d'une année par le décret du 18 juin 1921, a été prorogé à nouveau d'une année par le décret du 22 juin 1922.

BANQUES POPULAIRES. — V. *Crédit industriel et commercial.*

BÉNÉFICES AGRICOLES. — V. *Impôts directs.*

BÉNÉFICES COMMERCIAUX ET INDUSTRIELS. — V. *Impôts directs.*

BÉNÉFICES DE GUERRE. — V. *Guerre de 1914 (Bénéfices de guerre).*

BIBERON A TUBE. — V. *Industrie et commerce.*

BICYCLETTE. — V. *Impôts indirects, Voiture.*

BIEN DE FAMILLE

Loi du 12 juill. 1909 (*Petit Code civil Dalloz*).

1. — I. Constitution du bien de famille. — Il peut être constitué, au profit de toute famille, un bien insaisissable désigné sous le nom de *bien de famille.* Les étrangers ne peuvent jouir de cette faculté qu'après avoir été autorisés à établir leur domicile en France, conformément à l'art. 13 du Code civil.

2. Le bien de famille peut comprendre soit une maison ou une portion divise de maison, soit à la fois une maison et des terres attenantes ou voisines, occupées et exploitées par la famille. La valeur dudit bien, y compris celle des cheptels et immeubles par destination, ne doit pas, lors de sa fondation, dépasser 8 000 fr. — La constitution est faite : par le mari sur ses biens personnels, sur ceux de la communauté ou, avec le consentement de la femme, sur les biens qui appartiennent à celle-ci et dont il a l'administration; par la femme, sans l'autorisation du mari ou de justice, sur les biens dont l'administration lui est réservée; par le survivant des époux ou l'époux divorcé, s'il existe des enfants mineurs, sur ses biens personnels; par l'aïeul ou l'aïeule, suivant les distinctions ci-dessus, qui recueille ses petits-enfants orphelins de père et de mère, ou moralement abandonnés; par le père ou la mère, sans descendants légitimes, d'un enfant naturel reconnu ou d'un enfant adopté. — Toute personne capable de disposer peut constituer un bien de famille au profit d'une autre personne réunissant elle-même les conditions exigées par la loi pour pouvoir le constituer.

3. Le bien de famille ne peut être établi que sur un immeuble non indivis. Il ne peut en être constitué plus d'un par famille. Lorsque le bien est d'une valeur inférieure à 8 000 fr., il peut être porté à cette valeur au moyen d'acquisitions qui sont soumises aux mêmes conditions et formalités que la fondation. Le bénéfice de la constitution du bien de famille reste acquis lors même que, par le seul fait de la plus-value postérieure à la constitution, le chiffre de 8 000 fr. se trouverait dépassé. — La constitution du bien ne peut porter sur un immeuble grevé d'un privilège ou d'une hypothèque, soit conventionnelle, soit judiciaire, lorsque les créanciers ont pris inscription antérieurement à l'acte constitutif ou, au plus tard, dans le délai de deux mois (V. n° 4). Les hypothèques légales, même inscrites avant l'expiration de ce délai, ne font pas obstacle à la constitution et conservent leur effet. Celles qui prendraient naissance postérieurement peuvent être valablement inscrites, mais l'exercice du droit de poursuite qu'elles confèrent reste suspendu jusqu'à la désaffectation du bien.

4. La constitution du bien de famille résulte d'une déclaration reçue par un notaire, d'un testament ou d'une donation. Cet acte doit contenir la description détaillée de l'immeuble avec l'estimation de sa valeur, ainsi que les nom, prénoms, profession et domicile du constituant et, s'il y a lieu, du bénéficiaire de la constitution. Il reste affiché pendant deux mois par extrait à la justice de paix et à la mairie de la commune où le bien est situé. Un avis doit, en outre, être inséré par deux fois, à quinze jours d'intervalle, dans un journal d'annonces légales du département. Jusqu'à l'expiration de ce délai de deux mois, peuvent être inscrits tous privilèges et hypothèques garantissant des créances antérieures à la constitution du bien. Pendant ce même délai, les créanciers chirographaires sont admis à former opposition à la constitution entre les mains du notaire.

5. A l'expiration du délai de deux mois, l'acte est soumis à l'homologation du juge de paix. Celui-ci ne donne son homologation qu'après s'être assuré qu'il n'existe ni privilège ni hypothèque autres que ceux visés au n° 3; que mainlevée a été donnée de toutes les oppositions; que les bâtiments sont assurés contre l'incendie. — Dans le mois qui suit son homologation, l'acte de constitution du bien doit être transcrit, à peine de nullité. La transcription ne donne lieu à la perception d'aucune taxe au profit du Trésor (L. 8 avr. 1910, art. 13).

6. — II. Régime du bien de famille. — A partir

de la transcription, le bien de famille, ainsi que
ses fruits, sont insaisissables, même en cas de
faillite ou de liquidation judiciaire ; il n'est fait
exception qu'en faveur des créanciers antérieurs
qui se sont conformés aux dispositions qui précèdent (V. n° 3), pour conserver l'exercice de leurs
droits. — Il ne peut être ni hypothéqué, ni vendu
à réméré. — Les fruits ne peuvent être saisis que
pour le payement : 1° des dettes résultant de
condamnations en matière criminelle, correctionnelle ou de simple police ; 2° des impôts afférents
au bien et des primes d'assurance contre l'incendie ; 3° des dettes alimentaires. — Le propriétaire ne peut renoncer à l'insaisissabilité du bien
de famille.

7. Le propriétaire peut aliéner tout ou partie
du bien de famille ou renoncer à la constitution.
Mais, s'il est marié ou s'il a des enfants mineurs,
l'aliénation ou la renonciation est subordonnée,
dans le premier cas, au consentement de la femme
donné devant le juge de paix, et, dans le second
cas, à l'autorisation du conseil de famille qui ne
l'accorde que s'il estime l'opération avantageuse
aux mineurs ; sa décision est sans appel.

8. En cas de destruction partielle ou totale du
bien, l'indemnité d'assurance est versée à la
Caisse des dépôts et consignations pour demeurer
affectée à la reconstitution de ce bien, et pendant
un an, à dater du payement de l'indemnité, elle
ne peut être l'objet d'aucune saisie. Il en est de
même pour l'indemnité allouée à la suite d'une
expropriation pour cause d'utilité publique.

9. Le tribunal civil statue sur toutes les demandes
relatives à la validité de la constitution, de la
renonciation à la constitution, de l'aliénation
totale ou partielle du bien de famille. L'affaire est
jugée comme en matière sommaire.

10. L'insaisissabilité subsiste, même après la
dissolution du mariage sans enfants, au profit du
survivant des époux, s'il est propriétaire du bien.
Elle peut également se prolonger par l'effet du
maintien de l'indivision prononcée par le juge de
paix, s'il existe des mineurs au moment du décès
de l'époux propriétaire de tout ou partie du
bien.

11. Le survivant des époux, s'il est coproprié-
taire du bien et s'il habite la maison, a la faculté
de réclamer, à l'exclusion des héritiers, l'attribution intégrale du bien sur estimation. Ce droit
s'ouvre à son profit, soit au décès de son conjoint,
si tous les descendants sont majeurs ou, même
lorsqu'il y a des mineurs, si la demande en maintien d'indivision a été rejetée, soit à la majorité
des enfants, lorsque l'indivision a été maintenue.

12. Il est constitué auprès du ministre de
l'Agriculture un Conseil supérieur de la petite
propriété rurale, auquel doivent être soumis tous
les règlements à faire en vertu de la loi du
12 juill. 1909 et, d'une façon générale, toutes les
dispositions intéressant la petite propriété rurale.
Un règlement d'administration publique du 26 mars
1910 a déterminé les mesures d'application de la
loi du 12 juill. 1909.

13. — III. Enregistrement. — La déclaration
de constitution d'un bien de famille n'est assujettie à aucun droit d'enregistrement quand elle
est contenue dans une donation, un testament
ou un contrat de mariage. Lorsqu'elle forme l'objet unique d'un acte notarié, elle est passible du
seul droit fixe de 6 fr. sans décimes (L. 25 juin
1920, art. 28). — La transcription de l'acte ne
donne lieu à la perception d'aucune taxe au profit
du Trésor (L. 8 avr. 1910, art. 13).

BIÈRE. — V. *Boissons.*

BILLET A ORDRE

3 *bis.* Le billet à ordre ne comporte plus
l'énonciation de la valeur fournie (L. 8 févr. 1922,
art. 2). V. *Lettre de change*, n° 8 *bis.*

4 *bis.* Ligne 7, *supprimer les mots :* ou la
valeur fournie (V. le numéro précédent).

6 *bis. Supprimer la fin du paragraphe depuis :*
La jurisprudence déclare... L'art. 113 Code com.
est, en effet, abrogé (V. *Lettre de change*, n° 13 *bis*).

7 *bis* et **12** *bis.* V. *Lettre de change,* n°s 85
bis et s. Les mêmes règles sont, en effet, applicables.

BILLET DE BANQUE. — V. *Banque de France, Guerre de* 1914 (*Billet de banque*).

BILLET DE CHEMIN DE FER. — V. *Chemin de fer.*

BILLET DE LOGEMENT. — V. *Réquisitions militaires.*

BILLON. — V. *Monnaie.*

BLESSÉS DE GUERRE. — V. *Pensions militaires.*

BOISSONS

1 *bis.* V. *Impôts directs*, n° 5 *bis*, et *Octroi*,
n° 10 *bis.*

1 *ter.* Aux droits de circulation et de fabrication s'ajoutent des surtaxes perçues au profit des
communes (V. n° 5 *bis*). — En ce qui concerne la
suppression de la licence, V. n° 65 *bis.*

5 *bis.* Les droits de circulation sont fixés, par
hectolitre, à 10 fr. pour les vins, 2 fr. pour les
piquettes, 5 fr. pour les cidres, poirés et hydromels. A ces droits s'ajoutent des surtaxes perçues
au profit des communes (4 fr. par hectolitre pour
les vins et piquettes, 2 fr. pour les cidres, poirés
et hydromels) (L. 25 juin 1920, art. 83, modifié
par L. 15 juill. 1921, art. 1er).

7 *bis.* Pour les transports de vins, cidres et
poirés, effectués de leur pressoir ou d'un pressoir
public à leur cave ou cellier, ou de l'une à l'autre
de leurs caves, dans le canton de récolte et les
cantons limitrophes, les récoltants sont admis à
détacher eux-mêmes d'un registre à souche, mis
à leur disposition et contrôlé par les agents de la
Régie, des laissez-passer dont le coût est de 0 fr. 10.
Les petites quantités transportées à bras ou à dos
d'homme circulent librement (L. 29 déc. 1900,
art. 2, § 2, modifié par L. 15 juill. 1921, art. 3).

10 *bis.* La forme de ces titres est actuellement
réglée par l'art. 23 de la loi du 23 mars 1903 et
l'art. 25 de la loi du 6 août 1905. Aux termes de
l'art. 26 de cette dernière loi, aucun spiritueux
ne peut être exposé, colporté ni vendu sans que
les fûts, caisses, bouteilles qui le contiennent
portent, sur une étiquette très apparente, la mention du titre de mouvement qui a accompagné la
marchandise, comment les substances avec lesquelles l'alcool que contient le spiritueux a été
fabriqué.

10 *ter.* Les congés ou acquits ne peuvent être
pris qu'à la recette buraliste du lieu d'enlèvement,
sauf exceptions autorisées par l'Administration.

16 *bis.* Les droits d'entrée sur l'alcool sont
supprimés jusqu'au vote de la loi établissant un
régime définitif de l'alcool (L. 30 juin 1916, art. 4 ;
L. 31 déc. 1920, art. 13).

25 *bis.* Un droit intérieur de consommation a
été établi sur les eaux minérales naturelles ou

artificielles par l'art. 15 de la loi du 30 déc. 1916 modifié par l'art. 29 de la loi du 31 déc. 1917 (V. *Impôts indirects*, n° 34 *bis*).

26 *bis*. Le droit de consommation sur l'alcool et les liquides assimilés est fixé à 1 000 fr. l'hectolitre d'alcool pur, dont 750 fr. pour le Trésor et 250 fr. pour le fonds commun établi au profit des communes par la loi du 22 févr. 1918 (L. 25 juin 1920, art. 87, § 1er). — La surtaxe de 50 fr. par hectolitre d'alcool pur établie par l'art. 15 de la loi du 30 janv. 1907 sur les absinthes, bitters, amers et toutes boissons apéritives autres qu'à base de vin, est supprimée (Même art. 87, § 6).

28 *bis*. Les vermouts et vins de liqueur sont soumis au régime de l'alcool (L. 25 juin 1920, art. 87, § 4). — L'alcool employé à la préparation des vins doux naturels est passible du droit entier de consommation (L. 30 janv. 1907, art. 12). — Ces vins sont affranchis du double droit de consommation pour la quantité d'alcool comprise entre 15 et 18 degrés (L. 15 juill. 1921, art. 2).

46 *bis*. Le droit de fabrication sur les bières est fixé à 1 fr. 50 par degré-hectolitre. Une surtaxe de 0 fr. 50 par degré-hectolitre est perçue au profit des communes (L. 25 juin 1920, art. 83, modifié par L. 15 juill. 1921, art. 1er).

50 *bis*. Jusqu'au vote de la loi établissant un régime définitif de l'alcool et en tout cas jusqu'au 30 sept. 1924 (L. 30 juin 1922, art. 15), la production de l'alcool est soumise aux dispositions de l'art. 4, § 4, de la loi du 30 juin 1916. La distillation des vins, cidres, poirés, marcs, lies et fruits ne peut avoir lieu que sous le contrôle de la Régie. Elle s'opère dans les ateliers publics prévus par l'art. 12 de la loi du 22 avr. 1905, dans les brûleries coopératives fonctionnant conformément à l'art. 22 de la loi du 31 mars 1903, dans les établissements de bouilleurs de profession, enfin chez les bouilleurs de cru distillant à domicile. Les associations et les bouilleurs doivent prendre en charge au moins 200 litres d'alcool pur par campagne, ou payer les droits sur la différence entre cette quantité et leur production réelle. — Les quantités produites sont intégralement passibles de l'impôt. Les récoltants qui s'acquittent immédiatement après la distillation bénéficient d'une remise de 10 pour 100. — En ce qui concerne l'allocation d'une certaine quantité d'alcool en franchise, V. n° 58 *bis*.

50 *ter*. L'Etat s'est réservé toutes les quantités d'alcool propres à la consommation de bouche, autres que les alcools de vin, cidre, poiré, marcs, lies et fruits et que les genièvres, jusqu'à concurrence de la moyenne des quantités produites annuellement par chaque établissement pendant la période de 1910 à 1913. Ces alcools ne peuvent être rétrocédés que pour des usages industriels et médicaux ou pour la conservation des fruits frais et sucs de fruits. — Est également réservée à l'Etat l'importation des alcools d'origine ou de provenance étrangère ou coloniale. En cas de retour à la liberté d'importation, ces alcools, à l'exception des rhums des colonies françaises, doivent payer une surtaxe (L. 25 juin 1920, art. 89, § 3 et s.).

58 *bis*. Tout exploitant de terrains plantés en vignes ou en arbres fruitiers, ayant distillé ou fait distiller partie de ses récoltes du 1er janv. 1910 au 1er janv. 1916, a droit, sur sa distillation annuelle, à une allocation en franchise de 10 litres d'alcool pur. Lorsqu'un exploitant remplissant ces conditions est décédé après le 2 août 1914, le même droit appartient au conjoint survivant (L. 30 juin 1916, art. 4, § 4 et 5). Le bénéfice de l'allocation en franchise a été étendu : à tous les exploitants qui ont été sous les drapeaux entre le 1er août

1914 et le 31 déc. 1919 (L. 30 juin 1922, art. 15); ... aux veuves non remariées des cultivateurs mobilisés après le 2 août 1914 et qui sont morts pendant la guerre (Même loi, art. 22, § 3, ajouté par L. 25 juin 1920, art. 87, § 8); ... aux exploitants des communes envahies ou évacuées pendant la guerre, pour les exploitations qu'ils possédaient avant le 1er janv. 1920, ainsi qu'aux veuves non remariées de ces exploitants morts pendant la guerre (L. 31 déc. 1920, art. 13, § 8 et 9).

64 *bis*. Une loi du 16 mars 1915, modifiée par celle du 17 juill. 1922, a interdit la fabrication, la vente en gros et au détail ainsi que la circulation de l'absinthe et des liqueurs similaires visées par l'art. 15 de la loi du 30 janv. 1907 et l'art. 17 de la loi du 26 déc. 1908. Les contraventions sont punies, à la requête de l'administration des Contributions indirectes, de la confiscation des boissons, d'une amende fiscale de 500 à 5 000 fr. et du payement du quintuple droit de consommation. — En outre, à la requête du ministère public, une amende pénale de 16 à 500 fr. peut être prononcée. En cas de récidive, la fermeture de l'établissement peut être prononcée par les tribunaux. — Une autre loi du 16 mars 1915 a autorisé le remboursement des droits perçus au profit du Trésor et des communes sur les absinthes se trouvant alors chez les débitants. Ce remboursement a lieu à charge de mise à l'entrepôt ou d'envoi à la rectification. Des crédits ont été ouverts pour ce remboursement et pour le rachat des stocks de plantes d'absinthe détenus par les cultivateurs (L. 29 mars 1915).

65 *bis*. Depuis le 1er janvier 1915, l'impôt de la licence est supprimé pour tous les débitants de boissons qui ne vendent que des bières, vins, cidres, hydromels et des boissons non alcooliques, à l'exclusion des spiritueux et apéritifs de toute nature (L. 15 juill. 1914, art. 36).

67 *bis*. En vertu de l'art. 12 de la loi du 24 déc. 1908, les personnes qui se livrent dans Paris à la fabrication des vermouts et vins de liqueur ou d'imitation sont assujetties à l'exercice et à la tenue de comptes spéciaux. Cette disposition n'est pas applicable aux vins médicinaux.

68 *bis*. La loi du 6 août 1905 décide, d'ailleurs, que les marchands de vins en gros qui justifieront avoir fait des dépenses d'installation continueront à occuper leurs locaux et à faire leurs opérations commerciales au plus tard jusqu'au 1er janv. 1916 (délai prorogé jusqu'au 1er oct. 1921 par la loi du 14 déc. 1920, mais en leur imposant, d'autre part, un régime provisoire de surveillance) (L. 6 août 1905, art. 9, § 2; L. 13 juill. 1911, art. 14, § 2).

BON DE LA DÉFENSE NATIONALE. — V. *Trésor public, Valeurs mobilières.*

BON DE POSTE. — V. *Postes, télégraphes, téléphones.*

BORNAGE

10 *bis*. Le droit fixe a été porté au double, mais n'est plus soumis aux décimes (L. 25 juin 1920, art. 28).

BOUILLEURS DE CRU. — V. *Boissons.*

BRASSERIE. — V. *Boissons.*

BREVET D'INVENTION

Sous-titre. *ajouter* : Lois des 7 avr. 1902; 1er juill. 1906; 13 avr. 1908; 8 oct. 1919; 26 juin

1920; 31 déc. 1921 (art. 51) (*Petit Code de commerce Dalloz*).

14 *bis*. La loi du 23 mai 1868 a été abrogée et remplacée par celle du 13 avr. 1908. Cette dernière loi organise, pour les inventions brevetables régulièrement admises aux expositions organisées en France ou dans les colonies avec l'autorisation de l'Administration ou son patronage, ou aux expositions étrangères internationales, officielles ou officiellement reconnues, une protection temporaire d'une durée de *douze mois*, à dater de l'ouverture officielle de l'exposition. Les exposants doivent se faire délivrer à cet effet, par le sous-préfet de l'arrondissement où a lieu l'exposition ou par l'autorité chargée de représenter officiellement la France à l'exposition, un certificat de garantie constatant que l'objet pour lequel la garantie est demandée est réellement exposé. La demande de certificat doit être faite au cours de l'exposition et, au plus tard, dans les trois mois de l'ouverture officielle de l'exposition.

20 *bis*. A la suite de la guerre de 1914, des mesures spéciales ont été édictées pour prolonger la durée des brevets d'invention qui n'avaient pas atteint leur terme légal au 1er août 1914, et celle des brevets qui ont été délivrés ou demandés après cette date, mais avant le 1er août 1919, lorsque, par suite de l'état de guerre, les titulaires ou leurs ayants cause n'ont pu les exploiter ou les faire exploiter normalement. La prolongation de durée peut être de cinq années. Une prolongation supplémentaire de une à trois années peut être accordée aux exploitants qui ont été mobilisés pendant plus de deux ans, à ceux dont l'exploitation a été détruite ou désorganisée, si ce délai paraît nécessaire à la reconstitution de leur industrie (L. 8 oct. 1919, art. 1er). — La prolongation ci-dessus prévue est prononcée par une commission spéciale (Même loi, art. 2). — La période de prolongation s'ajoute à la durée normale du brevet, après la date de son expiration ; le titulaire ou ses ayants cause doivent acquitter, pour chaque année supplémentaire, à son échéance, le montant de l'annuité légale (L. 8 oct. 1919, art. 4).

21 *bis*. Les titulaires de brevets qui ont bénéficié des dispositions du décret du 14 août 1914 suspendant les délais légaux en cette matière peuvent obtenir des délais pour l'acquittement des annuités échues. Des réductions pouvant aller, à titre exceptionnel, jusqu'à l'exonération totale, peuvent être également accordées sur le montant des annuités autres que la première dont les titulaires sont redevables envers le Trésor, lorsqu'ils justifient avoir été mis hors d'état, par suite de la guerre, d'acquitter ces annuités (L. 8 oct. 1919, art. 7).

21 *ter*. Depuis le 1er janv. 1922, la taxe des brevets d'invention est payable, pour les annuités venant à échéance et acquittées à partir de cette date, suivant le tarif ci-après : pour les 1re, 2e, 3e, 4e et 5e annuités, 125 francs ; pour les 6e, 7e, 8e, 9e et 10e annuités, 200 francs ; pour chacune des annuités ultérieures, 300 francs (L. 31 déc. 1921, art. 51).

24 *bis*. A Paris et dans le département de la Seine, le dépôt des demandes de brevets et de certificats d'addition a lieu aux bureaux de l'Office national de la propriété industrielle (L. 26 déc. 1908, art. 58).

29 *bis*. Le versement à effectuer lors du dépôt de la demande est fixé à 125 francs (L. 31 déc. 1921, art. 51). — Le procès-verbal de dépôt est dressé, à Paris, par le directeur de l'Office national de la propriété industrielle (L. 26 déc. 1908, art. 58).

32 *bis*. La remise de l'ampliation de l'arrêté du ministre du Commerce qui constitue le brevet ou le certificat d'addition, accompagné d'un exemplaire imprimé de la description et des dessins, donne lieu à la perception d'une taxe de 10 francs au profit de l'Office national de la propriété industrielle (L. 26 juin 1920, art. 3). — Les brevets d'invention et les certificats d'addition ne sont délivrés que s'il est justifié du payement de cette taxe de 10 francs. Faute d'acquittement de ladite somme dans le délai de trois mois à dater de la notification adressée à cet effet au demandeur, la demande de brevet ou de certificat est réputée non avenue. La taxe versée lors du dépôt (V. n° 29 *bis*) reste acquise au Trésor (L. 31 déc. 1921, art. 51, § 4 et 5).

39 *bis*. La taxe afférente aux demandes de certificat d'addition est portée à 100 francs (L. 31 déc. 1921, art. 51, § 3).

56 *bis*. Aucune transmission de propriété, aucune cession ou concession de droit d'exploitation ou de gage relativement à un brevet n'est valable à l'égard des tiers qu'après avoir été inscrite sur le registre spécial des brevets d'invention, tenu à l'Office national de la propriété industrielle. Toute inscription et toute radiation effectuées sur ce registre donnent lieu à la perception d'une taxe de 5 francs par brevet au profit de l'Office national de la propriété industrielle (L. 26 juin 1920, art. 4, § 1 et 2). — L'Office national est tenu de délivrer à tous ceux qui le requièrent, moyennant l'acquittement à son profit d'une taxe spéciale (5 fr. ou 1 fr. 50, suivant les cas), une copie des inscriptions portées sur le registre précité, ainsi que de l'état des inscriptions existant sur les brevets donnés en gage, ou un certificat constatant qu'il n'en existe aucune (L. 2 i juin 1920, art. 4, § 3 ; Décr. 11 sept. 1920, art. 9).

70 *bis*. Le droit proportionnel d'enregistrement de 2 pour 100 pour la cession d'un brevet d'invention est porté à 5 pour 100 (L. 25 juin 1920, art. 24). — Le droit fixe de 3 francs pour les cessions de licence est doublé, mais n'est plus soumis aux décimes (Même loi, art. 28).

BRIQUET. — V. *Impôts indirects*.

BUDGET DE L'ÉTAT
DES DÉPARTEMENTS, DES COMMUNES

I. — Budget de l'État.

8 *bis*. Il est annexé à chaque projet de loi portant fixation du budget d'un exercice l'énumération des *services spéciaux du Trésor* et des *comptes spéciaux* de divers services publics, ainsi que l'état de développement de ces services et comptes pendant l'année qui a précédé le dépôt du projet et leur situation au 1er janvier de l'année en cours (L. 12 août 1919, art. 26).

18 *bis*. Chaque année, une loi spéciale reporte à l'exercice en cours, avec la même affectation et jusqu'à concurrence des annulations qu'elle prononce sur l'exercice précédent, les crédits relatifs : 1° à l'exécution des programmes de construction, de travaux neufs, d'approvisionnements ou de matériel neuf, concernant la défense nationale ; 2° à l'approvisionnement des manufactures, ainsi qu'à l'établissement et aux installations des services industriels de l'État ; 3° à la continuation de travaux qui ont fait l'objet de lois spéciales d'engagements ou qui figurent explicitement dans les budgets (L. 27 févr. 1912, art. 71).

22 *bis*, **24** *bis*. Sont nuls et sans valeur obligatoire tous ordres ou instructions prescrivant à des comptables, en dehors des cas prévus par les lois ou par les décrets publiés au *Journal officiel*, de faire des payements au titre d'avances à régulariser par ordonnancement ou mandatement ultérieur sur les crédits du budget général de l'Etat. Les payements ainsi faits, qui excèdent les crédits législatifs ou qui concernent les dépenses pour lesquelles des lois n'ont pas ouvert de crédits, sont laissés à la charge des comptables (L. 30 avr. 1921, art. 43). — Les payeurs doivent refuser d'acquitter, même sur réquisition de l'ordonnateur, des ordonnances ou mandats qui ne seraient pas compris dans les autorisations de payement qu'ils ont reçues du Trésor ou qui dépasseraient le montant de ces autorisations (Même loi, art. 44).

26 *bis.* Les contrôleurs des dépenses engagées sont placés sous la seule autorité du ministre des Finances. Ils donnent leur avis sur les projets de budget et les demandes de crédits additionnels de toute nature des départements ministériels où établissements publics auxquels ils sont attachés (L. 12 août 1919, art. 37, modifié par L. 30 avr. 1921, art. 41). — Tout décret, tout arrêté, toute mesure ou décision pris par un ministre ou par un fonctionnaire de l'administration centrale et ayant pour effet d'engager une dépense est soumis au visa du contrôleur des dépenses engagées. En cas de refus de visa, il en est référé au ministre des Finances, en même temps qu'au ministre auprès duquel est détaché le contrôleur (L. 30 avr. 1921, art. 42).

29 *bis.* Les rapporteurs des commissions des finances des deux Chambres sont chargés de suivre et de contrôler d'une façon permanente l'emploi des crédits inscrits au budget. Tous les renseignements d'ordre budgétaire de nature à faciliter leur mission doivent leur être fournis (L. 30 juin 1917, art. 7, modifié par L. 29 juin 1920, art. 11).

II. — Budget départemental.

37 *bis.* En ce qui concerne l'assiette des centimes départementaux, V. *Impôts directs*, n° 162 *bis.*

38 *bis.* Les frais d'impression et de confection des rôles spéciaux d'impositions extraordinaires perçues au profit des départements sont ajoutés, à raison de 70 cent. par rôle et de 5 cent. par article de rôle, au montant desdites impositions, pour être recouvrés avec elles (L. 31 juill. 1920, art. 15).

38 *ter.* Les départements peuvent être autorisés, par décret rendu en Conseil d'Etat, à émettre à l'étranger des obligations d'une durée de 30 ans au maximum. Les titres émis en vertu de cette disposition et non négociables en France sont exempts d'impôt (L. 29 sept. 1919).

39 *bis.* Aux dépenses obligatoires pour les départements, il y a lieu d'ajouter : les frais de tournée du directeur des services agricoles et des professeurs d'agriculture (L. 21 août 1912) ; — les dépenses mises à leur charge par l'art. 28 de la loi du 14 juill. 1905, sur l'assistance aux vieillards, infirmes, etc.; par l'art. 8 de la loi du 14 juill. 1913 sur l'assistance aux familles nombreuses (V. *Assistance publique*, n°s 31 et s.), et par l'art. 71 de la loi de finances du 30 juill. 1913, relatif aux allocations pour le repos des femmes en couches et pour l'allaitement maternel (V. *Assistance publique*, n°s 35 et s.) ; — les dépenses résultant des imprimés à l'usage des délégations cantonales et de l'administration académique, et de l'impression du « Bulletin départemental de l'enseignement primaire » (L. 19 juill. 1889, art. 3, § 6, modifié par L. 30 juill. 1913, art. 48).

III. — Budget des communes.

49 *bis.* Ligne 8, supprimer ce qui a trait à la part des communes dans le produit de la taxe sur les vélocipèdes (L. 30 janv. 1907, art. 23). — La délivrance des permis de chasse (généraux ou départementaux) donne lieu au payement d'une somme de 20 fr. au profit de la commune dont le maire a donné l'avis exigé par l'art. 5 de la loi du 3 mai 1844 sur la chasse (L. 25 juin 1920, art. 44).

50 et s. *bis.* En ce qui concerne les bases de perception des centimes communaux, V. *Impôts directs*, n° 162 *quater.*

51 *bis.* Lorsque les rôles des contributions foncière, personnelle-mobilière, des portes et fenêtres et des patentes n'ont pas été émis à la date du 1er avril, il peut être consenti aux communes des avances sur le montant des centimes additionnels communaux. Les sommes avancées sont précomptées sur le montant total des centimes compris sur les rôles, dès l'émission de ceux-ci (L. 31 juill. 1920, art. 73).

56 *bis.* En outre, les communes peuvent instituer des taxes, égales au maximum aux taxes en principal (V. *Impôts directs*, n°s 162 *bis* et s.), sur les chevaux, mules et mulets, voitures (automobiles et autres), sur les billards publics et privés, sur les cercles, sociétés et lieux de réunion, et sur les chiens. — L'art. 7 de la loi du 30 déc. 1916 limite à 25 pour 100 du principal de la taxe d'Etat la taxe communale sur les voitures automobiles, et à 50 pour 100 des taxes d'Etat les taxes communales sur les voitures non automobiles, sur les chevaux, mules et mulets, et sur les billards. Quant à la taxe sur les cercles, sociétés et lieux de réunion, elle ne peut dépasser 40 pour 100 de la taxe d'Etat (L. 25 juin 1920, art. 21). Toutefois, dans les communes où ces taxes étaient perçues antérieurement, les proportions de 25, 50 et 40 pour 100 peuvent être élevées jusqu'à la limite nécessaire pour maintenir le produit obtenu en 1913 et en 1919.

77 *bis.* L'autorité compétente pour inscrire au budget communal les sommes nécessaires au payement des dépenses obligatoires est le Président de la République pour les communes dont le revenu est de 9 millions et au-dessus, et le préfet pour celles dont le revenu est inférieur à ce chiffre (L. 5 avr. 1884, art. 149, § 1er, modifié par L. 25 mars 1922, art. 2).

86 *bis.* La limite de 60 000 fr. de revenus au minimum, imposée aux communes pour qu'elles aient droit à un receveur spécial, a été élevée à 100 000 fr. par l'art. 44 de la loi du 26 déc. 1908.

88 *bis.* Les mandats ou ordres de payement inférieurs à 500 francs, établis au nom des créanciers des communes, peuvent être payés, sur la demande des intéressés et à leurs frais, par mandats-cartes postaux (Décr. 21 avr. 1917).

90 *bis.* Ligne 4, *au lieu de :* 30 000 fr., *lire :* 100 000 fr. (L. 5 avr. 1884, art. 157, modifié par L. 29 avr. 1921, art. 36).

BULLETIN DE VOTE. — V. *Élections.*

BUREAU D'ASSISTANCE MÉDICALE. — V. *Assistance publique.*

BUREAU DE BIENFAISANCE

3 *bis.* La limite de 60 000 francs de revenus au minimum, imposée aux bureaux de bienfaisance pour avoir droit à un receveur spécial, a été portée à 100 000 francs par la loi du 26 déc. 1908 (art. 44).

6 *bis.* Les libéralités faites sans charges, conditions ni affectation immobilière peuvent être acceptées ou refusées sans autorisation de l'Administration supérieure (L. 4 févr. 1901, art. 4, § 1er).

8 *bis*. Lorsque des libéralités faites au profit de bureaux de bienfaisance sont grevées de charges, de conditions ou d'affectation immobilière, l'acceptation ou le refus est autorisé par arrêté du préfet. Toutefois, les conseils municipaux sont appelés à donner leur avis sur les dons et legs, et, en cas de désaccord entre la commune et le bureau de bienfaisance sur l'acceptation ou le refus des libéralités, le préfet statue définitivement par arrêté motivé (L. 4 févr. 1901, art. 4, § 2 et 3).

BUREAU DE PLACEMENT

3 *bis*. Les dispositions de la loi du 14 mars 1904, sur les bureaux de placement, ont été incorporées au livre 1er du Code du travail et de la prévoyance sociale (art. 79 à 98, 102, 106) (L. 28 déc. 1910; Décr. 12 janv. 1911).

C

CABOTAGE. — V. *Marine marchande.*

CACHETS OFFICIELS. — V. *Sceaux, timbres et cachets officiels.*

CAFÉ. — V. *Impôts indirects.*

CAHIER DES CHARGES. — V. *Eaux.*

CAISSES DE CRÉDIT AGRICOLE. — V. *Crédit agricole.*

CAISSES DE CRÉDIT MUNICIPAL. — V. *Mont-de-piété.*

CAISSE NATIONALE D'ASSURANCES

1 *bis*. La loi du 11 juill. 1868 a été modifiée par celle du 5 juin 1915. Cette loi a créé un livret spécial, dit « livret d'assurances sociales », en faveur de toute personne qui en fait la demande à la Caisse des dépôts et consignations, en vue de contracter à la fois une assurance de rentes à la Caisse nationale des retraites pour la vieillesse et une assurance de capitaux à la Caisse nationale d'assurance en cas de décès, suivant une ou plusieurs des modalités admises par cette caisse. Les versements effectués sur les livrets d'assurances sociales sont d'une quotité annuelle constante égale à 12 fr. ou à un multiple de cette somme pour chacune des assurances entrant dans la combinaison employée.

2 *bis*. Les opérations de la Caisse nationale d'assurance en cas de décès ont été à nouveau étendues par la loi du 9 mars 1910, qui autorise la Caisse à passer, soit avec les particuliers, soit avec les chefs d'industrie, collectivités ou administrations, des contrats d'assurance de capital différé d'une durée de cinq ans au moins, ayant pour objet une somme de 5000 fr. au maximum. Toutefois, ces limitations ne sont pas applicables lorsqu'il s'agit de contrats souscrits en exécution d'une loi relative aux retraites d'un personnel déterminé, tel que celui des chemins de fer (L. 21 juill. 1909). Enfin, la loi précitée du 9 mars 1910 permet, comme celle du 19 juill. 1907, le versement en une seule fois, à la Caisse nationale des retraites pour la vieillesse, du montant de l'assurance (V. aussi L. 5 juin 1915, art. 7).

2 *ter*. Chaque délégué à la sécurité des ouvriers mineurs et chaque délégué suppléant doit faire, par les soins du préfet, l'objet d'une assurance à la Caisse nationale d'assurance en cas d'accidents contre les risques d'accidents entraînant incapacité permanente ou mort. Les primes de cette assurance sont payées par le Trésor sur mandats délivrés par le préfet et recouvrés sur les exploitants comme en matière de contributions directes (L. 13 déc. 1912, art. 3).

CAISSES D'ÉPARGNE

4 *bis*. Une loi du 22 juill. 1912, modifiant l'art. 22 de la loi du 20 juill. 1895, a réglé le droit pour les caisses d'épargne ordinaires d'avoir des succursales dans les arrondissements et dans les cantons autres que celui de leur siège.

5 *bis*. L'intérêt servi aux caisses d'épargne ordinaires par la Caisse des dépôts et consignations est de 4 fr. 25 pour 100 (Décr. 31 oct. 1920).

5 *ter*. Les dispositions de l'art. 10 de la loi du 20 juill. 1895, concernant les placements des caisses d'épargne en valeurs locales, ont été complétées par les lois des 12 avr. 1906, art. 16, 10 avr. 1908, art. 1, et 23 déc. 1912, art. 10 (habitations à bon marché), par l'art. 5 de la loi du 2 juill. 1913 (acquisitions de bois, forêts et terrains à boiser), par l'art. 13 de la loi du 13 mars 1917 (prêts aux banques populaires). — Les caisses d'épargne peuvent également consentir des avances sur pensions (L. 26 juill. 1917, art. 6 et s.).

6 *bis*. Le compte ouvert à chaque déposant ne peut dépasser le chiffre de 5000 fr. Pour les sociétés de secours mutuels et les institutions spécialement autorisées à déposer aux caisses d'épargne, le maximum des dépôts peut s'élever à 30000 fr. (L. 20 juill. 1895, art. 4; L. 18 oct. 1919, art. 1er).

7 *bis*. Les livrets des caisses d'épargne sont nominatifs. Néanmoins, en ce qui concerne les caisses d'épargne ordinaires, les intérêts de l'année écoulée sont payables au porteur, sauf demande contraire du titulaire (L. 8 avr. 1910, art. 115).

18 *bis*. L'intérêt servi par la Caisse nationale d'épargne à ses déposants est de 3 fr. 50 pour 100 (Décr. 29 oct. 1920).

CAISSE NATIONALE DES RETRAITES

1 *bis.* Ligne 5, *au lieu de :* 1200 fr., *lire :* 6000 fr. (L. 25 oct. 1919).

2 *bis.* Les versements opérés à la Caisse nationale des retraites pour la vieillesse en vue de la constitution de rentes viagères immédiates ou différées sont reçus par cet établissement jusqu'à concurrence de la somme nécessaire pour assurer aux déposants le maximum de rente de 6000 fr. (L. 5 août 1918, art. 1er, § 1er).

3 *bis. Remplacer les lignes 1, 2 et 3 par les suivantes :* Les versements peuvent être faits au profit de toute personne à partir de sa naissance (L. 25 déc. 1915). Les versements sont faits par les mineurs, etc. — *Supprimer depuis :* Les versements antérieurs... (ligne 6), *jusqu'à la fin.*

5 *bis.* Lignes 6-7, *supprimer les mots :* « et dont un double est conservé au ministère des Finances ». En effet, une loi du 13 mars 1912 a supprimé le double du Grand-Livre des rentes viagères pour la vieillesse, et spécifié que les bordereaux d'émission et d'annulation desdites rentes sont conservés par la Caisse des dépôts et consignations dans une localité distincte de celle où est tenu le Grand-Livre.

5 *ter.* Il existe un livret spécial dit : « livret d'assurances sociales », en faveur de toute personne qui en fait la demande à la Caisse des dépôts et consignations, en vue de contracter à la fois une assurance de rentes à la Caisse nationale des retraites pour la vieillesse et une assurance de capitaux à la Caisse nationale d'assurance en cas de décès. Les versements sont d'une quotité annuelle constante égale à 12 fr. ou à un multiple de cette somme pour chacune des assurances entrant dans la combinaison employée.

CAISSE PATRONALE OU SYNDICALE DE RETRAITES. — V. *Retraites ouvrières.*

CAMIONNAGE D'OFFICE. — V. *Chemin de fer.*

CAMPAGNES. — V. *Ordres civils et militaires, Pensions militaires.*

CANTONNEMENT DES TROUPES. — V. *Réquisitions militaires.*

CARAT MÉTRIQUE. — V. *Poids et mesures.*

CARNET D'IDENTITÉ. — V. *Nomades.*

CARTE DE CIRCULATION. — V. *Voitures.*

CARTE DE COMMERCE. — V. *Industrie et commerce.*

CASIER JUDICIAIRE

6 *bis.* Aux termes de l'art. 3 de la loi du 22 mars 1908, les déclarations de faillite cessent, deux ans après le jugement déclaratif, d'être inscrites au bulletin n° 3 délivré aux particuliers.

6 *ter.* Le bulletin n° 3 délivré à la personne qu'il concerne est dispensé de la formalité de l'enregistrement et soumis à un droit de timbre de 0 fr. 50 cent., qui est perçu dans les conditions déterminées par un décret du 12 mars 1921.

CAUTION MUTUELLE. — V. *Crédit industriel et commercial.*

CAUTIONNEMENT

29 *bis.* Le droit fixe est doublé, mais n'est plus soumis aux décimes (L. 25 juin 1920, art. 28).

CAUTIONNEMENT DES EMPLOYÉS ET OUVRIERS

(Code du travail, livre 1er, art. 32 *a* et s.).

1. Tout commerçant ou industriel qui se fait remettre en espèces par ses ouvriers ou employés des sommes d'argent d'une valeur égale ou inférieure à 3000 fr., à titre de cautionnement, doit : 1° mentionner exactement les sommes ainsi versées sur un registre spécial qui est tenu à la disposition de l'inspecteur du travail ; ce registre est émargé par l'ouvrier ou l'employé ; 2° dans un délai de quinze jours, verser ces sommes au nom de ce dernier sur un livret spécial de la Caisse nationale d'épargne ou d'une caisse d'épargne ordinaire. Un certificat de dépôt est remis à l'employeur, qui doit le présenter à l'inspecteur du travail, sur sa demande. — Lorsque l'employeur et son employé ou son ouvrier sont d'accord, le retrait de tout ou partie des sommes déposées peut être effectué sur la double signature de l'employeur et de son employé ou de son ouvrier. S'il y a contestation, le différend est porté devant le conseil de prud'hommes ou, à défaut, devant le juge de paix.

2. Lorsque le cautionnement est d'une somme supérieure à 3000 francs et constitué par des espèces, ou, quelle que soit sa valeur, constitué par des titres au porteur, il doit être l'objet de la mention au registre spécial et, en outre, être déposé dans les quinze jours par l'employeur à la Caisse des dépôts et consignations.

3. Toute infraction à ces prescriptions est passible d'une amende de 16 à 500 francs. Si l'employeur a retenu ou utilisé, dans un intérêt personnel ou pour les besoins de son commerce, les espèces ou titres au porteur remis à titre de cautionnement, les peines encourues sont celles de l'abus de confiance.

CAUTIONNEMENT DES FONCTIONNAIRES

2 *bis.* Ligne 5, *supprimer :* ou en partie.

2 *ter.* Les comptables de deniers publics et autres fonctionnaires, membres d'associations françaises de cautionnement mutuel agréées par le ministre des Finances, sont admis à remplacer leur cautionnement par la caution solidaire fournie par leur association en conformité de ses statuts approuvés par le ministre. Celui-ci est autorisé à accepter l'engagement pris par lesdites associations de se porter caution solidaire de tous leurs membres présents et futurs jusqu'à concurrence du montant des cautionnements qui leur sont ou leur seront imposés (L. 26 déc. 1908, art. 41). — Les conditions d'application de cette loi ont été déterminées par un décret du 16 janv. 1909.

3 *bis.* L'intérêt des cautionnements en numéraire versés au Trésor a été abaissé à 2 pour 100 (L. 13 juill. 1911, art. 72).

CÉLIBATAIRE. — V. *Impôts directs.*

CENTIMES ADDITIONNELS. — V. *Impôts directs.*

CERTIFICAT D'ADDITION. — V. *Brevet d'invention.*

CERTIFICAT DE VIE

Dans les communes où les conseils municipaux ont autorisé l'organisation de ce service, les maires peuvent, sous la responsabilité des communes, délivrer gratuitement aux personnes domiciliées dans la commune les certificats de vie exigés par le Trésor public pour le payement des pensions civiles ou militaires, indemnités viagères, traitements de la Légion d'honneur et de la médaille militaire, s'élevant au maximum à 4000 fr. par an. Le décret du 22 mars 1912, détermine les conditions de la délivrance gratuite et de l'utilisation des certificats de vie dont il s'agit.

CÉRUSE. — V. _Hygiène et sécurité des travailleurs._

CHAMBRE D'AGRICULTURE. — V. _Agriculture._

CHAMBRE D'INDUSTRIE THERMALE ET CLIMATIQUE. — V. _Stations hydrominérales, climatiques et touristiques._

CHAMBRE D'INDUSTRIE TOURISTIQUE. — V. _Stations hydrominérales, climatiques et touristiques._

CHANGE - CHANGEUR

(Loi du 1er août 1917).

2 _bis._ Quiconque fait profession ou commerce de recueillir, acheter ou vendre, négocier, escompter, encaisser ou payer des monnaies ou devises étrangères, coupons, titres d'actions ou d'obligations négociables ou non négociables, quels que soient leur dénomination et le lieu de leur création, dont le montant ou le prix est payable à l'étranger en monnaies étrangères, ou payable en France en monnaie française, sur une disposition de l'étranger ou après négociation à l'étranger, est tenu d'en faire la déclaration au bureau de l'enregistrement de sa résidence et, s'il y a lieu, au bureau de l'enregistrement de chacune de ses succursales ou agences, avant toute opération.

2 _ter._ Les changeurs doivent exiger de toute personne avec laquelle ils effectuent une opération la déclaration de son identité, de sa nationalité, de son domicile et tenir un registre en papier non timbré, visé ou paraphé par le président ou l'un des juges du tribunal de commerce, sur lequel ils inscrivent jour par jour, sans blanc ni interligne, chacune desdites opérations. Doivent également être inscrits sur ce registre les ordres donnés de France pour la vente à l'étranger de francs ou devises en francs contre des monnaies ou devises étrangères.

2 _quater._ Ce registre est communiqué, à toute réquisition, aux agents de l'administration de l'Enregistrement. Les infractions sont constatées par ces agents. Elles sont punies d'une amende de 1 000 à 5 000 francs (L. 28 févr. 1921, art. 14).

CHANTAGE

1 _bis._ Ces peines peuvent être appliquées par le tribunal civil, saisi d'une demande en déclaration de paternité naturelle (V. _Filiation naturelle_, n° 30 _bis_), au demandeur convaincu de mauvaise foi. L'interdiction de séjour pendant cinq ans au moins et dix ans au plus, dans un rayon déterminé, peut en outre être prononcée dans ce dernier cas (Code pén. 400, § 2, complété par L. 16 nov. 1912, art. 3).

CHASSE

1 _bis._ Sous-titre, _ajouter :_ L. 28 sept. 1919 et 29 avr. 1921, art. 16.

33 _bis._ Le permis de chasse est valable pour une année à dater du 1er juillet, à quelque époque qu'il ait été délivré (L. 25 juin 1920, art. 45).

38 _bis._ La délivrance du permis de chasse donne lieu au payement d'un droit de timbre, dont le montant varie suivant que le permis est valable sur tout le territoire français ou seulement dans un département et dans les arrondissements limitrophes (V. n° 143 _bis_).

54 _bis._ En ce qui concerne la taxe annuelle à laquelle sont soumises les locations de chasse, V. n° 144 _bis_.

97 _bis_, **98** _bis_, **99** _bis_, **117** _bis_. Il est interdit, en temps de fermeture, sous peine d'une amende de 16 à 100 francs, d'enlever des nids, de prendre ou de détruire, de colporter ou mettre en vente, de vendre ou acheter, de transporter ou d'exporter les œufs ou les couvées de perdrix, faisans, ainsi que les portées ou petits de tous animaux qui n'ont pas été déclarés nuisibles par les arrêtés préfectoraux. Les détenteurs du droit de chasse et leurs préposés ont le droit de recueillir, pour les faire couver, les œufs mis à découvert par la fauchaison ou l'enlèvement des récoltes (L. 3 mai 1844, art. 4, modifié par L. 3 avr. 1911).

101 _bis._ Les procès-verbaux dressés par les gardes forestiers font foi jusqu'à preuve contraire, en quelque lieu que les infractions soient commises, dans les arrondissements des tribunaux près lesquels ils sont assermentés (L. 3 mai 1844, art. 22, complété par L. 28 sept. 1919).

126 _bis._ Le fait de chasser sans permis valable entraîne, outre l'amende (V. n° 117), la condamnation au payement d'une somme égale au prix du permis de chasse général (V. n° 143 _bis_). Le recouvrement de cette condamnation est poursuivi malgré l'application de la loi de sursis. La portion du prix revenant aux communes est versée à la commune sur le territoire de laquelle le délit a été constaté (L. 29 avr. 1921, art. 16).

143 _bis._ La délivrance du permis de chasse, lorsqu'il s'agit d'un permis général valable sur tout le territoire français, donne lieu au payement d'un droit de timbre de 80 francs, sans décimes, au profit de l'Etat, et d'une somme de 20 francs au profit de la commune dont le maire a donné l'avis prévu par la loi du 3 mai 1844 (V. n° 36). Pour les permis départementaux, utilisables seulement dans le département où le permis a été délivré et dans les arrondissements limitrophes, le droit de timbre est réduit à 20 francs, la perception communale reste fixée à 20 francs (L. 25 juin 1920, art. 44).

144 _bis._ Les locations écrites ou verbales du droit de chasse sont soumises à une taxe annuelle de 10 francs par 100 francs, qui est liquidée sur le prix augmenté des charges et est à la charge exclusive des preneurs. Lorsque la location résulte d'un acte écrit, la première annuité est perçue au moment de l'enregistrement de l'acte. Si l'acte n'est pas présenté à la formalité dans le délai de trois mois, une taxe en sus, au minimum de 100 francs en principal, est encourue par le preneur, en outre de la pénalité édictée pour le droit d'enregistrement. Le bailleur est responsable de la taxe, sauf son recours contre le preneur, et encourt, à titre personnel, la taxe en sus s'il ne dépose pas l'acte au bureau d'enregistrement dans le délai supplémentaire d'un mois. Lorsque la location ne résulte pas d'un acte écrit, elle doit être déclarée par le preneur, dans le délai de trois mois à compter de la conclusion du contrat, au bureau de l'enregistrement, à peine d'un droit en sus au minimum de 100 francs en principal. La première annuité de la taxe est acquittée au moment même de la déclaration. Les autres annuités doivent être payées par le preneur dans les trois premiers mois de l'année suivante pour chaque année écoulée, sous peine d'une taxe en sus au minimum de 100 francs. Les dispositions ci-dessus ne sont pas applicables aux locations du droit de chasse consenties aux locataires des immeubles sur lesquels s'exercent ces droits (L. 31 juill. 1920, art. 19).

CHEF DE FAMILLE. — V. *Impôts directs*.

CHEMIN DE FER

1 *bis*. Sous-titre, *ajouter* : Lois du 31 juill. 1913, 31 mars 1918, 14 févr. 1920 et 29 oct. 1921 (*Petit Code administratif Dalloz*). Le décret du 11 nov. 1917 a remplacé l'ordonnance du 15 nov. 1846 sur la police des chemins de fer.

13 *bis*. Une convention du 28 juin 1921, intervenue entre l'Etat et les divers réseaux de chemins de fer d'intérêt général et approuvée par la loi du 29 oct. 1921, a institué une coopération des réseaux entre eux et avec l'Etat et une solidarité financière assurant l'équilibre entre les charges de toute nature et les recettes fournies par le trafic. Cette coopération est réalisée au moyen d'un *fonds commun* alimenté par l'excédent des recettes. Si cet excédent est insuffisant, il est procédé à la majoration des tarifs. Des avances peuvent être faites au fonds commun par l'Etat. En vue d'intéresser les réseaux et leur personnel au développement du trafic et à la diminution des dépenses, il leur est alloué des primes proportionnelles à l'augmentation des recettes et aux économies réalisées.

26 *bis*. Le service du contrôle de l'Etat sur les chemins de fer d'intérêt général a été réorganisé par le décret du 8 janv. 1918.

28 *bis*. Les réseaux de chemins de fer d'intérêt général, tout en conservant leur organisation intérieure propre, ont désormais une organisation commune, destinée à coordonner les différentes exploitations, et qui est constituée par un Conseil supérieur des chemins de fer et un Comité de direction. Le Conseil supérieur se compose des membres du Comité de direction, de 12 représentants élus par le personnel, de 30 représentants des intérêts généraux de la nation, nommés par décret ; il est obligatoirement saisi par le ministre des Travaux publics des questions d'intérêt commun à tous les réseaux en matière technique, commerciale, administrative et financière. — Le Comité de direction comprend 18 membres (deux administrateurs par réseau et les six directeurs) ; il délibère, notamment, sur la coordination technique et la liaison entre les réseaux, sur les tarifs, les règlements d'exploitation, le matériel, le statut du personnel, etc.

28 *ter*. La loi du 21 juill. 1909 a obligé les grandes compagnies de chemins de fer et l'administration des chemins de fer de l'Etat à modifier leurs règlements de retraites de façon à assurer à tous leurs agents, employés et ouvriers, de l'un et l'autre sexe, des droits et avantages déterminés par ladite loi. — Tout agent, employé ou ouvrier a droit à une pension de retraite lorsqu'il a accompli 25 années d'affiliation et atteint : 50 ans d'âge pour les mécaniciens et chauffeurs ; 55 ans pour les autres agents du service actif, et 60 ans

pour les employés de bureau qui n'ont pas passé 15 années dans le service actif. — Dans le cas de maladie, blessures ou infirmités prématurées le mettant dans l'impossibilité de rester au service du chemin de fer, tout agent, employé ou ouvrier, ayant au moins 15 années d'affiliation a droit à une pension de retraite. Le droit à la pension immédiate est acquis, quelle que soit la durée de l'affiliation, si l'invalidité résulte de l'exercice des fonctions. — La pension de retraite est égale, en principe, à la moitié du traitement ou salaire moyen. Elle subit des augmentations ou des réductions dans les cas déterminés par la loi. Elle est réversible par moitié au profit des veuves. A défaut de veuve habile à recevoir la pension, les orphelins, âgés de moins de dix-huit ans, ont droit à la réversibilité de la demi-pension.

36 *bis*, **40** et **41** *bis*. Un relèvement général de 25 pour 100 des prix de transport sur les grands réseaux d'intérêt général et sur les deux Ceintures de Paris, ainsi que des taxes concernant les embranchements particuliers, a été autorisé par la loi du 31 mars 1918. Ce relèvement de tarifs peut porter les prix majorés au delà des maxima inscrits aux cahiers des charges et dans les conventions spéciales. — La loi du 14 févr. 1920, maintenue en vigueur jusqu'au 1er avr. 1922 (L. 31 déc. 1921, art. 133), a autorisé un nouveau relèvement des tarifs, qui s'ajoute à celui prévu par la loi du 31 mars 1918 (sans porter sur cette dernière majoration), et qui peut atteindre : 45 pour 100 pour les voyageurs de 3e classe, 50 pour 100 pour ceux de 2e classe, 55 pour 100 pour ceux de 1re classe, et 115 pour 100 pour les marchandises (art. 1er). — L'art. 17 de la convention du 28 juin 1921, approuvée par la loi du 29 oct. 1921, prévoit de nouveaux relèvements de tarifs (V. n° 13 *bis*). — Dans les familles comptant au moins trois enfants de moins de 18 ans, le père, la mère et chacun de ces enfants peuvent demander une carte personnelle leur donnant droit, pour les billets simples et les billets d'aller et retour, à une réduction qui varie de 30 à 70 pour 100, suivant le nombre des enfants (L. 29 oct. 1921, art. 8). Les militaires réformés bénéficient d'une réduction de 50 pour 100 s'ils ont de 25 à 50 pour 100 d'invalidité, et d'une réduction de 75 pour 100 s'ils ont 50 pour 100 et plus d'invalidité. La gratuité du voyage est accordée au guide de l'invalide de 100 pour 100.

49 *bis*. Les frais accessoires de toute nature sont passibles des majorations applicables aux prix de transport (Arr. min. 31 déc. 1920).

61 *bis*. Lorsque l'encombrement des magasins affectés au dépôt des bagages dans une gare a été constaté par le commissaire de surveillance administrative, la compagnie est autorisée à faire camionner d'office tout *bagage* qui ne serait pas retiré dans le délai de trois jours pour les gares de Paris, de cinq jours pour les gares désignées par le ministre des Travaux publics, de huit jours pour les autres gares. Ce délai commence à courir : pour les bagages qui n'ont pas été retirés à l'arrivée du train, à dater du lendemain de cette arrivée ; pour les colis mis à la consigne au départ, à dater du jour du dépôt. — Le camionnage est fait au domicile indiqué sur les bagages et colis, si ceux-ci portent l'indication d'une adresse privée dans la localité, et dans un magasin public, dans le cas contraire (Décr. 1er déc. 1908).

65 *bis*. Ligne 8, *après* : suivant, *ajouter* : Cette prescription n'est obligatoire pour les trains express et les trains-poste comprenant des voitures de 2e et de 3e classe. — Ligne 11, *ajouter* : Le délai de trois heures est réduit à deux heures pour les animaux ou marchandises présentés à l'enregistrement pendant l'heure qui commence lu seconde période de la journée (entre 14 et 15 heures).

66 *bis*. Le délai de transmission est d'un jour entre les réseaux aboutissant à une même localité, s'il y a une gare commune. Il est de deux jours lorsqu'il n'y a pas de gare commune et que les deux gares distinctes sont en communication.

69 *bis*. Aux termes du décret du 1er déc. 1908, les administrations de chemins de fer sont autorisées à faire conduire d'office, au domicile du destinataire ou dans un magasin public, toute *marchandise* adressée en gare qui ne serait pas enlevée dans un délai de quarante-huit heures, à dater du délai imparti pour son enlèvement par les arrêtés ministériels en vigueur. — Le camionnage est fait au domicile du destinataire toutes les fois que ce domicile est connu et que le transport peut y être effectué normalement. — En dehors de cette hypothèse, le camionnage est fait dans un magasin public. Avis doit en être donné immédiatement au destinataire.

71 *bis*. Les heures d'ouverture et de fermeture des gares sont fixées par arrêté ministériel. Les gares doivent, en principe, être ouvertes au trafic des marchandises pendant au moins neuf heures pour la grande vitesse et huit heures pour la petite vitesse. Elles sont fermées les dimanches et jours fériés toute la journée, sauf pour certaines marchandises périssables (lait, gibier, poisson, viande, etc.).

92 *bis*. L'ordonnance du 15 nov. 1846, sur la police des chemins de fer, a été abrogée et remplacée par le décret du 11 nov. 1917, qui s'applique à toutes les voies ferrées d'intérêt général ou d'intérêt local, sauf certaines exceptions.

102 *bis*. — XVII. — **Chemins de fer d'intérêt local et tramways.** — Les chemins de fer d'intérêt local et les tramways sont actuellement régis par la loi du 31 juill. 1913 qui abroge celle du 11 juin 1880. Elle supprime l'ancienne distinction entre les chemins de fer d'intérêt local et les tramways. Il n'y a plus que des « voies ferrées » qui, suivant les espèces ou les circonstances, tantôt passent en pleins champs, tantôt empruntent des routes et des chemins préexistants. — La loi ne s'applique pas aux services de transports par automobiles, qui n'empruntent aucune voie ferrée.

102 *ter*. Les voies ferrées d'intérêt local sont celles dont les autorités locales croient devoir poursuivre l'établissement. Le pouvoir de concéder appartient aux conseils généraux avec approbation du préfet, s'il s'agit d'une ligne empiétant sur le territoire de plusieurs communes; aux conseils municipaux, mais sans qu'il soit besoin de l'approbation du préfet, s'il s'agit de voies ferrées à établir par une commune sur son territoire. Lorsqu'une ligne doit s'étendre sur plusieurs départements, il y a lieu à entente entre ceux-ci. La marche à suivre et les formalités à accomplir sont strictement fixées par la loi.

103 *bis*. L'utilité publique est déclarée et l'exécution autorisée par une loi lorsqu'il est fait appel à une subvention de l'Etat; dans les autres cas, par un décret délibéré en Conseil d'Etat sur le rapport du ministre des Travaux publics, après avis du ministre de l'Intérieur.

104 *bis*. L'Etat peut, dans la limite du maximum fixé annuellement par la loi de finances, allouer aux départements ou aux communes des subventions pour l'établissement ou le prolongement des voies ferrées destinées au transport des voyageurs et des marchandises de toute nature. L'Etat donne ces subventions en capital ou en annuités. La loi déclarative d'utilité publique fixe le mode adopté et le maximum des sacrifices de l'Etat. — En aucun cas, la subvention de l'Etat ne peut contribuer à couvrir les insuffisances de l'exploitation. — Les départements et les communes peuvent également fournir des subventions.

105 *bis*. Les départements et les communes peuvent être autorisés à exploiter directement leurs voies ferrées d'intérêt local. — En cas de concession, ce qui est le cas le plus fréquent; lorsque le département ou la commune n'a pas traité avec une société anonyme préexistante, le concessionnaire doit se substituer une société anonyme dans le délai de six mois à dater de la promulgation de la loi ou de la signature du décret.

106 *bis*. Un cahier des charges est annexé à l'acte de concession. Il détermine : 1° les droits et les obligations du concessionnaire pendant la durée de la concession, notamment les taxes qu'il est autorisé à percevoir, ainsi que les conditions dans lesquelles il doit contribuer à l'entretien des voies publiques empruntées et participer aux transports intéressant l'administration des Postes et Télégraphes et au service des colis postaux ; 2° les droits et les obligations du concessionnaire à l'expiration de la concession ; 3° les cas dans lesquels l'inexécution des conditions de la concession peut entraîner la déchéance du concessionnaire, ainsi que les mesures à prendre à l'égard du concessionnaire déchu. La déchéance est prononcée, dans tous les cas, par le ministre des Travaux publics, sauf recours au Conseil d'Etat statuant au contentieux. — Sauf stipulation contraire dans l'acte de concession, le conseil général ou le conseil municipal conserve toujours le droit d'accorder des concessions concurrentes.

107 *bis*. Les ressources créées en vertu de la loi du 21 mai 1836 sur les chemins vicinaux peuvent être appliquées en partie à la dépense des voies ferrées par les communes qui ont assuré l'exécution de leur réseau subventionné et l'entretien de tous les chemins classés (L. 31 juill. 1913, art. 21).

108 *bis*. L'art. 126 de la loi de finances du 8 avr. 1910 a astreint les compagnies et administrations de chemins de fer d'intérêt général secondaires, d'intérêt local et de tramways, à soumettre à l'homologation ministérielle les statuts et règlements de leurs caisses de retraites. Ces caisses, à l'exception de celles assurant aux agents des avantages au moins égaux à ceux prévus par la loi du 22 juill. 1922, ont été supprimées par cette loi, qui institue, pour les remplacer, une caisse autonome mutuelle et règle son fonctionnement.

109 *bis*. A l'expiration de la concession, le département ou la commune est substitué à tous les droits du concessionnaire sur les voies ferrées concédées. Celles-ci doivent être remises au département ou à la commune en bon état d'entretien.

110 *bis*. La loi du 15 juill. 1845, sur la police des chemins de fer, est applicable aux voies ferrées d'intérêt local. Pour des raisons de sécurité publique, le préfet peut imposer l'obligation de placer des clôtures sur tout ou partie de la voie ferrée; il peut également exiger que des barrières soient posées au croisement des chemins fréquentés.

111 *bis*. — XVIII. **Chemins de fer industriels.** — **Embranchements particuliers.** — *Ajouter in fine :* dans les mêmes conditions que les voies ferrées d'intérêt local (L. 31 juill. 1913, art. 43, § 3).

112 *bis*. La loi du 3 déc. 1908, sur le raccordement des voies de fer avec les voies d'eau, a accordé le droit d'embranchement aux propriétaires ou concessionnaires de magasins généraux, ainsi qu'aux concessionnaires d'un outillage public et aux propriétaires d'un outillage privé dûment autorisé sur les ports maritimes ou de navigation intérieure. — Lorsque l'utilité en est reconnue, des décrets rendus en Conseil d'Etat, les compagnies de chemins de fer entendues, peuvent prescrire l'exécution des bassins et installations nécessaires pour assurer l'accès des bateaux dans les gares de chemins de fer. Les travaux sont exécutés par les compagnies. Les dépenses de premier établissement sont supportées par l'Etat avec le concours des intéressés.

CHEPTEL. — V. *Louage à cheptel.*

CHÈQUE

Sous-titre, *ajouter* : Lois des 30 déc. 1911, 26 janv. et 2 août 1917.

2 *bis* et s., **12** *bis* et s. La loi du 30 déc. 1911 a ajouté à la loi du 14 juin 1865 des dispositions ayant pour objet de rendre légal en France l'usage du *chèque barré.* Aux termes de la loi nouvelle, le chèque *traversé de deux barres parallèles* ne peut être présenté au payement que *par un banquier;* il ne peut être tiré que *sur un banquier.* Les agents de change sont assimilés aux banquiers (L. 26 janv. 1917). — Le barrement peut être effectué par le tireur ou par un porteur. — Le barrement peut être *général* ou *spécial.* Le barrement est général s'il ne porte entre les deux barres aucune désignation ou seulement la mention « et compagnie ». Il est spécial si le nom d'un banquier est inscrit entre les deux barres. — Le chèque à barrement spécial ne peut être présenté au payement que par le banquier désigné. Toutefois, si celui-ci n'opère pas l'encaissement lui-même, il peut se substituer un autre banquier.

10 *bis.* Ligne 3, *ajouter :* Si la provision est inférieure au montant du chèque, celui-ci produit tous les effets attachés au chèque régulier jusqu'à concurrence de la provision (L. 2 août 1917, art. 1er).

15 *bis.* Ligne 8, *au lieu de :* il peut même constituer une escroquerie, *lire :* il constitue un délit (V. no **34** *bis*).

17 *bis* et s. Le tiré qui paye le chèque barré à une personne autre qu'un banquier ou un agent de change, si le barrement est général, ou à une personne autre que le banquier ou l'agent de change désigné, si le barrement est spécial, n'est pas libéré.

19 *bis.* Lorsqu'il y a compensation entre banquiers, et non payement de chèque, l'acquit est remplacé par l'apposition d'un cachet à date avec la mention « compensé » (L. 30 déc. 1911).

19 *ter.* Lors de la présentation d'un chèque à l'encaissement, l'addition sur le chèque de la domiciliation pour payement, soit à la Banque de France, soit dans une banque ayant un compte à la Banque de France, ne donne ouverture à aucun droit de timbre. Cette domiciliation ne peut, au surplus, être faite contre la volonté du porteur, à moins que le chèque ne soit barré et que la domiciliation n'ait lieu à la Banque de France, sur la même place (L. 26 janv. 1917).

31 *bis. Modifier ainsi la dernière phrase :* Les reçus de *chèques à négocier* ou à *encaisser* bénéficient de l'exemption du droit de timbre. Mais lorsque les chèques sont *donnés en payement,* les reçus qui en sont délivrés doivent être assujettis au droit de timbre (variable suivant les sommes : V. *Timbre,* nos 35 et s.), alors même que le reçu serait donné par duplicata ou qu'il devrait

être suivi de la délivrance d'une quittance régulièrement timbrée.

34 *bis. Modifier ainsi les lignes 20 à 23 :* Celui qui émet un chèque sans provision préalable et disponible est passible de la même amende. Si la provision est inférieure au montant du chèque, l'amende ne porte que sur la différence entre le montant de la provision et le montant du chèque. Celui qui a, de mauvaise foi, émis un chèque sans provision préalable et disponible, ou qui a retiré, après l'émission, tout ou partie de la provision, est passible d'une peine d'emprisonnement de deux mois à deux ans et d'une amende qui ne peut excéder le double de la valeur nominale du chèque, ni être inférieure au quart de cette valeur. L'art. 463 c. pén. (circonstances atténuantes) est applicable à ce délit (L. 2 août 1917, art. 2).

CHÈQUE BARRÉ. — V. *Chèque.*

CHÈQUE POSTAL

1. La loi du 7 janv. 1918, modifiée par celle du 28 juill. 1919, a institué un service de comptes courants et de chèques postaux dont la gestion est confiée à l'administration des Postes et des Télégraphes. Le service est assuré par des *bureaux de chèques postaux,* établis dans les villes désignées par le ministre, et qui ont pour fonction de tenir les comptes courants de chèques postaux. Tous les bureaux de poste de plein exercice de la France continentale, de la Corse et de la principauté de Monaco participent aux opérations du service des chèques postaux.

2. Des comptes courants peuvent être ouverts à toute personne, association, société, maison de commerce et à tout groupement de fait ou de droit, dont la demande a été agréée par l'Administration. Une même personne peut demander l'ouverture de plusieurs comptes courants dans un même bureau de chèques ou dans des bureaux différents.

3. Les comptes courants sont crédités : 1o du montant des versements effectués, soit par le titulaire, soit par des tiers, à son profit ; 2o du montant des virements ordonnés au profit du titulaire par d'autres titulaires de comptes courants postaux. Aucune limite n'est fixée pour l'actif du compte. — Les versements sont soumis au payement d'un droit fixe de 0 fr. 15.

4. Les comptes courants sont débités des sommes qui font l'objet, de la part des titulaires : 1o de chèques nominatifs payables à leur profit ; 2o de chèques au porteur ; 3o de chèques dont le montant est payable à des personnes dénommées autres que les titulaires des comptes ; 4o de chèques ou d'ordres de virement au profit d'autres titulaires de comptes courants postaux. Sont également portés au débit les taxes et redevances prévues par la loi et indiquées *infrà,* no 6. — L'Administration fournit aux titulaires de comptes les formules de chèques.

5. Le chèque postal n'est pas soumis à la loi du 14 juin 1865 et autres dispositions concernant le chèque ordinaire. — Il est signé par le tireur et porte la date du jour où il est tiré ; il indique le lieu d'où il est émis ainsi que la somme, libellée en toutes lettres et en chiffres, pour laquelle il est tiré. Il ne peut être tiré pour une somme supérieure à l'avoir net porté au compte, déduction faite du dépôt de garantie, qui est de 50 francs par compte. Le chèque nominatif et le chèque d'assignation ne peuvent dépasser la somme de 100 000 francs. Tout chèque nominatif émis pour une somme supérieure à 10 000 francs doit faire l'objet d'un préavis adressé par écrit au bureau de chèques, quarante-huit heures au moins avant que le chèque ne parvienne à ce bureau. — Le chèque qui n'est pas suivi d'effet ne peut donner lieu à protêt. Il est renvoyé au tireur avec toutes explications utiles. — Le délai de validité du chèque postal est de dix jours.

6. Les chèques postaux sont envoyés sous pli fermé ou remis au bureau de chèques détenteur du compte courant. — Les chèques de payement (nominatifs ou d'assignation) sont transformés en mandats-cartes par le bureau. Les mandats-cartes au profit des tiers sont assujettis aux droits ordinaires, la taxe de factage exceptée; ces droits sont à la charge du titulaire du compte et portés au débit de celui-ci. Les retraits opérés au moyen de chèques nominatifs émis par les titulaires de comptes, à leur profit, donnent lieu à la perception d'une taxe fixe d'écriture de 0 fr. 15 pour chaque opération; cette taxe est prélevée sur le compte débité. — Les virements donnent lieu à la perception d'une taxe de 0 fr. 10.

7. Le titulaire d'un compte est seul responsable des conséquences résultant de l'emploi abusif, de la perte ou de la disparition des formules de chèques qui lui ont été remises par l'Administration. La responsabilité d'un faux payement résultant d'indications d'assignation inexactes ou incomplètes incombe au tireur.

8. Tout titulaire de compte est informé des opérations qui ont été portées au crédit ou au débit de son compte. — Sur la demande du titulaire, un compte courant peut être transféré d'un bureau de chèques à un autre bureau; l'opération est soumise à la taxe d'un virement ordinaire. — Le solde de tout compte courant sur lequel aucune opération n'a été faite depuis dix ans est acquis au Trésor public.

9. L'Administration est responsable des sommes qu'elle a reçues pour être portées au crédit des comptes courants, mais non des retards qui se produisent dans l'exécution du service. Aucune réclamation n'est admise concernant les opérations ayant plus d'un an de date.

10. Les correspondances et les diverses pièces adressées par les titulaires de comptes aux bureaux de chèques et par ces bureaux aux titulaires de comptes sont exonérées de la taxe d'affranchissement.

CHIFFRE D'AFFAIRES. — V. *Impôts directs, Impôt sur le chiffre d'affaires.*

CHUTE D'EAU. — V. *Eaux.*

CIMETIÈRE. — V. *Guerre de* 1914 (*Sépulture*), *Sépulture.*

CINÉMATOGRAPHE. — V. *Théâtre-spectacle.*

CLASSE DE PERFECTIONNEMENT. — V. *Enseignement.*

CLAUSE DE NON-GARANTIE. — V. *Vente.*

CLAUSE DE NON-RESPONSABILITÉ. — V. *Transport.*

COCAÏNE. — V. *Substances vénéneuses.*

CODE

10 *bis.* La réunion des lois ouvrières en un *Code du travail et de la prévoyance sociale* est aujourd'hui en cours d'exécution. Le livre premier de ce Code (*Des conventions relatives au travail*)

et le livre II (*De la réglementation du travail*) ont été promulgués par les lois des 30 déc. 1910, 26 nov. 1912 et 17 juin 1913 (V. *Travail*).

CODE DE LA ROUTE. — V. *Voiture.*

CODEX. — V. *Pharmacie-droguerie.*

COEFFICIENTS. — V. *Impôts directs.*

COEFFICIENTS DE MAJORATION. — V. *Douanes.*

COFIDÉJUSSEURS

On appelle ainsi ceux qui cautionnent en même temps un même débiteur pour une même dette (V. *Cautionnement*).

COFFRE - FORT. — V. *Louage, Succession.*

COLIS POSTAL. — V. *Postes, télégraphes, téléphones.*

COLONIES

5 *bis.* Le conseil supérieur des colonies a été réorganisé par le décret du 28 sept. 1920. L'*Office colonial* a été réorganisé et constitué en Agence générale des colonies par le décret du 29 juin 1919.

23 *bis.* Ligne 9, *ajouter :* Les îles de Saint-Pierre et Miquelon, qui faisaient partie du groupe des colonies assimilées à la métropole, ont été rangées, par une loi du 11 nov. 1912, dans la catégorie des colonies non assimilées; les tarifs, l'assiette et les règles de perception des droits de douane y applicables sont établis par décret.

24 *bis.* Les conseils généraux délibèrent sur le mode d'assiette, les tarifs et les règles de perception des taxes et contributions autres que les droits de douane, qui restent soumis aux dispositions de la loi du 11 janv. 1892. Ces délibérations, sauf en ce qui concerne les tarifs, ne sont applicables qu'après avoir été approuvées par décret en Conseil d'État. Les délibérations relatives aux tarifs des taxes et contributions peuvent être annulées par décrets rendus sur le rapport du ministre des Colonies. Cette annulation doit intervenir dans un délai de quatre mois pour les colonies de l'océan Atlantique, et de six mois pour les autres colonies. Ce délai court du jour de la clôture de la session où les délibérations dont il s'agit ont été votées. Les délibérations relatives aux tarifs deviennent définitives par la renonciation du ministre des Colonies à l'exercice du droit d'annulation, ou par l'expiration des délais ci-dessus prévus (L. 30 mars 1916, art. 10).

37 *bis.* La loi du 3 juill. 1877 sur les réquisitions militaires est applicable aux colonies (Décr. 4 déc. 1917).

37 *ter.* Le service de l'inscription maritime aux colonies a été réorganisé par la loi du 23 févr. 1912.

41 *bis.* — 4° *Services d'assistance.* — Les dispositions du titre 1er de la loi du 15 juill. 1893 sur l'assistance médicale gratuite; le titre 1er de la loi du 14 juill. 1905 sur l'assistance obligatoire aux vieillards, aux infirmes et aux incurables; les titres 1er, 2, 3 et 4 de la loi du 27 juin 1904 sur le service des enfants assistés; la loi du 28 juin 1904 relative à l'éducation des pupilles de l'Assistance publique, difficiles ou vicieux, et les art. 1er à 6 inclus de la loi du 14 juill. 1913, relative à l'assistance aux familles nombreuses, sont applicables à la Guadeloupe, à la Martinique, à la Guyane et à la Réunion (L. 15 juill. 1920).

COMITÉ DE PATRONAGE. — V. *Habitations à bon marché.*

COMMERÇANT

24 *bis.* Pour permettre le contrôle des déclarations d'impôt et la recherche des omissions ou des fraudes, tout commerçant faisant un chiffre d'affaires supérieur à 50000 francs par an est tenu de représenter, à toute réquisition des agents du Trésor ayant au moins le grade de contrôleur ou d'inspecteur adjoint, ses livres de commerce ainsi que tous documents et pièces annexes. Le refus de communiquer les livres, ou leur destruction avant le délai fixé par la loi (V. n° 22), est puni d'une amende de 1000 francs à 10000 francs (L. 31 juill. 1920, art. 32).

COMMERCE. — V. *Industrie et commerce.*

COMMERCE AVEC LES SUJETS ENNEMIS. — V. *Guerre de 1914 (Sujets ennemis).*

COMMISSION DÉPARTEMENTALE

2 *bis.* Lignes 2-3, à partir du mot « année » jusqu'à la fin de la phrase, *lire :* ... par le conseil général et dans son sein à l'issue de la deuxième session ordinaire, qu'elle ait lieu, soit régulièrement en août, soit à une date postérieure conformément à la loi du 9 juill. 1907.

COMMISSION DE TAXATION. — V. *Guerre de 1914 (Bénéfices de guerre).*

COMMISSIONNAIRE DE TRANSPORT. — V. *Transport.*

COMMUNAUTÉ LÉGALE

82 *bis.* Sur les placements ou remplois en obligations de la Défense nationale, V. *Immeubles,* n° 23 *bis.*

COMMUNE

7 *bis.* Dans les communes de plus de 5000 habitants, le conseil municipal doit, par délibération soumise à l'approbation préfectorale, déterminer les règles concernant le recrutement, l'avancement et la discipline des employés communaux. Les peines de la suspension et de la révocation ne peuvent être prononcées par le maire qu'après avis motivé d'un *conseil de discipline* dont la composition est déterminée par ladite délibération et où le personnel doit être représenté. Faute par le conseil municipal de prendre la délibération dont il s'agit, il est statué d'office par un arrêté préfectoral qui rend applicable dans la commune un règlement-type établi par le Conseil d'Etat (L. 5 avr. 1884, art. 88, modifié par L. 23 oct. 1919).

10 *bis.* Le maire ne peut suspendre ou révoquer un employé communal qu'après avis motivé du conseil de discipline (V. n° 7 *bis*).

13 *bis.* Les communes ne peuvent accorder à leur personnel des avantages (notamment sous forme d'indemnités de cherté de vie ou de charges de famille) supérieurs à ceux prévus en faveur des agents de l'Etat (L. 18 oct. 1919, art. 12).

16 *bis.* Toute ville de 10000 habitants et au-dessus est tenue, sans préjudice du plan d'alignement et de nivellement, d'avoir un plan d'aménagement, d'embellissement et d'extension. Cette obligation s'impose également aux communes du département de la Seine, aux stations balnéaires ou thermales, etc. — Des commissions départementales et une commission supérieure d'aménagement, d'embellissement et d'extension des villes, donnent leur avis sur les projets municipaux. Les travaux prévus au plan sont déclarés d'utilité publique par le décret (L. 14 mars 1919).

28 *bis,* **33** *bis.* En vue de faciliter l'accession des travailleurs et des familles peu fortunées à la petite propriété, les communes peuvent acquérir et revendre, après lotissement, des terrains et des domaines ruraux. L'opération ne doit laisser ni perte, ni gain. Les terrains sont lotis et aménagés par le service vicinal; ceux destinés à la constitution d'une habitation familiale avec jardin ne doivent pas avoir plus de 10 ares; les petits domaines ruraux, quelle qu'en soit l'étendue, ne doivent pas valoir plus de 10000 francs. Les acquéreurs doivent payer comptant, ne pas aliéner l'immeuble pendant 10 ans, ne pas changer sa destination, cultiver eux-mêmes ou avec l'aide des membres de leur famille (L. 31 oct. 1919).

55 *bis.* Lignes 6-7, *lire :* 1° Pour les travaux, transports et fournitures quelconques dont la valeur n'excède pas 3000 francs dans les communes de moins de 10000 habitants de population municipale; dans les communes de plus de 10000 habitants, cette somme est augmentée de 1000 francs par 10000 habitants ou fraction de 10000 habitants, sans que le maximum ainsi atteint puisse dépasser 20000 francs (L. 5 avr. 1884, art. 115, § 1er, modifié par L. 17 juin 1918). — *Ajouter in fine :* Les syndicats de communes bénéficient du traitement de celle des communes syndiquées qui compte la plus forte population (L. 1884, art. 115, § 4).

55 *ter.* Les communes sont dispensées de passer des marchés écrits pour les travaux, transports et fournitures dont la dépense n'excède pas 600 francs dans les communes de moins de 10000 habitants, et 1500 francs dans les communes d'une population supérieure, ainsi que dans celles, même d'une population inférieure, qui sont situées dans un département dont la population dépasse 2 millions d'habitants. Les syndicats de communes bénéficient du traitement de celle des communes syndiquées qui compte la plus forte population (L. 5 avr. 1884, art. 115, § 3 et 4, modifié par L. 17 juin 1918).

60 *bis.* Ligne 11, *après :* conseil général, *ajouter :* et que l'amortissement ne dépasse pas 30 ans.

60 *ter.* Les communes peuvent être autorisées, par décret en Conseil d'Etat, à émettre à l'étranger des obligations dont la durée ne peut dépasser 30 ans. Les titres non négociables en France sont exempts d'impôt (L. 29 sept. 1919).

66 *bis.* Dernière ligne, *lire :* (L. 5 avr. 1884, art. 106, complété par L. 16 avr. 1914, art. 1er).

68 *bis. Lire in fine :* par les tribunaux *civils* (L. 1884, art. 107, modifié par L. 16 avr. 1914, art. 1er).

69 *bis.* L'Etat, la commune ou les communes déclarées responsables peuvent exercer un recours contre les auteurs ou les complices du désordre (L. 1884, art. 109, modifié par L. 16 avr. 1914, art. 1er).

70 et **71** *bis. Remplacer* par : L'Etat contribue pour moitié, en vertu du risque social, au payement des dommages-intérêts et frais visés par l'art. 106 nouveau. Toutefois, si la municipalité a manqué à ses devoirs par inertie ou connivence avec les émeutiers, l'Etat peut exercer un recours contre la commune, à concurrence de 60 p. 100 des sommes mises à sa charge. Si, au contraire, la commune n'a pas, momentanément ou de façon permanente, la disposition de la police locale ni de la force armée, ou si elle a pris toutes les mesures en son pouvoir à l'effet de prévenir ou réprimer les troubles, elle peut exercer un recours contre l'Etat dans les mêmes proportions (L. 1884, art. 108, § 1, 2 et 3 modifiés par L. 16 avr. 1914). — Les art. 106, 107, 108 et 109 nouveaux de la loi de 1884 sont applicables à la ville de Paris (L. 16 avr. 1914, art. 2).

73 *bis.* Les actions, tant principales qu'en garantie, fondées sur les art. 106 et s. de la loi du 5 avr. 1884, sont portées devant les tribunaux civils, qui statuent comme en matière sommaire (L. 1884, art. 108, § 4, modifié par L. 16 avr. 1914).

91 *bis.* Lignes 1 à 12, *lire :* Lorsque les conseils municipaux de deux ou de plusieurs communes d'un même département ont fait connaître, par des délibérations concordantes, leur volonté d'associer les communes qu'ils représentent pour des œuvres d'utilité intercommunale, et qu'ils ont décidé de consacrer à ces œuvres les ressources suffisantes, les délibérations prises sont soumises au préfet, qui, sur l'avis du conseil général, décide s'il y a lieu d'autoriser la création du syndicat. En cas de refus, la décision du préfet peut être déférée au Conseil d'Etat par les conseils municipaux intéressés. Des communes du même département, autres que celles primitivement associées, peuvent être admises, avec le consentement de celles-ci, et suivant les règles ci-dessus prescrites, à faire partie de l'association, qui prend le nom de syndicat de communes. D'autres communes appartenant à des départements limitrophes peuvent, par un décret rendu en Conseil d'Etat, être admises, du consentement des communes associées, à faire partie du syndicat (L. 5 avr. 1884, art. 169, modifié par L. 13 nov. 1917).

91 *ter.* Les conseils municipaux peuvent former des syndicats de communes en vue de contribuer à la reconstitution des localités détruites par la guerre (L. 27 avr. 1920).

92 *bis.* Ligne 16, *après :* conseils, *ajouter :* et l'avis de la commission départementale.

COMPAGNIE D'ASSURANCES. — V. *Société d'assurances.*

COMPAGNIE DE CHEMINS DE FER. — V. *Chemins de fer.*

COMPAGNIE DE DISCIPLINE. — V. *Armée.*

COMPÉTENCE CIVILE. — V. *Cour d'appel, Justice de paix, Tribunal civil d'arrondissement.*

COMPÉTENCE COMMERCIALE. — V. *Tribunal de commerce.*

COMPÉTENCE CRIMINELLE

4 *bis.* Les mêmes règles sont applicables si l'inculpé n'a acquis la nationalité française qu'après l'accomplissement du crime ou du délit (L. 26 févr. 1910, modifiant l'art. 5 c. instr. crim.). Cette disposition permet la répression de crimes et délits qui restaient jusqu'ici impunis, le coupable, étranger au moment de l'infraction, étant devenu Français avant qu'aucune poursuite soit engagée.

7 *bis.* Ligne 4, *lire :* dans *quatre* cas.

7 *ter.* Ligne 13, *ajouter :* 4° Lorsque des choses enlevées, détournées ou obtenues à l'aide d'un crime ou d'un délit ont été, en tout ou en partie, recélées (C. instr. 227, complété par L. 22 mai 1915).

COMPLICE - COMPLICITÉ

1 *bis,* **5** *bis.* Le recel ne constitue plus un cas de complicité, mais un délit spécial puni par les art. 460 et 461 c. pén. (L. 22 mai 1915 qui a abrogé les art. 62 et 63 c. pén.). V. *Recel.*

COMPTE (REDDITION DE)

25 *bis,* **26** *bis,* **28** *bis.* Les droits fixes ont été doublés, mais ne sont plus assujettis aux décimes (L. 25 juin 1920, art. 28).

CONCESSION D'EAU. — V. *Eaux.*

CONCILIATION

20 *bis.* Ligne 5, *lire :* Le délai de la citation est de trois jours si la partie citée en conciliation est domiciliée dans le canton ou dans les cantons limitrophes ; de cinq jours si elle est domiciliée dans les autres parties du département ou dans les départements limitrophes ; de quinze jours si elle est domiciliée dans les autres parties de la France continentale. Hors la France continentale, l'art. 73 c. pr. civ. est appliqué (V. *Procédure,* n° 8 *bis*). Dans ce dernier cas, la citation en conciliation peut, en prévision du cas de non-comparution du défendeur ou de non-conciliation, contenir éventuellement assignation à comparaître devant le tribunal, à trois jours à compter de la date fixée pour la comparution en conciliation (Code de proc. 51, modifié par L. 13 mars 1922, art. 2).

CONDUCTEUR. — V. *Voiture.*

CONFÉRENCE DE LA HAYE. — V. *Arbitrage international.*

CONGÉ. — V. *Guerre de 1914 (Loyers).*

CONGRÉGATION

11 *bis.* Une loi du 29 mars 1910 a retiré leur mandat aux liquidateurs antérieurement nommés aux congrégations supprimées par application des lois du 1er juill. 1901 et du 7 juill. 1904, et les a remplacés par l'administration des Domaines.

27 *bis.* Le taux de la taxe sur le revenu a été porté à 10 pour 100 (L. 25 juin 1920, art. 50). — Ligne 8, *au lieu de :* 4 pour 100, *lire :* 10 pour 100.

CONSEIL CONSULTATIF DU TRAVAIL. — V. *Travail.*

CONSEIL D'ÉTAT

Sous-titre, *ajouter :* Lois des 8 avr. 1910, 13 juill. 1911, 30 juill. 1913, 29 déc. 1919.

2 *bis.* Le nombre des conseillers d'Etat en service ordinaire a été élevé de trente-deux à trente-cinq ; celui des conseillers en service extraordinaire, de vingt à vingt-trois, celui des maîtres des requêtes, de trente-deux à trente-sept (L. 8 avr. 1910, art. 97 ; L. 29 déc. 1919, art. 25).

3 *bis.* Les auditeurs de première classe ont droit aux trois quarts des emplois vacants de maîtres des requêtes. — Nul ne peut être nommé maître des requêtes, en dehors des auditeurs de première classe en exercice, s'il ne justifie de dix ans de services publics, soit civils, soit militaires. — Nul ne peut être nommé conseiller d'Etat s'il n'est âgé de quarante ans accomplis, maître des requêtes s'il n'est âgé de trente ans (L. 13 juill. 1911, art. 90).

4 *bis.* Le Conseil d'Etat comprend aujourd'hui une sixième section : la section spéciale du contentieux (V. n° 21 *bis*).

17 *bis.* La section du contentieux comprend désormais un président et neuf conseillers d'Etat en service ordinaire, vingt-cinq maîtres des requêtes et douze auditeurs (L. 8 avr. 1910, art. 96).

19 *bis.* La section du contentieux est actuellement divisée en trois sous-sections.

21 *bis.* Une section composée d'un président et de huit ou douze conseillers d'Etat en service ordinaire, pris dans la section de législation et dans les sections administratives, juge toutes les affaires d'élections et de contributions directes. Cette section prend le nom de *section spéciale du contentieux*. Elle est divisée en deux ou trois sous-sections, qui ont les mêmes pouvoirs que la section elle-même (L. 8 avr. 1910, art. 96).

48 *bis.* Les droits fixes d'enregistrement sont doublés, mais ne sont plus soumis aux décimes (L. 25 juin 1920, art. 28).

CONSEIL GÉNÉRAL

2 *bis.* Les conseillers généraux, autres que les députés et sénateurs, peuvent recevoir, sur les ressources ordinaires du budget du département, une indemnité de déplacement lorsque, pour prendre part aux réunions du conseil général, ils sont obligés de se transporter à plus de deux kilomètres de leur résidence; il peut également leur être alloué, pendant la durée des sessions, une indemnité pour chaque journée de présence à l'assemblée. Ils ont droit au remboursement des frais résultant de l'exécution des mandats spéciaux dont ils sont chargés (L. 27 févr. 1912, art. 38, modifié par L. 30 juill. 1913, art. 49). — Le montant de ces indemnités, fixé par un décret du 25 mai 1912, a été augmenté par Décr. 7 avr. 1919.

CONSEIL DE GUERRE. — V. *Justice militaire.*

CONSEIL MUNICIPAL

Sous-titre, *ajouter :* Loi du 5 juin 1915.

9 *bis.* Ligne 2, *au lieu de :* de tous ses membres, *lire :* de trois membres ou du maire.

10 *bis. Ajouter, in fine :* En cas de mobilisation générale, le conseil municipal délibère valablement après une seule convocation lorsque la majorité de ses membres non mobilisés assiste à la séance. Toutefois, lorsque, du fait de la mobilisation, le conseil municipal est réduit au tiers de ses membres en exercice, les délibérations par lesquelles il statue définitivement ne sont exécutoires que si, dans le délai d'un mois, à partir du dépôt qui en est fait à la préfecture ou à la sous-préfecture, le préfet n'en a pas suspendu l'exécution par un arrêté motivé. En cas d'urgence, le préfet peut en autoriser l'exécution immédiate (L. 5 avr. 1884, art. 50, § 3 et 4, ajoutés par L. 5 juin 1915).

16 *bis.* Ligne 4, *ajouter :* Toutefois, en cas de mobilisation générale, ces dispositions ne sont pas applicables : les conseillers municipaux appelés sous les drapeaux ne sont pas déclarés démissionnaires (L. 5 avr. 1884, art. 36, § 2, ajouté par loi du 5 juin 1915).

CONSEIL SUPÉRIEUR DES CHEMINS DE FER. — V. *Chemin de fer.*

CONSEIL SUPÉRIEUR DE LA DÉFENSE NATIONALE. — V. *Armée.*

CONSEIL SUPÉRIEUR DE LA GUERRE. — V. *Armée.*

CONSEIL SUPÉRIEUR DES HABITATIONS A BON MARCHÉ. — V. *Habitations à bon marché.*

CONSEIL SUPÉRIEUR D'HYGIÈNE PUBLIQUE. — V. *Salubrité publique.*

CONSEIL SUPÉRIEUR DE LA PETITE PROPRIÉTÉ RURALE. — V. *Bien de famille.*

CONSEILLER DE TUTELLE. — V. *Pupilles de la nation.*

CONSTITUTION ET POUVOIRS PUBLICS

4 *bis.* Outre son traitement de 600000 fr. par an, le président de la République reçoit une indemnité qui a été portée en 1920 à 1400000 fr.

6 *bis,* **9** *bis.* Les créations de ministères ou de sous-secrétariats d'Etat, ainsi que les transferts d'attributions d'un département ministériel à un autre, ne peuvent être décidés que par une loi (L. 20 juin 1920, art. 8).

6 *ter,* **9** *ter.* L'indemnité des ministres est fixée à 80000 fr. par an, celle des sous-secrétaires d'Etat à 40000 fr. (L. 31 juill. 1920, art. 71).

17 *bis.* L'indemnité que reçoivent les sénateurs et les députés est fixée à 15000 fr. par an. — Il s'y ajoute une indemnité spéciale de 12000 fr. par an pour frais de double résidence, de correspondance et autres, inhérents à l'exercice du mandat législatif (L. 27 mars 1920).

23 *bis.* Des questions *écrites* peuvent être posées par les députés et les sénateurs aux ministres; les réponses sont publiées au *Journal officiel* dans les huit jours qui suivent le dépôt des questions. Les ministres ont la faculté de déclarer par écrit que l'intérêt public leur interdit de répondre ou, à titre exceptionnel, qu'ils réclament un délai pour rassembler les éléments de leur réponse (Résolutions de la Chambre des députés, 30 juin 1909; du Sénat, 7 déc. 1911).

CONSUL

11 *bis.* Les droits à percevoir dans les chancelleries consulaires ont fait l'objet d'un tarif annexé à la loi de finances du 30 juill. 1913.

14 *bis.* Ligne 6, *ajouter :* Toutefois le consul peut rendre seul toute sentence dans les Echelles où il est impossible de se procurer des notables de la nation; il doit toujours être fait mention de cette impossibilité dans la sentence.

CONTRAINTE PAR CORPS

5 *bis.* Lignes 4-5, *au lieu de :* de vingt à quarante jours si elles sont de 100 à 200 francs, *lire :* de vingt à quarante jours lorsqu'elles sont supérieures à 50 francs et qu'elles n'excèdent pas 100 francs, de quarante à soixante jours lorsqu'elles sont supérieures à 100 francs et qu'elles n'excèdent pas 200 francs.

13 *bis.* Ligne 4-6, *lire :* une somme de 100 francs à Paris, 80 francs dans les villes de 100000 âmes et au-dessus, 70 francs dans les autres villes (L. 30 avr. 1921, art. 49).

CONTRATS-CONVENTIONS

47 *bis.* Sont nulles de plein droit les obligations contractées envers les intermédiaires qui se chargent, moyennant rémunération, d'assurer aux pensionnaires et gratifiés de l'État, des départements, des communes, etc., le bénéfice des lois de pensions (L. 26 juill. 1917, art. 3).

CONTRAT DE MARIAGE

39 *bis*. Le droit fixe est doublé, mais n'est plus soumis aux décimes (L. 25 juin 1920, art. 28).

40 *bis*. Ligne 6, *au lieu de* : 0 fr. 20 p. 100, *lire* : 1 p. 100 (L. 29 juin 1918, art. 15).

41 *bis*, **42** *bis*. *Au lieu de* : 0 fr. 20 p. 100, *lire* : 1 p. 100 (L. 29 juin 1918, art. 15).

44 *bis*, **45** *bis*, **46** *bis*. Sur le doublement des droits fixes, V. n° 39 *bis*.

CONTRAT DE TRAVAIL. — V. *Louage de services, Travail.*

CONTRAVENTION

6 *bis*. Lorsqu'une contravention est établie à la charge d'un mineur de treize ans, le juge de simple police adresse une réprimande au mineur ou aux parents et les avertit des conséquences de la récidive. Cette réprimande est inscrite sur un registre spécial (L. 22 juill. 1912, art. 14).

CONTREFAÇON DES SCEAUX DE L'ÉTAT, DES BILLETS DE BANQUE, ETC.

4 *bis*. La vente des timbres-poste contrefaits est punie d'une amende de 16 à 300 francs. En cas de récidive, l'amende est de 300 à 3000 francs (L. 8 avr. 1910, art. 52).

5 *bis*. Sont également interdits la fabrication, la détention, la distribution, l'achat et la vente de timbres, sceaux, cachets et marques susceptibles d'être confondus avec les timbres, sceaux, cachets et marques de l'État ou d'une autorité quelconque (L. 18 mars 1918, art. 2). Cette interdiction s'applique aux sceaux, timbres, cachets et marques des autorités et gouvernements étrangers. — Toute infraction est punie d'un emprisonnement de six jours à six mois et d'une amende de 16 francs à 2000 francs ou de l'une de ces peines seulement, sans préjudice, s'il y a lieu, des pénalités prévues par les art. 139 et s. du Code pénal.

CONTRIBUTION EXTRAORDINAIRE SUR LES BÉNÉFICES DE GUERRE. — V. *Guerre de* 1914 (*Bénéfices de guerre*).

CONTRIBUTIONS PATRONALES. — V. *Retraites ouvrières et paysannes.*

CONVENTION DE BERNE. — V. *Propriété littéraire et artistique.*

CONVENTION COLLECTIVE DE TRAVAIL. — V. *Louage de services.*

CONVENTION DE GENÈVE. — V. *Guerre.*

CORBEAUX. — V. *Agriculture.*

CORRUPTION D'EMPLOYÉ

1. La loi du 16 févr. 1919 a ajouté aux art. 177 et 179 c. pén. des dispositions tendant à réprimer la corruption des employés du commerce et de l'industrie.

2. Est puni d'un emprisonnement de un à trois ans et d'une amende de 500 à 3000 francs, ou de l'une de ces deux peines seulement, tout commis, employé ou préposé, salarié ou rémunéré sous une forme quelconque d'un commerçant ou d'un industriel qui a, soit directement, soit par personne interposée, à l'insu et sans le consentement de son patron, soit sollicité ou agréé des offres ou promesses, soit sollicité ou reçu des dons, présents, commissions, escomptes ou primes pour faire un acte de son emploi ou s'abstenir de faire un acte que son devoir lui commandait de faire (Code pén. 177, § 6, ajouté par L. 16 févr. 1919).

3. Quiconque a corrompu ou tenté de corrompre (que la tentative ait été ou non suivie d'effet) par promesses, offres, dons, présents, commissions, escomptes ou primes, tout commis, employé, préposé, rémunéré ou salarié sous une forme quelconque d'un commerçant ou d'un industriel, pour obtenir qu'il accomplisse un acte de son emploi ou qu'il s'abstienne d'un acte qui entrait dans l'exercice de ses devoirs, est puni d'un emprisonnement de un an à trois ans et d'une amende de 3000 à 10000 francs, ou de l'une de ces deux peines seulement. Les coupables sont passibles, en outre, de l'interdiction des droits civiques, civils et de famille pendant cinq ans au moins et dix ans au plus après l'accomplissement de la peine (Code pén. 179, § 3, ajouté par L. 16 févr. 1919, art. 2).

COUPONS. — V. *Domaine de l'État, Prescription civile.*

COUR D'APPEL

3 *bis*. La composition des cours d'appel a été modifiée par la loi du 28 avr. 1919 et réglée conformément au tableau A annexé à cette loi.

4 *bis*. Chaque cour comprend le nombre de chambres indiqué au tableau A précité. Sur les 27 cours qui existent en France et en Algérie, 8 ont une seule chambre, 10 ont deux chambres, 4 ont trois chambres, 3 (Aix, Douai et Lyon) ont quatre chambres, et 1 (Paris) a 10 chambres.

5 *bis*. A Paris, il est nommé dans chaque chambre un vice-président qui préside, en cas de sectionnement, la seconde section de la chambre. Ces vice-présidents sont choisis parmi les conseillers portés au tableau d'avancement (L. 28 avr. 1919, art. 1er).

9 *bis*. Les chambres ou sections de chambre des cours d'appel doivent tenir quatre audiences par semaine, à moins qu'elles n'en soient dispensées par une décision du garde des sceaux (L. 28 avr. 1919, art. 3, § 4).

10 *bis*. *In fine, lire* : Pour le jugement des causes qui doivent être portées en audience solennelle, les arrêts sont rendus par sept magistrats, président compris (L. 28 avr. 1919, art. 2).

15 *bis*. Les arrêts de la chambre des mises en accusation sont rendus par trois magistrats, président compris, et sur le rapport de l'un d'eux (L. 28 avr. 1919, art. 2).

19 *bis*. Ligne 11, *supprimer* : 3° de certaines fautes de discipline.

COUR D'ASSISES

38 *bis*. Ligne 5, *in fine, ajouter* : La question de discernement doit être posée lorsque l'accusé a moins de *dix-huit* ans (art. 340 c. instr. crim. modifié par L. 12 avr. 1906), et ligne 7, *lire* : dix-huit ans, *au lieu de* : seize ans.

45 *bis*. Le président de la cour d'assises ne peut entrer dans la chambre des délibérations du jury que s'il est appelé par le chef du jury, et accompagné du défenseur de l'accusé, du ministère public et du greffier (L. 10 déc. 1908, modifiant l'art. 343 c. instr. crim.).

COUR DE CASSATION

9 *bis.* Lignes 5 à 9, *lire :* Les jugements rendus par les juges de paix peuvent être attaqués par la voie du recours en cassation pour excès de pouvoir et pour violation de la loi (L. 25 mai 1838, art. 15, § 1er, modifié par la loi du 22 déc. 1915).

20 *bis.* L'amende est réduite de moitié en cas de pourvoi contre les jugements rendus par les juges de paix (L. 25 mai 1838, art. 15, § 2, modifié par la loi du 22 déc. 1915).

34 *bis.* Ligne 5, *supprimer la phrase :* c'est en principe... (V. no 9 *bis*).

59 *bis.* La Cour de cassation est appelée, en temps de paix, à statuer, au lieu et place des conseils de révision, sur les pourvois contre les sentences des conseils de guerre et tribunaux maritimes (L. 17 avr. 1906, art. 44).

79 *bis.* Ligne 4, *au lieu de :* les violations, *lire :* la violation.

COUR DES COMPTES

2 *bis.* Le nombre des conseillers référendaires de première classe a été porté, par un décret du 1er mars 1912, de vingt à vingt-deux; celui des conseillers référendaires de deuxième classe, de soixante à soixante-quatre; celui des auditeurs de première classe, de quinze à seize; celui des auditeurs de deuxième classe, de dix à onze.

8 *bis.* Ligne 3, *au lieu de :* 30000 francs, *lire :* 100000 francs (L. 29 avr. 1921, art. 36).

9 *bis. In fine, au lieu de :* 30000 francs, *lire :* 100000 francs (L. 29 avr. 1921, art. 36).

COURTIER

19 *bis.* Les courtiers, les commissionnaires et toutes autres personnes faisant commerce habituel de recueillir des offres et des demandes relatives à des marchés à terme ou à livrer de marchandises et denrées, dont le trafic à livrer est réglementé dans les bourses de commerce, doivent tenir un *répertoire* où sont consignées les opérations d'achats ou de ventes à livrer ou à terme, traitées aux conditions intégrales des règlements établis dans lesdites bourses. — Ce répertoire doit être coté et paraphé par le président du tribunal de commerce. — Un extrait du répertoire doit être remis aux contractants par les intermédiaires, dans les vingt-quatre heures qui suivent la conclusion du marché (L. 13 juill. 1911, art. 10, mod. par L. 27 févr. 1912, art. 8).

19 *ter.* Quiconque ne s'occupe pas *professionnellement* de l'achat ou de la vente des marchandises et denrées dont le trafic à livrer est réglementé dans les bourses de commerce ne peut, sous peine de nullité de l'opération, traiter des marchés à terme ou à livrer sur ces marchandises aux conditions des règlements établis dans lesdites bourses que par l'entremise d'un courtier ou d'un commissionnaire restant soumis aux obligations qui dérivent de sa qualité de mandataire (L. 27 févr. 1912, art. 8).

29 *bis.* Toute opération d'achat ou de vente de marchandises à terme ou à livrer, traitée aux conditions des règlements établis dans les bourses de commerce et de nature à être inscrite au répertoire dont la tenue est prescrite par l'art. 10 de la loi du 13 juill. 1911 (V. no 19 *bis*), est assujettie à un droit fixé à 2 centimes par 5 quintaux ou 5 hectolitres de marchandises ou denrées faisant l'objet de l'opération. Ce droit est réduit pour certaines marchandises et denrées à 1 cen-time. Le droit est dû pour chaque achat et pour chaque vente. Il n'est pas soumis aux décimes.

29 *ter.* Toute inexactitude ou omission, soit au répertoire, soit à l'extrait du répertoire, est punie d'une amende égale au vingtième du montant des opérations sur lesquelles a porté l'inexactitude ou l'omission, sans que cette amende puisse être inférieure à 3000 francs. Toute autre infraction est punie d'une amende de 100 à 5000 francs.

CRÉDIT AGRICOLE

Sous-titre, *remplacer* par : Loi du 5 août 1920; Décret du 9 févr. 1921.

1. L'institution du crédit agricole est actuellement régie par la loi du 5 août 1920 qui abroge la législation antérieure sur la matière et dont les principales dispositions sont résumées ci-après ainsi que celles du décret du 9 févr. 1921 rendu pour son application.

2. — I. *Organisation et fonctionnement des caisses de crédit agricole mutuel.* — Les caisses de crédit agricole peuvent être constituées par tout ou partie des membres d'une ou de plusieurs des associations suivantes et par ces associations elles-mêmes : syndicats professionnels agricoles, sociétés d'assurances mutuelles agricoles, sociétés coopératives agricoles, associations syndicales et sociétés diverses d'intérêt agricole énumérées à l'art. 22 de la loi (V. no 15). — Leur durée est illimitée. — Les caisses fondées antérieurement à la promulgation de la loi ont dû, avant le 31 déc. 1921, tenir une assemblée générale extraordinaire pour rendre leur durée illimitée.

3. Le capital des caisses de crédit agricole ne peut être formé par des souscriptions d'actions; il doit l'être par les sociétaires au moyen de parts nominatives, transmissibles seulement par voie de cession avec l'agrément de la caisse. — La caisse n'est constituée qu'après versement du quart du capital. Si elle est à capital variable, celui-ci ne peut être réduit, par la reprise des apports des sociétaires sortants, au-dessous du montant du capital de fondation. — L'intérêt annuel versé aux porteurs de parts ne doit pas dépasser 6 pour 100 ni excéder, pour les caisses locales, le taux des prêts consentis à leurs sociétaires. Aucun dividende n'est attribué aux parts.

4. Les conditions de publicité prescrites pour les sociétés commerciales ordinaires sont remplacées par des dispositions spéciales.

5. Les statuts déterminent le siège, la circonscription territoriale et le mode d'administration des caisses. Ils fixent la nature et l'étendue de leurs opérations, les règles à suivre pour la modification des statuts, la dissolution de la société, la composition du capital, la proportion dans laquelle chacun des membres peut contribuer à la constitution de ce capital et les conditions dans lesquelles il peut se retirer.

6. Chaque année, après acquittement des frais généraux, payement des intérêts dus aux emprunts, aux dépôts et au capital social, les bénéfices sont affectés, jusqu'à concurrence des trois quarts au moins, à la constitution d'un fonds de réserve jusqu'à ce qu'il ait atteint le double du capital social. Lorsqu'il atteint cette importance, la proportion à verser au fonds de réserve est réduite à 50 pour 100 des bénéfices annuels.

7. L'étendue et les conditions de la responsabilité qui incombe à chaque sociétaire dans les engagements pris par la caisse, sont réglées par les statuts. Les sociétaires ne peuvent, en principe, être libérés de leurs engagements qu'après la liquidation des opérations en cours au moment où ils se retirent. Dans tous es cas, leur responsabilité cesse cinq ans après la date de leur sortie.

8. Les caisses de crédit agricole sont des sociétés commerciales dont les livres doivent être tenus conformément aux prescriptions du Code de commerce, et suivant les instructions du ministre de l'Agriculture pour celles qui ont reçu des avances de l'Etat.

9. — II. *Opérations des caisses de crédit agricole.* — Les caisses de crédit agricole ont exclusivement pour objet de faciliter et de garantir les opérations concernant la production agricole effectuées par leurs sociétaires individuels ou collectifs. — Ces caisses sont de deux sortes : les caisses *locales,* qui consentent des prêts à leurs sociétaires (V. nos 10 et s.), et les caisses *régionales,* qui facilitent les opérations des caisses locales et transmettent les avances de l'Etat (V. nos 13 et s., 17 et s.).

10. Les caisses locales peuvent consentir : 1º à tous leurs sociétaires, des *prêts d'argent à court terme,* dont la durée totale ne doit pas excéder celle de l'opération en vue de laquelle ces prêts sont consentis; 2º à tous leurs sociétaires, des prêts d'argent *à moyen terme* pour l'aménagement ou la reconstitution de leurs propriétés. Ces prêts sont remboursables en dix années par amortissements annuels et sont entourés de garanties particulières, telles que cautions, warrants, hypothèques ou dépôts de titres, etc.; 3º à leurs sociétaires individuels, des prêts d'argent *à long terme.*

11. Pour la réalisation des prêts à court terme, les caisses locales escomptent les effets souscrits par leurs seuls sociétaires en vue d'opérations exclusivement agricoles. Elles peuvent se charger, relativement à ces opérations, de tous payements et recouvrements à faire dans l'intérêt de ces sociétaires. Pour la réalisation des prêts à moyen terme, les caisses locales font signer à leurs sociétaires des engagements spéciaux qui fixent les conditions du prêt, les garanties fournies et les conditions du remboursement. — Chaque emprunteur doit faire connaître par écrit à la caisse locale l'opération en vue de laquelle il sollicite un prêt à court terme ou à moyen terme. — Le taux d'intérêt de ces prêts ne doit pas être inférieur au taux d'intérêt servi aux parts sociales, ni supérieur de 1 pour 100 au taux d'escompte de la Banque de France. Le remboursement du prêt devient immédiatement exigible si l'exploitant quitte l'exploitation pour les besoins de laquelle ce prêt a été consenti.

12. Pour la réalisation des prêts individuels à long terme, les caisses locales exigent comme garantie une inscription hypothécaire ou un contrat d'assurance en cas de décès. Ces prêts sont de 40 000 francs au plus, non compris le montant des frais. La durée de leur remboursement peut atteindre vingt-cinq ans, sans toutefois que l'âge de l'emprunteur, à la date du dernier amortissement, puisse dépasser soixante ans. Ils portent intérêt au taux de 2 pour 100 et sont destinés à faciliter l'acquisition, l'aménagement, la transformation et la reconstitution de petites exploitations rurales. — Les exploitations rurales pour lesquelles les prêts à long terme ont été consentis peuvent être constituées en biens de famille insaisissables (V. *Bien de famille*).

13. Les *caisses régionales* ont pour but : 1º de faciliter les opérations à court terme, à moyen terme et à long terme effectuées par les membres des caisses locales de crédit agricole mutuel de leur circonscription et garanties par ces sociétés; 2º de transmettre aux sociétés coopératives agricoles, aux associations syndicales ou à tous autres groupements les avances qui peuvent leur être consenties par l'Etat. — Pour faire des opérations avec une caisse régionale, une caisse de crédit agricole doit être régulièrement affiliée à cette caisse régionale et avoir souscrit au moins une part du capital social. — Les caisses régionales réescomptent, après endossement par les caisses locales qui leur sont affiliées, les effets souscrits par les sociétaires de ces caisses. Elles peuvent se charger de tout payement et recouvrement à faire dans l'intérêt desdites caisses. Elles peuvent faire aux caisses locales qui leur sont affiliées les avances nécessaires à la constitution d'un fonds de roulement. Elles peuvent émettre des bons de caisse à échéance variable, avec ou sans intérêt, mais en faveur des seuls agriculteurs domiciliés dans la circonscription de la caisse régionale.

14. Les caisses de crédit agricole mutuel (caisses locales et caisses régionales) peuvent contracter les emprunts nécessaires pour constituer ou augmenter leur fonds de roulement; elles peuvent aussi se procurer des capitaux en réescomptant leur portefeuille d'effets ou en empruntant sur titres; enfin il leur est permis de recevoir de toute personne des dépôts en compte courant, avec ou sans intérêt, et des dépôts de titres. Toutes autres opérations leur sont interdites.

15. — III. *Sociétés coopératives agricoles, Associations syndicales agricoles, Sociétés d'intérêt collectif agricole.* — Les sociétés coopératives, les associations syndicales, les sociétés d'intérêt collectif agricole qui peuvent être affiliées aux caisses locales de crédit agricole, sont : 1º les sociétés coopératives agricoles constituées en vue d'effectuer ou de faciliter toutes les opérations concernant la production, la transformation, la conservation ou la vente des produits agricoles provenant exclusivement des exploitations des associés; 2º les sociétés coopératives d'achat en commun et d'approvisionnement; 3º les associations syndicales ayant un objet exclusivement agricole; 4º les sociétés agricoles ayant pour objet soit de procéder à la fabrication de toutes matières, de tous produits ou instruments utiles à l'agriculture, à l'exécution de travaux agricoles d'intérêt collectif, soit de doter une région ou une agglomération rurale d'installations modernes d'intérêt collectif tels qu'abattoirs industriels, entrepôts frigorifiques, réseaux électriques, construction de logements hygiéniques, etc.

16. Les sociétés désignées ci-dessus (V. nº 15) peuvent bénéficier d'avances à long terme auprès des caisses locales. Celles-ci sont faites au taux de 2 pour 100 pour une durée de 25 ans au maximum, qui peut exceptionnellement être portée à 50 ans pour les sociétés coopératives de reboisement.

17. — IV. *Avances de l'État.* — En vertu de la convention du 31 oct. 1896, la Banque de France a mis à la disposition du Gouvernement une avance de 40 millions de francs. A cette avance s'ajoutent des redevances calculées en fonction du taux de l'escompte et de la circulation productive, et une participation de l'Etat aux bénéfices de la Banque (Conventions des 26 oct. 1917 et 26 juill. 1918). L'ensemble de ces sommes constitue la dotation du crédit agricole, laquelle est remise par l'Etat, à titre d'avances, aux caisses régionales et, par leur intermédiaire, aux institutions visées *supra,* nº 15. La répartition des avances est faite par l'Office national du crédit agricole (V. nº 19).

18. Les avances de l'Etat deviennent immédiatement remboursables en cas de dissolution, mise en état de faillite ou de liquidation judiciaire de la caisse régionale ou de l'institution bénéficiaire;

violation ou modification non autorisée des statuts; malversations des administrateurs ou du directeur; changement d'affectation des avances; défaut de payement des remboursements dus dans un délai de trois mois.

19. — V. *Office national du crédit agricole.* — L'Office national du crédit agricole, créé par la loi du 5 août 1920, est un établissement public possédant l'autonomie financière, chargé d'assurer l'application de ladite loi et ayant notamment pour objet : 1° la gestion de la dotation du crédit agricole; 2° la gestion des dépôts de fonds reçus par les caisses régionales et qui lui sont confiés par elles; 3° l'émission de bons par l'intermédiaire des caisses régionales; 4° la gestion des crédits votés en application de la loi du 4 mai 1918, relative à la mise en culture des terres abandonnées. — L'Office est administré par un conseil d'administration, sous le contrôle d'une commission présidée par le ministre de l'Agriculture.

20. — VI. *Dispositions fiscales.* — Les sociétés de crédit agricole sont exemptes du droit de patente. Il en est de même pour les sociétés visées à l'art. 22 de la loi du 5 août 1920. (V. n° 15). — Les dispositions des lois des 29 juin 1872 et 29 mars 1914 relatives à l'impôt sur le revenu des valeurs mobilières (V. *Valeurs mobilières*), et celles du titre V de la loi du 31 juill. 1917 concernant l'impôt sur les revenus des créances, dépôts et cautionnements (V. *Impôts directs*), ne sont applicables ni aux parts d'intérêts, ni aux emprunts ou obligations des sociétés de crédit mutuel et des sociétés coopératives susvisées. Cette dispense s'étend aux sociétés d'intérêt collectif agricole ayant bénéficié d'avances de l'Etat. — Les bâtiments affectés à un usage agricole par les sociétés visées à l'art. 22 jouissent des mêmes exemptions d'impôts que celles dont bénéficient les bâtiments des agriculteurs (V. *Impôts directs*). Enfin, l'exemption du droit de licence est appliquée, dans les mêmes conditions qu'aux propriétaires récoltants, aux sociétés coopératives agricoles qui vendent exclusivement les récoltes de leurs membres, vinifiées, distillées ou transformées en commun (V. *Impôts indirects*).

CRÉDIT FONCIER

2 *bis*. La durée de la société du Crédit foncier de France a été portée à 99 ans, à partir du 31 déc. 1908. — Le Crédit foncier est autorisé à élever son capital social à 250 millions de francs, représentés par 500 000 actions libérées de 500 francs chacune. Le quart de ce capital doit être représenté par des rentes françaises ou autres valeurs du Trésor.

2 *ter*. Le Crédit foncier est soumis à la vérification des inspecteurs des finances.

7 *bis*. L'emprunteur acquitte sa dette par annuités. L'annuité comprend : l'intérêt, qui ne peut excéder 5 pour 100; la somme affectée à l'amortissement, laquelle ne peut être supérieure à 2 pour 100 ni inférieure à 1 pour 100 du montant du prêt; les frais d'administration (Décr. 28 févr. 1852, art. 11). — La loi du 18 avr. 1918, art. 1er, a suspendu celles de ces dispositions relatives à l'intérêt des prêts pendant la durée de la guerre et une période de cinq ans au moins à partir de la cessation des hostilités (c'est-à-dire jusqu'au 24 oct. 1924). Un décret déterminera la fin de cette suspension.

7 *ter*. Ligne 6, *après* : société, *ajouter* : au taux de 5 pour 100 l'an. Si le taux de l'intérêt des prêts dépasse 5 pour 100, les semestres non payés portent intérêt au taux même des prêts. Il

en est de même des frais de poursuites liquidés ou taxés faits par le Crédit foncier pour arriver au recouvrement de ses créances, et ce à partir du jour où ils ont été avancés.

CRÉDIT IMMOBILIER. — V. *Habitations à bon marché.*

CRÉDIT INDUSTRIEL ET COMMERCIAL

1. Une loi du 13 mars 1917 a organisé le crédit au petit et au moyen commerce, à la petite et à la moyenne industrie. A cet effet, elle a prévu la création de *sociétés de caution mutuelle* et de *banques populaires*. Ces sociétés, de quelque nature qu'elles soient, doivent être constituées sous le régime des lois françaises. Les souscripteurs du capital et les administrateurs doivent être Français. Elles sont soumises aux vérifications des agents de l'Enregistrement. La loi du 18 déc. 1915 (art. 6), modifiée par la loi du 6 mai 1922, a étendu aux sociétés coopératives ouvrières de production le bénéfice de la loi précitée du 13 mars 1917. La même loi a réglementé les sociétés coopératives ouvrières de crédit, qui effectuent des opérations de crédit, soit avec leurs associés, soit avec d'autres coopératives. — La loi du 7 mai 1917, modifiée par celle du 14 juin 1920, a organisé le crédit aux sociétés coopératives de consommation.

2. — I. *Sociétés de caution mutuelle.* — Les *sociétés de caution mutuelle* sont constituées entre commerçants, industriels, fabricants, artisans et sociétés commerciales. Elles ont pour objet exclusif l'aval et l'endos des effets de commerce et billets créés, souscrits ou endossés par leurs membres à raison de leurs opérations professionnelles. Leur capital est formé de parts nominatives qui peuvent être de valeur inégale, sans cependant qu'aucune d'elles puisse être inférieure à 50 francs, et à la souscription desquelles peuvent concourir, en dehors des membres qui participent aux avantages de la société, des membres non participants, qui n'ont droit qu'à la rémunération de leurs apports. La société n'est constituée qu'après versement du quart du capital souscrit.

3. Les sociétés de caution mutuelle sont des sociétés commerciales, dont les livres doivent être tenus conformément aux prescriptions du Code de commerce. Elles sont exemptes de l'impôt de la patente ainsi que de l'impôt sur le revenu des valeurs mobilières. — Les conditions de publicité prescrites pour les sociétés commerciales ordinaires sont remplacées, à l'égard des sociétés de caution mutuelle, par des dispositions spéciales.

4. Le capital, de même que le fonds de réserve, est affecté à la garantie des effets et billets avalisés ou endossés par la société, de manière à servir de provision pour ces effets et billets, à défaut de règlement. Les administrateurs sont tenus, avant de commencer à donner aucun aval ou endos, d'énoncer dans une déclaration déposée en double au greffe de la justice de paix du siège de la société, l'emploi qu'ils ont fait du capital (placement en valeurs ou dépôts en banque). Il est donné récépissé de cette déclaration. L'un des exemplaires est transmis, par les soins du juge de paix, au greffe du tribunal de commerce de l'arrondissement. Chaque année, une déclaration dans les mêmes formes doit faire connaître l'emploi du capital et du fonds de réserve.

5. — II. *Banques populaires.* — Le capital des *banques populaires* doit être constitué par sept souscriptions au moins. Ces souscriptions peuvent être inégales. Peuvent souscrire, en dehors des membres qui participent aux avantages de la banque populaire, des membres non participants, qui n'ont droit qu'à la rémunération de leurs apports. — Les capitaux souscrits ne peuvent recevoir un intérêt supérieur à 6 pour 100 des versements effectués. — Les banques populaires ne peuvent faire d'opérations qu'avec des commerçants, industriels, fabricants, artisans et sociétés commerciales, pour l'exercice normal de leur industrie, de leur commerce et de leur métier. Toutefois, elles peuvent recevoir des sommes en dépôt de toutes personnes et sociétés.

6. Les associations fondées par des commerçants, industriels, fabricants, artisans, sous le régime de la loi du 1er juill. 1901, les syndicats professionnels, les sociétés de caution mutuelle et les caisses d'épargne sont autorisées à concourir à la formation du capital desdites banques. — Le capital social des banques populaires qui adoptent la forme de société à capital variable peut être fixé à 500000 francs, et chaque augmentation de capital peut atteindre la même somme (L. 7 août 1920, art. 1er).

7. Sur l'avance de 20 millions de francs versée au Trésor par la Banque de France en vertu de l'art. 1er de la convention du 11 nov. 1911, le Gouvernement est autorisé à disposer de 12 millions pour être attribués, sous forme d'avances sans intérêts, aux banques populaires. — Les avances ne peuvent excéder le double du capital versé en espèces, ni être accordées pour plus de cinq ans. Elles peuvent être renouvelées. — Les caisses d'épargne sont autorisées à faire, sur leur fortune personnelle, des prêts aux banques populaires.

8. L'usage, comme titre ou comme qualificatif, des mots « banque populaire », est interdit, sous peine des sanctions prévues par l'art. 405 c. pén. (escroquerie), à toute entreprise qui n'a pas été autorisée par décision du ministre du Commerce, après avis de la commission de répartition des avances (L. 7 août 1920, art. 3).

9. — III. *Avances de l'État.* — La loi du 24 oct. 1919 a ouvert un crédit de 50 millions de francs, destiné à consentir des prêts aux petits commerçants, aux petits industriels, aux petits fabricants et artisans démobilisés, ainsi qu'à leurs veuves bénéficiant des dispositions de la loi du 31 mars 1919 sur les pensions militaires. Ce crédit est attribué sous forme d'avances sans intérêt aux banques populaires. Les avances peuvent atteindre le sextuple du capital social versé en espèces et être accordées pour 14 années. Les prêts ne peuvent être consentis par les banques populaires qu'aux démobilisés et aux veuves de mobilisés possédant une part ou action d'une de ces banques. Ces prêts, de 10000 francs chacun au maximum, sont faits pour dix ans au plus, au taux de 3 pour 100.

CRÉDIT MARITIME

1. L'institution du crédit maritime mutuel est aujourd'hui régie par la loi du 4 déc. 1913, qui a abrogé les lois du 23 avr. 1906, du 18 juin 1909 et du 25 mars 1910.

2. — I. *Objet du crédit maritime.* — Elle a exclusivement pour objet de faciliter aux personnes désignées *infrà*, n° 3, les opérations se rattachant à la capture, à l'élevage, au parcage, à la conservation et à la vente des produits des eaux maritimes ou du domaine maritime. Ces opérations sont, notamment, les suivantes : construction et achat de bateaux de pêche; achat d'instruments nautiques, de matériel d'armement, d'engins de pêche, d'appâts, de combustibles et de matières grasses; exécution de travaux pour l'exploitation du domaine maritime; achat de crustacés, d'huitres et d'autres mollusques pour le peuplement des parcs et réservoirs; achat d'objets d'équipement individuel spécial à la pêche ou à l'exploitation des concessions et d'objets destinés directement à l'approvisionnement des bateaux de pêche; transport des produits de la pêche aux stations de chemins de fer.

3. Peuvent participer à l'institution du crédit maritime mutuel les personnes appartenant à l'une des quatre catégories ci-après : 1° Les marins pêcheurs pratiquant la pêche maritime comme moyen d'existence, les femmes exerçant la même profession; — 2° Les anciens marins pêcheurs pensionnés de la Caisse des invalides de la marine ou de la Caisse nationale de prévoyance des marins français, ou devenus physiquement hors d'état de naviguer, s'ils sont propriétaires de tout ou partie d'une embarcation de pêche; — 3° Les concessionnaires d'établissements de pêche sur le domaine maritime exploitant eux-mêmes ces établissements ou ayant cessé de les exploiter pour cause d'incapacité physique; — 4° Les veuves des personnes ci-dessus visées et leurs orphelins jusqu'à la majorité du plus jeune.

4. — II. *Sociétés de crédit maritime.* — Le crédit maritime mutuel s'exerce par la constitution de caisses régionales et de caisses locales. Ces caisses peuvent être formées par un ou plusieurs des groupements ci-après énumérés, ainsi que par les personnes visées plus haut, n° 3, à la condition qu'elles soient affiliées à l'un de ces mêmes groupements : syndicats professionnels maritimes; sociétés coopératives maritimes; sociétés d'assurances mutuelles contre les risques du matériel de pêche; prud'homies de pêche. Peuvent également faire partie des sociétés de crédit maritime mutuel, à titre de membres honoraires, les personnes ne figurant pas dans ces quatre catégories de l'art. 2, mais disposées à leur prêter un appui tant moral que financier.

5. Le capital social des sociétés de crédit maritime mutuel est constitué à l'aide de souscriptions réalisées par les membres actifs et honoraires des sociétés. Ces souscriptions forment des parts qui peuvent être inégales; elles sont nominatives et ne sont transmissibles que par voie de cession et avec l'agrément de la société. Les parts souscrites par les membres honoraires ne peuvent dépasser le tiers du capital social.

6. Les sociétés de crédit maritime sont des sociétés commerciales dont les livres doivent être tenus conformément aux prescriptions du Code de commerce. Elles ne sont pas soumises à la patente, et les parts formant le capital de ces sociétés sont exemptes des taxes qui frappent les valeurs mobilières.

7. — III. *Caisses locales et régionales.* — Les caisses locales de crédit maritime ont pour but de faciliter à leurs adhérents, avec l'aide des caisses régionales, les opérations qui ont trait à l'exercice de leur profession. — Elles peuvent recevoir des dépôts de fonds en compte courant avec ou sans intérêts, se charger, relativement aux opérations visées à l'art. 1er (V. *suprà*, n° 2), des recouvrements et des payements à faire à leurs adhérents. Elles peuvent notamment contracter les emprunts nécessaires pour constituer ou augmenter leurs fonds de roulement. — Elles peuvent négocier, à leur caisse régionale, des effets souscrits par leurs membres et endossés par elles. — Enfin, elles peuvent consentir, avec l'agrément de la caisse régionale, des prêts individuels à long terme en vue des opérations prévues à l'art. 1er. Le taux de l'intérêt applicable aux prêts consentis par elles ne peut pas dépasser un maximum fixé par le ministre de la Marine, après avis de la commission supérieure du crédit maritime mutuel.

8. Les caisses régionales ont pour but : 1° d'escompter les effets souscrits par les membres des caisses locales et endossés par ces caisses ; 2° de mettre à la disposition des caisses locales les sommes nécessaires aux prêts individuels à long terme ; 3° de mettre à la disposition des sociétés coopératives maritimes les sommes nécessaires au fonctionnement de ces sociétés. — Les caisses régionales constituées au capital minimum de 10 000 francs peuvent recevoir de l'Etat des avances sans intérêts.

9. Les sociétés coopératives maritimes sont constituées par des personnes, sociétés, syndicats ou associations de personnes appartenant aux catégories définies à l'art. 2 (V. n° 3), en vue exclusivement des opérations prévues à l'art. 1er (V. n° 2). — Les caisses régionales peuvent accorder aux sociétés coopératives maritimes des prêts à long terme pour les opérations générales spécifiées à l'art. 1er (V. n° 2) et des prêts à court terme, uniquement pour l'achat d'appâts.

CRÉDIT MUNICIPAL. — V. *Mont-de-piété.*

CRÉDIT NATIONAL. — V. *Guerre de 1914 (Dommages de guerre).*

CRIMES ET DÉLITS
CONTRE LA SURETÉ DE L'ÉTAT

1 *bis* et suiv. Dans tous les cas où une condamnation est prononcée pour crime ou délit contre la sûreté extérieure de l'Etat, ce que le coupable a reçu sera confisqué. — Lorsque les choses reçues n'ont pu être saisies, les juges, pour tenir lieu de leur confiscation, prononcent au profit du Trésor public une condamnation au payement d'une somme égale à leur valeur. — Dans tous les cas visés ci-dessus, la confiscation est également ordonnée, au profit de la nation, de tous les biens présents et à venir du condamné, de quelque nature qu'ils soient (L. 14 nov. 1918).

CROIX DE GUERRE. — V. *Actes de l'état civil, Ordres civils et militaires.*

CULTE

65 *bis.* Une association cultuelle qui a fait appel, pour la célébration du culte catholique, à un prêtre qui ne reconnaît pas la hiérarchie ecclésiastique et qui s'est maintenu en possession de l'église malgré la décision de l'évêque désignant un autre prêtre pour desservir la paroisse, ne se conforme pas aux règles d'organisation générale du culte, et, dès lors, le décret qui lui attribue les biens d'une fabrique est entaché d'excès de pouvoir.

75 *bis.* Un conseil municipal qui a accepté, postérieurement à la loi du 13 avr. 1908, une libéralité à charge de messes, peut distraire du montant du legs la somme représentant le coût des messes, et, après l'avoir convertie en un titre de rente, la mettre à la disposition d'une société de secours mutuels ecclésiastique (Cons. d'Et. 19 janv. 1917).

94 *bis* et **123** *bis.* Ces dispositions ont été maintenues, malgré la non-constitution d'associations cultuelles catholiques, par l'art. 5 de la loi du 2 janv. 1907. — Le droit accordé par la loi du 2 janv. 1907 implique, en ce qui concerne les églises catholiques, que le prêtre reconnaît la hiérarchie ecclésiastique et se trouve en communion avec son évêque ; dès lors, en cas de conflit entre deux prêtres, dont l'un seulement est agréé par l'évêque, c'est celui-ci qui doit être mis en possession de l'église.

94 *ter.* A défaut d'association cultuelle, le titre légal résultant de l'art. 5, § 1er, de la loi du 2 janv. 1907 ne confère au ministre du culte, s'il n'a pas été consenti de concession administrative, aucun droit, réel ou personnel, de jouissance, mais uniquement la faculté d'user de l'édifice et du mobilier dans la mesure nécessitée par l'exercice du culte. Le prêtre n'est donc pas tenu d'en assurer la garde et la restitution. Dès lors, en cas d'incendie, il ne peut être déclaré responsable que si le propriétaire établit que le dommage a été causé par sa faute, sa négligence ou son imprudence ; aucune responsabilité ne lui incombe si la cause du sinistre est demeurée inconnue.

CURIOSITÉS. — V. *Vente publique de meubles.*

CYCLE. — V. *Impôts indirects, Voiture.*

D

DALLOZ

Ajouter : Un *Répertoire pratique* en douze volumes est actuellement en cours de publication.

DÉBIT DE BOISSONS. — V. *Boissons.*

DÉCLARATION DE REVENU. — V. *Impôts directs.*

DÉCORATIONS. — V. *Ordres civils et militaires.*

DÉDIT. — V. *Théâtre-spectacle.*

DÉLÉGUÉ MINEUR. — V. *Caisse nationale d'assurances, Mines.*

DÉLIMITATION. — V. *Vente de substances falsifiées.*

DENIER A DIEU. — V. *Guerre de 1914* (*Loyers*).

DENRÉES. — V. *Guerre de 1914* (*Ravitaillement*).

DÉPARTEMENT

8 *bis*. Le personnel des bureaux des préfectures et des sous-préfectures constitue un corps d'administration exclusivement recruté au concours, en dehors des cas prévus par la loi sur le recrutement de l'armée (emplois réservés aux sous-officiers). — Les départements ne peuvent accorder à leur personnel des avantages, tels qu'indemnités de cherté de vie ou pour charges de famille, supérieurs à ceux prévus en faveur des agents de l'État (L. 18 oct. 1919, art. 12, et 21 oct. 1919).

17 *bis*. Les départements peuvent, dans les mêmes conditions que les communes (V. *Commune*, n° 28 *bis*), acquérir des terrains et des domaines ruraux pour les lotir et les revendre, en vue de faciliter l'accession des travailleurs et des familles peu fortunées à la petite propriété.

DÉPOT

28 *bis*. La responsabilité, limitée à 1 000 francs, des aubergistes et hôteliers est applicable non seulement aux espèces monnayées et aux valeurs, mais encore à toute espèce de titres, aux bijoux et aux objets précieux de toute nature non déposés réellement entre leurs mains (Code civ. 1953, § 2, modifié par L. 8 avr. 1911).

33 *bis*. Le droit fixe est doublé, mais n'est plus soumis aux décimes (L. 25 juin 1920, art. 28).

35 *bis*. Le droit de timbre des reçus de sommes est variable suivant le montant de la somme (25 cent. jusqu'à 100 fr.; 50 cent. de 100 à 1 000 fr.; 1 fr. au delà de 1 000 fr.). Le droit de timbre des reçus d'objets est de 25 centimes (L. 25 juin 1920, art. 55).

DÉPOT EN BANQUE. — V. *Domaine de l'État*.

DÉSERTION. — V. *Justice militaire*.

DÉSISTEMENT

29 *bis*, **30** *bis*. Les droits fixes sont doublés, mais ne sont plus soumis aux décimes (L. 25 juin 1920, art. 28).

DESSIN INDUSTRIEL. — V. *Propriété industrielle*.

DÉTAXE. — V. *Guerre de 1914* (*Bénéfices de guerre*).

DETTE PUBLIQUE

5 *bis*. Au cours de la guerre de 1914-1919 la limite d'émission des bons du Trésor, ou bons de la défense nationale, a été portée à 7 milliards de francs (L. 7 août 1915). Les échéances ont été également modifiées. Notamment, le décret du 14 mai 1921 a autorisé l'émission de bons à deux ans. — Des obligations de la défense nationale, à échéance de dix ans ou de vingt ans, ont été émises (L. 10 févr. 1915 et 16 févr. 1917). Le décret du 14 mai 1919 a prévu l'émission d'obligations à six ans (sexennaires).

DISPARUS. — V. *Absence*, *Actes de l'état civil*.

DISPOSITIONS ENTRE VIFS ET TESTAMENTAIRES

12 *bis*. Ligne 11, *ajouter* : Toutefois, s'il est appelé sous les drapeaux pour une campagne de guerre, le mineur peut, pendant la durée des hostilités, disposer de la même quotité que s'il était majeur, en faveur de l'un quelconque de ses parents ou de plusieurs d'entre eux jusqu'au sixième degré inclusivement, ou encore en faveur de son conjoint survivant. A défaut de parents au sixième degré inclusivement, le mineur peut disposer comme le ferait un majeur (Code civ. art. 904, § 2 et 3, ajoutés par L. 28 oct. 1916).

DISTRIBUTEUR AUTOMATIQUE. — V. *Impôts indirects*.

DISTRIBUTION D'ÉNERGIE. — V. *Eaux*, *Électricité*.

DIVIDENDES. — V. *Domaine de l'État*, *Prescription civile*.

DIVORCE

69 *bis*. La transcription est faite au nom de la partie qui a obtenu le divorce, et à la diligence de son avoué, sous peine d'une amende de 100 francs à la charge de ce dernier. A cet effet, la décision est signifiée à l'officier de l'état civil compétent, pour être transcrite sur ses registres. A cette signification doivent être joints les certificats énoncés en l'art. 548 c. pr. civ., et, en outre, s'il y a eu arrêt, un certificat de non-pourvoi (Code civ., art. 252, § 1 et 2, modifiés par L. 26 juin 1919).

70 *bis*. Lignes 1 à 4, *lire* : La signification doit être faite dans le délai de quinze jours à compter de la date où le jugement ou l'arrêt est devenu définitif (Code civ., art. 252, § 2, modifié par L. 26 juin 1919). — Lignes 8 à 11, *lire* : En cas de rejet d'un pourvoi formé contre un arrêt prononçant le divorce, le greffier de la Cour de cassation doit, dans le mois du prononcé de l'arrêt, adresser un extrait dudit arrêt à l'avoué de la partie qui a obtenu la décision définitive prononçant le divorce. Le délai prévu pour la réquisition de la transcription ne court, dans ce cas, qu'à partir de la réception par l'avoué de l'extrait de l'arrêt de rejet (Code civ., art. 252, § 3 nouveau).

70 *ter*. A défaut par l'avoué de la partie qui a obtenu le divorce de faire la signification dans le délai de quinze jours, l'autre partie a le droit de faire cette signification et de requérir la transcription (Code civ., art. 252, § 5, modifié par L. 26 juin 1919).

71 *bis*. La transcription est faite par les soins de l'officier de l'état civil, dans un délai de cinq jours à compter de la réquisition, non compris les jours fériés (Code civ., art. 252, § 4, modifié par L. 26 juin 1919).

71 *ter*. Le défaut de transcription n'a plus, depuis la loi du 26 juin 1919, pour effet de rendre caduque la décision de justice qui a prononcé le divorce. La rupture du lien conjugal résulte du jugement ou de l'arrêt; la transcription n'est plus qu'une mesure de publicité, qui n'a d'effet qu'à l'égard des tiers.

72 *bis*. Le jugement ou l'arrêt devenu définitif remonte, quant à ses effets entre les époux, en ce qui touche leurs biens, au jour de la demande. Mais il ne produit effet au regard des tiers que du jour de la transcription (Civ. 252, § 6, modifié par L. 26 juin 1919).

75 *bis.* Lignes 2 à 8, *lire :* La femme divorcée ne peut se remarier qu'après 300 jours révolus depuis la dissolution du mariage (Code civ., art. 228, modifié par L. 9 août 1919). Elle peut contracter le nouveau mariage aussitôt après la transcription du jugement ou de l'arrêt ayant prononcé le divorce, si toutefois il s'est écoulé 300 jours depuis qu'est intervenue, dans l'instance qui a abouti au divorce, l'ordonnance autorisant l'époux demandeur à avoir une résidence séparée. Toutefois, lorsque l'ordonnance est muette sur la question de résidence séparée, le délai de 300 jours est compté à partir du premier jugement préparatoire, interlocutoire ou au fond, rendu dans la cause (Code civ., art. 296, modifié par L. 9 août 1919). — La femme divorcée peut aussi se remarier aussitôt après la transcription de la décision de conversion de la séparation de corps en divorce, lorsque le jugement de séparation de corps aura été converti en jugement de divorce, conformément à l'art. 310 Code civ. (V. *Séparation de corps*) (Code civ. art. 297, modifié par L. 13 juill. 1907).

77 *bis. Supprimer les lignes* 14 à 22. L'art. 295, § 3, Code civ. a été abrogé par la loi du 5 avr. 1919 : les époux divorcés, puis remariés, peuvent divorcer de nouveau.

91 *bis.* En cas de divorce ou de séparation de corps, l'administration légale des biens de l'enfant mineur appartient à celui des deux époux auquel est confiée la garde de l'enfant, s'il n'en est autrement ordonné par le tribunal (Code civ., art. 389, modifié par la loi du 6 avr. 1910).

DOMAINE DE L'ÉTAT

5 *bis.* L'art. 111 de la loi du 25 juin 1920 déclare définitivement acquis à l'Etat, exception faite pour les sociétés d'habitations à bon marché : 1° le montant des coupons, intérêts ou dividendes atteints par la prescription quinquennale et afférents à des actions ou des obligations négociables émises par toute société commerciale ou civile ou par toute collectivité privée ou publique ; 2° les actions, obligations et toutes valeurs des mêmes sociétés ou collectivités, lorsqu'elles sont atteintes par la prescription trentenaire ; 3° les dépôts de sommes d'argent et tous avoirs en dépôt ou en compte courant dans les banques, lorsqu'ils n'ont fait l'objet d'aucune opération ou réclamation depuis trente ans. Les agents de l'enregistrement ont le droit de prendre communication au siège des banques et collectivités dont il s'agit. — Les infractions sont punies d'une amende de 100 à 5 000 francs et d'une somme égale aux coupons, titres, etc., omis ou dissimulés.

5 *ter.* Sont définitivement acquises à l'Etat et peuvent être vendues à son profit toutes les copies d'œuvres d'art abandonnées dans les musées nationaux et non réclamées par l'auteur, ses héritiers ou ayants droit, dans un délai de deux années à partir de l'abandon dûment constaté ou de la mise en demeure adressée à l'auteur (L. 30 juill. 1913, art. 1er).

26 *bis.* Ligne 3-4 : C'est l'administration des Domaines, et non le préfet, qui fixe le jour de la vente des objets mobiliers appartenant à l'Etat (Décr. 26 févr. 1897).

35 *bis.* Le droit d'enregistrement des ventes de meubles domaniaux est fixé à 5 pour 100 (L. 25 juin 1920, art. 24). Les ventes d'immeubles sont assujetties au droit de 10 pour 100 (Même loi, art. 25).

35 *ter.* La soulte d'échange stipulée au profit de l'Etat donne lieu au droit de 10 pour 100, comme la vente.

DOMAINE PUBLIC

16 *bis.* En vertu d'une loi du 15 janv. 1913, aucun ouvrage permanent de nature à entraver la navigation maritime, aucun pont ou barrage ne peuvent être établis dans la partie maritime navigable des fleuves, rivières ou cours d'eau utilisables pour la défense nationale, sans avoir été autorisés par une loi après avis du Conseil supérieur et du ministère de la Marine.

DOMMAGE — DESTRUCTION — DÉGRADATION

3 *bis.* Est puni des peines portées à l'art. 257 Code pén. (emprisonnement d'un mois à deux ans, amende de 100 fr. à 500 fr.), sans préjudice de tous dommages-intérêts, quiconque aura intentionnellement détruit, abattu, mutilé ou dégradé un immeuble ou un objet mobilier classé comme monument historique ou artistique (V. *Monuments historiques et artistiques*).

DOMMAGES DE GUERRE. — V. *Guerre de 1914 (Dommages de guerre).*

DONATION PAR CONTRAT DE MARIAGE

26 *bis.* Le tarif des droits d'enregistrement applicables aux donations entre vifs de biens présents faites aux futurs époux par contrat de mariage a été établi ainsi qu'il suit, sans addition d'aucun décime, par l'art. 32 de la loi du 25 juin 1920 :

En ligne directe :

Plus de deux enfants vivants ou représentés	3 50 %
Deux enfants vivants ou représentés	4 50 %
Un enfant vivant ou représenté	5 50 %
Entre époux	4 50 %
Entre frères et sœurs	15 » %
Entre oncles ou tantes et neveux ou nièces	20 » %
Entre grands-oncles ou grand'tantes et petits-neveux ou petites-nièces et entre cousins germains	25 » %
Entre parents au delà du 4e degré et entre personnes non parentes	30 » %

26 *ter.* Pour l'application de ce tarif (donations en ligne directe), doit être ajouté au nombre des enfants vivants ou représentés du donateur l'enfant qui : 1° est décédé après avoir atteint l'âge de 16 ans révolus ; 2° étant âgé de moins de 16 ans, a été tué par l'ennemi au cours des hostilités ou est décédé des suites de faits de guerre, soit durant les hostilités, soit dans l'année à compter de leur cessation (L. 25 juin 1920, art. 34).

27 *bis.* Le droit fixe a été doublé, mais n'est plus soumis aux décimes (L. 25 juin 1920, art. 28).

DONATION ENTRE ÉPOUX

10 *bis.* Ligne 5, *lire :* droit proportionnel de 4 fr. 50 pour 100 (L. 25 juin 1920, art. 32).

10 *ter.* Ligne 9. Le droit fixe est doublé, mais n'est plus soumis aux décimes (L. 25 juin 1920, art. 28).

13 *bis.* Ligne 5, *lire :* droit proportionnel qui varie suivant le nombre d'enfants vivants ou représentés issus du mariage : 5 fr. 50 pour 100 s'il y a plus de deux enfants ; 7 fr. 50 pour 100 s'il y a deux enfants ; 9 fr. 50 pour 100 s'il y a un enfant ; 11 fr. 50 pour 100 s'il n'y a pas d'enfant (L. 25 juin 1920, art. 32). — Pour l'application de ce tarif, les enfants décédés entrent en compte dans certaines conditions déterminées par l'art. 34 de la même loi (V. *Donation par contrat de mariage*, n° 26 *ter*).

DONATION ENTRE VIFS

31 *bis*. Ligne 4, *au lieu de :* Code civ., art. 933, *lire :* Code civ., art. 939.

73 *bis*. Les droits d'enregistrement des donations entre vifs de biens meubles et immeubles (autres que par contrat de mariage ou partage d'ascendant) ont été portés aux chiffres suivants, par l'art. 32 de la loi du 25 juin 1920 :

En ligne directe descendante :

Plus de deux enfants vivants ou représentés	5 50 %
Deux enfants vivants ou représentés	7 50 %
Un enfant vivant ou représenté	9 50 %
En ligne directe ascendante	9 50 %

Entre époux :

Plus de deux enfants vivants ou représentés issus du mariage	5 50 %
Deux enfants vivants ou représentés issus du mariage	7 50 %
Un enfant vivant ou représenté issu du mariage	9 50 %
Sans enfant vivant ou représenté issu du mariage	11 50 %
Entre frères et sœurs	25 » %
Entre oncles ou tantes et neveux ou nièces	30 » %
Entre grands-oncles ou grand'tantes et petits-neveux ou petites-nièces et entre cousins germains	35 » %
Entre parents au delà du 4e degré et entre personnes non parentes	40 » %

Pour l'application de ce tarif (donations en ligne directe et entre époux), les enfants décédés entrent en compte dans certaines conditions, déterminées par l'art. 34 de la loi du 25 juin 1920 (V. *Donation par contrat de mariage*, n° 26 *ter*).

Les dons et legs faits aux départements, communes et établissements publics ou d'utilité publique continuent à être soumis au droit de donation établi par l'art. 11 de la loi du 8 avr. 1910.

Les dons et legs, à titre particulier, faits aux mutilés de guerre frappés d'une invalidité de 50 pour 100 au minimum bénéficient, à concurrence des premiers 100 000 fr., du tarif réduit de 9 pour 100 édicté par l'art. 19 de la loi du 25 févr. 1901 (L. 25 juin 1920, art. 33, § 2).

73 *ter*. L'indication inexacte, dans un acte de donation entre vifs, du lien ou du degré de parenté entre le donateur et le donataire, ainsi que toute indication inexacte du nombre d'enfants du donataire, est passible, à titre d'amende, d'un double droit en sus de celui qui est dû à titre supplémentaire. Les tuteurs, curateurs ou administrateurs légaux supportent personnellement la peine du double droit en sus lorsqu'ils ont fait une déclaration inexacte. L'action en recouvrement des droits simples et en sus s'exerce pendant vingt ans (L. 18 avr. 1918, art. 13).

74 *bis*. Ligne 12, à la fin, *lire :* pour les immeubles, quelle que soit leur nature, d'après leur valeur vénale réelle à la date de la transmission, telle qu'elle résulte de la déclaration estimative des parties (L. 27 mai 1918, art. 1er).

DOUANES

7 *bis*. Les infractions aux règlements relatifs à la conservation du rivage de la mer et à la police des extractions d'amendements marins et de sables coquilliers sont recherchées et constatées par les agents du service des douanes, concurremment avec les agents auxquels ce droit est conféré par les lois et décrets en vigueur (L. 16 août 1913).

17 *bis*. Par l'art. 435 du Traité de paix de Versailles du 28 juin 1919, les puissances contractantes ont « reconnu que les stipulations des traités de 1815 et des autres actes complémentaires relatifs aux zones franches de la Haute-Savoie et du pays de Gex ne correspondent plus aux circonstances actuelles et qu'il appartient à la France et à la Suisse de régler entre elles, d'un commun accord, le régime de ces territoires ». Le Gouvernement fédéral suisse a adhéré à cette disposition et des négociations ont été entamées entre le Gouvernement français et suisse en vue de régler le nouveau régime applicable aux territoires dont il s'agit.

19 *bis*. Le régime douanier de la Corse a été modifié par la loi du 8 juill. 1912.

21 *bis*. Le tarif des douanes établi par la loi du 11 janv. 1892, modifié par des lois postérieures, a été complété et modifié par la loi du 29 mars 1910.

21 *ter*. Le Gouvernement a été autorisé par la loi du 6 mai 1916 à augmenter par décret les droits de douane pendant la durée des hostilités. L'application de cette loi a été successivement prorogée par les lois des 30 déc. 1919, 30 avr. et 31 déc. 1920, 31 déc. 1921 ; cette dernière maintient la loi de 1916 en vigueur jusqu'au 1er janv. 1923. En exécution de ces dispositions, divers relèvements de tarifs ont été édictés ; le plus important résulte du décret du 28 mars 1921.

21 *quater*. Indépendamment des augmentations de droits de douane, il a été établi des *coefficients de majoration*, qui ont pour objet de rétablir la proportion préexistante entre la valeur de la marchandise, triplée ou quadruplée, et le droit d'entrée, parfois non modifié. Ces coefficients consistent en des chiffres (1, 1 et demi, 2, 2 et demi, etc.) par lesquels on multiplie la somme à percevoir en vertu du tarif. Établis par le décret du 8 juill. 1919, ils ont été revisés par le décret du 29 juin 1921. — Il convient de signaler, enfin, la loi du 5 août 1919 et le décret du 30 août 1919, relatifs au régime douanier des produits pétrolifères.

21 *quinquies*. Le Gouvernement peut, par décrets rendus en conseil des ministres : appliquer des *surtaxes*, pouvant atteindre jusqu'au double des droits inscrits au tarif général ou égales à la valeur de la marchandise, à tout ou partie des marchandises originaires de pays qui appliqueraient à des marchandises françaises des surtaxes ou des droits particulièrement élevés (L. 29 mars 1910, art. 3).

22 *bis*. La loi du 29 mars 1910 a autorisé le Gouvernement à concéder par décret les tarifs de douane les plus réduits à l'entrée en France, en Algérie et dans les colonies françaises aux produits et marchandises originaires des États-Unis d'Amérique et de l'île de Porto-Rico.

22 *ter*. Au regard de l'Allemagne, le traité de Francfort est aboli, et la France jouit, tant pour les importations que pour les exportations et le transit, du traitement de la nation la plus favorisée (Traité de Versailles, art. 264 et s.).

24 *bis*. Le Gouvernement est autorisé à négocier avec les pays étrangers, pour une durée déterminée, la concession de réductions de droits sur le tarif général calculées en pourcentages sur l'écart existant entre ce tarif de droit commun et le tarif minimum (L. 29 juill. 1919).

28 *bis*. Le taux du droit de statistique a été porté à 0 fr. 20 (L. 29 juin 1918, art. 25). Toutefois, le droit est resté fixé à 0 fr. 10 pour les animaux et marchandises ayant simplement transité. Le droit n'est pas perçu pour les animaux ou marchandises réexportés d'entrepôt, lorsque la taxe a déjà été payée lors de l'entrée en entrepôt (L. 8 avr. 1910, art. 28).

28 *ter.* Un droit de *permis* est perçu, à raison de 0 fr. 60 par expéditeur ou destinataire réel, sur toute déclaration de marchandises à destination ou en provenance de l'étranger. Toutefois, les marchandises expédiées en transit ou en transbordement ne doivent le droit qu'une fois. Celles qui sont importées pour l'entrepôt acquittent le droit de permis à la sortie de l'entrepôt. — Sont exemptées du droit de permis les opérations portant sur les provisions de bord, la houille destinée aux approvisionnements des navires, les bagages des voyageurs, les provisions de voyage, les effets de marins, les échantillons sans valeur, les colis postaux transitant par la France (L. 25 juin 1920, art. 81).

29 *bis.* Le taux au delà duquel les marchandises acquittent les droits de douane au poids net, est porté à 60 francs par 100 kilogr. pour le tarif général et à 30 francs pour le tarif minimum et le tarif dit intermédiaire (droit normal, sans addition de coefficient).

32 *bis.* Les droits de statistique et autres taxes accessoires peuvent être acquittés au moyen d'obligations cautionnées (L. 29 avr. 1921, art. 23).

46 *bis.* Pendant la durée de la guerre de 1914-1919, des décrets ont prohibé la sortie d'un grand nombre de produits et marchandises. Les infractions à ces prohibitions ont été déclarées passibles d'un emprisonnement de un mois à deux ans et d'une amende de 100 à 5 000 francs, ou de l'une de ces peines seulement, indépendamment de la confiscation des marchandises et objets saisis (L. 17 août 1915). — Des prohibitions d'entrée ont été également édictées (L. 6 mai 1916); elles étaient sanctionnées par la saisie et la vente, au profit de l'Etat, de la marchandise prohibée (L. 5 avr. 1918). La plupart de ces restrictions sont supprimées.

48 *bis.* Les déclarations d'entrée et de sortie relatives aux marchandises taxées au poids, au nombre ou à la mesure, et aux marchandises exemptes de droits, doivent énoncer la valeur des marchandises, calculée dans le lieu et au moment où elles sont présentées à la douane (Décr. 25 oct. 1916). Les importateurs de marchandises d'origine ou de provenance étrangère sont tenus d'énoncer, dans leurs déclarations, les noms et résidences des destinataires et d'indiquer si les marchandises sont ou non destinées à des fournitures ou à des travaux pour l'Etat (Décr. 11 nov. 1916).

59 *bis.* Le régime des entrepôts a été modifié par la loi du 29 déc. 1917, qui abroge toutes les dispositions contraires. L'entrepôt est réel, fictif ou spécial.

60 *bis.* L'entrepôt *réel* est concédé par décret, soit à la commune, soit au port autonome, soit à la chambre de commerce (L. 29 déc. 1917, art. 1er).

62 *bis.* La durée de l'entrepôt est fixée à cinq ans pour l'entrepôt *réel*, et à trois ans pour l'entrepôt spécial. Exceptionnellement, et sous la condition que les marchandises soient en bon état, des prorogations de délai peuvent être accordées par le directeur général des douanes. A l'expiration du délai, la marchandise doit être réexportée, ou soumise aux droits si elle n'est pas prohibée. S'il n'est pas satisfait à cette obligation dans le délai d'un mois, la marchandise est vendue, et le produit de la vente, déduction faite des frais de magasinage ou de toute autre nature, est versé à la Caisse des dépôts et consignations pour être remis au propriétaire s'il est réclamé dans l'année à partir du jour de la vente ou, à défaut de réclamation dans ce délai, définitivement acquis au Trésor (L. 29 déc. 1917, art. 4).

64 *bis.* Les expéditions par mer d'un entrepôt sur un autre entrepôt ou sur un bureau de douane et les réexportations d'entrepôt par mer s'effectuent sous la garantie d'acquits-à-caution ou de permis spéciaux. Les expéditions des entrepôts par terre ont lieu sous le régime du transit (L. 29 déc. 1917, art. 8).

66 *bis.* L'entrepôt *fictif* est constitué dans les magasins du commerce, sous la garantie d'une soumission cautionnée de réexporter la marchandise ou de payer les droits au moment où elle sortira pour la consommation (L. 29 déc. 1917, art. 3, § 1er). — Dans les localités où le bureau de douane est à l'entrepôt réel et où les frais d'exercice dudit entrepôt sont à la charge du concessionnaire, une partie de la dépense est supportée par les soumissionnaires d'entrepôt fictif en proportion du travail occasionné au service des douanes, à moins que l'entrepôt fictif n'ait été autorisé que pour obvier à l'insuffisance des magasins de l'entrepôt réel (art. 3, § 2).

68 *bis.* Les manipulations en entrepôt fictif sont interdites et les droits sont dus intégralement sur les quantités entrées. Toutefois, des décrets peuvent autoriser des manipulations ne mettant pas obstacle à l'identification des produits et allouer en franchise, s'il y a lieu, les déficits résultant de ces opérations (L. 29 déc. 1917, art. 6, § 5). — Les marchandises placées en entrepôt fictif ou spécial doivent être représentées à toute réquisition du service. En cas de mutation de magasin non autorisée, les soumissionnaires sont astreints au payement immédiat des droits (art. 5).

69 *bis.* La durée de l'entrepôt fictif est de deux ans. Exceptionnellement et sous la condition que les marchandises soient en bon état, des prorogations peuvent être accordées par le directeur général des douanes. A l'expiration du délai fixé, le payement des droits est poursuivi par voie de contrainte (L. 29 déc. 1917, art. 4).

69 *ter.* Des entrepôts *spéciaux* peuvent être autorisés par arrêtés du ministre des Finances, après avis du ministre du Commerce et, s'il y a lieu, du ministre de l'Agriculture s'il s'agit de produits intéressant l'agriculture : 1° pour les marchandises dont la présence dans l'entrepôt réel présente des dangers, ou est susceptible d'altérer la qualité des autres produits ; 2° pour les marchandises dont la conservation exige des installations spéciales. Les locaux fournis par le commerce sont préalablement agréés par les ministres du Commerce et des Finances. Ils sont fermés dans les mêmes conditions que l'entrepôt réel. Les intéressés doivent souscrire une soumission cautionnée de réexporter la marchandise ou de payer les droits au moment où elle sortira pour la consommation. Si un service spécial de vérification et de surveillance est nécessaire, les frais en sont supportés par le bénéficiaire (L. 29 déc. 1917, art. 2).

71 *bis.* Le délai de réexportation en cas d'admission temporaire a été porté, par la loi du 28 juin 1912, à trois mois en ce qui concerne les farines, les semoules et sons, et à cinq mois en ce qui concerne les pâtes alimentaires, biscuits de mer ou biscuits sucrés.

84 *bis.* Une loi du 10 avr. 1906 a statué spécialement sur les fraudes en douane commises dans l'intérieur des navires.

89 *bis.* En vue de découvrir les fraudes, les employés supérieurs peuvent exiger la communication des papiers et documents de toute nature relatifs aux opérations intéressant leur service dans les gares de chemins de fer, chez les compagnies de navigation, chez les concessionnaires d'entrepôts et magasins-généraux et chez les commissionnaires ou transitaires. Ces collectivités et personnes doivent tenir des répertoires annuels de leurs opérations en douane cotés et paraphés et distincts pour les opérations d'importation et pour les opérations d'exportation (L. 28 déc. 1895, art. 17, mod. par L. 25 juin 1920).

97 *bis.* Le principal des amendes a été augmenté de nouveau de 2 décimes et demi, soit, avec les décimes édictés par les lois antérieures, une majoration de cinq décimes, ou 50 pour 100 (L. 25 juin 1920, art. 110).

DROIT DES PAUVRES. — V. *Théâtre-spectacle.*

DROITS DE MUTATION. —·V. *Enregistrement, Succession.*

DUEL

6. Une circulaire du ministre de la Guerre du 30 mai 1907 a réglé, en matière de duel entre des militaires, les devoirs des chefs hiérarchiques. Ces derniers ne doivent ni donner ni refuser l'autorisation de se battre. Ils doivent s'abstenir de toute pression sur l'un ou l'autre militaire.

E

EAUX

14 *bis.* Aucun ouvrage permanent de nature à entraver la navigation maritime, aucun pont ou barrage ne peuvent être établis dans la partie maritime navigable des fleuves, rivières, cours d'eau utilisables pour la défense nationale et dont la liste est annexée à la loi, sans avoir été autorisés par une loi, après avis du conseil supérieur et du ministère de la Marine (L. 15 janv. 1919).

16 *bis.* En ce qui concerne le régime des entreprises hydrauliques, V. n°s 89-1° et s.

32 *bis.* L'utilisation des chutes d'eau, et de l'énergie hydraulique en général, est réglementée par la loi du 16 oct. 1919 (V. n°s 89-1° et s.).

65 *bis.* Une loi du 3 mai 1921 a autorisé la perception de surtaxes temporaires sur les canaux d'irrigation et de submersion.

89-1°. — X *bis.* **Régime des entreprises hydrauliques.** — Nul ne peut disposer de l'énergie des marées, des lacs et des cours d'eau, quel que soit leur classement, sans une concession ou une autorisation de l'Etat. Aucune concession ou autorisation ne peut être accordée sans avis préalable des conseils généraux, représentants des intérêts collectifs régionaux sur le territoire desquels l'énergie est aménagée (L. 16 oct. 1919, art. 1er). — Sont placées sous le régime de la concession : 1° les entreprises qui ont pour objet principal la fourniture de l'énergie à des services publics de l'Etat, des départements, des communes et des établissements publics ou à des associations syndicales autorisées et dont la puissance maximum excède 150 kilowatts ; 2° les entreprises dont la puissance maximum excède 500 kilowatts, quel que soit leur objet principal. — Sont placées sous le régime de l'autorisation toutes les autres entreprises (L. 16 oct. 1919, art. 2).

89-2°. Les entreprises qui étaient autorisées à la date de la promulgation de la loi du 16 oct. 1919 demeurent, pendant soixante-quinze ans à compter de cette date, soumises au régime qui leur était antérieurement applicable. A l'expiration de la période de soixante-quinze ans, ces entreprises seront assimilées aux entreprises arrivant en fin de concession ou d'autorisation (V. n°s 89-8° et 9°), sous la réserve suivante : les terrains et tous immeubles par nature ou par destination, les machines et les bâtiments qui les abritent deviendront propriété de l'Etat, moyennant une indemnité fixée par les tribunaux civils. — Ces dispositions ne s'appliquent pas aux entreprises dont la puissance maximum ne dépasse pas 150 kilowatts ; ces entreprises demeurent autorisées conformément à leur titre actuel et sans autre limitation de durée que celle résultant de la possibilité de leur suppression dans les conditions prévues par les lois en vigueur sur le régime des eaux (L. 16 oct. 1919, art. 18).

89-3°. Les usines ayant une existence légale ainsi que celles qui font partie intégrante d'entreprises déclarées d'utilité publique et pour lesquelles un règlement spécial sera arrêté par un décret rendu en Conseil d'Etat, ne sont pas soumises aux dispositions de la loi du 16 oct. 1919.

89-4°. — 1° *Entreprises concédées.* — Pour les entreprises visées à l'art. 2 de la loi du 16 oct. 1919 (V. n° 89-1°), la concession est instituée par une loi lorsque les travaux d'appropriation de la force comportent le déversement des eaux d'un bassin fluvial dans un autre ou le détournement des eaux sur une longueur de plus de 20 kilomètres mesurés suivant le lit naturel, ou lorsque la puissance normale (produit de la hauteur de chute par le débit moyen annuel de la dérivation) excède 50 000 kilowatts. Dans les autres cas, la concession est instituée par décret rendu en Conseil d'Etat (L. 1919, art. 3). — Les concessions ne peuvent être accordées qu'à des Français. S'il s'agit d'une société, elle doit avoir son siège social en France, être régie par les lois françaises, et les administrateurs délégués, les gérants, les directeurs, les deux tiers des associés en nom collectif ou des administrateurs, doivent être Français. Il peut toutefois être dérogé à ces règles par décret (L. 16 oct. 1919, art. 26). — L'Etat, les départements ou les communes peuvent obtenir des concessions et exploiter directement l'énergie hydraulique (art. 23).

89-5°. Lorsque l'aménagement de l'entreprise

nécessite l'occupation définitive de propriétés privées, l'utilité publique de l'entreprise peut être déclarée, si l'intérêt général le justifie, par l'acte qui approuve la concession. S'il y a lieu à expropriation, il est procédé conformément à la loi du 3 mai 1841.

89-6°. Une contribution de l'État peut être allouée, sous forme d'avance ou de subvention, aux concessionnaires d'entreprises dont l'objet principal est la fourniture de l'énergie à des services publics ou intéressant la défense nationale, ainsi qu'à ceux qui prennent à leur charge des travaux d'aménagement susceptibles d'améliorer de façon notable les conditions d'utilisation agricole du cours d'eau ou de régulariser son régime.

89-7°. Le concessionnaire est assujetti au payement d'une taxe annuelle proportionnelle à la puissance normale; le taux en est fixé à 0 fr. 05 par kilowatt. — En outre, il est assujetti à des redevances proportionnelles, soit au nombre de kilowatts-heure produits, soit aux dividendes ou aux bénéfices répartis. Un tiers de la redevance proportionnelle est réparti par moitié entre les départements et les communes sur le territoire desquelles coulent les cours d'eau utilisés.

89-8°. Dix ans au moins avant l'expiration de la concession, l'Administration doit notifier au concessionnaire si elle entend ou non lui renouveler sa concession. A défaut de cette notification, la concession est renouvelée de plein droit aux conditions antérieures, mais pour une période de trente années seulement. — En cas de non-renouvellement de la concession primitive, le concessionnaire actuel a un droit de préférence pour la nouvelle concession s'il accepte les conditions du nouveau cahier des charges (L. 1919, art. 13).

89-9°. — 2° *Entreprises autorisées.* — Les entreprises soumises au régime de l'autorisation (V. n° 89-1°) sont régies par les lois et règlements en vigueur (V. n°s 134 et s.), sous réserve des modifications ci-après (L. 16 oct. 1919, art. 15). Les autorisations sont accordées par arrêté préfectoral, quel que soit le classement du cours d'eau. Toutefois, sur les canaux de navigation ou les rivières canalisées, elles sont accordées par décret lorsque leur durée excède cinq ans. — Les autorisations ne doivent pas avoir une durée de plus de soixante-quinze ans. Elles ne font pas obstacle à l'octroi de concessions. A toute époque, elles peuvent être révoquées ou modifiées sans indemnité dans les cas prévus par les lois en vigueur sur le régime des eaux. — Dans les cinq ans qui précèdent leur expiration, elles peuvent être renouvelées pour une période de trente années. Un droit de préférence appartient au permissionnaire dont le titre vient à échéance. Le renouvellement s'opère de plein droit pour ladite durée de trente ans si l'Administration ne notifie pas de décision contraire avant le commencement de la dernière année. — Le permissionnaire est assujetti au payement de la taxe prévue à l'art. 8 (V. n° 89-7°), sans préjudice, en ce qui concerne les entreprises établies sur les cours d'eau du domaine public, des redevances domaniales qui seraient fixées par l'acte d'autorisation.

90 bis. Le ministre des Travaux publics connaît de toutes les questions relatives à l'aménagement et à l'utilisation de l'énergie hydraulique (L. 16 oct. 1919, art. 30).

EAUX MINÉRALES ET THERMALES

1 bis. *Ajouter in fine :* Les eaux minérales naturelles ou artificielles sont soumises à un impôt spécial (V. *Impôts indirects*, n° 34 *bis*).

8 bis. Une commission permanente des stations hydrominérales et climatiques est instituée auprès du ministre de l'Intérieur (L. 13 avr. 1910).

11 bis. Aux termes d'une loi du 13 avr. 1910, toute commune ou fraction de commune qui possède sur son territoire une source d'eaux minérales peut être érigée, par décret en Conseil d'État, sur la demande du conseil municipal, du préfet ou d'une association déclarée constituée par les intéressés, en *station hydrominérale*. — Des décrets en Conseil d'État peuvent, sur la demande des communes érigées en stations hydrominérales, autoriser la perception d'une taxe spéciale sur les personnes qui les fréquentent, taxe dont le produit devra être affecté à l'exécution de travaux d'assainissement ou d'embellissement.

12. — IV. Stations climatiques. — La loi du 13 avr. 1910 prévoit l'érection en *stations climatiques*, dans les mêmes conditions que les stations hydrominérales, des communes ou fractions de commune offrant aux malades et visiteurs leurs avantages climatiques. Sur la création de ces stations et sur la taxe spéciale dont la perception peut être autorisée au profit des communes, V. *Stations hydrominérales et climatiques.*

ÉCHANGE

4 bis. En vue d'améliorer l'exploitation des terres, la loi du 27 nov. 1918 a prévu le *remembrement* collectif des propriétés non bâties situées sur un territoire dépendant d'une ou plusieurs communes limitrophes, et qui sont trop morcelées et dispersées. Ce remembrement se fait par voie d'échanges en nature, qui attribuent à chaque propriétaire une surface de terre proportionnellement équivalente, en étendue ou en qualité, à celle des terres possédées par lui dans le périmètre qu'embrasse le remembrement. Il n'y a lieu au payement d'une soulte que s'il n'est pas possible d'établir l'équivalence entre les immeubles, ou s'il s'agit d'indemniser le propriétaire cédant de plus-values telles que clôtures, arbres, ensemencements, etc.

4 ter. Les opérations de remembrement collectif sont effectuées conformément à la législation sur les associations syndicales (V. *ce mot*). — En cas de contestation sur le classement, l'évaluation des terrains, etc., il est statué par une commission arbitrale présidée par le juge de paix et composée de fonctionnaires et de propriétaires (L. 1918, art. 4; Décr. 5 juill. 1920, art. 48 à 53).

10 bis. Les échanges d'immeubles sont tarifés à 4 fr. 50 pour 100 sans addition de décimes (L. 22 avr. 1905, art. 3). — Les plans, procès-verbaux, certificats, jugements, quittances, etc., et généralement tous les actes ou formalités exclusivement relatifs à l'application de la loi du 27 nov. 1918 sur le remembrement de la propriété rurale (V. n° 4 *bis*), sont exempts de tous droits de timbre, d'enregistrement et d'hypothèque, ainsi que les copies, extraits, etc., qui en sont délivrés pour l'application de la loi.

10 ter. Les soultes ou plus-values sont assujetties au droit de vente de 10 pour 100 (L. 25 juin 1920, art. 25). Le droit de vente mobilière est de 5 pour 100 (L. 25 juin 1920, art. 24).

11 bis. Pour la liquidation et le payement des droits sur les échanges, les immeubles, quelle que soit leur nature, sont estimés d'après leur valeur vénale réelle à la date de la transmission d'après la déclaration estimative des parties (L. 27 mai 1918, art. 1er).

12 bis. Dans tout acte ayant pour objet un échange, chacun des échangistes, leurs maris, tuteurs ou administrateurs légaux sont tenus de certifier par écrit que l'acte exprime l'intégralité du prix ou de la soulte convenue (L. 18 avr. 1918, art. 7, § 3 et 4). Toute affirmation frauduleuse est punie des peines portées à l'art. 306 c. pén., lesquelles se cumulent avec celles dont les lois fiscales frappent les omissions et les dissimulations. Le notaire doit donner lecture aux parties de cette disposition et de l'art. 366 c. pén.; mention en est faite dans l'acte, à peine d'une amende de 100 francs (même loi, art. 10).

ÉCHÉANCES. — V. *Guerre de 1914* (*Moratoire des échéances*).

ÉCOLE DE PERFECTIONNEMENT. — V. *Enseignement.*

ÉCONOMAT. — V. *Louage de services.*

EFFETS DE COMMERCE

7 *bis.* Le droit fixe d'enregistrement est porté au double, mais n'est plus soumis aux décimes (L. 25 juin 1920, art. 28).

9 *bis.* Le tarif du droit proportionnel de timbre applicable : 1º aux lettres de change, billets à ordre ou au porteur, et tous effets négociables ou de commerce; 2º aux billets et obligations non négociables; 3º aux délégations et tous mandats non négociables, quelles que soient leur forme et leur dénomination, servant à procurer une remise de fonds de place à place, est fixé à 0 fr. 05 cent. par 100 francs ou fraction de 100 fr., lorsque l'échéance n'est pas à plus de six mois, et à 0 fr. 10 cent. par 100 francs ou fraction de 100 francs, lorsque l'échéance est à plus de six mois. Si aucune échéance n'est indiquée, le droit de timbre exigible est celui de 10 cent. pour 100. Si un effet payable à vue n'a pas été présenté au payement dans les six mois de sa date, son détenteur doit, dans les quinze jours qui suivent l'expiration de ces six mois, le timbrer au droit supplémentaire de 0 fr. 05 cent. pour 100, sous peine d'une amende de 6 pour 100 du montant de l'effet (L. 31 déc. 1920, art. 11).

10 *bis.* Les effets tirés à l'étranger sur l'étranger et circulant en France demeurent soumis au droit de timbre proportionnel spécial déterminé par l'art. 3 de la loi du 20 déc. 1872 (L. 31 déc. 1920, précitée, art. 11, § 4).

12 *bis.* Le droit de timbre est porté au triple de celui qui eût été exigible s'il avait été régulièrement acquitté (L. 31 déc. 1920, art. 11, § 3).

ÉLECTIONS

Sous-titre, *ajouter* : lois des 29 juill. 1913; 20 et 31 mars 1914, 12 juill. 1919.

5 *bis.* b) *Remplacer par :* Ceux qui figurent pour la cinquième fois sans interruption, l'année de l'élection, au rôle d'une des quatre contributions directes et au rôle des prestations en nature, et, s'ils ne résident pas dans la commune, ont déclaré vouloir y exercer leurs droits électoraux. Néanmoins, les électeurs qui, en vertu de l'art. 14, § 3-2º, de la loi de 1884, ont été inscrits sur une liste électorale, continuent à y figurer de plein droit ou peuvent s'y faire réintégrer s'ils ont été rayés d'office, alors même qu'ils ne seraient pas inscrits pour la cinquième fois aux rôles d'une des quatre contributions directes ou des prestations (L. 31 mars 1914, art. 2). — Les citoyens français établis à l'étranger et immatriculés au consulat de France conservent le droit d'être inscrits, s'ils le demandent, sur la liste électorale de la commune où ils ont satisfait à la loi sur le recrutement

de l'armée et rempli leurs obligations militaires (L. 29 juill. 1913, art. 2).

12 *bis.* Sont également privés de leurs droits électoraux les individus condamnés pour avoir sciemment recélé, en tout ou en partie, des choses obtenues à l'aide des délits de vol, escroquerie, abus de confiance, etc. (L. 22 mai 1915, art. 7).

28 *bis.* Nul ne peut être inscrit sur plusieurs listes électorales (L. 29 juill. 1913, art. 1er, § 1er).

28 *ter.* Toute demande de changement d'inscription doit être accompagnée d'une demande en radiation de la liste du domicile électoral antérieur, pour être transmise au maire dudit domicile (L. 29 juill. 1913, art. 1er, § 6).

28 *quater.* Lorsqu'un citoyen est inscrit sur plusieurs listes électorales, le maire, ou à son défaut tout électeur porté sur l'une de ces listes, peut exiger, devant la commission de revision des listes électorales, huit jours au moins avant leur clôture, que ce citoyen opte pour son maintien sur l'une seulement de ces listes. — A défaut de son option dans les huit jours de la notification de la mise en demeure faite par lettre recommandée, il restera inscrit sur la liste dressée dans la commune ou section de commune où il réside depuis six mois et il sera rayé des autres listes. — Les réclamations et contestations à ce sujet sont jugées et réglées par les commissions et juges de paix compétents pour opérer la revision de la liste électorale sur laquelle figure l'électeur qui réclame l'option, et ce, suivant les formes et délais prescrits par la loi du 5 avr. 1884 (L. 29 juill. 1913, art. 1er, § 2, 3 et 4).

28 *quinquies.* Lorsqu'un électeur est décédé, son nom doit être rayé de la liste électorale aussitôt que l'acte de décès a été dressé. Tout électeur de la commune a le droit d'exiger cette radiation (L. 31 mars 1914, art. 8).

39 *bis.* Le pourvoi est formé par simple requête dénoncée aux défendeurs par lettre recommandée dans les dix jours qui suivent; il est dispensé de l'intermédiaire d'un avocat à la cour et jugé d'urgence, sans frais ni consignation d'amende (L. 31 mars 1914, art. 7). — *Supprimer* les cinq dernières lignes, à partir des mots : Elle peut...

40 *bis.* Ligne 4, *après* « sont portés » *lire :* devant la Chambre des requêtes qui statue définitivement.

44 *bis.* Ligne 4, *ajouter :* Sur l'inéligibilité temporaire édictée contre les individus condamnés par application de la loi du 31 mars 1914, réprimant les actes de corruption dans les opérations électorales, V. nº 134 *quater.*

47 *bis.* Les directeurs des services agricoles et les professeurs d'agriculture ne peuvent être candidats aux élections sénatoriales, dans le département où ils exercent, qu'un an après la cessation de leurs fonctions (L. 21 août 1912, art. 10).

50 *bis.* Ligne 4, *après* nº 47, *ajouter :* et nº 47 *bis.*

53 *bis.* Les directeurs des services agricoles et les professeurs d'agriculture ne peuvent être candidats aux élections départementales, dans le département où ils exercent, qu'un an après la cessation de leurs fonctions (L. 21 août 1912, art. 10).

55 *bis.* Ligne 3, *au lieu de :* vingt et un ans, *lire :* vingt-cinq ans.

67 *bis.* La loi du 6 juill. 1905 a décidé qu'en cas de division par une loi d'un canton en plusieurs circonscriptions électorales, le conseiller général représentant le canton divisé aura le droit d'opter pour l'une des nouvelles circonscriptions dans les dix jours qui suivent la promulgation de la loi.

73 *bis.* Pour les élections législatives, le département forme une circonscription. Chaque département élit au moins trois députés. Lorsque le nombre des députés à élire est supérieur à six, le département peut être divisé en circonscriptions dont chacune a à élire trois députés au moins (L. 12 juill. 1919, art. 2 et 3). Le sectionnement est établi par une loi (L. 1919, art. 3). La loi ainsi prévue est celle du 14 oct. 1919, qui a prescrit que seuls sont sectionnés les départements de l'Aveyron, des Bouches-du-Rhône, du Calvados, de la Loire-Inférieure, de Maine-et-Loire, des Basses-Pyrénées et de la Seine.

75 *bis*. Le Sénat se compose de 314 membres élus par les départements et les colonies (L. 9 déc. 1884, art. 1er, modifié par L. 17 oct. 1919, art. 1er). Certains départements, qu'énumère l'art. 2, § 3 et 4 de la loi du 9 déc. 1884, modifié par la loi précitée de 1919, élisent 4 ou 5 sénateurs.

76 *bis*. Les membres de la Chambre des députés sont élus au scrutin de liste départemental (L. 12 juill. 1919, art. 1er). Chaque département élit autant de députés qu'il a de fois 75000 habitants de nationalité française ; la fraction supplémentaire, lorsqu'elle dépasse 37500, donne droit à un député de plus. En tout cas, il y a au moins trois députés par département ou par section de département (V. n° 73 *bis*) (L. 12 juill. 1919, art. 2).

81 *bis*. Lignes 11-12, *supprimer* : « ou d'invalidation », et *ajouter* à la fin de la phrase : Dans le cas d'invalidation d'une élection, il est pourvu à la vacance par le même corps électoral et dans le délai de trois mois (L. 31 mars 1914, art. 7 ; V. n° 136 *bis*).

82 *bis*. Les dispositions des lois du 30 nov. 1875, art. 16, et du 16 juin 1885, art. 7, relatives aux élections partielles, sont reproduites par les art. 16 et 17 de la loi du 12 juill. 1919. Deux vacances sont nécessaires pour qu'il y ait élection partielle dans les circonscriptions ayant plus de quatre députés, et douze au plus ; trois vacances sont nécessaires dans les circonscriptions ayant plus de douze députés (L. 12 juill. 1919, art. 16, mod. par L. 20 févr. 1920). — En ce qui concerne les élections partielles après invalidation, V. n° 136 *bis*.

88 *bis*. Les députés sont élus au scrutin de liste départemental (L. 12 juill. 1919, art. 1er). V. n°° 73 *bis*, 95 *bis*.

92 *bis*. Dans les communes où il paraît utile d'ouvrir le scrutin pour les élections des députés et des conseillers d'arrondissement avant huit heures du matin, les préfets peuvent, après avis des maires, prendre un arrêté pour que le scrutin soit ouvert avant cette heure. Mais, dans aucun cas, le scrutin ne peut s'ouvrir avant cinq heures du matin, et l'heure de la clôture ne peut pas être modifiée. L'arrêté préfectoral doit être publié et affiché cinq jours au moins avant l'ouverture du scrutin (Décr. 1er mai 1869 ; L. 4 févr. 1909).

93 *bis*. Lorsqu'une commune doit comprendre plusieurs bureaux de vote, l'arrêté préfectoral déterminant ces bureaux doit être notifié au maire avant l'ouverture de la période électorale (L. 20 mars 1914, art. 5).

95 *bis*. Pour les élections à la Chambre des députés, les listes des candidats sont constituées, pour chaque circonscription, par les groupements de candidats qui signent une déclaration dûment légalisée. Les déclarations de candidature indiquent l'ordre de présentation des candidats. Une liste ne peut comprendre un nombre de candidats supérieur à celui des députés à élire dans la circonscription. Toute candidature isolée est considérée comme formant une liste à elle seule. La déclaration de candidature doit alors être appuyée par cent électeurs de la circonscription dont les signatures, légalisées, ne peuvent s'appliquer qu'à une seule candidature (L. 12 juill. 1919, art. 5). — Les listes doivent être déposées à la préfecture après l'ouverture de la période électorale, et au plus tard cinq jours avant celui du scrutin. Il est donné un reçu provisoire du dépôt de la liste à chacun des candidats qui la composent. Un récépissé définitif doit être délivré dans les vingt-quatre heures. — Toute liste peut être complétée, s'il y a lieu, au plus tard cinq jours avant celui du scrutin, par le nom de nouveaux candidats qui font la déclaration de candidature exigée par l'art. 5. — Deux jours avant l'ouverture du scrutin, les candidatures enregistrées doivent être affichées à la porte des bureaux de vote, par les soins de l'administration préfectorale (L. 12 juill. 1919, art. 7, 8, 9).

97 *bis*. Pendant la durée de la période électorale de toutes les élections, dans chaque commune, des emplacements spéciaux sont réservés par l'autorité municipale pour l'apposition des affiches électorales. Dans chacun de ces emplacements, une surface égale est attribuée à chaque candidat ou à chaque liste de candidats. Le nombre maximum de ces emplacements, en dehors de ceux établis à côté des sections de vote, est fixé à : cinq dans les communes ayant 500 électeurs et moins ; dix dans les autres, plus un par 3000 électeurs ou fraction supérieure à 2000 dans les communes ayant plus de 5000 électeurs. Tout affichage relatif à l'élection, même par affiches timbrées, est interdit en dehors de cet emplacement ou sur l'emplacement réservé aux autres candidats (L. 20 mars 1914, art. 1er).

109 *bis*. L'urne électorale, n'ayant qu'une ouverture destinée à laisser passer l'enveloppe contenant le bulletin (V. n° 112 *bis*), doit, avant le commencement du scrutin, avoir été fermée à deux serrures dissemblables, dont les clefs restent, l'une entre les mains du président, l'autre entre les mains de l'assesseur le plus âgé. Si, au moment de la clôture du scrutin, le président n'a pas les deux clefs à sa disposition, il doit prendre toutes les mesures nécessaires pour procéder immédiatement à l'ouverture de l'urne (L. 29 juill. 1913, art. 5, modifié par la loi du 31 mars 1914, art. 5).

109 *ter*. Des affiches contenant le texte de la loi du 29 juill. 1913, modifiée et complétée par la loi du 31 mars 1914, sur le secret et la liberté du vote, sont fournies par l'administration préfectorale et placardées, par les soins de la municipalité, à la porte de chaque mairie, pendant la période électorale, et à la porte de chaque section de vote le jour du scrutin (L. 1913, art. 17 ; L. 31 mars 1914, art. 11).

111 *bis*. Dans toutes les élections, le vote a lieu *sous enveloppes*. Ces enveloppes sont fournies par l'administration préfectorale. Elles sont opaques, non gommées, frappées du timbre à date des préfectures ou des sous-préfectures, et de type uniforme pour chaque collège électoral. Elles sont envoyées dans chaque mairie, cinq jours au moins avant l'élection, en nombre égal à celui des électeurs inscrits. Le maire doit immédiatement en accuser réception. — Le jour du vote, elles sont mises à la disposition des électeurs dans la salle de vote. Avant l'ouverture du scrutin, le bureau doit constater que le nombre des enveloppes correspond exactement à celui des électeurs inscrits. Si, par suite d'un cas de force majeure, du délit prévu à l'art. 12 de la loi du 29 juill. 1913 (V. n° 134 *bis*), ou pour toute autre cause, ces enveloppes réglementaires font défaut, le président du bureau électoral est tenu de les remplacer par d'autres d'un type uniforme, frappées du timbre de la mairie, et de procéder au scrutin conformément aux dispositions de la présente loi.

Mention est faite de ce remplacement au procès-verbal, et cinq des enveloppes dont il a été fait usage y sont annexées (L. 29 juill. 1913, art. 3, modifié par la loi du 31 mars 1914, art. 3).

111 *ter*. A son entrée dans la salle du scrutin, l'électeur, après avoir fait constater son identité suivant les règles et usages établis, ou après avoir fait la preuve de son droit de voter par la production de la décision ou de l'arrêt mentionné à l'art. 23 de la loi municipale du 5 avr. 1884 (V. nᵒˢ 112 et s.), prend lui-même une enveloppe. Sans quitter la salle du scrutin, il doit se rendre isolément dans la partie de la salle aménagée pour le soustraire aux regards pendant qu'il met son bulletin dans l'enveloppe ; il fait ensuite constater au président qu'il n'est porteur que d'une seule enveloppe ; le président le constate sans toucher l'enveloppe, que l'électeur introduit lui-même dans l'urne. Dans chaque section de vote, il doit y avoir un *isoloir* par 300 électeurs inscrits ou par fraction. Les isoloirs ne doivent pas être placés de façon à dissimuler au public les opérations électorales (L. 29 juill. 1913, art. 4, modifié par la loi du 31 mars 1914, art. 4). — Tout électeur atteint d'infirmités certaines et le mettant dans l'impossibilité d'introduire son bulletin dans l'enveloppe, et de glisser celle-ci dans la boîte du scrutin, est autorisé à se faire assister par un électeur de son choix (Même loi, art. 6).

116 *bis*. Après la clôture du scrutin, il est procédé au dépouillement : la boîte du scrutin est ouverte et le nombre des enveloppes est vérifié. Si ce nombre est plus grand ou moindre que celui des émargements, il en est fait mention au procès-verbal. — Le bureau désigne parmi les électeurs présents un certain nombre de scrutateurs sachant lire et écrire, lesquels se divisent par tables de quatre au moins. Si plusieurs candidats ou plusieurs listes sont en présence, il leur est permis de désigner respectivement les scrutateurs, lesquels devront être répartis également, autant que possible, par chaque table de dépouillement. Dans ce cas, les noms des électeurs proposés seront remis au président, une heure avant la clôture du scrutin, pour que la liste des scrutateurs par table puisse être établie avant le début du dépouillement. — Le président répartit entre les diverses tables les enveloppes à vérifier. A chaque table, l'un des scrutateurs extrait le bulletin de chaque enveloppe et le passe déplié à un autre scrutateur ; celui-ci le lit à haute voix ; les noms portés sur le bulletin sont relevés par deux scrutateurs au moins sur des listes préparées à cet effet. Si une enveloppe contient plusieurs bulletins, le vote est nul quand ces bulletins portent des listes et des noms différents ; ils ne comptent que pour un seul, quand ils désignent la même liste ou le même candidat (L. 29 juill. 1913, art. 8).

117 *bis*, **118** *bis*. Les bulletins blancs, ceux ne contenant pas une désignation suffisante ou dans lesquels les votants se sont fait connaître, les bulletins trouvés dans la boîte sans enveloppe ou dans des enveloppes non réglementaires, les bulletins écrits sur papier de couleur, les bulletins ou enveloppes portant des signes intérieurs ou extérieurs de reconnaissance, les bulletins ou enveloppes portant des mentions injurieuses pour les candidats ou pour des tiers, n'entrent pas en compte dans le résultat du dépouillement (L. 29 juill. 1913, art. 9, § 1).

125 *bis*. Le recensement général des votes se fait pour toute circonscription électorale au chef-lieu du département en séance publique, au plus tard le mercredi qui suit le scrutin. Il est opéré par une commission composée du président du tribunal civil, président, et des quatre membres du conseil général non candidats, qui y comptent la plus longue durée de fonctions ; en cas de durée égale, le plus âgé se trouve désigné. Si le président du tribunal civil se trouve empêché, il est remplacé par le vice-président et, à son défaut, par le juge le plus ancien. Les conseillers sont eux-mêmes, en cas d'empêchement, remplacés suivant l'ordre d'ancienneté. L'opération du recensement est constatée par un procès-verbal (Décr. 2 févr. 1852, art. 34 ; L. 29 juill. 1913, art. 11 ; L. 12 juill. 1919, art. 15). — En cas de renouvellement intégral de la Chambre des députés, il est constitué autant de commissions que le département a de fois cinq députés ou fractions de cinq députés à élire. Ces commissions sont composées et présidées suivant les prescriptions ci-dessus édictées ; à défaut de conseillers généraux en nombre suffisant, elles sont complétées par des membres des conseils d'arrondissement du département désignés dans les mêmes conditions. Les dossiers sont répartis entre elles par voie de tirage au sort. Le tirage au sort a lieu en séance publique, toutes les commissions réunies. Un arrêté préfectoral, publié cinq jours au moins avant l'ouverture du scrutin, fait connaître les lieu, jour et heure de réunion des commissions. Les décisions des commissions ne sont valables que si elles sont rendues par trois commissaires au moins (L. 29 juill. 1913, art. 11, complété par la loi du 31 mars 1914, art. 6).

126 *bis*. Les procès-verbaux des opérations électorales de chaque commune sont rédigés en double. L'un de ces doubles reste déposé au secrétariat de la mairie ; l'autre est déposé de suite à la poste sous pli scellé et recommandé à l'adresse du préfet pour être remis à la commission de recensement (Décr. 1852, art. 33, modifié par L. 29 juill. 1913, art. 10 ; L. 12 juill. 1919, art. 14).

127 *bis*. Tous les bulletins n'entrant pas en compte dans le résultat du dépouillement (V. nᵒ 117 *bis*) doivent être annexés au procès-verbal, ainsi que les enveloppes non réglementaires, et contresignés par les membres du bureau. Chacun des bulletins annexés doit porter la mention des causes de l'annexion. — Si l'annexion n'a pas été faite, cette circonstance n'entraîne l'annulation des opérations qu'autant qu'il est établi qu'elle a eu pour but et pour conséquence de porter atteinte à la sincérité du scrutin (L. 29 juill. 1913, art. 9, § 2, 3 et 4).

128 *bis*. Les députés sont élus suivant un système mixte, à la fois majoritaire et proportionnaliste. — Tout candidat qui a obtenu la majorité absolue est proclamé élu dans la limite des sièges à pourvoir. — S'il reste des sièges à pourvoir, il est procédé comme suit à leur répartition. On détermine le *quotient électoral* en divisant le nombre des votants, déduction faite des bulletins blancs ou nuls, par celui des députés à élire. On détermine la *moyenne* de chaque liste en divisant par le nombre de ses candidats le total des suffrages qu'ils ont obtenus. Il est attribué à chaque liste autant de sièges que sa moyenne contient de fois le quotient électoral. Les sièges restants, s'il y a lieu, sont attribués à la plus forte moyenne. Les sièges sont, dans chaque liste, attribués aux candidats qui ont réuni le plus de suffrages (L. 12 juill. 1919, art. 10). — Le candidat unique, s'il n'a pas la majorité absolue, n'entre en ligne pour la répartition des sièges que lorsque les candidats appartenant à d'autres listes, et ayant obtenu plus de suffrages que lui, ont été proclamés élus (art. 11). — En cas d'égalité de suffrages, l'élection est acquise au candidat le plus âgé. — Si un siège revient à titre égal à plusieurs listes, il est attribué, parmi les candidats en ligne, à celui qui a recueilli le plus de suffrages et, en cas d'égalité de suffrages, au plus âgé. — Les candidats ne peuvent être proclamés élus que si le nombre de leurs suffrages est supérieur à la moitié du nombre moyen de suffrages de la liste dont ils font partie (art. 12).

128 *ter*. Lorsque le nombre des votants n'est pas supérieur à la moitié des inscrits, ou si aucune liste n'obtient le quotient électoral, aucun candidat n'est proclamé élu. Les électeurs de la circonscription sont convoqués à nouveau quinze jours après. Si, dans cette nouvelle opération, aucune liste n'atteint le quotient électoral, les sièges sont attribués aux candidats qui ont obtenu le plus de suffrages (art. 13).

129 *bis*. Pour les élections législatives, le second tour de scrutin (V. n° 128 *ter*) a lieu quinze jours après le premier tour (L. 12 juill. 1919, art. 13).

134 *bis*. En dehors des cas spécialement prévus par les dispositions des lois et décrets actuellement en vigueur, quiconque, soit dans une commission administrative ou municipale, soit dans un bureau de vote ou dans les bureaux des mairies, des préfectures ou sous-préfectures, avant, pendant ou après un scrutin, aura, par inobservation volontaire de la loi ou des arrêtés préfectoraux, ou par tous autres actes frauduleux, violé ou tenté de violer le secret du vote, porté atteinte ou tenté de porter atteinte à sa sincérité, empêché ou tenté d'empêcher les opérations du scrutin, ou qui en aura changé ou tenté de changer le résultat, est puni d'une amende de cent francs à cinq cents francs et d'un emprisonnement d'un mois à un an ou de l'une de ces deux peines seulement. Le délinquant peut, en outre, être privé de ses droits civiques pendant deux ans au moins et cinq ans au plus. — Si le coupable est fonctionnaire de l'ordre administratif ou judiciaire, agent ou préposé du Gouvernement ou d'une administration publique, ou chargé d'un ministère de service public, la peine est portée au double. — L'art. 463 du Code pénal est applicable aux dispositions ci-dessus (L. 29 juill. 1913, art. 12).

134 *ter*. Toute fraude, dans la délivrance ou la production d'un certificat d'inscription ou de radiation des listes électorales, est punie des peines portées à l'art. 12 de la loi du 29 juill. 1913 (L. 29 juill. 1913, art. 1, § 7). V. n° 134 *bis*. — Toute personne qui aura réclamé et obtenu une inscription sur deux ou plusieurs listes électorales est punie des peines prévues par l'art. 31 du décret organique du 2 févr. 1852 (L. 29 juill. 1913, art. 1er, § 5).

134 *quater*. La loi du 31 mars 1914 punit d'emprisonnement et d'amende les actes de corruption dans les opérations électorales. Toute condamnation prononcée par application de ladite loi entraîne l'inéligibilité pour une durée de deux années.

136 *bis*. Lorsque la Chambre des députés ou le Sénat ont annulé une élection, la question doit leur être posée de savoir si le dossier de l'élection sera renvoyé au ministre de la Justice. Si la réponse est affirmative, le dossier est transmis dans les vingt-quatre heures (L. 31 mars 1914, art. 5). — En cas d'invalidation avec renvoi au ministre de la Justice, la nouvelle élection ne peut avoir lieu avant un mois à dater de l'invalidation. Si, dans ce mois, une instruction est ouverte contre le sénateur ou le député invalidé, le délai de trois mois, prévu par la loi du 30 nov. 1875 (V. n° 82) sur l'élection des députés et par l'art. 7 de la loi du 31 mars 1714 (V. n° 81 *bis*) pour l'élection des sénateurs, ne commence à courir qu'à partir du jour où il a été définitivement statué sur la poursuite. Dans le cas contraire, l'élection doit être faite dans les trois mois à dater de l'invalidation (L. 31 mars 1914, art. 8).

137 *bis*. Une réclamation peut être faite par une dépêche télégraphique dont la minute, déposée au bureau de poste, est *signée* du réclamant.

ÉLECTRICITÉ

11 *bis*. Dans le but d'assurer une utilisation plus complète et une meilleure répartition de l'énergie électrique, qu'elle provienne d'usines thermiques ou hydrauliques, l'État, s'il n'en prend lui-même l'initiative, peut obliger les producteurs et au besoin les distributeurs d'énergie, les départements, communes et services publics d'une même région, à constituer un organisme spécial en vue de construire et d'exploiter un réseau de lignes de transport à haute tension destinées à joindre les usines productrices entre elles et aux sous-stations de transformation (L. 15 juin 1906, art. 8 *bis* ajouté par L. 19 juill. 1922).

15 *bis*. Par dérogation aux dispositions des lois sur les sociétés, l'État peut exiger la présence de représentants dans le conseil d'administration des organismes collectifs de transport et de répartition d'énergie électrique (L. 19 juill. 1922). — V. *Eaux*.

ÉLÈVE-OFFICIER. — V. *Armée*.

ÉMANCIPATION

6 *bis*. Ligne 3, *lire* : Ce curateur, de l'un ou l'autre sexe, est nommé par le conseil de famille. Si la curatrice est mariée, elle doit obtenir l'autorisation de son mari (Code civ. 480, modifié par L. 20 mars 1917). Le curateur ne peut, comme le tuteur, être nommé par testament, etc.

21 *bis*. Les droits fixes d'enregistrement ont été doublés, mais ne sont plus soumis aux décimes (L. 25 juin 1920, art. 28).

EMBELLISSEMENT DES VILLES. — V. *Commune*.

EMPLOYÉ. — V. *Cautionnement des employés, Corruption d'employés*.

EMPRUNT PUBLIC. — V. *Trésor public*.

ÉNERGIE ÉLECTRIQUE. — V. *Eaux, Electricité*.

ENFANCE COUPABLE. — V. *Instruction criminelle*.

ENFANT LÉGITIME. — V. *Filiation légitime*.

ENFANT NATUREL. — V. *Filiation naturelle*.

ENGINS PROHIBÉS. — V. *Chasse, Pêche fluviale, Pêche maritime*.

ENREGISTREMENT

2 *bis*. Les droits fixes d'enregistrement ont été doublés par l'art. 28 de la loi du 25 juin 1920, mais ils ne sont plus soumis aux décimes.

6 *bis*. Les droits fixes ne sont plus soumis aux décimes. — Les art. 24 et suiv. de la loi du 25 juin 1920, qui ont augmenté le taux des droits proportionnels afférents à certains actes (notamment les ventes et les baux), ont supprimé les décimes.

8 *bis*. Lignes 20-23, *lire* : 5° Pour les échanges d'immeubles, d'après la déclaration estimative, émanant des parties, de la valeur vénale réelle à la date de la transmission (L. 27 mai 1918, art. 1er).

9 *bis.* Ligne 5 à la fin, *lire :* et, pour les immeubles, quelle que soit leur nature, d'après la déclaration estimative, émanant des parties, de la valeur vénale réelle à la date de la transmission (L. 27 mai 1918, art. 1er).

11 *bis. Supprimer* le numéro 11. En effet, il n'y a plus à distinguer suivant que l'immeuble a ou non pour destination de procurer un revenu, l'art. 1er de la loi du 27 mai 1918 visant tous les immeubles, quelle que soit leur nature.

14 *bis.* Les insuffisances dans les déclarations de la valeur vénale des immeubles transmis par mutations à titre gratuit entre vifs ou par décès, ou par échange, sont constatées par voie d'expertise (L. 27 mai 1918, art. 4, modifié par L. 29 juin 1918, art. 11).

16 *bis.* La procédure d'expertise en matière d'enregistrement a été simplifiée par l'art. 5 de la loi de finances du 27 févr. 1912.

24 *bis. Ajouter :* 4° *bis.* De trois mois à compter de leur date pour tous les actes sous seings privés, constatant des conventions synallagmatiques, autres que ceux visés par l'art. 22 de la loi du 11 juin 1859 (marchés et traités réputés actes de commerce), qui ne sont pas assujettis par les lois existantes à l'enregistrement dans un délai déterminé (L. 29 juin 1918, art. 12, § 1er). — Les parties qui rédigent un acte sous seings privés soumis à l'enregistrement dans un délai déterminé, soit par l'art. 12 de la loi précitée de 1918, soit par les lois antérieures, doivent en établir un double sur papier timbré revêtu des mêmes signatures que l'acte lui-même et qui reste déposé au bureau de l'enregistrement lorsque la formalité est requise (L. 26 juin 1918, art. 14).

26 *bis.* Les délais accordés pour déclarer en France les successions sont réduits à huit mois lorsque celui dont on recueille la succession est décédé en Algérie, en Tunisie, au Maroc et à une année s'il est décédé dans toute autre partie de l'Afrique, en Asie, ou en Amérique (L. 29 déc. 1919, art. 21, § 1er). Lorsque la déclaration des biens imposables en France doit être effectuée en Algérie, le délai pour la souscrire est le même que celui prévu pour la déclaration des biens imposables en Algérie.

29 et 30 *bis. Remplacer ces deux numéros par ce qui suit :* L'enregistrement des actes sous seings privés, soumis obligatoirement à cette formalité, doit avoir lieu, pour les actes portant transmission de propriété, d'usufruit ou de jouissance de biens immeubles, de fonds de commerce ou de clientèle, au bureau de la situation des biens, et, pour tous les autres actes, au bureau du domicile de l'une des parties contractantes (L. 29 juin 1918, art. 13).

33 *bis.* Sur la demande de tout légataire ou donataire ou de l'un quelconque des cohéritiers solidaires, le montant des droits de mutation par décès peut être *acquitté en plusieurs versements* semestriels égaux, dont le premier a lieu au plus tard six mois après l'expiration du délai pour souscrire la déclaration de succession. — Ces versements sont fixés au nombre de deux, lorsque les droits de mutation sont inférieurs à 10 pour 100 des parts nettes recueillies soit par tous les cohéritiers solidaires, soit par chacun des légataires ou donataires. Ils sont portés au nombre de quatre, lorsque les droits sont égaux ou supérieurs à 10 pour 100, et à six, lorsque les droits sont égaux ou supérieurs à 18 pour 100 desdites parts nettes. — La demande de délai doit être adressée au receveur de l'enregistrement du département où la succession doit être

déclarée. Cette demande n'est recevable que si elle parvient au receveur deux mois au moins avant l'expiration du délai fixé pour la déclaration (L. 13 juill. 1911, art. 7).

43 *bis.* A cette énumération il y a lieu d'ajouter les actes et jugements ayant exclusivement pour objet le service de l'assistance aux vieillards, aux infirmes et aux incurables (L. 14 juill. 1905, art. 38).

45 *bis.* En principe, les amendes prononcées par les lois fiscales sont passibles de 2 décimes et demi. Deux décimes et demi ont été de nouveau ajoutés au principal par l'art. 110, § 1er, de la loi du 25 juin 1920. Ainsi, une amende de 100 francs en principal atteint, avec les deux majorations de décimes (25 pour 100 chacune), 150 francs.

48 *bis. Ajouter in fine :* De même, à défaut d'enregistrement, dans le délai de trois mois, des actes sous seings privés visés à l'art. 12, § 1er, de la loi du 29 juin 1918 (V. n° 24 *bis*), chacune des parties est tenue personnellement et sans recours, nonobstant toute stipulation contraire, d'un droit en sus qui ne peut être inférieur à 50 francs en principal (L. 29 juin 1918, art. 12, § 2).

52 *bis.* Le directeur général de l'Enregistrement peut statuer sur les demandes formées par des redevables, à l'effet d'obtenir la remise de pénalités, lorsque celles-ci n'excèdent pas 20000 fr. La même compétence est attribuée aux directeurs départementaux à l'égard des demandes de remise de pénalités n'excédant pas 5000 francs (Décr. 10 déc. 1920).

53 *bis.* En vertu de la loi du 18 janv. 1912, qui a modifié l'art. 60 de la loi du 22 frim. an 7, la restitution des droits d'enregistrement régulièrement perçus est maintenant la règle, lorsque des événements survenus depuis la perception légitiment cette restitution. — Toutefois à cette règle il existe certaines exceptions énumérées par l'art. 60 nouveau de la loi du 22 frim. an 7.

57 *bis.* Il y a *prescription* pour la *demande des droits* par l'administration de l'Enregistrement : 1° Après un délai de deux ans à compter du jour de l'enregistrement d'un acte ou d'une déclaration qui révèlent suffisamment l'exigibilité de ces droits, sans qu'il soit nécessaire de recourir à des recherches ultérieures ; 2° Après un délai de deux ans à compter du jour de l'enregistrement de l'acte ou de la déclaration, dans tous les cas où l'Administration est autorisée à requérir une expertise, quel qu'en soit l'objet ; 3° Après vingt ans à compter du jour de l'enregistrement, s'il s'agit d'une omission de biens dans une déclaration de succession (L. 18 avr. 1918, art. 11) ; 4° Après vingt ans à compter du jour du décès pour les successions non déclarées (L. 18 mai 1850, art. 11, modifié par L. 18 avr. 1918, art. 11).

57 *ter.* L'action des redevables en restitution des droits perçus est prescrite après un délai de deux ans à partir du payement des droits simples, des droits en sus et des amendes lorsqu'il s'agit de droits irrégulièrement perçus. Pour les droits régulièrement perçus, l'action en remboursement est prescrite : 1° après cinq ans à compter du jour de l'enregistrement ; 2° après une année à compter du jour où les droits sont devenus restituables.

57 *quater.* Est fixé à vingt ans le délai de prescription de l'action *en recouvrement des droits* exigibles par suite d'omissions de biens dans les déclarations de mutation par décès, et des droits applicables aux successions non déclarées (L. 18 avr. 1918, art. 11).

58 *bis.* Les prescriptions sont interrompues par des demandes signifiées et enregistrées avant l'expiration des délais; mais elles sont acquises si les poursuites commencées sont discontinuées pendant une année sans qu'il y ait d'instance devant les juges compétents, quand même le premier délai pour la prescription ne serait pas expiré.

63 *bis*. Dans toute instance engagée à la suite d'une opposition aux contraintes décernées par l'administration de l'Enregistrement, le redevable a le droit de présenter, par lui-même ou par le ministère d'un avocat inscrit au tableau, des explications orales. La même faculté appartient à l'Administration (L. 30 avr. 1921, art. 7).

67 *bis*. Ligne 5, *au lieu de :* sous-inspecteurs, *lire :* inspecteurs-adjoints.

ENSEIGNEMENT

11 *bis*. Sur la demande des communes et des départements, peuvent être créées, pour les *enfants arriérés* des deux sexes : 1º des *classes de perfectionnement*, annexées aux écoles élémentaires publiques; 2º des *écoles autonomes de perfectionnement*, pouvant comprendre un demi-pensionnat et un internat. — Les classes annexées reçoivent les enfants de six à treize ans. Les écoles autonomes peuvent continuer la scolarité jusqu'à seize ans en donnant à la fois l'enseignement primaire et l'enseignement professionnel (L. 15 avr. 1909, art. 1er).

16 *bis*. Aux termes d'une loi du 11 janv. 1910, l'âge auquel les enfants peuvent se présenter à l'examen du certificat d'études primaires élémentaires est élevé de onze à *douze* ans révolus avant le premier jour du mois de l'examen. Toutefois, les candidats à l'inscription maritime peuvent être mis en possession du certificat d'études primaires dès l'âge de onze ans révolus.

16 *ter*. Une loi du 29 juill. 1910 dispose que les conscrits non pourvus de diplômes ou certificats d'instruction primaire ou secondaire doivent, dès leur arrivée au corps, subir un examen destiné à constater leur degré d'instruction. Il est organisé, dans chaque corps de troupe, des cours d'instruction élémentaire à l'effet d'assurer cette instruction aux conscrits dont les épreuves auront été jugées insuffisantes.

21 *bis*. Un congé de deux mois, avec traitement entier, en dehors des congés pour maladie, est accordé aux institutrices, moitié avant, moitié après les couches. Une prolongation de congé peut leur être accordée aux mêmes conditions jusqu'à concurrence de deux autres mois (L. 15 mars 1910).

22 *bis*. Nul ne peut enseigner dans une école primaire, de quelque degré qu'elle soit, avant l'âge de 18 ans (L. 30 oct. 1886, art. 6, § 1er, modifié par L. 6 oct. 1919, art. 1er).

24 *bis*. A partir du 1er oct. 1923, nul ne pourra entrer dans l'enseignement primaire public s'il n'est pourvu du brevet supérieur et s'il n'a subi un stage d'une année au moins dans une école normale (L. 19 juill. 1889, art. 24, modifié par L. 30 avr. 1921, art. 69).

26 *bis*. Outre cette inscription, les écoles et classes de perfectionnement pour les enfants arriérés (V. ci-dessus, nº 11 *bis*) sont soumises à une inspection médicale organisée par la commune fondatrice ou le département fondateur (L. 15 avr. 1909, art. 11).

32 *bis*. Dans les communes d'au moins cinq cents habitants, les frais de balayage et de nettoyage des classes et locaux constituent une dépense obligatoire pour la commune (L. 26 déc. 1908, art. 56).

32 *ter*. Les dépenses ordinaires des écoles de perfectionnement sont supportées par les communes et départements fondateurs (L. 15 avr. 1909, art. 5).

33 *bis*. Les dépenses de l'enseignement dans les écoles et classes de perfectionnement sont à la charge de l'Etat dans les conditions prévues pour les écoles primaires (L. 15 avr. 1909, art. 5).

34 *bis*. Les directeurs et directrices, maîtres et maîtresses, appelés à exercer dans les écoles de perfectionnement et dans les classes annexes, jouissent des mêmes droits et avantages que les fonctionnaires des écoles élémentaires publiques. Les directeurs et directrices sont nommés par le ministre. Les instituteurs et institutrices chargés de classes sont proposés par l'inspecteur d'académie et nommés par le préfet. Les surveillants et surveillantes des internats départementaux sont proposés par le chef de l'établissement et nommés par le préfet (L. 15 avr. 1909, art. 7).

34 *ter*. Une loi du 27 août 1918 a édicté des mesures spéciales en ce qui concerne la titularisation des instituteurs stagiaires mobilisés pendant la guerre.

35 *bis*. Le diplôme de licencié donne droit à la nomination au poste de directeur, de directrice ou de professeur d'école primaire supérieure (L. 26 déc. 1908, art. 54).

64 *bis*. Ligne 7, *ajouter :* Les écoles d'enseignement supérieur d'Alger ont été constituées en université par une loi du 30 déc. 1909 (V. *suprà*, Algérie, nº 31 *bis*).

74 *bis*. Les écoles supérieures de pharmacie de Paris, Montpellier, Nancy et Strasbourg ont reçu le nom de, facultés de pharmacie (Décr. 14 mai 1920).

86 *bis*. L'enseignement public agricole a été réorganisé par la loi du 2 août 1918. En ce qui concerne les jeunes gens, cet enseignement est donné : 1º à l'Institut national agronomique, qui confère le titre d'ingénieur agronome; 2º dans les écoles nationales d'agriculture de Grignon, de Montpellier et de Rennes, dont les élèves diplômés reçoivent le titre d'ingénieur agricole; 3º dans les écoles d'agriculture, comprenant les écoles pratiques d'agriculture, les fermes-écoles, les écoles techniques : l'enseignement de ces dernières a pour objet des spécialités agricoles; 4º dans les écoles d'agriculture d'hiver ou saisonnières; 5º dans les cours d'enseignement agricole postscolaires; 6º à l'Ecole nationale d'horticulture de Versailles et dans certaines écoles techniques. — En ce qui concerne les jeunes filles, l'enseignement agricole est donné : 1º à l'Institut national agronomique; 2º dans les écoles nationales d'agriculture réservées aux jeunes filles; 3º dans les écoles agricoles ménagères; 4º dans les cours d'enseignement agricole ménager postscolaire.

86 *ter*. Une loi du 21 août 1912 a organisé l'enseignement départemental et communal de l'agriculture. Elle institue, dans chaque département, une direction des services agricoles, en remplacement des chaires départementales d'agriculture. Cette direction comprend dans ses attributions : la vulgarisation des connaissances agricoles; l'enseignement agricole; le service des intérêts économiques et sociaux de l'agriculture, celui de la mutualité agricole et de l'hygiène rurale; les renseignements agricoles, la statistique et le ravitaillement; la direction des champs d'expériences; les recherches ou missions techniques, etc. — Le professeur départemental d'agriculture prend le titre de *directeur des services agricoles*. Il est assisté par un ou plusieurs *professeurs d'agriculture*.

87 *bis*. L'enseignement technique industriel et commercial a été réorganisé par la loi du 25 juill. 1919 et placé dans les attributions du ministre de l'Instruction publique (L. 20 juin 1920). — La loi du 25 juill. 1919 consacre l'institution du conseil supérieur de l'enseignement technique et de l'inspection de l'enseignement technique. Elle crée des comités départementaux et communaux. — La loi du 27 févr. 1912 a créé une École normale de l'enseignement technique. — Deux lois du 10 août 1920 ont organisé un Institut de céramique française et un Institut d'optique théorique et appliquée.

ÉPIZOOTIE. — V. *Salubrité publique*.

ESCROQUERIE

11 *bis*. *Ajouter, in fine :* La même incapacité peut être prononcée contre les individus condamnés pour avoir recélé, en tout ou en partie, des choses obtenues à l'aide du délit (L. 22 mai 1915, art. 7).

ÉTABLISSEMENTS DANGEREUX, INCOMMODES OU INSALUBRES. — V. *Manufactures et établissements dangereux, incommodes ou insalubres*.

ÉTABLISSEMENT DE LUXE. — V. *Impôt sur le chiffre d'affaires*.

ÉTAT DE SIÈGE. — V. *Guerre de 1914 (État de siège)*.

ÉTRANGER

16 *bis*. Les conditions de séjour des étrangers en France sont actuellement fixées par le décret du 2 avr. 1917. — Tout étranger devant résider en France plus de quinze jours et âgé de plus de quinze ans est tenu, dans les quarante-huit heures de son arrivée dans la première localité où il doit résider, de demander au préfet du département une carte d'identité. — A cet effet, il doit fournir trois photographies, et remplir deux questionnaires contenant les indications suivantes : noms, prénoms, filiation (avec date et lieu de naissance), date et lieu de naissance, profession, situation de famille, prénoms et âge des enfants au-dessous de quinze ans, voyageant ou résidant avec le demandeur ; nom, âge, nationalité du conjoint, deux références à l'étranger, deux références en France, dernier domicile à l'étranger, précédents séjours en France, époque de ces séjours avec leur durée ; en quelles communes de France, à quelle adresse ; et autres renseignements nécessaires pour préciser l'identité de l'étranger. Ils doivent en outre fournir toutes autres justifications de leur identité qui leur sont demandées.

16 *ter*. La carte d'identité, qui est obligatoire, sauf pour les représentants diplomatiques ou consulaires des pays étrangers, tient lieu de sauf-conduit. Dans chaque localité où ils résident, les étrangers doivent la faire viser à l'arrivée et au départ par le maire ou le commissaire de police. — La carte d'identité est assujettie, lors de sa délivrance, de son visa ou de son renouvellement, à un droit de timbre de 10 francs. — Les cartes délivrées aux étrangers indigents et aux travailleurs étrangers immigrants sont exemptes du droit de timbre (L. 29 avr. 1921, art. 15).

16 *quater*. Les propriétaires, hôteliers, logeurs doivent signaler dans les vingt-quatre heures, au commissaire de police ou au maire, la présence des étrangers habitant leurs immeubles ou établissements.

16 *quinquies*. Les infractions au décret du 2 avr. 1917 sont passibles des peines prévues à l'art. 471, § 15, c. pén., sans préjudice du droit

d'expulsion qui appartient au ministre de l'Intérieur. — Les cartes d'identité sont retirées à la frontière aux étrangers quittant la France.

19 *bis*. Un décret du 21 avr. 1917, complété par ceux du 18 nov. 1920 et du 6 juin 1922, a réglé le recrutement, la circulation et la surveillance de la main-d'œuvre étrangère et coloniale en France. Tout travailleur étranger, tout travailleur colonial non militaire doit être pourvu d'une carte d'identité et de circulation, de couleur verte pour l'industrie, de couleur chamois pour l'agriculture, sur laquelle est apposée sa photographie. Pour les travailleurs étrangers, la carte d'identité et de circulation ne dispense pas de la formalité de l'immatriculation prévue par la loi du 8 août 1893 modifiée par la loi du 16 juill. 1912 (V. n° 19).

40 *bis*. 12ᵉ ligne, *ajouter :* Convention de la Haye, du 13 juill. 1905, sur l'exécution des jugements.

EXPLOIT

10 *bis*. Une circulaire du ministre de la Justice du 19 mars 1908 a prescrit la simplification des actes judiciaires et fourni des modèles d'actes simplifiés (*Journ. off.* du 20 mars 1908).

38 *bis*. La loi du 26 déc. 1908 a abrogé, en ce qui concerne les huissiers, les dispositions de l'art. 18 de la loi du 13 brum. an 7 et a admis ces officiers ministériels à faire timbrer, avant tout usage, soit à l'extraordinaire, soit au moyen des timbres mobiles créés par la loi du 2 juill. 1862, les formules, imprimées à leurs frais, qu'ils destineront à la rédaction des originaux de leurs actes. Les huissiers ont la faculté d'employer, comme pour les originaux, des formules imprimées sur du papier fourni à leurs frais pour les copies des exploits et des significations de tous jugements, actes ou pièces.

EXPLOITATION AGRICOLE. — V. *Impôts directs*.

EXPORTATION DES CAPITAUX. — V. *Guerre de 1914 (Exportation de capitaux)*.

EXPROPRIATION
POUR CAUSE D'UTILITÉ PUBLIQUE

Sous-titre, *ajouter :* lois des 13 juill. 1911, 21 avr. 1914, 6 nov. 1918 et 17 juill. 1921.

5 *bis*. L'utilité de l'expropriation peut être déclarée, non seulement pour les superficies comprises dans le périmètre des ouvrages publics projetés, mais encore pour toutes celles qui, en dehors de ce périmètre, seront reconnues nécessaires pour assurer aux ouvrages leur pleine valeur immédiate ou d'avenir. — L'utilité de l'expropriation peut aussi être déclarée pour les immeubles qui, en raison de leur *proximité* d'un ouvrage public projeté, en doivent retirer une *plus-value* dépassant 15 pour 100 (L. 6 nov. 1918, art. 2 et 2 *bis*).

6 *bis*. Les grands travaux publics, routes nationales, canaux, chemins de fer, bassins et docks, entrepris par l'État ou par des compagnies particulières, ne peuvent être autorisés que par une loi. — L'exécution de canaux et chemins de fer d'embranchement de moins de 20 kilomètres de longueur, de rectification de routes nationales, de ponts et de tous ouvrages de moindre importance, peut être autorisée par décret en Conseil d'État. — L'exécution des travaux départementaux et communaux peut être autorisée par décret simple (L. 1841, art. 3, modifié par L. 1918). — Lorsque, par application des art. 2 et 2 *bis* (V. *supra*, n° 5 *bis*), il y a lieu d'étendre l'expropriation à des immeubles sis hors du périmètre des ouvrages projetés, l'autorisation n'en peut être donnée que par une loi ou un décret en Conseil d'Etat.

13 *bis*. Lignes 8-9, *remplacer les mots* : de l'église, *par* : à un autre endroit apparent et très fréquenté du public.

36 *bis*. Les notifications faites par l'Administration peuvent comprendre éventuellement les sommes qu'elle demande à raison de l'indemnité due pour la plus-value dépassant 15 pour 100 (V. n° 5 *bis*).

40 *bis*. Ligne 2 à la fin, *lire* : Chaque année, le conseil général dresse, par arrondissement de sous-préfecture, une liste de personnes choisies parmi les électeurs ayant leur domicile réel dans l'arrondissement et remplissant les conditions requises pour faire partie du jury criminel. Le nombre des personnes inscrites sur cette liste est de : 75 pour les arrondissements de moins de 100 000 habitants ; 100 pour les arrondissements de plus de 100 000 et de moins de 300 000 habitants ; 200 pour les arrondissements de plus de 300 000 habitants ; et 600 pour le département de la Seine. — Les listes d'arrondissement ainsi dressées sont réunies par département en une liste unique, sur laquelle sont choisis les membres du jury spécial appelé, le cas échéant, à régler les indemnités dues par suite d'expropriation pour cause d'utilité publique. — La liste des jurés est valable pour une année à partir du 1er janvier qui suit la session dans laquelle elle a été dressée par le conseil général.

40 *ter*. Les jurés reçoivent, s'ils le requièrent, une indemnité de déplacement et une indemnité de séjour, qui sont taxées par le magistrat-directeur. — L'indemnité de déplacement est de 0 fr. 20 par kilomètre en chemin de fer. L'indemnité de séjour, due lorsque les jurés sont obligés de se transporter à plus de 2 kilomètres de leur résidence, est de 16 francs par jour à Paris, 14 francs dans les villes où siège un tribunal de 1re classe, 12 francs dans les autres villes. (L. 6 nov. 1918 ; Décr. 20 avr. 1921)

41 et 42 *bis*. Toutes les fois qu'il y a lieu de recourir à un jury spécial, la première chambre du tribunal civil du chef-lieu de département choisit, sur la liste de département, quatorze personnes qui formeront la liste de la session du jury spécial chargé de fixer définitivement le montant de chaque indemnité. — Sauf pour le département de la Seine, la liste de session ne peut pas comporter plus de trois jurés de la liste de l'arrondissement où sont situés les immeubles expropriés.

42 *ter*. Sont dispensés, s'ils le requièrent, des fonctions de jurés : 1° les septuagénaires ; 2° tous ceux qui, pendant l'année courante, ont fait partie d'un jury spécial d'expropriation.

43 *bis*. La liste des quatorze jurés est transmise au préfet qui, après s'être concerté avec le magistrat-directeur, convoque les jurés et les parties, en leur indiquant, au moins huit jours à l'avance, le lieu et le jour de la réunion. La notification aux parties leur fait connaître les noms des jurés.

47 *bis*. Dans le cas où, par suite des empêchements, des exclusions, des incompatibilités ou des dispenses, le nombre des personnes appelées à composer le jury est inférieur à dix, le magistrat-directeur choisit, sur la liste départementale, autant de personnes qu'il est nécessaire pour compléter le nombre de dix et les convoque d'urgence. Sous les pénalités indiquées au n° 46, il doit être déféré immédiatement à cette convocation.

50 *bis*. Dans le cas où plusieurs affaires figurent dans une même session, il n'est formé qu'un seul jury. Les parties expropriées s'entendent alors pour exercer la récusation à laquelle elles ont droit, sinon le sort désigne celle qui doit en user.

51 *bis*. Ligne 4, *lire* : Le jury spécial est composé de huit membres (L. 1841, art. 35, § 1er, modifié par L. 17 juill. 1921). — Le magistrat-directeur procède, par voie de tirage au sort, à la réduction des jurés au nombre de huit, si le droit de récusation n'est pas exercé ou si les récusations prononcées ne suffisent pas à réaliser cette réduction (art. 33, § 8, modifié par L. 17 juill. 1921). — Sauf pour le département de la Seine et le territoire de Belfort, il ne peut y avoir dans le jury de jugement plus de deux jurés de l'arrondissement de la situation des immeubles expropriés. Pour le département de la Seine et le territoire de Belfort, il ne peut pas y avoir plus de deux jurés ayant leur domicile réel dans l'arrondissement municipal ou le canton où sont situés les immeubles expropriés (art. 34, § 9 nouv.).

51 *ter*. Ligne 7, *lire* : Les jurés ne peuvent délibérer valablement qu'au nombre de six au moins, non compris le magistrat-directeur président (L. 1841, art. 35, § 2, modifié par L. 17 juill. 1921).

60 *bis*. Lignes 2, 4 et 5, *au lieu de* : les jurés se retirent... sous la présidence de l'un d'eux qu'ils désignent à l'instant même, *lire* : les jurés se retirent... sous la présidence du magistrat-directeur (L. 3 mai 1841, art. 38, § 2, modifié par la loi du 21 avr. 1914, art. 1er).

60 *ter*. Lignes 7 et 8, *au lieu de* : en cas de partage, la voix du président du jury est prépondérante, *lire* : en cas de partage, la voix du magistrat-directeur, président du jury, est prépondérante (L. 1841, art. 38, § 4, modifié par L. 21 avr. 1914, art. 1er).

61 *bis*. La décision du jury, signée des membres qui y ont concouru, est lue par le magistrat-directeur, qui la déclare exécutoire, statue sur les dépens et envoie l'Administration en possession de la propriété, à charge par elle de payer préalablement l'indemnité fixée (V. n°s 88 et s.). Tout juré qui, sans motif légitime, refuse de signer une délibération à laquelle il a concouru, est condamné à l'amende. Toute décision signée par le magistrat-directeur et par quatre jurés au moins est valable et régulière.

64 *bis*. Ligne 11, *ajouter* : Lorsque l'expropriation a été poursuivie pour plus-value, la condamnation aux dépens est prononcée d'après les mêmes règles, en tenant compte de la demande d'indemnité de plus-value notifiée par l'Administration et de l'offre des parties. — *In fine, ajouter* : En aucun cas, la part des dépens mis à la charge de l'exproprié ne peut excéder le montant de l'indemnité allouée à ce dernier ; le surplus reste à la charge de l'Administration expropriante.

66 *bis*. L'indemnité d'expropriation ne doit comprendre que le dommage actuel et certain causé par le fait même de l'éviction ; elle ne peut s'étendre au préjudice incertain et éventuel qui ne serait pas la conséquence directe de l'expropriation.

66 *ter*. Le jury doit prendre pour base de ses évaluations la valeur des immeubles résultant des déclarations faites par les contribuables ou des évaluations administratives non contestées ou devenues définitives en vertu des lois fiscales (L. 27 mai 1918, art. 6).

67 *bis*. A l'égard des immeubles dont l'expropriation a été poursuivie pour cause de plus-value, le jury prononce successivement sur l'indemnité due pour la plus-value dépassant 15 pour 100 et sur l'indemnité due pour l'expropriation éventuelle.

74 *bis.* Ligne 4, *ajouter :* de la partie intéressée ou à la demande notifiée pour plus-value,
77 *bis.* Ligne 4, *au lieu de :* arrondissement,
lire : département. — *Remplacer* les deux dernières lignes par : département voisin (art. 43
nouveau).
89 *bis.* Ligne 5, *remplacer les mots :* mais
dans ce cas seulement, *par :* ou si les immeubles
acquis en vertu des art. 2 et 2 *bis* (V. *supra*, n° 6
bis) ne sont pas utilisés conformément à la loi ou
au décret déclaratifs d'utilité publique.
95 *bis.* Ligne 12, *au lieu de :* à 5 pour 100,
lire : au taux légal (V. *Obligations*, n° 38 *bis*).
97 *bis.* Pendant un délai de cinq ans après la
cessation des hostilités (c'est-à-dire jusqu'au 24 oct.
1924), ces formes sont applicables à tous les travaux publics urgents, qu'ils ne soient pas encore
commencés ou qu'ils soient déjà en cours (L. 12 août
1919, art. 1er).

SECT. VIII *bis*. — Expropriation conditionnelle.

98 *bis.* L'arrêt de cessibilité (V. n° 15) peut
être précédé d'un arrêté pris par le préfet, sur la
demande de l'Administration expropriante, en vue
de la réunion du jury d'expropriation, au cas où
cette Administration déclarerait ne vouloir poursuivre l'expropriation qu'après fixation *préalable*
du montant des indemnités (L. 3 mai 1841, art. 77,
ajouté par L. 17 juill. 1921). — L'arrêté de réunion du jury est transmis par le préfet au président du tribunal, lequel fait désigner par le tribunal, en chambre du conseil, le magistrat-directeur du jury. Le jury est constitué et convoqué
dans les formes habituelles (V. n°s 41 *bis* et s.).
Il procède aux opérations de fixation des indemnités auxquelles donnerait droit l'expropriation
éventuelle, et il décide, pour chacun des intéressés, l'indmnité qui lui sera allouée au cas où
l'autorité expropriante ne poursuivrait pas l'expropriation. Cette dernière indemnité ne peut être

supérieure ni à 1 pour 100 de celle déterminée
pour le principal, ni au total à 5 000 francs (art. 78
nouveau).
98 *ter.* L'arrêté de réunion du jury est publié,
affiché et notifié comme il est prescrit pour le
jugement d'expropriation (V. n° 36). Sa notification
entraîne, pour chacun des propriétaires qui y sont
visés, ainsi que pour l'Administration, les obligations prescrites par les art. 21 à 28 inclus (V. n°s 52
et s.). — Dans le mois qui suit la décision du
jury, le préfet la notifie à l'autorité expropriante
et l'invite à déclarer, dans les délais qui lui sont
impartis, si elle entend poursuivre l'expropriation.
Dans tous les cas, si ladite autorité n'a pas fait
connaître sa décision dans un délai de trois mois
à dater de la décision du jury, elle est considérée
comme renonçant à poursuivre l'expropriation.
98 *quater.* Si l'autorité expropriante déclare
qu'elle entend poursuivre l'expropriation, le préfet, par un arrêté motivé, détermine les propriétés
qui doivent être cédées (V. n° 22). La procédure
de l'expropriation se poursuit ensuite ; le président du tribunal déclare exécutoire la décision du
jury et envoie l'Administration en possession de la
propriété (L. 1841, art. 82, ajouté par L. 17 juill.
1921).
98 *quinquies.* La même procédure s'applique,
sauf les modifications ci-après, dans le cas où une
expropriation est poursuivie pour cause de plus-
value. Dans les huit jours qui suivent la décision
du jury, le propriétaire doit opter entre l'indemnité de plus-value et l'indemnité d'expropriation,
faute de quoi l'indemnité de plus-value est censée
avoir été préférée. Si le propriétaire opte pour
l'indemnité d'expropriation, l'Administration peut,
dans un délai de huit jours à dater de la notification de l'option, faire connaître qu'elle renonce à
poursuivre l'expropriation, et cette renonciation
ne donne pas droit à l'indemnité spéciale prévue
par l'art. 78 (V. *supra*, n° 98 *bis*).

EXTENSION DES VILLES. — V. *Commune.*

F

FACTAGE. — V. *Chemins de fer.*

FAILLITE

34 *bis.* Les faillis non condamnés pour banqueroute simple ou frauduleuse ne peuvent être inscrits sur la liste électorale pendant trois ans à
partir de la déclaration de faillite ; toutefois, ils
peuvent l'être, sans condition de temps, si, pendant la guerre de 1914, alors qu'ils étaient appelés
sous les drapeaux, ils ont été l'objet d'une citation
à l'ordre du jour pour action d'éclat. Ils ne sont
éligibles qu'après réhabilitation (L. 30 déc. 1903,
art. 1er, modifié par L. 23 mars 1908, et par
L. 16 mars 1919, art. 1er).

132 *bis.* Le salaire acquis aux ouvriers directement employés par le débiteur, ainsi qu'aux artistes
dramatiques et autres personnes employées dans
les entreprises de spectacles publics, et les sommes
dues à tous ceux qui louent leurs services pendant
les six mois qui ont précédé l'ouverture de la
liquidation judiciaire, la faillite ou la déconfiture,
sont admis au même rang que le privilège établi
par l'art. 2101 Code civ. pour les gens de service.
Le même privilège est accordé aux commis sédentaires ou voyageurs, aux placiers, aux représentants de commerce, de fabrique ou d'industrie,
attachés à une ou plusieurs maisons de commerce
pour leurs salaires fixes, les remises proportionnelles, et toutes les commissions qui leur sont

définitivement acquises dans les six derniers mois précédant le jugement déclaratif, alors même que la cause de ces créances remonterait à une date antérieure (Com. 549, modifié par L. 17 juin 1919, art. 2).

FAMILLES NOMBREUSES. — V. *Assistance publique, Chemins de fer, Habitations à bon marché.*

FAUSSE MONNAIE

3 *bis.* Les peines prévues à l'art. 132 c. pén. (V. n° 4) sont applicables aux contrefacteurs des bons ou jetons de monnaie émis par les chambres de commerce (L. 29 avr. 1921, art. 29, § 1er).

9 *bis.* En ce qui concerne le délit consistant à employer ou détenir sans autorisation des appareils susceptibles d'être utilisés pour la fabrication des monnaies, V. *Monnaie,* n° 14.

FEMMES EN COUCHES. — V. *Assistance publique, Enseignement, Louage de services, Postes, télégraphes, téléphones.*

FÊTE LÉGALE. — V. *Lettre de change.*

FILIATION ADULTÉRINE OU INCESTUEUSE

1 *bis.* Ligne 3, *après :* incestueux, *ajouter :* sous réserve des dispositions de l'art. 331 Code civ. (Code civ. art. 335, complété par la loi du 30 déc. 1915, art. 3). V. n° 3 *bis.* — Ladite loi du 30 déc. 1915 abroge celle du 7 nov. 1907.

3 *bis.* Les enfants adultérins sont légitimés, dans les cas suivants, par le mariage subséquent de leurs père et mère, lorsque ceux-ci les reconnaissent au moment de la célébration du mariage dans les formes déterminées par l'art. 331, § 1er, Code civ. (V. *Filiation naturelle,* n° 3 *bis*) : 1° les enfants nés du commerce adultérin de la mère, lorsqu'ils sont désavoués par le mari ou ses héritiers ; 2° les enfants nés du commerce adultérin du père ou de la mère, lorsqu'ils sont réputés conçus à une époque où le père ou la mère avait un domicile distinct en vertu de l'ordonnance du président et antérieurement à un désistement de l'instance en divorce, au rejet de la demande ou à une réconciliation judiciairement constatée ; 3° les enfants nés du commerce adultérin du mari, dans tous les autres cas, s'il n'existe pas, au moment du mariage subséquent, d'enfants ou de descendants légitimes issus du mariage au cours duquel l'enfant adultérin est né ou a été conçu (Code civ. 331, § 3, modifié par loi du 30 déc. 1915, art. 1er).

4 *bis.* Ligne 2, *supprimer les mots :* ou sa légitimation (V. *supra,* n° 3 *bis*).

6 *bis.* La loi du 16 nov. 1912, qui autorise la reconnaissance judiciaire de la paternité naturelle (V. *Filiation naturelle,* n° 27 *bis*), n'a pas modifié l'art. 342 Code civ. ; par suite, ni les enfants adultérins, ni les enfants incestueux ne peuvent exercer l'action en reconnaissance judiciaire de la paternité naturelle.

FILIATION LÉGITIME

8 *bis.* La présomption de paternité, établie par l'art. 312 Code civ., ne s'applique pas à cet enfant, même en l'absence de désaveu, s'il a été légitimé par un nouveau mariage de sa mère, conformément aux dispositions de l'art. 331 (V. *Filiation adultérine ou incestueuse,* n° 3 *bis*)(Code civ. 313, § 2, complété par l'art. 2 de la loi du 30 déc. 1915).

FILIATION NATURELLE

3 *bis.* Les enfants nés hors mariage, autres que ceux nés d'un commerce adultérin (V. *Filiation adultérine*), sont légitimés par le mariage subséquent de leurs père et mère, lorsque ceux-ci les ont légalement reconnus avant leur mariage ou qu'ils les reconnaissent au moment de sa célébration. Dans ce dernier cas, l'officier de l'état civil qui procède au mariage constate la reconnaissance et la légitimation dans un acte séparé. — Lorsqu'un enfant naturel a été reconnu par ses père et mère ou par l'un d'eux postérieurement à leur mariage, cette reconnaissance n'emporte légitimation qu'en vertu d'un jugement rendu en audience publique après enquête et débat en chambre du conseil, lequel jugement doit constater que l'enfant a eu, depuis la célébration du mariage, la possession d'état d'enfant commun (C. civ. 331, § 1 et 2, modifié par L. 30 déc. 1915).

5 *bis.* Toute légitimation doit être mentionnée en marge de l'acte de naissance de l'enfant légitimé. Cette mention est faite à la diligence de l'officier de l'état civil qui a procédé au mariage, s'il a connaissance de l'existence des enfants, sinon, à la diligence de tout intéressé (C. civ. 331, § 4 et 5, modifié par L. 30 déc. 1915).

10 *bis.* L'expédition de l'acte de naissance de l'enfant légitimé produite à l'officier de l'état civil qui doit célébrer son mariage est conforme au dernier alinéa de l'article 57 du Code civil, avec l'indication de la qualité d'époux de ses père et mère (Code civ. art. 333, mod. par L. 1er juill. 1922).

27 *bis.* — 2° *Reconnaissance judiciaire de la paternité naturelle.* — La paternité hors mariage peut être judiciairement déclarée dans les cinq cas suivants : 1° dans le cas d'*enlèvement* ou de *viol,* lorsque l'époque de l'enlèvement ou du viol se rapporte à celle de la conception ; 2° dans le cas de *séduction* accomplie à l'aide de manœuvres dolosives, abus d'autorité, promesse de mariage ou fiançailles, et s'il existe un commencement de preuve par écrit ; 3° s'il existe des lettres ou quelque autre écrit privé émanant du père prétendu, et desquels il résulte un *aveu non équivoque de paternité ;* 4° si le père prétendu et la mère ont vécu en état de *concubinage notoire* pendant la période légale de la conception ; 5° si le père prétendu a pourvu ou participé à l'entretien et à l'éducation de l'enfant en qualité de père (C. civ. 340, mod. par L. 16 nov. 1912).

28 *bis.* La loi a établi deux fins de non-recevoir opposables à l'action en déclaration judiciaire de paternité naturelle : 1° s'il est établi que, pendant la période légale de la conception, la mère était d'une inconduite notoire ou a eu commerce avec un autre individu ; 2° si le père prétendu était, pendant la même période, soit par suite d'éloignement, soit par l'effet de quelque accident, dans l'impossibilité physique d'être le père de l'enfant (art. 340 nouveau, § 2).

29 *bis.* L'action n'appartient qu'à l'enfant. Elle n'appartient ni à ses héritiers, ni à ses successeurs. D'autre part, l'enfant naturel simple y a seul droit à l'exclusion de l'enfant adultérin ou incestueux (V. *Filiation aldutérine,* n° 6 *bis*). Pendant la minorité de l'enfant, si la mère l'a reconnu, elle a seule qualité pour l'intenter au nom de l'enfant. Elle peut d'ailleurs le faire même si elle est elle-même mineure. A défaut de reconnaissance par la mère, ou si elle est décédée, interdite ou absente, l'action peut être intentée par le tuteur nommé à l'enfant par le tribunal. Lorsque l'action est intentée par la mère ou le tuteur, elle doit l'être, à peine de déchéance, dans les deux années qui suivent l'accouchement ou, dans les cas prévus sous les nᵒˢ 4 et 5 de l'art. 340 (V. nᵒ 27 *bis*), pendant les deux années qui suivent la cessation, soit du concubinage, soit de la participation du prétendu père à l'entretien et à l'éducation de l'enfant. Si l'action n'a pas été intentée pendant la minorité de l'enfant, celui-ci conserve le droit de l'intenter pendant l'année qui suit sa majorité.

30 *bis.* Le fait d'intenter de mauvaise foi une action en déclaration de paternité est puni des peines portées par l'art. 400 c. pén. (emprisonnement de un à cinq ans et amende de 50 à 8 000 francs). Une interdiction de séjour de cinq à dix ans peut, en outre, être prononcée.

31 *bis.* Lignes 1-2, *supprimer les mots* : « A la différence de la recherche de la paternité... » (V. nᵒ 27 *bis*).

FILM. — V. *Théâtre-spectacle.*

FONCTIONNAIRE PUBLIC

28 *bis.* Les peines de la concussion frappent également les détenteurs de l'autorité publique qui, sans l'autorisation de la loi, ont accordé des exonérations ou franchises de droits, impôts et taxes publics, ou ont délivré gratuitement des produits des établissements de l'Etat. Les bénéficiaires de ces faveurs sont poursuivis comme complices (L. 31 déc. 1921, art. 176).

29 *bis.* Tout fonctionnaire public, tout agent ou préposé d'une administration publique chargé, à raison même de sa fonction, de la surveillance ou du contrôle direct d'une entreprise privée et qui, soit en position de congé ou de disponibilité, soit après admission à la retraite, soit après démission, destitution ou révocation et pendant un délai de cinq ans à compter de la cessation de la fonction, prend ou reçoit une participation par travail, conseils ou capitaux (sauf par dévolution héréditaire en ce qui concerne les capitaux), dans les concessions, entreprises ou régies qui étaient directement soumises à sa surveillance ou à son contrôle, est puni d'un emprisonnement de six mois à deux ans et d'une amende de 100 à 5 000 francs. Il est en outre déclaré à jamais incapable d'exercer une fonction publique. Les dirigeants des concessions, entreprises ou régies, considérés comme complices, sont frappés des mêmes peines (C. pén. 175 complété par L. 6 oct. 1919).

FONDS DE COMMERCE

Loi du 17 mars 1909 (*Petit Code de commerce Dalloz*).

2 *bis.* — **1. Vente d'un fonds de commerce.** — Aux termes de la loi du 17 mars 1909, relative à la vente et au nantissement des fonds de commerce, le privilège du vendeur n'existe à l'égard desdits fonds que si le contrat de vente a eu lieu par acte authentique ou par acte sous seing privé dûment enregistré (V. nᵒ 11-1ᵒ).

9 *bis.* L'acquéreur d'un fonds de commerce est tenu : 1ᵒ de publier la vente, conformément aux dispositions de la loi du 17 mars 1909; 2ᵒ de prendre livraison du fonds; 3ᵒ de payer le prix de vente; 4ᵒ d'acquitter les frais de la vente.

10-1ᵒ. — 1ᵒ *Publication de la vente.* — Toute vente ou cession de fonds de commerce, toute mise en société ou toute attribution par partage ou licitation doit être, dans la quinzaine de sa date, publiée, à la diligence de l'acquéreur, sous forme d'extrait ou d'avis dans un journal d'annonces légales du ressort du tribunal de commerce où se trouve le fonds, ou, à défaut, dans un jour-nal d'annonces légales de l'arrondissement. Si la vente comprend des succursales du fonds de commerce, la publication doit être faite également dans chacun des ressorts où ces succursales ont leur siège. — La publication doit être renouvelée du huitième au quinzième jour après la première insertion.

10-2ᵒ. — 2ᵒ *Payement du prix.* — Normalement, le prix doit être payé au vendeur dans le lieu réglé par le contrat et, s'il n'a rien été stipulé à cet égard, au lieu où doit se faire la délivrance. Il est cependant des cas où le payement est fait à d'autres personnes. — Tout d'abord, lorsque le vendeur a des créanciers, et que ceux-ci ont fait opposition, les deniers leur sont distribués par l'acquéreur après vérification des titres de créance. A défaut d'entente entre les créanciers pour cette distribution amiable, l'acquéreur est tenu, sur la sommation de tout créancier, de consigner le prix à la Caisse des dépôts et consignations. Le vendeur peut stipuler encore que le prix sera payé à ses créanciers ou encore céder la créance qu'il a contre l'acquéreur.

10-3ᵒ. Conformément à la règle générale, le prix doit être payé au jour convenu et, à défaut de convention, lors de la délivrance. Toutefois, aux termes de la loi du 17 mars 1909, et sous peine de n'être point libéré à l'égard des tiers, l'acquéreur ne doit payer qu'après avoir fait les publications requises et après avoir attendu, pendant dix jours à compter de la seconde insertion, les oppositions possibles des créanciers du vendeur. Par conséquent, quelle que soit la célérité apportée à l'accomplissement des formalités de publicité, aucun payement n'est possible avant le dix-neuvième jour qui suit la vente.

10-4ᵒ. Les payements comptants peuvent s'imputer soit sur le prix du fonds, soit sur le prix des marchandises, soit sur celui du matériel. Mais, nonobstant toute convention contraire, les payements partiels faits ensuite s'imputent d'abord sur le prix des marchandises, ensuite sur le prix du matériel. — La loi du 17 mars 1909 prévoit trois cas spéciaux de déchéance du *terme*, au cas où il en a été stipulé un : 1ᵒ le déplacement du siège du fonds à l'insu des créanciers inscrits; 2ᵒ le déplacement du fonds lui-même sans leur consentement; 3ᵒ l'inscription d'un nantissement sur le fonds. — La revente du fonds de commerce par l'acheteur avant le payement de son prix n'emporte pas déchéance du terme. Le vendeur a, par contre, un droit de suite sur son fonds.

11-1ᵒ. — 3ᵒ *Garanties du vendeur non payé.* — Le privilège du vendeur qui appartient au vendeur d'un fonds de commerce est subordonné par la loi du 17 mars 1909 à une double condition : 1ᵒ la vente du fonds doit être constatée par un acte authentique ou par un acte sous seing privé enregistré; 2ᵒ le privilège doit être inscrit sur un registre public tenu au greffe du tribunal de commerce dans le ressort duquel le fonds est exploité. L'inscription doit être prise, à peine de nullité, dans la quinzaine de la date de l'acte de vente : le jour de la vente n'est pas compris dans le délai de quinzaine, mais le jour de l'échéance y est compté. En cas de faillite ou de liquidation judiciaire de l'acquéreur, l'inscription peut être valablement prise après le jugement déclaratif, pourvu que le vendeur se trouve encore dans le délai de quinze jours.

11-2ᵒ. Pour inscrire son privilège, le vendeur représente, soit par lui-même, soit par un tiers, au greffier du tribunal de commerce, l'un des originaux de l'acte de vente s'il est sous seing privé, ou une expédition s'il existe une minute. Il y est joint deux bordereaux écrits sur papier libre et contenant : les noms, prénoms, domiciles et professions du vendeur et de l'acquéreur, la date et la nature du titre, les prix de la vente établis distinctement pour le matériel, les marchandises et les éléments incorporels du fonds, la désignation du fonds de commerce et de ses succursales, élection de domicile par le vendeur dans le ressort du tribunal. — Le greffier remet au requérant l'un des bordereaux au pied duquel il certifie avoir fait l'inscription. — L'inscription conserve le privilège pendant cinq années à compter du jour de sa date. Elle doit être renouvelée avant l'expiration du délai de cinq ans : faute de quoi son effet cesse.

11-3°. L'inscription du privilège du vendeur prime toute autre inscription prise dans le délai de quinze jours du chef de l'acquéreur du fonds. Elle a, en outre, pour effet de rendre la créance du vendeur préférable à celle du créancier de l'acquéreur qui a reçu le fonds en nantissement. Enfin elle permet au vendeur d'exercer son privilège contre la faillite ou la liquidation judiciaire de l'acquéreur. La loi du 17 mars 1909 déclare, en effet, l'art. 550 c. com. inapplicable au privilège du vendeur d'un fonds de commerce. — Le privilège ne porte que sur les éléments du fonds énumérés dans la vente et dans l'inscription au greffe.

11-4°. Le privilège du vendeur suit le fonds, en quelques mains qu'il passe. Comme conséquence de ce droit de suite, le tiers détenteur qui veut se garantir des poursuites du vendeur a la faculté de purger le fonds du privilège qui le grève. Il faut, toutefois, que la vente n'ait pas été faite judiciairement. Le tiers détenteur qui veut purger son fonds est tenu, à peine de déchéance, de notifier à tous les créanciers inscrits, au domicile élu par eux dans leurs inscriptions, et dans la forme prescrite par la loi, son offre d'acquitter les dettes inscrites, jusqu'à concurrence de son prix, sans distinction des dettes exigibles ou non exigibles.

11-5°. Le droit de purger accordé au tiers détenteur entraîne, au profit des créanciers inscrits, celui de requérir la mise aux enchères publiques du fonds de commerce, en s'engageant à former une surenchère du dixième. Cette réquisition doit être signifiée au tiers acquéreur et au débiteur précédent propriétaire, avec assignation devant le tribunal de commerce pour voir statuer, en cas de contestation, sur la validité de la surenchère, et voir ordonner qu'il sera procédé à la mise aux enchères publiques du fonds. Le délai pour faire cette signification est de quinze jours, à compter de la notification du tiers détenteur à fin de purge.

11-6°. Les formalités de la procédure et de la revente sont accomplies à la diligence du surenchérisseur et, à son défaut, de tout créancier inscrit ou de l'acquéreur. À défaut d'enchère, le surenchérisseur est déclaré adjudicataire. En sus du fonds proprement dit, l'adjudicataire est tenu de prendre le matériel et les marchandises. L'adjudicataire a à sa charge, outre son prix d'adjudication, le remboursement au tiers acquéreur des frais et loyaux coûts de son contrat, ceux de notification à fin de purge, ceux d'inscription du privilège du vendeur et de publicité de la vente.

11-7°. — 4° *Action résolutoire du vendeur.* — En cas de non-payement du prix par l'acquéreur, le vendeur d'un fonds de commerce peut, comme tout vendeur de meubles, demander la résolution de la vente. Toutefois, l'action résolutoire ne peut produire effet que si elle a été réservée expressément dans l'inscription prise au greffe par le vendeur du fonds. À l'égard des tiers (créancier gagiste de l'acquéreur, tiers acquéreur), l'action ne peut être exercée après l'extinction du privilège du vendeur. En d'autres termes, son sort est lié à celui du privilège; elle ne lui survit pas. — Le vendeur qui exerce l'action résolutoire doit la notifier aux créanciers inscrits sur le fonds. Le jugement ne peut intervenir qu'après un mois écoulé depuis la notification. — De même que le privilège, l'action résolutoire du vendeur est limitée aux seuls éléments qui ont fait partie de la vente.

11-8°. — 5° *Garanties du vendeur en cas de déplacement du fonds.* — Le propriétaire du fonds doit faire connaître aux créanciers inscrits et, notamment, au vendeur, quinze jours au moins à l'avance, son intention de déplacer le fonds et le nouveau siège qu'il entend lui donner. — Dans la quinzaine de l'avis qui leur est notifié, les créanciers doivent faire mentionner, en marge de l'inscription existante, le nouveau siège du fonds et, si le fonds est transféré dans un autre ressort, faire reporter à sa date l'inscription primitive sur le registre du tribunal du nouveau siège. — À défaut par le propriétaire du fonds de se conformer à l'obligation qui lui est imposée, la *déchéance du terme* est encourue de plein droit; la créance du vendeur (et celle du créancier gagiste) devient immédiatement exigible. — Si les créanciers inscrits s'opposent au déplacement du fonds, le propriétaire ne peut passer outre sans s'exposer à se voir actionner en déchéance du terme, alors du moins qu'il résulte du déplacement une dépréciation du fonds.

11-9°. — 6° *Garantie des créanciers du vendeur. — Publicité des cessions de fonds de commerce; opposition au payement du prix.* — Dans un délai maximum de dix jours après la seconde insertion dans un journal d'annonces légales de l'avis de cession du fonds de commerce, tout créancier du vendeur, que sa créance soit ou non exigible, peut former, au domicile élu dans la publication, opposition au payement du prix; l'opposition doit, à peine de nullité, énoncer le chiffre et les causes de la créance. — La conséquence de cette opposition est de rendre inopposable aux créanciers qui se sont fait connaître dans le délai prescrit tous transports amiables ou judiciaires du prix ou de partie du prix.

11-10°. — 7° *Surenchère du sixième.* — Pendant les *vingt jours* qui suivent la seconde insertion, une expédition de l'acte de vente est tenue, au domicile élu dans la publication, à la disposition des créanciers du vendeur pour être consultée sans déplacement. Pendant ce même délai, chacun des créanciers peut prendre connaissance des oppositions et, si le prix ne suffit pas à désintéresser les créanciers inscrits et opposants, former une *surenchère du sixième* du prix principal du fonds de commerce, non compris le matériel et les marchandises. — La procédure à suivre est la même que celle prescrite pour la surenchère du dixième (V. ci-dessus, n° 11-5°). L'adjudication a lieu aux mêmes conditions et délais que la vente sur laquelle la surenchère est intervenue.

11-11°. — 8° *Vente forcée.* — Le fonds de commerce constitue le gage commun des créanciers inscrits (vendeur non payé, créancier gagiste) et des créanciers chirographaires du commerçant. Lorsque leurs créances sont exigibles, ils peuvent, à défaut de payement par le débiteur, *réaliser leur gage*, c'est-à-dire faire ordonner par justice la *vente du fonds aux enchères publiques*. La loi du 17 mars 1909 règle cette procédure de réalisation du gage. — La vente publique du fonds peut être demandée dans quatre cas : 1° après des poursuites de saisie-exécution exercées par tout créancier sur les éléments corporels du fonds ; 2° après sommation de payer faite par les créanciers inscrits et demeurée infructueuse ; 3° au cours de poursuites judiciaires à fin de payement d'une créance se rattachant au fonds ; 4° au cours de poursuites tendant à la vente séparée d'un ou plusieurs éléments du fonds.

11-12°. Le tribunal, saisi d'une demande à fin de vente publique d'un fonds de commerce, nomme, s'il y a lieu, un administrateur provisoire du fonds, fixe les mises à prix, détermine les conditions principales de la vente, commet pour y procéder un officier public qui dresse le cahier des charges. Le tribunal statue dans la quinzaine de la première audience : le jugement n'est pas susceptible d'*opposition*. L'*appel* est suspensif ; il est formé dans la quinzaine de la signification du jugement à partie et jugé sommairement dans le mois : l'arrêt est exécutoire sur minute. — Le créancier qui poursuit la vente publique fait sommation, au propriétaire du fonds et aux créanciers inscrits antérieurement à la décision qui a ordonné la vente, de prendre communication du cahier des charges, de fournir leurs dires et observations et d'assister à l'adjudication si bon leur semble. La vente est annoncée, dix jours à l'avance au moins, au moyen d'*affiches* apposées à la porte de l'immeuble, de la mairie de la commune où le fonds est situé, du tribunal de commerce dans le ressort duquel il se trouve et de l'officier public commis. En outre, un avis est inséré dans un journal d'annonces légales. La vente ne peut avoir lieu que dix jours au moins après l'apposition des affiches.

11-13°. — 9° *Apport d'un fonds de commerce à une société.* — La loi du 17 mars 1909 proscrit, pour la mise en société d'un fonds de commerce, les mêmes mesures de *publicité* que pour la vente. D'autre part, dans la quinzaine de la publication de l'acte de société contenant apport d'un fonds de commerce, tout créancier non inscrit de l'associé apporteur peut faire connaître au greffe du tribunal de commerce où l'acte a été déposé sa qualité de créancier et la somme qui lui est due. Les coassociés de celui qui a fait l'apport connaîtront ainsi le passif qui grevait le fonds et qui a pu leur être dissimulé. Chacun d'eux pourra, dès lors, dans la quinzaine suivant la déclaration, demander soit la dissolution de la société, soit l'annulation de l'apport.

16 *bis*. — IV. Nantissement des fonds de commerce. — V. *infrà*, *Nantissement*.

25 *bis*. — VI. Enregistrement. — Le droit d'enregistrement applicable aux cessions de fonds de commerce est fixé à 5 pour 100, sans décimes (L. 25 juin 1920, art. 24, § 1er). Le droit de 0 fr. 50 pour 100, prévu par l'art. 7 de la loi du 28 févr. 1872 pour les marchandises neuves, est porté à 1 fr. 25 pour 100 sans décimes (Même loi, art. 24, § 3). — Lorsque la vente du fonds de commerce contient en même temps une cession de bail, le droit applicable à cette disposition est de 0 fr. 60 pour 100, sans décimes (Même loi, art. 26).

25 *ter*. L'inscription au greffe de la créance du vendeur donne lieu à la perception d'un droit de cinq centimes par cent francs (0 fr. 05 pour 100), sans addition de décimes. — Les *bordereaux* d'inscription, ainsi que les *états* ou *certificats* et *copies d'actes de vente* sous seing privé, délivrés par les greffiers, sont exempts de la formalité de l'enregistrement. — Les actes de consentement à *mainlevée* totale ou partielle d'inscription sont assujettis à un droit de deux centimes et demi par cent francs (0 fr. 025 pour 100).

25 *quater*. Il est alloué aux greffiers les droits énumérés par un décret du 28 août 1909. Certaines taxes sont, en outre, dues, en vertu du même

décret, pour le service de l'Office national de la propriété industrielle.

26 *bis*. Ligne 6, *après :* de sa date, *ajouter :* au bureau de l'enregistrement de la situation du fonds (L. 28 févr. 1872, art. 8, § 1er, modifié par L. 15 juill. 1914, art. 27).

27 *bis*. Les dissimulations de prix dans les cessions de fonds de commerce ont été sanctionnées par la loi du 27 févr. 1912, art. 7.

FONDS DE GARANTIE. — V. *Accidents du travail.*

FONDS DE RÉSERVE. — V. *Retraites ouvrières.*

FORCE MOTRICE. — V. *Eaux, Électricité.*

FORÊTS

2 *bis*. La loi du 2 juill. 1913 (art. 1er) a soumis au régime forestier : 1° les bois et forêts des départements ; 2° les bois, forêts et terrains à boiser des associations reconnues d'utilité publique et des sociétés de secours mutuels approuvées. — Les conditions d'application de ladite loi du 2 juill. 1913 ont été déterminées par un décret du 26 nov. 1918.

2 *ter*. — I *bis*. *Forêts de protection.* — Les bois et forêts sont classés en deux catégories : 1° les forêts *de protection* soumises, pour cause d'utilité publique, à un régime spécial ; 2° les forêts soumises aux seules dispositions du Code forestier (L. 28 avr. 1922, art. 1er). — Peuvent être classées comme forêts de protection celles dont la conservation est reconnue nécessaire au maintien des terres sur les montagnes et sur les pentes et à la défense contre les avalanches et contre les érosions et envahissements des eaux et des sables (art. 2). — Les forêts de protection sont soumises à des règles spéciales concernant l'aménagement, l'exercice du pâturage et des droits d'usage, le régime des exploitations, les fouilles et extractions de matériaux (art. 3).

3 *bis*. *Ajouter in fine :* et, dans une certaine proportion, parmi les anciens élèves de l'École polytechnique. — Un corps d'inspecteurs généraux des eaux et forêts a été créé par décret du 31 août 1912.

31 *bis*. Les transactions, en matière forestière, deviennent définitives après approbation : 1° des conservateurs, lorsque les condamnations encourues ou prononcées, y compris les réparations civiles, ne s'élèvent pas au-dessus de 3 000 francs ; 2° du directeur général des eaux et forêts lorsque les condamnations sont supérieures à 3 000 francs, sans dépasser 6 000 francs ; 3° du ministre de l'Agriculture, quand les condamnations dépassent 6 000 francs (Décr. 22 déc. 1920).

87 *bis*. Sont soumis au régime forestier et sont administrés conformément aux dispositions du Code forestier relatives aux bois des établissements publics : 1° les bois et forêts des départements ; 2° les bois, forêts et terrains à boiser des associations reconnues d'utilité publique et des sociétés de secours mutuels approuvées (L. 2 juill. 1913, art. 1er).

87 *ter*. Dans les bois des communes et des établissements publics, sont exceptionnellement autorisées, par décision du ministre de l'Agriculture : 1° les coupes portant sur la réserve disponible dans les bois aménagés en futaie ; 2° les coupes portant sur les quarts en réserve, dans les bois aménagés en taillis simple ou en taillis composé, quand l'âge du peuplement a atteint ou dépassé le terme d'exploitabilité des coupes ordinaires. — Le ministre de l'Agriculture est autorisé à déléguer aux conservateurs des eaux et forêts ses pouvoirs en matière d'autorisation des coupes extraordinaires dans les bois des communes et des établissements publics (L. 20 juill. 1914).

95 *bis*. Depuis le 1er janv. 1919, l'Etat pourvoit, à l'aide de ses brigadiers et gardes forestiers et de gardes forestiers auxiliaires, à la surveillance des bois des communes et des établissements publics soumis au régime forestier (L. 30 oct. 1919, art. 1er, § 1er).

95 *ter*. Les communes et établissements publics contribuent aux dépenses de garderie de leurs forêts soumises au régime forestier : 1° par une contribution égale au montant des frais de garderie pour l'exercice 1914, augmentés de 50 pour 100 ; 2° par une contribution sur les produits des bois, y compris la chasse, qui est de un vingtième de la valeur moyenne de ces produits ; le total des sommes à rembourser par chaque commune ou chaque établissement par période de dix ans ne peut dépasser en moyenne 2 francs par hectare et par an, soit 20 francs par hectare pour les dix ans ; 3° par un prélèvement de l'Etat sur le produit des coupes vendues (L. 30 oct. 1919, art. 4 à 7).

98 *bis*. L'Administration forestière peut se charger de la conservation et de la régie des bois des particuliers et des sociétés moyennant une redevance annuelle et sous des conditions fixées par contrat. L'autorisation de l'Administration est, dès lors, nécessaire pour que les propriétaires ou administrateurs puissent céder à des tiers des droits d'usage ou procéder à des coupes tant ordinaires qu'extraordinaires (L. 2 juill. 1913, art. 3).

99 *bis*. Ligne 9, *après* : sous-préfet, *ajouter* : La limite d'âge de vingt-cinq ans est abaissée à vingt et un ans pour les militaires définitivement réformés par suite de blessures reçues ou de maladies contractées au service pendant la durée de la guerre (L. 19 mars 1917).

-99 *ter*. Le préfet peut, par décision motivée, le propriétaire et le garde entendus ou dûment appelés, rapporter l'arrêté agréant un garde particulier (L. 12 avr. 1892, art. 1er).

FRAIS ET DÉPENS

Sous-titre : Les dispositions concernant les frais et dépens en matière civile ont été modifiées par deux décrets du 29 déc. 1919 relatifs respectivement au tarif des avoués de première instance et d'appel et au tarif des huissiers.

14 *bis*. Le tarif des huissiers a été modifié par le décret du 29 déc. 1919.

15 *bis*. Le tarif des droits et émoluments dus aux avoués de première instance et d'appel a été modifié par le décret du 29 déc. 1919, qui abroge et remplace un grand nombre de dispositions antérieures. — L'émolument total des avoués ne doit jamais dépasser, devant chaque juridiction, 10 pour 100 de l'évaluation de l'intérêt du litige dans les instances portant sur un intérêt pécuniaire, et 10 pour 100 de la somme à distribuer dans les procédures d'ordre et de contribution. — Les avoués doivent tenir un registre sur lequel ils inscrivent toutes les sommes qu'ils reçoivent des parties. Ils ne peuvent exiger de droits plus élevés que ceux énoncés au tarif, sous peine de restitution, de dommages-intérêts et, s'il y a lieu, d'interdiction. — Avant tout règlement, les avoués sont tenus de remettre aux parties le compte dé-

taillé des sommes dont elles sont redevables. Les états de frais doivent faire ressortir distinctement les déboursés et les émoluments.

17 *bis*. Lorsque les parties font un voyage et qu'elles se sont présentées au greffe assistées de leur avoué pour y affirmer que le voyage a été fait dans la seule vue du procès, il leur est alloué, à titre de frais de voyage, par kilomètre parcouru, tant à l'aller qu'au retour, 20 centimes si le voyage a été effectué par voie ferrée ; 60 centimes si le transport a eu lieu autrement. Il leur est en outre alloué 10 francs par chaque journée de séjour (Décr. 27 déc. 1920). — Les experts ont droit aux mêmes frais de voyage et de déplacement que les avoués.

18 *bis*. Les témoins de l'un et l'autre sexe appelés à déposer en matière civile reçoivent, s'ils le demandent, une indemnité de comparution fixée à 8 francs à Paris, 6 francs dans les villes où siège un tribunal de 1re classe, 4 francs dans les autres villes. Si les témoins ne sont pas domiciliés au lieu où se poursuit l'enquête, il leur est alloué, pour chaque journée de séjour forcé en sus de la première : à Paris, 10 francs ; dans les villes où siège un tribunal de 1re classe, 8 francs ; dans les autres villes, 6 francs (Décr. 27 déc. 1920, art. 9). Les témoins domiciliés à plus de 2 kilomètres du lieu où se poursuit l'enquête reçoivent en outre, à titre de frais de voyage, par kilomètre parcouru tant à l'aller qu'au retour : 0 fr. 20, si le transport a été effectué par voie ferrée ; 0 fr. 60, si le transport a eu lieu autrement (art. 10).

47 *bis*. Il est accordé aux témoins, s'ils le requièrent : une indemnité de comparution, des frais de voyage, une indemnité de séjour forcé. Le taux de ces indemnités et frais est déterminé par les art. 38 à 46 du décret du 5 oct. 1920. — Les indemnités accordées aux témoins ne sont avancées par le Trésor qu'autant qu'ils ont été cités ou appelés soit à la requête du ministère public, soit en vertu d'une ordonnance rendue d'office. Les témoins cités ou appelés à la requête soit des accusés, soit des parties civiles, reçoivent les indemnités ci-dessus mentionnées ; elles leur sont payées par ceux qui les ont appelés en témoignage.

49 *bis*. L'administration de l'Enregistrement fait l'avance des frais de justice criminelle ; le Trésor poursuit le recouvrement de ceux de ces frais qui ne sont point à la charge de l'Etat (Décr. 5 oct. 1920, art. 1er). — Les frais et indemnités sont payés aux ayants droit, sur mémoires présentés par eux et revêtus de la taxe et de l'exécutoire du magistrat compétent (Décr. précité, art. 130 à 150).

FRAIS FUNÉRAIRES. — V. *Accidents du travail.*

FRAIS MÉDICAUX ET PHARMACEUTIQUES. — V. *Accidents du travail.*

FRANCHISE POSTALE. — V. *Guerre de 1914 (Postes et télégraphes).*

FRAUDES ALIMENTAIRES. — V. *Vente de substances falsifiées.*

FROID

Une convention internationale conclue à Paris le 21 juin 1920 a décidé la création à Paris d'un Institut international du froid. Cette convention a été approuvée par la loi du 24 avr. 1922.

G

GARDE CHAMPÊTRE

2 *bis*. Ligne 7, *ajouter* : La limite d'âge de vingt-cinq ans est abaissée à vingt et un ans pour les militaires définitivement réformés par suite de blessures reçues ou de maladies contractées au service pendant la durée de la guerre (L. 19 mars 1917).

9 *bis*. La loi du 19 mars 1917 (V. n° 2 *bis*) est applicable aux gardes particuliers.

GARDE FORESTIER. — V. *Forêts*.

GÉNIE RURAL. — V. *Agriculture*.

GREFFE - GREFFIER

6 *bis*. Dans les cantons où il n'existe qu'un seul office d'huissier, le titulaire de cet office peut exercer en même temps les fonctions de greffier de la justice de paix (L. 29 nov. 1921, art. 1er). — Un même titulaire peut être autorisé à réunir entre ses mains plusieurs greffes de juridictions quelconques ayant leur siège dans la même ville (L. 29 nov. 1921, art. 2).

16 *bis*. Les greffiers sont tenus de déposer au bureau de l'enregistrement un extrait sommaire des actes judiciaires portant translation ou attribution de propriété immobilière (L. 20 mai 1915).

20 *bis*. Le tarif des émoluments des greffiers a été modifié par le décret du 29 déc. 1919.

GRÉVE. — V. *Travail*.

GUERRE

18 *bis*. Ligne 2, *ajouter* : La convention du 22 août 1864 est remplacée par celle du 6 juill. 1906, également signée à Genève. — L'emploi de l'emblème de la Croix-Rouge a été réglementé par une loi du 24 juill. 1913.

27 *bis*. Ligne 4, *ajouter* : La convention du 29 juill. 1899 est remplacée par celle du 18 oct. 1907, également signée à la Haye, qui adapte à la guerre maritime les principes de la convention de Genève du 6 juill. 1906.

GUERRE DE 1914-1919

Nota. — *Les dispositions législatives et réglementaires relatives à la guerre de 1914-1919, extrêmement nombreuses pendant la durée des hostilités, n'avaient qu'un caractère temporaire : la plupart ont été abrogées, ou ont cessé d'être applicables en même temps que prenait fin, avec l'état de guerre, la situation exceptionnelle qui les avait motivées. Il a paru que la reproduction de ces textes n'offrirait aucun intérêt pratique. On s'est donc borné à analyser et à commenter la partie de la législation de guerre restée en vigueur après le rétablissement de la paix, ainsi que les dispositions édictées pour assurer le retour au droit commun.*

I. — Armée.

1. La loi du 22 juill. 1921 détermine le statut des officiers de l'armée active pourvus d'un grade à titre définitif et d'un grade supérieur à titre temporaire, ainsi que le statut des officiers à titre temporaire appartenant à l'armée active et n'ayant aucun grade à titre définitif. Cette dernière catégorie d'officiers forme un cadre distinct, dit « cadre latéral » ; ceux qui en font partie ne peuvent recevoir aucun avancement, sauf pour faits de guerre ; ils sont mis à la retraite après quinze ans de services militaires et reçoivent une pension proportionnelle. Ils peuvent entrer dans le cadre normal comme sous-lieutenants.

II. — Assurances.

2. Dès le début de la guerre, des mesures ont été prises par décret en faveur des assurés et aussi des sociétés d'assurance, de capitalisation et d'épargne. — En ce qui concerne les assurés, on sait que les polices stipulent d'ordinaire qu'en cas de non-payement de la prime à l'échéance, le contrat sera résolu de plein droit, et l'assuré déchu de son droit à l'indemnité. L'application de cette règle a été suspendue, pour la durée des hostilités, par l'art. 5 du décret du 10 août 1914 à l'égard des contrats conclus avant le 4 août 1914. Grâce à cette disposition, dont le bénéfice pouvait d'ailleurs être retiré par ordonnance de référé sur la demande de l'assureur, aux individus non présents sous les drapeaux ni domiciliés dans la zone des opérations militaires les contrats d'assurances ont été maintenus pendant la durée de la guerre. A la cessation des hostilités, c'est-à-dire le 23 oct. 1919, les clauses de déchéance ont repris effet et les contrats n'ont repris leur cours qu'à l'égard des assurés qui ont payé les primes échues avec intérêts à 5 pour 100. — Des dispositions spéciales ont été édictées, en ce qui concerne les contrats d'assurance sur la vie, par la loi du 22 juill. 1919. Certaines de ces dispositions ont un caractère permanent.

III. — Bénéfices de guerre.

3. — I. *Personnes et sociétés assujetties à la contribution*. — Une *contribution extraordinaire* a été instituée par la loi du 1er juill. 1916 sur les *bénéfices exceptionnels* ou *supplémentaires* provenant des opérations ci-après définies et réalisés, depuis le 1er août 1914 jusqu'au 30 juin 1920 : 1° par les personnes non patentées (exception faite des agriculteurs vendant leur récolte à l'Etat), ayant passé des marchés, soit directement, soit comme sous-traitants, pour des fournitures destinées à l'Etat ou à une administration publique, et par toutes personnes ayant accompli un acte de commerce à titre accidentel ou en dehors de leur profession en vue du même objet ; 2° par les personnes, patentées ou non, ayant prêté leur concours pécuniaire ou leur entremise moyennant rémunération, redevance ou commission, pour la conclusion d'un marché avec l'Etat ou une administration publique ; 3° par les sociétés et les personnes passibles de la contribution des patentes, dont les bénéfices ont été en excédent sur le bénéfice normal ; 4° par les exploitants d'entreprises assujetties à la redevance proportionnelle des mines.

4. N'ont pas été soumises à la contribution extraordinaire, pour les bénéfices réalisés depuis le 11 nov. 1918, si elles n'ont pas antérieurement produit des bénéfices donnant lieu à l'application de cette contribution : 1° les entreprises dont l'exploitant a été mobilisé pendant un an au moins ou a été réformé pour blessure reçue ou maladie contractée au service ; 2° les entreprises situées dans les régions qui ont été envahies ou qui, s'étant trouvées dans la zone des opérations militaires, ont été arrêtées pendant six mois consécutifs au moins du fait desdites opérations ; 3° les sociétés constituées par des mutilés, réformés, veuves de guerre ou anciens combattants, à condition qu'aucun des associés n'ait antérieurement réalisé, à titre personnel, de bénéfices donnant lieu à l'application de la loi du 1er juill. 1916, que les associés aient fourni, en outre, les trois quarts au moins du capital social et que celui-ci n'excède pas 500000 francs ; 4° les entreprises dont le déficit par rapport au bénéfice normal, pour la période du 1er août 1914 au 31 déc. 1918, a été supérieur aux bénéfices exceptionnels ou supplémentaires réalisés en 1919 et jusqu'au 30 juin 1920 ; 5° les sociétés en nom collectif dont tous les associés ont été mobilisés et les sociétés en commandite simple dont tous les gérants ont été mobilisés, et cela pour la part revenant à chacun d'eux dans les bénéfices visés par la loi. — Sont également exonérés de la contribution extraordinaire, à partir du 1er janv. 1919, les contribuables qui ont été mobilisés et dont le bénéfice total annuel, à dater du 1er janv. 1919, n'a pas été supérieur à 30000 francs. Les veuves et orphelins mineurs de guerre bénéficient de cette exonération dans les mêmes conditions que celles prévues en faveur des mobilisés (L. 25 juin 1920, art. 13).

5. — II. *Bases de la contribution.* — La contribution extraordinaire est établie en prenant pour base l'*excédent du bénéfice net* respectivement obtenu pendant la période s'étendant du 1er août 1914 au 31 déc. 1915 et pendant chacune des années suivantes, sur le *bénéfice normal* constitué par la moyenne des produits nets réalisés au cours des trois exercices antérieurs au 1er août 1914. Si la période pendant laquelle ont été effectuées, antérieurement au 1er août 1914, les opérations du contribuable ne comprend pas trois exercices, le bénéfice normal est calculé d'après la moyenne des résultats pendant cette période. Le bénéfice normal ne peut en aucun cas, même si le contribuable n'a réalisé d'opérations qu'à partir du 1er août 1914, être évalué à une somme inférieure à 5000 francs (10000 francs pour l'année 1920), ni à 6 pour 100 (8 pour 100 à partir du 1er janv. 1917) des capitaux réellement engagés

par lui et rémunérés dans ses entreprises, tels qu'ils résultent d'actes, de livres de commerce régulièrement tenus ou d'autres preuves certaines (L. 1er juill. 1916, art. 2, § 1, 2 et 3; L. 31 déc. 1917, art. 6; L. 31 juill. 1920, art. 7). — Pour la comparaison du bénéfice normal avec celui qui a été réalisé au cours de la période de guerre, les bénéfices à comparer sont constitués par la totalisation des produits nets des diverses entreprises exploitées en France par un même contribuable, sous déduction, s'il y a lieu, des pertes résultant d'un déficit d'exploitation dans certaines de ces entreprises.

6. Le *produit net*, en période de guerre, est calculé en établissant le bilan, pour chaque entreprise, suivant les règles antérieures propres à cette entreprise, notamment en déduisant, s'il y a lieu, la somme nécessaire à la réserve légale et celles qui sont habituellement réservées à l'amortissement des bâtiments et du matériel. Sont, en outre, déduites du bénéfice supplémentaire : 1° les sommes destinées aux amortissements supplémentaires nécessités soit par les dépréciations exceptionnelles du matériel résultant d'une prolongation de la durée journalière du travail normal, soit par le fait d'installations ou de dépenses spéciales effectuées en vue de fournitures de guerre ; 2° les sommes correspondant à l'intérêt à 6 p. 100 (8 p. 100 à partir du 1er janv. 1917) des capitaux employés dans les entreprises situées en pays envahi ou sinistrées et à l'amortissement habituel de ces entreprises. — Sont également déduits, dans la limite du taux des avances de la Banque de France, les intérêts payés aux associés pour les sommes versées par eux en compte courant, lorsque ces sommes restent en dehors de l'apport social, qu'elles peuvent être retirées moyennant un simple préavis, sans le consentement des autres associés, et qu'elles ne sont pas rémunérées par une part supplémentaire dans les bénéfices (L. 1er juill. 1916, art. 3, § 1er, complété par L. 31 juill. 1920, art. 6).

7. — III. *Déclaration des bénéfices de guerre.* — Tout patenté ou tout exploitant de mines, visé au quatrième ou cinquième paragraphe de l'art. 1er (V. *suprà*, n° 3), astreint à la contribution extraordinaire, a dû produire, pour les périodes indiquées et dans les délais prévus à l'art. 4 de la loi, une *déclaration*, comportant pour chacune de ses exploitations : 1° le bénéfice net réalisé pendant la période à laquelle se rapporte l'imposition ; 2° le montant du bénéfice normal ; 3° l'excédent constituant le bénéfice supplémentaire ; 4° les sommes déduites pour la réserve légale et pour les amortissements habituels, en vertu du premier paragraphe de l'art. 3 (V. *suprà*, n° 6). S'il ne voulait ou ne pouvait fournir les éléments nécessaires à la détermination du bénéfice normal, il évaluait celui-ci à une somme égale à trente fois le principal de la patente, sans que cette somme pût être inférieure ni à 5000 fr. (10000 fr. pour l'année 1920), ni à 6 pour 100 (8 p. 100 à partir du 1er janv. 1917) des capitaux réellement engagés dans les entreprises (L. 1er juill. 1916, art. 5, modifié par L. 31 déc. 1917, art. 6 et L. 31 juill. 1920, art. 7). Pour l'application de cette disposition, le principal de patente susceptible de servir de base à l'évaluation forfaitaire du bénéfice normal doit s'entendre de la moyenne des principaux de la patente se rapportant aux trois dernières années antérieures à 1914 (L. 2 juin 1917). — Le contribuable devait indiquer, en outre, s'il y avait lieu, dans sa déclaration, les sommes à déduire du bénéfice supplémentaire : 1° pour les pertes d'exploitation visées au quatrième paragraphe de l'art. 2 ; 2° pour les déductions autorisées par les paragraphes 2 et suiv. de l'art. 3 (V. *suprà*, n° 6).

8. — IV. *Établissement des cotisations.* — Les déclarations sont soumises à l'examen d'une commission siégeant au chef-lieu de chaque département et comprenant : le trésorier payeur général ; le directeur des contributions directes et du cadastre ; le directeur des contributions indirectes ; le directeur de l'enregistrement, des domaines et du timbre. Dans le ressort de chaque direction des douanes, le directeur ou un agent supérieur par lui délégué fait également partie de la commission. Elle est présidée par le chef de service le plus ancien en grade. La présence de quatre membres au moins est nécessaire à la validité des décisions (L. 1er juill. 1916, art. 7, modifié par L. 7 mars 1921, art. 1er).

9. La commission examine les déclarations ; elle peut entendre les intéressés et se faire communiquer par eux, ainsi que par les administrations de l'Etat, des départements et des communes, tous documents nécessaires pour établir les bases d'imposition. Elle peut faire procéder, par l'un ou l'autre des services financiers, à des vérifications sur place, en présence des intéressés ou ceux-ci dûment appelés. Si la commission n'accepte pas la déclaration, le contribuable est invité, par lettre recommandée indiquant les points contestés, à se faire entendre dans le délai d'un mois. Le contribuable peut faire parvenir à la commission, dans le délai ci-dessus, par lettre recommandée, son acceptation ou ses observations. Ces formalités remplies, la commission fixe les bases de la contribution. — L'intéressé peut, dans le délai d'un mois à partir du jour où il a reçu notification de la décision motivée de la commission, avertir l'Administration qu'il maintient sa déclaration ; le litige est alors porté devant la commission supérieure (V. *infrà*, n° 12).

10. En ce qui concerne les contribuables ayant souscrit leurs déclarations dans les délais impartis par les art. 4 et 5 de la loi du 1er juill. 1916, les bases de la contribution extraordinaire non encore arrêtées définitivement pour les périodes d'imposition écoulées peuvent être valablement fixées par les commissions du premier degré jusqu'au 30 juin 1922 et les impositions correspondantes comprises dans les rôles jusqu'au 31 décembre de la même année. Ces délais sont toutefois, à l'égard des mêmes contribuables, prolongés d'un an pour l'établissement de la contribution afférente aux bénéfices réalisés en 1920, ainsi que pour l'exécution des revisions (V. *infrà*, n° 18) (L. 25 juin 1920, art. 14, § 1 et 2). Le contribuable qui n'a pas produit sa déclaration dans les délais légaux est, après mise en demeure suivie d'un nouveau délai d'un mois, imposé par voie de *taxation d'office* (L. 1er juill. 1916, art. 9 ; L. 31 juill. 1920, art. 7). — A l'égard des contribuables dont il s'agit, les droits et suppléments de droits pourront être fixés jusqu'au 30 juin 1925 et compris dans les rôles jusqu'au 31 déc. 1925. Aucune imposition ne pourra plus ensuite être établie et mise en recouvrement qu'en exécution de décisions de la commission supérieure (L. 25 juin 1920, art. 14, § 2 et 3).

11. La taxation établie est notifiée au contribuable par l'administration des Contributions directes par lettre recommandée. La notification doit faire connaître à l'intéressé, pour chacune de ses exploitations, pour chacune en ce qui concerne : 1° le bénéfice fixé pour la période à laquelle se rapporte l'imposition ; 2° la déduction opérée à titre de bénéfice normal ; 3° l'excédent constituant la base de la taxation. Le contribuable taxé d'office ne peut contester la taxation devant la commission supérieure, dans le délai imparti

par l'art. 8 (V. *infrà*, n° 12), qu'en apportant toutes les justifications de nature à faire la preuve du chiffre exact de ses bénéfices exceptionnels ou supplémentaires.

12. Dans le délai d'un mois à partir du jour où ils ont reçu notification des décisions de la commission du premier degré, les personnes ou sociétés intéressées peuvent faire appel de ces décisions. Dans le même délai, le directeur des contributions directes peut faire appel de toute décision de la commission qu'il juge contraire aux droits du Trésor. Ces appels sont portés devant une *commission supérieure*, siégeant au ministère des Finances. La commission supérieure statue sur mémoires ; ses décisions, qui doivent être motivées, sont rendues définitives et en dernier ressort ; elles ne peuvent être attaquées que pour excès de pouvoir ou violation de la loi, devant le Conseil d'Etat (L. 1er juill. 1916, art. 11).

13. — V. *Taux de la contribution.* — Le *taux de l'impôt* est fixé par l'art. 12 de la loi, aux termes duquel la contribution est calculée : pour les bénéfices exceptionnels réalisés par les personnes désignées aux deuxième et troisième paragraphe de l'art. 1er, en leur appliquant le taux de 50 pour 100 ; pour les bénéfices supplémentaires des sociétés et des personnes passibles de la contribution des patentes ou de la redevance des mines, en appliquant le taux de 50 pour 100 à la portion du bénéfice excédant 5 000 francs. — Le taux de 50 pour 100 a été porté à 60 pour 100 pour la fraction des bénéfices imposables supérieurs à 500 000 francs, réalisés à partir du 1er janv. 1916 (L. 30 déc. 1916, art. 8). — Le taux de l'impôt a été fixé ainsi qu'il suit, pour les bénéfices obtenus à partir du 1er janv. 1917 : 50 pour 100 sur la fraction des bénéfices imposables inférieure à 100 000 francs ; 60 pour 100 sur la fraction comprise entre 100 000 francs et 250 000 francs ; 70 pour 100 sur la fraction comprise entre 250 000 francs et 500 000 francs ; 80 pour 100 sur la fraction supérieure à 500 000 francs. — Toutefois, ces taux ne sont pas applicables, pendant les deux premiers exercices, aux entreprises créées à partir du 1er janv. 1916, qui restent soumises aux taux fixés par les lois des 1er juill. et 30 déc. 1916. Il en est de même pour les contribuables habituellement domiciliés en pays envahis, n'ayant pas exploité une entreprise quelconque avant le 1er janv. 1916 (L. 31 déc. 1917, art. 4).

14. Lorsque la déclaration du contribuable est reconnue insuffisante, la contribution correspondant à la fraction du bénéfice supplémentaire non déclarée est majorée de moitié, si toutefois cette fraction est supérieure à 10 pour 100 du bénéfice total. Dans ce cas, la charge de la preuve devant la commission supérieure incombe à l'Administration. Toutefois, cette pénalité n'est pas applicable lorsque l'erreur a été commise de bonne foi (L. 1er juill. 1916, art. 13). — Les droits afférents au bénéfice imposable sont majorés de 10 pour 100 à l'égard de tout contribuable qui n'a pas souscrit de déclaration dans les délais prévus à l'art. 4 (art. 14). — En outre de cette pénalité de 10 pour 100, les contribuables qui, dans le délai de trois mois à dater de la loi du 25 juin 1920, n'ont pas souscrit leur déclaration pour tous les exercices écoulés, sont frappés d'une surtaxe de 25 pour 100 sur la contribution afférente aux exercices antérieurs à 1918, de 20 pour 100 sur la contribution afférente à l'exercice 1918, de 10 pour 100 sur la contribution afférente à l'exercice 1919 (L. 1916, art. 14, complété par L. 25 juin 1920, art. 15).

15. — VI. *Évaluation des stocks.* — Pour l'établissement de la contribution extraordinaire relative à la dernière période d'imposition, les matières premières destinées à être transformées, les approvisionnements et les produits en cours de fabrication, en possession des industriels assujettis au 30 juin 1920, sont évalués de façon différente suivant qu'ils constituent le *stock normal* de l'entreprise ou qu'ils sont en excédent sur ce stock normal. — Le stock normal est formé par des quantités égales au produit d'un coefficient de 1,25 par la moyenne de celles qui figuraient, pour chaque entreprise, aux inventaires dressés entre le 1er août 1911 et le 1er août 1914. Si l'entreprise a accru ou diminué sa puissance de production, les quantités susvisées sont majorées ou diminuées dans la proportion de cet accroissement ou de cette diminution. Le stock normal ainsi défini est évalué, selon les règles spéciales à chaque entreprise, telles qu'elles ont servi à l'établissement des inventaires d'avant guerre, sans toutefois que cette évaluation puisse être supérieure à la moyenne des cours entre le 1er août 1914 et le 30 juin 1920. A l'égard des entreprises créées depuis le 1er août 1914, le stock normal est apprécié par analogie avec les entreprises similaires anciennes. — En cas de liquidation ou de cession d'entreprise dans les deux ans suivant la fin de la période d'application de la contribution, un supplément d'imposition peut être établi à raison de l'excédent de la valeur de réalisation du stock sur l'évaluation arrêtée conformément aux dispositions qui précèdent (L. 31 juill. 1920, art. 8, § 1 à 6). — Pour les quantités *dépassant le stock normal*, ainsi que pour tous produits fabriqués, tous objets et toutes marchandises du commerce, l'assujetti a eu, jusqu'au 31 oct. 1920, le choix entre une évaluation forfaitaire définitive ou un règlement au 31 déc. 1921. L'évaluation forfaitaire définitive est faite, avec une déduction de 20 pour 100, sur la base du prix de revient ou d'achat ou à la valeur au 30 juin 1920 si elle est inférieure. Si l'assujetti a opté pour le règlement différé, l'évaluation des stocks en excédent se fait sur la base du cours moyen depuis le 30 juin 1920 jusqu'au 31 déc. 1921, le cours moyen ainsi prévu étant égal à la moyenne des cours mensuellement constatés sur le marché français (Même art., § 7, 8 et 9). — Ces dispositions ne sont pas applicables aux entreprises qui n'avaient pas de comptabilité régulière et complète à la date du 30 juin 1920 (§ 10).

16. Les dispositions de l'art. 8 de la loi du 31 juill. 1920 (V. le n° précédent) sont applicables aux entreprises commerciales, le stock normal du commerçant étant formé de quantités égales à la moyenne de celles qui figuraient aux inventaires dressés entre le 1er août 1911 et le 1er août 1914 (Même loi, art. 9, § 1er).

17. Lorsque l'application des art. 8 et 9 précités aux exploitations industrielles et commerciales a pour résultat de faire apparaître, pour la dernière période d'imposition, un déficit par rapport au bénéfice normal, ce déficit ne donne pas lieu à la détaxe prévue par l'art. 16 de la loi du 1er juill. 1916 (V. *infrà*, n° 21) sur les impositions établies au titre des exercices précédents (L. 31 juill. 1916, art. 9, § 2). — Les art. 8 et 9 de la loi du 31 juill. 1920 ne sont applicables qu'aux contribuables qui ont produit à cet effet une demande adressée au directeur des contributions directes avant le 31 oct. 1920. A l'égard des autres contribuables, la loi du 1er juill. 1916 demeure seule applicable (L. 31 juill. 1920, art. 10).

18. — VII. *Omissions. Révision des amortissements et réserves.* — Les *omissions* relevées par l'administration des Contributions directes sont déférées par elle à la commission du premier degré qui fixe les bases de l'imposition supplémentaire, suivant la procédure indiquée à l'art. 8 (V. *suprà*,

n° 9), et sous réserve du droit d'appel prévu au même article. — Lorsque les sommes mises en réserve pour les amortissemements de bâtiments, de matériel, d'outillage ou de créances irrecouvrables, sont reconnues exagérées par la commission, l'excédent est considéré comme bénéfice supplémentaire réalisé pendant la dernière année d'imposition. Par contre, lorsque, sur réclamation du contribuable jointe à sa déclaration pour la dernière année d'imposition, lesdites sommes sont reconnues insuffisantes par la commission, la différence est imputable au dernier exercice imposable (L. 1er juill. 1916, art. 15). — Jusqu'à l'expiration du délai prévu pour l'établissement de l'impôt (V. *supra*, n° 10), il peut être procédé, dans les conditions prévues par l'art. 15 de la loi du 1er juill. 1916, à la revision des amortissements visés audit article, ainsi que de tous amortissements analogues, ou de toute réserve ou provision déduite du bénéfice imposable pour l'une quelconque des périodes d'imposition (L. 25 juin 1920, art. 14, § 4).

19. — VIII. *Recouvrement de la contribution.* — Les rôles de la contribution extraordinaire sont établis et le recouvrement en est poursuivi comme en matière de contributions directes (L. 1er juill. 1916, art. 16, § 1er). — Depuis le 1er janv. 1918, les rôles sont établis d'après les bases de cotisations fixées par les commissions du premier degré et mis immédiatement en recouvrement. Les contribuables conservent néanmoins le droit de se pourvoir dans les conditions, formes et délais prévus par la loi de 1916 (L. 31 déc. 1917, art. 7). En cas de recours introduits devant la commission supérieure contre les décisions des commissions du premier degré, les contribuables, à charge d'en informer le percepteur, peuvent, jusqu'à ce qu'il ait été statué sur leur pourvoi, surseoir à tout versement sur la partie contestée de leurs cotisations portées dans les rôles. Les contribuables dont le recours est rejeté en tout ou partie doivent acquitter, en sus de la contribution fixée par la commission supérieure, un intérêt calculé à raison de 6 pour 100 par an, sur la portion de contribution dont ils ont différé le payement (L. 31 déc. 1918).

20. — IX. *Déchéance des poursuites. Privilège du Trésor.* — Le délai à l'expiration duquel les percepteurs seront déchus de tous droits et de toute action envers les redevables est porté à quinze ans à dater du jour de l'établissement du rôle. Le privilège du Trésor s'exerce pendant la même période sur tous les biens des contribuables (L. 25 juin 1920, art. 20). — La loi du 10 août 1922 a réglementé l'exercice de ce privilège et prescrit au Trésor de le rendre public par une inscription prise au bureau du conservateur des hypothèques pour les immeubles, au greffe du tribunal de commerce pour les fonds de commerce et les bateaux de navigation intérieure, au bureau du receveur principal des douanes pour les navires. L'inscription doit être prise dans le délai de trois mois à partir du 10 août 1922 en ce qui concerne les impositions comprises dans les rôles mis en recouvrement et dans les trois mois de la publication des rôles pour les titres à émettre jusqu'au 31 déc. 1925. A défaut d'inscription dans ce délai le privilège du Trésor sur les biens précités du contribuable ne prend rang, comme une hypothèque, qu'à partir de sa date d'inscription. — Pour permettre au Trésor d'inscrire son privilège le contribuable doit, sur la demande qui en est faite par le percepteur et dans les quinze jours de l'avis de réception, faire une déclaration de ses immeubles, fonds de commerce, navires et bâtiments de navigation intérieure de plus de 20 tonnes.

21. — X. *Payement de la contribution.* — Le payement des cotisations est exigible par quart, de deux mois en deux mois, à partir du premier jour du mois qui suit la publication du rôle pour l'impôt afférent à la période du 1er août 1914 au 31 déc. 1915, et de trois mois en trois mois pour les autres exercices. Toutefois, pour toutes les sociétés ou les personnes patentées ou passibles de la redevance des mines, visées aux paragraphes 4 et 5 de l'art. 1er de la loi de 1916 (V. *suprà*, n° 3), les deux derniers quarts de la contribution afférente à chaque période d'imposition n'ont été exigibles, le troisième quart, que trois mois après la promulgation de la loi du 25 juin 1920, et le quatrième six mois après le troisième (L. 25 juin 1920, art. 18). — En cas de déficit par rapport au bénéfice normal, révélé par un des bilans de la période de guerre, le contribuable a droit, sur sa demande, à une *détaxe* correspondant à l'importance de ce déficit. La détaxe est calculée en appliquant au montant du déficit le taux moyen effectif des contributions des différentes périodes. Le montant de la détaxe est déduit du total des impositions, sans que la déduction puisse excéder la moitié de ce total. La détaxe susvisée doit être demandée dans le délai imparti pour produire la déclaration relative à la dernière période d'imposition. — En cas de dissolution de société, de faillite ou de liquidation judiciaire, de cession ou de cessation de l'entreprise qui a donné lieu à l'imposition, la totalité de la contribution est immédiatement exigible.

22. Les contribuables qui, ayant subi pendant la période d'application de la contribution extraordinaire un déficit par rapport à leur bénéfice normal, ont demandé la détaxe prévue par l'art. 16 de la loi du 1er juill. 1916 (V. le n° précédent), peuvent, jusqu'à ce qu'il ait été statué sur la demande par la commission du premier degré et, en cas d'appel, par la commission supérieure, surseoir au versement de la somme dont ils sollicitent le dégrèvement, à charge d'en informer le percepteur. Les sommes dont le payement est suspendu sont imputées sur les côtes comprises dans les derniers rôles émis. Si leur demande en détaxe est rejetée en totalité ou en partie, les assujettis ont à acquitter, en sus de la contribution proprement dite, un intérêt, calculé à raison de 8 pour 100 par an, sur la partie d'impôt dont ils ont différé le payement. En cas de dissolution de société, de faillite ou de liquidation judiciaire, de cession ou de cessation de commerce, les contribuables cessent d'avoir droit au bénéfice du sursis.

23. Les assujettis à la contribution extraordinaire visés aux paragraphes 4 et 5 de l'art. 1er de la loi du 1er juill. 1916 (V. *suprà*, n° 3), c'est-à-dire, en particulier, les sociétés et les personnes patentables, qui justifient de l'impossibilité de s'acquitter dans les délais fixés par ladite loi (V. *suprà*, n° 21), soit parce qu'ils ont investi, antérieurement au 1er janv. 1919, leurs bénéfices de guerre dans des immobilisations ayant eu pour but l'amélioration ou l'extension de leur entreprise, soit parce qu'ils sont dans l'obligation de constituer ou de conserver des stocks ou d'acquérir du matériel destiné à la continuation ou à la transformation de leurs fabrications, peuvent obtenir un sursis de payement d'une durée de 10 ans au plus, pour tout ou partie des troisième et quatrième quarts des sommes dont ils sont redevables. La demande de délai est remise au trésorier-payeur général du lieu de l'imposition. Elle est soumise à une commission spéciale. La commission apprécie le bien fondé de la demande et la valeur des garanties offertes ; elle formule ses propositions. Le ministre statue. Les sommes dont

le payement a été différé portent, au profit du Trésor, un intérêt dont le taux est supérieur de 2 pour 100 au taux moyen d'intérêt des avances de la Banque de France pendant l'année considérée. La demande de sursis n'est pas suspensive. Les sursis ne peuvent être accordés qu'aux assujettis qui ont spontanément souscrit leur déclaration dans les délais légaux (L. 25 juin 1920, art. 19).

24. Le payement de la contribution extraordinaire peut être fait en rentes sur l'Etat des emprunts de 1917, 1918, 1919, 1920 (L. 26 oct. 1917, art. 4 ; 19 sept. 1918, art. 7 ; 30 déc. 1919, art. 6 ; 2 août 1920, art. 7 ; Décr. 6 avr. et 16 déc. 1918, 29 juin et 15 déc. 1920). — Toutefois, le payement en rentes n'est pas admis pour les portions de contribution qui n'ont pas été acquittées dans un délai de deux mois après la date de l'exigibilité légale (L. 31 déc. 1921, art. 61).

25. Les sociétés, les personnes patentables, ainsi que les exploitants d'entreprises minières, qui justifient avoir employé avant le 1er avr. 1916, en améliorations ou extensions de leur entreprise, une partie ou la totalité des bénéfices exceptionnels ou supplémentaires taxés, pouvaient être autorisés à s'acquitter des impôts afférents aux bénéfices ainsi employés en trois annuités, le point de départ de ces annuités étant l'année d'émission des rôles (L. 1er juill. 1916, art. 17).

26. — XI. *Secret de l'impôt. Dissimulations frauduleuses.* — Tous avis et communications échangés entre les agents de l'Administration ou adressés par eux aux contribuables et concernant la contribution extraordinaire doivent être transmis sous enveloppe fermée. Est tenue au secret professionnel dans les termes de l'art. 378 c. pén., et passible des peines prévues audit article, toute personne appelée, à l'occasion de ses fonctions ou attributions, à intervenir dans l'établissement, la perception ou le contentieux de l'impôt (art. 18).

27. Tout contribuable qui, en employant des manœuvres frauduleuses pour se soustraire en totalité ou en partie à l'établissement de la taxe, a, par l'emploi de l'une de ces manœuvres, dissimulé ou tenté de dissimuler ses bénéfices, est puni d'un emprisonnement de trois mois à deux ans et d'une amende de 500 à 10000 francs ou de l'une de ces deux peines seulement. L'art. 463 c. pén. (circonstances atténuantes) est applicable (art. 20). — La répression des manœuvres dont il s'agit peut, nonobstant la cessation de l'application de la loi de 1916, être poursuivie jusqu'à l'expiration du dernier des délais fixés par l'art. 14 de la loi du 25 juin 1920 (V. *suprà*, n° 10) pour l'établissement des impositions (L. 31 juill. 1920, art. 11). — Même après l'expiration du dernier des délais ainsi prévus pour l'établissement des cotisations, toute information en cours sera poursuivie jusqu'à sa solution définitive et les commissions du premier degré pourront valablement fixer les bases d'imposition après le 30 juin 1925, mais au plus tard dans les six mois de la clôture de l'information (L. 29 mai 1922).

IV. — Billets de banque.

28. Jusqu'à ce qu'il en soit disposé autrement par une loi, la Banque de France et la Banque de l'Algérie sont dispensées de l'obligation de rembourser leurs billets en espèces (L. 5 août 1914, art. 3). C'est le régime dit du cours forcé. — Aux colonies de la Martinique, de la Guadeloupe, de la Guyane et de la Réunion, les gouverneurs statuent sur le cours forcé (Décr. 22 août 1914, approuvé par L. 12 juill. 1919).

V. — Brevets d'invention, marques de fabrique.

29. Depuis le 1er août 1914, et jusqu'à une date qui devait être fixée à la cessation des hostilités, ont été suspendus, en vertu du décret du 14 août 1914 : les délais dans lesquels les titulaires de brevets d'invention doivent, sous peine de déchéance de leurs droits, acquitter les annuités de leurs brevets, les délais prévus soit pour la mise en exploitation, en France, de l'invention brevetée, soit pour la cessation de cette exploitation, etc. — D'autre part, la loi du 27 mai 1915 avait édicté des règles spéciales et temporaires en matière de propriété industrielle, et, spécialement, interdit l'exploitation en France de toute invention brevetée et l'usage de toute marque de fabrique par des sujets ou des ressortissants allemands ou austro-hongrois, ou par toutes personnes pour le compte de ces sujets ou ressortissants.

30. Ces dispositions ont cessé d'être en vigueur à partir du 1er févr. 1920 (Décr. 27 janv. 1920). La première annuité des brevets ou la taxe des certificats d'addition déposés avant la promulgation du décret du 27 janv. 1920, sans versement de taxe, par application du décret précité du 14 août 1914, a dû être acquittée avant le 1er févr. 1921. — Un décret du 11 janv. 1921 a prolongé jusqu'au 30 sept. 1921 inclusivement : 1° le délai dans lequel les taxes de deuxième annuité et des annuités suivantes des brevets d'invention, échues postérieurement au 31 juill. 1914 et avant le 1er juill. 1921, pouvaient être acquittées valablement, et sans surtaxe, soit en un seul versement, soit par des versements successifs de 100 francs au minimum.

31. Les délais légaux prévus soit pour la mise en exploitation en France de l'invention brevetée, soit pour la cessation de cette exploitation, en tant qu'ils n'étaient pas expirés au 1er août 1914, sont prolongés pour une période de deux années à partir du 1er oct. 1920. Les mêmes délais, quant aux brevets d'invention dont la demande a été formée postérieurement au 31 juill. 1914, ont commencé seulement à courir à dater du 1er oct. 1920 (Décr. 11 janv. 1921, art. 2).

32. La loi du 12 avr. 1916, qui permettait à l'État d'exploiter pour son compte les inventions intéressant la défense nationale, a cessé d'être en vigueur (Décr. 13 déc. 1919).

VI. — Caisses d'épargne.

33. Les déposants des caisses d'épargne ordinaires, dont les archives ont été détruites ou ont disparu par suite de la guerre, peuvent, en cas de perte de leur livret, obtenir un duplicata dans les conditions spécifiées à l'art. 12 de la loi du 19 juill. 1921.

VII. — Cessation des hostilités.

34. Pour l'exécution des lois, décrets, règlements et contrats dont l'application a été subordonnée à l'état de guerre, la date de la cessation des hostilités est, sauf intention contraire des parties résultant des contrats, la date de la promulgation au *Journal officiel* de la loi du 23 oct. 1919, c'est-à-dire le 24 oct. 1919. Il en est ainsi sans qu'il y ait à distinguer suivant qu'il a été disposé « pour l'état de guerre », « le temps de guerre », « la durée de la guerre », « la durée des hostilités », « la durée de la campagne », « jusqu'à la paix » ou par toutes autres expressions équivalentes. Les délais qui devaient s'ou-

vrir à la cessation des hostilités partent de même de la date ci-dessus, sans égard aux terminologies différentes (L. 23 oct. 1919, art. 1er).

35. Les décrets pris antérieurement au 15 oct. 1919 et relatifs aux créances civiles et commerciales, principal et intérêts, et aux baux ruraux, restent en vigueur jusqu'à l'expiration de la période pour laquelle ils doivent avoir leur effet. A leur expiration, le Gouvernement est autorisé à proroger leur effet par décret pour une durée ne pouvant excéder une année (L. 23 oct. 1919, art. 4).

VIII. — Commémoration des morts de la guerre.

36. Dans chaque commune, un registre spécial, appelé *mémorial de la grande guerre 1914-1919*, fourni par l'État et déposé aux archives, contient les noms des militaires et des marins de la commune ayant pris part aux opérations de la campagne de 1914-1919 (L. 1er oct. 1919). — En outre, les noms des combattants morts pour la France, nés ou résidant dans la commune, sont inscrits sur un livre d'or fourni par l'État, déposé dans une salle de la mairie et tenu à la disposition des habitants (L. 25 oct. 1919, art. 3). Des subventions sont accordées par l'État aux communes, en vue de les aider à glorifier les héros de la guerre (Même loi, art. 5; L. 31 juill. 1920, art. 81). — Tous les ans, le 1er ou le 2 novembre, une cérémonie doit être consacrée dans chaque commune à la glorification des soldats morts pour la patrie (L. 25 oct. 1919, art. 6).

37. Les noms des combattants des armées de terre et de mer ayant servi sous le drapeau français, et morts pour la France au cours de la guerre de 1914-1919, sont inscrits sur des registres déposés au Panthéon (L. 25 oct. 1919, précitée, art. 1er). — Un monument national commémoratif des héros de la guerre sera élevé à Paris ou dans les environs immédiats de la capitale (Même loi, art. 4).

IX. — Commune.

38. Les communes directement atteintes par des événements de guerre, qui sont dans l'impossibilité de se procurer immédiatement des ressources suffisantes pour faire face à leurs dépenses budgétaires reconnues urgentes et indispensables, peuvent recevoir de l'État des subventions destinées à assurer l'équilibre de leur budget ordinaire, et des avances remboursables leur permettant de pourvoir aux besoins de leur budget extraordinaire. Ces subventions et avances sont fournies par le Crédit foncier (L. 4 oct. 1919).

X. — Dommages de guerre.

Loi du 17 avr. 1919 et dispositions modificatives
(*Petit Code administratif Dalloz*).

39. L'art. 12 de la loi du 26 déc. 1914 avait décidé qu'une loi spéciale déterminerait « les conditions dans lesquelles s'exercera le droit à la réparation des dommages matériels résultant des faits de guerre ». Cette loi est celle du 17 avr. 1919. Aux termes de son article 1er « la République proclame l'égalité et la solidarité de tous les Français devant les charges de la guerre ».

40. — I. *Définition des dommages.* — Le droit à réparation est ouvert pour les dommages *certains*, *matériels* et *directs* causés aux biens immobiliers ou mobiliers par les faits de guerre (L. 17 avr. 1919, art. 2). Ne constituent pas des dommages de guerre les privations de bénéfices, les pertes d'intérêts de capitaux.

41. Les dommages sont classés par l'art. 2 de la loi du 17 avr. 1919 en cinq catégories qui doivent faire l'objet de décisions distinctes pour chaque sinistré. Cette énumération, simplement énonciative, est la suivante : 1° toutes les réquisitions opérées par les autorités ou troupes ennemies, les prélèvements en nature effectués sous toutes formes ou dénominations, même sous la forme d'occupation, de logement et de cantonnement, ainsi que les impôts, contributions de guerre et amendes dont auraient été frappés les particuliers ou les collectivités ; 2° les enlèvements de tous objets tels que : récoltes, animaux, matières premières, marchandises, meubles meublants, titres et valeurs mobilières ; les détériorations ou destructions partielles ou totales de récoltes, de marchandises et de tous biens meubles ; les pertes d'objets mobiliers au cours des évacuations ou rapatriements ; 3° les détériorations d'immeubles bâtis ou non bâtis ; 4° tous les dommages visés aux paragraphes précédents causés dans la zone de défense des frontières ainsi que dans le voisinage des places de guerre et des points fortifiés ; 5° tous les dommages causés aux bateaux armés à la petite pêche.

42. Les dommages causés par les armées françaises et alliées, soit en raison des mesures d'attaque ou de défense, des nécessités de la lutte et de l'évacuation des points menacés, soit en raison des besoins de l'occupation, dans les parties du territoire qui ont été comprises dans la zone des armées, en particulier de la réquisition, du logement et du cantonnement, sont compris dans les dommages de guerre, à moins que le réclamant ne préfère invoquer la législation relative aux réquisitions militaires (L. 17 avr. 1919, art. 2).

43. — II. *Bénéficiaires du droit à réparation*. — L'exercice du droit à réparation est accordé aux particuliers et à leurs héritiers, aux associations, établissements publics ou d'utilité publique, aux communes, aux départements. — Le bénéfice de la loi appartient aux étrangers en France, pourvu qu'un traité soit intervenu entre la France et la nation à laquelle ressortissent ces étrangers. Un traité de ce genre a été conclu le 9 oct. 1919 entre la France et la Belgique.

44. — III. *Indemnités*. — 1° *Indemnité en matière immobilière*. — En matière immobilière, l'indemnité comprend deux éléments : 1° la *perte subie*, évaluée à la veille de la mobilisation ; 2° les *frais supplémentaires* nécessités par la reconstitution des immeubles endommagés ou détruits, et qui, s'ajoutant à la perte subie, ou valeur d'avant guerre, forment la valeur de remplacement et sont subordonnés à la condition du remploi. Si le remploi n'est pas effectué, le sinistré reçoit seulement le montant de la perte subie (L. 17 avr. 1919, art. 4).

45. — a) *Immeubles bâtis*. — Pour les immeubles bâtis et les immeubles par destination, le montant de la *perte subie* est évalué en prenant pour base le coût de construction, d'installation ou de réparation à la veille de la mobilisation, sous déduction de la somme correspondant à la dépréciation résultant de la vétusté, et, s'il s'agit d'immeubles reconstruits ou réparés postérieurement à la mobilisation, au jour où ils ont été réparés ou reconstruits. — Les *frais supplémentaires* sont égaux à la différence entre le coût de construction, d'installation ou de réparation à la veille de la mobilisation et celui de la reconstitution d'immeubles identiques au jour de l'évaluation. — Sous condition de remploi, la somme correspondant à la *dépréciation résultant de la vétusté* est allouée en toute propriété à l'attributaire jusqu'à concurrence de 10000 francs ; pour le surplus,

elle fait l'objet, sur la demande de l'attributaire, d'avances remboursables par lui à l'Etat en 25 années (L. 17 avr. 1919, art. 5).

46. Le *remploi*, c'est-à-dire l'affectation de l'indemnité à la reconstitution des immeubles détruits, doit avoir lieu en immeubles ayant la même destination que les immeubles détruits, ou une destination immobilière, industrielle, commerciale ou agricole, dans la commune du dommage ou dans un rayon de 50 kilomètres, sans sortir de la zone dévastée. — Le remploi est considéré comme totalement effectué si l'attributaire a affecté à la reconstruction d'immeubles ou à la reconstitution d'une exploitation une somme égale au montant de l'indemnité à lui attribuée en toute propriété. — Si le remploi n'est que partiel, l'attributaire ne reçoit qu'une fraction des frais supplémentaires correspondant aux sommes employées (L. 17 avr. 1919, art. 5).

47. Tout sinistré qui, ayant emprunté sur le gage d'annuités de l'Etat (V. n° 75), a affecté à la reconstitution de ses biens la totalité du produit net de son emprunt, est considéré comme ayant totalement remployé le montant nominal du titre d'annuités mobilisé par cet emprunt, à condition que le produit net en question ne soit pas inférieur de plus de 10 pour 100 au montant nominal dudit titre. Si cette condition n'est pas remplie, le remploi n'est considéré comme effectué qu'après une dépense totale de reconstitution égale aux 90 pour 100 du montant nominal du titre (L. 31 mars 1922, art. 15).

48. L'attributaire a un délai de deux ans, à partir de la décision portant fixation définitive de l'indemnité, pour souscrire à la condition de remploi. — Les immeubles bâtis doivent être reconstruits conformément aux dispositions prescrites par les lois et règlements sur l'hygiène publique (L. 17 avr. 1919, art. 5 et 9).

49. A côté du remploi, il y a lieu de signaler le *réinvestissement*, qui consiste dans la faculté accordée au sinistré qui ne remploie pas d'affecter son indemnité à un *usage* immobilier, agricole, industriel, commercial, ou à l'exercice d'une profession, sur un *point quelconque* du territoire (L. 1919, art. 54, § 1er). En pareil cas, l'indemnité représentative de la perte subie est versée à l'attributaire par acomptes successifs.

50. — b) *Immeubles non bâtis*. — Pour les immeubles non bâtis, le montant de la perte subie est évalué en tenant compte de la détérioration du sol, de la détérioration ou de la destruction des clôtures, des arbres de toutes sortes, des vignes, des plants, du taillis et de la futaie. En cas de reprise d'exploitation, l'attributaire a droit, en outre, au montant des dépenses supplémentaires nécessitées par la remise de la terre dans son état d'exploitation ou de productivité antérieur.

51. — 2° *Indemnité en matière mobilière*. — En principe, les dommages causés aux meubles ne sont réparés que dans la mesure de la perte subie, évaluée au 30 juin 1914. — Toutefois, des *frais supplémentaires*, représentant la différence entre la perte subie et la valeur de remplacement, sont en outre accordés pour les biens meubles compris dans les catégories suivantes : 1° les *matières premières* et *approvisionnements* indispensables à une exploitation industrielle, dans la mesure de la quantité nécessaire à la remise en marche normale et à la fabrication pendant une période de trois mois, ainsi que les produits en cours de fabrication et les objets servant à l'exercice d'une profession ; 2° les *animaux*, lorsqu'ils ne sont pas considérés comme immeubles par destination, ainsi que les engrais, semences, récoltes et produits divers nécessaires à la remise en culture, à l'ensemencement des terres et à la nourriture des animaux des exploitations agricoles jusqu'à la prochaine récolte ; 3° l'*outillage* servant à l'exploitation des fonds de commerce ou à l'exercice de la profession, ainsi que les produits et marchandises nécessaires à assurer la marche du commerce ou de l'industrie pendant une période de trois mois ; 4° le *mobilier* de l'habitation, meubles meublants, literie, linge, effets personnels, les objets d'agrément dont la valeur, pour chacun, ne dépassait pas 3000 francs lors de la déclaration de guerre (L. 17 avr. 1919, art. 13).

52. Les dommages causés par la perte de titres ou de coupons de *valeurs mobilières* sont réparés par l'attribution de titres ou coupons de même nature donnés en remplacement (L. 17 avr. 1919, art. 14). — En ce qui concerne les *offices publics* ou *ministériels*, les dommages sont réparés dans la mesure de la perte subie, égale à la différence entre la valeur de l'office au jour de la mobilisation et sa valeur au jour de l'évaluation (L. 17 avr. 1919, art. 15, § 1 à 6).

53. — 3° *Dispositions diverses*. — Les indemnités pour dommages de guerre ne peuvent se cumuler avec aucune autre indemnité reçue à l'occasion des mêmes faits, sinon avec les sommes recouvrées par l'Etat français sur l'ennemi, en vertu des conventions et des traités, pour les dommages de toute nature qui n'ont pas été réparés ou qui ne l'ont été que partiellement (L. 17 avr. 1919, art. 18). — Lorsque des mesures conservatoires ont été prises pour éviter des dommages, tant immobiliers que mobiliers, ou pour empêcher leur aggravation, une indemnité est accordée en remboursement des dépenses dûment justifiées (art. 17).

54. En cas de remploi et de réinvestissement, le droit à l'indemnité peut être *cédé* ou *délégué* dans les conditions prévues aux art. 1689 et s. c. civ., avec l'autorisation motivée du tribunal civil donnée en chambre du conseil (L. 17 avr. 1919, art. 49 ; L. 30 avr. 1921, art. 7). Les conditions de ces cessions ont été fixées par la loi du 18 juill. 1922.

55. La *déchéance* du droit à indemnité peut être prononcée à tout moment, en totalité ou en partie, contre : 1° tout individu condamné contradictoirement ou par contumace pour trahison, espionnage, désertion ; 2° tout Français ou tout sujet français insoumis ou déserteur pendant la guerre (L. 17 avr. 1919, art. 52). — Peut également être déchu du droit à indemnité l'attributaire qui a fait de l'indemnité un usage contraire aux conditions de remploi auxquelles elle est subordonnée.

56. — IV. *Juridiction*. — La loi du 17 avr. 1919 a institué une juridiction spéciale, qui comprend les commissions cantonales d'évaluation, les tribunaux de dommages de guerre et une commission supérieure. — Les commissions cantonales ont un rôle d'instruction et de conciliation, tandis que les tribunaux spéciaux, investis d'un pouvoir de décision, prononcent sur l'importance des dommages et, par suite, des indemnités. Les décisions des tribunaux de dommages de guerre ne sont susceptibles de recours que devant la commission supérieure.

57. — 1° *Organisation des commissions cantonales et des tribunaux*. — Les commissions cantonales sont instituées par des arrêtés préfectoraux qui en déterminent le nombre pour chaque canton et fixent le siège et le ressort de chacune d'elles. — Chaque commission se compose de cinq membres : 1° un président, nommé et révoqué par le ministre de la Justice, et choisi parmi les

magistrats ou anciens magistrats, les fonctionnaires ou anciens fonctionnaires licenciés en droit, avocats inscrits, anciens notaires ou avoués, etc. ; 2° un délégué désigné par les ministres des Finances et des Régions libérées ; 3° un architecte, entrepreneur ou ingénieur ; 4° un commissaire-priseur, greffier ou ancien greffier, négociant en meubles, ou toute autre personne possédant une compétence spéciale pour l'évaluation des meubles ; 5° un agriculteur, ou un industriel, ou un commerçant, ou un ouvrier, appelés à siéger suivant la nature des dommages à évaluer. — Les membres de la commission autres que le président et le délégué du ministre sont désignés par le président du tribunal civil, qui désigne en même temps, dans chaque catégorie, un ou plusieurs suppléants. (L. 17 avr. 1919, art. 21).

58. Lorsque le lieu où le dommage s'est produit n'est pas connu, et qu'il n'est pas possible de constater ce dommage dans le ressort de la commission cantonale déjà constituée, l'affaire est portée devant une commission spéciale, composée comme une commission cantonale, et qui siège à Paris. — Une autre commission spéciale, siégeant aussi à Paris, connaît des dommages causés aux bateliers et entreprises de transport par voies navigables et remorquage.

59. Il existe, à titre temporaire, dans chacun des départements où ont été constituées des commissions cantonales, un ou plusieurs *tribunaux des dommages de guerre*. Le tribunal peut être divisé en autant de chambres que les besoins le comportent. Chaque chambre est composée : 1° d'un président, désigné par décret parmi les magistrats honoraires ou en activité des cours d'appel et des tribunaux de première instance ; 2° de deux membres et de deux suppléants désignés dans les mêmes conditions et choisis parmi les magistrats en activité ou honoraires des cours d'appel et des tribunaux de première instance et des conseils de préfecture, les anciens bâtonniers de l'ordre des avocats, les professeurs des facultés de droit, etc. ; 3° de deux membres et de deux suppléants tirés au sort, au début de chaque session de deux mois, sur une liste de vingt membres désignés par le conseil général. Le tribunal est assisté d'un greffier.

60. Il existe près le Conseil d'Etat une *commission supérieure* des dommages de guerre, devant laquelle sont portés directement les recours formés contre les décisions des tribunaux des dommages de guerre (L. 31 mai 1921, art. 14). Cette commission est composée de 18 membres appartenant au Conseil d'Etat, à la Cour des comptes, à la cour d'appel de Paris, à la Faculté de droit de Paris, au barreau des avocats au Conseil d'Etat et à la Cour de cassation.

61. — 2° *Attributions et compétence*. — Les commissions cantonales, organismes administratifs et d'instruction, ont pour mission de constater et d'évaluer les dommages de guerre. Elles sont compétentes pour tous les dommages qui se sont produits dans leur ressort. Si l'objet du dommage s'étend sur plusieurs cantons, la compétence appartient à la commission du canton où est située la partie principale (L. 17 avr. 1919, art. 20).

62. Les tribunaux de dommages de guerre ont un rôle contentieux ; ils prononcent sur la réalité et l'importance des dommages par autant de décisions distinctes qu'il y a de catégories, conformément à l'art. 2 de la loi (V. n° 40), avec une évaluation distincte pour chacun des éléments qui les constituent. Le tribunal fixe définitivement le montant des indemnités. D'autre part, il connaît de toutes les difficultés entre l'Etat et les sinistrés en matière de remploi, de reconstitution mobilière

et de réinvestissement (L. 31 mai 1921, art. 12).
— Outre ces attributions principales, les tribunaux de dommages de guerre reçoivent les déclarations de réinvestissement ou les engagements de remploi; ils prononcent les interdictions de remploi, les déchéances du droit à indemnité, les réductions d'honoraires exagérés réclamés par les mandataires, etc.

63. — 3° *Procédure.* — Les demandes sont introduites par les sinistrés par voie de dépôt entre les mains du greffier de la commission cantonale, avec pièces à l'appui. En vue de hâter les opérations, la loi du 7 mai 1921 a spécifié que les demandes devraient être déposées, sous peine de non-recevabilité, avant le 1er août 1921. — Le sinistré doit indiquer, s'il en existe, les noms et domiciles des créanciers hypothécaires, antichrésistes, privilégiés, les bénéficiaires de droits d'usage, d'habitation et de servitude foncière, ainsi que les bénéficiaires de promesses de vente.

64. Le greffier convoque les parties devant la commission. Il informe de cette convocation les créanciers, les bénéficiaires de droits d'usage, d'habitation ou de servitude. L'État est appelé en la personne du préfet ou de son délégué. — La commission entend les parties et les intéressés. Elle peut entendre toutes personnes ayant une compétence spéciale pour l'évaluation de certains dommages et ordonner toutes expertises et mesures d'instruction utiles. — Tout moyen de preuve, même par simples présomptions, est admis pour établir la réalité et l'importance des dommages, quels qu'ils soient. — Les parties peuvent se faire assister ou représenter par un membre de leur famille, parent ou allié, ou par un avocat inscrit au barreau, ou par un officier public ou ministériel, ou par un agréé près les tribunaux de commerce (L. 17 avr. 1919, art. 27).

65. La commission s'efforce de concilier les parties, constate, s'il y a lieu, leurs accords et décide s'ils doivent être homologués. Dans ce cas, la conciliation est acquise; il en est établi un procès-verbal motivé, et l'évaluation est définitive. Dans le cas de non-conciliation, la commission dresse procès-verbal des demandes et dires des parties et de leur désaccord. — Le greffier adresse aux parties un avis sommaire des décisions de la commission et les prévient qu'elles ont un délai d'un mois à dater du jour de réception de cet avis pour prendre connaissance, au greffe, de leur dossier et pour porter, s'il y a lieu, leurs contestations devant le tribunal des dommages de guerre. Les décisions de la commission statuant sur des dommages supérieurs à 500000 francs, frais supplémentaires non compris, ne sont définitives que si, dans le délai d'un mois, elles n'ont pas été déférées au tribunal (L. 31 mai 1921, art. 22).

66. Le tribunal est saisi par une déclaration inscrite, par les parties ou leur mandataire muni d'un pouvoir spécial, sur un registre tenu par le greffier, qui délivre récépissé de la déclaration (art. 28, § 4 et 5). — Le tribunal statue sur mémoires après rapport par l'un des juges. Les parties peuvent, sur leur demande, présenter de brèves observations orales. Le rapport est lu et le jugement prononcé en audience publique. Les jugements rendus par défaut sont susceptibles d'opposition dans le délai d'un mois à dater de la notification.

67. — 4° *Voies de recours.* — Les décisions des tribunaux des dommages de guerre peuvent être frappées d'appel devant la commission supérieure (V. *suprà*, n° 60) dans le mois à dater de la notification faite aux parties par le greffier. Le recours est déposé au greffe du tribunal des dommages de guerre et doit être transmis au greffe de la commission supérieure dans le délai de quinzaine. Les décisions de la commission supérieure ne sont susceptibles d'aucun recours (L. 17 avr. 1919, art. 36). Le ministère d'un avocat au Conseil d'État n'est pas obligatoire (L. 31 mai 1921, art. 17).

68. — V. *Payement de l'indemnité.* — La décision définitive fixant le montant de l'indemnité due au sinistré ne constitue pas entre ses mains un titre de payement. Ce titre doit être demandé au ministre des Finances par l'intéressé, en échange de l'extrait ou de la copie de la décision. — Il y a autant de titres de payement que de catégories de dommages (V. n° 41), et même autant que d'éléments composant l'indemnité (V. n° 44). — Les titres de payement ne sont pas négociables; ils ne peuvent donc être ni vendus, ni transmis par endossement. Ils peuvent seulement faire l'objet d'un transport-cession ou d'un nantissement, avec l'autorisation motivée du tribunal civil (L. 17 avr. 1919, art. 43, § 1er).

69. *En matière immobilière,* il convient de distinguer trois modes de payement, suivant qu'il y a remploi, non-remploi, ou réinvestissement. — En cas de remploi, le sinistré, muni des titres de payement correspondant à la perte subie, aux frais supplémentaires et à l'indemnité pour vétusté, a droit au payement en espèces de ces trois éléments d'indemnité.

70. Si le remploi n'est pas effectué, l'indemnité est calculée en y comprenant le montant de la perte subie et les frais supplémentaires; mais le sinistré n'a droit qu'à la perte subie. — Le payement est réalisé par la remise au sinistré d'un titre représentant le montant de ce qui lui est dû et productif d'intérêts à 5 pour 100 l'an. Ces titres sont inaliénables pendant cinq ans à dater de la remise; ils peuvent toutefois, pendant ce délai, faire l'objet de cessions sur autorisation motivée du tribunal. Après l'expiration du délai de cinq ans, le remboursement du titre est effectué par le payement en espèces de dix termes annuels égaux.

71. En cas de réinvestissement (V. n° 49), l'attributaire n'a droit qu'à la perte subie, mais l'indemnité lui est versée en espèces, par acomptes successifs, au fur et à mesure de la justification des travaux exécutés ou des achats effectués. — Sur la demande des intéressés, les titres délivrés aux sinistrés en cas de non-remploi et de non-réinvestissement sont échangés contre des titres de rente sur l'État, nominatifs, et inaliénables pendant cinq ans (L. 30 avr. 1921, art. 10).

72. *En matière mobilière,* les modes de payement sont différents selon qu'il s'agit des meubles indemnisés à la valeur de remplacement, des meubles ordinaires ou des meubles somptuaires (L. 17 avr. 1919, art. 13).

73. Sur les indemnités qui leur sont dues, les sinistrés peuvent recevoir des *avances,* avant même que les dommages soient évalués (L. 17 avr. 1919, art. 44). A cet effet, l'art. 150 de la loi du 31 juill. 1920 leur permet de se faire délivrer, sur évaluation administrative sommaire, un certificat provisoire de dommages qui, par dérogation à l'art. 43 de la loi de 1919 (V. n° 68), peut être transporté, délégué ou remis en nantissement sans autorisation du tribunal civil (L. 31 juill. 1920, art. 151).

74. En vue de mettre les sinistrés, et particulièrement les industriels, en possession des sommes nécessaires à la remise en marche de leurs entreprises, l'art. 152 de la loi du 31 juill. 1920 permet à tout sinistré ou groupement de sinistrés dont les indemnités ont été fixées et dont les pertes subies sont égales ou supérieures à 1 million de francs d'obtenir un payement par annuités (15 au moins et 30 au plus).

75. Les sinistrés et groupements de sinistrés peuvent contracter des emprunts gagés par les annuités qui leur sont consenties. Les sommes empruntées sont versées, au choix de l'emprunteur, au Trésor, à la Banque de France, ou dans les établissements de crédit agréés par le ministre des Finances. Ces sommes sont mises à la disposition de l'emprunteur, sur justification d'emploi, au fur et à mesure des besoins de la reconstitution (L. 31 juill. 1920, art. 155). — Les sinistrés et les associations de sinistrés ayant subi des dommages sur le territoire d'une même commune peuvent être groupés par l'administration municipale, et la commune peut être autorisée à effectuer pour le compte de ces groupements les emprunts prévus à l'art. 155 de la loi du 31 juill. 1920. Ces emprunts peuvent également être contractés par des groupements de communes et par les départements (L. 31 déc. 1920, art. 67; L. 31 mars 1922, art. 14).

76. Outre le payement en espèces, l'État dispose de plusieurs autres modes de libération, dont l'emploi est toutefois subordonné au consentement des sinistrés. Il peut se libérer, notamment, en ce qui concerne les immeubles par nature, par la dation d'un autre immeuble de même nature et de même valeur situé dans le canton du dommage ou les cantons limitrophes, ou en faisant exécuter à ses frais les travaux de restauration des immeubles ou meubles endommagés, ou en fournissant les matériaux pour cette restauration. Il a aussi la faculté de se rendre acquéreur, pour tout ou partie, des immeubles endommagés ou détruits.

77. Le payement des indemnités, des intérêts et des avances peut être effectué directement par l'État ou sous sa garantie par des établissements financiers. Il a été fondé à cet effet, conformément à la loi du 10 oct. 1919, une société spéciale de crédit dite « Crédit national pour faciliter la réparation des dommages causés par la guerre ». Cet établissement a été autorisé à émettre des emprunts dans le public. — Les crédits nécessaires au service des emprunts en intérêts, primes et remboursements, sont inscrits au budget de l'État et affectés par privilèges à ce service. — Les sommes dues par l'État pour la réparation de la perte subie produisent, à partir du 11 nov. 1918, un intérêt de 5 pour 100 l'an (L. 17 avr. 1919, art. 47).

78. Si l'attributaire est débiteur de l'État à un titre quelconque, même pour le payement de ses contributions, la somme due par lui est, sur sa demande, imputée sur son indemnité et n'est pas exigible avant que le montant de l'indemnité ait été déterminé (art. 46, § 9).

79. — VI. *Dispositions diverses.* — L'industriel ou le commerçant qui a reconstitué son établissement est tenu, quinze jours avant la remise en marche, d'en donner avis au ministre du Travail, qui porte cet avis à la connaissance des ouvriers ou employés qu'occupait l'industriel ou le commerçant. Dans le mois qui suit la déclaration, ceux-ci peuvent reprendre le travail dans l'ordre de leur inscription et dans la mesure des besoins de l'exploitation (L. 17 avr. 1919, art. 55). — Un droit de priorité est accordé aux sinistrés pour l'obtention et le transport des matériaux, matières premières et matériel, ainsi que pour l'obtention de la main-d'œuvre nécessaire pour effectuer le remploi (art. 56).

80. Le tribunal des dommages de guerre a compétence pour réduire souverainement et en dernier ressort, même d'office, nonobstant toute convention contraire, les honoraires des mandataires, hommes de l'art et experts. La réduction ne peut être demandée ou prononcée d'office que dans le délai de deux ans à compter de la fixation de l'indemnité. Les sommes payées sont sujettes à répétition (L. 17 avr. 1919, art. 51).

81. Des *sociétés coopératives de reconstruction* peuvent être constituées entre les sinistrés ou leurs ayants cause. Ces sociétés ont pour objet de procéder, pour le compte de leurs adhérents, à toutes les opérations relatives à la reconstitution immobilière, notamment à la préparation des dossiers, à l'évaluation des dommages, à l'exécution, à la surveillance et au payement des travaux de réparation ou de reconstitution et au remploi des avances et acomptes prévus par la loi (L. 15 août 1920). Les sociétés coopératives peuvent former des unions et ces unions elles-mêmes une confédération générale (L. 31 mars 1922, art. 11).

XI. — Emplois réservés aux militaires réformés ou retraités.

82. Les militaires des armées de terre et de mer réformés n° 1 ou retraités par suite d'infirmités résultant de blessures ou de maladies contractées devant l'ennemi au cours de la guerre bénéficient, pendant un délai de cinq ans à dater de la cessation des hostilités (24 oct. 1919), d'un droit de préférence pour l'obtention de tous les emplois réservés par les tableaux E, F et G annexés à la loi du 21 mars 1905, qui ne nécessitent pas l'intégrité des forces physiques, quels que soient d'ailleurs leur grade et la durée de leurs services. Ce droit de préférence s'exerce d'abord en faveur des pères des familles les plus nombreuses (L. 17 avr. 1916). — Le règlement-d'administration publique du 14 juill. 1916 a déterminé les mesures nécessaires à l'application de la loi du 17 avr. 1916 et énuméré, notamment, les catégories de blessures ou d'infirmités permettant de concourir pour l'obtention d'un emploi réservé. — Aucune entreprise industrielle ou commerciale ne peut obtenir une concession, un monopole ou une subvention de l'État, du département ou de la commune, qu'à la condition de réserver aux militaires qui font l'objet des dispositions ci-dessus un certain nombre d'emplois à déterminer par le cahier des charges (L. 17 avr. 1916, art. 4).

XII. — État de siège.

83. L'état de siège, déclaré dans les 86 départements français, le territoire de Belfort et les trois départements de l'Algérie par le décret du 2 août et la loi du 5 août 1914, a été levé par le décret du 12 oct. 1919.

XIII. — Exportation des capitaux.

84. La loi du 3 avr. 1918, édictée pour la durée de la guerre, mais maintenue en vigueur par des lois successives (En dernier lieu, L. 31 mars 1922), a prohibé l'exportation des capitaux. — Il est interdit à toute personne résidant en France, qu'elle agisse pour son propre compte ou pour le compte de tiers, à moins d'autorisation écrite du ministre des Finances : 1° de constituer hors de France, par un moyen quelconque de crédit ou de change, à son profit ou au profit de tous tiers, un avoir en titres ou en fonds, pour dépôt ou placement, y souscrire à une émission, consentir un prêt à une personne résidant hors de France, acheter hors de France tous titres, biens ou produits quelconques, si l'opération implique, pour la personne qui l'effectue ou pour le compte de laquelle elle est effectuée, un transfert quelconque de fonds ou titres hors de France ; 2° d'expédier ou transporter hors de France, en vue de leur réalisation ou de leur encaissement, des titres ou coupons dont la contre-valeur ne ferait pas l'objet, dans un délai de trois mois, d'une remise en France de francs ou de devises étrangères, ou, en ce qui concerne les titres, d'une introduction de titres de même valeur (L. 3 avr. 1918, art. 1er-2°, modifié par L. 31 mars 1922).

85. La prohibition ne s'applique pas : 1° aux fonds et aux titres que les particuliers et les sociétés résidant ou fonctionnant hors de France ont ou pourront avoir en France ; 2° aux fonds qui seraient envoyés dans les colonies françaises et les pays de protectorat pour y être utilisés sur place dans l'agriculture, le commerce ou l'industrie ; 3° au règlement des produits, denrées ou marchandises destinés à être importés, dans un délai maximum de six mois, en France, dans les colonies ou les pays de protectorat, conformément aux lois et règlements en vigueur (L. 3 avr. 1918, art. 4) ; 4° aux achats de devises étrangères effectués pour les besoins de leur propre entreprise par des industriels ou des commerçants non banquiers résidant en France, en utilisant la contrevaleur des fonds transférés par eux de l'étranger en France postérieurement au 1er avr. 1922 (L. 3 avr. 1918, art. 4, complété par L. 31 mars 1922).

86. Les infractions aux art. 1 et 2 de la loi du 3 avr. 1918, ainsi que toute tentative en vue de les commettre sont passibles d'une amende qui ne peut être ni supérieure à 25 pour 100 du montant de la somme ou de la valeur des titres dont l'exportation a été réalisée ou tentée, ni en aucun cas inférieure à 1000 francs. En cas de récidive, l'amende est doublée. L'art. 463 c. pén. (circonstances atténuantes) est applicable (L. 3 avr. 1918, art. 9, modifié par L. 28 févr. 1921, art. 13).

XIV. — Fonctionnaire public.

87. La loi du 7 avr. 1917 a ouvert des crédits en vue de l'attribution, pendant la durée des hostilités, d'allocations pour *cherté de vie* aux personnels civils de l'État. Ces allocations ont été fixées par le décret du 3 mai 1917. Mais l'augmentation du prix de la vie a déterminé, par la suite, le vote de dispositions complémentaires. La loi du 30 mars 1920 a maintenu ces indemnités jusqu'au 31 déc. 1920, en leur donnant le nom d'indemnités exceptionnelles de cherté de vie. Leur suppression prévue pour le 31 déc. 1920 n'a pas été réalisée à cette date. Elle a été reportée, en dernier lieu, au 31 décembre 1922 par la loi du 30 juin 1922, art. 1er.

XV. — Habitations à bon marché.

88. L'art. 63, § 2, de la loi du 9 mars 1918 sur les loyers (V. ci-après *Loyers*) décidait qu'une loi spéciale statuerait sur la situation des sociétés de crédit immobilier et de leurs emprunteurs. Cette loi a été promulguée le 24 avr. 1919. Aux termes de l'art. 1er, les contrats de location simple, à l'exclusion des contrats de location comportant promesse de vente ou d'attribution, passés par les sociétés d'habitations à bon marché, demeurent régis par la loi du 9 mars 1918. Quant aux contrats d'emprunt ou de location-vente, les emprunteurs des sociétés de crédit immobilier et des sociétés d'habitations à bon marché, ainsi que les locataires acquéreurs et les locataires attributaires des sociétés d'habitations à bon marché, ont eu la

faculté, jusqu'à la fin du sixième mois suivant la date de la cessation des hostilités (c'est-à-dire jusqu'au 24 avr. 1920), de suspendre le payement de leurs annuités et fractions d'annuités échues depuis le 1er août 1914. À l'expiration de cette période, la première annuité différée est devenue exigible et les contrats ont repris effet pour la durée qui en restait alors à courir, augmentée d'un temps égal à celui pendant lequel le payement de ladite annuité ou fraction d'annuité avait été suspendu, et sans qu'il y ait lieu à un accroissement quelconque des annuités ainsi reportées (L. 24 avr. 1919, art. 2).

XVI. — Impôts directs.

89. Les art. 15 et 16 de la loi du 31 mars 1919 ont fait remise de la contribution personnelle-mobilière due pour les années 1914 à 1919 inclus par les mobilisés, par les réformés et par les veuves, les orphelins et les ascendants directs des soldats morts pour la France. Ceux de ces contribuables qui ont cessé l'exercice de leur profession par suite de circonstances provenant de l'état de guerre ont obtenu remise de la contribution des patentes à partir du mois suivant celui de la cessation du travail. Ces dégrèvements n'ont toutefois été accordés qu'aux contribuables dont le revenu net total annuel ne dépassait pas 5000 fr.

90. Sur les remises d'impôts foncier et des portes et fenêtres accordées aux propriétaires d'immeubles ayant subi des réductions ou exonérations de loyer, V. L. 9 mars 1918, art. 31 (V. *infra*, *Loyers*, nos 141 et s.).

91. Les revisions périodiques des évaluations foncières prévues par la loi du 29 mars 1914 (V. *Impôts directs*, n° 76 *bis* et s.) sont suspendues. Une loi ultérieure déterminera la date de l'exécution de ces revisions et le point de départ de l'application de leurs résultats (L. 31 juill. 1918 art. 1er).

XVII. — Justice militaire.

92. Un recours est ouvert, sur la demande du condamné, contre les condamnations prononcées au cours de la guerre par les cours martiales et conseils de guerre spéciaux institués par le décret du 6 sept. 1914. Si le condamné est décédé, s'il est disparu ou dans l'impossibilité de former son recours, le droit est ouvert à son conjoint, ses ascendants ou ses descendants. À défaut d'ascendants ou descendants, les frères et sœurs ont le même droit que le conjoint, si celui-ci ne l'exerce pas. Au cas où le condamné n'aurait laissé ni conjoint, ni ascendants, ni descendants, le droit est dévolu à l'un de ses parents jusqu'au quatrième degré inclusivement. Il est procédé à un examen par la chambre des mises en accusation de la cour d'appel du siège du conseil de guerre qui a reçu le dépôt des archives et minutes de la juridiction ayant rendu la sentence. Si elle reconnaît qu'il y a lieu à décision nouvelle, elle ordonne le renvoi à la chambre criminelle de la Cour de cassation, qui statue définitivement sur le fond comme juridiction de jugement investie d'un pouvoir souverain d'appréciation (L. 29 avr. 1921). — Pendant deux années à partir de la promulgation de cette loi, le ministre de la Justice pourra, dans les mêmes conditions, saisir la chambre des mises en accusation d'un recours contre les condamnations prononcées durant la guerre par les conseils de guerre et cours martiales, qu'il jugerait devoir être réformées dans l'intérêt de la loi et du condamné.

XVIII. — Louage d'ouvrage et d'industrie.

93. La loi du 22 nov. 1918 a garanti aux mobilisés la reprise de leur contrat de travail, en imposant aux administrations et entreprises publiques ou privées l'obligation de réintégrer leurs employés et ouvriers dans l'emploi que chacun occupait au moment de sa mobilisation. Le salarié demeuré apte à son emploi devait être repris au taux normal et courant de la rétribution de cet emploi dans l'administration ou l'entreprise, sans que cette rétribution pût être inférieure à celle qui lui était attribuée avant la guerre. Pour bénéficier de cette réintégration, l'intéressé devait en faire la demande par lettre recommandée dans le délai de quinze jours à partir de sa libération, de la fin de son hospitalisation ou de sa convalescence, ou à partir de la reprise de la marche normale de l'entreprise. — En vertu de la loi du 23 juin 1921, la réintégration dans leur emploi peut être demandée dans les mêmes conditions par tous ceux qui, à raison soit de la mobilisation de leur classe, soit d'ordres individuels, seront à l'avenir rappelés sous les drapeaux.

XIX. — Loyers.

CHAP. Ier. — BAUX A LOYER (MAISONS, BOUTIQUES, APPARTEMENTS).

94. Les modifications apportées aux baux à loyer par l'état de guerre font l'objet de la loi du 9 mars 1918, modifiée et complétée par les lois des 4 janv., 14 juin, 21 oct. et 23 oct. 1919, 4 mai, 10 août et 14 déc. 1920, 1er mars, 2 avr. et 16 juill. 1921. La plupart des dispositions de ces lois sont relatives à la prorogation des baux et des locations verbales. La loi du 31 mars 1922 a modifié sensiblement cette législation. Tout en maintenant les prorogations antérieures, elle en précise le point de départ, la durée, les conditions, etc. D'autre part, elle institue au profit de certaines catégories de locataires une nouvelle prorogation, limitée au 1er janv. 1925 (V. nos 128 et suiv.).

95. — I. *Objet et portée de la loi du 9 mars 1918.* — La loi du 9 mars 1918 régit par ses dispositions exceptionnelles et temporaires toutes les contestations entre propriétaires et locataires, nées par suite de la guerre et relatives à l'exécution ou à la résiliation des baux à loyer.

96. Le premier effet de la loi de 1918 a été de *mettre fin* au régime des décrets relatifs *au moratorium des loyers.* La loi se substituait à eux et réglait la matière des loyers depuis le début de la guerre. Une autre conséquence de la loi a été de dessaisir les tribunaux de droit commun des litiges auxquels elle s'applique. Désormais, toutes les contestations entre propriétaires et locataires, nées de la guerre et relatives à l'exécution ou à la résiliation des baux à loyer, relevaient exclusivement de la compétence de *commissions arbitrales.* Les commissions arbitrales ont été supprimées par la loi du 31 mars 1922 (art. 18). Elles ne peuvent plus juger que les affaires inscrites au greffe pour conciliation à la date de la promulgation de cette loi.

97. La loi du 9 mars 1918 ne concernait que les baux à loyer, à l'exclusion des baux à ferme, qui faisaient l'objet, soit de décrets moratoires, soit de la loi du 17 août 1917. Par « baux à loyer », il faut d'ailleurs entendre aussi bien les locations verbales que les baux écrits. La loi du 31 mars 1922 ne s'applique pas non plus aux baux à ferme. — La loi du 9 mars 1918 s'applique toujours, nonobstant toute stipulation contraire, aux baux en cours au début des hostilités. Pour les baux postérieurs, il faut distinguer : s'ils ne contiennent aucune clause contraire, la loi s'applique; si une telle clause existe, elle est valable, et la loi ne s'applique pas. — Il convient d'ajouter que les lois du 23 oct. 1919 et du 4 mai 1920 ont admis au bénéfice de la prorogation accordée par l'art. 56 de la loi de 1918 (V. no 114) les baux et locations verbales renouvelés pendant la guerre, ainsi que les baux et locations conclus depuis le 1er août 1914 par certaines catégories de locataires : mutilés, réformés, veuves de guerre, sinistrés (V. *infrà*, no 119).

98. Au point de vue des personnes que concerne la loi, l'art. 1er vise les propriétaires et locataires. Le mot « propriétaire » doit être entendu dans le sens très général de « bailleur »; il vise notamment les usufruitiers. — D'autre part, sont seuls admis au bénéfice de la loi (art. 62) : 1º les Français, les Alsaciens-Lorrains et les protégés français; 2º les citoyens, les sujets et les ressortissants des pays alliés; 3º ceux des pays étrangers admis à s'en prévaloir par un décret rendu sur la proposition du ministre des Affaires étrangères (Décr. 29 août 1918). — Quant aux sociétés de crédit immobilier et à leurs emprunteurs, il a été statué à leur égard par la loi du 24 avr. 1919 (V. *supra*, no 88).

99. — II. *Résiliation des baux à loyer.* — Les baux à loyer sont résiliables conformément aux art. 3 à 13 de la loi du 9 mars 1918. Mais ces causes de résiliation, résultant de l'état de guerre, ne font pas obstacle à l'application de celles prévues par le Code civil ou par les conventions des parties (art. 2), pourvu toutefois qu'elles ne soient contraires à aucune disposition de la loi.

100. Les cas nouveaux de résiliation sont de deux sortes : 1º ceux où la résiliation s'effectue de plein droit, sans l'intervention du juge et sur la seule déclaration de celui au profit duquel le droit est ouvert; 2º les cas où la résiliation doit être demandée à la commission arbitrale, qui peut l'ordonner ou la refuser. — La résiliation de plein droit s'effectue sans indemnité. Lorsqu'elle est prononcée par la commission, elle a lieu tantôt sans indemnité, tantôt avec indemnité.

101. — III. *Exonérations et délais.* — Sans préjudice des règles du droit commun et des clauses des conventions, il pouvait être accordé, pour la durée de la guerre et les six mois suivant la cessation des hostilités (24 oct. 1919), des réductions de prix pouvant aller, à titre exceptionnel, jusqu'à l'exonération totale, au locataire non mobilisé qui justifiait avoir été privé, par suite de la guerre, soit des avantages d'utilité ou d'usage de la chose louée, soit d'une notable partie des ressources sur lesquelles il pouvait compter pour faire face au payement du loyer. Le locataire mobilisé était dispensé de cette justification (art. 14).

102. A côté des exonérations prévues à l'art. 14, qui dépendaient du pouvoir d'appréciation des commissions arbitrales, la loi a établi des exonérations de plein droit pour les locataires occupant des logements d'habitation rentrant dans la catégorie des « petits loyers » et qui ont été : 1º ou bien mobilisés; 2º ou bien réformés à la suite de blessures reçues ou de maladie contractée ou aggravée à la guerre; 3º ou bien attributaires soit de l'allocation militaire, soit de l'allocation des réfugiés, soit des secours de chômage régulièrement organisés par les départements et les communes, soit des secours permanents des bureaux de bienfaisance, ou inscrits sur les listes d'assistance (vieillards, infirmes) dressées en exécution de la loi du 14 juill. 1905 (art. 15, § 1er).

103. Par « petits loyers », il faut entendre : *a*) A Paris, dans le département de la Seine et dans les communes de la banlieue situées dans un rayon de 25 kilomètres des fortifications de Paris, les logements d'un loyer inférieur ou égal à 500 francs, si le locataire est célibataire ; à 600 fr., s'il est marié ; — *b*) Dans les communes de 100001 habitants et au-dessus, et dans les communes dont la distance aux fortifications de Paris est supérieure à 25 kilomètres sans excéder 40 kilomètres et ayant plus de 2500 habitants, les logements dont le loyer est inférieur ou égal à 350 fr., si le locataire est célibataire ; à 400 francs, s'il est marié ; — *c*) Dans les communes de 20001 à 100000 habitants, les logements d'un loyer inférieur ou égal à 250 francs, si le locataire est célibataire ; à 300 francs, s'il est marié ; — *d*) Dans les communes de 5001 à 20000 habitants, les logements d'un loyer inférieur ou égal à 150 francs, si le locataire est célibataire ; à 200 francs, s'il est marié ; — *e*) Dans les communes de 1001 à 5000 habitants, les logements d'un loyer inférieur ou égal à 100 francs, si le locataire est célibataire ; à 150 francs, s'il est marié ; — *f*) Dans les communes de moins de 1000 habitants, les logements d'un loyer inférieur ou égal à 75 francs, si le locataire est célibataire ; à 100 francs, s'il est marié. — Les chiffres ci-dessus prévus sont majorés de 100 francs par enfant de moins de seize ans ou autre personne à la charge du locataire et pour chaque fils ou membre de la famille mobilisé qui habitait sous le même toit dans les villes et communes comprises dans les catégories *a* et *b* ; de 75 francs dans les villes et communes comprises dans la catégorie *c* ; de 50 francs dans les autres communes (art. 15, § 1 et 2).

104. Pour la détermination du chiffre du loyer, il n'était tenu compte que des prix en vigueur au 1er août 1914 (art. 33).

105. Toutefois, étaient exceptés du bénéfice de l'exonération de plein droit les locataires mobilisés à l'égard desquels il était justifié qu'ils recevaient, par suite de la mobilisation, un traitement, une solde ou une rétribution supérieurs d'un quart au traitement, au gain, à la rétribution ou au salaire qu'ils recevaient avant la guerre, et pour toute la période de temps pendant laquelle ils ont touché cette rétribution plus élevée (art. 15, § 3).

106. Si les petits locataires visés à l'art. 15, § 1er, n'ont été mobilisés que pendant une partie de la durée de la guerre, l'exonération de plein droit ne s'applique qu'à la période de temps pendant laquelle ils ont été mobilisés (art. 15, § 4). De même, si les attributaires d'allocations ou secours (V. *suprà*, n° 102) n'ont été admis à ces allocations ou secours que pendant une partie de la durée de la guerre, l'exonération de plein droit ne s'applique qu'à cette période.

107. Les petits locataires ne rentrant pas dans ces catégories, c'est-à-dire les non-mobilisés, et les mobilisés qui ne peuvent invoquer l'art. 15, étaient présumés remplir les conditions fixées par l'art. 14 et, comme tels, exonérés de ce qu'ils restaient devoir sur leurs loyers du 1er août 1914 au 1er avr. 1918. A partir de cette date (V. n° 101) ces locataires étaient placés sous le régime de l'art. 14 et pouvaient invoquer le bénéfice de la loi devant les commissions arbitrales.

108. Pendant toute la période pour laquelle l'exonération leur était accordée, les locataires devaient être maintenus en possession des lieux loués.

109. Les locataires non mobilisés pouvaient être appelés à tout moment devant les commissions arbitrales. Il n'en était pas de même pour les locataires mobilisés. A l'égard de ceux-ci, toutes instances, toutes assignations, toutes procédures d'exécution étaient interdites pendant toute la durée des hostilités et les six mois qui ont suivi leur cessation (24 oct. 1919).

110. L'interdiction de toute instance, de toute assignation ou procédure d'exécution s'appliquait aussi, mais seulement jusqu'à l'expiration de l'année suivant la promulgation de la loi (c'est-à-dire jusqu'au 12 mars 1919), sans que ce délai pût dépasser six mois après le décret fixant la cessation des hostilités : 1° aux veuves des militaires morts sous les drapeaux depuis le 1er août 1914 ou aux membres de leur famille qui habitaient antérieurement avec eux les lieux loués ; 2° aux femmes des militaires disparus ou aux membres de leur famille qui habitaient antérieurement avec eux les lieux loués ; 3° aux personnes parentes ou non (spécialement aux concubines), qui, antérieurement au 1er août 1914, vivaient habituellement dans les lieux loués avec le locataire mobilisé et qui étaient à sa charge ; 4° aux militaires réformés à la suite de blessures ou de maladie contractée ou aggravée à la guerre (art. 19).

111. Les décisions rendues entre le bailleur et le preneur sont acquises de plein droit à la caution ainsi qu'à celui ou à ceux qui, par suite de sous-location ou de cessions antérieures du droit au bail, sont tenus solidairement (art. 21).

112. L'exercice du privilège ou des droits et actions du bailleur peut être limité à une partie déterminée et suffisante du mobilier garnissant les lieux loués et servant de gage spécial à sa créance. Le bailleur peut, si le locataire quitte les lieux loués avant le complet payement des loyers encore dus et sans fournir une caution suffisante, réaliser le gage affecté à sa créance (art. 23). — Ne peuvent être compris dans ce gage, au même titre que les meubles, effets mobiliers, ustensiles et objets nécessaires au coucher et au travail du locataire et des membres de sa famille, les meubles, effets mobiliers, ustensiles et objets indispensables garnissant la salle à manger et la cuisine (art. 24).

113. Les sommes versées à titre de loyer d'avance ou de garantie de l'exécution du bail se compensent de plein droit avec le montant des termes échus pendant la durée de la guerre (art. 25).

114. — IV. *Prorogation des baux à loyer.* — 1° *Baux et locations prorogés.* — Le principe qui domine cette matière, c'est que la prorogation s'applique à tous les baux et locations verbales en cours au 1er août 1914 (L. 9 mars 1918, art. 56, § 1er). Peu importe la durée du bail et la date de son expiration : un bail finissant en 1928 a droit à la prorogation.

115. Mais la règle de l'art. 56, § 1er, comporte plusieurs exceptions. L'art. 57, modifié par la loi du 2 avr. 1921, exclut du bénéfice de la prorogation de plein droit les locataires, à l'égard desquels le bailleur prouve devant la commission arbitrale qu'ils ont réalisé des bénéfices de guerre dans les conditions prévues par la loi du 1er juill. 1916. Dans ce cas, la commission arbitrale statue sur la demande de prorogation. Il résulte de cette dernière disposition que l'art. 57 ne refuse pas d'une façon absolue la prorogation aux locataires dont il s'agit ; mais, au lieu d'être pour eux un droit, c'est un avantage subordonné à l'appréciation de la commission arbitrale.

116. Sont exclus de tout droit à prorogation les baux relatifs aux locations de plaisance ou qui constituent, sous une dénomination quelconque, une habitation en plus du local familial où le locataire possède son domicile légal (L. 4 mai 1920, art. 4, § 3).

117. En vertu de l'art. 1er, § 9, de la loi du 31 mars 1922, aucune prorogation n'est opposable par un locataire qui n'a pas été mobilisé à un propriétaire qui, l'ayant été, veut réintégrer l'immeuble qu'il habitait avant la guerre ou dans lequel il exerçait sa profession. — D'autre part, les prorogations prévues par l'art. 56 de la loi du 9 mars 1918 cesseront d'être opposables à partir du 31 déc. 1922 aux bailleurs mutilés ou réformés de guerre, aux veuves de guerre, aux ascendants ayant recueilli la veuve ou les enfants de militaires ou de marins morts pour la France, aux bénéficiaires des lois du 31 mars et du 24 juin 1919 (pensions militaires, victimes civiles de la guerre), aux sinistrés dont l'habitation a été détruite ou rendue inhabitable par fait ou accident de guerre, à moins cependant que le locataire ne rentre lui-même dans une des catégories ci-dessus visées. Les bailleurs susdésignés devaient faire connaître, avant le 1er juin 1922, leur volonté de reprendre les locaux loués pour leur habitation personnelle.

118. Sont assimilés aux baux et locations verbales en cours au 1er août 1914, les baux et locations verbales *renouvelés* entre les mêmes parties contractantes ou leurs ayants droit et pour les mêmes locaux, à la condition que le prix du nouveau bail ne soit pas inférieur à celui du bail en cours au 1er août 1914 (L. 9 mars 1918, art. 56, § 5, 6 et 7, ajoutés par L. 23 oct. 1919).

119. Une extension du droit à la prorogation résulte de la loi du 4 mai 1920. D'après l'art. 1er, les baux écrits ou verbaux de locaux à usage d'habitation conclus, ou se plaçant, pour l'entrée en jouissance, entre le 1er août 1914 et la cessation des hostilités, ainsi que tous renouvellements, tacites reconductions et prorogations légales consécutives à ces baux, qui n'assuraient pas au preneur une jouissance allant jusqu'à l'expiration du délai de deux ans à compter de la date de la cessation des hostilités (24 oct. 1919), ont été prorogés, à la demande du preneur, pourvu qu'il appartînt aux catégories suivantes : mutilés ou réformés de guerre, veuves de guerre, ascendants de militaires ou marins morts pour la France ayant recueilli la veuve ou les enfants de ceux-ci, bénéficiaires des lois des 31 mars 1919 (pensions militaires) et 24 juin 1919 (victimes civiles de la guerre), sinistrés dont l'habitation a été détruite ou rendue inhabitable par fait ou accident de guerre. La prorogation des baux dont il s'agit, postérieurs au 1er août 1914, ne peut être invoquée contre le bailleur démobilisé qui reprend effectivement les locaux pour son habitation personnelle ou pour son usage commercial, industriel ou professionnel (Même loi, art. 4, § 1er).

120. En vue d'assurer le maintien provisoire en jouissance de certains locataires, notamment des titulaires de baux postérieurs au 1er août 1914, la loi du 1er mars 1921 a édicté les mesures suivantes : Tout locataire d'un local à usage d'habitation qui occupait ce local au jour de la promulgation de la loi et dont le contrat était alors expiré ou devait prendre fin avant le 1er juill. 1921 a pu, à défaut d'accord amiable avec le bailleur, introduire, dans le mois de la promulgation, devant le juge des référés, ou devant le juge de paix pour les loyers inférieurs à 600 francs, une demande tendant à son maintien provisoire dans les lieux pendant un délai maximum de six mois à dater de l'expiration du terme en cours au moment de la décision à intervenir. Cette demande n'était recevable que si le locataire remplissait les conditions suivantes : 1° justifier de l'exécution de toutes les conditions imposées par son contrat, par les usages locaux ou par décision judiciaire; 2° occuper ou s'engager à occuper l'immeuble dans la plus grande partie, soit par lui-même, soit par les membres de sa famille qui l'occupaient antérieurement avec lui; 3° prendre l'engagement de payer pendant toute la durée de la prorogation, en sus du loyer actuel, la majoration à fixer, à défaut d'accord amiable, par le juge en tenant compte de l'aggravation des charges subies par le propriétaire. La décision rendue n'était susceptible ni d'opposition, ni d'appel (art. 1er). — Un nouveau maintien en possession provisoire a été assuré aux locataires par la loi du 16 juill. 1921. La situation des locataires visés par ces deux lois est maintenant réglée par la loi du 31 mars 1922 (V. *infrà*, n° 128).

121. Les cessionnaires du bail et les sous-locataires ont droit à la prorogation dans les mêmes conditions que le locataire, pourvu que la cession ou sous-location soit antérieure au 24 oct. 1919, s'il s'agit de locaux à usage d'habitation (L. 23 oct. 1919, art. 4). — Une controverse qui s'était élevée sur la portée de ce texte a été réglée par l'art. 2 de la loi du 31 mars 1922, aux termes duquel les art. 56 et 58 de la loi du 9 mars 1918 sont applicables aux cessionnaires ou sous-locataires des locaux à usage commercial, industriel ou professionnel, quelle que soit la date de la cession ou de la sous-location. Cette disposition ayant un caractère interprétatif, les cessionnaires ou sous-locataires sont recevables à réclamer la prorogation, nonobstant toute décision contraire, même passée en force de chose jugée, à l'exception seulement des décisions qui auraient été exécutées.

122. — 2° *Durée de la prorogation. Point de départ.* — La durée de la prorogation varie suivant la nature et l'affectation des lieux loués : les baux et locations verbales afférents à des locaux à usage commercial, industriel ou professionnel sont prorogés d'une durée égale au temps écoulé entre le décret de mobilisation et la loi fixant la cessation des hostilités (la loi du 23 oct. 1919, c'est-à-dire de près de 5 ans et 3 mois); les baux et locations verbales afférents à des locaux à usage d'habitation sont prorogés de deux années (L. 9 mars 1918, art. 56, § 1er). Toutefois, en ce qui concerne les locaux d'habitation rentrant dans la catégorie des petits logements prévus à l'art. 15 (V. *suprà*, n° 103), et dont le locataire mobilisé est resté plus de deux années sous les drapeaux, la durée de la prorogation est égale au temps pendant lequel ce locataire a été mobilisé (art. 56, § 2).

123. En ce qui concerne le point de départ de la prorogation, l'art. 56, § 1er, de la loi du 9 mars 1918 dispose que « les baux et locations verbales... seront prorogés... à compter du décret fixant la cessation des hostilités ». Mais il ne faut pas conclure de là que la date de la cessation des hostilités (24 oct. 1919) est le point de départ uniforme de toutes les prorogations : il n'en est ainsi que pour les baux et locations qui étaient expirés à cette date. Pour ceux qui ne prennent fin que postérieurement, la prorogation part de la date d'expiration du bail (L. 31 mars 1922, art. 1er, § 1er). — Pour les locations verbales, la prorogation a commencé à courir, qu'il y ait eu congé ou non, le premier jour du terme qui a suivi la notification faite par lettre ou par acte extrajudiciaire de la volonté du locataire de profiter des dispositions des lois susindiquées. Si la notification a été faite antérieurement au 24 oct. 1919, la prorogation n'a commencé à courir qu'à partir de cette date (L. 31 mars 1922, art. 1er, § 2).

124. La prorogation ne peut cependant avoir

pour effet de prolonger le bail ou la location au delà de neuf ans pour les locaux d'habitation, ou de quinze ans pour les locaux commerciaux, industriels ou professionnels, à compter du 24 oct. 1919 (L. 31 mars 1922, art. 1er, § 3.) Cette disposition assigne aux prorogations la limite extrême du 24 oct. 1928 ou du 24 oct. 1934, suivant la destination des locaux. De plus, la durée des prorogations est prolongée d'un délai suffisant pour achever le terme d'usage (art. 1er, § 7). Ainsi un bail de locaux commerciaux, expiré avant le 24 oct. 1919, et prorogé de cinq ans à partir de cette date, c'est-à-dire jusqu'au 24 oct. 1924, ne finira effectivement qu'au 31 déc. 1924.

125. L'art. 56 de la loi du 9 mars 1918 accorde une prorogation de cinq ans aux locaux à usage *professionnel*. Il faut entendre par là, d'après l'art. 3 de la loi du 31 mars 1922, les locaux dans lesquels les locataires exercent *effectivement* leur art ou leur profession. Ceux-ci sont admis à réclamer la prorogation, nonobstant toute décision contraire, même passée en force de chose jugée, à l'exception seulement des décisions qui auraient été exécutées. Il en est de même pour les locaux occupés par des établissements d'utilité publique et des œuvres de bienfaisance, d'assistance et de prévoyance sociales.

126. — 3o *Conditions de la prorogation.* — Les prorogations de la loi du 9 mars 1918 ont lieu de plein droit, sur simple demande du locataire (art. 56, § 1er). — D'autre part, en vertu de la loi du 9 mars 1918, la prorogation, véritable prolongement du bail, avait lieu aux mêmes conditions, notamment en ce qui concerne le prix. L'art. 1er de la loi du 31 mars 1922 modifie ces dispositions. Les locataires appelés à bénéficier des prorogations prévues par les lois du 9 mars 1918 et du 23 oct. 1919 doivent, en sus du prix du loyer et à compter du terme qui suivra la promulgation de la loi, contribuer, chacun pour sa part et au prorata du prix de son loyer, à l'augmentation qui s'est produite, depuis le 1er août 1914, dans les impôts et taxes de toute nature grevant l'immeuble loué, à l'exception de l'impôt sur le revenu de la propriété foncière, et à l'augmentation subie depuis le 1er août 1914 des prestations payées pour la commodité des locaux. Ils doivent, en outre, pour contribuer à l'augmentation subie par les dépenses d'entretien, payer 5 pour 100 du prix du loyer tel qu'il était en 1914. — Sont exonérés de cette double augmentation : 1o les locataires dont le loyer a été augmenté en vertu d'une convention postérieure au 1er août 1914 ; 2o les locataires qui bénéficient de la prorogation au titre de mobilisés et qui l'ont été dans la zone des armées ; 3o les réfugiés des régions libérées, lorsqu'ils sont petits locataires aux termes de l'art. 15 de la loi du 9 mars 1918 (V. *supra*, no 103), et qu'à raison de la destruction de leur domicile d'avant guerre, ils ne peuvent pas se réinstaller dans les régions dévastées par la guerre (L. 31 mars 1922, art. 1er, § 6).

127. — 4o *Formalités.* — La forme et la date de la demande de prorogation sont déterminées par l'art. 58 de la loi du 9 mars 1918. La forme est celle d'un acte extrajudiciaire (notification par huissier). Cet acte a dû être envoyé, à peine de forclusion, par les locataires mobilisés, au plus tard dans les trois mois après la loi fixant la date de la cessation des hostilités (24 oct. 1919) ; par les locataires non mobilisés, il doit l'être au plus tard trois mois avant l'expiration du bail. Si le bail était expiré au moment de la promulgation de la loi ou s'il devait expirer moins de six mois après cette promulgation, ils ont dû faire connaître leur intention six mois au plus tard après

ladite promulgation. — Pour les locations verbales, les locataires peuvent faire leur notification à toute époque de la location. Cependant, les locataires qui reçoivent congé doivent notifier leur demande de prorogation au plus tard le vingtième jour après la réception du congé (art. 58, complété par L. 4 janv. 1919, art. 1er).

128. — VI. *Prorogations nouvelles instituées par la loi du 31 mars 1922.* — 1o *Maintien en jouissance des locataires.* — *Prorogations.* — Tous les locataires qui n'ont pas ou n'ont plus droit aux prorogations anciennes (V. *supra*, no 114), et notamment les locataires ayant contracté après le 1er août 1914, sont maintenus *de plein droit*, jusqu'au terme d'usage qui précédera le 1er janv. 1923, en possession des locaux par eux occupés, aux conditions de la loi du 6 janv. 1922 (L. 31 mars 1922, art. 7, § 1er). — Les conditions dont il s'agit sont les mêmes que celles édictées par la loi du 1er mars 1921 (V. *supra*, no 120).

129. En outre, à titre exceptionnel, à raison de la pénurie des logements et en l'absence de conventions contraires intervenues postérieurement au 23 oct. 1919, dans le département de la Seine et dans un rayon de 50 kilomètres des fortifications de Paris, dans les communes d'une population totale d'au moins 10 000 habitants et dans les agglomérations distantes de 5 kilomètres de ces communes, dans celles où le recensement de 1921 accuse soit un accroissement de la population municipale, soit un accroissement du nombre des foyers, et dans les régions libérées, quelle que soit l'importance de la population, il *peut être accordé* une prorogation de jouissance à tous les locataires, cessionnaires et sous-locataires dont les baux et locations sont venus ou viendront à expiration avant le 1er janv. 1925. Cette prorogation peut être accordée dans toute la France aux réfugiés des départements dévastés qui justifient que les immeubles de leur commune d'origine sont encore détruits ou, s'ils sont propriétaires, que leur immeuble d'habitation n'est pas encore reconstruit (L. 31 mars 1922, art. 7, § 2).

130. Le bénéfice de cette prorogation est refusé : 1o aux étrangers n'ayant pas combattu ni servi, ou dont les enfants ou gendres n'ont pas combattu ou servi dans les diverses formations des armées françaises, alliées ou associées ; 2o aux locataires, sous-locataires et cessionnaires de locaux de plaisance ; 3o aux locataires, cessionnaires et sous-locataires ayant plusieurs habitations, à moins qu'ils ne justifient que leur fonction ou leur profession les y oblige, ou que les locaux d'habitation loués par eux en sus de leur habitation personnelle sont occupés par leurs ascendants ou descendants ou ceux de leur conjoint ; 4o aux occupants de locaux d'habitation pour lesquels le logement constitue un des accessoires du contrat de louage de services (L. 31 mars 1922, art. 9).

131. D'autre part, relativement au bailleur, le droit à la prorogation est soumis à certaines restrictions. Il n'est pas opposable au propriétaire qui justifie d'un motif légitime pour occuper par lui-même ou faire occuper par ses ascendants ou ses descendants ou par ceux de son conjoint, à titre d'habitaton, un local d'habitation, sauf si le locataire appartient à une des catégories suivantes : mutilés ou réformés de guerre, veuves de guerre, ascendants ayant recueilli la veuve ou les enfants de militaires ou de marins morts pour la France, bénéficiaires des lois des 31 mars et 24 juin 1919 (pensions militaires, victimes civiles de la guerre), sinistrés dont l'habitation a été détruite ou rendue inhabitable par fait ou accident de guerre, chefs de famille ayant au moins trois enfants mineurs habitant avec eux ou à leur charge, ou si le locataire est âgé de 70 ans ou atteint d'une maladie ou infirmité grave dûment constatée. Mais si le propriétaire ou ses enfants appartiennent eux-mêmes à une de ces catégories, le droit à une prorogation ne leur est pas opposable (L. 31 mars 1922, art. 13, § 1er). — Le droit à la prorogation ne peut être exercé qu'une fois au profit de chacun des bénéficiaires ci-dessus énoncés (art. 13, § 3).

132. La durée de la prorogation facultative prévue à l'art. 7, § 2 (V. *supra*, nº 129), ne peut être ni inférieure à trois mois, ni dépasser le 1er janv. 1925. Elle est fixée suivant la condition respective des parties, l'état des locaux vacants dans la région et toutes les circonstances de la cause. L'expiration doit toujours coïncider avec un terme d'usage (L. 31 mars 1922, art. 8).

133. — 2º *Conditions de la prorogation. Majoration de prix.* — Pour être admis au bénéfice de la prorogation, les locataires doivent : 1º avoir satisfait à toutes les obligations imposées par leurs contrats, les usages locaux ou les décisions judiciaires intervenues ; 2º occuper et s'engager à occuper, dans la plus grande partie, par eux-mêmes ou par les membres de leur famille l'occupant antérieurement avec eux, l'immeuble objet de la prorogation ; 3º s'engager à payer et payer, pendant toute la durée de la prorogation, une majoration du prix du loyer en rapport avec l'augmentation des charges, les améliorations et la valeur réelle des locaux. Le juge peut refuser la majoration, s'il estime que, pour les locations récentes, elle n'est pas justifiée. Le preneur qui n'exécute pas, en cours de prorogation, l'une des conditions ci-dessus, est déchu du bénéfice de la prorogation (L. 31 mars 1922, art. 10, § 1, 2 et 3).

134. — 3º *Demande de prorogation. Procédure.* — À défaut d'accord amiable, le locataire doit faire connaître au bailleur, par lettre recommandée ou par acte extrajudiciaire (par huissier), la durée et les conditions de la prorogation qu'il sollicite. Cette demande doit être formée trois mois au moins avant l'expiration du bail écrit ou de la prorogation déjà acquise. S'il s'agit d'une location verbale déjà dénoncée par congé, la demande devait être formée dans les trois mois de la promulgation de la loi (c'est-à-dire le 30 juin 1922 au plus tard) ; s'il s'agit d'une location verbale en cours, la demande doit être formée dans les vingt jours de la réception du congé, lequel, à peine de nullité, doit expressément mentionner ce délai (L. 31 mars 1922, art. 18, § 1, 2 et 3).

135. Dans les vingt jours de la réception de la demande, le bailleur notifie, en la même forme, au locataire s'il accepte la proposition ou sur quels points il entend la contester. Faute de réponse dans ce délai ou en cas de désaccord, la partie la plus diligente saisit, par lettre recommandée ou déclaration faite au greffe, le juge de paix, quand le prix du loyer en cours ne dépasse pas 1000 fr., et, dans tous les autres cas, le président du tribunal civil de la situation de l'immeuble. Le juge convoque, par lettre recommandée du greffier, avec avis de réception, les parties qui, sauf en cas d'excuse jugée valable, doivent comparaître en personne. Elles peuvent se faire assister ou représenter devant le juge de paix par tous mandataires de leur choix, et pour les affaires ressortissant du tribunal de première instance, par un avocat régulièrement inscrit ou un avoué exerçant près ce tribunal. Le juge tente de concilier les parties. Il dresse procès-verbal soit de la non-conciliation, soit de l'accord intervenu. Dans ce dernier cas, le procès-verbal est revêtu de la formule exécutoire. Les parties peuvent, par une demande signée de chacune d'elles, donner au juge tout pouvoir de trancher leur différend comme arbitre amiable compositeur en dernier ressort, avec dispense de toutes formalités judiciaires, et s'engager à tenir sa décision comme règle de leurs accords réciproques (art. 18, § 4 à 7).

136. Faute de comparution ou de représentation, ou à défaut de conciliation, l'affaire est portée par le juge de paix à son audience, ou par le juge conciliateur devant le tribunal, qui statue en chambre du conseil, sur son rapport et sans autre procédure. La décision du juge de paix ou du tribunal est rendue en dernier ressort et ne peut être attaquée que par la voie du recours devant la commission supérieure de cassation (L. 31 mars 1922, art. 18, § 8, 9 et 10).

137. — VII. *Avantages accordés aux bailleurs : indemnité, remises d'impôts, etc.* — La loi du 9 mars 1918 a accordé aux bailleurs, dans certaines conditions, une indemnité servie par l'État. Pour prétendre à cette indemnité, le bailleur doit justifier : 1º que son ou ses locataires ont été exonérés en tout ou en partie, soit en vertu des art. 14, 15 et 16 de la loi du 9 mars 1918 (exonération de plein droit, ou prononcée par la commission arbitrale) (V. *supra*, nºs 101 et s.), soit par suite de conventions librement consenties depuis le 4 août 1914 ; 2º qu'il se trouve, au regard des lois d'impôt général sur le revenu, dans la situation suivante : ne pas être assujetti à cet impôt en raison de la modicité de son revenu net total annuel, ou, s'il y est assujetti, avoir un revenu net total annuel imposable qui ne dépasse pas les chiffres suivants, déduction faite de tous abattements et déductions prévus par la loi : 5000 francs dans toutes les communes de moins de 100000 habitants ; 8000 fr. dans les communes de 100000 habitants et au-dessus, et dans celles de la banlieue de Paris situées entre 25 et 40 kilomètres des fortifications et comptant plus de 2500 habitants ; 10000 francs à Paris, dans le département de la Seine et dans les communes de la banlieue situées dans un rayon de 25 kilomètres des fortifications (art. 29, § 1er).

138. L'indemnité est de 50 pour 100 des loyers dont le locataire a été déchargé. Elle ne peut, ajoutée à la portion des loyers demeurés exigibles, être inférieure aux charges de la propriété correspondant aux locaux ayant fait l'objet d'une exonération ou réduction, annuités des créances hypothécaires, impôts et assurances compris (art. 29, § 5).

139. Les indemnités sont payées en dix termes annuels, sans toutefois que le premier terme puisse être inférieur à 2000 fr., ou à la totalité de la créance si celle-ci n'atteint pas le chiffre de 2000 francs. Les termes non échus portent intérêt à 5 pour 100 l'an. Les intérêts sont payables chaque année en même temps que les termes successifs (L. 9 mars 1918, art. 29, § 8, 9 et 10 ; L. 21 oct. 1919, art. 15).

140. Les demandes en indemnité devaient être adressées au directeur de l'enregistrement dans l'année suivant la cessation des hostilités, c'est-à-dire avant le 24 oct. 1920 (L. 9 mars 1918, art. 30, § 4). Mais les bailleurs qui ont été déclarés forclos à raison du retard dans la production de leur demande d'indemnité, sont admis à présenter une nouvelle demande dans le délai d'un an à dater du 1er avr. 1922 (L. 31 mars 1922, art. 5).

141. Les propriétaires ayant droit à une indemnité pour perte de loyers peuvent exiger que le montant des impositions et des taxes municipales restant dues pour les années 1914 à 1919 inclusivement, en ce qui concerne l'immeuble au titre duquel est réclamée l'indemnité, soit imputé sur le ou les premiers termes de cette indemnité. Les demandes à cette fin devaient être déposées avant le 1er avr. 1922 (L. 31 déc. 1921, art. 4 et 5).

142. Toute réduction ou exonération de loyer prononcée par la loi ou par les commissions arbitrales entraîne, sur la contribution foncière et la contribution des portes et fenêtres, principal et centimes additionnels départementaux et communaux compris, et sur les taxes assimilées afférentes à l'immeuble loué, une remise proportionnelle à la perte de revenu subie par le propriétaire. Cette remise doit, à peine de forclusion, être demandée par le propriétaire dans les trois mois qui suivent la date à laquelle la réduction ou l'exonération de loyer est devenue définitive.

143. L'exemption temporaire d'impôt foncier dont bénéficient, en vertu de l'art. 9 de la loi du 8 août 1890 (V. *Impôts directs*, n° 84), les constructions nouvelles est portée à quinze ans, à compter de l'année qui suivra celle de leur achèvement, pour les constructions nouvelles commencées et non encore terminées, ainsi que pour celles qui seront entreprises postérieurement à la promulgation de la loi, pourvu qu'elles soient achevées avant le 31 déc. 1927. L'exemption est, en outre, étendue, en ce qui concerne les mêmes immeubles, à la contribution des portes et fenêtres, ainsi qu'aux taxes spéciales perçues au profit des départements et des communes (art. 20, § 1 et 2). Sont toutefois exclus du bénéfice de ces dispositions : 1° les immeubles affectés à un autre usage que l'habitation ; 2° les immeubles construits par les sinistrés de la guerre ou leurs ayants droit et ayant donné lieu à l'attribution de l'indemnité relative à la réparation des dommages de guerre ; 3° les habitations d'agrément, de plaisance ou servant à la villégiature (art. 20, § 3).

144. L'assiette du privilège ou des droits et actions du bailleur peut être limitée par les parties à une portion déterminée et suffisante du mobilier garnissant les locaux loués et servant de gage spécial à sa créance. Le bailleur peut, si le locataire quitte les lieux loués avant le complet payement des loyers encore dus et sans fournir une caution suffisante, réaliser le gage affecté à sa créance. Néanmoins, le privilège du bailleur ne peut s'exercer sur les meubles, effets mobiliers, ustensiles et objets nécessaires à la nourriture, au coucher et au travail du locataire et des membres de sa famille (L. 31 mars 1822, art. 11). Comp. n° 112.

145. Les locataires dont les loyers d'avance ont été utilisés conformément à l'art. 25 de la loi du 9 mars 1918 (V. n° 113) ne sont pas tenus de les reconstituer (L. 31 mars 1922, art. 12).

146. Dans les villes placées sous l'empire du décret du 26 mars 1852 (notamment à Paris), l'art. 5 de ce décret, relatif au ravalement des maisons (V. *Voirie*, n° 72), ne sera pas applicable jusqu'au 31 déc. 1924. Dans celles où, en vertu d'arrêtés ou de règlements municipaux, des réparations de peinture ou de blanchiment des maisons seraient ordonnées, celles-ci seront suspendues jusqu'à la même date. Les réparations aux façades des maisons et aux murs des cours intérieures ne pourront être imposées aux propriétaires que par voie d'arrêtés individuels exclusivement fondés sur la sécurité et l'hygiène publique. Sont caducs tous arrêtés antérieurement pris contraires à cette disposition (L. 31 mars 1922, art. 19).

147. — VIII. *Effets des prorogations à l'égard des tiers.* — Les prorogations accordées par les différentes lois sur les loyers, y compris celle du 31 mars 1922, ne peuvent ouvrir droit à des dommages-intérêts au profit soit d'un acquéreur de l'immeuble, soit d'une personne ayant loué à bail dans cet immeuble antérieurement au 1er avr.

1922. D'autre part, si la prise de possession d'un local loué à bail dans ces conditions se trouve retardée, le locataire futur qui voudrait résilier la convention devrait, en ce cas, déclarer sa volonté avant le 1er juill. 1922 (L. 31 mars 1922, art. 16).

148. — IX. *Transformation ou modification des immeubles.* — Aucun local affecté à l'habitation ne peut être transformé en établissement de spectacles publics ou de danses, ou en local commercial ou industriel, jusqu'au 1er janv. 1923. Toute infraction à cette disposition constitue une contravention poursuivie en vertu de l'art. 471, § 15, c. pén. (V. *Contravention*, n° 24). Le juge doit ordonner la réaffectation des lieux en locaux d'habitation. Faute d'exécution dans le délai imparti, le propriétaire et l'occupant sont traduits devant le tribunal correctionnel et passibles d'une amende de 2 000 francs à 10 000 francs. Le tribunal doit, en outre, ordonner l'exécution, aux frais des parties, des travaux de réaffectation (L. 31 mars 1922, art. 15).

149. Toute modification des immeubles actuellement existants, quand elle a pour but de créer de nouveaux locaux d'habitation, ne peut ouvrir aucun droit à une demande d'indemnité de la part des locataires de la même maison, jusqu'au 1er janv. 1928. Si, cependant, les travaux étaient de telle nature qu'ils rendissent inhabitable ce qui est nécessaire au logement du locataire et de sa famille, celui-ci pourrait demander la résiliation du bail ou une diminution du loyer (L. 31 mars 1922, art. 22).

150. — X. *Spéculation illicite.* — Lorsqu'il s'agit de locaux à usage d'habitation, toute exigence du bailleur, de ses agents ou préposés, ou toute convention tendant à imposer au preneur, soit sous forme de reprise de mobilier, soit sous forme de remise d'argent supplémentaire, un prix de location qui ne serait pas proportionné à la valeur du local, sont considérées comme illicites et frappées de nullité. En outre, toutes personnes les ayant frauduleusement exigées sont passibles des peines prévues à l'art. 419 c. pén. (V. *Industrie et commerce*, n° 42), les dispositions des art. 1116 et s. code civ. (V. *Contrats-conventions* n°s 26 et s.) restant applicables, s'il y a lieu, pour les locaux à usage commercial ou industriel (L. 31 mars 1922, art. 17).

151. La loi du 9 mars 1918 organisait des commissions arbitrales des loyers (une par arrondissement, en principe) et fixait la procédure à suivre devant elles ainsi que le recours en cassation contre leurs décisions. Ses dispositions à cet égard ont perdu leur intérêt, les commissions arbitrales ayant été supprimées par la loi du 31 mars 1922 (V. *suprà*, n° 96).

152. Toute renonciation au bénéfice de la loi du 31 mars 1922, antérieure à sa promulgation, est réputée non écrite, sauf dans les cas formellement prévus par ladite loi (art. 23).

CHAP. II. — BAUX A FERME
ET A MÉTAYAGE.

153. — I. *Délai pour le payement des fermages.* — Les dispositions relatives aux baux à loyer (maisons, appartements, boutiques) ne sont pas applicables aux *baux à ferme.* — En ce qui concerne ces baux, quel que soit le montant du fermage, le juge de paix pouvait, le propriétaire dûment appelé, en considération de la position du locataire, et spécialement s'il était appelé sous les drapeaux, accorder pour le payement des délais qui ne devaient pas dépasser quatre-vingt-dix jours francs (Décr. 1er sept. 1914, art. 8). — Ces dispositions n'étaient applicables que dans les départements énumérés au tableau annexé au décret du 1er sept. 1914 : Aisne, Ardennes, Aube, Doubs, Eure, Haute-Marne, Haute-Saône, Marne, Meurthe-et-Moselle, Meuse, Nord, Oise, Pas-de-Calais, Seine, Seine-Inférieure, Seine-et-Marne, Seine-et-Oise, Somme, Vosges, territoire de Belfort.

154. Pendant la durée de la guerre, aucune mesure d'expulsion au profit du bailleur ou propriétaire n'a pu être prononcée par application de l'art. 1752 c. civ. (insuffisance des meubles garnissant les lieux loués) envers les locataires, métayers ou fermiers auxquels des délais ont été accordés par le juge pour le payement de leurs loyers ou fermages, et cela avant l'expiration desdits délais (Décr. 22 janv. 1916, art. 4).

155. — II. *Prorogation et suspension des baux à ferme ou à métayage.* — Les baux à ferme ou à métayage qui devaient prendre fin avant le 1er janv. 1915, soit en vertu de congé, soit par l'échéance de leur terme normal, ont été, de plein droit, prorogés d'un an, lorsque le fermier ou le métayer était *mobilisé*, pourvu que l'intéressé, ou, à son défaut, l'un des membres de sa famille participant à l'exploitation ait réclamé le bénéfice de cette disposition par une déclaration faite avant l'expiration du bail : 1° au propriétaire, par lettre recommandée avec avis de réception ; 2° au greffe de la justice de paix, sur un registre (Décr. 19 sept. 1914, art. 1er).

156. Le point de départ des baux (à ferme ou à métayage) qui devaient commencer à courir avant le 1er janv. 1915 a été, de plein droit, ajourné d'un an, lorsque le fermier ou le métayer était *mobilisé*, pourvu que l'intéressé, ou à son défaut l'un des membres de sa famille habitant avec lui, ait réclamé le bénéfice de cette disposition par une déclaration faite dans la forme indiquée *suprà*, n° 155, et avant la date fixée pour l'entrée en jouissance (Décr. 19 sept. 1914, art. 2, précité). Ces dispositions ont été rendues applicables, en vertu de décrets successifs, aux baux prenant fin ou commençant à courir du 1er janv. 1915 au 31 déc. 1920. Les baux prenant fin ou commençant à courir après le 31 déc. 1920 ne sont pas prorogés.

157. Une prorogation spéciale a été accordée par la loi du 27 juin 1921 aux baux de locaux et terrains affectés à une exploitation d'horticulteurs pépiniéristes ou maraîchers primeuristes, propriétaires de leur installation industrielle de forçage.

158. — III. *Reddition des comptes d'exploitation des baux à métayage.* — Dans le cas de bail à colonat partiaire, ou métayage, le bailleur n'a pu exiger qu'il soit procédé à la reddition des comptes avant le cessation des hostilités, *lorsque le métayer avait été mobilisé*, sauf dans le cas où, le bail venant à expiration, le métayer ne l'avait pas prorogé conformément à l'art. 1er du décret du 19 sept. 1914 (V. *suprà*, n° 155) (Décr. 27 oct. 1914, art. 1er).

159. — IV. *Résiliation des baux ruraux.* — Les *baux ruraux* antérieurs au 1er août 1914 sont soumis aux dispositions exceptionnelles ci-après, sans préjudice des règles édictées par le droit commun ou par les conventions (L. 17 août 1917, art. 1er).

160. En cas de *décès du preneur* d'un bien rural, tué à l'ennemi ou décédé des suites de blessures reçues ou de maladie contractée ou aggravée sous les drapeaux, ses *héritiers* ont pu demander la résiliation du bail, par une déclaration faite, d'une part, au bailleur même mobilisé, par lettre recommandée avec avis de réception ; d'autre part, au greffe de la justice de paix, où elle est consignée sur un registre spécial et transmise au bailleur par les soins du greffe. Le même droit appartenait au preneur mis hors d'état d'exploiter les biens loués par suite de blessures ou d'une maladie provenant de faits de guerre (L. 17 août 1917, art. 2 et 3).

161. En principe, la résiliation a lieu *de plein droit et sans indemnité*. Elle a son effet à l'expiration d'un terme d'usage, en observant les délais ordinaires des congés, sans que ceux-ci puissent excéder une année (art. 2, § 6 et 8).

162. Tout preneur de bien rural, fermier, colon ou métayer, même non mobilisé, peut obtenir une *remise* ou une *réduction* sur les fermages et redevances diverses échus pendant la guerre et dans l'année suivant la cessation des hostilités, s'il a subi, du fait de la guerre, des pertes entraînant un déficit dans l'ensemble de son exploitation.

163. Toutes les contestations auxquelles pouvait donner lieu la loi du 17 août 1917 devaient, quel que soit leur chiffre, être jugées par une *commission arbitrale* spéciale siégeant au chef-lieu de chaque canton.

CHAP. III. — BAUX D'IMMEUBLES SITUÉS DANS LES RÉGIONS ÉVACUÉES OU ENVAHIES.

164. Sans préjudice des règles du Code civil relatives au louage et des dispositions des lois des 18 juill. 1889, 17 août 1917 (V. *suprà*, n°s 153 et s.) et 9 mars 1918 (V. *suprà*, n°s 94 et s.), les baux concernant les immeubles atteints par des dommages visés à l'art. 2 de la loi du 17 avr. 1919 (V. *suprà*, n° 40), ou situés dans les localités qui ont été occupées par l'ennemi ou qui ont été évacuées par ordre ou sur l'avis de l'autorité, sont régis, nonobstant toutes clauses et conventions contraires antérieures au 4 août 1914, par les dispositions exceptionnelles et temporaires de la loi du 25 oct. 1919. — Sont seules admises au bénéfice de la loi les personnes mentionnées à l'art. 3 de la loi précitée du 17 avr. 1919 sur les dommages de guerre (V. *suprà*, n° 43) (L. 25 oct. 1919, art. 18).

165. — I. *Règles générales.* — Lorsque les dégradations aux constructions ou les destructions d'immeubles ouvrent droit à une indemnité réglée par la loi sur les dommages de guerre, le propriétaire, s'il procède à la reconstitution des immeubles, reste seul chargé des réparations ou reconstructions auxquelles l'indemnité permet de pourvoir. Le preneur qui, en cas de destruction partielle de l'immeuble, opté pour la continuation du bail, ne peut exiger, pour les réparations, d'autres ni plus amples travaux que ceux correspondant à l'emploi total des acomptes, avances ou indemnités alloués en toute propriété au propriétaire qui reconstitue l'immeuble, sans préjudice toutefois des réductions de prix en cas de diminution de jouissance. Le bailleur est réputé satisfaire aux obligations mises à sa charge par les art. 1719 et 1720 c. civ. (V. *Louage*, n°s 22 et s.), en justifiant de ses diligences à l'effet d'obtenir les avances, acomptes et indemnités auxquels il a droit en vertu des lois et règlements sur la réparation des dommages de guerre (L. 25 oct. 1919, art. 2).

166. — II. *Baux d'immeubles à destination industrielle ou commerciale.* — Le preneur d'un immeuble bâti à destination commerciale ou industrielle atteint par un fait de guerre peut demander que l'effet du bail soit reporté sur cet immeuble reconstitué à l'aide de l'indemnité versée par l'État. Il ne peut exercer ce droit que s'il restait au moins trois années à courir sur le bail au jour de la détérioration ou de la destruction de l'immeuble. Le bail reprend son effet sur l'immeuble reconstitué à dater du jour de l'achèvement des travaux et pour la durée qui restait à courir sur le bail au moment où s'est produit le fait donnant lieu à résiliation (L. 25 oct. 1919, art. 6).

167. Quand l'immeuble n'a pas subi de dégâts, ou quand, en cas de destruction partielle (Civ. 1722), le preneur a opté pour la continuation du bail, il peut demander, si l'outillage industriel ou commercial qui garnissait les lieux a été détruit, que le point de départ du délai de prorogation, établi par l'art. 56 de la loi du 9 mars 1918 (V. *suprà*, n° 276), soit fixé au jour où cet outillage aura pu être reconstitué (art. 10).

168. — III. *Baux à ferme.* — La résiliation du bail peut être demandée par le fermier qui justifie que la guerre a modifié soit sa position personnelle, soit les conditions de son exploitation, dans une mesure telle qu'il est évident que, dans sa situation actuelle, il n'aurait pas contracté. La résiliation peut être demandée par le bailleur s'il justifie que le preneur n'est plus en état d'assurer l'entretien et l'exploitation des biens loués. La résiliation est de droit à la demande de l'une des parties si l'autre partie n'affecte pas le montant des indemnités, afférentes à l'exploitation, qui lui sont allouées pour les dommages causés aux immeubles par nature et par destination, à la réparation desdits dommages (L. 25 oct. 1919, art. 11).

169. A la condition d'affecter à la reconstitution de son exploitation le montant des indemnités qui lui sont allouées pour les dommages immobiliers qu'il a personnellement subis, le fermier peut demander que le bail soit prolongé pour une durée égale au temps pendant lequel il a été privé, par suite d'événements de guerre, de la jouissance de la chose louée. La durée des baux conclus avant le 1er août 1914, dont l'exécution n'a pas commencé à la date convenue par suite de guerre et dont le fermier demande le maintien, part de l'époque à laquelle la jouissance effective a pu commencer (Même loi, art. 13). — Sous réserve de ces dispositions, les art, 6 à 9 (V. n°s 166 et 167) sont applicables aux baux à ferme (art. 14).

XX. — Marchés à livrer.

170. Des mesures exceptionnelles ont été prévues par la loi du 21 janv. 1918, dite loi Failliot, à l'égard des marchés et contrats ayant un caractère commercial pour les parties ou pour l'une d'elles seulement, conclus avant le 1er août 1914, et comportant soit des livraisons de marchandises ou de denrées, soit d'autres prestations, successives ou seulement différées (art. 1er). — Édictée pour la durée de la guerre et les trois mois qui suivraient la cessation des hostilités, cette loi a été maintenue en vigueur jusqu'au 31 juill. 1920 (L. 9 mai 1920, art. 1er).

171. Indépendamment des causes de résolution résultant du droit commun ou des conventions, la loi du 21 janv. 1918 prévoyait la résolution par justice, sur la demande de l'une des parties, des contrats susvisés. Cette mesure ne pouvait être ordonnée que si, à raison de l'état de guerre, l'exécution des obligations du demandeur devait entraîner des charges ou lui causer un préjudice dépassant de beaucoup les prévisions qui pouvaient être raisonnablement faites à l'époque de la convention.

172. La résolution était prononcée, suivant les cas, avec ou sans dommages-intérêts; ceux-ci devaient être réduits si le préjudice excédait notablement celui que les contractants pouvaient prévoir (art. 2, § 1, 2 et 3). — Le juge pouvait aussi prononcer la suspension du contrat

pendant un délai déterminé (art. 2, § 5). — Après un préliminaire de conciliation devant le président du tribunal civil ou de commerce, l'affaire, en cas de non-conciliation, était portée devant le tribunal (art. 3 et 5).

173. Les marchés et contrats qui n'avaient pas été l'objet d'une demande d'exécution avant le 31 juill. 1920 ont été résiliés de plein droit à cette date (L. 9 mai 1920, art. 2).

XXI. — Monnaie.

174. Les bons de monnaie émis en territoire envahi, pendant l'occupation ennemie, par les villes, communes, syndicats de communes, chambres de commerce et caisses d'épargne sont échangés par l'Etat, pour le compte de ces collectivités, contre du numéraire et contre des bons de la défense nationale à échéance d'un an (L. 11 févr. 1919; L. 31 mai 1921, art. 5).

XXII. — Moratoire des échéances.

175. — I. *Principe et portée du moratoire.* — Le décret du 9 août 1914, pris par le Gouvernement en vertu de la loi du 5 août 1914, prorogeait de trente jours francs l'échéance de toutes les *valeurs négociables* (lettres de change, billets à ordre ou au porteur, chèques, mandats et warrants) échues depuis le 31 juill. 1914 inclusivement, pourvu qu'elles eussent été souscrites avant le 4 août 1914. — La prorogation s'étendait également: ... aux créances résultant de fournitures de marchandises faites entre commerçants antérieurement au 4 août 1914, à l'exclusion des créances relatives aux opérations de bourse; ... aux sommes dues pour avances, faites avant le 1er août 1914, sur des valeurs mobilières ou des effets de commerce, ou garanties par ces titres ou effets; ... au retrait des dépôts-espèces et des soldes créditeurs de comptes courants dans les banques.

176. Les délais ainsi accordés furent prorogés de trois mois en trois mois, par une série de décrets dont le dernier en date est du 18 sept. 1920. — Cependant, au cours de la guerre, le bénéfice du moratorium avait été successivement retiré à certaines catégories de débiteurs, que leur situation mettait à même de se libérer. Ces mesures restrictives concernaient : les débiteurs travaillant pour l'Etat ou les Etats alliés (Décr. 23 déc. 1915), les débiteurs ayant réalisé des bénéfices exceptionnels de guerre (Décr. 29 déc. 1917), les autres débiteurs non mobilisés (Décr. 24 sept. et 29 déc. 1918). De sorte qu'en définitive le moratorium ne s'appliquait plus qu'aux catégories de débiteurs ci-après : 1° débiteurs qui étaient ou avaient été mobilisés, et les héritiers de ceux-ci, à raison des obligations contractées par leurs auteurs; 2° sociétés en nom collectif dont tous les associés et sociétés en commandite simple dont tous les gérants étaient ou avaient été mobilisés; 3° débiteurs domiciliés dans les territoires envahis ou particulièrement atteints par les hostilités.

177. En vertu du décret du 29 déc. 1918, les débiteurs ne rentrant pas dans les catégories qui viennent d'être énumérées étaient soumis au régime suivant : l'échéance des valeurs négociables souscrites par eux avant le 4 août 1914 et échues originairement depuis le 31 juill. 1914 était prorogée de 56 mois, date pour date, à partir du jour de leur échéance originaire; le porteur ne pouvait refuser un payement partiel, pourvu qu'il fût au moins du quart du principal; le débiteur pouvait obtenir du président du tribunal de commerce des délais supplémentaires; aucun protêt ne pouvait être dressé ; mais, dix jours après réception de la lettre recommandée constatant le défaut de payement, le débiteur était passible de poursuites, moyennant la permission du président du tribunal de commerce. La même prorogation de 56 mois était étendue au payement de fournitures de marchandises et au remboursement des avances en compte ou à découvert, ou sur valeurs mobilières ou effets de commerce.

178. Enfin, quant aux débiteurs, particulièrement dignes d'intérêt, énumérés ci-dessus, n° 176, et auxquels le bénéfice du moratorium était maintenu par le décret du 29 déc. 1918, il a été mis fin à cette situation par la loi du 27 déc. 1920 et le décret du 28 déc. 1920, suivant les distinctions suivantes : 1° les débiteurs qui ont été mobilisés pendant au moins un an, les réformés de guerre, et les débiteurs dont les établissements étaient situés dans des localités envahies ou évacuées, du fait des hostilités, pendant plus d'un an, sont régis par la loi du 27 déc. 1920 (V. *infra*, n° 179) ; 2° ceux qui ne remplissent pas ces conditions sont régis par le décret du 28 déc. 1920 (V. *infra*, n° 187).

179. — II. *Débiteurs régis par la loi du 27 déc. 1920.* — 1° *Règlement du principal.* — Au plus tard à l'expiration du troisième mois qui a suivi la date à laquelle a pris fin la dernière prorogation (c'est-à-dire au plus tard le 30 juin 1921), le porteur d'une valeur négociable dont l'échéance avait été prorogée devait notifier au débiteur, par lettre recommandée, avec accusé de réception, qu'il était en possession de l'effet.

180. Dans ce même délai, le débiteur a fait connaître au porteur de la valeur négociable ou au créancier, par lettre recommandée avec avis de réception, les échéances auxquelles il s'engageait à payer par fractions les sommes dont il est redevable. Cet échelonnement d'échéances ne doit pas dépasser cinq ans à dater de l'expiration du délai ci-dessus prévu. Un dixième, au moins, de la dette totale doit être payé annuellement pendant les quatre premières années. Le débiteur doit, en même temps, faire connaître s'il est disposé à payer les intérêts prévus par la loi et, dans la négative, préciser les motifs détaillés de son refus et présenter ses propositions.

181. Dans le délai d'un mois à dater de la notification des échéances choisies par le débiteur, le porteur était tenu d'en aviser, par lettre recommandée avec accusé de réception, le tireur et le dernier cédant, à peine de déchéance de tout recours contre ceux-ci au cas de non-payement par le débiteur principal. Le dernier cédant et les endosseurs antérieurs étaient respectivement tenus, sous la même sanction, d'aviser de cette notification leurs endosseurs immédiats.

182. A partir de l'expiration du dernier délai de prorogation (V. *supra*, n° 178), la dette porte intérêt au taux d'escompte de la Banque de France, majoré de 1 pour 100, à moins que des conventions particulières n'aient fixé un taux plus élevé. Si le débiteur ne s'acquitte pas à une des échéances fixées comme il est dit *supra*, n° 180, les dispositions des art. 161 à 172 du Code de commerce (droits et devoirs du porteur, protêt, recours contre le tireur et les endosseurs) reçoivent application. Toutefois, par dérogation à ces articles, il n'est pas dressé de protêt ; le défaut de payement est constaté, dans un délai de dix jours à dater du lendemain de l'échéance, par lettre recommandée adressée par le porteur au débiteur et suivie d'un accusé de réception. La notification par lettre recommandée, avec accusé de réception, de la copie de la lettre constatant le défaut de payement, tient lieu de la notification de protêt (L. 27 déc. 1920, art. 7).

183. Pendant la période de cinq ans prévue pour les payements (V. *supra*, n° 180), les débiteurs ne peuvent être déclarés en faillite à raison des sommes demeurées impayées. Ce délai de cinq ans est prolongé, pour les combattants et les prisonniers de guerre, d'une période égale à celle de leur présence effective au front, dans les hôpitaux ou dans les camps d'internement. Le débiteur peut, dans tous les cas, réclamer le bénéfice du règlement transactionnel (L. 27 déc. 1920, art. 9, § 1, 2 et 3).

184. — 2° *Règlement des intérêts.* — Les intérêts qui ont couru jusqu'à l'expiration du dernier délai de prorogation (V. *supra*, n° 178) sont payables ainsi qu'il suit. Pour la période du 1er août 1914 au 24 oct. 1919, date de la cessation des hostilités, le montant en est calculé au taux maximum de 5 pour 100 l'an. Si un taux inférieur à 5 pour 100 a été convenu, il doit être appliqué. Pour la période comprise entre le 24 oct. 1919 et la date de cessation de la prorogation, les intérêts sont calculés conformément à l'art. 6 du décret du 29 août 1914, c'est-à-dire en principe au taux de 5 pour 100 (L. 27 déc. 1920, art. 10).

185. Les intérêts moratoires dus pour traites ou fournitures de marchandises entre commerçants ne peuvent être réclamés aux tirés ou débiteurs bénéficiaires de la loi pour la période qui s'est écoulée entre la date d'échéance de leur dette et le 24 oct. 1919, à moins que l'on n'établisse que, directement ou indirectement, au cours de cette période, ils ont continué l'exercice de leur profession ou se sont livrés à un autre commerce, une autre industrie ou une autre profession quelconque rémunérée (art. 11). — Les débiteurs qui ne peuvent bénéficier de la cause d'exemption ainsi prévue peuvent obtenir remise de tout ou partie des intérêts dus, s'ils établissent que, du fait de leur mobilisation ou par suite des circonstances dues à l'invasion ou à la guerre, ils ne pourraient s'acquitter qu'en abaissant la valeur de leur capital actuel au-dessous de la valeur de leur capital d'avant-guerre.

186. Les contestations relatives au règlement des intérêts moratoires ou conventionnels sont examinées par une commission arbitrale constituée au chef-lieu de chaque arrondissement. — La commission compétente est celle du domicile d'avant-guerre du débiteur. — Ces commissions jugent en dernier ressort toutes les demandes dont le principal n'excède pas la valeur de 10 000 fr. Au-dessus de cette somme, il peut être interjeté appel des décisions des commissions arbitrales devant une commission établie au siège de chaque cour d'appel et qui statue en dernier ressort. Le délai pour faire appel est de quinze jours. Les décisions des commissions arbitrales rendues en dernier ressort et celles des commissions d'appel peuvent être attaquées par la voie du recours en cassation pour excès de pouvoir, incompétence ou violation de la loi. Le pourvoi est formé au plus tard le quinzième jour à dater de la notification de la décision, par déclaration au secrétariat de la commission qui a statué.

187. — III. *Débiteurs régis par le décret du 28 déc. 1920.* — L'échéance des valeurs négociables souscrites par ces débiteurs et échues originairement depuis le 31 juill. 1914 inclusivement est prorogée de 80 mois, date pour date, à partir de l'échéance originaire. Tout en mettant fin ainsi au moratorium, le décret du 28 déc. 1920 édicte certaines mesures destinées à sauvegarder les intérêts des débiteurs hors d'état de s'acquitter. Ainsi, le porteur de l'effet ne peut refuser un payement partiel, pourvu qu'il soit au moins du quart du principal ; en ce cas, le solde doit être payé au moins par tiers de deux mois en deux mois, sans que chacun de ces versements puisse être inférieur à 50 francs. Les intérêts sont exigibles à chaque terme pour la portion du principal qui est payée. — De plus le débiteur peut obtenir des délais supplémentaires du président du tribunal de commerce.

188. Si, à l'expiration de la prorogation d'échéance, le débiteur n'est pas libéré, les dispositions des art. 161 à 172 du Code de commerce reçoivent application, sous les conditions et réserves prévues par la loi du 27 déc. 1920 (V. *suprà*, n° 182). Dans le cas où, des délais supplémentaires ayant été accordés au débiteur, ce dernier ne s'acquitte pas à l'expiration de ces délais, les art. 161 à 172 c. com. s'appliquent sous les mêmes conditions et réserves.

189. Le payement des fournitures de marchandises est exigible 80 mois, date pour date, à compter du jour de l'exigibilité fixée primitivement par la convention des parties. Toutefois, les créanciers ne peuvent refuser les payements partiels, et les débiteurs peuvent obtenir des délais supplémentaires (V. *suprà*, n° 187) (Décr. 28 déc. 1920, art. 7).

XXIII. — Moratoire des opérations de bourse.

190. Le moratorium des opérations de bourse, institué par le décret du 27 sept. 1914, a pris fin partiellement en vertu du décret du 14 sept. 1915, qui a prescrit le payement des intérêts moratoires et des différences. Cependant, les art. 6 et 7 déclaraient suspendues : 1° *toutes demandes en payement* à l'égard des débiteurs présents sous les drapeaux ou habitant les régions envahies ; 2° *toutes demandes en payement*, autres que celles concernant les intérêts et les différences, relatives aux ventes et achats, antérieurs au 14 sept. 1915, de rentes, fonds d'États et autres valeurs mobilières, ainsi qu'aux opérations de report s'y rattachant. — Ce moratorium partiel a été supprimé par le décret du 3 févr. 1920, sauf en ce qui concerne les mobilisés et les habitants des régions envahies. Ces débiteurs ont joui du moratorium jusqu'au 31 déc. 1920, en vertu des décrets des 19 juin et 19 sept. 1920.

XXIV. — Mutilés et réformés.

191. Tout militaire ou ancien militaire des armées de terre et de mer, atteint d'infirmités résultant de blessures reçues ou de maladies contractées ou aggravées pendant la guerre, a droit à l'aide de l'État en vue de sa rééducation professionnelle (L. 31 mars 1919, art. 76). Il peut demander son inscription à une école de rééducation professionnelle (L. 2 janv. 1918, art. 1er). — La même faculté appartient aux victimes civiles de la guerre (L. 31 mai 1921, art. 28). — L'Office national des mutilés et réformés, établissement public rattaché au ministère de la Guerre et des Pensions (L. 5 août 1920), constitue un organe de liaison entre les administrations publiques et les associations ou œuvres privées qui s'occupent des anciens militaires dont il s'agit. — Dans chaque département, des comités départementaux ou locaux des mutilés et réformés sont institués pour coopérer au placement de ces anciens militaires, créer des écoles de rééducation, etc. Des subventions sont accordées à ces comités et aux écoles de rééducation. — L'État verse aux anciens militaires, invalides de guerre, qui font l'apprentissage d'un nouveau métier, une allocation quotidienne égale au cinquième du salaire, et qui ne peut être inférieure à 1 franc ni supérieure à 2 francs (L. 31 mars 1919, art. 76).

XXV. — Naturalisation.

192. La loi du 18 juin 1917 a déterminé les cas et les conditions dans lesquels, en cas de guerre entre la France et une puissance à laquelle a ressorti un étranger naturalisé, celui-ci peut être déchu de la nationalité française lorsqu'il a conservé sa nationalité d'origine. La déchéance est prononcée par la chambre du conseil du tribunal civil, après enquête. Le jugement est susceptible d'appel et de pourvoi en cassation. — La déchéance est personnelle à l'étranger ; elle peut cependant être étendue à la femme et aux enfants. — Les effets de la décision ne peuvent remonter au delà de la déclaration de guerre. — Aucune action en déchéance ne pourra être engagée après l'expiration de la cinquième année qui suivra la cessation des hostilités (c'est-à-dire après le 24 oct. 1924).

XXVI. — Navire.

193. Pendant la durée de la guerre et jusqu'à l'expiration d'un délai qui a été prorogé en dernier lieu jusqu'au 23 oct. 1921 (L. 23 avr. 1921), la vente volontaire d'un navire de mer français à un étranger, soit en France, soit à l'étranger, était interdite. Toutefois, des exceptions à cette prohibition pouvaient être autorisées par le ministre de la Marine (L. 11 nov. 1915, art. 1er). Tout acte fait en fraude de cette disposition est nul et rend le vendeur passible d'un emprisonnement de un à six mois et d'une amende de 16 à 500 francs, ou d'une de ces deux peines seulement. En outre, le navire est confisqué.

XXVII. — Notaire.

194. Par dérogation à l'art. 36 de la loi du 25 ventôse an 11, modifiée par la loi du 12 août 1902, le temps de stage exigé des aspirants au notariat qui ont été mobilisés pendant deux ans au moins est réduit à quatre années entières et non interrompues, dont une au moins en qualité de premier clerc. Cette disposition est applicable aux aspirants qui ont été retenus dans les régions envahies ou en territoire ennemi et dont, à ce titre, le stage n'est pas considéré comme interrompu. Le temps de stage n'est que de trois années, dont une au moins en qualité de premier clerc, si le candidat justifie du diplôme de docteur ou de licencié en droit, ou du certificat d'élève diplômé d'une école de notariat reconnue par l'État (L. 5 avr. 1919, art. 1er). — Les aspirants au notariat non inscrits et susceptibles de bénéficier de cette loi devaient se faire inscrire dans les six mois de sa promulgation (art. 3).

XXVIII. — Ordres civils et militaires.

195. Les attributions de croix de la Légion d'honneur et de médailles militaires faites pendant les hostilités par arrêtés ministériels, en vertu du décret du 13 août 1914, ont été ratifiées par la loi du 26 févr. 1921.

196. Il a été créé par la loi du 8 avr. 1915 une croix, dite croix de guerre, destinée à commémorer les citations individuelles, pour faits de guerre, à l'ordre du jour des armées de terre et de mer, des corps d'armée, des divisions, des brigades et des régiments.

197. Le décret du 13 juill. 1917 a institué une médaille dite de la « Reconnaissance française », destinée à remercier et à distinguer les auteurs des actes de dévouement accomplis dans l'intérêt public, à l'occasion de la guerre et pendant la durée des hostilités.

XXIX. — Postes et télégraphes.

198. La franchise concernant les lettres et les mandats, accordée par le décret du 3 août 1914 aux militaires et aux marins mobilisés, a été supprimée, sauf pour les troupes de terre et de mer en opérations hors de France (pays rhénans, Orient, Maroc, etc.) (Décr. 27 juin 1921).

XXX. — Prescriptions, péremptions et délais.

199. En exécution de la loi du 5 août 1914, (art. 2), le décret du 10 août 1914 a suspendu, pendant la durée de la mobilisation et jusqu'à la cessation des hostilités (24 oct. 1919), toutes prescriptions et péremptions en matière civile, commerciale ou administrative, tous délais impartis pour signifier, exécuter ou attaquer les décisions des tribunaux judiciaires ou administratifs. — Des atténuations ont d'ailleurs été apportées au moratorium judiciaire au cours des hostilités, spécialement par les décrets des 15 déc. 1914, 11 mai 1915, 10 oct. 1916, qui ont autorisé, dans certaines conditions, la levée de la suspension des délais, la continuation jusqu'à décision définitive des instances engagées avant ou depuis la mobilisation, et l'exécution des décisions devenues définitives.

200. A partir de la cessation des hostilités (24 oct. 1919), un nouveau délai, égal au délai ordinaire, a couru pour les différents actes de recours devant les tribunaux judiciaires et administratifs. Quant aux autres actes, il a été accordé, à partir de la même date, un délai égal à celui qui restait à courir au jour de la mobilisation (Décr. 10 août 1914, art. 2).

201. Les effets de l'art. 2 de la loi du 5 août 1914 et de l'art. 1er du décret du 10 août 1914 (V. n° 199) sont limités aux prescriptions, péremptions et délais, ayant pris cours avant ou depuis le 2 août 1914, qui, sans la suspension, auraient été acquis ou auraient pris fin pendant les hostilités ou au cours des six mois suivant leur cessation. Les prescriptions, péremptions et délais qui ne devaient être acquis ou prendre fin qu'après le 24 avr. 1920 n'ont pas été suspendus. Ceux qui ont été accomplis ou sont échus entre le 24 oct. 1919 et le 24 avr. 1920 ont été prolongés de six mois à compter de la date normale de leur accomplissement ou de leur échéance. Ainsi, une prescription de 10 ans qui, sans la guerre, aurait été accomplie le 31 déc. 1919, a été prolongée jusqu'au 30 juin 1920. — Quant aux prescriptions, péremptions et délais accomplis ou échus avant le 24 oct. 1919, ils ont bénéficié de la prolongation prévue à l'art. 10 du décret du 10 août 1914 (V. supra, n° 200). — Enfin, un délai de six mois à compter du jour de la cessation des hostilités (24 oct. 1919) a été accordé pour les renouvellements d'inscriptions de privilèges, hypothèques, nantissements, etc., qui auraient dû être opérés pendant la guerre (L. 4 juill. 1915, art. 4). Ce délai a été prorogé d'un an, jusqu'au 24 avr. 1921, par la loi du 19 avr. 1920.

XXXI. — Ravitaillement.

202. Pendant la durée de la guerre, de très nombreux textes (lois, décrets, arrêtés ministériels) ont réglementé la production, la fabrication, la vente, la mise en vente, la circulation des denrées alimentaires, en vue d'assurer le ravitaillement national en céréales, pain, viande, lait, etc. D'autres textes ont édicté des restrictions de consommation. Toutes ces dispositions ont été abrogées en 1919 et en 1920. La liberté a été rendue au commerce des céréales panifiables, des farines et du pain par le décret du 25 août 1920.

203. Des marchands, qu'ils soient sédentaires, ambulants ou forains, sont tenus de marquer le prix des denrées, boissons ou combustibles qu'ils vendent au détail. De même, les hôteliers, restaurateurs, cafetiers, doivent afficher, à l'extérieur et à l'intérieur de leurs établissements, le prix des repas, portions ou consommations (Décr. 18 août 1919). La vente des marchandises à des prix supérieurs à ceux marqués ou affichés est interdite. Les infractions sont punies des peines prévues par la loi du 10 févr. 1918 (amende de 16 à 2000 francs, six jours à deux mois d'emprisonnement; en cas de récidive, amende de 2000 francs à 6000 francs, emprisonnement de deux mois à un an). — Les producteurs ne vendant que les produits de leurs exploitations agricoles, dans les marchés à eux réservés par arrêtés municipaux, sont dispensés de l'obligation de marquer les prix. — Le régime de publicité des prix peut être déclaré par les préfets inapplicable dans les communes de moins de 500 habitants.

XXXII. — Régions libérées.

204. — I. *Remembrement et lotissement des propriétés.* — Le bouleversement du sol dans les régions qui ont été le théâtre d'opérations militaires a rendu nécessaire un lotissement et un remembrement des propriétés foncières. Ces opérations ont été prescrites et définies par la loi du 4 mars 1919, complétée par le règlement d'administration publique du 10 sept. 1920. — Dans chaque commune de la zone dévastée une commission de reconstitution foncière est chargée de rechercher ou de rétablir les limites disparues des propriétés et de provoquer les opérations d'échange et de remembrement amiables qui peuvent être réalisées. Cette commission est composée du juge de paix, du maire, de fonctionnaires et de six propriétaires. — Tous les moyens de preuve sont admis devant cette commission, dont les décisions en matière de délimitation sont exécutoires après notification et publication, sauf recours, dans le délai d'un mois, devant le tribunal civil. Le jugement doit être rendu dans les trois mois; il est en dernier ressort.

205. La commission peut demander que, par préférence au rétablissement des délimitations anciennes, il soit procédé à un nouveau lotissement des terres. Le même droit appartient aux propriétaires. La demande est portée devant une commission départementale composée d'un magistrat, de neuf propriétaires et de divers fonctionnaires. Après avis de cette commission, le préfet statue et ordonne le lotissement s'il y a lieu (L. 4 mars 1919, art. 2). — Le nouveau lotissement a pour objet d'attribuer à chaque propriétaire, par voie de remembrement, en tenant compte des diverses natures de culture et en prenant pour base la superficie cadastrale et l'évaluation de la propriété non bâtie, une surface de terre d'une valeur proportionnellement équivalente à celle des terres dont il était propriétaire dans l'ensemble de la surface soumise au lotissement. L'opération du lotissement est effectuée soit par la commission communale de reconstitution foncière (V. le n° précédent), soit, s'ils le demandent, par les intéressés réunis en association syndicale. — Si le lotissement est fait par la commission communale, un recours est ouvert devant la commission départementale (L. 4 mars 1919, art. 5).

206. Si des privilèges, hypothèques ou autres droits réels grèvent les immeubles, ils sont transférés d'office sur les nouvelles parcelles attribuées à l'ancien propriétaire.

207. Sont exempts de tous droits de timbre, d'enregistrement et d'hypothèques les plans, procès-verbaux, certificats, significations, délibérations, décisions, jugements, contrats, quittances, et généralement tous les actes ou formalités exclusivement relatifs à l'application de la loi du 4 mars 1919, ainsi que les extraits, copies ou expéditions délivrés pour l'exécution des opérations prévues par cette loi (L. 29 avr. 1921, art. 52).

208. — II. *Travaux de reconstitution.* — Dans les communes déterminées par arrêté ministériel, le préfet peut réquisitionner, pour les travaux locaux de reconstitution des moyens d'habitation et de reconstruction des immeubles détruits, les matériaux provenant de la ruine de ces immeubles et ayant par suite perdu leur caractère immobilier. La réquisition ne peut s'exercer sur les matériaux provenant d'immeubles en voie de reconstruction ou de réparation, ou présentant un intérêt particulier au point de vue architectural ou artistique (L. 12 déc. 1918).

209. L'occupation des terrains, telle qu'elle est réglée par la loi du 29 déc. 1892 (V. *Travaux publics*, n°s 47 et s.), est applicable à l'exécution des travaux nécessités par la reconstitution des régions dévastées, et notamment à l'édification des abris provisoires et des baraquements destinés aux sinistrés ou aux services publics (L. 29 oct. 1919, art. 1er). — Les travaux sont déclarés d'utilité publique par arrêté préfectoral, après enquête administrative. — Les conseils municipaux peuvent former des syndicats de communes (V. *Commune*, n°s 91 et s.) en vue de contribuer à la reconstitution des localités détruites par la guerre (L. 27 avr. 1920).

210. — III. *Régime transitoire en matière d'impôts.* — 1° *Droits de douane et contributions indirectes.* — Les administrations des douanes et des contributions indirectes ne poursuivront pas, dans les régions qui ont été envahies ou qui ont été situées sur la ligne de feu, le recouvrement des impôts et redevances exigibles pendant la période d'occupation, même si le fait générateur desdits impôts a été *déclaré* par le contribuable. Si ce fait générateur a été *constaté* par les agents de l'Administration, les impôts ne sont dus que si l'Administration établit que les matières imposables ont été livrées à la consommation, en comprenant dans les prix de vente les droits dus au Trésor (L. 16 juill. 1921, art. 1er).

211. — 2° *Droits recouvrés par l'Enregistrement.* — Il est accordé, à compter du 18 juill. 1921 : 1° Un délai de dix-huit mois pour déclarer les successions qui se sont ouvertes entre le 1er févr. 1914 et le 24 oct. 1919 inclusivement sur le territoire des communes envahies par l'ennemi ou situées sur la ligne de feu. Pour les successions ouvertes entre le 24 oct. 1919 et le 18 juill. 1921, le délai de déclaration est fixé à dix-huit mois à compter du 18 juill. 1921 ; — 2° Un délai de six mois pour déclarer les biens meubles corporels, immeubles ou fonds de commerce situés sur les mêmes territoires et les valeurs mobilières y déposées et faisant partie de successions qui se sont ouvertes partout ailleurs entre le 1er févr. 1914 et le 18 juill. 1921 ; — 3° Un délai de six mois pour déclarer les valeurs mobilières déposées en Belgique et faisant partie des successions régies par la loi française qui se sont ouvertes en dehors des régions envahies entre le 1er févr. 1914 et le 18 juill. 1921 ; — 4° Un délai de six mois pour soumettre aux formalités du timbre et de l'enregistrement les actes authentiques ou sous seings privés, pièces et documents quelconques qui n'ont pu être soumis à ces formalités dans les mêmes territoires entre le 1er août 1914 et le 18 juill. 1921 ; — 5° Un délai de six mois pour déclarer les mutations de propriété, d'usufruit ou de jouissance entre vifs, à titre onéreux ou à titre gratuit, survenues du 1er mai 1914 au 18 juill. 1921, et ayant pour objet des immeubles ou des fonds de commerce situés dans les communes susvisées ; — 6° Un délai d'une année pour le règlement, par les sociétés, départements, communes et établissements publics ayant leur siège sur les mêmes territoires, des taxes de timbre et de transmission venues à échéance entre le 1er août 1914 et le 18 juill. 1921, sous réserve des dispositions ci-après (L. 16 juill. 1921, art. 2).

212. L'administration de l'Enregistrement est autorisée à ne pas poursuivre le recouvrement de l'impôt sur le revenu des capitaux mobiliers qui est dû dans les mêmes territoires, pendant la période comprise entre le 2 août 1914 inclus et le 31 déc. 1918 inclus, et qui n'a pas été acquitté ou retenu par les personnes légalement tenues de cette obligation, ainsi que de tout impôt qui n'a pas été acquitté ou retenu et dont le fait générateur ne subsistait plus à la date du 1er janv. 1919. — La taxe sur le revenu n'est exigible qu'au tarif de 4 pour 100 sur les dividendes distribués postérieurement au 1er janv. 1919 par les sociétés dont le siège social ou le principal établissement s'est trouvé dans les mêmes territoires, lorsque ces dividendes s'appliquent à des exercices pour lesquels la répartition aurait dû, en vertu des statuts sociaux, être normalement opérée antérieurement au 1er janv. 1917. Il en est de même en ce qui concerne la taxe relative aux intérêts payables aux obligataires ou créanciers (L. 16 juill. 1921, art. 3, § 1 et 2).

213. Les règles d'évaluation des meubles et immeubles détruits ou endommagés par faits de guerre, pour la liquidation des droits d'échange ou de mutation à titre gratuit sur des actes ou mutations intervenus entre le 1er août 1914 et le 11 nov. 1918 ont été fixés par la loi du 12 juill. 1922, qui autorise les contribuables, dans le cas où la perception des droits a déjà été effectuée d'après les règles d'évaluation ordinaires à demander, pendant un délai de dix-huit mois à partir de sa date, la révision de ces évaluations.

214. — 3° *Contributions directes et taxes assimilées et impôts sur le revenu.* — Il n'est pas procédé au recouvrement des contributions directes (principal et centimes additionnels départementaux et communaux), des taxes assimilées et des impositions spéciales pour bourses et chambres de commerce qui restent dues pour l'année 1914 (L. 16 juill. 1921, art. 4, § 1). — Il n'est dû, pour l'année 1919, aucun impôt sur les bénéfices industriels et commerciaux, sur les bénéfices de l'exploitation agricole, sur les traitements et salaires, sur les pensions et rentes viagères et sur les bénéfices des professions non commerciales, non plus que sur le revenu global. — L'impôt sur les bénéfices industriels et commerciaux, l'impôt sur les traitements et salaires, les pensions et rentes viagères, et l'impôt sur les bénéfices des professions non commerciales dus au titre des années 1920 à 1923 seront établis en majorant de 100 pour 100 pour 1920, de 75 pour 100 pour 1921, de 50 pour 100 pour 1922 et de 25 pour 100 pour 1923, le montant des exemptions totales ainsi que les limites des déductions partielles applicables pour le calcul de l'impôt (art. 4, § 2 et 3). — En ce qui concerne l'établissement de l'impôt général sur le revenu pour les mêmes années, les déductions autorisées par l'art. 12 de la loi du 15 juill. 1914 (V. *infrà, Impôts directs*), ainsi que la fraction du revenu qui, défalcation faite de ces déductions, est totalement exonérée de l'impôt, seront, pour chacune desdites années, respectivement majorées dans les mêmes proportions (art. 4, § 4). — L'impôt sur les bénéfices de l'exploitation agricole restera fixé conformément aux dispositions de l'art. 2 de la loi du 25 juin 1920 (V. *infrà, Impôts directs*) pour les terrains qui y sont visés et conformément aux règles qui précèdent pour les autres terrains. — Les contribuables peuvent faire une déclaration globale de leurs revenus et bénéfices de 1919 et de 1920 (art. 4, § 7). — Sont exclus du bénéfice de l'art. 4 (V. le n° précédent) les contribuables qui, pour une période quelconque d'imposition, ont été soumis à la contribution extraordinaire sur les bénéfices de guerre, ainsi que les contribuables qui n'étaient pas, avant la guerre, domiciliés dans les régions qui ont été occupées par l'ennemi ou situées sur la ligne de feu.

215. — 4° *Prorogation des délais de déclaration.* — Sous réserve de l'application des délais spéciaux fixés par les art. 2, 3 et 4 (V. *supra*, nos 211 et s.), ont été prorogés, jusqu'à l'expiration du troisième mois suivant la promulgation de la loi du 16 juill. 1921, les délais supplémentaires accordés pour toutes les déclarations autres que celles relatives à l'impôt sur le chiffre d'affaires, lorsqu'elles devaient être faites par les contribuables des régions envahies (art. 4, § 10).

216. — 5° *Bénéfices de guerre.* — En vue de l'application de la loi du 1er juill. 1916 sur les bénéfices de guerre, les patentés des régions envahies ou dévastées dont les livres et papiers ont disparu en tout ou en partie peuvent avoir recours à tous moyens de preuve pour la fixation du bénéfice normal et pour celle des capitaux engagés dans leur entreprise d'avant guerre. S'il leur est impossible d'établir le produit net même d'un seul des trois exercices antérieurs au 1er août 1914, le bénéfice normal peut être calculé sur le chiffre d'affaires multiplié par le coefficient moyen servant à la détermination de l'impôt cédulaire ou par l'intérêt à 6 pour 100 (8 pour 100 à partir du 1er janv. 1917) des capitaux employés dans l'entreprise avant guerre (L. 16 juill. 1921, art. 5). V. *supra, Bénéfices de guerre*, nos 3 et suiv.

XXXIII. — Sépulture.

217. Les cimetières militaires créés ou à créer sur l'ancien front des armées, pour recevoir à titre perpétuel les cendres des soldats morts pour la France pendant la guerre, sont propriété nationale et sont gardés et entretenus aux frais de la nation (L. 31 juill. 1920, art. 105).

218. Les veuves, ascendants ou descendants des militaires ou marins morts pour la France ont droit à la restitution et au transfert aux frais de l'État des corps de ces militaires ou marins (L. 31 juill. 1920, art. 106). Cette disposition s'applique au transfert des corps des victimes civiles de la guerre et des réfugiés (Décr. 28 sept. 1920, art. 1er). — Le décret précité, modifié par celui du 7 janv. 1921, règle les formalités de la demande à former par les intéressés, de l'exhumation et du transport.

XXXIV. — Sociétés.

219. Les sociétés par intérêts ou par actions dont le siège social ou l'exploitation se trouvait, au moment des hostilités, dans les régions libérées ou dévastées et qui sont arrivées à leur terme statutaire, ont pu proroger leur durée, avec effet rétroactif au jour de ce terme, dans les conditions où la prorogation aurait pu être valablement déclarée avant la date de leur expiration. La décision relative à la prorogation a dû intervenir au plus tard le 29 sept. 1921 (L. 24 mars 1921, art. 1er). — Sont considérés comme valables les actes accomplis au nom de ces sociétés par les personnes autorisées à gérer, administrer et signer pour elles, dans la limite de leurs pouvoirs statutaires, depuis l'arrivée de la société à son terme normal jusqu'à la réunion de l'assemblée générale des actionnaires, ou jusqu'au 29 sept. 1921 si cette assemblée ne s'est pas réunie avant cette date (Même loi, art. 2).

220. Pendant la durée de la guerre et les deux années qui ont suivi la cessation des hostilités (c'est-à-dire jusqu'au 24 oct. 1921), les assemblées générales des actionnaires de toute société dont le siège social ou l'exploitation se trouvait, au 1er août 1914, dans les régions envahies, ont pu, avec l'autorisation du président du tribunal de commerce dans le ressort duquel la société se proposait de convoquer l'assemblée générale, se tenir dans un lieu autre que celui fixé par les statuts (L. 17 juin 1920, art. 1er et 4). — Les assemblées extraordinaires de ces sociétés ont pu, moyennant la même autorisation, délibérer valablement, même sur les questions touchant à l'objet ou à la forme de la société, pourvu qu'elles satisfissent aux conditions prescrites par l'art. 29 de la loi du 27 juill. 1867 pour les assemblées ordinaires (Même loi, art. 2).

XXXV. — Succession.

221. Sont exemptes de l'impôt de mutation par décès les parts nettes recueillies par les ascendants et descendants et par la veuve du défunt dans les successions : 1° des militaires des armées françaises et alliées de terre et de mer, morts sous les drapeaux pendant la durée de la guerre ; 2° des militaires qui, soit sous les drapeaux, soit après renvoi dans leurs foyers, sont morts dans l'année à compter de la cessation des hostilités (24 octobre 1919), de blessures reçues ou de maladies contractées pendant la guerre ; 3° de toutes personnes tuées par l'ennemi au cours des hostilités. — La déclaration de ces successions doit être accompagnée d'un certificat de l'autorité militaire constatant que la mort a été causée par une blessure reçue ou une maladie contractée pendant la durée de la guerre, ou, dans le cas de civils tués par l'ennemi, établissant les circonstances du décès (L. 26 déc. 1914, art. 6).

222. Sont exempts tant de la déclaration que de l'impôt de mutation par décès les objets et, jusqu'à concurrence de 500 francs, les sommes ou valeurs que possédaient sur eux les militaires des armées françaises et alliées de terre et de mer ou qui leur étaient dus par l'autorité militaire (L. 9 avr. 1918).

223. Sont exempts de tous droits de timbre et, s'il y a lieu, enregistrés gratis, tous les actes ou pièces qui sont exclusivement destinés à être produits par les héritiers, donataires ou légataires aux comptables de l'État, des départements, des communes et des établissements publics ou d'utilité publique, à l'effet d'obtenir la remise ou le payement des objets, sommes et valeurs dépendant des successions énumérées au n° 221.

XXXVI. — Sujets ennemis.

224. — 1° *Interdiction de commerce.* — A raison de l'état de guerre, et dans l'intérêt de la défense nationale, tout commerce avec les sujets de l'Allemagne, de l'Autriche-Hongrie et de la Bulgarie, ou les personnes y résidant, a été interdit par les décrets des 27 sept. 1914 et 7 nov. 1915 pour la durée des hostilités. Les infractions à ces dispositions avaient pour sanctions la nullité de l'acte ou du contrat, et les peines prévues par la loi du 4 avr. 1915 (emprisonnement de un à cinq ans et amende de 500 fr. à 20000 francs). — La prohibition dont il s'agit est devenue caduque lorsqu'ont été mis en vigueur les traités de paix avec les puissances ennemies (12 janv. 1920, Allemagne; 26 juill. 1920, Autriche; 16 août 1920, Bulgarie; 26 août 1921, Hongrie).

225. L'art. 1er, § 2, du décret précité du 27 sept. 1914 et le décret du 7 nov. 1915 avaient interdit aux sujets des États ennemis de se livrer, directement ou par personne interposée, à tout commerce sur le territoire français ou de protectorat français. En vertu de ces dispositions, le Gouvernement français a ordonné la saisie et la mise sous séquestre des marchandises, deniers, valeurs, etc., dépendant des maisons allemandes, autrichiennes, hongroises et bulgares pratiquant le commerce, l'industrie ou l'agriculture en France.

226. Les puissances alliées et associées s'étant réservé, par les différents traités de paix, le droit de retenir et de liquider tous les biens, droits et intérêts appartenant aux ressortissants allemands, autrichiens, etc., pour les affecter à la garantie des obligations imposées aux États ennemis, la loi du 7 oct. 1919 a déterminé les conditions de cette liquidation. La mesure dont il s'agit est autorisée par ordonnance du tribunal du lieu de la séquestration, rendue sur requête du ministère public, après avis d'une commission consultative instituée au ministère de la justice. L'ordonnance précise les pouvoirs du liquidateur et fixe les conditions dans lesquelles l'opération sera effectuée. Dans les quinze jours qui suivent l'ordonnance, l'État peut revendiquer la préemption au prix minimum fixé par la commission. L'administration des Domaines, qui exerce au compte de l'État le droit de préemption, a la faculté de rétrocéder sans frais et à l'amiable aux départements, communes ou autres établissements publics les biens par elle acquis. Si l'État ne conserve pas pour son usage les biens dont s'agit, ou ne les rétrocède pas à l'amiable, ces biens sont vendus aux enchères dans les conditions ordinaires des ventes des domaines (L. 7 oct. 1919, art. 1er et 2).

227. — 2° *Règlement des dettes.* — Le règlement des dettes existantes entre citoyens français et ressortissants ennemis fait l'objet de dispositions spéciales des divers traités de paix, calquées sur l'art. 296 du Traité de Versailles et l'annexe à cet article. Il suffira donc d'analyser brièvement celui-ci. En principe, toutes les dettes qui y sont visées sont exigibles par et pour chaque État; les sommes dues à l'Allemagne sont retenues par la France en gage du payement des créances de ses ressortissants; l'Allemagne bénéficie du solde créditeur, s'il y a lieu, et demeure, en tous cas, tenue d'indemniser ses nationaux. Pour le règlement de ces obligations, deux systèmes sont prévus au Traité: celui du règlement direct entre créanciers et débiteurs, et celui des offices de vérification et de compensation. La France a opté pour cette dernière procédure: le décret du 30 déc. 1919 a institué l'Office des biens et intérêts privés, et la loi du 10 mars 1920 l'a chargé de remplir le rôle d'office de vérification et de compensation. Dans ce système, le règlement direct des créances d'avant guerre entre Français et Allemands est interdit, sous peine des sanctions édictées par la loi du 4 avr. 1915 (V. *suprà*, n° 224); il appartient à l'office de vérification et de compensation. Les créanciers ne peuvent saisir personnellement les tribunaux. L'office français recouvre donc les créances des Allemands en France et paye les dettes de ces derniers aux Français. La balance des comptes de l'office français et de l'office allemand se fait mensuellement; si l'office français est débiteur, il n'effectue aucun versement, le montant du solde débiteur devant venir en déduction des indemnités dues par l'Allemagne; au contraire, si l'office allemand est débiteur, il verse immédiatement à l'office français les sommes dont il est redevable.

228. Toute réclamation d'un créancier français est notifiée à l'office allemand, qui crédite l'office français et poursuit à ses propres risques le recouvrement de la créance sur le débiteur allemand. L'office français, avisé du crédit porté à son compte, paye le créancier. Ce payement est fait en francs, même si le contrat a prévu le règlement en marks; dans ce dernier cas, les marks sont convertis en francs d'après le taux du change d'avant guerre, à moins qu'un taux fixe de change n'ait été stipulé. Lorsque le Français est débiteur, il paye sa dette en francs à l'office français; si la dette est exprimée en marks, la conversion se fait comme il vient d'être dit. L'office allemand est crédité du montant de cette dette, dont l'office français poursuit le recouvrement.

229. — 3° *Contrats d'avant guerre.* — Pour les contrats passés avant la guerre entre Français et ressortissants ennemis, la règle adoptée par les traités de paix est celle de l'annulation (Traité de Versailles, art. 299, 301). Mais ce principe comporte des exceptions. La première vise les contrats dont l'exécution est demandée, dans un intérêt général, par le Gouvernement français. Ces contrats sont ceux qu'énumère une notification faite le 12 juin 1920 au Gouvernement allemand : contrats de société, contrats relatifs au statut familial, contrats ayant une portée charitable ou alimentaire, contrats constituant des libéralités. Sont également maintenues en vigueur : les ventes, lorsque la propriété a été transférée ou l'objet livré avant la guerre; les baux; les contrats d'hypothèque, de gage, de nantissement; les concessions minières. D'autre part, pour les opérations de bourse, les gages, les effets de commerce, les règlements de bonne foi sont confirmés.

XXXVII. — Valeurs mobilières.

230. Des décrets en date des 29 août, 23 et 27 sept., 27 oct. et 21 déc. 1914, 23 mars 1915, avaient accordé aux sociétés régies par les lois françaises, aux départements, aux communes et aux établissements publics des délais pour le remboursement des obligations, la délivrance des lots, l'amortissement des actions, le payement des coupons, dividendes et intérêts échus ou remboursables, jusqu'à une date à fixer après la cessation des hostilités. Ces décrets ont été abrogés par le décret du 3 févr. 1920.

231. L'émission, l'exposition, la mise en vente, l'introduction sur le marché en France de titres de rente, emprunts et autres effets publics des Gouvernements étrangers, d'obligations ou de titres, de quelque nature qu'ils soient, de villes, corporations ou sociétés étrangères, restent interdites jusqu'à une date à fixer par décret (L. 31 mai

1916, art. 1er, modifié par L. 31 déc. 1920, art. 32).
— Les infractions sont passibles d'un emprisonnement de six mois à un an et d'une amende de 1 000 à 10 000 francs et, en cas de récidive, d'un emprisonnement de un an à deux ans et d'une amende de 10 000 à 25 000 francs.

232. Depuis le 5 avr. 1918, l'importation en France de tous titres (actions, obligations ou bons) et en général de toutes valeurs représentant, directement ou indirectement, une part de propriété ou une créance est interdite. La création en France d'un certificat conférant à son porteur un droit sur des biens ou des valeurs existant à l'étranger est assimilée à l'importation ainsi prohibée (L. 3 avr. 1918, art. 6). Sont exceptées de cette prohibition certaines valeurs, telles que celles émises depuis le début des hostilités par l'Etat français, les titres pour lesquels une autorisation générale ou spéciale aura été accordée par le ministre des Finances et les titres acquis à l'étranger comme contre-valeur des titres exportés (L. 31 mars 1922). Les infractions à ces dispositions sont passibles d'une amende d'au moins 1 000 francs et d'au plus 25 pour 100 de la valeur effective des titres dont l'importation a été effectuée ou tentée. En cas de récidive, cette amende est doublée.

233. Ces dispositions, qui devaient cesser d'avoir effet trois mois après la cessation des hostilités, ont été prorogées par des lois successives. La loi du 31 mars 1922 en a, en dernier lieu, prorogé l'effet jusqu'au 31 déc. 1922.

XXXVIII. — Victimes civiles de la guerre.

234. Tout Français, sans distinction d'âge ou de sexe, ne se trouvant pas dans une des situations auxquelles s'applique la loi du 31 mars 1919 sur les pensions militaires, et qui, par suite d'un fait de guerre survenu entre le 2 août 1914 et l'expiration d'un délai d'un an à dater de la cessation des hostilités (24 oct. 1919), a reçu une blessure ou contracté une maladie ayant entraîné une infirmité, a droit à une pension définitive ou temporaire (L. 24 juin 1919, art. 1er, modifié par L. 28 juill. 1921). En cas de décès de la victime,

et si celle-ci était âgée de douze ans révolus au moins, ses ayants droit peuvent, dans les mêmes conditions que les ayants droit des militaires, se prévaloir des dispositions de la législation sur les pensions militaires.

235. La loi répute causées par des faits de guerre : 1o les blessures reçues au cours des opérations militaires conduites par les armées alliées ou ennemies et qui ont été occasionnées par un fait précis dû à la proximité de l'ennemi ; 2o celles résultant d'actes de violence commis par l'ennemi. Sont également réputées causées par des faits de guerre les blessures ou la mort provoquées, même après la fin des opérations militaires, par des explosions de projectiles, des éboulements ou tous autres accidents pouvant se rattacher aux événements de la guerre par suite de l'état des lieux, ainsi que la mort survenue ou les blessures reçues au cours d'exécution de travaux imposés par l'ennemi, en captivité ou en pays envahi. Les infirmités ou le décès résultant des maladies contractées pendant la période visée à l'art. 1er (V. no 234) n'ouvrent droit à pension que s'ils ont eu pour cause : 1o des actes de violence commis par l'ennemi ou des contraintes arbitraires imposées par lui ; 2o des mauvais traitements subis dans des forteresses ou dans des camps de prisonniers (L. 24 juin 1919, art. 2, modifié par L. 28 juill. 1921).

236. Le taux de la pension est celui prévu pour le soldat ou pour ses ayants droit par la loi du 31 mars 1919 (V. *infra, Pensions*). Il n'y a pas lieu à réversion. En ce qui concerne la veuve et les autres ayants droit, le taux normal est applicable, sauf si la victime a été exécutée par l'ennemi, auquel cas le décès est assimilé à la mort sur le champ de bataille (art. 3). — Les bénéficiaires de la loi du 24 juin 1919 ont droit aux majorations pour enfants, aux soins médicaux, à la rééducation professionnelle des mutilés (art. 4, modifié par L. 28 juill. 1921).

237. Pour obtenir le bénéfice de la loi, les intéressés doivent adresser leur demande au ministère des Pensions avant le 1er janv. 1922, ou dans l'année à partir de l'accident, s'il s'est produit après cette date (art. 5, modifié par L. 28 juill. 1921).

H

HABITATIONS A BON MARCHÉ

3 *bis*. La valeur locative de chaque logement ne doit pas dépasser au moment de la construction les maxima fixés par la loi et qui varient, suivant le chiffre de la population et l'importance du logement, de 240 francs, pour une chambre isolée, de 9 mètres superficiels dans les communes de moins de 40 000 habitants, à 1 092 francs, pour trois pièces habitables ou plus, de 9 mètres superficiels, à Paris et dans le département de la Seine.

3 *ter*. Pendant dix ans, à partir du 29 oct. 1919,

les communes des régions dévastées sont rattachées à la catégorie supérieure de deux échelons à celle dont elles font partie en raison du chiffre de leur population (L. 27 oct. 1919, art. 3).

3 *quater*. Bénéficient également des avantages de la loi les *maisons individuelles* dont la valeur locative ne dépasse pas de plus d'un cinquième le chiffre déterminé par la loi pour les habitations collectives. — Sont considérées comme dépendances de la maison pour l'application de la loi, sauf en ce qui concerne l'exemption temporaire d'impôt foncier, les jardins d'une superficie de

10 ares au plus attenant ou non aux constructions et possédés dans la même localité par les mêmes propriétaires (L. 12 avr. 1906, art. 5, modifié par L. 31 déc. 1921).

9-1°. — VIII *bis*. **Sociétés d'habitations à bon marché.** — Les sociétés, quelle qu'en soit la forme, qui ont pour objet exclusif la construction et la vente des habitations à bon marché, jouissent de diverses faveurs. Mais il faut que leurs statuts aient été approuvés par le ministre de l'Hygiène et de la Prévoyance sociale, sur les avis du comité de patronage et du conseil supérieur, et que ces statuts limitent leurs dividendes annuels à un chiffre maximum. Toutefois, ces avis ne sont pas nécessaires lorsque les statuts sont conformes aux statuts-types arrêtés par le ministre, après avis du comité permanent.

9-2°. Les actes nécessaires à la constitution et à la dissolution des associations de construction ou de crédit sont dispensés du timbre et enregistrés gratis. Ces sociétés sont dispensées de toute patente et de l'impôt sur le revenu attribué aux actions, parts d'intérêts et obligations. — Elles sont affranchies, pour les bénéfices qu'elles réalisent, des impôts cédulaires institués par la loi du 31 juill. 1917 (L. 31 déc. 1918, art. 18).

9-3°. Il existe aussi des sociétés coopératives d'habitations à bon marché. Le capital social de ces sociétés coopératives peut être porté par les statuts constitutifs à 5 000 fr., et chacune des augmentations de capital effectuée d'année en année peut atteindre la même somme (L. 23 déc. 1912, art. 8).

9-4°. — VIII *ter*. **Offices publics d'habitations à bon marché.** — Les offices publics d'habitations à bon marché ont pour objet exclusif l'aménagement, la construction et la gestion d'immeubles salubres régis par la loi du 12 avr. 1906, ainsi que l'assainissement de maisons existantes, la création de cités-jardins ou de jardins ouvriers.

9-5°. Les offices publics d'habitations à bon marché constituent des établissements publics. Ils sont créés par décrets rendus en Conseil d'Etat, à la demande soit d'un conseil municipal, soit des conseils municipaux des communes ayant à cet effet constitué un syndicat, conformément à la loi du 5 avr. 1884, soit d'un conseil général, et après avis des comités de patronage des habitations à bon marché intéressés et du comité permanent du conseil supérieur des habitations à bon marché (L. 23 déc. 1912, art. 12).

9-6°. Les offices sont gérés par un conseil d'administration composé de dix-huit membres, savoir : six membres nommés par le préfet parmi les personnes particulièrement compétentes en matière d'hygiène ou de construction et de gestion d'habitations populaires; six membres désignés, suivant les cas, soit par le conseil municipal, soit par le comité du syndicat de communes, soit par le conseil général; six membres élus par certaines institutions existant dans la circonscription de l'office (comités de patronage des habitations à bon marché, sociétés approuvées d'habitations à bon marché, sociétés et unions de sociétés de secours mutuels, conseil départemental d'hygiène, caisse d'épargne, unions de syndicats).

9-7°. Le patrimoine des offices est formé, notamment, à l'aide : 1° de la dotation mobilière et immobilière que les conseils municipaux intéressés ou le conseil général leur constituent ; 2° de dons et legs. — Les emprunts contractés par les offices publics d'habitations à bon marché sont dispensés de l'impôt sur le revenu des valeurs mobilières. Ces offices sont, en outre, exonérés des droits de timbre pour leurs titres d'obligations (L. 30 juill. 1913, art. 15).

9-8°. — VIII *quater*. **Construction d'habitations à bon marché pour familles nombreuses.** — Les communes peuvent être autorisées par décret à construire des habitations à bon marché collectives comprenant des logements pour familles nombreuses. Ces logements, jusqu'à concurrence des deux tiers du montant des valeurs locatives de l'ensemble des logements, doivent être affectés à des familles de plus de trois enfants âgés de moins de seize ans (L. 23 déc. 1912, art. 25). — L'autorisation ne peut être accordée qu'après une enquête publique et après avis du conseil départemental d'hygiène et du comité de patronage des habitations à bon marché. — Les immeubles construits dans ces conditions soit par les communes, soit par les offices publics d'habitations à bon marché ou par des sociétés d'habitations à bon marché pour le compte des communes, ne peuvent être gérés que par les offices publics d'habitations à bon marché ou par des sociétés d'habitations à bon marché (L. 1912, art. 27).

9-9° Dans la limite des crédits ouverts à cet effet, il peut être accordé par l'Etat des subventions aux communes, aux offices publics d'habitations à bon marché, aux sociétés d'habitations à bon marché, aux fondations d'habitations à bon marché, aux bureaux de bienfaisance et d'assistance, aux hospices et hôpitaux et aux caisses d'épargne, qui construisent des maisons à bon marché destinées à être louées à des familles de plus de trois enfants âgés de moins de seize ans. — L'attribution des subventions de l'Etat pour l'achèvement des habitations à bon marché commencées avant le 1er août 1914, a été réglée par la loi du 28 avr. 1922.

9-10°. Des prêts peuvent, en outre, être consentis par l'Etat aux offices publics, aux sociétés et aux fondations d'habitations à bon marché en vue de l'acquisition, de la construction, de l'aménagement ou de l'assainissement de maisons à bon marché, ou de l'acquisition de petites propriétés dans les conditions prévues par la législation sur les habitations à bon marché et la petite propriété. Ils sont effectués au taux de 2 p. 100 ou de 2,50 p. 100, suivant la destination des fonds (maisons ou propriétés individuelles, maisons collectives ou propriétés à louer). Le montant total des prêts de l'Etat ci-dessus prévus est fixé à 300 millions de francs.

9-11°. Les emplois en valeurs locales autorisés par l'art. 10 de la loi du 20 juill. 1895, sur les caisses d'épargne, sont étendus : 1° aux actions des sociétés d'habitations à bon marché, pourvu que les actions ainsi acquises soient entièrement libérées et ne dépassent pas les deux tiers du capital social ; 2° des prêts hypothécaires, amortissables par annuités, au profit des particuliers désireux d'acquérir ou de construire des habitations à bon marché.

9-12°. Les communes et les départements peuvent employer leurs ressources en prêts, en obligations ou, dans les conditions ci-dessus spécifiées, en actions des sociétés d'habitations à bon marché.

9-13°. — VIII *quinquies*. **Petite propriété, champs et jardins.** — Tous les avantages prévus par la loi du 12 avr. 1906 pour les maisons à bon marché, sauf l'exemption temporaire d'impôt foncier, s'appliquent aux *jardins* ou *champs* n'excédant pas un hectare et d'un prix d'acquisition inférieur à 1 200 francs (L. 10 avr. 1908, art. 1er). Mais la valeur locative réelle du logement de l'acquéreur ne doit pas excéder, au moment de l'acquisition, le chiffre fixé pour la commune par l'art. 5 de la loi du 12 avr. 1906; de plus, l'acquéreur doit s'engager à cultiver lui-même son terrain, ou à le faire cultiver par les membres de sa famille.

9-14°. — VIII *series*. Crédit immobilier. — La loi du 10 avr. 1908 accorde, en outre, de nouvelles facilités aux personnes qui désirent acquérir soit les terrains dont il s'agit, soit une maison individuelle à bon marché. À cet effet, elle organise un système de prêts qui constitue le crédit immobilier : l'Etat prête aux sociétés de crédit immobilier, qui, à leur tour, consentent des prêts hypothécaires aux particuliers ou des avances aux sociétés d'habitations à bon marché.

9-15°. Pour obtenir ces prêts de l'Etat, les sociétés de crédit immobilier doivent se constituer sous la forme anonyme et au capital minimum de 100 000 francs. Le dividende annuel à servir aux actionnaires ne doit pas dépasser 4 p. 100 des rentes ou valeurs garanties par l'Etat (L. 10 avr. 1908, art. 4, modifié par L. 26 févr. 1912). Les sociétés de crédit immobilier reçoivent de l'Etat des prêts ou avances, à concurrence d'une somme totale de 200 millions de francs, au taux de 2 p. 100. Elles emploient ces avances, sous le contrôle de l'inspection des finances, dans les conditions prévues par la loi du 10 avr. 1908, complétée par la loi du 11 février 1914.

9-16° Les sociétés approuvées bénéficient, au point de vue fiscal, des mêmes immunités que les sociétés d'habitations à bon marché (V. *suprà*, n° 9-2°). Les sociétés de crédit immobilier jouissent des privilèges accordés aux sociétés de crédit foncier pour la sûreté et le recouvrement des prêts.

10 bis. Le droit de 3 francs auquel donne lieu la résolution volontaire ou judiciaire du contrat est doublé, mais sans addition de décimes (L. 25 juin 1920, art. 28).

10 ter. Les actes constatant l'attribution d'actif net faite à une ou plusieurs sociétés similaires, soit par une société de crédit immobilier, soit par une société d'habitations à bon marché, ne donnent lieu, lors de l'enregistrement, qu'à la perception d'un droit fixe de 6 francs, quelle que soit la nature des biens compris dans l'actif net attribué. La formalité de la transcription à la conservation des hypothèques est opérée, s'il y a lieu, moyennant le droit fixe de 1 franc (L. 31 juill. 1920, art. 21).

HAUTE COUR DE JUSTICE

7 bis. Lignes 5 et 6, *lire* : La procédure à suivre devant le Sénat constitué en cour de justice, en cas de mise en accusation du Président de la République ou d'un ministre, pour crime commis dans l'exercice de ses fonctions, est réglée par la loi du 5 janv. 1918.

HEURE LÉGALE

1. L'heure légale, en France et en Algérie, est l'heure temps moyen de Paris, retardée de neuf minutes vingt et une secondes (L. 9 mars 1912).

2. En vertu de la loi du 6 février 1920, l'heure légale était, chaque année, avancée de 60 minutes le 15 mars à 23 heures. Le rétablissement de l'heure légale avait lieu le 25 octobre, à 24 heures. La loi du 6 février 1920 a été abrogée par celle du 14 mars 1922. Toutefois l'heure légale a été, pour l'année 1922, avancée de 60 minutes du dernier samedi de mars à 23 heures au premier samedi d'octobre à 24 heures (L. 14 mars 1922, art. 2).

HONNEURS - PRÉSÉANCES

2 bis. Le décret du 16 juin 1907 a été modifié par celui du 8 juill. 1908, et par celui du 8 août

1913, qui règle le rang des corps constitués et des autorités civiles et militaires dans les cérémonies publiques, ainsi que les honneurs civils, les honneurs militaires et les honneurs funèbres. — Un arrêté du ministre des Colonies, du 13 juill. 1911, a fixé les rangs que doivent occuper en France, dans les cérémonies publiques, les autorités et fonctionnaires relevant du ministère des Colonies.

HONORAIRES. — V. *Frais et dépens, Impôts directs.*

HONORARIAT. — V. *Armée.*

HOTELIER. — V. *Warrant-hôtelier.*

HOUILLE BLANCHE. — V. *Eaux.*

HUISSIER

4 bis. Dans les cantons où il n'existe qu'un seul office d'huissier, le titulaire peut exercer en même temps les fonctions de greffier de la justice de paix (L. 29 nov. 1921).

19 bis. Le tarif des huissiers de Paris est applicable à tous les huissiers, quelle que soit leur résidence. Ce tarif a été modifié par le décret du 29 déc. 1919, qui abroge et remplace en partie le décret du 16 févr. 1807.

HYDRARGYRISME. — V. *Accidents du travail.*

HYGIÈNE ET SÉCURITÉ DES TRAVAILLEURS

Remplacer le mot tout entier par ce qui suit :

Sous-titre : Code du travail, art. 65 et suiv. ; Décrets des 10 juill., 13 août 1913 et 4 déc. 1915 (*Petit Code du Travail Dalloz*).

1. La loi du 12 juin 1893 et celle du 11 juill. 1903, sur l'hygiène et la sécurité des travailleurs, ont été abrogées par l'art. 3 de la loi du 26 nov. 1912, portant codification des lois ouvrières, et remplacées par les art. 65 et suiv. du livre II du Code du travail et de la prévoyance sociale. — Le décret du 29 nov. 1904 et les décrets modificatifs postérieurs ont été abrogés et remplacés par le décret du 10 juill. 1913.

2. — I. Établissements assujettis. — Sont soumis aux dispositions du Code du travail (art. 65 à 70) les manufactures, usines, chantiers, ateliers, laboratoires, cuisines, caves et chais, magasins, boutiques, bureaux, entreprises de chargement et de déchargement, théâtres, cirques et autres établissements de spectacle et leurs dépendances, de quelque nature que ce soit, publics ou privés, laïques ou religieux, même lorsque ces établissements ont un caractère d'enseignement professionnel ou de bienfaisance. Sont seuls exceptés les établissements où ne sont employés que les membres de la famille sous l'autorité, soit du père, soit de la mère, soit du tuteur. Néanmoins, si le travail s'y fait à l'aide de chaudière à vapeur ou de moteur mécanique, ou si l'industrie exercée est classée au nombre des établissements dangereux ou insalubres, l'inspecteur a le droit de prescrire les mesures de sécurité et de salubrité prévues par les art. 66 à 76 du livre II du Code du travail. — Les chefs des établissements énumérés à l'art. 65 doivent tenir une liste de leurs *chantiers temporaires* et tenir cette liste à la disposition de l'inspecteur du travail au siège de l'établissement (C. trav., livre II, art. 90 *b*).

3. — II. Hygiène et sécurité. — Les établissements ci-dessus énumérés doivent être tenus dans un état constant de propreté et présenter les conditions d'hygiène et de salubrité nécessaires à la santé du personnel. Ils doivent être aménagés de manière à garantir la sécurité des travailleurs. Les machines, mécanismes, appareils de transmission, outils et engins doivent être installés et tenus dans les meilleures conditions possibles de sécurité (C. trav., livre II, art. 66). — Les puits, trappes et ouvertures de descente doivent être clôturés. Les moteurs doivent être isolés par des cloisons ou barrières de protection.

4. Il est interdit à toute personne d'introduire ou de distribuer, et à tout chef d'établissement, directeur, gérant, préposé, contremaître, chef de chantier et, en général, à toute personne ayant autorité sur les ouvriers et employés, de laisser introduire ou de laisser distribuer, pour être consommés par le personnel, toutes boissons alcooliques autres que le vin, la bière, le cidre, le poiré, l'hydromel non additionnés d'alcool. Il est interdit de laisser entrer ou séjourner dans ces établissements des personnes en état d'ivresse (C. trav., livre II, art. 66 *b*).

5. Des règlements d'administration publique déterminent les mesures générales de protection et de salubrité applicables à tous les établissements assujettis, notamment en ce qui concerne l'éclairage, l'aération ou la ventilation, les eaux potables, les fosses d'aisances, l'évacuation des poussières et vapeurs, les précautions à prendre contre les incendies, le couchage du personnel, etc. — En exécution de cette disposition, le décret du 13 août 1913, remplaçant celui du 28 juill. 1904, fixe les conditions du couchage du personnel dans les établissements industriels et commerciaux. Des règlements particuliers à certaines industries sont, en outre, prévus. Notamment, sur la sécurité des travailleurs dans les établissements qui mettent en œuvre des courants électriques, décret du 11 juill. 1907, modifié par décr. 13 août 1912. — L'emploi de la céruse dans les travaux de peinture est réglé par les art. 78 à 80 du livre II du Code du travail.

6. — III. Déclaration des accidents. — L'art. 11 de la loi du 12 juin 1893 (déclaration d'accidents) n'a pas été reproduit par le livre II du Code du travail, cette disposition faisant double emploi avec l'art. 11 de la loi du 9 avr. 1898 sur les accidents du travail (V. *Accidents du travail*, n° 87).

7. — IV. Surveillance. Constatation et poursuite des contraventions. Mise en demeure. — Les inspecteurs du travail (V. *Travail*) sont chargés d'assurer l'exécution des prescriptions légales concernant l'hygiène et la sécurité des travailleurs. Ils ont entrée dans tous les établissements visés pour exercer leur surveillance et constater les contraventions.

8. Les infractions aux règlements d'administration publique prévus par l'art. 67, livre II, C. trav. ne peuvent faire l'objet d'un procès-verbal qu'après que le chef d'établissement a été *mis en demeure* par l'inspecteur du travail de se conformer aux prescriptions desdits règlements (C. trav., livre II, art. 68). — Il en est de même pour les contraventions à l'art. 66 (V. *supra*, n° 3). Par contre, les infractions à l'art. 66 *a* peuvent être poursuivies sans mise en demeure. — Sur la forme de la mise en demeure et la réclamation que le patron peut adresser au ministre du Travail, V. C. trav., livre II, art. 69 et 70.

9. — V. Personnes responsables. Pénalités. —

Les chefs d'établissements, directeurs, gérants ou préposés, qui ont contrevenu aux dispositions ci-dessus, sont poursuivis devant le tribunal de simple police et punis d'une amende de 5 à 15 francs. — L'amende est appliquée autant de fois qu'il y a de contraventions distinctes constatées par le procès-verbal, sans toutefois que le chiffre total des amendes puisse excéder 200 francs. — Le jugement fixe, en outre, le délai dans lequel seront exécutés les travaux de sécurité et de salubrité imposés par la loi, et si ces travaux ne sont pas exécutés dans le délai fixé, l'affaire est, sur nouveau procès-verbal, portée devant le tribunal correctionnel, qui peut, après une nouvelle mise en demeure restée sans résultat, ordonner la fermeture de l'établissement. — Le jugement est susceptible d'appel. La cour statue d'urgence. — En cas de récidive, le contrevenant est poursuivi devant le tribunal correctionnel et puni d'une amende de 50 à 500 francs, sans que la totalité des amendes puisse excéder 2000 francs. Il y a récidive lorsque le contrevenant a été frappé, dans les douze mois qui ont précédé le fait qui est l'objet de la poursuite, d'une première condamnation pour un fait du même ordre. — Les dispositions ci-dessus ne sont pas applicables aux établissements de l'Etat.

10. Sont punis d'une amende de 100 à 500 francs et, en cas de récidive, de 500 à 1 000 francs, tous ceux qui ont mis obstacle à l'accomplissement des devoirs d'un inspecteur (C. trav., art. 178). — Les circonstances atténuantes sont applicables aux contraventions dont il s'agit, sauf en ce qui concerne le travail des femmes et des enfants et l'emploi de la céruse (C. trav., art. 182 et 183). — Les chefs d'entreprise sont civilement responsables des condamnations prononcées contre leurs directeurs, gérants ou préposés (C. trav., art. 184).

HYGIÈNE PUBLIQUE. — V. *Salubrité publique.*

HYPOTHÈQUES

28 *bis*. Il est fait exception à la règle posée par l'art. 2125 C. civ. en ce qui concerne l'hypothèque consentie par tous les copropriétaires d'un immeuble indivis, laquelle conserve son effet, quel que soit ultérieurement le résultat de la licitation ou du partage (L. 31 déc. 1910).

54 *bis*. Lignes 5 à 12, *lire* : (après hypothèque) : toutefois, peuvent être requises sans communication de titre les inscriptions de séparations de patrimoines et d'hypothèques légales ; 2° deux bordereaux absolument conformes, manuscrits ou imprimés, à peine de rejet obligatoire pour le conservateur. Les deux bordereaux sont également, à peine de rejet, signés par le requérant ou son représentant et certifiés exactement collationnés (Code civil, art. 2148, modifié par L. 1er mars 1918). — Le conservateur fait mention, sur le registre prescrit par l'art. 2200 du Code civil, du dépôt des bordereaux et remet au requérant tant le titre ou l'expédition du titre que l'un des bordereaux, au pied duquel il mentionne la date du dépôt, le volume et le numéro sous lesquels le bordereau destiné aux archives a été classé. — Le registre des inscriptions dont la tenue était prescrite par l'ancien art. 2150 c. civ. est supprimé (Décr. 29 mars 1918, art. 11).

55 *bis*. Ligne 5, *après* : adresse, *ajouter* : s'il s'agit d'une société, le bordereau doit indiquer la raison sociale et le siège (C. civ. 2148, § 3-1° modifié par L. 1er mars 1918).

56 *bis*. Les bordereaux doivent contenir tous les noms et prénoms du débiteur dans l'ordre de l'état civil, son domicile, la date et le lieu de naissance, sa profession, s'il en a une connue, et, s'il s'agit d'une société, la raison sociale et le siège (C. civ. 2148, § 3-2°, modifié par L. 1er mars 1918).

57 *bis*. Les bordereaux énoncent la date et la nature du titre qui a donné naissance au privilège ou à l'hypothèque; au cas où le requérant est légalement dispensé de la représentation d'un titre (V. n° 54 *bis*), ils énoncent la cause et la nature de la créance (C. civ. 2148, § 3-3° modifié par L. 1er mars 1918).

58 *bis*. Les bordereaux doivent indiquer le capital de la créance et ses accessoires (C. civ. 2148, § 3-5°, modifié par L. 1er mars 1918).

62 *bis*. Lignes 5 à 11, *lire :* elle a lieu sur le dépôt de deux bordereaux établis conformément aux prescriptions de l'art. 2148, § 2, c. civ. (V. *supra*, n° 54 *bis*). Chacun des bordereaux contient exclusivement : 1° les noms, prénoms, domicile du créancier, sa profession s'il en a une, et l'élection d'un domicile pour lui dans un lieu quelconque du ressort du tribunal civil de première instance de la situation des biens ; 2° l'indication du débiteur, telle qu'elle est prescrite par l'art. 2148, § 2 (V. *supra*, n° 56 *bis*) ; 3° la nature des droits à

conserver et le montant de la valeur quant à ceux qui sont conditionnels, éventuels ou indéterminés (Code civ. 2153 modifié par L. 1er mars 1918, art. 4).

63 *bis*. L'indication des prénoms du débiteur dans l'ordre de l'état civil, de la date et du lieu de naissance (V. *supra*, n° 56 *bis*), n'est pas applicable aux inscriptions d'hypothèque judiciaire.

109 *bis*. La transcription s'opère par le dépôt simultané, à la conservation des hypothèques, de deux expéditions ou de deux extraits littéraux, absolument conformes, de l'acte à transcrire. L'un est rendu au déposant après avoir été revêtu par le conservateur de la mention de transcription ; l'autre est destiné à être conservé au bureau des hypothèques. Cette copie est certifiée exactement collationnée et conforme à la minute (L. 23 mars 1855, art. 13, § 1er ajouté par L. 24 juill. 1921, art. 1er).

158 *bis*. Les droits fixes d'enregistrement sont doublés, mais ne sont pas soumis aux décimes (L. 25 juin 1920, art. 28).

159 *bis*. Ligne 3, *au lieu de :* 20 centimes pour cent., *lire :* 0 fr. 50 cent. pour 100, sans addition de décimes (L. 29 juin 1918, art. 15).

I

IMMEUBLE

23 *bis*. *Ajouter, in fine :* Les obligations de la défense nationale peuvent être affectées aux mêmes placements ou remplois que les rentes sur l'Etat (L. 10 juill. 1915).

IMPORTATIONS. — V. *Douanes, Impôt sur le chiffre d'affaires.*

IMPOTS DIRECTS

2 *bis*. Lignes 4 à 8, *lire :* 2° l'impôt sur diverses catégories de revenus (bénéfices industriels et commerciaux, bénéfices de l'exploitation agricole, traitements publics et privés, indemnités et émoluments, salaires, pensions et rentes viagères, bénéfices des professions non commerciales, revenus des créances, dépôts et cautionnements) institué par la loi du 31 juill. 1917, qui a supprimé à partir du 1er janv. 1918 les contributions personnelles et mobilières, des portes et fenêtres et des patentes. A cet impôt se superpose l'impôt général sur le revenu établi par la loi du 15 juill. 1914.

3 *bis*. Aux taxes mentionnées au n° 3, il convient d'ajouter : la taxe sur les gardes-chasse particuliers, la taxe sur certains établissements commerciaux pour contribution aux frais de surveillance en vue de la répression des fraudes (V. *infra*, n°s 186 *bis*, 186 *ter*).

4 *bis*. La contribution foncière des propriétés non bâties a cessé d'être un impôt de répartition pour devenir un impôt de quotité (L. 29 mars 1914,

art. 1er). — Les impôts cédulaires sur les revenus et l'impôt général sur le revenu sont également des impôts de quotité. Les anciens impôts de répartition ne subsistent que comme principaux fictifs servant de base aux centimes additionnels (V. *infra*, n°s 159 *bis* et s.).

15 *bis*. En ce qui concerne la suppression des impôts de répartition, V. *supra*, n° 4 *bis*.

18 *bis*. Les directeurs des contributions directes, dès qu'ils ont arrêté le montant des rôles des contributions directes et des taxes y assimilées, en informent les préfets. Dans les trois jours de la réception de cet avis, les préfets rendent lesdits rôles exécutoires par un arrêté collectif dont ils transmettent immédiatement une ampliation au trésorier-payeur général et au directeur des contributions directes (L. 8 avr. 1910, art. 93).

18 *ter*. La publication des rôles a lieu le troisième dimanche qui suit la remise de ces rôles au percepteur (L. 31 déc. 1921, art. 19).

18 *quater*. Les avertissements délivrés pour l'acquit des contributions foncière, personnelle-mobilière, des portes et fenêtres et des patentes mentionnent, en sus du total par cote des sommes à acquitter, les proportions exprimant les parts respectives de l'Etat, du département et de la commune dans le montant de chaque contribution (L. 31 déc. 1920, art. 6).

22 *bis*. Les contributions directes, les taxes assimilées, l'impôt général sur le revenu, ainsi que les impôts cédulaires recouvrés comme en matière de contributions directes, sont exigibles mensuellement à partir du premier jour du mois qui suit la publication du rôle et en autant de fractions égales qu'il reste de mois à courir depuis ce jour jusqu'à la fin de l'année. Toutefois, lorsque le rôle a été publié postérieurement au 31 août, les contributions sont exigibles mensuellement en quatre fractions égales. Si, à la date où la moitié au moins des fractions calculées conformément à la règle ci-dessus est devenue exigible, le contribuable ne s'est pas acquitté du montant des fractions échues, il peut être poursuivi pour la totalité de la contribution. Ces dispositions ne s'appliquent pas dans tous les cas où l'exigibilité de l'impôt est déterminée par des dispositions législatives spéciales (L. 31 déc. 1921, art. 18).

28 *bis.* Les contributions directes et les taxes assimilées peuvent être acquittées dans les bureaux de poste au moyen d'un mandat spécial appelé *mandat-contributions*. Le reçu de la poste est libératoire s'il est délivré en échange d'un mandat-contributions régulièrement établi. Ne sont pas réclamés au contribuable les frais des actes de poursuite signifiés à une date postérieure à celle du mandat qui solde la dette exigible (Décr. 25 juin 1911). — Les contribuables peuvent aussi acquitter, au moyen de chèques, leurs contributions directes, taxes assimilées et autres taxes dont le recouvrement est confié aux percepteurs. Les chèques sont remis directement ou adressés par la poste au percepteur. Ils doivent être émis à l'ordre de ce comptable, sans mention de son nom personnel, et être barrés, avec inscription, entre les deux barres, des mots « Banque de France » (Arr. min. 5 mai 1916). — Les contribuables qui sont titulaires d'un compte de chèques postaux (V. *Chèque postal*) peuvent se libérer par un virement au compte de chèques postaux du percepteur.

34 *bis.* Le délai de trois jours prescrit au propriétaire pour s'exonérer de toute responsabilité en cas de déménagement furtif du locataire a été porté à *huit* jours par l'art. 4 de la loi du 9 juill. 1906. Le même article remplace la *constatation* du juge de paix par une simple *déclaration* au percepteur.

45 *bis.* Les percepteurs qui ont laissé passer quatre années à compter du jour où les rôles ont été publiés, sans faire de poursuites contre un contribuable, ou qui, après avoir commencé des poursuites, les ont abandonnées, sont déchus de leurs droits contre les redevables (L. 3 frim. an 7, art. 149, modifié par L. 12 juill. 1922, art. 2). Les frais de poursuites sont soumis à la même prescription que les contributions.

45 *ter.* Les délais de prescription, qu'ils aient ou non couru depuis le 2 août 1914, ont été prorogés uniformément d'une durée de trois ans à partir de la cessation des hostilités (24 oct. 1919) (L. 31 mars 1920, art. 12). Ils ont été prorogés à nouveau, par la loi du 12 juill. 1922, de deux ans, à compter du 24 octobre 1922 pour les impôts compris dans des rôles antérieurs à 1920 et à compter du 31 décembre 1922 pour les impôts de l'année 1920 compris dans les rôles émis jusqu'au 31 janvier 1921.

46 *bis.* En aucun cas les administrations de l'État, des départements et des communes, ainsi que les entreprises concédées ou contrôlées par ces collectivités, ne peuvent opposer le secret professionnel aux agents de l'administration des Finances ayant au moins le grade de contrôleur ou d'inspecteur adjoint qui, pour établir les impôts, leur demandent communication des documents de service qu'elles détiennent (L. 31 juill. 1920, art. 31, § 1er). En cas d'information ouverte par l'autorité judiciaire, celle-ci doit donner connaissance à l'administration des Finances de toute indication recueillie au cours de la procédure et de nature à faire présumer une fraude commise

en matière fiscale, ou une manœuvre quelconque ayant pour objet ou pour résultat de frauder ou de compromettre un impôt (Même art., § 2). — L'administration des Postes communique au service des contributions directes les changements de domicile dont elle a connaissance (L. 31 déc. 1921, art. 11).

46 *ter.* Pour permettre le contrôle des déclarations d'impôt et la recherche des omissions ou des fraudes qui auraient pu être commises dans le délai de la prescription, tout commerçant faisant un chiffre d'affaires supérieur à 50000 francs par an est tenu de représenter à tout agent du Trésor ayant au moins le grade de contrôleur ou d'inspecteur adjoint ses livres de commerce et tous document annexes, pièces de recettes et de dépenses. Le refus de communiquer les livres, ou leur destruction avant le délai fixé par l'art. 11 c. com. (V. *Commerçant*, n° 22), est passible des peines prévues à l'art. 5 de la loi du 17 avr. 1906 (1000 à 10000 fr. d'amende) (L. 31 juill. 1920, art. 32).

46 *quater.* Quiconque s'est frauduleusement soustrait ou a tenté de se soustraire frauduleusement au payement total ou partiel des impôts établis par les lois au profit du Trésor public est puni d'une amende de 1000 francs au moins et de 5000 francs au plus, sans préjudice des droits du Trésor. En cas de récidive dans un délai de cinq ans, il est puni, en outre, d'un emprisonnement de un à cinq ans, et peut être privé, pendant cinq ans au moins et dix ans au plus, des droits civiques énumérés à l'art. 42 c. pén. (V. *Peine*, n° 51). Le tribunal peut, en outre, ordonner la publication et l'affichage du jugement (L. 25 juin 1920, art. 112).

49 *bis.* Le délai de trois mois fixé pour les réclamations part du premier jour du mois qui suit la publication du rôle (L. 31 déc. 1921, art. 20).

51 *bis.* Tout propriétaire est admis à contester la nature de culture et le classement assignés à ses propriétés non bâties dans le délai de six mois à partir de la publication du premier rôle établi d'après les résultats de la nouvelle évaluation, ou de trois mois à partir de la publication du rôle suivant (L. 29 mars 1914, art. 15). V. *infrà*, n°ˢ 77 et 78 *bis.*

62 *bis.* La loi du 21 juill. 1897 a été remplacée par l'art. 30 de la loi du 29 mars 1914, modifié lui-même par l'art. 48 de la loi du 31 juill. 1917. — Tout propriétaire exploitant pour son propre compte, lorsque le revenu imposable de l'ensemble des propriétés non bâties qui lui appartiennent n'excède pas 400 francs et que son revenu total n'est pas supérieur à 1250 francs, a droit à la remise du principal de la contribution foncière établie sur les terres dont il est à la fois propriétaire et exploitant, jusqu'à concurrence de l'impôt afférent à un revenu imposable de 200 francs. Pour obtenir le bénéfice des remises ci-dessus prévues, le contribuable doit faire, à la mairie de la commune de son domicile réel, une déclaration écrite avant le 10 février. Il n'est pas nécessaire de la renouveler tous les ans; mais les faits susceptibles d'entraîner une modification des indications contenues dans les déclarations (l'achat d'une terre, par exemple) doivent faire l'objet de déclarations rectificatives.

64 *bis.* Ligne 2, *au lieu de :* en revision, *lire :* en remise.

65 *bis.* — VI. **Contribution foncière.** — *Supprimer les lignes 3 à 10 jusque :* ayant pour base le cadastre. — En effet, depuis le 1er janvier 1915, il n'est plus assigné de contingents aux départements, arrondissements et communes pour l'établissement de la contribution foncière des propriétés non bâties, qui a cessé d'être un impôt de répartition pour devenir un *impôt de quotité*.

66 *bis*. La loi du 29 mars 1914 ne modifie pas les règles en vigueur concernant les biens soumis à l'impôt foncier non bâti. Ainsi les exemptions signalées n⁰ˢ 69 et suiv. subsistent. Toutefois l'art. 3 de ladite loi déclare non imposables à cette contribution le sol des bâtiments et les terrains qui forment une dépendance indispensable et immédiate des constructions (V. n⁰ 80 *bis*). — En ce qui concerne les emplacements à usage commercial ou industriel, V. n⁰ 81 *bis*.

68 *bis*. — VII. Contribution foncière des propriétés non bâties. — 1⁰ *Assiette de l'impôt. Revenu imposable*. — La contribution foncière des propriétés non bâties est réglée, depuis le 1ᵉʳ janv. 1915, en raison du *revenu* de ces propriétés, tel qu'il résulte des tarifs établis, par natures de culture et de propriété, en exécution de l'art. 3 de la loi du 31 déc. 1907 et conformément aux règles tracées par l'instruction ministérielle du 31 déc. 1908 (L. 29 mars 1914, art. 2). — Par « revenu », il faut entendre ici la valeur locative réelle, c'est-à-dire le prix de loyer que le propriétaire tire de ses immeubles lorsqu'il les afferme, ou s'il les exploite lui-même, celui qu'il pourrait en tirer en cas de location.

68 *ter*. L'impôt n'est pas calculé sur la totalité du revenu, mais seulement sur les quatre cinquièmes. L'art. 2 de la loi du 29 mars 1914 dispose, en effet, que, pour le calcul des cotisations, le revenu est diminué d'un cinquième.

68 *quater*. — 2⁰ *Taux de l'impôt*. — Le taux de la contribution foncière des propriétés non bâties est fixé, en principal, à 10 p. 100 du revenu imposable de ces propriétés, déterminé comme il vient d'être dit (L. 31 juill. 1919, art. 47, modifié par L. 25 juin 1920, art. 1ᵉʳ).

76 *bis*. — 3⁰ *Revisions périodiques normales*. — Les évaluations servant de base à la contribution foncière des propriétés non bâties seront, dans chaque commune, revisées *tous les vingt ans* (L. 29 mars 1914, art. 7, § 1ᵉʳ). — Cet alinéa pose donc le principe de la fixité des évaluations pendant un délai de vingt années. — Les revisions périodiques des évaluations foncières ainsi prévues par la loi du 29 mars 1914 sont suspendues. Une loi ultérieure déterminera la date de l'exécution de ces revisions et le point de départ de l'application de leurs résultats (L. 31 juin 1918, art. 1ᵉʳ).

76 *ter*. Les opérations ne seront pas faites, comme en 1908, dans toute la France à la fois. Les communes de chaque département seront réparties en vingt séries, et, chaque année, les évaluations seront revisées dans les communes de l'une de ces vingt séries prises à tour de rôle (L. 29 mars 1914, art. 7, § 2 à 5, modifié par L. 31 juill. 1918, art. 3).

76 *quater*. — 4⁰ *Revisions exceptionnelles*. — En vue de rendre possible le redressement des erreurs qui ont pu être commises lors de la revision générale effectuée de 1908 à 1913 (V. n⁰ 68 *bis*), l'art. 13 de la loi du 29 mars 1914 a prévu des revisions exceptionnelles pendant une période transitoire allant du 1ᵉʳ janv. 1915 au 30 juin 1917. L'art. 4 de la loi du 30 juin 1917 a prorogé jusqu'au 30 juin 1918 ces délais, qui ont été prorogés à nouveau jusqu'au 31 déc. 1919 (L. 31 juill. 1918, art. 2). Ces revisions devaient être de deux sortes : les unes, relatives aux évaluations du revenu des propriétés, concernant toute la commune et ne pouvant être demandées que par le maire ; les autres, spéciales aux tarifs attribués à une nature de culture ou de propriété (terres, prés, etc.),

n'affectant que certaines propriétés, et devant être sollicitées par les intéressés. Ces révisions devaient être opérées aux frais de l'État.

76 *quinquiès*. En outre, des revisions exceptionnelles des évaluations peuvent être ordonnées lorsque, postérieurement à la dernière évaluation, il s'est produit, par suite de *circonstances exceptionnelles*, une *dépréciation importante et générale* des propriétés, soit de la totalité, soit d'une partie notable de la commune. — La revision dont il s'agit ne peut être demandée que par le maire, autorisé à cet effet par le conseil municipal. — Les frais de l'opération sont supportés par la commune (L. 1914, art. 13, § 3). — Si, dans les communes où il aura été fait application de ces dispositions, un accroissement notable de la valeur des propriétés vient à être constaté ultérieurement, le ministre des Finances pourra faire procéder, avant la fin de la période vicennale en cours, à une nouvelle revision des évaluations (L. 1914, art. 13, § 4).

77 *bis*. Les propriétaires sont admis à former, par la voie contentieuse, des réclamations individuelles contre la *nature de culture* et le *classement* assignés à leurs propriétés non bâties à la suite d'une *revision* (normale ou exceptionnelle) ou d'une *évaluation nouvelle* (L. 29 mars 1914, art. 15), mais ils ne peuvent contester par cette voie les tarifs des évaluations ; ceux-ci ne sont susceptibles que de recours gracieux de la part du maire ou de l'Administration.

78 *bis*. Les réclamations doivent être formées dans le délai de trois mois à partir de la publication du rôle (L. 29 mars 1914, art. 15). La réclamation présentée par un propriétaire peut ne concerner qu'une parcelle, ou quelques parcelles cotisées dans un même article de rôle.

78 *ter*. Les propriétaires peuvent présenter une demande de *changement de classement* de leurs propriétés, à toute époque au cours de la période de vingt ans qui sépare deux revisions consécutives des évaluations. Cette demande est motivée par une *dépréciation notable et durable* de la propriété, résultant d'*événements imprévus*, *indépendants de la volonté* du propriétaire, et qui affectent le *fonds même du terrain* (exemples : ensablements, ravinements, glissements de terrains). La réclamation doit être formée dans les six mois de la publication du rôle de l'année suivant celle au cours de laquelle se sont produits les événements y donnant lieu.

79 *bis*. En dehors des cas prévus par les art. 15 à 18 et de ceux qui, d'après la législation en vigueur (V. n⁰ˢ 69 et s.), motivent une exemption temporaire d'impôt, aucune demande en décharge ou réduction de la contribution foncière des propriétés non bâties n'est recevable, sauf dans le cas où une propriété cesse de faire partie de la matière imposable ou rentre dans la catégorie des propriétés visées aux art. 3 et 4 (V. *infra*, n⁰ˢ 80 et 81 *bis*) (L. 29 mars 1914, art. 19).

79 *ter*. Les réclamations relatives à la contribution foncière des propriétés non bâties sont présentées, instruites et jugées selon les règles suivies en matière de contribution foncière des propriétés bâties (L. 29 mars 1914, art. 20). — Ces règles sont d'ailleurs les règles générales applicables en matière de contributions directes (V. n⁰ˢ 48 et s.).

80 *bis*. — VIII. Contribution foncière des propriétés bâties. — La distinction établie entre la superficie et l'élévation n'a plus de raison d'être. Aux termes de l'art. 3 de la loi du 29 mars 1914, les sols des bâtiments de toute nature et les terrains formant une dépendance indispensable et immédiate de ces constructions ne sont plus assujettis à la contribution foncière des propriétés non bâties ; leur valeur locative entre, le cas échéant, dans l'estimation du revenu servant de base à la contribution foncière des propriétés bâties afférente aux constructions.

81 *bis*. Les dispositions de l'art. 3 de la loi du 29 mars 1914 (V. n° 80 *bis*), relatives aux sols de bâtiments, sont applicables aux emplacements utilisés pour un usage commercial ou industriel, lesquels continuent à être imposés à la contribution foncière des propriétés bâties.

85 *bis*. Le délai de cinq ans pendant lequel les habitations à bon marché sont exemptes d'impôt foncier a été porté à douze ans par l'art. 9 de la loi du 12 avr. 1906.

86 *bis*. Depuis le 1er janv. 1920, le taux de la contribution foncière des propriétés bâties est fixé, en principal, à 10 p. 100 du revenu net de ces propriétés, déterminé conformément aux dispositions en vigueur (L. 25 juin 1920, art. 1er).

87 *bis*. Lors de la revision périodique prévue à l'art. 22, § 1er, de la loi du 29 mars 1914 (V. *infrà*, n° 91 *bis*), sera considéré comme imposable à la contribution foncière des propriétés bâties l'outillage des établissements industriels attaché au fonds à perpétuelle demeure, ou reposant sur des fondations spéciales faisant corps avec l'immeuble.

91 *bis*. L'art. 22, § 1er, de la loi précitée du 29 mars 1914, tout en maintenant la période décennale de fixité des évaluations, dispose que, à l'avenir, c'est-à-dire à partir de 1920 (V. *infrà*, n° 91 *ter*), les revisions ne se feront plus dans toute la France la même année. Dans chaque département, les séries de communes formées en vue de la revision périodique du revenu des propriétés non bâties (V. *suprà*, n° 76 *ter*) seront groupées deux à deux, et chaque année la revision décennale du revenu des propriétés bâties sera effectuée dans les communes de l'un de ces dix groupes.

91 *ter*. Le point de départ de l'application des résultats des revisions périodiques prévues par l'art. 22, § 1er, de la loi du 29 mars 1914 est fixé à l'année 1920. Toutefois, jusqu'à ce qu'il ait été procédé à ces revisions dans toutes les communes, la durée de la fixité des évaluations sera réduite ou augmentée dans la mesure nécessaire pour assurer la succession régulière des opérations de revision (L. 1914, art. 29).

91 *quater*. Par dérogation aux dispositions ci-dessus, pour les villes de plus de 50 000 habitants, rien n'est changé à la législation antérieure quant aux dates des revisions décennales (art. 23).

Impôts cédulaires sur les revenus.

92-1°. Les contributions personnelle et mobilière, des portes et fenêtres et des patentes ont été supprimées, à partir du 1er janv. 1918, par la loi du 31 juill. 1917 qui les a remplacées par un *impôt sur diverses catégories de revenus* (bénéfices industriels et commerciaux, bénéfices de l'exploitation agricole, traitements publics et privés, indemnités et émoluments, salaires, pensions et rentes viagères, bénéfices des professions non commerciales, revenus des créances, dépôts et cautionnements). Chacune de ces catégories constitue une *cédule*, d'où le nom d'impôts cédulaires donné aux nouvelles contributions.

92-2°. Les bénéfices de l'exploitation minière et des opérations attachées à cette exploitation pour l'assiette de la redevance proportionnelle des mines restent soumis à cette redevance, conformément à la législation en vigueur, et ne sont

pas assujettis aux impôts institués par la loi du 31 juill. 1917 (art. 53).

92-3°. Sur les impôts institués par la loi du 31 juill. 1917 et perçus par voie de rôles, ainsi que sur l'impôt foncier, chaque contribuable a droit, en ce qui concerne la part de l'Etat, à une *réduction pour charges de famille* (L. 31 juill. 1917, art. 52). Cette réduction est réglée ainsi qu'il suit : 1° Pour tout contribuable dont le revenu net total, défalcation faite des déductions pour situation et charges de familles prévues par l'art. 12 de la loi du 15 juill. 1914 (V. *infrà*, n° 186-15°), n'est pas supérieur à 10 000 francs : 7,50 p. 100 pour chaque personne à sa charge jusqu'à la deuxième et 15 p. 100 pour chacune des autres personnes à partir de la troisième ; 2° Pour tout contribuable dont le revenu net total, tel qu'il est défini ci-dessus, est supérieur à 10 000 francs : 5 p. 100 pour chacune des trois premières personnes à sa charge et 10 p. 100 pour chacune des autres personnes à partir de la quatrième, sans que, toutefois, le montant total de la réduction puisse dépasser 300 francs par personne à la charge du contribuable (L. 31 juill. 1919, art. 52, § 1er, modifié par L. 25 juin 1920, art. 5).

92-4°. Sont considérées comme personnes à la charge du contribuable celles qui sont désignées à l'art. 13 de la loi du 15 juill. 1914 (V. *infrà*, n° 186-15°). — Pour s'assurer le bénéfice des dispositions qui précèdent, les contribuables doivent faire parvenir au contrôleur du lieu de leur domicile une déclaration indiquant les nom, prénoms, date et lieu de naissance de chacune des personnes à leur charge, ainsi que les circonstances (lien de parenté, etc.) de nature à justifier que ces personnes rentrent dans la catégorie de celles qui sont visées ci-dessus. Les déclarations indiquent également les impôts sur lesquels sont susceptibles de porter les dégrèvements, et les communes dans lesquelles ces impôts doivent être établis. Les déclarations sont reçues dans les trois premiers mois de chaque année ; elles sont valables tant que leurs indications n'ont pas cessé d'être exactes ; dans le cas contraire, elles doivent être renouvelées dans le délai ci-dessus indiqué (L. 31 juill. 1917, art. 52).

92-5°. Les dispositions des articles 21 à 24 de la loi du 15 juill. 1914 (V. *infrà*, n°s 186-4° et suiv.), relatives à l'impôt général sur le revenu (recouvrement, réclamations), sont applicables aux impôts sur les bénéfices des professions commerciales et industrielles, sur les traitements publics et privés, les indemnités et émoluments, les salaires, les pensions et les rentes viagères et sur les bénéfices des professions non commerciales (L. 31 juill. 1917, art. 51).

92-6°. Les omissions totales ou partielles constatées dans l'assiette de l'un quelconque des impôts sur les revenus peuvent être réparées jusqu'à l'expiration de la cinquième année suivant celle au cours de laquelle l'imposition aurait dû être établie (art. 54).

92-7°. Pour l'établissement des divers impôts portant sur les revenus, l'administration des Contributions directes a le droit d'obtenir de tous les services publics communication des renseignements recueillis par ceux-ci en vertu des lois existantes (art. 55). — V. aussi *suprà*, n° 46 *bis*.

§ 1er. — *Impôts sur les bénéfices industriels et commerciaux.*

92-8°. Il est établi un impôt annuel sur les bénéfices des professions commerciales ou industrielles réalisés pendant l'année précédente, ou dans la période de douze mois dont les résultats ont servi à l'établissement du dernier bilan, lorsque cette période ne coïncide pas avec l'année civile (L. 31 juill. 1917, art. 2).

92-9°. Ne sont assujettis à l'impôt sur les bénéfices de professions industrielles et commerciales que sur la portion des bénéfices dépassant 1 500 francs : les ouvriers travaillant chez eux ou chez les particuliers sans compagnons ni apprentis, soit qu'ils travaillent à façon, soit qu'ils travaillent pour leur compte avec des matières à eux appartenant, qu'ils aient ou non une enseigne ou une boutique ; les ouvriers travaillant en chambre avec un apprenti de moins de seize ans ; la veuve qui continue, avec l'aide d'un seul ouvrier ou d'un seul apprenti, la profession précédemment exercée par son mari ; les personnes qui vendent en ambulance dans les rues, dans les lieux de passage et dans les marchés, des marchandises de faible valeur ou de menus comestibles ; les pêcheurs, lors même que la barque qu'ils montent leur appartient. Ne sont point considérés comme compagnons ou apprentis la femme travaillant avec son mari, ni les enfants non mariés travaillant avec leurs père et mère, ni le simple manœuvre dont le concours est indispensable à l'exercice de la profession (L. 31 juill. 1917, art. 13).

92-10°. Les sociétés coopératives de consommation, lorsqu'elles possèdent des établissements, boutiques ou magasins pour la vente ou la livraison de denrées, produits ou marchandises, sont passibles de l'impôt sur les bénéfices des professions commerciales et industrielles, à l'exception de la taxe spéciale établie par l'art. 14 (V. *infra*, n° 92-20°). Toutefois, en sont affranchis les syndicats agricoles et les sociétés coopératives de consommation qui se bornent à grouper les commandes de leurs adhérents et à distribuer dans leurs magasins de dépôt les denrées, produits ou marchandises qui ont fait l'objet de ces commandes, ou lorsque, ne vendant qu'à leurs sociétaires, ils distribuent leurs bonis annuels auxdits sociétaires ou à des œuvres d'intérêt général, ou lorsqu'ils consacrent ces bonis à des réserves qui ne sont pas réparties entre les porteurs d'actions (art. 15). — Sont affranchies des impôts cédulaires institués par la loi du 31 juill. 1917 pour les bénéfices qu'elles réalisent : 1° les sociétés d'habitation à bon marché constituées et fonctionnant dans les conditions prévues par la loi du 12 avr. 1906 ; 2° les sociétés de crédit immobilier constituées et fonctionnant dans les conditions prévues par la loi du 10 avr. 1908 ; 3° les sociétés de bains-douches, les sociétés de jardins ouvriers et les sociétés créées pour l'application de l'art. 1er de la loi du 10 avr. 1908, pourvu que lesdites sociétés soient constituées et fonctionnent dans les conditions prévues par l'art. 7 de la loi du 23 déc. 1912 (L. 31 déc. 1918, art. 18).

92-11°. L'impôt est établi au nom de chaque exploitant, pour l'ensemble de ses entreprises exploitées en France, au siège de la direction des entreprises ou, à défaut, au lieu du principal établissement (art. 13).

92-12°. Sont imposés sur leur *bénéfice net*, après déduction de toutes charges, y compris la valeur locative des immeubles affectés à l'exploitation et les amortissements généralement admis d'après les usages de chaque nature d'industrie ou de commerce, les sociétés dont les bilans sont obligatoirement communiqués à l'administration de l'Enregistrement, ainsi que les personnes ou sociétés qui ont, avant le 1er avril de chaque année, remis au contrôleur des contributions directes un résumé de leur compte de profits et pertes de l'année précédente, en prenant l'engagement de

fournir à l'appui, s'il y a lieu, toutes justifications nécessaires (art. 4).

92-13°. Pour établir l'imposition des contribuables visés à l'art. 4 (V. le n° précédent), le contrôleur peut demander aux intéressés tous les renseignements dont il a besoin. Il entend les intéressés dont l'audition lui paraît utile ou qui demandent à fournir des explications orales. Il fixe les bases de l'imposition, sauf recours des intéressés après l'émission des rôles par la voie contentieuse (art. 5).

92-14°. A défaut des communications prévues à l'art. 4 (V. *supra*, n° 92-12°), le bénéfice est évalué par application au *chiffre d'affaires* de coefficients appropriés. Une commission, instituée au ministère des Finances, détermine les coefficients applicables aux diverses catégories de contribuables. Elle procède tous les trois ans à leur révision et décide des modifications ou additions reconnues nécessaires dans l'intervalle (art. 6). Le tableau des coefficients actuellement applicable est en date du 13 mars 1921.

92-15°. En vue de la détermination des coefficients prévus à l'art. 6 (V. le numéro précédent), il peut être établi, pour chaque nature de profession, plusieurs catégories suivant l'importance du chiffre d'affaires et tous autres éléments susceptibles d'influer sur la productivité (art. 7).

92-16°. Les personnes et sociétés assujetties à l'impôt, qui ne rentrent pas dans la catégorie visée à l'art. 4 (V. *supra*, n° 92-12°), sont tenues de faire parvenir au contrôleur des contributions directes, avant le 1er avril de chaque année, la déclaration écrite de leur chiffre d'affaires pendant l'année précédente, toutes les fois que ce chiffre dépasse la somme de 50 000 francs. A défaut de déclaration dans le délai imparti, l'impôt est majoré de 10 pour 100. Les contribuables qui n'ont pas satisfait à cette obligation, ainsi que ceux dont le chiffre d'affaires ne dépasse pas la limite ci-dessus fixée, doivent, s'ils en sont requis par le contrôleur, produire la même déclaration dans un délai de vingt jours à compter de la réception de l'avis qui leur est adressé. Passé ce délai, le chiffre d'affaires est évalué d'office et l'impôt est majoré de moitié. A l'appui de la déclaration de leur chiffre d'affaires, les contribuables sont tenus de fournir, lorsqu'ils y sont invités, toutes les justifications nécessaires (L. 31 juill. 1917, art. 9, modifié par L. 25 juin 1920, art. 3).

92-17°. Au moyen des renseignements recueillis et des constatations effectuées, s'il y a lieu, conformément à l'art. 9, le contrôleur procède à l'évaluation provisoire des revenus imposables en appliquant au chiffre d'affaires un coefficient déterminé dans les conditions indiquées à l'art. 7 (V. *supra*, n° 92-14°). — Toutefois, lorsque le contrôleur est en mesure d'établir que le rapport du bénéfice net réel au chiffre d'affaires est supérieur au coefficient maximum fixé par la commission, il peut faire emploi d'un coefficient plus élevé, à charge pour lui d'apporter en cas de contestation les justifications nécessaires. — Le contrôleur communique aux intéressés l'évaluation provisoire, en les avisant qu'un délai de vingt jours leur est accordé pour présenter leurs observations par écrit ou verbalement au sujet de cette évaluation. Dans le cas où le contribuable juge que son bénéfice imposable doit être calculé à l'aide d'un coefficient inférieur au coefficient minimum fixé par la commission, il a la faculté d'indiquer le coefficient qu'il estime devoir être adopté et d'en demander l'application, à condition de fournir les justifications nécessaires. — A la suite des observations présentées ou à l'expiration du délai de vingt jours prévu ci-dessus, le contrôleur arrête définitivement les bases d'imposition, sans préjudice du droit pour les intéressés de réclamer par la voie contentieuse, après l'émission du rôle (art. 10).

92-18°. Pour le calcul de l'impôt, la portion du bénéfice n'excédant pas 1500 francs est comptée pour un quart; la fraction comprise entre 1500 francs et 5000 pour un demi; le surplus pour la totalité (art. 12, § 1er).

92-19°. Le taux de l'impôt est fixé à 8 pour 100 depuis le 1er janv. 1920 (L. 31 juill. 1917, art. 12, § 2, modifié par L. 25 juin 1920, art. 1er et 11).

92-20°. Indépendamment de l'impôt sur les bénéfices des professions industrielles et commerciales, il est établi une *taxe spéciale sur le chiffre d'affaires* réalisé par les entreprises ayant pour objet principal la vente en détail de denrées ou marchandises, lorsque ce chiffre d'affaires dépasse 1 million de francs, déduction faite du montant des exportations à l'étranger, en Algérie, aux colonies et pays de protectorat. Le taux de l'impôt est fixé conformément au tarif suivant : 1 pour 1000 sur la fraction du chiffre d'affaires comprise entre 1 million de francs et 2 millions de francs ; 2 p. pour 1000 sur la fraction du chiffre d'affaires comprise entre 2000001 francs et 10 millions de francs ; 3 pour 1000 sur la fraction du chiffre d'affaires comprise entre 10000001 francs et 100 millions de francs ; 4 pour 1000 sur la fraction du chiffre d'affaires comprise entre 100000001 francs et 200 millions de francs ; 5 pour 1000 sur le chiffre d'affaires au-dessus de 200 millions de francs. Les contribuables sont tenus de faire annuellement, dans les premiers mois de chaque année, la déclaration du chiffre total de leurs affaires pendant l'année précédente et de présenter à l'appui de cette déclaration toutes les justifications nécessaires pour en établir l'exactitude. Est applicable, en cas d'omission de déclaration et de déclaration inexacte, la sanction édictée par l'art. 9, § 2 (V. *supra*, n° 92-16°). Pour les maisons à succursales multiples rentrant dans la catégorie des entreprises susvisées, le chiffre d'affaires sur lequel s'établit la taxe spéciale est le chiffre global des affaires réalisées par toutes les succursales installées, soit dans la ville du siège principal, soit dans des villes différentes (art. 14).

92-21°. En cas d'inexactitude reconnue dans les renseignements communiqués conformément aux art. 4, 9 et 10 (V. *supra*, n°s 92-12°, 92-16° et 92-17°), l'impôt est doublé sur la portion du bénéfice dissimulée, à condition que l'insuffisance constatée soit supérieure au dixième ou qu'elle excède 20000 francs. Si l'insuffisance est reconnue après l'établissement du rôle, un supplément de cotisation peut être réclamé, soit dans l'année même de l'imposition, soit au cours des cinq années suivantes (art. 11).

§ 2. — *Impôt sur les bénéfices de l'exploitation agricole.*

92-22°. Un impôt annuel est établi sur les bénéfices de l'exploitation agricole (L. 31 juill. 1917, art. 16).

92-23°. Depuis le 1er janv. 1921, le bénéfice provenant de l'exploitation agricole est considéré, pour l'assiette de l'impôt, comme égal à la valeur locative des terres exploitées, telle qu'elle résulte de l'évaluation cadastrale, multipliée par un coefficient approprié. Ce coefficient est fixé par région agricole et par nature de culture. Les coefficients sont déterminés par une commission instituée par décret et présidée par un conseiller d'Etat. La commission se prononce après avis des directeurs des services agricoles et des chambres d'agriculture ou des offices départementaux des Départe-

ments intéressés. Elle procède tous les ans à la revision des coefficients. Les maxima et minima des coefficients arrêtés par la commission sont fixés, chaque année, pour l'établissement de l'impôt de l'année suivante, par une disposition de la loi de finances ou d'une loi spéciale (L. 31 juill. 1917, art. 7, modifié par L. 25 juin 1920, art. 2).

92-24°. Si le bénéfice réel de l'exploitation pendant l'année antérieure à celle de l'imposition n'a pas atteint le chiffre pris pour base d'imposition, l'exploitant peut, en apportant les justifications nécessaires, obtenir une réduction proportionnelle de l'impôt par voie de réclamation après l'établissement du rôle (art. 17, § 2).

92-25°. Sur le montant du revenu de l'exploitation agricole calculé ainsi qu'il est dit à l'art. 17, l'exploitant n'est taxé que sur la fraction supérieure à 1500 francs. Il a droit à une déduction de moitié sur la fraction comprise entre 1500 fr. et 4000 francs (L. 1917, art. 18, modifié par L. 25 juin 1920, art. 1er).

92-26°. Le taux de l'impôt est fixé à 6 pour 100 (art. 18, § 2, modifié par L. 25 juin 1920, art. 1er).

92-27°. Les parcs, jardins, avenues, pièces d'eau et tous les terrains réservés au pur agrément ou spécialement aménagés en vue de la chasse, ainsi que les terrains non cultivés destinés à la construction, sont assujettis à l'impôt sur les bénéfices de l'exploitation agricole à raison d'un revenu déterminé suivant le mode indiqué à l'art. 17, § 1er (V. *supra*, n° 92-23°). L'impôt est établi sur la totalité de ce revenu, sans déduction ni atténuation d'aucune sorte. — Sont affranchies de l'impôt les personnes ayant la jouissance de terrains d'agrément dont la superficie n'excède pas un hectare et dont le revenu imposable n'est pas supérieur à 100 francs. — Sont en outre exonérés de l'impôt, quelles que soient leur contenance et leur valeur locative, les parcs et jardins situés dans la partie agglomérée des villes et les terrains appartenant aux offices publics d'habitations à bon marché et destinés aux buts déterminés par l'art. 11 de la loi du 23 déc. 1912 (L. 31 juill. 1917, art. 22, modifié par L. 25 juin 1920, art. 4). — L'impôt est établi au nom des exploitants, dans la commune où ils ont leur habitation principale au 1er janvier de l'année de l'imposition et d'après la consistance de leurs exploitations à la même date (art. 19).

92-28°. Les rôles de l'impôt sur les bénéfices de l'exploitation agricole sont établis et le recouvrement en est poursuivi comme en matière de contributions directes. En cas de déménagement du contribuable hors du ressort de la perception, comme en cas de vente volontaire ou forcée, l'impôt est immédiatement exigible pour la totalité de l'année courante (art. 20).

92-29°. Les réclamations relatives à l'impôt sur les bénéfices de l'exploitation agricole sont présentées, instruites et jugées comme en matière de contributions directes. Toutefois, les réclamations présentées par application du deuxième paragraphe de l'art. 17 sont jugées et les décisions prononcées en audience non publique; en outre, les avis et communications qui s'y rapportent sont transmis dans les conditions prévues par l'art. 23 de la loi du 15 juill. 1914 en ce qui concerne l'impôt général sur le revenu (V. *infrà*, n° 186-43°) (art. 21).

§ 3. — *Impôt sur les traitements publics et privés, les indemnités et émoluments, les salaires, les pensions et les rentes viagères.*

92-30°. Les revenus provenant des traitements publics et privés, des indemnités et émoluments, des salaires, des pensions, à l'exception de celles servies en vertu de la loi du 31 mars 1919 (pensions militaires) et des rentes viagères sont assujettis à un impôt portant sur la partie de leur montant annuel qui dépasse, savoir : ... 1° pour les pensions et rentes viagères, la somme de : 3600 fr. pour les pensions et les rentes viagères constituées par des versements périodiques successifs ou servies bénévolement par des patrons à leurs employés à titre d'ancienneté de services ; 2000 fr. pour les rentes viagères constituées au moyen du versement d'un capital ou acquises par voie de legs ou de donation ; ... 2° Pour les traitements, indemnités, émoluments et salaires, la somme de : 4000 francs, dans les communes de 50000 habitants et au-dessous ; 5000 francs, dans les communes de plus de 50000 habitants ou situées dans un rayon de 15 kilomètres à partir du périmètre de la partie agglomérée d'une commune de plus de 50000 habitants ; 6000 francs, à Paris et dans les communes de la banlieue dans un rayon de 25 kilomètres à partir du périmètre de l'octroi de Paris (L. 31 juill. 1917, art. 23, § 1er, modifié par L. 25 juin 1920, art. 1er). — A la demande du conseil municipal, le ministre des Finances peut assimiler aux communes situées dans un rayon de 15 kilomètres à partir du périmètre de la partie agglomérée d'une commune de 50000 habitants et aux communes de la banlieue de Paris, les communes dans lesquelles le prix des denrées de première nécessité et des loyers d'habitation est aussi élevé que dans les communes des banlieues précitées. Un décret du 13 oct. 1920 énumère les douze denrées alimentaires qui doivent être prises en considération (Même art. 23, § 5, ajouté par L. 31 juill. 1920, art. 4). — Les allocations aux familles nombreuses (sursalaire familial, allocations familiales), versées exclusivement par des employeurs ou des groupements d'employeurs à leur personnel ne rentrent pas, pour le calcul de l'impôt, dans les revenus ci-dessus visés (art. 23, § 4, modifié par L. 25 juin 1920, art. 1er). — Pour le calcul de l'impôt, la fraction du revenu imposable comprise entre le minimum exonéré (V. le n° précédent) et la somme de 8000 francs est comptée seulement pour moitié (L. 31 juill. 1917, art. 23, § 2, modifié par L. 25 juin 1920, art. 1er).

92-31°. Le taux de l'impôt est fixé à 6 pour 100 (art. 23, § 3, modifié par L. 25 juin 1920, art. 1er).

92-32°. Pour la détermination des bases d'imposition, il est tenu compte du montant net réel des traitements, indemnités et émoluments, salaires, pensions et rentes viagères, ainsi que de tous les avantages en argent ou en nature accordés aux intéressés en sus des traitements, indemnités, émoluments, salaires, pensions et rentes viagères proprement dits (art. 24).

92-33°. L'impôt est dû chaque année à raison des traitements, indemnités et émoluments, salaires, pensions et rentes viagères, dont les intéressés ont bénéficié au cours de l'année précédente. Il est établi au nom des bénéficiaires, dans la commune où ils sont domiciliés au 1er janvier de l'année de l'imposition (art. 25).

92-34°. Tous particuliers et toutes sociétés ou associations occupant des employés, commis, ouvriers ou auxiliaires, moyennant traitement, salaire ou rétribution, sont tenus de remettre, dans le courant du mois de janvier de chaque année, au contrôleur des contributions directes un état indiquant : 1° les noms et adresses des personnes qu'ils ont occupées au cours de l'année précédente ; 2° le montant des traitements, salaires et rétributions payés à chacune d'elles pendant ladite année ; 3° la période à laquelle s'appliquent ces payements lorsqu'elle est inférieure à une année, mais supérieure à trente jours consécutifs. La disposition qui précède n'est toutefois applicable qu'en ce qui concerne les personnes dont les traitements, salaires ou rétributions, calculés conformément aux prescriptions de la loi et ramenés à l'année, dépassent le minimum assujetti à l'impôt (V. *supra*, n° 92-30°) (art. 26). — Tous particuliers et toutes sociétés ou associations payant des pensions ou rentes viagères sont tenus, dans les mêmes conditions, de fournir les indications relatives aux titulaires de ces pensions ou rentes, lorsqu'elles dépassent 1250 francs (art. 27).

92-35°. A l'aide des renseignements fournis en exécution des dispositions qui précèdent et de tous autres qu'il peut recueillir, le contrôleur des contributions directes fixe les bases des cotisations, sans préjudice du droit pour les intéressés de le contester après l'établissement du rôle (art. 28).

92-36°. Toute infraction aux prescriptions des art. 26 et 27 (V. *supra*, n° 92-34°) donne lieu à l'application d'une amende de 100 francs, encourue autant de fois qu'il est relevé d'omissions ou d'inexactitudes dans les renseignements qui doivent être fournis en vertu de ces deux articles. L'amende est prononcée par le conseil de préfecture, statuant comme en matière de contraventions. La prescription n'est acquise qu'après l'expiration de la quatrième année suivant celle au cours de laquelle l'infraction a été commise. L'amende est recouvrée par le percepteur des contributions directes (art. 29, modifié par L. 31 déc. 1920).

§ 4. — *Impôt sur les bénéfices des professions non commerciales (professions libérales, charges et offices, etc.).*

92-37°. Les bénéfices des professions libérales, des charges et offices dont les titulaires n'ont pas la qualité de commerçants, et de toutes occupations ou exploitations lucratives non soumises à un impôt spécial sur le revenu, sont assujetties à un impôt annuellement établi à raison du bénéfice net de l'année précédente constitué par l'excédent des recettes totales sur les dépenses nécessitées par l'exercice de la profession (L. 31 juill. 1917, art. 30).

92-38°. L'impôt ne porte que sur la partie du bénéfice net dépassant la somme de : 4000 francs, si le contribuable est domicilié dans une commune de 50000 habitants et au-dessous ; 5000 francs si le contribuable est domicilié dans une commune de plus de 50000 habitants, ou située dans un rayon de 15 kilomètres à partir du périmètre de la partie agglomérée de cette commune ; 6000 francs si le contribuable est domicilié à Paris ou dans une commune de la banlieue dans un rayon de 25 kilomètres à partir de l'octroi de Paris. En outre, pour le calcul de l'impôt, la fraction du revenu imposable comprise entre le minimum exonéré et la somme de 8000 francs est comptée seulement pour moitié. — Le taux de l'impôt est fixé à 6 pour 100. — Par dérogation aux dispositions qui précèdent, l'impôt est calculé, pour les charges et offices visés à l'art. 30, dans les conditions et d'après le taux fixé par l'art. 12 en ce qui concerne les professions commerciales (V. *supra*, n° 92-18°) (art. 31, modifié par L. 25 juin 1920, art. 1er).

92-39°. L'impôt est dû dans la commune où le contribuable a son domicile au 1er janvier de l'année de l'imposition (art. 32).

92-40°. Toute personne passible de l'impôt, à raison des bénéfices réalisés dans l'exercice de l'une des professions visées à l'art. 30, est tenue de produire, dans les trois premiers mois de chaque année, une déclaration du montant de ses bénéfices (art. 33). Pour la sanction de cette obligation, V. *infrà*, nos 92-42° et 92-43°. — La déclaration est adressée au contrôleur des contributions directes du lieu du domicile du contribuable. Il en est délivré récépissé (art. 34).

92-41°. Le contrôleur prend pour base de l'impôt le chiffre du bénéfice déclaré, à moins qu'il ne le reconnaisse inexact. Dans ce dernier cas, il peut le rectifier, mais il fait alors connaître à l'intéressé, avant d'établir l'imposition, le chiffre qu'il se propose de substituer à celui de la déclaration, en indiquant les motifs qui lui paraissent justifier le redressement; il invite en même temps l'intéressé à présenter, s'il y a lieu, ses observations par écrit ou verbalement, dans un délai de vingt jours. Si le désaccord persiste, le contribuable conserve le droit de contester après l'établissement du rôle le chiffre arrêté par le contrôleur. Le tribunal saisi du litige apprécie les motifs invoqués par l'Administration et par le contribuable en tenant compte, s'il y a lieu, des obligations du secret professionnel et fixe la base d'imposition (art. 35).

92-42°. Tout contribuable astreint à la déclaration, qui ne la souscrit pas dans les trois premiers mois de l'année, est invité par le contrôleur à la produire dans un nouveau délai de vingt jours, passé lequel le bénéfice imposable est déterminé d'office, sauf réclamation du contribuable après l'établissement du rôle. Mais dans ce cas l'impôt est majoré de moitié (art. 36).

92-43°. Le contribuable qui n'a déclaré qu'un revenu insuffisant est tenu, s'il n'établit sa bonne foi, de verser en sus des droits afférents au montant réel de son revenu imposable une somme égale au quadruple de la partie des droits correspondant au revenu non déclaré. Toutefois, le droit en sus n'est applicable que si l'insuffisance constatée est supérieure au dixième du revenu imposable (L. 31 juill. 1917, art. 37, § 1er, modifié par L. 31 juill. 1920, art. 3). — Quant aux sanctions pénales, V. *suprà*, n° 46 *quater*. — Si l'insuffisance est découverte après l'établissement du rôle, un supplément de cotisation peut être réclamé soit dans l'année de l'imposition, soit au cours des cinq années suivantes (art. 37, § 2).

§ 5. — *Impôt sur les revenus des créances,
dépôts et cautionnements.*

92-44°. L'impôt sur le revenu des capitaux mobiliers établi par les art. 31 et s. de la loi du 29 mars 1914 (V. *Valeurs mobilières*, nos 37 *bis* et s.) et dont le taux a été modifié par l'art. 50 de la loi du 25 juin 1920 (V. *eod. v°*, n° 39 *bis*), s'applique aux intérêts, arrérages et tous autres produits : 1° des créances hypothécaires, privilégiées et chirographaires, à l'exclusion de toute opération commerciale ne présentant pas le caractère juridique d'un prêt; 2° des dépôts de sommes d'argent, à vue ou à échéance fixe, quel que soit le dépositaire et quelle que soit l'affectation du dépôt; 3° des cautionnements en numéraire (L. 31 juill. 1917, art. 38).

92-45°. Sont affranchis de l'impôt sur le revenu des capitaux mobiliers : 1° les intérêts des sommes inscrites sur les livrets des caisses d'épargne; 2° les intérêts des créances hypothécaires ou privilégiées en représentation desquelles les sociétés ou compagnies autorisées par le Gouvernement à faire des opérations de crédit foncier ont émis des obligations, titres ou valeurs soumis eux-mêmes à l'impôt sur le revenu; 3° *a*) les intérêts des prêts consentis ou des dépôts effectués par les sociétés, fondations et offices publics d'habitations à bon marché et les sociétés de crédit immo-

bilier constituées et fonctionnant conformément aux lois des 12 avr. 1906, 10 avr. 1908 et 23 déc. 1912. — La même exonération s'applique aux arrérages, intérêts et autres produits des prêts consentis sous une forme quelconque à des commerçants ou industriels français ou résidant en France, par des sociétés françaises de banque ou de crédit constituées par actions, qui émettent, en représentation de ces prêts, des obligations ou autres titres d'emprunt, soumis eux-mêmes à l'impôt sur le revenu des capitaux mobiliers (L. 31 juill. 1920, art. 29).

92-46°. L'impôt est liquidé sur le montant brut des intérêts, arrérages ou tous autres produits des valeurs désignées à l'art. 38. La retenue de l'impôt est opérée au moyen de l'apposition de timbres mobiles sur la quittance ou tout autre écrit constatant le payement ou l'inscription au crédit d'un compte des intérêts, arrérages ou tous autres produits. Le droit est à la charge exclusive du créancier, nonobstant toute clause contraire, quelle qu'en soit la date; toutefois, le créancier et le débiteur en sont tenus solidairement. Toute infraction à ces dispositions est punie d'une amende de 50 francs à la charge de chacun des contrevenants, indépendamment du payement par le créancier d'une amende égale au quintuple des droits dont le Trésor a été privé pour chacune des années antérieures à celle de la découverte de l'infraction, sans toutefois que le droit de répétition puisse s'étendre à plus de dix années (L. 31 juill. 1917, art. 40; L. 25 juin 1920, art. 53).

92-47°. Le recouvrement de l'impôt sur le revenu des capitaux mobiliers est assuré, et les instances sont introduites et jugées comme en matière d'enregistrement (V. *Enregistrement*).

92-48°. Les intérêts des dettes chirographaires sont déduits des revenus du débiteur, à l'exception de ceux provenant des valeurs mobilières. Pour obtenir le bénéfice de cette déduction, les contribuables doivent en faire la demande et justifier que la dette existe réellement, que les intérêts de la dette alléguée ont été effectivement payés au créancier et qu'ils ont été frappés de l'impôt prévu par l'art. 38 (V. *suprà*, n° 92-44°). — Lorsque des valeurs mobilières ont été constituées en gage ou nantissement de créances, le débiteur peut obtenir le remboursement de l'impôt sur le revenu desdites valeurs, jusqu'à concurrence des droits perçus sur les intérêts de sa dette, et à la condition : 1° de présenter la demande et les justifications prévues par le paragraphe 4 de l'art. 42 (V. le numéro précédent); 2° de justifier que l'impôt sur le revenu des titres constitués en gage incombe au porteur de ces titres et a été payé par lui (art. 41, § 6).

159, 160, 161 *bis*. — XII. Centimes additionnels. — Depuis l'année 1915, il n'est plus perçu au profit de l'Etat de centimes additionnels au principal de la contribution foncière (propriétés bâties et propriétés non bâties). La part de l'Etat dans cette contribution ne comporte, en sus du principal, que des centimes pour non-valeurs, sur le montant des impositions départementales et communales, et des centimes pour frais de perception des impositions communales (L. 29 mars 1914, art. 25).

162 *bis*. Aux termes de l'art. 26 de la loi du 29 mars 1914, les principaux qui servent de base annuellement, depuis 1915, au calcul du produit total, par commune, des centimes départementaux additionnels à la contribution foncière, sont formés en appliquant au montant total des revenus imposables une proportion uniforme pour toutes les communes du même département. Cette proportion est la proportion moyenne existant, pour l'ensemble des communes de chaque département, entre les principaux qui, d'après les dispositions antérieurement en vigueur, auraient servi de base en 1915 au calcul du produit des impositions locales et le montant correspondant des revenus imposables effectivement compris dans les rôles généraux de ladite année. Le produit total des centimes communaux additionnels à la contribution foncière est, dans chaque commune, calculé d'après les principaux utilisés pour le calcul du produit total des centimes départementaux par application de la disposition qui précède.

162 *ter*. Afin d'éviter les répercussions trop brusques de la réforme de l'assiette des impositions locales, l'art. 27 de la loi du 29 mars 1914 laissait aux conseils généraux la faculté de décider, dans leur deuxième session de 1914, que la péréquation prescrite par l'art. 26, au lieu d'être réalisée en une seule fois dès l'année 1915, serait effectuée par étapes successives en un nombre d'années dont le maximum était fixé à dix.

162 *quater*. Jusqu'au vote d'une loi spéciale établissant des taxes nouvelles de remplacement les *centimes départementaux et communaux* portant sur les anciennes contributions personnellemobilière, des portes et fenêtres et des patentes, continueront provisoirement d'être établis et perçus d'après les règles précédemment en vigueur (L. 31 juill. 1917, art. 44). — Le principal fictif de la contribution des patentes continue provisoirement à servir de base au calcul : ... de la taxe instituée par l'art. 5 de la loi du 9 avr. 1898 pour la constitution d'un fonds de garantie en matière d'accidents du travail ; ... de la contribution prévue par la loi du 25 nov. 1916 en vue de la constitution d'un fonds spécial de prévoyance dit « des blessés de la guerre » ; ... des taxes destinées à subvenir aux dépenses des bourses et des chambres de commerce (art. 46).

164 *bis*. — XIII. **Taxes assimilées aux contributions directes.** — Depuis le 1er janv. 1920, la taxe annuelle représentative des droits de transmission entre vifs et par décès, établie en vertu de la loi du 20 févr. 1849 (taxe des biens de mainmorte), est calculée à raison de 130 centimes par franc du principal de la contribution foncière des propriétés bâties et non bâties. Toutefois, ce taux est réduit à 85 centimes par franc en ce qui concerne : 1° les biens appartenant aux départements, communes et établissements publics d'assistance et de bienfaisance visés par l'art. 2 de la loi du 30 juill. 1913, ainsi qu'aux sociétés, fondations et offices d'habitations à bon marché constitués conformément aux lois des 12 avr. 1906, 10 avr. 1908 et 23 déc. 1912 ; 2° les biens appartenant à des établissements d'utilité publique dont les ressources sont exclusivement affectées à des œuvres d'assistance et de bienfaisance et en tant seulement que ces biens ont été affectés et continuent d'être affectés réellement à ces œuvres (L. 31 juill. 1920, art. 5).

165 et 166 *bis*. La législation relative aux redevances minières a été profondément modifiée par les lois des 8 avr. 1910 (art. 4), 30 déc. 1916 (art. 7), 31 juill. 1917 (art. 53). — (V. *Mines, minières, carrières*, nos 23 *bis* et s.).

167 *bis*. Le taux de la taxe sur les billards publics et privés a été doublé par l'art. 7 de la loi du 30 déc. 1916. — Cette taxe est perçue, depuis le 1er janv. 1922, par l'administration des Contributions indirectes (V. *Impôts indirects*, n° 60 *ter*) (L. 31 déc. 1921, art. 12 à 15).

169 *bis*. La taxe sur les cercles et lieux de réunion est calculée ainsi qu'il suit depuis le 1er janv. 1920 : 1° sur la portion des cotisations n'excédant pas 8000 francs, 12,50 pour 100 ; comprise entre 8000 et 20000 francs, 25 pour 100 ; supérieure à 20000 francs, 40 pour 100 ; 2° sur la portion de la valeur locative n'excédant pas 4000 francs, 5 pour 100 ; comprise entre 4000 et 8000 francs, 10 pour 100 ; supérieure à 8000 fr., 20 pour 100. La taxe que les communes sont autorisées à percevoir sur les cercles ne peut dépasser 40 pour 100 du principal de la taxe établie pour le compte de l'Etat (L. 25 juin 1920, art. 21).

172 *bis*. Les voitures automobiles publiques ou privées servant au transport des marchandises, les side-cars et les cycle-cars, ainsi que les canots de plaisance sont frappés d'une taxe annuelle de circulation (L. 25 juin 1920, art. 99 et 100 ; L. 31 juill. 1920, art. 36).

174 *bis*. La taxe sur les automobiles est applicable intégralement et sans exception aux voitures possédées par les fonctionnaires civils ou militaires qui ne les utilisent pas exclusivement pour l'exercice de leurs fonctions, ou qui touchent des indemnités de déplacement sur les budgets de l'Etat, des départements ou des communes (L. 31 déc. 1907, art. 5).

175 *bis*. Les voitures automobiles employées pour l'exercice d'une profession agricole ou patentée payent seulement la moitié des taxes dont elles sont passibles, à l'exception de la taxe de circulation, qui est due intégralement (L. 25 juin 1920, art. 100, § 3).

177 *bis*, **178** *bis*. Le tarif de la taxe sur les voitures, chevaux, etc., fixé par l'art. 5 de la loi du 8 avr. 1910, a été doublé par la loi du 30 déc. 1916, art. 7. Ce tarif a été majoré de 50 pour 100 pour les automobiles servant au transport des personnes (L. 25 juin 1920, art. 100, § 1er). Quant aux automobiles servant au transport des marchandises, elles sont imposées comme les automobiles servant au transport des personnes qui comportent une ou deux places (Même art. 100, § 2). — Le tarif de la taxe de circulation varie de 100 à 500 francs par an, suivant la force du moteur. — Les droits perçus par l'Etat (taxe de circulation non comprise) sur les automobiles sont majorés de 50 pour 100 ; le produit de cette majoration constitue un fonds commun qui est réparti entre les départements proportionnellement à la longueur des routes et chemins, à l'état de viabilité, etc. (L. 25 juin 1920, art. 100, § 4 ; L. 31 juill. 1920, art. 35).

178 *ter*. Les taxes sur les automobiles sont exigibles par trimestre et d'avance, sauf la faculté pour les intéressés de se libérer par an et d'avance. Le permis de circulation cesse d'être valable s'il ne porte pas la mention du payement de l'impôt pour la période en cours (L. 25 juin 1920, art. 101, § 1, 2 et 3).

178 *quater*. Les infractions aux dispositions qui précèdent sont constatées par les agents des contributions indirectes, des octrois, et par tous autres agents ayant qualité pour dresser des procès-verbaux en matière de roulage. Les conducteurs de voitures automobiles doivent leur représenter, à toute réquisition, le permis de circulation. — Les contraventions sont punies d'une amende de 50 à 200 francs en principal, indépendamment de la confiscation et du quintuple des droits fraudés ou compromis (L. 25 juin 1920, art. 102).

179 *bis*. Les propriétaires d'automobiles doivent indiquer dans leur déclaration la catégorie à laquelle appartient chaque élément d'imposition eu égard au nombre de places et à la force en chevaux-vapeur du moteur (L. 8 avr. 1910, art. 5).

179 *ter*. Les voitures automobiles importées par des personnes venant séjourner temporairement en France, et non soumises à l'impôt direct pour ces véhicules, sont assujetties à une taxe spéciale, représentative de la taxe directe, et comprenant : une taxe fixe (50 francs pour les voitures à une ou deux places, 90 francs pour les voitures à plus de deux places), une taxe proportionnelle à la force du moteur. Ces taxes sont perçues proportionnellement à la durée du séjour des voitures en France. Les voitures dont le séjour n'excède pas quatre mois consécutifs en sont affranchies. Toute infraction est punie d'une amende égale au quadruple de la taxe exigible (L. 8 avr. 1910, précitée, art. 7). — Les automobiles venant de l'étranger ne sont assujetties au permis de circulation, et par suite à la taxe de circulation, que deux mois après leur entrée en France. Elles donnent lieu à la délivrance d'un laissez-passer dont le coût varie suivant le nombre de places (L. 31 juill. 1920, art. 37).

183 *bis*. Depuis le 1er janv. 1921, la taxe sur les chiens est fixée, dans chaque commune, par une délibération du conseil municipal soumise à l'approbation de l'autorité supérieure. Le taux varie suivant la population de la commune et selon qu'il s'agit de chiens d'agrément, de chiens de chasse ou de chiens de garde ; il est de 20, 30 ou 40 francs pour les chiens d'agrément, de 10, 15 ou 20 francs pour les chiens de chasse, et de 5, 10 ou 15 francs pour les chiens de garde ou ceux qui ne rentrent pas dans les autres catégories. Les chiens qui peuvent être classés dans deux catégories doivent être rangés dans celle dont le taux est le plus élevé. Sont exemptés de toute taxe les chiens servant à conduire des aveugles ou appartenant à des mutilés de guerre ayant au moins 80 pour 100 d'invalidité (L. 31 juill. 1920, art. 14).

186 *bis*. — 7° *Taxe sur les gardes-chasse*. — L'art. 6 de la loi du 30 juill. 1913 a institué une taxe annuelle sur les gardes particuliers commissionnés pour la surveillance de la chasse. Cette taxe est à la charge des personnes par qui les gardes sont commissionnés. Elle est fixée à 40 fr. pour le premier garde et à 80 francs par chaque garde en sus du premier (L. 30 déc. 1916, art. 7). L'imposition est établie dans la commune où est située la propriété gardée. Les redevables sont tenus de faire par écrit à la mairie de cette commune, avant le 31 janvier de chaque année, la déclaration du nombre des gardes qui sont à leur service. Les taxes sont doublées pour chacun des gardes non déclarés. L'assiette et le recouvrement de la taxe ont lieu comme en matière de contributions directes. Toutefois la taxe est payable en un seul versement dans le mois qui suit la publication du rôle.

186 *ter*. — 8° *Taxe pour la répression des fraudes*. — Pour subvenir aux frais de surveillance en vue de la répression des fraudes, l'art. 7 de la loi du 30 juill. 1913 a institué une taxe annuelle, fixée à 3 francs depuis le 1er janv. 1920 (L. 25 juin 1920, art. 22), sur tout établissement affecté à la vente en détail des boissons, denrées alimentaires pour l'homme et les animaux, produits agricoles ou naturels, engrais, substances vénéneuses, drogues et produits chimiques ou photographiques. Les pharmacies, les fabriques et dépôts d'eaux minérales, les fabriques de margarine ou d'oléo-margarine sont seuls exemptés de cette taxe, mais ils restent soumis aux droits de visite qui sont supprimés pour les autres établissements. — Les rôles de cette taxe sont établis, publiés et recouvrés comme en matière de contributions directes.

Impôt général sur le revenu.

186-1°. Les art. 5 à 25 de la loi de finances du 15 juill. 1914 ont établi un *impôt général sur le revenu*. La loi de 1914 a été modifiée par celles des 30 déc. 1916, art. 5, 23 févr., 31 mars 1917, art. 4, 31 juill. 1917, art. 49 et 50, 29 juin 1918, art. 2, 3 et 4, 25 juin 1920, art. 6 à 9 et 31 juill. 1920, art. 2. — L'impôt général sur le revenu est un impôt de superposition, qui s'ajoute aux impôts cédulaires établis par la loi du 31 juill. 1917 (V. *suprà*, n°s 92-1° et s.) et à toutes autres taxes payées par le contribuable. Cet impôt a un caractère personnel. D'autre part, il est global : les revenus ne sont pas répartis en catégories taxées séparément ; ce qui est imposable, c'est l'ensemble du revenu.

186-2° L'impôt général sur le revenu est entré en application le 1er mars 1916.

§ 1er. — *Personnes imposables*.

186-3°. L'impôt général sur le revenu est dû, au 1er janvier de chaque année, par toutes les personnes ayant en France une résidence habituelle. Sont considérées comme ayant en France une résidence habituelle les personnes qui y possèdent une habitation à leur disposition à titre de propriétaires, d'usufruitiers ou de locataires, lorsque, dans ce dernier cas, la location est conclue soit par convention unique, soit par conventions successives, pour une période continue d'au moins une année (L. 15 juill. 1914, art. 6). — Cette disposition ne distingue pas entre les Français et les étrangers ; ceux-ci doivent donc être soumis à l'impôt lorsqu'ils remplissent les conditions de résidence ci-dessus prévues.

186-4°. Seuls les individus sont susceptibles d'être assujettis à l'impôt général. Les collectivités diverses (établissements publics, établissements d'utilité publique, associations, sociétés, etc.) n'y sont pas soumises.

186-5°. En principe, c'est le chef de famille qui est imposable, et il est taxé tant en raison de ses revenus personnels que de ceux de sa femme et des autres membres de la famille qui habitent avec lui. Toutefois, les contribuables peuvent réclamer des impositions distinctes : 1° lorsqu'une femme séparée de biens ne vit pas avec son mari ; 2° lorsque les enfants ou autres membres de la famille, sauf le conjoint, tirent un revenu de leur propre travail ou d'une fortune indépendante de celle du chef de famille (L. 1914, art. 8).

186-6°. La règle d'après laquelle toute personne ayant en France une résidence habituelle est soumise à l'impôt sur le revenu comporte deux exceptions : 1° Sont affranchies de l'impôt les personnes dont le revenu imposable n'excède pas la somme de 6000 francs, majorée, s'il y a lieu, conformément à l'art. 12 (V. *infrà*, n° 186-15°) (ainsi un homme marié, ayant 12000 francs de revenu imposable et père de trois enfants, est affranchi de l'impôt ; — 2° Les mutilés, veuves et ayants droit des morts de la guerre, pour les pensions dont ils sont titulaires en vertu de la loi du 31 mars 1919 ; — 3° Les ambassadeurs et autres agents diplomatiques étrangers, ainsi que les consuls et agents consulaires de nationalité étrangère, mais seulement dans la mesure où les pays qu'ils représentent concèdent des avantages analogues aux agents diplomatiques et consulaires français (art. 9, mod. par L. 30 déc. 1916).

§ 2. — *Lieu de l'imposition*.

186-7° Si le contribuable a une résidence unique, l'impôt est établi au lieu de cette résidence. Si le contribuable possède plusieurs résidences, il est assujetti à l'impôt au lieu où il est réputé posséder son principal établissement (L. 1914, art. 7).

§ 3. — *Revenu imposable.*

186-8°. L'impôt est établi d'après le montant total du revenu net annuel dont dispose chaque contribuable. Par « revenu annuel », on entend le revenu de l'année précédant celle de l'imposition.

186-9°. Le revenu net qui sert au calcul de l'impôt est égal au revenu total provenant des propriétés et capitaux que possède le contribuable, des professions qu'il exerce, des traitements, salaires, pensions et rentes viagères dont il jouit, ainsi que des bénéfices de toutes occupations lucratives auxquelles il se livre (L. 15 juill. 1914, art. 10), diminué des frais et charges indiqués ci-après, n° 186-11° et suiv. — Les déductions opérées sur le revenu total pour parvenir à la détermination du revenu net imposable sont de deux sortes : on déduit, d'une part, les *frais* et *dépenses* qui grèvent spécialement chaque source de revenu (propriétés foncières, exploitations agricoles, industrielles, etc.), et, d'autre part, les *charges* qui affectent l'ensemble du revenu, telles que les intérêts des dettes et emprunts, contributions directes, pertes résultant d'un déficit d'exploitation. La première opération fait apparaître le revenu net, la seconde, le revenu imposable.

186-10°. En effectuant ces opérations, destinées à faire ressortir le revenu net et total de l'année qui a précédé celle de l'imposition, on ne doit faire état que des revenus réalisés et des dépenses effectuées au cours de ladite année. — Les revenus réalisés s'entendent, réserve faite pour le cas de jouissance en nature, de ceux dont le montant en espèces a été perçu par le bénéficiaire, ou du moins, s'il n'a pas été encaissé par ce dernier, a été mis cependant à sa disposition immédiate et aurait pu être touché par lui à son seul gré. — Les dépenses effectuées sont celles dont le montant a été payé, quelle que soit l'époque à laquelle s'est produit le fait générateur de la dépense et quelle que soit aussi la date de l'exigibilité du payement. — Les contribuables ne doivent être cotisés qu'à raison des revenus qu'ils ont réalisés personnellement ou en tant que chefs de famille : d'où il suit, en particulier, que l'héritier d'une personne décédée au cours de l'année qui a précédé celle de l'imposition ne saurait être imposé pour la totalité des revenus qu'ont produits, pendant ladite année, les biens qu'il a recueillis.

186-11°. — Le contribuable détermine son revenu total en classant les revenus qui proviennent de sources diverses en huit catégories : revenu des propriétés foncières bâties ; revenus des propriétés foncières non bâties ; revenus des valeurs et capitaux mobiliers ; bénéfices de l'exploitation agricole ; bénéfices industriels et commerciaux ; bénéfices de l'exploitation minière ; traitements publics et privés, indemnités et émoluments, salaires, pensions et rentes viagères ; bénéfices des professions non commerciales (professions libérales, charges et offices, occupations ou exploitations lucratives non dénommées ci-dessus). Pour chaque catégorie de revenus, le revenu net est constitué par l'excédent du produit brut effectivement réalisé, y compris la valeur des profits et avantages dont le contribuable a joui en nature, sur les dépenses effectuées en vue de l'acquisition et de la conservation du revenu (Décr. 17 janv. 1917, art 1er, modifié par Décr. 15 déc. 1917). En ce qui concerne les revenus soumis à un impôt spécial établi par voie de rôle, le contribuable a la faculté de les évaluer d'après les règles fixées pour l'assiette de cet impôt spécial (L. 15 juill. 1914, art. 10, complété par L. 31 juill. 1917, art. 50).

186-12°. La totalisation des revenus nets ainsi calculés (V. *suprà*, n°s 186-9° et s.) pour chaque catégorie donne l'ensemble du revenu net du contribuable. Sur ce revenu net total, l'art. 10 de la loi du 15 juill. 1914 autorise la déduction des charges suivantes : 1° intérêts des emprunts et dettes à sa charge ; 2° arrérages de rentes payées par lui à titre obligatoire ; 3° tous impôts directs et taxes assimilées acquittés par lui (L. 15 juill. 1914, art. 10-3°, modifié par L. 24 févr. 1917) ; 4° pertes résultant d'un déficit d'exploitation dans une entreprise agricole, commerciale ou industrielle.

186-13°. La déduction de ces charges est demandée par le contribuable dans sa déclaration (L. 1914, art. 16, § 3). — A l'appui de sa demande, l'intéressé précise : *a*) au sujet des dettes contractées et des rentes payées à titre obligatoire, le nom et le domicile du créancier, la nature ainsi que la date du titre constatant la créance et, s'il y a lieu, le nom et la résidence de l'officier public qui a dressé l'acte, ou la juridiction dont émane le jugement, enfin le chiffre des intérêts ou arrérages annuels ; — *b*) au sujet des impôts directs ou des taxes assimilées aux contributions directes, la nature de chaque contribution, le lieu de l'imposition, l'article du rôle et le montant de la cotisation ; — *c*) au sujet des pertes résultant d'un déficit d'exploitation, la désignation de l'entreprise déficitaire, le chiffre et les éléments constitutifs du déficit (Décr. 17 janv. 1917, art. 3).

186-14°. Le revenu imposable correspondant aux diverses sources de revenus est déterminé, chaque année, d'après leur produit respectif pendant la précédente année (L. 15 juill. 1914, art. 10, § 2). — L'impôt est dû au 1er janvier (art. 6).

186-15°. Chaque chef de famille est imposable à la fois pour ses revenus personnels, pour ceux de sa femme et ceux des membres de la famille (enfants, ascendants, frères, sœurs) qui habitent avec lui (L. 15 juill. 1914, art. 8, § 1er). — Mais cette totalisation des revenus de la famille trouve une contre-partie dans les déductions suivantes, pratiquées sur le revenu annuel total : 1° tout contribuable marié a droit à une déduction de 3000 francs. La même déduction est accordée, en cas de décès de l'un des époux, au conjoint survivant non remarié et ayant à sa charge un ou plusieurs enfants issus du mariage ; 2° tout contribuable, marié ou non, a droit à une déduction de 1500 francs par personne à sa charge si le nombre des personnes à sa charge ne dépasse pas cinq. Toutefois, pour chaque enfant au-dessous de vingt et un ans resté à la charge de ses parents, et pour chaque personne au delà de la cinquième, quel que soit son âge, la déduction est de 2000 fr. (L. 15 juill. 1914, art. 12, modifié par L. 25 juin 1920, art. 7).

186-16°. Sont considérés comme personnes à la charge du contribuable, à la condition de n'avoir pas de revenus distincts de ceux qui servent de base à l'imposition de ce dernier : 1° les ascendants âgés de plus de soixante-dix ans ou infirmes ; toutefois cet âge est abaissé à soixante ans à l'égard des femmes veuves vivant sous le même toit que leur fils ou leur fille et à leur charge exclusive ; 2° les descendants ou enfants par lui recueillis, s'ils sont âgés de moins de vingt et un ans ou s'ils sont infirmes (L. 1914, art. 13, modifié par L. 25 juin 1920, art. 7).

186-17° L'art. 8 de la loi du 15 juill. 1914 permet au contribuable de réclamer des impositions distinctes : 1° pour sa femme séparée de biens, si elle ne vit pas avec lui ; 2° pour ses enfants ou les autres membres de la famille habitant avec lui, sauf la femme, qui tirent un revenu de leur propre travail ou d'une fortune indépendante.

186-18°. Pour les atténuations d'impôt accordées aux contribuables en raison de leur situation de famille, V. *infra*, n° 186-22°.

186-19°. Pour les personnes (Français ou étrangers) non domiciliées en France, mais y possédant une ou plusieurs résidences, le revenu imposable est fixé à une somme égale à sept fois la valeur locative de cette ou de ces résidences, à moins que les revenus tirés par le contribuable de propriétés, exploitations ou professions, sises ou exercées en France, n'atteignent un chiffre plus élevé, auquel cas ce dernier chiffre sert de base à l'impôt (L. 1914, art. 11).

§ 4. — *Calcul de l'impôt.*

186-20°. On a vu *suprà*, n° 186-9° et suiv., que le revenu imposable est déterminé en retranchant du chiffre du revenu brut : 1° les frais et dépenses exposés pour l'acquisition ou la conservation de chaque catégorie de revenus ; 2° les charges qui grèvent l'ensemble du revenu ; 3° les sommes dont la déduction est accordée par la loi à raison des charges de famille. — C'est le revenu ainsi obtenu qui sert de base au calcul de l'impôt. Mais le contribuable n'est pas taxé sur la totalité : il l'est seulement sur la portion qui dépasse la somme de 6000 francs. En d'autres termes, les six premiers mille francs du revenu imposable sont exonérés (L. 15 juill. 1914, art. 14 modifié par L. 25 juin 1920, art. 8).

186-21°. Cette première tranche de 6000 francs étant exonérée, l'impôt est calculé, pour le reste du revenu, de la manière suivante, en négligeant toute fraction inférieure à 100 francs. On compte pour un vingt-cinquième la fraction comprise entre 6000 et 20000 francs ; pour deux vingt-cinquièmes, la fraction comprise entre 20000 et 30000 francs ; et ainsi de suite, en augmentant d'un vingt-cinquième par tranche de 10000 francs jusqu'à 100000 francs, par tranche de 25000 francs jusqu'à 400000 francs, et par tranche de 50000 francs jusqu'à 550000 francs ; la fraction du revenu excédant 550000 francs est comptée pour l'intégralité. Puis on applique au revenu taxable ainsi obtenu le taux de 50 pour 100 (L. 15 juill. 1914, art. 15, modifié par L. 25 juin 1920, art. 8).

186-22°. Sur l'impôt ainsi calculé, le contribuable a droit à des réductions pour charges de famille. Tout contribuable dont le revenu net total, défalcation faite des déductions prévues à l'art. 12 (V. *suprà*, n° 186-15°), n'est pas supérieur à 10000 francs, a droit à une réduction d'impôt de 7,50 pour 100 pour chaque personne à sa charge jusqu'à la deuxième, et de 15 pour 100 pour chacune des autres personnes à partir de la troisième. Tout contribuable dont le revenu, défalcation faite des déductions prévues à l'art. 12, est supérieur à 10000 francs, a droit à une réduction d'impôt de 5 pour 100 pour chacune des trois premières personnes à sa charge, et de 10 pour 100 pour chacune des autres personnes à partir de la quatrième, sans que, toutefois, le montant total de cette réduction puisse excéder 2000 francs par personne à la charge du contribuable (L. 1914, art. 15, modifié par L. 25 juin 1920, art. 8). — Les personnes à la charge dont il s'agit ici sont les mêmes que celles visées à l'art. 13 (V. *suprà*, n° 186-16°). L'épouse du contribuable n'en fait donc pas partie.

186-23°. Le montant de l'impôt est majoré de 25 pour 100 pour les contribuables âgés de plus de 30 ans qui sont célibataires ou divorcés et qui n'ont aucune personne à leur charge. Le même montant est majoré de 10 pour 100 pour les contribuables âgés de plus de 30 ans, mariés depuis deux ans au 1er janvier de l'année de l'imposition, lorsque, à la même date, ces contribuables n'ont pas d'enfant et se trouvent n'avoir aucune personne à leur charge. Les dispositions ci-dessus ne sont pas applicables aux contribuables des catégories visées, titulaires d'une pension prévue par la loi du 31 mars 1919 pour une invalidité de 40 pour 100 et au-dessus, ni aux contribuables dont tous les enfants sont morts à la guerre (L. 25 juin 1920, art. 9).

§ 5. — *Déclaration du revenu par le contribuable.*

186-24°. Aux termes de l'art. 16, § 1er, de la loi du 15 juill. 1914, modifié par la loi du 30 déc. 1916, les contribuables passibles de l'impôt *sont tenus* de souscrire une déclaration de leur revenu, avec l'indication par nature de revenu des éléments qui le composent.

186-25°. La loi ne vise, comme déclarants, que les contribuables passibles de l'impôt ; par suite, les personnes non imposables peuvent se dispenser de souscrire une déclaration. Celle-ci peut alors être remplacée par une *affirmation* produite dans les conditions suivantes. Lorsqu'un contribuable estime qu'il n'est pas passible de l'impôt à raison du montant de son revenu global calculé sans tenir compte, le cas échéant, des revenus des personnes de sa famille pour lesquelles il réclame des impositions distinctes (V. *suprà*, n° 186-17°) et toutes déductions prévues par les art. 10 et 12 de la loi (V. *suprà*, n°s 186-12° et 13°, 186-15° et 16°) ayant, d'ailleurs, été opérées, il peut en produire l'affirmation dans les trois premiers mois de l'année en l'adressant au contrôleur du lieu où il réside. Le contrôleur vérifie cette affirmation après avoir demandé, s'il y a lieu, des éclaircissements à son auteur. S'il ne la reconnaît pas exacte, il peut taxer d'office ce dernier comme tout contribuable qui n'a pas fait la déclaration de son revenu, sauf le droit pour l'assujetti de réclamer contre son imposition dans les délais légaux (Décr. 17 janv. 1917, art. 6, modifié par Décr. 15 déc. 1917).

186-26°. Le décret du 17 janv. 1917 énumère, à l'art. 3, les mentions que doit contenir la déclaration. Ce sont : *a*) les nom et prénoms du contribuable, le lieu de sa résidence ou, s'il a plusieurs résidences, le lieu de son principal établissement, la nature de ses occupations professionnelles ; — *b*) le montant de son revenu global et la répartition de ce revenu dans les diverses catégories déterminées par l'art. 1er du décret du 17 janv. 1917 (V. *suprà*, n° 186-11°). Ce revenu est constitué par la totalisation du revenu net du contribuable, de celui de sa femme, de ceux des autres membres de la famille qui habitent avec lui et des personnes qu'il déclare être à sa charge. Toutefois, le contribuable peut s'abstenir de comprendre dans le revenu global qui fait l'objet de sa déclaration les revenus personnels des membres de sa famille, visés par l'art. 8, § 2, de la loi du 15 juill. 1914 (V. *suprà*, n° 186-17°), lorsqu'il se trouve au cas de demander le bénéfice de cette disposition de la loi. Il doit alors, dans sa déclaration, réclamer ce bénéfice et désigner nommément lesdites personnes. Si cette demande est fondée, les personnes désignées jouissent des mêmes droits et sont soumises aux mêmes obligations que les autres contribuables ; — *c*) l'état des charges que, par application de l'art. 10 de la loi, il a déduites pour fixer le revenu global (pour les mentions que doit contenir cet état, V. *suprà*, n° 186-13°) ; — *d*) s'il est marié, la date et le lieu de son mariage ;

s'il a des personnes à sa charge, les nom, prénoms, date et lieu de naissance de chacune d'elles, ainsi que les circonstances (lien de parenté, etc.) de nature à justifier que ces personnes doivent être considérées comme étant à sa charge par application de l'art. 13 de la loi (V. *supra*, n° 186-16°). Il indique également, s'il est chef d'entreprise, le siège de son exploitation; s'il est employé d'une administration publique ou d'une entreprise privée, l'administration ou l'entreprise à laquelle il est attaché et la nature de son emploi (Décr. 17 janv. 1917, art. 3).

186-27°. Les déclarations sont rédigées sur ou d'après des formules que les contribuables trouvent dans les mairies.

186-28°. La déclaration doit être faite dans les trois premiers mois de chaque année (L. 15 juill. 1914, art. 16, § 5 modifié par la loi du 23 févr. 1917, art. 2). — Après avoir signé sa déclaration, le contribuable la remet ou l'envoie par la poste au contrôleur des contributions directes, qui en délivre récépissé (L. 15 juill. 1914, art. 16, § 7). — L'envoi par la poste doit être affranchi. — La déclaration est remise au contrôleur du lieu indiqué dans cette déclaration comme étant celui où le contribuable a sa résidence unique ou, s'il a plusieurs résidences, son principal établissement (Décr. 17 janv. 1917, art. 4).

186-29°. Le contribuable n'est pas tenu de renouveler chaque année sa déclaration. Toute déclaration non renouvelée est considérée comme maintenue, et le bénéfice en demeure acquis à l'intéressé pour les années suivantes, tant qu'il ne l'a pas retirée, quelle que soit la commune dans laquelle il a été imposé au rôle de l'impôt général sur le revenu (L. 15 juill. 1914, art. 16, § 6). Le contribuable qui use de la faculté de ne pas renouveler annuellement sa déclaration doit cependant, s'il a transporté d'une commune à une autre, soit sa résidence unique, soit son principal établissement, signaler ce changement, dans le délai ouvert pour faire la déclaration annuelle, au contrôleur du lieu où doit être établie sa nouvelle imposition. Faute par lui de s'être conformé à cette prescription et, à moins qu'il ne justifie de son imposition dans une autre commune, il n'est pas recevable à se prévaloir de ce que la mutation n'a pas été opérée pour réclamer la décharge de son imposition (Décr. 17 janv. 1917, art. 5). — D'autre part, tout contribuable qui, ayant souscrit une déclaration de son revenu au cours de l'année précédente ou de l'une des années antérieures, cesse d'être passible de l'impôt général sur le revenu, en avise, dans le délai de trois mois fixé par l'art. 16, § 5, de la loi (du 1er janv. au 31 mars) le contrôleur du lieu où a été établie sa dernière imposition. Sa situation est dès lors celle des contribuables visés à l'art. 6 du décret (V. *supra*, n° 186-24°) (Décr. 17 janv. 1917, art. 8 modifié par Décr. 15 déc. 1917).

§ 6. — *Vérification de la déclaration par le contrôleur.*

186-30°. Le contrôleur vérifie les déclarations. Il peut demander au contribuable des éclaircissements (L. 15 juill. 1914, art. 17, § 1er modifié par la loi du 30 déc. 1916). — Ces éclaircissements sont demandés verbalement ou par écrit. Lorsque le contribuable a refusé de répondre à une demande verbale d'éclaircissements ou lorsque la réponse faite à cette demande est considérée par le contrôleur comme équivalente à un refus de répondre sur tout ou partie des points à éclaircir, le contrôleur doit, avant de procéder à la taxation d'office, renouveler sa demande par écrit. Toutes les

demandes écrites doivent indiquer les points sur lesquels le contrôleur juge nécessaire d'obtenir des éclaircissements et assigner au contribuable, pour fournir sa réponse, un délai qui ne peut être inférieur à quinze jours. Les lettres d'avis reproduisent le texte complet de l'art. 19 de la loi et avertissent le contribuable que, faute par lui de répondre dans le délai fixé, il sera passible de la sanction prévue par le premier paragraphe de cet article, c'est-à-dire de la taxation d'office (Décr. 17 janv. 1917, art. 9).

§ 7. — *Taxation d'office.*

186-31°. Le contribuable qui s'est abstenu de faire sa déclaration ou de répondre à la demande d'éclaircissements du contrôleur est taxé d'office (L. 15 juill. 1914, art. 19, § 1er, modifié par la loi du 30 déc. 1916, art. 5).

186-32°. En cas de désaccord avec le contrôleur, le contribuable taxé d'office peut former une réclamation contentieuse devant le conseil de préfecture; mais il ne lui est accordé décharge ou réduction de la cotisation qui lui a été assignée que s'il apporte toutes les justifications de nature à faire la preuve du chiffre exact de son revenu. De plus, il supporte la totalité des frais de l'instance, y compris ceux d'expertise; toutefois, au cas où son revenu, établi par le conseil de préfecture, n'est pas supérieur de plus de 10 pour 100 au chiffre du revenu produit par le contribuable, ces frais incombent à l'État (L. 1914, art. 19, § 2 nouveau).

§ 8. — *Défaut de déclaration. — Déclaration ou taxation insuffisante.*

186-33°. Le montant de l'impôt est majoré de 10 pour 100 pour le contribuable qui n'a pas souscrit de déclaration dans le délai prévu à l'art. 16 (V. *supra*, n° 186-27°) (L. 15 juill. 1914, art. 18, § 1er, modifié par L. 30 déc. 1916, art. 5). — Le contribuable qui n'a déclaré qu'un revenu insuffisant est tenu, s'il n'établit sa bonne foi, de verser, en sus des droits afférents au montant réel de son revenu imposable, une somme égale au quadruple de la partie de ces droits correspondant au revenu non déclaré (art. 18, § 2, modifié par L. 31 juill. 1920, art. 2). En d'autres termes, l'impôt est quintuplé pour cette fraction du revenu. — Toutefois, le quadruple droit en sus n'est applicable que si l'insuffisance constatée est supérieure au dixième du revenu imposable (art. 18, § 2).

186-34°. Quand l'insuffisance du revenu déclaré est constatée par l'Administration après l'établissement du rôle, il n'y a pas de pénalité : la cotisation correspondant à la partie du revenu non déclarée peut seulement être réclamée au contribuable soit dans l'année même, soit au cours des cinq années suivantes (L. 15 juill. 1914, art. 17, § 3).

186-35°. En cas d'absence ou d'insuffisance de déclaration ou de taxation constatée à l'ouverture d'une succession, le Trésor opère le recouvrement des impôts non perçus, majorés comme il est dit à l'art. 18 (V. *supra*, n° 186-33°) (L. 15 juill. 1914, art. 20, modifié par L. 30 déc. 1916, art. 5).

§ 9. — *Recouvrement de l'impôt.*

186-36°. Les rôles de l'impôt général sur le revenu sont établis et le recouvrement en est poursuivi comme en matière de contributions directes (V. n°s 16 et s., 21 et s.) (L. 15 juill. 1914, art. 21).

186-37°. La formalité de la publication des rôles, c'est-à-dire l'affichage à la mairie de leur mise en recouvrement, subsiste; mais, à la différence de ce qui a lieu en matière de contributions directes, les matrices des rôles de l'impôt sur le revenu ne sont pas publiques : les contribuables ne peuvent s'en faire délivrer des extraits qu'en ce qui concerne leurs propres cotisations (L. 15 juill. 1914, art. 24).

186-38°. En cas de déménagement du contribuable hors du ressort de la perception, comme en cas de vente volontaire ou forcée, l'impôt est immédiatement exigible pour la totalité de l'année courante (L. 1914, art. 21).

186-39°. Tous avis et communications échangés entre les agents de l'Administration ou adressés par eux aux contribuables et concernant l'impôt sur le revenu doivent être transmis sous enveloppe fermée. Les franchises postales et les taux spéciaux d'affranchissement reconnus nécessaires ont été fixés par décret du 28 janv. 1916. — Est tenue au secret professionnel et passible des peines prévues par l'art. 378 c. pén., toute personne appelée, à l'occasion de ses fonctions ou attributions, à intervenir dans l'établissement, la perception ou le contentieux de l'impôt (L. 15 juill. 1914, art. 23).

§ 10. — *Réclamations.*

186-40°. Les réclamations relatives à l'impôt général sur le revenu sont présentées, instruites et jugées comme en matière de contributions directes (V. n°s 47 et s.). Toutefois, elles sont jugées et les décisions prononcées en audience non publique (L. 15 juill. 1914, art. 22). — Les agents du service des contributions directes sont seuls appelés à formuler des avis sur ces réclamations (Décr. 17 janv. 1917, art. 12).

187 *bis*. — XIV *bis*. Enregistrement et timbre. — Sont exempts de la formalité du timbre et de l'enregistrement les actes et pièces relatifs aux commandements, saisies et ventes ayant pour objet le recouvrement des impôts directs et des taxes assimilées (L. 18 juill. 1911, art. 20, § 1er).

187 *ter*. Les quittances de produits et revenus de toute nature délivrées par les comptables de deniers publics sont assujetties au droit de timbre édicté par l'art. 55 de la loi du 25 juin 1920 pour les quittances ou reçus délivrés par les particuliers. Leur délivrance est obligatoire et le prix du timbre, lorsqu'il est exigible, s'ajoute de plein droit au montant de la somme due (L. 25 juin 1920, art. 56).

IMPÔTS INDIRECTS

5 *bis*. — II. Règles diverses. — Ligne 3, *ajouter :* Les débitants d'eaux-de-vie, liqueurs, apéritifs, vins de liqueurs ou d'imitation, vermouts et autres boissons spiritueuses de toute nature, ne sont plus astreints au payement des licences établies par la loi du 29 déc. 1900. Les licences de ces débitants sont fixées ainsi qu'il suit par trimestre : communes de 1 000 habitants et au-dessous, 12 fr. 50; communes de 1 001 à 10 000 habitants, 25 francs; communes de 10 001 à 50 000 habitants, 37 fr. 50; communes de plus ds 50 000 habitants, 62 fr. 50 (L. 29 juin 1918, art. 37).

10 *bis*. Ligne 11 : L'action de la Régie contre l'expéditeur doit être intentée dans le délai de 6 mois (L. 31 juill. 1920, art. 34).

11 *bis*. Les établissements de production d'eaux artificielles ou de laboratoire, et ceux où il est procédé à la gazéification de l'eau ou de toute autre boisson à emporter ou à consommer sur place, sont soumis aux visites et à la surveillance de la Régie (L. 30 déc. 1916, art. 15; L. 30 mars 1918).

11 *ter*. Les administrations de l'Etat, des départements, des communes, ainsi que les entreprises concédées par ces collectivités, ne peuvent opposer le secret professionnel aux agents de l'administration des Finances ayant au moins le grade de contrôleur ou d'inspecteur adjoint qui, pour établir les impôts institués par les lois existantes, leur demandent communication des documents de service qu'elle détiennent. En cas d'information ouverte par l'autorité judiciaire, celle-ci doit donner connaissance à l'administration des Finances de toute indication recueillie au cours de la procédure et de nature à faire présumer une fraude ou une manœuvre quelconque tendant à frauder ou à compromettre l'impôt (L. 31 juill. 1920, art. 31).

13 *bis*. Le principal des pénalités a été de nouveau majoré de deux décimes et demi (L. 25 juin 1920, art. 110); l'augmentation totale est donc de 5 décimes, soit 50 pour 100 du principal.

16 *bis*. En cas de faillite ou de liquidation judiciaire, le concordat ne peut être opposé à la Régie en ce qui concerne la contrainte par corps exercée pour le recouvrement des amendes (L. 15 juill. 1907, art. 5).

17 *bis*. Les contribuables de qui il a été exigé ou perçu quelque somme soit au delà du tarif légal, soit en vertu de tarifs illégaux, peuvent en réclamer la restitution. Leur demande doit être formée dans les six mois; elle est instruite et jugée dans les formes observées en matière de Domaines (L. 28 avr. 1816, art. 247, § 3 et 4, modifiés par l'art. 65 de la loi du 8 avr. 1910).

20 *bis*. L'interdiction du débat oral a été supprimée par l'art. 7 de la loi du 30 avr. 1921.

27 *bis*. Les transactions sont approuvées définitivement par les directeurs départementaux lorsque les pénalités ne dépassent pas 5 000 francs, par le directeur général lorsqu'elles n'excèdent pas 20 000 francs, et par le ministre des Finances dans les autres cas (Arr. 5 germ. an 12, modifié par Décr. 23 déc. 1920). — Il est statué par le directeur général jusqu'à 3 000 francs, et par le ministre dans les autres cas, sur les demandes de remise de droits en sus, majorations et amendes (Décr. 19 juin 1918).

28 *bis*. — III. Impôt sur les boissons. — V. *Boissons*.

29 *bis*. — IV. Impôt sur les vinaigres. — Le droit de consommation sur les vinaigres a été supprimé par la loi du 9 juin 1921 et remplacé par une taxe spéciale assise, lors de chaque dénaturation, sur la matière imposable mise en œuvre. — Ne peuvent être employés à la fabrication du vinaigre que des vins, des cidres, des poirés, des hydromels, des bières, des esprits, ainsi que des liquides alcooliques non dénommés obtenus sans distillation. Les alcools obtenus par distillation doivent peser 86 degrés alcoométriques à la température de 15 degrés centigrades, avec une teneur maximum de 300 milligrammes d'acide acétique par litre d'alcool pur. — Ces matières premières sont, lors de leur introduction en vinaigrerie, déclarées et prises en charge pour leur teneur en alcool absolu. Après leur transformation en dilutions acéto-alcooliques, elles sont affranchies des droits dont elles étaient passibles, moyennant le payement d'un droit spécial de dénaturation de 150 francs par hectolitre d'alcool pur y contenu. Ce droit est restitué en cas d'exportation. — Les matières destinées à l'acétification doivent être dénaturées sous la surveillance des employés de la Régie. Elles ne peuvent être détournées de leur destination, ni revivifiées.

29 *ter*. Les employés supérieurs de l'administration des Contributions indirectes ont le droit de se faire représenter et d'examiner la comptabilité commerciale et les livres de commerce des fabricants de vinaigre. Toute revivification, toute tentative de revivification des matières dénaturées, toute manœuvre ayant pour objet soit de détourner ces matières, soit de faire accepter à la dénaturation des matières déjà dénaturées sont punies, en outre, de la confiscation et du quintuple des droits fraudés ou compromis, d'un emprisonnement de six jours à six mois et d'une amende de 5000 francs à 10000 francs. En cas de récidive, l'amende est doublée et l'établissement est fermé pour une période de six mois au moins (L. 9 juin 1921, art. 13).

30 bis. — V. Impôt sur les bougies. — L'impôt sur l'acide stéarique ou autres matières à l'état de bougies ou de cierges, qui avait été abaissé à 20 francs par 100 kilogr. décimes compris, par l'art. 16 de la loi du 30 juill. 1913, a été reporté à 30 francs par la loi du 25 juin 1920, art. 97.

34 bis. — VI. Impôt sur les huiles. — 2° *Huiles minérales*. — Un droit intérieur de consommation, de 20 francs par hectolitre, est perçu sur les huiles minérales raffinées ou lampantes, sur les essences de pétrole et autres, pures ou en mélange, ainsi que sur les benzols, benzines, toluènes, essences de houille pures ou en mélange (L. 25 juin 1920, art. 104 et 105). Les infractions sont punies d'une amende de 50 à 500 francs, du quintuple des droits fraudés et de la confiscation des objets saisis (art. 104, § 9; art. 105, § 10). Une surtaxe temporaire de 30 francs par hectolitre est mise à la charge des importateurs (L. 9 juill. 1921, art. 2).

34 ter. — VI bis. Impôt sur les eaux minérales et gazéifiées. — Les eaux minérales naturelles ou artificielles, les eaux de laboratoire, filtrées, stérilisées ou pasteurisées, sont soumises, à l'importation ou lors de la sortie des établissements de production, à un droit intérieur de consommation de 0 fr. 05 cent. par litre ou fraction de litre, lorsque le prix de vente à la sortie de l'établissement est égal ou inférieur à 0 fr. 30 cent. par bouteille, et de 0 fr. 10 cent. lorsque ce prix est supérieur à 0 fr. 30 cent. En outre, il peut être perçu, au profit des communes sur le territoire desquelles sont situées des sources d'eau minérale, une surtaxe d'un centime par bouteille. Le droit de consommation sur les eaux gazéifiées et les limonades est de 0 fr. 05 cent. par litre ou fraction de litre. Les établissements de production d'eaux artificielles, de laboratoire ou gazéifiées sont soumis aux visites et à la surveillance de la Régie. L'acide carbonique liquide, expédié à destination de toute personne possédant un appareil à gazéifier les boissons ou à charger des capsules pour siphons, est soumis à un impôt de 2 francs par kilogramme d'acide. Diverses formalités sont requises pour la détention, la circulation des appareils à gazéifier et des récipients d'acide carbonique, ainsi que pour la fabrication de ce produit (L. 30 mars 1918, modifiée par L. 25 juin 1920, art. 86).

34 quater. — VI ter. Impôt sur les spécialités pharmaceutiques. — Un impôt est établi sur les spécialités pharmaceutiques présentées comme jouissant de propriétés curatives ou préventives. Cet impôt est basé sur le prix de vente au détail, prix dont l'inscription sur les étiquettes en caractères apparents est obligatoire, conformément au tarif suivant : produits dont le prix de vente n'excède pas 0 fr. 50 cent. : 0 fr. 05 cent.; produits dont le prix de vente excède 0 fr. 50 cent. sans dépasser 10 francs : 0 fr. 10 cent. par franc ou par fraction de franc; produits dont le prix de vente est supérieur à 10 francs : 0 fr. 50 cent. par 5 francs ou par fraction de 5 francs. Sont considérés comme spécialités les produits auxquels le fabricant ou le vendeur attache une dénomi-

nation particulière ou dont il réclame soit la priorité d'invention, soit la propriété exclusive, ou enfin dont il préconise la supériorité par voie d'annonces, de prospectus ou d'étiquettes et desquels il ne publie pas la formule. Sont exempts les produits que les pharmaciens préparent pour les livrer directement à leur clientèle, sans publicité, avec indication des substances entrant dans leur composition, et exclusivement au détail (L. 30 déc. 1916; Décr. 17 avr. 1917).

34 quinquiès. — VI quater. Impôt sur le café, certaines denrées et épices. — L'art. 17 de la loi du 30 déc. 1916, modifié par l'art. 28 de la loi du 29 juin 1918, a établi un droit de consommation sur le café, la chicorée et autres succédanés, le cacao, le chocolat, le poivre, le piment, les amomes et cardamomes, les cannelles, girofles, muscades, la vanille et le thé. Ce droit est dû au moment de l'importation. Un droit de consommation de 100 francs par kilogr. est perçu sur la vanilline et ses dérivés ou substituts (L. 25 juin 1920, art. 108).

35 bis. — VII. Impôt sur les cartes à jouer. — L'impôt sur les cartes à jouer a été augmenté par l'art. 91 de la loi du 25 juin 1920.

41 bis. — VIII bis. Briquets automatiques. — La loi du 28 déc. 1910, modifiée par la loi du 31 déc. 1921, a réglementé la fabrication, la vente et la détention des allumeurs automatiques, et notamment des *briquets*. L'art. 1er dispose que l'administration des contributions indirectes peut autoriser les industriels qui en font la demande à fabriquer tous appareils amorcés ou préparés de manière à produire du feu par frottement ou par tout autre moyen que le contact direct avec une matière en combustion; ces autorisations sont révocables. Les fabricants sont soumis aux visites des agents des contributions indirectes. — La vente et la mise en vente des appareils n'ayant pas plus de dix centimètres sur une quelconque de leurs dimensions ne peuvent avoir lieu que dans les bureaux de tabac ou dans les magasins des fabricants autorisés. Toutefois, ceux en or, en argent ou en platine peuvent être vendus chez les orfèvres et les bijoutiers Quant aux briquets de plus de dix centimètres de côté, la vente en est entièrement libre.

41 ter. Les appareils n'ayant pas plus de dix centimètres sur l'une quelconque de leurs dimensions sont frappés d'un impôt de 2 francs par appareil en métal commun, de 5 francs par appareil en argent, de 20 francs par appareil en or ou en platine. Les appareils ayant une dimension supérieure sont frappés d'un impôt de 5 francs par appareil en métal commun, de 10 francs par appareil en argent, de 40 francs par appareil en or ou en platine. Cet impôt n'est pas annuel : l'estampille qui fait foi du payement est valable aussi longtemps que le briquet sur lequel elle a été apposée est en service.

44 bis. Sont punis des mêmes peines que les fabrications frauduleuses d'allumettes le débitage, sans autorisation de la Régie, de bois pour confectionner des tiges ou fils de bois propres immédiatement ou après sectionnement à la fabrication des allumettes (L. 30 juill. 1913, art. 19).

47 bis. Les contraventions aux lois et règlements sur le phosphore sont sanctionnées, indépendamment des pénalités actuellement en vigueur, par le payement d'une somme égale au double de la valeur des allumettes susceptibles d'être produites, calculée à raison de 1 000 francs par kilogramme de phosphore fabriqué, détenu, vendu ou ayant circulé illicitement (L. 26 déc. 1908, art. 20).

52 bis. La composition et l'élection des commissions chargées de procéder, chaque année, au classement des tabacs indigènes livrés par les planteurs sont réglées par la loi du 30 juill. 1913, art. 42.

58 *bis*. — X. Impôt sur les vélocipèdes. — La taxe sur les vélocipèdes est fixée à 5 francs par place pour les vélocipèdes ordinaires, et à 20 francs par place pour les vélocipèdes et appareils analogues munis d'une machine motrice. Les mutilés de guerre paralysés ou amputés de l'un ou des deux membres inférieurs en sont exemptés (L. 31 déc. 1921, art. 41).

60 *bis*. — X *bis*. Impôt sur les distributeurs automatiques. — Tous distributeurs de jetons de consommation, et, d'une manière générale, tous appareils dont le fonctionnement repose sur l'adresse ou le hasard et qui sont destinés à procurer une consommation moyennant enjeu, lorsque l'usage n'en est pas interdit par des arrêtés préfectoraux ou municipaux, sont soumis, chez les débitants de boissons, à une taxe annuelle de 10 francs par appareil. Aucun appareil ne peut être installé dans un débit sans avoir été revêtu d'une plaque fournie par l'administration des contributions indirectes contre payement de l'impôt. Les plaques sont renouvelées tous les ans et valables du 1er janvier au 31 décembre (L. 8 avr. 1910, art. 39, modifié par l'art. 5 de la loi du 24 déc. 1910).

60 *ter*. — X *ter*. Taxe sur les billards. — La taxe sur les billards publics ou privés, dont le taux est fixé par l'art. 7 de la loi du 30 déc. 1916, est constatée et perçue, depuis le 1er janv. 1922, par l'administration des Contributions indirectes, suivant les formes propres à celle-ci. Il en est de même pour les taxes municipales sur les billards (L. 31 déc. 1921, art. 12). Les détenteurs de billards doivent en faire la déclaration à la recette buraliste dans les trente jours de l'entrée en possession. La taxe est exigible pour l'année entière, quelle que soit la date de l'entrée en possession ; elle est exigible en une seule fois, dès le 1er janvier. Les infractions sont punies d'une amende de 50 francs, du quintuple des droits fraudés et de la confiscation du billard.

61 *bis*. — XII. Enregistrement et timbre. — Les droits fixes d'enregistrement sont doublés, mais ne sont plus soumis aux décimes (L. 25 juin 1920, art. 28).

62 *bis*. Le coût du timbre des congés des contributions indirectes est fixé à 0 fr. 20 cent., droit de quittance compris. Mais les congés qui ne portent pas perception d'une somme supérieure à 0 fr. 50 cent. sont exempts de ce droit (L. 8 avr. 1910, art. 38). — Les quittances des contributions indirectes ne sont pas assujetties au droit de timbre établi par l'art. 55 de la loi du 25 juin 1920 (V. *infrà*, *Obligations*, n° 70 *bis*); elles restent soumises au timbre qui leur est spécial (Même loi, art. 56, § 3).

IMPÔT SUR LE CHIFFRE D'AFFAIRES

(L. 25 juin 1920, art. 67 à 76 ; L. 31 déc. 1921, art. 28.)

1. La loi du 25 juin 1920 a supprimé la taxe sur les payements commerciaux instituée par les art. 23 à 28 de la loi du 31 déc. 1917 et l'a remplacée par un impôt sur le chiffre d'affaires (art. 57 à 76).

2. L'impôt sur le chiffre d'affaires créé par la loi du 25 juin 1920 est distinct de la taxe spéciale sur le chiffre d'affaires des entreprises ayant pour objet la vente au détail de denrées et marchandises, qui réalisent un chiffre d'affaires annuel de plus de 1 million de francs (L. 31 juill. 1917, art. 14. — V. *Impôts directs*, n° 92-20°).

3. — I. Personnes assujetties. Opérations exemptes de l'impôt. — L'impôt sur le chiffre d'affaires frappe toutes les affaires faites en France par les personnes qui, habituellement ou occasionnellement, achètent pour revendre ou accomplissent des actes relevant des professions assujetties à l'impôt sur les bénéfices industriels et commerciaux (V. *suprà*, *Impôts directs*, n°s 92-8e et suiv.), ainsi que par les exploitants d'entreprises assujetties à la redevance proportionnelle des mines (L. 25 juin 1920, art. 59).

4. Certaines affaires sont exonérées de l'impôt. Ce sont : 1° les affaires consistant dans la vente du pain ; 2° les affaires ayant pour objet la vente des produits monopolisés par l'Etat ainsi que des timbres et papiers timbrés débités par l'Etat ; 3° les affaires effectuées par les exploitants de services publics concédés tenus d'appliquer des tarifs fixés ou homologués par l'autorité publique et soumises à ces tarifs ; 4° les affaires effectuées par les agents de change, les courtiers maritimes et autres personnes ou sociétés, mais exclusivement lorsqu'elles donnent lieu à des commissions ou courtages fixés par des lois ou des décrets ; 5° les affaires assujetties à l'impôt sur les opérations de bourse de valeurs ; 6° les affaires assujetties à l'impôt sur les opérations de bourse de commerce à l'exclusion de celles qui déterminent l'arrêt de la filière ; 7° les affaires effectuées par les fabricants ou importateurs et portant sur des produits pharmaceutiques ; 8° les affaires effectuées par les sociétés de capitalisation ; 9° les affaires effectuées par les sociétés ou compagnies d'assurances et tous autres assureurs ; 10° les affaires effectuées par les entrepreneurs de spectacles ; 11° les affaires effectuées par les entrepreneurs de voitures publiques ou les loueurs de voitures à volonté ; 12° les affaires effectuées par les entreprises de journaux dont le prix de vente ne dépasse pas 0 fr. 25 cent. par exemplaire (L. 25 juin 1920, art. 60, complété par L. 31 juill. 1920, art. 13).

5. — II. Taux et base d'application de l'impôt. — Le taux de l'impôt est fixé à 1 pour 100 du chiffre d'affaires, plus un décime au profit des départements et des communes, soit 1,10 pour 100 au total, pour toutes les ventes autres que celles d'objets ou de fournitures de luxe, lesquelles sont soumises à un impôt plus élevé (V. *infrà*, n° 15) (L. 25 juin 1920, art. 63, § 1er). — Les sommes perçues au profit des départements et des communes sont réparties à raison des deux tiers pour les communes et d'un tiers pour les départements (art. 63, § 3).

6. Pour la liquidation de l'impôt, le chiffre d'affaires est constitué : 1° pour les personnes vendant des marchandises, denrées, fournitures ou objets quelconques, par le montant des ventes effectivement et définitivement réalisées ; 2° pour les personnes faisant acte d'intermédiaires, mandataires, façonniers, loueurs de choses, entrepreneurs ou loueurs de services, banquiers, escompteurs, changeurs, par le montant des courtages, commissions, remises, salaires, prix de location, intérêts, escomptes, agios et autres profits définitivement acquis. Lorsqu'une personne effectue des opérations rentrant les unes dans la première catégorie et les autres dans la seconde catégorie, son chiffre d'affaires est déterminé en appliquant à chacune des opérations les définitions ci-dessus (L. 25 juin 1920, art. 62). Si l'impôt a été perçu à l'occasion de ventes ou de services qui sont par la suite résiliés, annulés, ou qui restent impayés, il est imputé sur l'impôt dû pour les affaires faites ultérieurement. Il est restitué si la personne qui l'a acquitté a cessé d'y être assujettie (L. 25 juin 1920, art. 62, § 3).

7. Le prix de vente qui sert de base à l'impôt comprend non seulement ce prix lui-même, mais encore tous les frais accessoires qu'acquitte l'acquéreur (emballage, timbre, etc.). Il faut y inclure l'impôt lui-même, si le vendeur l'a mentionné sur la facture et l'a fait payer à l'acheteur (Instr. min. 29 août 1920, § 3).

8. La perception de l'impôt suit les sommes de un franc en un franc inclusivement et sans fraction (L. 25 juin 1920, art. 65, § 2).

9. — III. **Obligations des redevables.** — **Déclarations, relevés mensuels, payement de l'impôt.** — Toute personne redevable de l'impôt sur le chiffre d'affaires et qui n'est pas inscrite au rôle de l'impôt sur les bénéfices industriels ou commerciaux doit, dans les quinze jours du commencement de ses opérations ou de l'ouverture de son établissement industriel ou commercial, souscrire une déclaration : 1º au bureau du receveur des contributions indirectes, pour les personnes ou sociétés exerçant une profession ou un commerce les rendant redevables de droits perçus par l'administration des Contributions indirectes (débitants de boissons, marchands de vins, brasseurs, distillateurs, fabricants de vinaigre, raffineurs, etc.), et pour les personnes exerçant leur profession ou leur commerce dans une commune de moins de 5000 habitants ; 2º au bureau du receveur des douanes pour les transitaires ou commissionnaires en douane ; 3º au bureau du receveur de l'enregistrement pour les sociétés par actions non redevables d'impôts indirects et pour toutes personnes n'appartenant pas aux catégories précédentes (L. 25 juin 1920, art. 61 ; Décr. 24 juill. 1920, art. 1er). — Il doit être souscrit une déclaration pour chaque succursale (Même décr., art. 2).

10. Toute personne redevable de l'impôt, qui ne tient pas habituellement une comptabilité permettant de déterminer son chiffre d'affaires, doit avoir un livre spécial, aux pages numérotées, sur lequel elle inscrit, jour par jour, sans blanc ni rature : a) si elle vend des marchandises, denrées, fournitures ou objets, chacune des ventes qu'elle a effectuées ; b) si elle vend des services, chacun des courtages, commissions, remises, salaires, prix de location, intérêts, escomptes, agios et autres profits constituant la rémunération de ces services. Chaque inscription doit indiquer la date, la désignation sommaire des objets vendus ou du service rendu ainsi que le prix de la vente ou le montant des courtages, commissions, remises, salaires, etc. Toutefois, les opérations au comptant pour des valeurs inférieures à 100 francs et ne s'appliquant pas à des objets de luxe peuvent être inscrites globalement à la fin de chaque journée. Lorsque la vente a été conclue avec un autre commerçant et que le prix dépasse 500 francs, le livre doit indiquer, en outre, le nom et l'adresse de ce commerçant. Le montant des opérations inscrites sur le livre est totalisé à la fin de chaque mois.

11. Le livre ci-dessus prévu ou la comptabilité en tenant lieu, ainsi que les pièces justificatives des opérations effectuées par les redevables, notamment les factures d'achats, doivent être conservés pendant un délai de trois ans à compter du 1er janvier de l'année durant laquelle le livre a été commencé ou durant laquelle les pièces ont été établies (L. 25 juin 1920, art. 66).

12. Chaque mois, à la date fixée par le directeur départemental de l'administration compétente (V. *supra*, nº 10), les redevables doivent fournir un *relevé* indiquant le montant total du chiffre de leurs affaires pendant le mois précédent, avec mention distincte, s'il y a lieu, de la fraction de ce chiffre passible de la taxe de luxe

de 10 pour 100 (L. 25 juin 1920, art. 67, § 2, modifié par L. 31 déc. 1921, art. 28). — Le relevé est remis à l'agent de l'administration compétente ; il peut aussi lui être envoyé par lettre affranchie. — Des arrêtés ministériels ont dérogé à l'obligation de la remise du relevé mensuel pour les commerces ou industries comportant une comptabilité arrêtée par période spéciale (banquiers, entrepreneurs de transports, éditeurs, commissionnaires importateurs ou exportateurs, contribuables ayant constitué un organisme commun). — D'autre part, la dispense de fournir un relevé mensuel est accordée, sur leur demande et moyennant le versement d'un forfait annuel, aux redevables dont le chiffre d'affaires n'a pas excédé, pendant l'année précédente, 120000 francs s'il s'agit de redevables dont le commerce principal est de vendre des marchandises, denrées, fournitures ou objets à emporter ou à consommer sur place ou de fournir le logement, ou 30000 francs s'il s'agit d'autres redevables (L. 25 juin 1920, art. 67, § 2 et 5, modifié par L. 31 déc. 1921, art. 28).

13. Le *payement* de la totalité de l'impôt exigible sur les affaires effectuées par un redevable, d'après le relevé déposé par lui, est fait au moment de la remise ou de l'envoi du relevé. Le redevable peut se libérer soit en numéraire, soit au moyen d'un chèque postal, d'un mandat-poste ou mandat-carte émis au profit du receveur de l'administration compétente et à lui adressé par lettre, soit par virement à son compte de chèques postaux. Si le versement à effectuer excède 100 francs, le redevable peut également remettre en payement, dans les mêmes conditions et délai, un chèque barré émis à l'ordre du receveur de l'administration compétente et portant « Banque de France » entre les deux barres. Enfin, les redevables exerçant une profession ou un commerce dans une place bancable peuvent être autorisés par le directeur de l'administration compétente à acquitter le montant de l'impôt sur présentation d'une traite émise par l'agent de cette administration. Dans ce cas, l'impôt est augmenté des frais de traite et de recouvrement (Décr. 24 juill. 1920, art. 15). — Les redevables admis au bénéfice du forfait annuel (V. le nº précédent) peuvent payer par quart, tous les trois mois (L. 25 juin 1920, art. 67, § 3 et 4, modifié par L. 31 déc. 1921, art. 28).

14. Toute personne redevable de l'impôt est tenue de fournir aux agents des administrations fiscales (contributions directes, contributions indirectes, douanes, enregistrement), suivant les distinctions indiquées *supra*, nº 10, toutes les justifications nécessaires à la fixation du chiffre d'affaires (L. 25 juin 1920, art. 67, § 1er, modifié par L. 31 déc. 1921, art. 28). — En ce qui concerne le droit de prendre communication des livres des commerçants dont le chiffre d'affaires dépasse 50000 francs par an, institué par la loi du 31 juill. 1920, art. 32 (V. *supra*, *Impôts directs*, nº 46 *ter*).

15. — IV. **Taxes de luxe.** — L'art. 63 de la loi du 25 juin 1920 fixe à 10 pour 100, sans décimes, le taux de l'impôt sur le chiffre d'affaires pour les ventes au détail ou à la consommation des marchandises, denrées, fournitures ou objets quelconques classés comme étant *de luxe*. Il résulte de ce texte que la taxe de luxe n'atteint pas les ventes en gros ou en demi-gros, ni, d'une façon générale, les ventes faites à un autre commerçant qui achète en vue de la revente ; elle ne frappe que les ventes faites au consommateur pour ses besoins personnels. — Lorsque des affaires portant sur des objets de luxe sont conclues entre un commerçant et un autre commerçant en vue de la revente, la taxe ordinaire de 1,10 pour 100 est donc seule applicable; mais cette exonération de la taxe est subordonnée à certaines conditions, édictées par l'art. 20 du décret du 24 juill. 1920 : 1° ouverture préalable d'un compte par le redevable au commerçant acquéreur, ou délivrance à ce commerçant d'un carnet d'escompte sur lequel sont portés tous les achats effectués par lui; 2° remise au redevable, chaque année, par le commerçant, avant tout achat, d'une déclaration indiquant ses nom, prénoms et adresse, et certifiant sous sa signature : *a*) qu'il est soumis à l'impôt sur les bénéfices industriels et commerciaux (V. *suprà, Impôts directs*, n°s 92-8° et s.); *b*) que tous les achats qui seront portés à son compte ou à son carnet d'escompte seront effectués pour son propre commerce et s'appliqueront à des objets destinés à être revendus par lui, avec ou sans transformation; 3° délivrance par le redevable, pour chaque achat, d'une facture contenant une désignation précise des objets achetés, ainsi que l'indication de leur prix et de la date à laquelle l'affaire a été portée sur le registre prescrit par l'art. 66 de la loi (V. *suprà*, n° 10). — L'inscription, dans les écritures du redevable, des affaires ainsi exonérées de la taxe de 10 pour 100, doit être émargée de la mention : « Vente à un commerçant. Taxe de 1,10 pour 100 » (Décr. 24 juill. 1920, art. 21).

16. Les conditions d'assiette et de perception de la taxe de 10 pour 100, en cas de vente par un commerçant au consommateur, sont les mêmes que pour l'impôt de 1,10 pour 100 (V. *suprà*, n°s 7 et s.).

17. Le classement des objets, marchandises, denrées, etc., considérés comme étant de luxe a été effectué par le décret du 26 juin 1920, modifié par les décrets du 24 déc. 1920 et du 17 août 1921. Ce classement comprend trois tableaux : le premier est relatif aux objets considérés comme étant de luxe à raison de leur nature, quel qu'en soit le prix; le second énumère les objets qui ne prennent le caractère de luxe que lorsque le prix excède un certain chiffre; le troisième concerne les objets de luxe dont l'exportation n'entraîne pas exonération du payement de la taxe (V. *infrà*, n° 26).

18. L'art. 57 de la loi du 25 juin 1920 soumet à la taxe de 10 pour 100 les payements du prix des ventes intervenues *entre non-commerçants*, sous quelque forme et dans quelque condition que ce soit, et s'appliquant à des marchandises, denrées, fournitures ou objets qui seront désignés comme étant de luxe. La taxe est acquittée par l'apposition de timbres mobiles sur la quittance du prix, dont la délivrance est obligatoire, quel que soit le montant de la somme. Ces timbres, qui dispensent d'apposer le timbre ordinaire de quittance, sont immédiatement oblitérés par l'apposition, à l'encre noire, de la signature du vendeur et de la date de l'oblitération. — Lorsqu'une vente de marchandises ou objets de luxe appartenant à un non-commerçant est effectuée par un officier public ou ministériel ou constatée par un acte authentique ou sous signatures privées, la taxe de 10 pour 100 est perçue sur le procès-verbal ou l'acte constatant la vente, au lieu et place du droit d'enregistrement (Même loi, art. 58).

19. Les affaires relatives au *logement* (hôtels, etc.) ou à la *consommation sur place* de boissons et denrées alimentaires quelconques (cafés, restaurants, etc.), sont frappées d'une taxe, à la charge du commerçant, dont le taux est de 3 pour 100 ou de 10 pour 100, sans décimes, suivant que l'établissement est classé comme étant de seconde ou de première catégorie (L. 25 juin 1920, art. 68). — Le classement est opéré par des commissions départementales et, sur appel, par une commission supérieure.

20. La taxe établie par l'art. 27 de la loi du 31 déc. 1917 continue, en ce qui concerne les *boissons de luxe* (eaux-de-vie, liqueurs, apéritifs, vins de liqueur, vins fins), à être perçue sur le prix des ventes faites aux débitants ou aux consommateurs par les producteurs ou négociants en gros, droit de consommation ou de circulation compris (L. 25 juin 1920, art. 73, § 2). Mais le taux de la taxe est porté à 25 pour 100 en ce qui concerne les eaux-de-vie, liqueurs, apéritifs et vins de liqueur, et à 15 pour 100 en ce qui concerne les vins fins classés comme étant de luxe. — Les ventes des boissons dont il s'agit ne sont pas soumises à l'impôt de 1,10 pour 100 sur le chiffre d'affaires.

21. — V. Infractions. Pénalités. — Toute infraction aux dispositions des art. 59 à 67 de la loi du 25 juin 1920 est punie : 1° si elle n'a privé le Trésor d'aucune fraction de l'impôt à la charge du contrevenant, d'une amende fiscale de 1 000 fr., sans décimes; 2° si elle a entraîné le défaut de payement dans le délai légal de la totalité ou d'une partie de l'impôt, d'une amende fiscale égale, pour chaque mois ou fraction de mois de retard, au montant de l'impôt non payé dans le délai légal, avec minimum de 1 000 francs sans décimes. En cas de récidive dans le délai de trois ans, le contrevenant peut être puni par le tribunal correctionnel d'un emprisonnement de huit jours à trois mois. L'art. 463 c. pén. (circonstances atténuantes) est applicable (L. 25 juin 1920, art. 68).

22. Tout refus, par un redevable, des communications prescrites par la loi (V. *suprà*, n°s 11 et 14) est puni d'une amende de 500 à 5 000 francs, sans décimes. De plus, en cas d'instance, le redevable doit être condamné à représenter les pièces et documents non communiqués, sous une astreinte de 100 francs au moins par jour de retard (L. 25 juin 1920, art. 69).

23. L'action de l'Administration se prescrit par trois ans à compter de l'infraction. — Les remises et transactions sur les pénalités encourues sont consenties par le directeur départemental intéressé lorsque le montant des droits fraudés ou compromis ne dépasse pas 1 000 francs ou lorsque les pénalités n'excèdent pas 5 000 francs; par le directeur général ou le ministre des Finances au-dessus de ces chiffres (Décr. 6 juill. 1922). — Les instances sont jugées par le conseil de préfecture. L'appel est porté devant le Conseil d'Etat.

24. — VI. Importations et exportations. — Les *importations* d'objets ou de marchandises sont soumises, quel que soit l'importateur, à l'impôt de 1,10 pour 100, liquidé sur la valeur des objets et marchandises (droits de douane, de consommation ou de circulation compris), ou, s'il s'agit de marchandises, denrées ou objets de luxe destinés à un non-commerçant, à l'impôt de 10 pour 100. L'impôt est perçu, les infractions sont poursuivies et punies comme en matière de douane (L. 25 juin 1920, art. 72). — Ces diverses taxes sont majorées d'un pourcentage égal à l'impôt sur le chiffre d'affaires (et portées, par suite, à 2,20 pour 100 et 11,10 pour 100, lorsque le vendeur français ou étranger n'a pas le siège de son commerce ni une succursale en France et, dès lors, ne paye pas la taxe sur le chiffre d'affaires. Toutefois, la majoration ne s'applique pas aux produits facturés quand le vendeur n'est établi au pays d'origine (L. 31 juill. 1920, art. 12).

25. Lorsqu'une personne résidant hors de France, donc non assujettie à l'impôt sur le chiffre d'affaires (V. n° 3), achète en France des marchandises ou objets qu'elle donne l'ordre de livrer en France à un tiers auquel elle les a revendus, la livraison opérée en vertu de cet ordre est assimilée à une importation et le vendeur qui l'effectue est tenu d'acquitter, indépendamment de l'impôt applicable à l'affaire réalisée avec ladite personne, un second impôt de 1 ou de 10 pour 100 selon la qualité du tiers qui a reçu la livraison et la nature des marchandises ou objets livrés (L. 25 juin 1920, art. 72, § 2).

26. Les affaires d'*exportation* (ventes, commissions, courtages) sont exemptes de l'impôt de 1,10 ou de 10 pour 100 (L. 25 juin 1920, art. 72, § 3). — Cette règle comporte toutefois des exceptions : 1° l'exonération d'impôt ne s'applique pas aux objets de luxe énumérés au tableau C du décret du 26 juin 1920 (V. *supra*, n° 17); 2° l'immunité est également refusée aux ventes effectuées par les antiquaires ou pour leur compte et portant sur les curiosités, antiquités, livres anciens, ameublements, etc. — Les infractions à ces dispositions sont punies des peines prévues aux art. 68 et 112 de la loi du 25 juin 1920 (V. *supra*, n°s 21 et 22) (L. 31 déc. 1921, art. 31).

IMPOT SUR LE REVENU. — V. *Impôts directs.*

INDIGENT. — V. *Assistance publique.*

INDUSTRIE - COMMERCE

1 *bis.* Le décret du 25 oct. 1906, créant le ministère du Travail et de la Prévoyance sociale, avait détaché du ministère du Commerce et de l'Industrie la direction de l'assurance et de la prévoyance sociales et la direction du travail. Ces directions ont été affectées, les premières au ministère de l'Hygiène, de l'Assurance et de la prévoyance sociales, créé par décret du 27 janv. 1920, la seconde au ministère du Travail. — D'autre part, la loi du 20 juin 1920 a rattaché l'enseignement technique au ministère de l'Instruction publique.

2 *bis.* Par suite des modifications ci-dessus indiquées dans les attributions du ministère du Commerce et de l'Industrie, plusieurs conseils ou comités consultatifs en ont été détachés. Ainsi, le conseil supérieur du travail, l'office du travail, la commission supérieure du travail des enfants employés dans l'industrie, le conseil supérieur de statistique fonctionnent auprès du ministère du Travail ; le comité consultatif des assurances contre les accidents du travail, la commission supérieure de la caisse nationale des retraites pour la vieillesse, le conseil supérieur des habitations à bon marché sont rattachés au ministère de l'Hygiène, de l'Assurance et de la Prévoyance sociales.

2 *ter.* L'Office national du commerce extérieur a été déclaré établissement public et réorganisé par la loi du 25 août 1919 et par le décret du 26 déc. 1919. Il a pour mission de fournir aux industriels et négociants français, soit par des rapports particuliers, soit par une publicité générale et par tous autres moyens, les renseignements commerciaux de toute nature pouvant concourir au développement du commerce extérieur, à l'extension des débouchés dans les pays étrangers, les colonies françaises et les pays de protectorat. —

3 *bis.* Il existe à l'étranger des *offices commerciaux français* qui ont pour objet d'établir des relations commerciales entre les producteurs français et les acheteurs étrangers et de favoriser par tous les moyens, notamment par des présentations d'échantillons, la vente des marchandises françaises et le développement de nos échanges avec l'étranger (L. 25 août 1919, art. 5). — En ce qui

concerne les attachés commerciaux et agents commerciaux français à l'étranger, V. *Agent diplomatique,* n° 2 *bis.*

3 *ter.* Les chambres de commerce ont été autorisées à constituer des *groupements économiques régionaux.* Ces groupements, au nombre de dix-sept, ont été organisés par l'arrêté ministériel du 12 avr. 1919 (modifié par arr. min. 18 août 1919 et 21 juin 1920).

15 *bis.* La vente, la mise en vente, l'exposition et l'importation des biberons à tube ont été interdites par la loi du 6 avr. 1910. Cette interdiction a été étendue aux tétines et sucettes en caoutchouc de fabrication défectueuse (L. 26 févr. 1917). — En ce qui concerne les restrictions apportées à la fabrication de la céruse, V. *supra*, *Hygiène et sécurité des travailleurs,* n° 6. — Quant à l'interdiction de la fabrication, de la vente et de la circulation de l'absinthe et des liqueurs similaires par la loi du 16 mars 1915, V. *supra*, *Boissons*, n° 64 *bis.*

20 *bis.* Dernière ligne, *au lieu de* : 100 francs, *lire* : 200 francs.

23 *bis.* — 3° *bis.* — *Professions ambulantes.* — Tous individus *domiciliés en France* ou y possédant une *résidence fixe*, qui veulent, *quelle que soit leur nationalité*, exercer une profession, une industrie ou un commerce ambulants, sont tenus d'en faire la déclaration à la préfecture ou à la sous-préfecture de l'arrondissement où ils ont leur domicile ou leur résidence fixe. Les contrevenants sont punis d'une amende de 5 francs à 15 francs et peuvent l'être, en outre, d'un emprisonnement d'un à cinq jours. En cas de récidive ou de déclaration mensongère, l'emprisonnement est prononcé (L. 16 juill. 1912, art. 1er).

23 *ter.* Toute personne se livrant en France, ailleurs qu'en boutique ou magasin, à des ventes d'objets ou marchandises quelconques, est tenue de justifier, à toute réquisition des maires, juges de paix, agents de police ou du fisc, soit qu'elle est inscrite au registre du commerce (V. *Registre du commerce*), soit qu'elle opère en qualité de commis ou employé pour le compte d'une personne inscrite audit registre ; à défaut, elle doit produire une *carte de commerce* qui lui est délivrée après payement d'une somme suffisante pour garantir le recouvrement de l'impôt sur le chiffre d'affaires et des impôts sur les revenus. Faute de produire ces justifications ou de représenter la carte de commerce, les intéressés encourent la saisie des marchandises, et, s'ils ne se sont pas conformés à la loi dans les huit jours, une amende de 100 à 5 000 francs (L. 31 déc. 1921, art. 7 à 40). — La carte de commerce est délivrée dans les chefs-lieux de département par le receveur principal des contributions indirectes ou les receveurs de l'enregistrement suivant l'objet du commerce exercé. — Elle n'est valable que pendant trois mois, mais peut être renouvelée (Décr. 31 mai 1922). — Le montant de la consignation, variable suivant le commerce, a été fixé par arrêté ministériel du 1er juin 1922.

23 *quater.* — 3° *ter. Forains.* — Tous individus *de nationalité française* (En ce qui concerne les étrangers, V. *Étranger*) qui, n'ayant en France ni *domicile, ni résidence fixe,* veulent circuler sur le territoire français pour exercer la profession de commerçants ou industriels forains, doivent demander à l'administration préfectorale un *carnet d'identité* reproduisant leur signalement avec photographie à l'appui et énonçant leurs nom, prénoms, lieu et date de naissance, ainsi que leur dernier domicile ou leur dernière résidence, avec l'indication du genre de commerce ou d'industrie qu'ils entendent exercer. Tous individus sans domicile ni résidence fixe qui accompagnent les commerçants ou industriels forains doivent, dans les mêmes conditions, être munis d'un carnet d'identité. Les commerçants et industriels forains ne peuvent employer les personnes ci-dessus visées qu'après s'être assurés qu'elles sont bien pourvues du carnet d'identité. Toute infraction est punie d'une amende de 16 à 100 francs et d'un emprisonnement de cinq jours à un mois ou de l'une de ces deux peines seulement. En cas de récidive ou de déclaration mensongère, la peine d'emprisonnement est nécessairement prononcée (L. 16 juill. 1912, art. 2).

24 *bis.* La réglementation de l'ouverture et de l'exploitation des débits de boissons à consommer sur place est aujourd'hui contenue dans la loi du 9 nov. 1915. — Toute personne qui veut ouvrir un café, cabaret ou autre débit de boissons à consommer sur place est tenue d'en faire, quinze jours au moins à l'avance et par écrit, la déclaration, à Paris, à la préfecture de police; dans les autres communes, à la mairie. Le déclarant doit justifier qu'il est Français ou qu'il réside en France, ou dans les colonies, ou dans les pays de protectorat, depuis cinq ans au moins (L. 9 nov. 1915, art. 1er). Toute mutation dans la personne du propriétaire ou du gérant doit, dans les quinze jours qui suivent, être déclarée dans les mêmes conditions.

24 *ter.* Les mineurs non émancipés et les interdits ne peuvent exercer par eux-mêmes la profession de débitant de boissons (art. 3). — Ne peuvent exploiter des débits de boissons : 1º les individus condamnés pour crime de droit commun; 2º ceux qui ont été condamnés à l'emprisonnement d'un mois au moins pour vol, recel, escroquerie, filouterie, abus de confiance, recel de malfaiteurs, outrage public à la pudeur, excitation de mineurs à la débauche, tenue d'une maison de jeu, vente de marchandises falsifiées ou nuisibles à la santé, pour récidive de coups et blessures, ou pour une infraction quelconque aux dispositions de la loi du 1er oct. 1917 sur l'ivresse publique (V. *Ivresse*).

24 *quater.* Nul ne peut ouvrir un café, un cabaret ou un débit de boissons pour y vendre à consommer sur place des *spiritueux*, des *liqueurs alcooliques* ou des *apéritifs*, autres que ceux à base de vin, titrant moins de 23 degrés. L'interdiction n'est pas applicable aux hôtels, restaurants et auberges lorsque les boissons n'y sont offertes qu'à l'occasion et comme accessoire de la nourriture.

24 *quinquies.* Il est interdit d'employer, dans les débits de boissons à consommer sur place, des femmes de moins de dix-huit ans, à l'exception de celles appartenant à la famille du débitant.

Tous débitants de boissons à consommer sur place, qui, en employant ou en recevant habituellement des femmes de débauche ou des individus de mœurs spéciales, pour se livrer à la prostitution dans leurs établissements ou dans les locaux y attenant, ont excité ou favorisé la débauche, sont condamnés à un emprisonnement de six jours à six mois et à une amende de 50 francs à 500 francs.

42 *bis.* En ce qui concerne le délit de spéculation illicite, V. *Spéculation illicite.* — La poursuite des délits prévus par l'art. 419 c. pén. peut être continuée par le ministère public, les juges d'instruction, etc., en dehors de leur ressort (Instr. 464, § 4, ajouté par L. 10 mars 1918).

INFIRMITÉS. — V. *Accidents du travail, Pensions civiles, Pensions militaires, Retraites ouvrières et paysannes.*

INHUMATIONS. — V. *Guerre de* 1914 (*Sépulture*), *Sépulture.*

INSCRIPTION HYPOTHÉCAIRE. — V. *Hypothèques, Privilèges.*

INSTITUT INTERNATIONAL DU FROID. — V. *Froid.*

INSTITUTEUR. — V. *Enseignement.*

INSTRUCTION CRIMINELLE

10 *bis.* En matière criminelle comme en matière correctionnelle ou de simple police, la partie qui n'a pas obtenu l'assistance judiciaire est tenue, sous peine de non-recevabilité de sa plainte, de déposer au greffe la somme présumée nécessaire pour tous les frais de la procédure, lorsqu'elle saisit directement le juge d'instruction (V. nº 5), ou qu'elle cite directement le prévenu devant le tribunal correctionnel ou de simple police (V. nº 8). Dans ce dernier cas, le tribunal fixe le montant de la consignation à la première audience où l'affaire est portée. Un supplément de consignation peut être exigé au cours des poursuites, soit pendant l'instruction, soit devant la juridiction de jugement, dès que le reliquat paraît insuffisant pour assurer le payement de tous les frais, y compris l'enregistrement du jugement (Décr. 5 oct. 1920, art. 151). — Dans les procès en matière de simple police ou de police correctionnelle, comme dans les affaires soumises au jury, la partie civile qui n'a pas succombé n'est jamais tenue des frais, sauf de ceux occasionnés par elle et qui ont été déclarés frustratoires. Le montant de sa consignation lui est restitué (Même décr., art. 162).

21 *bis.* La partie civile, régulièrement constituée, a également le droit de se faire assister d'un conseil à partir de sa première audition (L. 8 déc. 1897, art. 3, § 5, ajouté par L. 22 mars 1921). — Ligne 12, *lire :* L'inculpé détenu ou libre *et la partie civile* ne peuvent être interrogés ou confrontés, à moins qu'ils n'y renoncent expressément, qu'en présence de leurs conseils, ou eux-mêmes dûment appelés (L. 1897, art. 9, § 2, modifié par L. 22 mars 1921). — Ligne 16, *lire :* La procédure doit être mise à la disposition des conseils la veille de chacun des interrogatoires que l'inculpé doit subir et des auditions de la partie civile (art. 10, § 1er, modifié par L. 22 mars 1921). — Ligne 18, *lire :* Il doit être immédiatement donné connaissance aux conseils, etc. (art. 10, § 2, modifié par L. 22 mars 1921).

25 *bis.* La mise en liberté provisoire peut être demandée en tout état de cause, par tout inculpé, prévenu ou accusé, et en toute période de procédure. La requête est formée devant la juridiction, soit d'instruction, soit de jugement, qui est saisie de la poursuite. Dans tous les cas où aucune juridiction n'est saisie, comme dans ceux où la procédure est soumise à la Cour de cassation, ou bien dans l'intervalle d'une session de cour d'assises ou avant la réunion de cette cour d'assises, la chambre d'accusation de la cour d'appel du ressort où le détenu se trouve en état de détention préventive est compétente pour statuer sur la requête de mise en liberté provisoire (Code Instr. crim., art. 116, mod. par la loi du 22 déc. 1917, art. 3).

41. Infractions à la loi pénale commises par des mineurs de moins de treize ans. — Les mineurs de l'un ou de l'autre sexe âgés de moins de treize ans, auxquels est imputée une infraction à la loi pénale qualifiée de *crime* ou *délit*, ne sont pas déférés à la juridiction répressive. Ils peuvent seulement être soumis, suivant les cas, à des mesures de tutelle, de surveillance, d'éducation, de réforme et d'assistance ordonnées par le tribunal civil statuant en chambre du conseil. — Le tribunal du lieu de l'infraction, celui de la résidence des parents ou du tuteur et celui du lieu où l'enfant a été trouvé, sont également compétents. Dans les tribunaux où existent plusieurs chambres, le président désigne celle qui statuera sur les affaires relatives aux mineurs de treize ans (L. 22 juill. 1912, art. 1er).

42. Le tribunal statue en chambre du conseil, après avoir entendu l'enfant, les témoins, les parents, le tuteur ou le gardien, le rapporteur s'il en a été commis, ainsi que le ministère public et le défenseur. — L'affaire est jugée en audience non publique. Peuvent, toutefois, y assister les membres des comités de défense des enfants traduits en justice, les membres des sociétés de patronage, etc. La décision motivée est lue en audience publique. — Si la prévention est établie, la chambre du conseil prend une des mesures suivantes : 1° remise de l'enfant à sa famille; 2° placement, jusqu'à la majorité, chez une personne digne de confiance ou dans une institution charitable; 3° remise à l'assistance publique (L. 22 juill. 1912, art. 6).

43. La faculté d'*appeler* du jugement appartient au mineur, à son père, à sa mère, à son tuteur, à son gardien et au ministère public. La décision sur l'appel est rendue en chambre du conseil par la cour d'appel ou l'une des chambres de la cour d'appel désignée par le premier président (L. 22 juill. 1912, art. 9).

44. Les *contraventions* commises par les mineurs de treize ans sont déférées au tribunal de simple police siégeant dans le cabinet du juge de paix, hors la présence du public et en présence des parents, gardien ou tuteur. Si la contravention est établie, le juge adresse une réprimande au mineur ou aux parents. En cas de récidive, le mineur est traduit devant le tribunal civil statuant en chambre du conseil (L. 22 juill. 1912, art. 14).

45. Infractions à la loi pénale commises par des mineurs de treize à dix-huit ans. — Les *délits* emportant peine d'emprisonnement, commis par les mineurs de treize à dix-huit ans, et les *crimes* commis par les mineurs de treize à seize ans, n'ayant pas de complices présents au-dessus de cet âge, sont soumis aux tribunaux correctionnels. Le renvoi est ordonné par le juge d'instruction ou la chambre des mises en accusation. La voie de la citation directe n'est pas admise (L. 22 juill. 1912, art. 15, et C. pén., art. 68 nouv.).

46. Dans tous ces cas, le magistrat instructeur peut ordonner, le ministère public entendu, que la *garde provisoire* du mineur sera confiée à sa famille, à un parent, à une personne digne de confiance, à une institution charitable ou à l'assistance publique. Cette mesure est toujours révocable.

47. Dans les tribunaux où il existe plusieurs juges d'instruction, un ou plusieurs de ces magistrats, désignés par le premier président, sur la proposition du procureur général, sont chargés spécialement de l'instruction des inculpations dont sont l'objet des mineurs de dix-huit ans.

48. Dans chaque arrondissement, le tribunal de première instance se forme en *tribunal pour enfants et adolescents*, pour juger dans une audience spéciale les mineurs de treize à seize ans auxquels sont imputés des crimes et des délits et les mineurs de seize à dix-huit ans qui ne sont inculpés que de délits. Au tribunal de la Seine et dans les tribunaux composés de plusieurs chambres, il est formé une chambre spéciale, dite tribunal pour enfants et adolescents. Les appels sont jugés par les cours d'appel dans une audience spéciale dans les mêmes conditions.

49. Chaque affaire est jugée séparément en l'absence de tous autres prévenus. Sont seuls admis à assister aux débats les témoins de l'affaire, les proches parents du mineur, les tuteur et subrogé tuteur du mineur, les membres du barreau, les représentants de l'assistance publique, les membres, agréés par le tribunal, des sociétés de patronage, des comités de défense des enfants traduits en justice et des autres institutions charitables s'occupant des enfants, les délégués du tribunal et les représentants de la presse. La publication du compte rendu des débats est interdite, ainsi que la reproduction de portraits des mineurs poursuivis et de toute illustration les concernant. Les infractions sont punies d'une amende de 100 à 2 000 francs. Le jugement ou l'arrêt est rendu en audience publique et peut être publié, mais sans que le nom du mineur puisse être indiqué autrement que par une initiale.

50. Lorsqu'un mineur de seize à dix-huit ans est impliqué comme auteur principal, coauteur ou complice d'un *délit* dans la même cause que des inculpés présents plus âgés, l'affaire est portée devant la juridiction de droit commun. Il en est de même, en matière de *crimes*, pour les mineurs de treize à seize ans. Lorsque le mineur a été renvoyé devant la juridiction de droit commun avec des inculpés présents plus âgés, l'audience est publique.

51. Les actes de procédure, les décisions, ainsi que les contrats de placement prévus par la loi du 22 juill. 1912, sur les tribunaux pour enfants, sont exempts de tous droits de timbre et d'enregistrement (L. 22 juill. 1912, art. 13).

INTÉRÊTS DE CAPITAUX. — V. *Impôts directs, Prescription civile.*

INVALIDES. — V. *Armée, Marine militaire, Pensions militaires.*

INVENTION. — V. *Brevet d'invention, Propriété industrielle et commerciale.*

ISOLOIR. — V. *Élections.*

IVRESSE

Loi du 1er oct. 1917 (*Petit Code pénal Dalloz*).

1. La loi du 1er oct. 1917, qui abroge celle du 23 janv. 1873, punit d'une amende de 1 à 5 francs inclusivement quiconque est trouvé en état d'*ivresse manifeste* dans les rues, chemins, places, cafés, cabarets ou autres *lieux publics*. En cas de première récidive, la peine d'emprisonnement pendant trois jours au plus est prononcée. Il y a récidive lorsque, depuis moins de douze mois, le contrevenant a subi une condamnation pour la même infraction.

2. En cas de nouvelle récidive dans les douze mois qui ont suivi la deuxième condamnation, l'inculpé est traduit devant le tribunal de police correctionnelle et puni d'un emprisonnement de six jours à un mois et d'une amende de 16 à 300 francs. Quiconque, ayant été condamné en police correctionnelle pour ivresse depuis moins d'un an, s'est de nouveau rendu coupable du même délit, est condamné au maximum de ces peines, lesquelles peuvent être élevées jusqu'au double.

3. Toute personne qui a été condamnée deux fois en police correctionnelle pour délit d'ivresse manifeste est déclarée, par le second jugement, incapable d'exercer pendant deux ans, à partir du jour où la condamnation est devenue irrévocable, les droits : 1° de vote et d'élection ; 2° d'éligibilité ; 3° d'être appelée ou nommée aux fonctions de juré ou autres fonctions publiques ou aux emplois d'administration, ou d'exercer ces fonctions ou emplois ; 4° de port d'armes. Elle peut, en outre, être déchue, à l'égard de ses enfants et descendants, de la puissance paternelle et des droits énumérés à l'art. 1er de la loi du 24 juill. 1889 (V. *Puissance paternelle*).

4. Sont punis d'une amende de 1 à 5 francs inclusivement les cafetiers, cabaretiers et autres débitants qui ont donné à boire à des gens manifestement ivres ou qui les ont reçus dans leurs établissements, ou ont servi des spiritueux et des liqueurs alcooliques à des mineurs âgés de moins de dix-huit ans accomplis. Les malades hospitalisés dans un asile d'aliénés ou dans une colonie familiale sont assimilés aux mineurs de moins de dix-huit ans. Toutefois, le débitant peut prouver qu'il a été induit en erreur sur l'âge du mineur ou l'état du malade. — Sont punis d'un emprisonnement de six jours à un mois et d'une amende de 16 à 300 francs les cafetiers, cabaretiers et autres débitants qui ont commis une nouvelle infraction dans les douze mois qui ont suivi la deuxième condamnation.

5. Quiconque a fait boire jusqu'à l'ivresse un mineur âgé de moins de dix-huit ans accompli est puni d'un emprisonnement de six jours à un mois et d'une amende de 16 à 300 francs. Tout cafetier, cabaretier ou autre débitant qui, ayant subi une condamnation depuis moins d'un an en vertu de cette disposition, s'est de nouveau rendu coupable du même fait, est puni du maximum des peines, qui peuvent, en outre, être portées au double.

6. Il est interdit de vendre au détail à crédit, soit au verre, soit en bouteille, des spiritueux et liqueurs alcooliques à consommer sur place ou à emporter. L'action en payement de boissons vendues en infraction à cette disposition n'est pas recevable. Il est également interdit de vendre, même au comptant et pour emporter, lesdites boissons à des mineurs âgés de moins de dix-huit ans (art. 8).

7. Toutes les condamnations à l'emprisonnement d'un mois au moins entraînent, de plein droit, pour ceux contre lesquelles elles sont prononcées, l'interdiction d'exploiter un débit de boissons.

8. Le tribunal correctionnel peut ordonner que son jugement soit affiché à tel nombre d'exemplaires et en tels lieux qu'il indiquera.

9. L'art. 463 c. pén. (circonstances atténuantes) est applicable aux peines d'emprisonnement et d'amende prévues par la loi du 1er oct. 1917.

10. Toute personne trouvée en état d'ivresse dans les rues, chemins, places, cafés, cabarets ou autres lieux publics doit être, par mesure de police, conduite à ses frais au poste le plus voisin ou dans une chambre de sûreté, pour y être retenue jusqu'à ce qu'elle ait recouvré sa raison.

11. Le texte de la loi du 1er oct. 1917 doit être affiché à la porte de toutes les mairies et dans la salle principale de tous cabarets, cafés et autres débits de boissons ; un exemplaire en est adressé à cet effet à tous les maires, ainsi qu'à tous les cabaretiers, cafetiers et autres débitants de boissons. Toute personne qui a détruit ou lacéré le texte affiché est condamnée à une amende de 1 à 5 francs et aux frais du rétablissement de l'affiche. Est puni de même tout cabaretier, cafetier ou débitant chez lequel ledit texte n'est pas trouvé affiché.

12. Les gardes champêtres, agents de la force publique et autres personnes désignées en l'art. 9 c. instr. crim. (V. *Police judiciaire*) sont chargés de rechercher et de constater les infractions à la loi sur l'ivresse, chacun sur le territoire pour lequel il est assermenté.

J

JARDIN. — V. *Habitations à bon marché, Impôts directs*.

JETON DE MONNAIE. — V. *Monnaie*.

JEU-PARI

10 *bis*. Les seuls jeux autorisés sont : le baccara à deux tableaux, le baccara chemin de fer, l'écarté, les petits chevaux, le whist, le bridge, le bésigue et le piquet (Décr. 21 juin et 17 août 1907, 7 avr. 1909). L'autorisation temporaire n'est accordée par le ministre de l'Intérieur que sur l'avis conforme du conseil municipal et après enquête. — L'autorisation peut être révoquée par le ministre de l'Intérieur. — Le retrait de l'autorisation ne donne lieu à aucune indemnité (L. 15 juin 1907). — Aucun casino ouvrant des salles de jeux ne peut être exploité à moins de 100 kilomètres de Paris (L. 31 juill. 1920, art. 82).

10 *ter*. Le produit des jeux (recettes brutes des jeux et cagnottes) est d'abord frappé d'un droit de 10 pour 100 au profit de l'État (L. 25 juin 1920, art. 91, § 2). D'autre part, après déduction de cet impôt, il est opéré sur le produit brut des jeux un prélèvement de caractère progressif, perçu par tranches, et qui varie de 15 pour 100 (recette brute inférieure à 500 000 fr.), à 50 pour 100 (recette brute dépassant 5 millions de fr.) (L. 31 juill. 1920, art. 46). Enfin, le même art. 46 institue, pour l'entrée dans les salles de jeux, une carte qui est frappée d'un droit de timbre spécial, perçu au moyen de l'apposition de timbres mobiles. — Le prélèvement de 15 à 50 pour 100 est affecté aux œuvres suivantes : pupilles de la nation, mutilés et réformés de la guerre, office national du tourisme, chaires et laboratoires scientifiques, œuvres d'assistance, de prévoyance, etc.

15 bis. L'art. 4, § 1er, de la loi du 2 juin 1891 sur les courses de chevaux a été remplacé par la disposition suivante de la loi du 4 juin 1909 : « Quiconque aura *habituellement,* en quelque lieu et sous quelque forme que ce soit, offert, donné ou reçu des paris sur les courses de chevaux, soit directement, soit par intermédiaire, sera passible des peines portées à l'art. 410 c. pén. ». La loi nouvelle fait ainsi du délit d'exploitation du pari aux courses un *délit d'habitude,* analogue aux délits d'usure, d'excitation de mineurs à la débauche, de recel de malfaiteurs.

17 bis. Sur les sommes engagées au pari mutuel, il est effectué de nouveaux prélèvements (3 pour 100) au profit des œuvres de bienfaisance et des travaux d'adduction d'eau potable intéressant les régions dévastées (L. 12 août 1919, art. 36), ainsi qu'au profit de l'élevage et de l'enseignement agricole (L. 5 août 1920, art. 4).

17 ter. Les sociétés de courses de chevaux sont passibles d'une taxe au profit de l'Etat sur le montant annuel des recettes pour entrées, stationnement, cotisations ou abonnements. Cette taxe, progressive et perçue par tranches, varie de 6 pour 100 à 20 pour 100 (L. 31 juill. 1920, art. 39, § 4). Elle est perçue par l'administration des Contributions indirectes (L. 25 juin 1920, art. 95).

JOUR FÉRIÉ. — V. *Lettre de change.*

JOURNÉE DE HUIT HEURES. — V. *Navigation maritime, Travail.*

JUGE

3 bis. Nul ne peut être nommé aux fonctions de juge s'il ne remplit pas les conditions exigées par l'art. 64 de la loi du 20 avr. 1810 (V. n° 3) et s'il n'a subi avec succès l'*examen professionnel* institué par le décret du 13 févr. 1908. Toutefois, peuvent être nommés directement sans examen : 1° les membres du Conseil d'Etat ; 2° les professeurs et chargés de cours des facultés de droit de l'Etat ; 3° les anciens magistrats des cours d'appel et des tribunaux ; 4° les avocats, les avoués et notaires, licenciés en droit et justifiant de dix années d'exercice effectif de leur profession ; 5° les greffiers des tribunaux civils licenciés en droit, ayant au moins dix ans d'exercice. — Peuvent être aussi nommés directement aux fonctions judiciaires les juges de paix qui satisfont aux prescriptions de l'art. 22 de la loi du 22 juill. 1905 (licence en droit et deux années d'exercice des fonctions) et quelques autres catégories de personnes présentant des garanties analogues (L. 28 nov. 1919, art. 18 ; L. 4 oct. 1919, art. 8 et 9).

7 bis. Les traitements des juges des tribunaux d'arrondissement ont été fixés, en dernier lieu, par la loi du 6 oct. 1919 (art. 3). A ces traitements s'ajoutent le supplément de 4000 francs alloué par l'art. 57 de la loi du 30 avr. 1921, et des indemnités pour charges de famille (L. 28 avr. 1919, art. 21).

11 bis. Les postes de juge suppléant non rétribué seront supprimés par extinction. Le nombre maximum des postes de juge suppléant rétribué est fixé à 250 pour la France, l'Algérie et la Tunisie. Ils sont répartis par décret en Conseil d'Etat entre les ressorts des cours d'appel, et, dans chaque ressort, par ordonnance du premier président, entre les tribunaux civils d'arrondissement (L. 28 avr. 1919, art. 9). — Le traitement des juges suppléants rétribués est fixé à 6000 francs (8000 fr. au tribunal de la Seine) (L. 6 oct. 1919, art. 3) ; il s'y ajoute l'indemnité de 2000 francs (4000 fr. à Paris) allouée par l'art. 57 de la loi du 30 avr. 1921. Les juges suppléants exerçant la profession d'avocat ou celle d'officier ministériel n'ont pas droit au traitement. Les juges suppléants au tribunal de la Seine reçoivent un traitement annuel de 8000 francs (L. 6 oct. 1919, art. 3), auquel s'ajoute un supplément de 4000 francs (L. 30 avr. 1921, art. 57). Les sièges de juge suppléant au tribunal de la Seine seront supprimés par extinction.

14 bis et 20 bis. Les juges de paix et leurs suppléants ne peuvent être nommés avant l'âge de vingt-sept ans, ni demeurer en fonctions au delà de soixante-quinze ans (L. 12 juill. 1905, art. 29, mod. par L. 14 juin 1918). — Par mesure transitoire, la loi de 1918 n'a été applicable que six mois après sa promulgation aux juges de paix qui, atteints par la limite d'âge, n'avaient pas droit à une pension de retraite. Dans ce délai, puis d'année en année, ils peuvent être autorisés à continuer leurs fonctions. En cas de cessation, ils ont droit à une pension. La même faculté et le même droit sont ouverts aux juges de paix qui, pendant les dix années suivant la promulgation de la loi, atteindront l'âge de soixante-quinze ans sans avoir droit à pension (L. 14 juin 1918, art. 2, § 3).

15 bis. *Ajouter in fine :* Les magistrats, officiers ministériels ou fonctionnaires, mentionnés, n° 15 (3° et 4°), qui auront exercé plusieurs de ces fonctions, pourront en ajouter la durée pour remplir les conditions exigées. — Tout postulant doit satisfaire à un examen professionnel dont sont seuls dispensés ceux qui appartiennent ou ont appartenu à la magistrature des cours et tribunaux civils, ceux qui pourraient y être nommés directement et les anciens juges de paix (L. 13 juill. 1905, art. 19, modifié par L. 14 juin 1918, art. 1er).

16 bis. Les traitements des juges de paix, modifiés par l'art. 15 de la loi du 28 avr. 1919, ont été relevés de nouveau par les lois du 6 oct. 1919, art. 3, et du 30 avr. 1921. Ils varient de 8000 fr. (4e classe) à 15000 francs (hors classe). — Ces magistrats reçoivent également des indemnités de famille.

19 bis. Nul ne peut être nommé juge de paix ni le demeurer dans le département où il exerce ou sollicite, a exercé ou sollicité depuis moins de deux ans une fonction publique élective. — Les anciens notaires, avoués, huissiers, greffiers ou commis greffiers ne peuvent être nommés dans la ville ni dans le centre où ils ont exercé (L. 12 juin 1905, art. 20, § 3 et 4 ajoutés par L. 14 juin 1918).

JUGEMENT

91 bis. Le principal des droits fixes d'enregistrement et des droits minima est doublé, mais n'est plus soumis aux décimes. Toutefois, le droit fixe de 150 francs en principal édicté pour les arrêts des cours d'appel confirmant une adoption ou prononçant un divorce n'est porté qu'à 200 francs, décimes compris (L. 25 juin 1920, art. 28).

JUGEMENT PAR DÉFAUT

10 bis. Si, de deux ou plusieurs parties assignées, toutes ne constituent pas avoué, les parties défaillantes sont, à l'expiration des délais d'ajournement, *réassignées* par huissier commis par ordonnance du président, avec mention, dans la réassignation, que le jugement à intervenir aura les effets d'un jugement contradictoire. A l'expiration des nouveaux délais d'ajournement, il est statué par un seul jugement contradictoire entre toutes les parties, qu'elles soient ou non représentées par un avoué (Code de proc. 153, modifié par L. 13 mars 1922, art. 5).

JURY-JURÉ

26 *bis*. Les membres du jury criminel ont droit, s'ils le requièrent : 1° quel que soit le lieu de leur résidence, à une indemnité de session (10 fr. par jour à Paris, 9 ou 8 fr. dans les autres villes, suivant que le tribunal est ou non de 1re classe) ; 2° lorsque le lieu de leur résidence est situé à plus de 4 kilomètres de la ville où siège la cour d'assises, à une indemnité de séjour (16 fr. par jour à Paris, 14 ou 12 fr. dans les autres villes), à une indemnité de voyage, et, le cas échéant, à une indemnité de séjour forcé en cours de route. — Les indemnités de session et de séjour sont dues pour chaque journée où le juré titulaire ou supplémentaire a été présent à l'appel pour concourir à la formation du jury de jugement (L. 23 oct. 1919, et Décr. 5 oct. 1920, art. 48 à 55).

JURY D'EXPROPRIATION. — V. *Expropriation*.

JUSTICE MARITIME

1 *bis*. Le Code de justice maritime pour l'armée de mer a été modifié par des lois postérieures, dont les plus récentes sont celles des 18 oct. 1918 et 14 juill. 1920.

3 *bis*. Ligne 18, 6° *in fine, ajouter :* Les *actes de pillage* et de *violence* envers les blessés, malades, naufragés ou morts d'une force navale sont réprimés par l'art. 334 c. just. milit. pour l'armée de mer, modifié par l'art. 8 de la loi du 24 juill. 1913.

3 *ter*-7° *in fine, ajouter :* La répression, en temps de guerre, de l'emploi abusif des brassards, pavillons, emblèmes de la Croix-Rouge, ou des peintures distinctives réservées aux navires-hôpitaux ou aux bâtiments hospitaliers a été réglée par la loi du 24 juill. 1913, art. 11.

6 *bis*. Les art. 3 et 10 de la loi du 4 juin 1858 (Code de justice militaire pour l'armée de mer), relatifs à la composition des conseils de guerre permanents, ont été modifiés par la loi du 3 août 1917. Cette loi modifie également l'art. 7 c. just. mar., concernant le rapporteur près les conseils de guerre.

8 *bis*. Sont également justiciables des conseils de guerre permanents tous individus prévenus, soit comme auteurs, soit comme complices, d'un des crimes ou délits prévus par l'art. 334 c. just. mar., toutes les fois qu'ils ne peuvent plus être traduits, en vertu de l'art. 98, devant un conseil de guerre siégeant à bord (art. 78, complété par L. 24 juill. 1913, art. 9).

9 *bis* et **11** *bis*. La composition et le fonctionnement des conseils de revision en temps de guerre ont été réglés par la loi du 27 avr. 1916, art. 5.

12 *bis*. L'art. 58 c. just. mar., réglant la composition des conseils de guerre à bord, a été modifié par la loi précitée du 3 août 1917.

JUSTICE MILITAIRE

1 *bis*. Plusieurs articles du code de justice militaire pour l'armée de terre ont été modifiés par la loi du 18 oct. 1918, art. 1, 3 et 6.

3 *bis*. Aux termes de la loi du 30 déc. 1911, en temps de paix, les condamnés à mort par un conseil de guerre ou par un tribunal de la marine siégeant dans la métropole ont la tête tranchée.

Néanmoins sont fusillés ceux qui ont commis un crime exclusivement militaire.

5 *bis*. Tous les tribunaux militaires de l'armée de terre peuvent, en temps de paix et même en temps de guerre, admettre des circonstances atténuantes à tous les crimes et délits réprimés tant par le code de justice militaire de l'armée de terre que par les autres dispositions pénales, lorsque ces dernières prévoient l'admission de circonstances atténuantes (L. 19 juill. 1901, art. 1er, § 1er, modifié par l'art. 1er de la loi du 27 avr. 1916).

6 *bis*. En temps de paix et en temps de guerre, au cas de condamnation à l'amende, à l'emprisonnement ou aux travaux publics, la loi du 26 mars 1891 (loi Bérenger) est applicable, sous certaines réserves, aux condamnations prononcées par les tribunaux militaires de l'armée de terre contre leurs justiciables, tant militaires que non militaires (L. 23 juin 1904, art. 1er, modifié par l'art. 2 de la loi du 27 avr. 1916).

11 *bis*. Tout individu qui, dans la zone d'opérations d'une force militaire en campagne, dépouille un militaire blessé, malade ou mort, est puni de la reclusion ; il est puni de mort s'il exerce sur ce militaire, pour le dépouiller, des violences aggravant son état (art. 249, modifié par l'art. 4 de la loi du 24 juill. 1913).

11 *ter*. Est puni de la reclusion tout individu qui, dans la zone d'opérations d'une force militaire en campagne, commet par cruauté des violences sur un militaire blessé ou malade, hors d'état de se défendre. Les articles du Code pénal relatifs aux coups et blessures volontaires, au meurtre et à l'assassinat sont applicables toutes les fois qu'en raison des circonstances les peines qui y sont portées sont plus fortes que la peine de la reclusion (art. 249 modifié par l'art. 4 de la loi du 24 juill. 1913).

12 *bis*. L'art. 266 c. just. mil. pour l'armée de terre est applicable, en temps de guerre avec des puissances signataires de la convention signée à Genève le 6 juill. 1906 ou y ayant adhéré, à tout individu qui, dans la zone d'opérations d'une force militaire en campagne, emploie publiquement, sans en avoir le droit, le brassard, le drapeau ou l'emblème de la Croix-Rouge, ou des brassards, drapeaux ou emblèmes y assimilés (L. 24 juill. 1913, art. 5).

25 *bis*. *En temps de guerre,* les dispositions du premier paragraphe de l'art. 2 de la loi du 8 déc. 1897, relatives au délai dans lequel l'inculpé doit être interrogé, ainsi que celles des art. 3, 7 et 8 de ladite loi, sont applicables à l'instruction devant les conseils de guerre permanents du territoire. Les art. 9 et 10 de la même loi sont également applicables devant les mêmes conseils en temps de guerre, sous réserve de quelques modifications (L. 15 juin 1899 modifiée par l'art. 3 de la loi du 27 avr. 1916). V. *Instruction criminelle*, n°s 20 et s.

29 *bis*. La composition et le fonctionnement des conseils de revision en temps de guerre sont réglés par la loi du 27 avr. 1916, art. 4.

JUSTICE DE PAIX

5 *bis*. Aucun droit de vacation n'est accordé aux juges de paix. Il leur est alloué une indemnité de transport quand ils se rendent à plus de deux kilomètres de leur chef-lieu de canton. Un règlement d'administration publique déterminera le montant de cette indemnité, dont le tarif, applicable à tous les transports en matière civile, ne pourra être inférieur à celui établi par le décret du 31 mai 1900 (L. 13 juill. 1911, art. 94).

41 *bis.* Il doit y avoir, entre le jour de la citation et le jour indiqué pour la comparution, un délai qui est : de trois jours si la partie est domiciliée dans le canton ou dans les cantons limitrophes ; de cinq jours si elle est domiciliée dans les autres parties du département ou dans les départements limitrophes ; de quinze jours si elle est domiciliée dans les autres parties de la France continentale. Hors la France continentale, l'art. 73 du Code de procédure civile (V. *Procédure*, n° 8 *bis*) est appliqué (Code de proc. civ., art. 5, modifié par L. 13 mars 1922, art. 1er).

L

LABEL. — V. *Syndicat professionnel.*

LÉGALISATION. — V. *Certificat de vie.*

LÉGION D'HONNEUR. — V. *Ordres civils et militaires.*

LEGS

61 *bis.* Les actes de délivrance de legs sont soumis au droit proportionnel de 1 p. 100, sans addition de décimes (L. 29 juin 1918, art. 15).

LETTRE DE CHANGE

3 *bis.* La lettre de change doit être signée (C. com. 110, § 2, modifié par L. 8 févr. 1922).

8 *bis.* La lettre de change ne comporte plus l'énonciation de la valeur fournie au tireur en espèces, en marchandises, en compte, ou de toute autre manière (L. 8 févr. 1922, art. 2, abrogeant le paragraphe 7 de l'art. 110 C. com.).

13 *bis.* Supprimer la fin du paragraphe à partir de : *Par exception...* (ligne 8). En effet, l'art. 113 C. com. est abrogé (L. 8 févr. 1922, art. 3).

17 *bis.* Il n'y a plus qu'une sorte d'endossement, celui qui porte la signature de l'endosseur (V. le n° suivant).

18 et s. *bis.* L'endossement n'a besoin en la forme que de la signature de l'endosseur (C. com. art. 137, modifié par L. 8 févr. 1922, art. 5).

25 et s. *bis.* L'endossement opère le transport ; il n'est une procuration que si telle a été la volonté clairement exprimée des parties contractantes (C. com. art. 138, modifié par L. 8 févr. 1922, art. 6).

30 *bis.* L'endossement en blanc est devenu la règle.

35 *bis.* La propriété de la provision est transmise de plein droit aux porteurs successifs de la lettre de change (C. com. art. 116, § 2, ajouté par L. 8 févr. 1922, art. 4).

85 *bis.* Aux termes d'une loi du 29 oct. 1909, lorsque la fête légale du 1er novembre (la Toussaint) tombe un lundi, aucun payement d'aucune sorte ne peut être exigé, ni aucun protêt dressé le lendemain 2 novembre.

85 *ter.* En vertu de la loi du 27 janv. 1910, dans le cas de mobilisation de l'armée, de fléau ou de calamité publique (telle qu'une inondation), d'interruption des services publics gérés par l'Etat, les départements ou les communes ou soumis à leur contrôle, des décrets rendus en conseil des ministres peuvent, pour tout ou partie du territoire, proroger les délais dans lesquels doivent être faits les protêts et les autres actes destinés à conserver les recours pour toutes les valeurs négociables. Pendant la durée de la session des Chambres, les dérogations ne peuvent dépasser trente jours francs. Pendant l'intervalle des sessions, la prorogation peut être renouvelée une ou plusieurs fois. — Dans les mêmes circonstances et sous les mêmes conditions, les échéances des valeurs négociables peuvent être prorogées (L. 24 déc. 1910). V. *supra*, *Guerre de 1914* (*Moratoire des échéances*).

LETTRE MISSIVE

19 *bis.* Le principal des droits fixes est doublé, mais n'est plus soumis aux décimes (L. 25 juin 1920, art. 28).

LETTRE DE VOITURE. — V. *Voiture.*

LIBERTÉ SURVEILLÉE. — V. *Responsabilité pénale.*

LISTE DES ASSURÉS. — V. *Retraites ouvrières et paysannes.*

LISTE ÉLECTORALE. — V. *Élections.*

LIVRET D'ASSURANCES SOCIALES. — V. *Caisse nationale d'assurances.*

LIVRET DE FAMILLE. — V. *Actes de l'état civil.*

LOGEMENT DES TROUPES. — V. *Réquisitions militaires.*

LOGEMENTS INSALUBRES. — V. *Salubrité publique.*

LORRAINE. — V. *Alsace et Lorraine.*

LOT. — V. *Impôts directs.*

LOTERIE

5 *bis.* Une circulaire du ministre de l'Intérieur, en date du 1er mars 1910 (*Journ. off.* du 3 mars 1910), a déterminé les conditions dans lesquelles des autorisations de loterie peuvent être accordées aux sociétés de secours mutuels, syndicats professionnels et autres associations ou œuvres qui n'ont pas pour objet exclusif l'assistance ou l'encouragement des arts.

LOUAGE

104 *bis*. Dernière ligne, *au lieu de :* sans terme fixe, *lire :* sans écrit.

124 *bis*. Ligne 5, *lire :* Le bail à ferme ne cesse à l'expiration du terme fixé par l'art. 1774 Code civ. que par l'effet d'un congé donné par écrit par l'une des parties à l'autre, six mois au moins avant ce terme. A défaut de congé donné dans ce délai, il s'opère un nouveau bail dont l'effet est réglé par l'art. 1774 du Code civil (C. civ. art. 1775, modifié par L. 24 oct. 1919).

128 *bis*. En vue de prévenir et de réprimer les fraudes fiscales, l'art. 4 de la loi du 18 avr. 1918 a assujetti les personnes ou sociétés qui se livrent habituellement à la location des coffres-forts ou des compartiments de coffres-forts aux obligations suivantes : 1° en faire la déclaration au bureau de l'enregistrement de leur résidence, et, s'il y a lieu, à celui de chacune des succursales ou agences louant des coffres-forts ; 2° tenir un répertoire alphabétique des noms, prénoms, profession, domicile et résidence réels de tous les occupants de coffres-forts et du numéro du coffre-fort loué ; 3° inscrire sur un registre, avec indication de la date et de l'heure auxquelles elles se présentent, les noms et adresses de toutes les personnes qui veulent procéder à l'ouverture d'un coffre-fort et exiger qu'elles signent sur le registre. Lorsque la personne qui veut ouvrir le coffre-fort n'en est pas personnellement ni exclusivement locataire, cette signature est apposée sous une formule certifiant qu'elle n'a pas connaissance du décès soit du locataire ou de l'un des colocataires du coffre-fort, soit du conjoint non séparé de corps de ce, locataire ou colocataire ; 4° représenter et communiquer les répertoires et registres à toutes demandes des agents de l'Enregistrement. — Toute infraction à ces dépositions est punie d'une amende de 100 à 5000 francs (L. 18 avr. 1918).

130 *bis*. Les baux de meubles et d'immeubles à durée limitée, quelle qu'en soit la nature, sont soumis au droit de 0 fr. 60 p. 100, sans addition de décimes (L. 25 juin 1920, art. 26, § 1er). Les baux d'immeubles faits à rente perpétuelle, ou à vie, ou pour une durée illimitée, sont assujettis au droit de 8 p. 100, sans décimes (Même loi, art. 25, § 3). Le droit est de 5 p. 100, sans décimes, pour les baux de biens meubles à durée illimitée (Même loi, art. 24, § 1er).

134 *bis*. La déclaration prévue par l'art. 11 de la loi du 23 août 1871 ne s'applique pas aux locations verbales consenties suivant l'usage des lieux ou pour une durée ne dépassant pas trois ans et dont le prix n'excède pas 2000 francs à Paris et 1000 francs dans toutes les autres localités (L. 25 juin 1920, art. 27). Cet article ne renfermant aucune disposition analogue à celle de l'art. 11, § 5, de la loi du 23 août 1871 (V. n° 134), le bailleur qui a consenti plusieurs locations dont le prix cumulé excède les chiffres de 2000 francs ou de 1000 francs n'est pas tenu d'en faire la déclaration.

139 *bis*. Les sous-baux, cessions, subrogations et rétrocessions de baux sont soumis au même droit que les baux (0 fr. 60 p. 100). — Le principal du droit fixe, lorsqu'il est perçu, est doublé, mais n'est pas soumis aux décimes (L. 25 juin 1920, art. 28).

LOUAGE A CHEPTEL

7 *bis*. La règle du Code civil (art. 1821 et 1826) qui impose au fermier l'obligation de laisser, à la fin du bail, des bestiaux d'une valeur égale au prix de l'estimation de ceux qu'il a reçus, envisage la valeur *vénale* du cheptel et non sa *puissance comme instrument d'exploitation*. Par suite, lorsque le bail contient une estimation pécuniaire des animaux, le fermier a droit, à sa sortie, d'après la jurisprudence de la Cour de cassation, à la totalité de la plus-value acquise par le cheptel, même si cette plus-value résulte de la hausse des cours du bétail à la suite de la guerre.

11. — V. Enregistrement. — Les baux à cheptel sont soumis au droit de 0 fr. 60 p. 100 ou à celui de 5 p. 100, suivant qu'ils sont faits pour un temps déterminé ou pour une durée illimitée (V. *suprà, Louage,* n° 130 *bis*).

LOUAGE A MÉTAIRIE

11 *bis*. Ligne 4, *au lieu de :* 0 fr. 20 p. 100, *lire :* 0 fr. 60 p. 100 (V. *suprà, Louage,* n° 134 *bis*).

LOUAGE DE SERVICES

Sous titre : *ajouter : (Code du travail,* livre I, art. 20 à 29).

5-1°. — I *bis*. **Conventions collectives du travail.** — Les conditions du travail peuvent être réglées par des conventions collectives conclues entre, d'une part, les représentants d'un syndicat professionnel ou de tout autre groupement d'employés et, d'autre part, les représentants d'un syndicat professionnel ou de tout autre groupement d'employeurs, ou plusieurs employeurs contractant à titre personnel, ou même un seul employeur (C. trav., livre I, art. 31 ; L. 25 mars 1919). — La convention collective doit être écrite, à peine de nullité. Elle n'est applicable qu'à partir du jour qui suit celui de son dépôt, soit au secrétariat du conseil de prud'hommes du lieu où elle a été passée, soit, à défaut de conseil de prud'hommes, ou si les parties le stipulent, au greffe de la justice de paix du lieu, soit à tout autre secrétariat de conseil de prud'hommes ou greffe de justice de paix convenu par les parties. Les parties doivent stipuler que la convention est valable, soit en tous lieux, soit dans une région déterminée, soit dans une localité ou seulement pour un ou plusieurs établissements spécifiés.

5-2°. La convention collective de travail peut être conclue sans détermination de durée, ou pour une durée déterminée, ou pour la durée d'une entreprise. La convention à durée indéterminée peut toujours cesser par la volonté de l'une des parties. Si cette partie comprend plusieurs groupements d'employés ou d'employeurs, ou plusieurs employeurs, la convention n'est résolue que par la renonciation du dernier de ces groupements ou de ces employeurs. La convention à durée déterminée ne peut être faite pour plus de cinq ans. A l'expiration de ce délai, elle continue, à moins de stipulation contraire, à produire effet comme une convention à durée indéterminée.

5-3°. Tout syndicat professionnel ou tout autre groupement d'employés ou d'employeurs ou tout employeur non groupé qui n'est pas partie à la convention collective de travail, peut y adhérer ultérieurement avec le consentement des parties contractantes.

5-4°. Sont considérés comme liés par la convention collective de travail : 1° les employés et les employeurs signataires ; 2° ceux qui, au moment où la convention est conclue, sont membres d'un groupement partie à cette convention, si, dans un délai de huit jours francs à dater du dépôt, ils n'ont pas donné leur démission de ce groupement, et s'ils n'ont pas notifié celle-ci, soit au secrétariat ou greffe où le dépôt a été effectué, soit au secrétariat du conseil des prud'hommes ou au greffe de la justice de paix qui aurait à juger les différends relatifs à leurs contrats de travail. Lorsque la convention a pour but de faire cesser une grève ou un lock-out, le délai ci-dessus est réduit à trois jours ; 3° ceux qui sont membres d'un groupement adhérant ultérieurement à cette convention, si, à dater de la notification de l'adhésion, ils ne se sont pas retirés de ce groupement dans les conditions et délais ci-dessus prévus ; 4° ceux qui, postérieurement au dépôt de la convention, entrent dans un groupement partie à cette convention ; 5° les employeurs n'appartenant pas à un groupement partie à la convention, qui adhèrent directement à celle-ci.

5-5°. — Tout groupement d'employés ou d'employeurs, ou tout employeur non groupé, partie à une convention collective de travail conclue ou prorogée par tacite reconduction pour une durée indéterminée, peut, à toute époque, se dégager en notifiant sa renonciation à toutes les autres parties avec lesquelles il a conclu, et au greffe ou au secrétariat où la convention a été déposée. La renonciation d'un groupement entraîne de plein droit celle de tous ses membres. De même, tout membre d'un groupement peut se dégager de la convention en se retirant de ce groupement et en le notifiant comme il vient d'être dit.

5-6°. Lorsqu'un contrat intervient entre un employé et un employeur qui doivent être considérés comme soumis l'un et l'autre aux obligations résultant de la convention collective, les règles déterminées en cette convention s'imposent, nonobstant toute stipulation contraire, aux rapports nés de ce contrat de travail. Si une seule des parties est liée par la convention collective, celle-ci est présumée s'appliquer, à moins de stipulation contraire, au contrat de travail. — Les groupements d'employés ou d'employeurs liés par une convention collective de travail sont tenus de ne rien faire qui soit de nature à en compromettre l'exécution loyale.

7 *bis*. L'engagement d'un ouvrier ne peut excéder un an, à moins qu'il ne soit contremaître, conducteur des autres ouvriers, ou qu'il n'ait un traitement et des conditions stipulés par un acte exprès (C. trav., livre I, art. 22).

10 *bis*. Les salaires des ouvriers et employés doivent être payés en monnaie métallique ou fiduciaire ayant cours légal, nonobstant toute stipulation contraire à peine de nullité. — Les salaires des ouvriers du commerce et de l'industrie (mais non ceux des ouvriers agricoles) doivent être payés au moins deux fois par mois, à seize jours d'intervalle ; ceux des employés doivent être payés au moins une fois par mois. — Le payement ne peut avoir lieu un jour de repos ni dans les débits de boissons ou magasins de vente, sauf pour les personnes qui y sont occupées (C. trav., livre I, art. 43, 44 et 45).

10 *ter*. Il est interdit à tout employeur d'annexer à son établissement un *économat* où il vende, par lui-même ou par un tiers placé sous son autorité, à ses ouvriers et employés ou à leurs familles, des denrées et marchandises, et d'imposer à ses ouvriers et employés l'obligation de dépenser leur salaire en totalité ou en partie dans les magasins indiqués par lui (C. trav., livre I, art. 75). Sont exceptés de la suppression, sous certaines réserves, les économats des réseaux de chemins de fer placés sous le contrôle de l'Etat et les économats annexés aux établissements industriels dépendant de sociétés dans lesquelles le capital appartient, en majorité, aux ouvriers et employés de l'entreprise, et dont les assemblées générales sont statutairement composées, en majorité, des mêmes éléments (C. trav., livre I, art. 77).

10 *quater*. Un minimum de salaires est assuré aux ouvrières exécutant à domicile des travaux rentrant dans l'industrie du vêtement. Ce salaire minimum est déterminé par des conseils du travail, ou des comités de salaires, d'après le taux de la rémunération quotidienne payée dans la région aux ouvrières de même profession et d'habileté moyenne travaillant en atelier (C. trav. livre I, art. 33 à 33n).

21 *bis*. Lorsqu'une clause précise d'un règlement d'atelier impose à l'ouvrier, en cas de départ sans préavis, une indemnité fixée d'avance à forfait, les tribunaux ne peuvent, a décidé la Cour de cassation, en modifier le chiffre.

23 *bis*. D'autre part, le refus du patron de reprendre un ouvrier gréviste dans son atelier, après la fin de la grève, ne saurait être considéré, d'après la Cour de cassation, comme constituant un congédiement sans préavis pouvant servir de base à une action de l'ouvrier contre le patron.

32 *bis*. La loi du 22 nov. 1918, ayant pour objet de garantir aux mobilisés la reprise de leur contrat de travail (V. *suprà*, *Guerre de* 1914, n° 93), s'applique à tous ceux qui, à raison de la mobilisation de leur classe ou par voie d'ordres individuels, sont rappelés sous les drapeaux, en dehors des périodes d'instruction militaire (L. 23 juin 1921, art. 1er). — Pour apprécier si la reprise de l'ouvrier ou de l'employé démobilisé est possible, il est tenu compte uniquement, d'une part, des changements profonds survenus dans l'entreprise, et, d'autre part, des maladies, blessures ou infirmités de nature à modifier notablement l'aptitude, de l'intéressé à l'emploi qu'il occupait. Si l'ouvrier ou l'employé est resté apte à son emploi, il doit être repris au taux normal et courant de la rétribution de cet emploi dans l'entreprise, sans que le taux de son salaire ou de ses appointements puisse être inférieur à celui qu'il recevait avant son appel sous les drapeaux. Tout contrat de travail passé en vue du remplacement d'un mobilisé expire de plein droit lors de la reprise de son emploi par ce dernier (L. 23 juin 1921, art. 2).

32 *ter*. La suspension du travail par la femme, pendant huit semaines consécutives, dans la période qui précède et suit l'accouchement, ne peut être une cause de rupture, par l'employeur, du contrat de louage de services, et ce, à peine de dommages-intérêts au profit de la femme. Celle-ci doit avertir l'employeur du motif de son absence (C. trav., livre I, art. 29). — Toute convention contraire est nulle de plein droit. L'assistance judiciaire est de droit pour la femme devant la juridiction du premier degré. — Le repos pris par la femme pour faire ses couches entraîne une simple suspension du contrat de louage de services, suspension qui a, d'ailleurs, pour conséquence, d'exonérer le patron de l'obligation de payer l'ouvrière, l'employée ou la domestique dont il ne peut utiliser les services.

32 *quater*. Cette disposition protège toutes les femmes qui sont liées par un contrat de louage de services, sans qu'il y ait lieu de distinguer entre les ouvrières de l'industrie ou de l'agriculture, les employées de commerce ou les domestiques. — L'intéressée ne peut se prévaloir de la faculté qui lui est accordée par la loi de suspendre son travail sans rompre le contrat de louage de services que pendant une période qui comprend au maximum les huit dernières semaines de la grossesse. La femme peut, d'ailleurs, prendre à son gré, trois semaines avant l'accouchement et cinq semaines après, ou *vice versa*. Elle peut aussi ne pas se reposer avant l'accouchement et prendre ensuite huit semaines entières. La loi lui laisse, à cet égard, toute liberté, pourvu que l'accouchement intervienne pendant la période de repos.

32 *quinquies*. Les femmes en état de grossesse apparente peuvent quitter le travail sans délai-congé et sans avoir de ce fait à payer une indemnité de rupture (L. 17 juin 1913, art. 1er, codifié au Code du travail, livre I, art. 29 a).

32 *sexies*. Dans tout établissement industriel ou commercial ou dans ses dépendances, de quelque nature qu'il soit, il est interdit d'employer des femmes accouchées dans les quatre semaines qui suivent leur délivrance (C. trav., livre II, art. 54 a). — En ce qui concerne l'assistance aux femmes en couches, V. *suprà*, *Assistance publique*, nos 35 et s..

39 *bis*. Le contrat de travail entre les chefs ou directeurs des établissements industriels ou commerciaux, des exploitations agricoles ou forestières et leurs ouvriers, est exempt de timbre et d'enregistrement (C. trav., livre I, art. 19, § 2).

39 *ter*. Sont exempts de timbre et d'enregistrement les certificats de travail délivrés aux ouvriers, employés ou serviteurs, encore qu'ils contiennent d'autres mentions que celles prévues à l'art. 24, § 1er, livre I, C. trav. (V. no 28, et *suprà*, no 39 *bis*), toutes les fois que ces mentions ne contiennent ni obligation, ni quittance, ni aucune autre convention donnant lieu au droit proportionnel. La formule « libre de tout engagement » ou toute autre constatant l'expiration régulière du contrat de travail, les qualités professionnelles et les services rendus, sont comprises dans l'exemption (C. trav., livre I, art. 24, § 2).

LOYER. — V. *Guerre de* 1914 (*Loyers*).

M

MACHINES A VAPEUR

1 *bis*. Le décret du 9 oct. 1907, relatif aux chaudières à vapeur autres que celles placées sur les bateaux, a été modifié par ceux des 25 avr. 1910, 23 févr. 1919. Le décret du 9 avr. 1883, relatif aux bateaux à vapeur naviguant sur les fleuves et rivières, a été modifié par le décret du 17 déc. 1918.

MAGISTRAT. — V. *Cour d'appel, Tribunal civil d'arrondissement*.

MAIRES ET ADJOINTS

2 *bis*. Le nombre des adjoints de la ville de Lyon a été porté à dix-neuf par la loi du 8 mars 1912.

MAJORATION DE RETRAITES. — V. *Pensions civiles, Pensions militaires, Retraites ouvrières*.

MALADIE PROFESSIONNELLE. — V. *Accidents du travail*.

MALADIE CONTAGIEUSE. — V. *Salubrité publique*.

MANDAT

53 *bis*. Le principal des droits fixes d'enregistrement a été doublé, mais n'est plus soumis aux décimes (L. 25 juin 1920, art. 28).

53 *ter*. Sont exemptées des droits de timbre et enregistrées gratis les procurations auxquelles sont obligés de recourir les mutilés de la guerre, civils et militaires, que la nature de leurs blessures empêche de signer (L. 18 nov. 1916, art. 1er). Pour bénéficier de cette double immunité, il doit être justifié que l'impossibilité de signer est le résultat de la mutilation et que celle-ci est consécutive aux événements de guerre.

MANDAT CONTRIBUTIONS. — V. *Impôts directs*.

MANDAT-RETRAITE. — V. *Postes, télégraphes, téléphones*.

MANDATAIRE COLLECTIF. — V. *Retraites ouvrières*.

MANŒUVRES FRAUDULEUSES. — V. *Guerre de* 1914-1919 (*Bénéfices de guerre*).

MANUFACTURES ET ÉTABLISSEMENTS DANGEREUX, INSALUBRES OU INCOMMODES

1. La législation relative aux manufactures et établissements dangereux, insalubres ou incommodes a été profondément modifiée par la loi du 19 déc. 1917, qui abroge le décret du 15 oct. 1810 et l'ordonnance du 14 janv. 1815, et, en général, toutes les dispositions contraires à la nouvelle réglementation.

2. Les établissements réglementés sont les manufactures, ateliers, usines, magasins, chantiers et tous établissements industriels ou commerciaux qui présentent des causes de danger ou des inconvénients, soit pour la sécurité, la salubrité ou la commodité du voisinage, soit pour la santé publique, soit encore pour l'agriculture.

3. — I. Classement des établissements dangereux, insalubres ou incommodes. — Les manufactures, ateliers, etc., sont divisés en classes, suivant les dangers ou la gravité des inconvénients inhérents à leur exploitation. — La

1re classe comprend les établissements qui doivent être éloignés des habitations. La 2e classe comprend ceux dont l'éloignement des habitations n'est pas rigoureusement nécessaire, mais dont l'exploitation ne peut être autorisée qu'à la condition que des mesures soient prises pour prévenir les dangers ou les incommodités de voisinage. Dans la 3e classe sont placés les établissements qui, ne présentant d'inconvénients graves ni pour le voisinage, ni pour la santé publique, sont seulement soumis à des prescriptions générales édictées dans l'intérêt du voisinage ou de la santé publique pour tous les établissements similaires. — Les industries auxquelles s'applique la loi et le classement de chacune d'elles sont déterminés par le décret du 24 déc. 1919.

4. L'ouverture des établissements rangés dans la 1re ou la 2e classe est subordonnée à une *autorisation* délivrée par le préfet (par le préfet de police à Paris et dans le département de la Seine), sur la demande des intéressés. Les établissements de la 3e classe doivent faire l'objet, avant leur ouverture, d'une *déclaration* écrite adressée au préfet.

5. Les établissements appartenant aux catégories visées et qui existaient antérieurement continuent à être exploités sans autorisation ni déclaration, mais ils sont soumis à la surveillance du service d'inspection (V. *infra*, n° 19).

6. — II. Établissements soumis à l'autorisation (1re et 2e classes). — La demande d'autorisation d'un établissement de 1re classe fait l'objet d'une enquête *de commodo et incommodo* ouverte pendant un mois. L'ouverture de cette enquête est annoncée, par les soins du maire et aux frais de l'industriel, par des affiches. — Le conseil municipal de la commune où un établissement de 1re classe doit fonctionner est appelé à formuler son avis. A défaut par lui de se prononcer dans le délai d'un mois, il est passé outre.

7. La demande d'autorisation d'un établissement de 2e classe est soumise à une enquête *de commodo et incommodo* ouverte, pendant quinze jours, dans la commune où cet établissement doit fonctionner, par voie d'affiches comme ci-dessus.

8. Après la clôture de l'enquête, le commissaire enquêteur convoque, dans la huitaine, l'industriel et lui communique sur place les observations consignées dans son procès-verbal, en l'invitant à produire, dans un délai maximum de quinze jours, un mémoire en réponse: Le commissaire enquêteur rédige, dans la huitaine suivante, un avis motivé et envoie le dossier de l'affaire au préfet. Celui-ci statue, sur un rapport du conseil départemental d'hygiène, dans un délai maximum de trois mois à partir du jour où le dossier de l'enquête lui a été transmis. En cas d'impossibilité de statuer dans ce délai, le préfet, par un arrêté motivé, fixe un nouveau délai. L'industriel peut se faire entendre par le conseil d'hygiène ou déléguer un mandataire. Les conclusions du conseil sont portées par le préfet à la connaissance de l'industriel, auquel un délai de huit jours est accordé pour présenter, s'il y a lieu, ses observations au préfet par écrit.

9. Il est procédé, par le service de l'inspection du travail, dès l'origine de l'instruction, à l'examen du plan que doit produire l'industriel.

10. L'arrêté préfectoral d'autorisation fixe les conditions jugées indispensables pour la protection des intérêts mentionnés à l'art. 1er (V. *supra*, n° 2). Des arrêtés complémentaires, pris dans les mêmes formes et soumis aux mêmes conditions de publication, peuvent imposer ultérieurement toutes les mesures que la sauvegarde de ces intérêts rend nécessaires ou atténuer celle des prescriptions primitives dont le maintien n'est plus justifié. — Les autorisations sont accordées sous réserve des droits des tiers.

11. Un extrait de l'arrêté préfectoral, énumérant les conditions auxquelles l'autorisation est accordée et faisant connaître qu'une copie dudit arrêté est déposée aux archives de la mairie et mise à la disposition de tout intéressé, est affiché à la porte de la mairie ou, à Paris, du commissariat de police et inséré, par les soins du maire et aux frais de l'industriel, dans un journal d'annonces légales du département.

12. Dans le cas où il s'agit d'une industrie nouvelle ou de procédés nouveaux ou d'un établissement à ouvrir sur un terrain dans le voisinage duquel des transformations sont à prévoir relativement aux conditions d'habitation ou au mode d'utilisation des emplacements, le préfet peut, à titre exceptionnel, sur la demande des industriels, accorder des autorisations pour une durée limitée et renouvelables.

13. L'arrêté d'autorisation cesse de produire effet si l'établissement n'a pas été ouvert dans le délai fixé par ledit arrêté, délai qui ne peut être de moins de deux années, ou n'a pas été exploité pendant deux années consécutives, sauf le cas de force majeure.

14. Les arrêtés d'autorisation, de refus de surseoir à l'autorisation ou d'ajournement à statuer, ceux imposant des conditions nouvelles ou portant atténuation des prescriptions déjà édictées, peuvent être déférés au conseil de préfecture : 1° par les industriels, dans un délai de deux mois qui commence à courir du jour où les arrêtés leur ont été notifiés; 2° par les tiers ou par les municipalités intéressées, en raison des dangers ou des inconvénients que le fonctionnement de l'établissement présente pour le voisinage, à moins qu'ils ne puissent être présumés avoir renoncé à l'exercice de ce droit.

15. — III. Établissements soumis à la déclaration (3e classe). — Les déclarations relatives aux établissements de 3e classe sont reçues par le préfet. Celui-ci en donne récépissé sans délai. Il notifie en même temps à l'industriel une copie des prescriptions générales concernant l'industrie qui fait l'objet de la déclaration. — Les établissements de 3e classe régulièrement autorisés avant l'entrée en vigueur de la loi conservent le bénéfice de leur autorisation et sont dispensés de toute déclaration ; ils sont soumis aux prescriptions des arrêtés généraux, sauf la possibilité pour l'industriel de solliciter la modification de ces dispositions.

16. Des arrêtés préfectoraux pris après avis du conseil départemental d'hygiène, sous l'autorité du ministre du Commerce et de l'Industrie, déterminent, pour chaque département, les prescriptions générales à imposer aux industries rangées dans la 3e classe.

17. Si l'industriel qui a fait une déclaration veut obtenir la suppression ou l'atténuation de quelques-unes des prescriptions des arrêtés préfectoraux qui lui ont été notifiés, il adresse sa demande au préfet, qui statue, sur le rapport du conseil départemental d'hygiène, après avis du service chargé de l'inspection des établissements classés et de celui chargé de l'inspection du travail. Les tiers qui estiment que les intérêts du voisinage ne sont pas garantis par l'exécution des prescriptions générales contre les inconvénients inhérents à l'exploitation d'un établissement de 3e classe, ou sont compromis par la suppression ou l'atténuation d'une ou plusieurs de ces prescriptions obtenues par un industriel, doivent également s'adresser au préfet, qui peut, s'il y a lieu, soit imposer à l'industriel des prescriptions additionnelles, soit rétablir les prescriptions primitives. — L'industriel ou les tiers intéressés ci-dessus visés peuvent, dans un délai de deux mois à partir de la notification des arrêtés préfectoraux, exercer le recours prévu *supra*, n° 14.

18. Lorsqu'un établissement classé, ouvert après déclaration, cesse d'être exploité pendant plus de deux années consécutives, l'exploitant doit faire une nouvelle déclaration.

19. — **IV. Dispositions communes à tous les établissements classés.** — Les établissements dangereux, insalubres ou incommodes sont soumis à une inspection, sous l'autorité du préfet. Les inspecteurs ont entrée dans les établissements soumis à leur surveillance à tout moment de leur fonctionnement, en vue d'y faire telles constatations qu'ils jugent nécessaires.

20. Les contraventions sont constatées par les procès-verbaux des commissaires de police et des personnes chargées de l'inspection, qui, avant de dresser ces procès-verbaux, doivent mettre par écrit les chefs d'établissement en demeure de se conformer, dans un délai déterminé, aux prescriptions des arrêtés préfectoraux auxquels il a été contrevenu.

21. Les inspecteurs du travail sont seuls chargés de l'application des prescriptions des arrêtés préfectoraux concernant l'hygiène et la sécurité du personnel employé dans les établissements classés. Les contraventions à ces prescriptions sont constatées et punies comme les contraventions aux dispositions du livre II du Code du travail relatives à l'hygiène et à la sécurité des travailleurs.

22. Lorsqu'un établissement autorisé ou déclaré change d'exploitant, le successeur ou son représentant doit en faire la déclaration au préfet dans le mois qui suit la prise de possession. Il est délivré un récépissé sans frais de cette déclaration.

23. Lorsqu'un industriel veut ajouter à son exploitation première, quelle que soit la classe dans laquelle elle rentre, une autre industrie classée, même de classe inférieure à celle qui a été autorisée, il est tenu de se pourvoir d'une autorisation ou de faire une nouvelle déclaration pour cette nouvelle industrie.

24. Tout transfert d'un établissement classé sur un autre emplacement, toute transformation dans l'état des lieux, dans la nature de l'outillage ou du travail, toute extension de l'exploitation, entraînant une modification notable des conditions imposées par l'arrêté d'autorisation ou des termes de la déclaration, nécessite, suivant la classe de l'établissement, une demande d'autorisation complémentaire ou une déclaration nouvelle, qui doit être faite préalablement aux changements projetés. Cette demande et cette déclaration sont soumises aux mêmes formalités que la demande et la déclaration primitives.

25. Lorsque, par suite d'un incendie, d'une explosion ou de tout autre accident résultant des travaux techniques d'exploitation d'une usine classée ou déclarée, celle-ci a été détruite et mise momentanément hors d'usage, une nouvelle autorisation est nécessaire pour rétablir et remettre en activité cette usine.

26. Les établissements classés qui ont été ou qui seront rangés par des règlements d'administration publique dans une classe supérieure à celle déterminée par les décrets en vigueur au moment de leur ouverture ne seront pas soumis à de nouvelles demandes d'autorisation.

27. Dans le cas où le fonctionnement d'établissements classés, régulièrement autorisés ou déclarés, d'établissements industriels dont l'existence est antérieure au décret qui a classé l'industrie à laquelle ils appartiennent, ou d'établissements industriels non compris dans la nomenclature des établissements classés, présente pour le voisinage ou pour la santé publique des dangers ou des inconvénients graves que les mesures de protection prévues par la loi ne seraient pas susceptibles de faire disparaître, ces établissements peuvent être supprimés, après avis du conseil supérieur d'hygiène publique de France et du comité consultatif des arts et manufactures, par un décret rendu en forme de règlement d'administration publique.

28. — **V. Établissements non classés.** — Lorsque l'exploitation d'un établissement industriel non compris dans la nomenclature des établissements classés présente des dangers ou des inconvénients graves, soit pour la sécurité, la salubrité ou la commodité du voisinage, soit pour la santé publique, le préfet peut, après avis du maire et du conseil départemental d'hygiène, mettre l'industriel en demeure de prendre les mesures nécessaires pour faire disparaître les dangers ou les inconvénients dûment constatés. Faute par l'industriel de se conformer, dans le délai imparti, à cette injonction, le préfet peut, sur un nouvel avis du conseil départemental d'hygiène, suspendre provisoirement le fonctionnement de l'établissement.

29. — **VI. Pénalités.** — Les chefs, directeurs ou gérants des établissements dangereux, insalubres ou incommodes, qui ont contrevenu aux dispositions de la loi du 19 déc. 1917 et à celles des règlements d'administration publique rendus pour son exécution, ainsi qu'aux prescriptions des arrêtés préfectoraux relatives à la protection du voisinage ou de la santé publique, sont poursuivis devant le tribunal de simple police et passibles d'une amende de 5 à 15 francs. L'amende est appliquée autant de fois qu'il a été relevé de contraventions distinctes, sans toutefois que le chiffre total des amendes puisse excéder 200 francs. Les chefs d'établissements sont civilement responsables des condamnations prononcées contre leurs directeurs, gérants ou préposés. Le jugement fixe, s'il y a lieu, le délai dans lequel seront exécutés les travaux imposés par les arrêtés préfectoraux auxquels il a été contrevenu. — En cas de récidive, le contrevenant est poursuivi devant le tribunal correctionnel et puni d'une amende de 16 à 500 francs, sans que la totalité des amendes puisse excéder 2000 francs.

30. Tout obstacle opposé à l'accomplissement des devoirs des personnes chargées de l'inspection des établissements classés est puni d'une amende de 100 à 500 francs et, en cas de récidive, de 500 à 1 000 francs.

31. Lorsque l'inspecteur des établissements classés a constaté qu'il y a inobservation des conditions et réserves essentielles qui ont été imposées à l'industriel dans l'intérêt du voisinage, de la santé publique ou de l'agriculture, la poursuite a lieu directement devant le tribunal correctionnel, qui, après avoir reconnu le caractère essentiel des conditions et réserves visées au procès-verbal, applique les pénalités prévues (V. *supra*, n° 29), et impartit à l'intéressé un délai pour satisfaire aux conditions et réserves de l'arrêté d'autorisation. À l'expiration du délai imparti, sur le vu du jugement et d'un nouveau procès-verbal constatant l'inobservation persistante de conditions et réserves essentielles, le préfet peut suspendre provisoirement les autorisations accordées aux établissements de 1re et 2e classes. Le préfet peut également prononcer, dans les mêmes conditions, la fermeture des établissements de 3e classe, en cas d'inobservation persistante des conditions essentielles édictées à l'égard des industries auxquelles ils se rattachent. — L'arrêté du préfet peut, dans les deux mois de sa notification, être déféré par l'intéressé au conseil de préfecture, qui statue après avoir pris l'avis du conseil départemental d'hygiène, et sauf appel au Conseil d'Etat. Le conseil de préfecture et le Conseil d'Etat peuvent autoriser la réouverture provisoire de l'établissement.

32. Sont punis d'une amende de 100 à 500 francs, sans préjudice des dommages-intérêts qui peuvent être alloués aux tiers : 1° l'industriel qui, en dehors du cas prévu au n° 5, exploite, sans autorisation ni déclaration, un établissement compris dans l'une des catégories des établissements classés et qui continue cette exploitation après l'expiration du délai qui lui a été imparti, par un arrêté préfectoral de mise en demeure, pour la faire cesser ; 2° celui qui continue l'exploitation d'un établissement dont la fermeture temporaire a été ordonnée (V. *supra*, nos 28 et 31). Le tribunal peut également ordonner l'apposition des scellés sur les appareils et machines et sur les portes de l'établissement.

33. L'art. 463 C. pén. (circonstances atténuantes) est applicable aux condamnations prononcées en vertu des dispositions ci-dessus.

MARCHAND AMBULANT. — V. *Industrie et commerce.*

MARCHÉS DE FOURNITURES ET DE TRANSPORT

7 *bis*. Il peut être passé des marchés de gré à gré : 1° pour les fournitures, transports et travaux dont la dépense totale n'excède pas 40000 francs, ou, s'il s'agit d'un marché passé pour plusieurs années, dont la dépense annuelle n'excède pas 10000 francs (Décr. 23 août 1919, art. 1er).

23 *bis*. Les maxima prévus pour les traités de gré à gré et pour les achats sans marché concernant les communes (V. *supra*, Commune, nos 55 *bis*, 55 *ter*) sont applicables aux traités de gré à gré et aux achats sans marché des établissements publics de bienfaisance (L. 17 juin 1918).

MARÉCHAL DE FRANCE. — V. *Armée.*

MARGARINE. — V. *Vente de substances falsifiées.*

MARIAGE

9 *bis*, 11 *bis*, 12 *bis*. Une loi du 10 mars 1913 a eu pour objet de régler les formes dans lesquelles doit être constaté le dissentiment entre les parents ou les ascendants pour le consentement au mariage d'un enfant mineur, légitime ou naturel reconnu. Cette constatation doit être faite soit dans la forme de la notification prévue par l'art. 154 ; soit par lettre de la mère, de l'aïeule, etc., adressée à l'officier de l'état civil et dont la signature est légalisée ; soit par procès-verbal, dressé par l'officier de l'état civil, du refus qui lui a été exprimé verbalement ; soit enfin par une mention, faite dans l'acte de célébration du mariage, du refus opposé par la mère ou l'aïeule, etc., assistant au mariage.

14 *bis*. Le mineur de vingt et un ans qui ignore le lieu du décès ou du domicile de ceux de ses ascendants dont le consentement est requis pour son mariage doit prêter serment que ce lieu lui est inconnu. Le serment est prêté devant le juge de paix, en présence des membres du conseil de famille. Le juge de paix donne acte du serment et le notifie au tribunal, qui statue sur la demande d'autorisation à mariage dans la même forme que pour les enfants naturels non reconnus.

15 *bis*. En cas de dissentiment entre les parents d'un enfant naturel reconnu qui n'a pas atteint l'âge de vingt et un ans accomplis, le consentement du parent qui exerce la puissance paternelle suffit. Si l'un d'eux est mort ou dans l'impossibilité de manifester sa volonté, le consentement de l'autre suffit (C. civ. art. 158). Les enfants naturels non reconnus et ceux qui, après l'avoir été, ont perdu leurs père et mère ou dont les père et mère ne peuvent manifester leur volonté ne peuvent, avant l'âge de vingt et un ans, se marier qu'après avoir obtenu le consentement du conseil de famille prévu à l'art. 389, § 13, C. civ., c'est-à-dire du tribunal de première instance (C. civ. art. 159, mod. par la loi du 10 mars 1913, art. 2).

15 *ter*. Lorsque l'enfant naturel ignore le lieu du décès ou du domicile de ses père et mère, il prête serment devant le juge de paix de sa résidence, assisté de son greffier. Le juge de paix lui donne acte de ce serment et le notifie au tribunal, qui statue sur la demande d'autorisation à mariage (C. civ. art. 160, mod. par la loi du 10 mars 1913, art. 2).

16 *bis*. Les enfants ayant atteint l'âge de vingt et un ans révolus, et jusqu'à l'âge de *vingt-cinq ans* révolus, sont tenus de justifier du consentement de leur père et mère ou du survivant d'eux. A défaut de ce consentement, l'intéressé doit faire notifier, dans les formes prévues en l'art. 154 (V. *infra*, n° 17 *bis*), l'union projetée à ceux ou à celui dont le consentement n'est pas obtenu. *Quinze jours francs* écoulés après cette notification, il est passé outre à la célébration du mariage (C. civ. art. 151, modifié par L. 9 août 1919 et 28 avr. 1922).

16 *ter*. L'obligation de notifier l'union projetée aux parents (V. le numéro précédent) ne s'applique pas aux personnes qui contractent un second ou subséquent mariage (C. civ. art. 151, § 4, ajouté par L. 9 août 1919, art. 8).

17 *bis*. L'acte de notification contient déclaration qu'à défaut de consentement il sera passé outre à la célébration du mariage à l'expiration du délai de quinze jours francs (C. civ. art. 154, modifié par L. 9 août 1919, art. 9).

21 *bis*. *Lire* : Après l'âge de vingt-cinq ans...

26 *bis*. Le conjoint d'une personne disparue pendant la guerre, et dont l'absence a été déclarée conformément à la loi du 25 juin 1919 (V. *supra*, Absence, n° 9 *bis*), peut contracter un nouveau mariage. Si le disparu reparaît, ce mariage est considéré comme putatif.

29 *bis*. En ligne collatérale, le mariage est prohibé entre le frère et la sœur légitimes ou naturels. Il est prohibé entre les alliés au même degré lorsque le mariage qui produisait l'alliance a été dissous par le divorce (C. civ. art. 162, modifié par la loi du 1er juill. 1914). — Le nouvel art. 162 n'édicte plus d'empêchement au mariage entre beaux-frères et belles-sœurs que dans le cas où le mariage qui produisait l'alliance a été dissous par le divorce. Par suite, il peut être procédé sans aucune dispense à la célébration du mariage entre un beau-frère et une belle-sœur, lorsque le mariage qui produisait l'alliance a été dissous par la mort de l'un des époux.

33 *bis*. Le père, la mère, et, à défaut de père et de mère, les aïeuls et aïeules, peuvent former opposition au mariage de leurs enfants et descendants même majeurs. Après mainlevée judiciaire d'une opposition au mariage formée par un ascendant, aucune nouvelle opposition formée par un ascendant n'est recevable ni ne peut retarder la célébration (C. civ. art. 173, modifié par L. 9 août 1919, art. 11). — Désormais, le père et la mère ont un droit égal : la mère peut former opposition même si le père donne son consentement, et *vice versa*.

46 *bis*. La publication énonce les prénoms, noms, professions, domiciles et résidences des futurs époux, leur qualité de majeur ou de mineur, *ainsi que le lieu où le mariage doit être célébré* (C. civ. art. 63, § 2, modifié par L. 9 août 1919, art. 2). — L'indication du lieu choisi pour la célébration du mariage a pour but de permettre aux opposants éventuels de faire élection de domicile dans cette commune. Les futurs époux n'en conservent pas moins le droit de faire célébrer leur mariage dans la commune où l'un d'eux a son domicile ou sa résidence, même si cette commune n'est pas celle que désigne la publication. — Il y a lieu de remarquer que le nouvel art. 63, § 2, C. civ. n'exige plus que la publication mentionne les prénoms, noms, professions et domiciles des pères et mères des futurs époux.

47 *bis*. L'affiche reste apposée pendant dix jours à la porte de la mairie. Le mariage ne peut être célébré avant le *dixième jour* depuis et non compris celui de la publication (C. civ. art. 64, modifié par L. 9 août 1919, art. 3). — Le nouvel art. 64 n'exige plus que, dans le délai de dix jours, soient compris deux dimanches. Par suite, un mariage publié le lundi peut être célébré le jeudi de la semaine suivante.

49 *bis*. Si les futurs époux, ou l'un d'eux, sont mineurs, la publication est encore faite à la municipalité du domicile des ascendants sous la puissance desquels ils se trouvent relativement au mariage (C. civ. art. 168, modifié par L. 9 août 1919, art. 10).

49 *ter*. Si la publication a été faite dans plusieurs communes, l'officier de l'état civil de chaque commune doit transmettre sans délai à celui d'entre eux qui doit célébrer le mariage un certificat constatant qu'il n'existe pas d'opposition (C. civ. art. 69, modifié par L. 9 août 1919, art. 4).

59 *bis*. En cas d'empêchement grave, le procureur de la République du lieu du mariage peut requérir l'officier de l'état civil de se transporter au domicile ou à la résidence de l'une des parties pour célébrer le mariage. En cas de péril imminent de mort de l'un des futurs époux, l'officier de l'état civil peut s'y transporter avant toute réquisition ou autorisation du procureur de la République, auquel il doit ensuite, dans le plus bref délai, faire part de la nécessité de cette célébration hors de la maison commune. Mention en est faite dans l'acte de mariage (C. civ. art. 75, § 2, modifié par L. 9 août 1919, art. 6).

60 *bis*. En temps de guerre, pour causes graves et sur autorisation du ministre de la Justice et du ministre de la Guerre ou du ministre de la Marine, il peut être procédé à la célébration du mariage des militaires et des marins sans que le futur époux, s'il est présent sous les drapeaux, soit obligé de comparaître en personne, et à la condition qu'il soit représenté par un fondé de procuration spéciale (L. 4 avr. 1915).

60 *ter*. Le mariage a lieu en présence de *deux* témoins, parents ou non parents (C. civ. art. 75, § 1er, modifié par L. 9 août 1919, art. 6).

87 *bis*. Ligne 4, *supprimer* : beau-frère et belle-sœur (V. *suprà*, n° 29 *bis*).

103 *bis*. Ligne 2, *au lieu de* : dix mois, *lire* : 300 jours (C. civ. art. 228, modifié par L. 9 août 1919). V. *Divorce*, n° 75 *bis*.

104 *bis*. Les actes qui constatent le dissentiment des personnes appelées à consentir au mariage, dans les cas spécifiés aux art. 148 nouveau, 150, 152 et 158 nouveau du Code civil, ainsi que les actes de procédure et de jugement dans l'instance prévue à l'art. 152, § 2, sont visés pour timbre et enregistrés gratis (Code civ. art. 148, modifié par la loi du 10 mars 1913).

104 *ter*. Ligne 7, *au lieu de* : 60 centimes, *lire* : 2 francs (L. 25 juin 1920, art. 36).

MARINE MARCHANDE

2 *bis*. Le titre de maître au cabotage a été remplacé par celui de capitaine au cabotage (Décr. 12 mars 1909), puis par celui de capitaine de la marine marchande (Décr. 2 nov. 1920).

5 *bis*. Pour être admis à commander un navire armé au long cours, il faut être titulaire du brevet de capitaine au long cours. Il n'y a plus qu'un seul brevet : le brevet supérieur est supprimé (Décr. 2 nov. 1920). Toutefois, pour être admis à commander un navire d'une jauge brute inférieure à 5 000 tonneaux pour certains voyages ou pour la pêche il suffit d'être titulaire du brevet de capitaine de la marine marchande, d'être âgé d'au moins vingt-quatre ans et d'avoir rempli, pendant vingt-quatre mois, les fonctions de second ou de lieutenant sur un navire armé au long cours ou au grand cabotage international (Décr. 2 nov. 1920, art. 2).

6 *bis*. Pour être admis à commander un navire armé au cabotage d'une jauge brute égale ou supérieure à 5 000 tonneaux, il faut être titulaire du brevet de capitaine au long cours. Si le navire est de moins de 5 000 tonneaux, il suffit d'être titulaire du brevet de capitaine de la marine marchande, d'être âgé d'au moins vingt-quatre ans et d'avoir rempli, pendant vingt-quatre mois, les fonctions de second ou de lieutenant sur un navire armé au long cours ou au cabotage. Si le navire jauge moins de 50 tonneaux et s'il effectue des escales de vingt lieues marines au plus, il suffit d'être titulaire du diplôme de patron au bornage (Décr. 2 nov. 1920, art. 3).

33 *bis*. Le décret du 26 août 1920 a institué et réglementé des brevets de mécaniciens de la marine marchande pour la direction et la conduite des machines à bord des navires autres que ceux armés à la pêche.

54 *bis*. La navigation entre les ports de la France continentale et les ports de la Corse a été assimilée au cabotage et ne peut, par suite, s'effectuer que sous pavillon français (Décr. 21 sept. 1793, art. 4). Il en est de même, en vertu de l'art. 1er de la loi du 2 avr. 1889, de la navigation entre les ports de France et ceux d'Algérie. — Toutefois, la loi du 22 juill. 1909 permet au Gouvernement, en cas d'événements exceptionnels (tels qu'une grève des inscrits maritimes, dockers, etc.), ayant pour effet d'interrompre temporairement les relations maritimes sous pavillon français entre la France et l'Algérie ou la Corse, de suspendre, par décret rendu en conseil des ministres et pendant tout le temps que durera cette interruption, l'application des dispositions précitées.

MARINE MILITAIRE

2 *bis*. Le conseil supérieur de la Marine comprend, outre le ministre, président, le chef d'état-major général et six vice-amiraux nommés annuellement par décret. Sont adjoints au conseil supérieur, avec voix consultative, le chef d'état-major général de l'armée et un membre du conseil supérieur de la guerre (Décr. 24 déc. 1912, art. 3 à 6, modifiés par Décr. 14 mars 1920).

2 *ter*. Le décret du 7 sept. 1913 a institué auprès du ministre de la Marine un *conseil d'amirauté*, chargé de l'éclairer et de le seconder, aux points de vue militaire et technique, dans l'administration générale de son département. Ce conseil est composé de cinq membres : le ministre, président ; le chef d'état-major général de la marine, le directeur militaire des services de la flotte, le directeur militaire des services de travaux, le chef du cabinet du ministre.

4 *bis*. Le littoral métropolitain et algéro-tunisien est divisé en cinq arrondissements maritimes, ayant pour chefs-lieux Cherbourg, Brest, Rochefort, Toulon et Bizerte (Décr. 4 janv. 1921).

7 *bis*. Le grade de capitaine de corvette, assimilé à celui de chef de bataillon dans l'armée de terre, a été rétabli par la loi du 16 juin 1917. — Cette loi a supprimé le grade d'aspirant de marine ; aux grades d'enseigne de vaisseau, d'aspirant de 1re et de 2e classe, sont substitués ceux d'enseigne de 1re et de 2e classe.

8 *bis*. Les élèves sortant de l'Ecole navale et de l'Ecole des élèves officiers de marine sont nommés enseignes de vaisseau de 2e classe (L. 16 juin 1917, art. 11).

9 *bis*. Les promotions au grade de capitaine de corvette ont lieu moitié à l'ancienneté, moitié au choix. Nul ne peut être promu à ce grade s'il ne compte dans le grade de lieutenant de vaisseau trois années de services à la mer à bord des bâtiments de l'Etat. — Les promotions au grade de capitaine de frégate ont lieu exclusivement au choix. Sont assimilés au service et au commandement à la mer les fonctions remplies par les officiers des différents corps de la marine et les marins de tous grades affectés à l'aéronautique, sous la réserve qu'ils justifient d'un minimum d'heures de vols ou d'ascensions, ainsi que certains emplois déterminés par un décret rendu après avis du conseil supérieur de la marine.

9 *ter*. Toutefois, les officiers proposés pour l'avancement à raison de faits de guerre peuvent, pendant la durée de la guerre et dans les trois mois qui suivent, pour les intéressés, la cessation du bénéfice de campagne, être promus aux grades supérieurs en dehors des tours d'avancement à l'ancienneté et au choix prévus pour la nomination à ces grades (L. 10 juin 1896, art. 40, § 1er, complété par L. 19 févr. 1915, art. 1er). — Les services accomplis pendant la durée de l'état de guerre dans un grade restent, après la campagne, comptés aux intéressés, en vue de l'avancement au choix, pour le double de leur durée effective (L. 1896, art. 40, § 2, complété par L. 1er août 1920, art. 2).

10 *bis*. Ligne 5, *ajouter* : Une loi du 5 nov. 1909, modifiée par les lois des 21 avr. 1914 et 18 avr. 1918, a créé un corps militaire d'*ingénieurs de l'artillerie navale*, en vue d'assurer le fonctionnement des services techniques de l'artillerie de la marine.

10 *ter*. Les dénominations d'adjudant principal et de pilote-major ont été remplacées par celle d'officier des équipages de la flotte (L. 30 déc. 1913, art. 15).

10 *quater*. Il a été créé un cadre de réserve d'ingénieurs d'artillerie navale et d'officiers des équipages de la flotte (V. nos 10 *bis* et 10 *ter*). Une loi du 24 avr. 1914 a déterminé les conditions d'obtention du grade d'officier dans la réserve de l'armée de mer par les élèves de la marine marchande et les anciens élèves libres de l'école principale du génie maritime. — Les officiers de réserve des différents corps de la marine restés dans les cadres jusqu'à la limite d'âge et qui ne sont pas déjà titulaires de leur grade comme officiers en retraite sont placés dans la position d'officier honoraire. Les officiers de réserve, ainsi que les officiers auxiliaires, rayés des cadres pour blessures, maladies ou infirmités contractées ou aggravées au service, peuvent être admis dans la position d'officier honoraire par décision du ministre de la Marine (L. 11 avr. 1917, art. 2).

11 *bis*. Ligne 8, *lire* : 3° le personnel des *surveillants des prisons maritimes* ; 4° les *gardes-consignes*.

11 *ter*, *ajouter* : 7° les *employés militaires de l'artillerie de la marine*. — Sur l'aviation dans la marine, V. Décr. 20 mars 1912 (*Journ. off.* du 26 mars 1912).

12 *bis*. Le personnel des agents techniques du service hydrographique de la marine a été réorganisé par un décret du 11 janv. 1908 modifié par un décret du 15 mars 1913.

17 *bis*. Le ministre de la Marine peut, dans la mesure où les besoins du recrutement le rendent utile, et sous la dénomination de *mousses*, admettre dans les équipages de la flotte, sans lien d'engagement défini, des jeunes gens, inscrits ou non, âgés de moins de seize ans, munis du consentement de leur père ou tuteur, ou, à défaut, du juge de paix. L'instruction à exiger de ces jeunes gens, qui doivent savoir lire, écrire et calculer, ainsi que la forme dans laquelle elle est constatée, sont réglées par un décret spécial. Toutefois, la présentation du certificat d'études primaire dispense de toute constatation et crée un droit de priorité à l'admission de ceux qui en sont porteurs (L. 24 déc. 1896, art. 61, § 1er, modifié par la loi du 8 août 1913).

17 *ter*. Le grade de premier maître-élève-officier est supprimé (L. 16 juin 1917, art. 11). — Il a été créé, par l'art. 16 de cette loi, un grade de maître principal, correspondant à celui d'adjudant-chef de l'armée de terre.

18 *bis*. La loi du 24 déc. 1896 sur l'inscription maritime a été modifiée dans plusieurs de ses dispositions par deux lois du 8 août 1913.

23 *bis*. Les inscrits maritimes placés dans la réserve de l'armée de mer sont rangés par classe. En cas de mobilisation générale, ceux qui se trouvent en excédent des besoins de l'armée de mer et de la flotte commerciale, fixés par le ministre de la Marine, sont, quelle que soit leur spécialité, mis à la disposition du ministre de la Guerre pour la durée des hostilités. Ils servent dans l'armée de terre avec les mêmes obligations que leur classe de mobilisation dans le grade assimilé à celui qu'ils avaient dans la marine. Ils y sont employés suivant leurs aptitudes et y conservent, au même titre que les inscrits maritimes versés dans l'armée de mer, la solde du grade qu'ils possédaient au moment de leur versement dans l'armée de mer (L. 8 août 1913, art. 11, § 2, modifié par la loi du 29 mars 1917 et devenu art. 12).

27 *bis*. Les engagements volontaires et rengagements dans l'armée de mer ont été réglés à nouveau par la loi du 8 août 1913.

29 *bis*. L'art. 36 de la loi du 21 mars 1905, sur le recrutement de l'armée, modifié par l'art. 9 de la loi du 17 déc. 1921, prévoit l'affectation à l'armée de mer des jeunes gens qui se sont engagés ou rengagés, de ceux qui, au moment du conseil de revision, ont demandé à entrer dans la marine, ainsi que des hommes du contingent demandés par le ministre de la Marine. Les hommes de cette dernière catégorie ne peuvent sans leur consentement être destinés à des bâtiments ou forces navales stationnés en permanence hors d'Europe ou du bassin méditerranéen, ni à des services à terre en dehors des mêmes régions.

MARQUE DE FABRIQUE ET DE COMMERCE. — V. *Propriété industrielle et commerciale*.

MATIÈRES D'OR, D'ARGENT ET DE PLATINE. — V. *Or, argent, platine*.

MATIÈRES EXPLOSIBLES. — V. *Poudres et salpêtres*.

MÉDECINE

6 *bis*. Les *internes* des hôpitaux et hospices nommés au concours et munis de seize inscriptions et les étudiants en médecine ayant terminé leur scolarité et étant dès lors munis de vingt inscriptions peuvent être autorisés à exercer la médecine pendant une épidémie ou à titre de remplaçants de docteurs en médecine ou d'officiers de santé. — Cette autorisation, délivrée par le préfet, est limitée à trois mois, mais elle peut être renouvelée. — Pour les étudiants en médecine soumis encore à l'ancien régime comportant au maximum seize inscriptions, l'autorisation peut continuer à être accordée lorsqu'ils ont leurs seize inscriptions ou au moins douze s'il sont internes des hôpitaux (L. 6 mai 1922).

7 *bis*. Les études en vue du diplôme de chirurgien-dentiste ont été réorganisées par un décret du 11 janv. 1909 dont l'art. 8 a été modifié par celui du 20 juill. 1912.

9 *bis*. Depuis la loi du 5 août 1916, il n'est plus délivré qu'un seul diplôme de sage-femme, correspondant au diplôme de 1re classe existant lors de la promulgation de cette loi.

12 *bis*. Les docteurs en médecine, les chirurgiens-dentistes, les accoucheuses sages-femmes sont tenus, *dès leur établissement et avant d'accomplir aucun acte de leur profession*, de faire enregistrer sans frais leur titre à la préfecture ou à la sous-préfecture, ainsi qu'au greffe du tribunal civil de l'arrondissement, *et de le faire viser à la mairie* du lieu où ils ont leur domicile. S'il s'agit de *débutants* n'étant pas encore en possession de leur titre ou diplôme, ils doivent faire enregistrer et viser, comme il vient d'être dit, le *certificat provisoire* qui leur a été délivré par la faculté ou l'école professionnelle (L. 30 nov. 1892, art. 9, § 1er, modifié par L. 14 avr. 1910).

21 *bis*. Les médecins et les dentistes alsaciens-lorrains qui ont été réintégrés dans la nationalité française ou qui ont obtenu cette nationalité peuvent exercer leur profession sur tout le territoire français, comme s'ils étaient pourvus des diplômes délivrés par le Gouvernement français (L. 13 juill. 1921).

MÉDICAMENT. — V. *Pharmacie-droguerie*.

MILITAIRE. — V. *Absence, Actes de l'état-civil, Armée, Elections, Justice militaire, Mariage, Marine militaire, Pensions militaires, Recrutement de l'armée, Testament*.

MINES, MINIÈRES, CARRIÈRES

1 *bis*. Un comité consultatif des mines a été institué par l'art. 3 de la loi du 9 sept. 1919. Ce comité, qui comprend des techniciens de l'administration des mines, des membres du Conseil d'Etat et des administrations publiques intéressées, des exploitants de mines, des ouvriers mineurs et des membres du Parlement, donne obligatoirement son avis sur les cahiers des charges types des concessions minières et leurs modifications.

7 *bis*. La loi du 21 avr. 1810 a été modifiée par la loi du 9 sept. 1919 relative à la durée des concessions et à la participation de l'Etat aux bénéfices. V. aussi L. 31 juill. 1920, art. 18 (*infra*, nº 16 *bis*).

13 *bis*. Les mines peuvent être exploitées par l'Etat, ou concédées. L'exploitation par l'Etat est possible, à l'avenir, en cas de découverte de nouveaux gisements, à l'expiration d'une concession, ainsi qu'en cas de déchéance définitive ou de renonciation du concessionnaire. L'Etat exploite soit directement, soit en régie intéressée, après autorisation législative, soit par tout autre mode, dans les conditions déterminées par un cahier des charges type (L. 9 sept. 1919, art. 1er, § 2 et 3). Un règlement d'administration publique déterminera les conditions administratives et financières de cette exploitation (Même loi, art. 4, § 1-4º).

13 *ter*. En exécution de l'art. 4 de la loi du 9 sept. 1919, le décret du 31 août 1920 a réglementé à nouveau l'instruction des demandes en concession de mines.

15 *bis*. Depuis la loi du 9 sept. 1919 les concessions de mines peuvent être accordées aux départements, aux communes autorisées par une loi, aux syndicats professionnels, aux sociétés commerciales, aux particuliers.

16 *bis*. En vue de faciliter le contrôle fiscal, les sociétés civiles qui exploitent des mines, minières ou carrières ou qui tirent leurs bénéfices du produit de ces exploitations doivent, soit se soumettre, pour l'établissement, la vérification et l'approbation du bilan annuel, aux règles édictées pour les sociétés anonymes par la loi du 24 juill. 1867 et les lois subséquentes, soit, si elles le préfèrent, se transformer en sociétés anonymes. Les modifications aux statuts, nécessaires pour cet objet, sont votées à la majorité des intérêts représentés par une assemblée générale extraordinaire à laquelle sont convoqués tous les porteurs de parts d'intérêt. La transformation des sociétés civiles en sociétés anonymes par voie de modification de leurs statuts n'est pas considérée comme créant un être moral nouveau, la société anonyme nouvelle n'étant que la continuation de la société civile (L. 31 juill. 1920, art. 18).

23 *bis*. — **6º** *bis*. *Redevances minières*. — Les redevances que les concessionnaires de mines sont tenus de payer à l'Etat sont réglées de la manière suivante. — **1º** *Redevance fixe :* La redevance fixe est calculée à raison de 1 franc par hectare compris dans l'étendue de chaque concession. Cette redevance est réduite à 0 fr. 30 par hectare pour les concessions de mines de combustibles dont le périmètre n'est pas supérieur à 300 hectares et le revenu net à 1 500 francs, à la condition que le combustible produit par ces mines soit habituellement employé au chauffage domestique dans un rayon de 30 kilomètres. Elle n'est due qu'à partir du 1er janvier de la troisième année qui suit celle au cours de laquelle le décret de concession est intervenu. La redevance fixe est portée à 5 francs par hectare de terrain compris dans l'étendue de chaque concession inexploitée depuis dix ans

(L. 8 avr. 1910, art. 4, § 1, modifié par L. 30 déc. 1916, art. 7).

23 *ter*. — 2° *Redevance proportionnelle*. — La redevance proportionnelle est calculée, chaque année, à raison de 20 p. 100 du produit net de l'exploitation de la concession pendant l'année précédente, dont 15 p. 100 au profit de l'Etat et 5 p. 100 au profit des communes (L. 31 juill. 1917, art. 53, modifié par L. 25 juin 1920, art. 1er). Sont comprises dans l'évaluation du produit net toutes les opérations commerciales ou industrielles consécutives et accessoires à l'exploitation (L. 8 avr. 1910, art. 4, modifié par L. 30 avr. 1921, art. 3). — Les bénéfices de l'exploitation minière et des opérations rattachées à cette exploitation pour l'assiette de la redevance proportionnelle ne sont pas assujettis aux impôts cédulaires sur le revenu. (L. 31 juill. 1917, art. 53; L. 25 juin 1920, art. 1er).

23 *quater*. — 3° *Redevance communale*. — La fraction de la redevance proportionnelle perçue au profit des communes (V. *suprà*, n° 23 *ter*) est divisée en deux portions égales. La première est attribuée aux communes sur le territoire desquelles fonctionnent les exploitations assujetties. La seconde portion forme pour l'ensemble de la France un fonds commun qui est réparti chaque année entre les communes où sont domiciliés, au nombre de 25 au moins, des ouvriers ou employés occupés à l'exploitation des mines ou aux industries annexes, et au prorata du nombre de ces ouvriers ou employés (L. 8 avr. 1910, précitée, art. 4).

24 *bis*. Depuis la loi du 9 sept. 1919, il n'est plus accordé de concession de mines que pour une *durée limitée* et avec participation de l'Etat et du personnel aux bénéfices de l'exploitation. La durée de la concession est fixée à 99 ans pour les gisements de houille ou lignite, à 50 ans au moins et 99 ans au plus pour les autres gisements. Ces dispositions ne concernent que les concessions à accorder dans l'avenir. — Les concessions sont renouvelables; le concessionnaire doit en faire la demande 25 ans avant l'expiration. Des mesures sont prévues pour que, en cas de non-renouvellement, les travaux de préparation, d'exploitation et d'entretien soient néanmoins entrepris et conduits jusqu'au terme de la concession, dans l'intérêt bien entendu de la mine.

24 *ter*. La concession prend fin par l'expiration du temps pour lequel elle a été accordée, par la déchéance du concessionnaire, par sa renonciation au bénéfice de la concession (L. 9 sept. 1919, art. 1er et 2-6° et 7°). — Les terrains, bâtiments, ouvrages, machines, engins de toute nature servant à l'exploitation et en constituant les dépendances immobilières, font gratuitement retour à l'Etat. Les droits réels, notamment les privilèges et hypothèques dont la mine peut être grevée, prennent fin avec la concession.

25 *bis*. Les mutations de propriété, sous quelque forme et à quelque titre que ce soit, et les amodiations de concessions minières par actes entre vifs ne peuvent être effectuées que si elles ont été autorisées par un décret rendu sur avis conforme du Conseil d'Etat. Tous actes faits en violation des dispositions qui précèdent sont nuls et de nul effet et peuvent donner lieu au retrait de la concession. Le retrait de la concession doit faire l'objet d'un décret rendu en Conseil d'Etat (L. 13 juill. 1911, art. 138).

27 *bis*, **29** *bis*. Les concessions de mines à temps constituent des droits immobiliers, susceptibles, comme tels, d'hypothèques (L. 9 sept. 1919, art. 1er, § 4). — D'autre part, l'exploitation des mines est un acte de commerce (V. *Acte de commerce*, n° 27 *bis*). Cette disposition s'applique aux sociétés civiles existantes, sans qu'elles aient à modifier leurs statuts (Même loi, art. 5).

41 *bis*. Les dispositions de la loi du 8 juill. 1890 et des lois postérieures relatives aux délégués à la sécurité des ouvriers mineurs ont été codifiées au livre II du Code du travail et de la prévoyance sociale (art. 120 à 157).

41 *ter*. Les délégués mineurs bénéficient, pour les accidents dont ils sont victimes au cours de leurs visites, de la législation sur les accidents du travail (L. 13 déc. 1912) (V. *suprà*, *Accidents du travail*, n°s 1 *ter*, 12 *bis*, 57 *bis* et 81 *bis*).

42 *bis*. Les délégués à la sécurité des ouvriers mineurs sont chargés de signaler les infractions aux dispositions concernant le travail des enfants, la durée du travail dans les mines et le repos hebdomadaire (Code trav., liv. II, art. 170).

43 *bis*. La loi du 29 juin 1905, sur la durée du travail dans les mines, a été codifiée au livre II du Code du travail et de la prévoyance sociale (art. 9 à 18, 95, 107, 159 et suiv.).

44-1°. Les retraites des ouvriers et employés des mines sont régies par la loi du 25 févr. 1914 qui a abrogé la loi du 29 juin 1894 ainsi que les dispositions contraires des lois et décrets concernant le même objet.

44-2°. Il est institué une caisse spéciale, dite « Caisse autonome des retraites des ouvriers mineurs ». Cette caisse jouit de la personnalité civile. — Elle fonctionne sous le contrôle de l'Etat dans les conditions prévues par la loi du 5 avr. 1910 (V. *infrà*, *Retraites ouvrières et paysannes*). Elle est administrée par un conseil composé de six membres élus par les ouvriers, six membres élus par les exploitants de mines, six membres représentant l'Etat; en outre, neuf membres suppléants sont désignés ou élus dans les mêmes conditions. — La gestion financière de la caisse autonome est confiée à la Caisse des dépôts et consignations. La Caisse autonome des mineurs dispose d'un *fonds spécial* qui est alimenté : 1° par un prélèvement sur le salaire de chaque ouvrier ou employé, dont le taux est fixé par le conseil d'administration de la caisse, sans pouvoir dépasser 1 p. 100; 2° par un versement patronal égal à celui des ouvriers; 3° par une contribution de l'Etat; 4° par des dons et legs et par les revenus des fonds placés; 5° par une part égale à la moitié des offres spontanées faites par les concessionnaires en vue d'obtenir les actes de concession. — Le fonds spécial est destiné : 1° à faire face aux frais d'administration de la caisse; 2° à assurer des allocations ou des majorations aux ouvriers et employés, à leurs veuves et à leurs orphelins.

44-3°. Les bénéficiaires du régime de retraites des mineurs sont les ouvriers mineurs et employés des mines de nationalité française. Les mineurs étrangers travaillant en France sont soumis au même régime que les mineurs de nationalité française. Toutefois, ils ne peuvent bénéficier des allocations et des majorations soit de l'Etat, soit de la caisse autonome, que si des traités avec leur pays d'origine garantissent à nos nationaux des avantages équivalents. — Les délégués mineurs sont assimilés aux ouvriers et employés. — Les ouvriers et employés dont les appointements dépassent 5 000 francs ne bénéficient que jusqu'à concurrence de cette somme des dispositions de la loi (art. 4, § 5, modifié par L. 23 nov. 1918).

44-4°. Pour la formation du capital constitutif des pensions de retraite, les exploitants versent chaque mois, à la Caisse autonome des ouvriers mineurs, une somme égale à 4 p. 100 du salaire des ouvriers ou employés, dont 2 p. 100 à leur charge exclusive et 2 p. 100 à prélever sur le salaire des ouvriers et employés. Les versements sont inscrits sur un livret individuel au nom de chaque ouvrier et employé. Les ouvriers et employés peuvent joindre à ces versements obligatoires des versements facultatifs. — Les intéressés dont le salaire ou les appointements dépassent 5 000 francs ne subissent de retenue que jusqu'à concurrence de cette somme.

44-5°. Chaque ouvrier mineur de nationalité française, après cinquante-cinq ans d'âge et trente années de travail, reçoit de l'Etat une allocation annuelle de 100 francs. — Les pensions et allocations de toute nature sont, en outre, majorées, sur le fonds spécial, jusqu'à 730 francs par an, y compris l'allocation de l'Etat, et proportionnellement au salaire calculé sur les six meilleures années. — Pour avoir droit aux allocations et majorations fournies par l'Etat et le fonds spécial, tout ouvrier mineur doit justifier de trente années de travail salarié dans les mines françaises, sans que le nombre total des journées de travail réparties entre ces trente années puisse être inférieur à 7 920 journées. Les journées de repos pour blessures et maladies sont comptées comme journées de travail. Les caisses de secours versent au compte de l'ouvrier une somme équivalente à 5 p. 100 de l'indemnité journalière prévue par les règlements de ces caisses, par journée de repos occasionnée par la blessure ou la maladie, sauf les cas d'accidents régis par la loi du 9 avr. 1898 (L. 1914, art. 6, § 2, 3 et 4). — Des allocations complémentaires, fixées à 860 francs par an, sont attribuées aux ouvriers et employés remplissant les conditions ci-dessus, de manière à porter la pension totale minimum à 1 500 francs (L. 29 mars 1919, art. 1er, modifié par L. 9 mars 1920, art. 1er). Une allocation, dont le minimum est de 300 francs, est également accordée aux ouvriers et employés ayant atteint 55 ans d'âge et justifiant d'au moins 30 ans de travail salarié, dont 15 dans les mines françaises, représentant au moins 3 960 journées de travail (L. 9 mars 1920, art. 4, modifié par L. 6 août 1920). Ces allocations sont services sur le fonds spécial, au moyen de versements supplémentaires ouvriers et patronaux (L. 29 mars 1919, art. 2 et 3 ; L. 9 mars 1920, art. 10).

44-6°. L'entrée en jouissance des pensions, allocations et majorations, est fixée à cinquante-cinq ans. — Les ouvriers ou employés qui sont atteints, en dehors des cas régis par la loi du 9 avr. 1898 (accidents du travail) et à l'exclusion de toute faute intentionnelle, de blessures graves ou d'infirmité prématurée entraînant une incapacité absolue et permanente du travail, ont droit, quel que soit leur âge, à la liquidation anticipée de leur retraite.

44-7°. Les veuves des pensionnés et allocataires reçoivent sur le fonds spécial, jusqu'à concurrence de 365 francs, une allocation annuelle au moins égale à la moitié de la pension ou de l'allocation de leur mari. — Quant aux veuves des ouvriers mineurs morts en cours d'acquisition de pension, elles reçoivent une allocation qui peut égaler celle prévue par l'art. 6 de la loi du 5 avr. 1910 (V. *infrà, Retraites ouvrières et paysannes,* n° 21). — Les lois précitées du 29 mars 1919 et du 9 mars 1920 ont accordé aux veuves âgées d'au moins 55 ans des allocations complémentaires, de façon à porter la pension totale à 750 francs par an.

44-8°. Les orphelins des ouvriers mineurs reçoivent, sur le fonds spécial, une allocation qui peut égaler celle prévue en cas de décès de l'ouvrier par l'art. 6 de la loi du 5 avr. 1910 (V. *infrà, Retraites ouvrières,* n° 21).

44-9°. Toutes les pensions et allocations versées en application de la loi du 25 févr. 1914 sont incessibles et insaisissables, si ce n'est au profit des établissements publics hospitaliers, pour le payement du prix de journée du bénéficiaire de la retraite admis à l'hospitalisation.

44-10°. En outre, tous les ouvriers mineurs, leurs veuves et leurs enfants profitent de tous les avantages (autres que l'allocation annuelle de 100 francs versée par l'Etat) prévus par les lois du 5 avr. 1910 et du 27 déc. 1912 (retraites ouvrières et paysannes) (art. 8).

44-11°. Les femmes non salariées des ouvriers mineurs peuvent profiter des avantages des lois du 5 avr. 1910 et du 27 févr. 1912 (V. *infrà, Retraites ouvrières et paysannes*) et se constituer une pension de retraite indépendante de celle de leur mari. Elles profitent de tous les avantages prévus par lesdites lois au profit des assurés facultatifs (art. 9).

44-12°. Les délégués mineurs et suppléants sont assimilés aux ouvriers et employés, en ce qui concerne les obligations et les avantages prévus par la loi du 25 févr. 1914. Leurs veuves et orphelins jouissent des mêmes avantages que les veuves et orphelins des ouvriers et employés (art. 12).

44-13°. Tous actes, documents et pièces quelconques à fournir pour l'exécution de la loi du 25 févr. 1914 sont délivrés gratuitement et dispensés des droits de timbre et d'enregistrement (art. 14, § 2).

44-14°. Aucun préjudice ne peut résulter des dispositions de la loi du 25 févr. 1914 pour les droits acquis lors de la mise en vigueur de cette loi. Leurs titulaires ou ayants droits doivent jouir d'une pension au moins égale à celle qu'ils auraient eue sous la législation antérieure (art. 15, § 2 et 3).

MOBILISATION. — V. *Armée, Louage de services, Marine militaire, Recrutement de l'armée.*

MODÈLE INDUSTRIEL. — V. *Propriété industrielle.*

MONNAIE

3 *bis.* Une convention additionnelle conclue, le 4 nov. 1908, entre les Etats faisant partie de l'Union latine, a été approuvée par une loi du 22 mars 1909. — Les mêmes Etats ont conclu, le 25 mars 1920, une convention d'après laquelle la France a retiré de la circulation les pièces d'argent suisses de 2 francs, 1 fr., 50 cent. et 20 cent., tandis que la Suisse effectuait le retrait des pièces d'argent françaises de même valeur circulant sur son territoire (L. 23 juin 1920 et Décr. 1er juill. 1920).

4 *bis.* La loi du 31 déc. 1921 (art. 91) a donné au ministre des finances le droit de faire fabriquer des monnaies de billon par l'industrie privée.

6 *bis.* Les pièces de 2 francs, 1 franc, 50 centimes et 20 centimes à l'effigie de Napoléon III lauré ont été démonétisées (L. 22 mars et Décr. 3 mai 1918).

7 *bis.* Une loi du 5 août 1913 a ordonné le retrait des monnaies de billon en circulation et leur remplacement par des pièces en *nickel pur* de 25, 10 et 5 centimes, percées au centre d'un trou rond. Les lois du 2 août 1917 et du 16 oct. 1919 ont autorisé, en outre, l'émission de monnaie de billon en *bronze de nickel.*

8 *bis.* Ligne 9, *après les mots :* 5 francs seulement...; *rédiger ainsi le paragraphe* : ... Cependant l'Etat est tenu de recevoir en quantités illimitées les monnaies divisionnaires d'argent; la même obligation n'existe pas à l'égard des pièces de bronze et de nickel.

14 *bis.* Toute personne convaincue d'avoir acheté, vendu ou cédé, d'avoir tenté ou proposé d'acheter, de vendre ou de céder des espèces et monnaies nationales à un prix dépassant leur valeur légale, ou moyennant une prime quelconque, est condamnée à une peine de six jours à six mois d'emprisonnement et à une amende de 100 à 5 000 francs ou à l'une de ces deux peines seulement. La confiscation des espèces et monnaies nationales est obligatoirement prononcée à l'encontre des délinquants au profit de l'Assistance publique. L'art. 463 c. pén. est applicable à ce délit; la loi de sursis n'est applicable que pour la prison (L. 12 févr. 1916 et 16 oct. 1919).

14 *ter.* Toute personne convaincue d'avoir, sans autorisation spéciale du ministre des Finances, procédé à la fusion, à la refonte et à la démonétisation, dans un but industriel ou privé, de monnaies nationales, de monnaies de l'Union latine ou de monnaies étrangères ayant cours en France, est punie d'un emprisonnement de deux à cinq ans et d'une amende de 1 000 à 20 000 francs. Les monnaies, les lingots en provenant, les objets fabriqués avec ce métal, ainsi que les ustensiles, instruments, etc., ayant servi aux opérations, sont confisqués (L. 20 oct. 1919, modifiée par L. 29 avr. 1921, art. 30).

MONT-DE-PIÉTÉ

1 *bis.* Les monts-de-piété sont autorisés à adopter, après avis conforme du conseil municipal, le titre de « Caisse de crédit municipal », suivi du nom de la ville où ils sont établis. Tous documents ou imprimés relatifs à leurs opérations doivent porter la mention « Etablissement d'utilité publique fonctionnant en vertu de la loi des 8 mars, 12 avril et 24 juin 1851 » (Décr. 24 oct. 1918, art. 1er).

2 *bis.* Les monts-de-piété peuvent être autorisés par les préfets dans les limites du département où ils sont établis, par le ministre de l'Intérieur pour les autres départements et après avis conforme des conseils municipaux intéressés, à ouvrir des succursales dans les localités dépourvues d'établissements similaires (Décr. 24 oct. 1918, art. 5).

8 *bis.* Les commissaires-priseurs ou appréciateurs indépendants de l'administration ne peuvent être nommés pour une durée supérieure à deux années. Leurs fonctions sont renouvelables, après nouvelle présentation, dans les formes prévues par le décret d'institution (Décr. 24 oct. 1918, art. 4).

18 *bis.* La durée des prêts sur gages corporels, qui ne peut en aucun cas être supérieure à une année, est fixée par la décision de l'administration, qui règle, sous l'approbation du préfet, les conditions des prêts (Décr. 24 oct. 1918, art. 3).

21 *bis.* Lignes 1 à 8, *lire* : La loi du 25 juill. 1891, modifiée par la loi du 10 juin 1916, a autorisé le mont-de-piété de Paris à prêter sur nantissement de valeurs mobilières libérées au porteur. La reconnaissance est nominative. Toute cession entre vifs, à titre gratuit ou onéreux, de ces reconnaissances est nulle de plein droit. Les dispositions de cette loi peuvent être étendues, par décret en Conseil d'Etat, à tous les monts-de-piété autres que celui de Paris, lorsque le conseil d'administration en fait la demande et après avis favorable du conseil municipal.

23 *bis.* Les monts-de-piété peuvent conserver ou recevoir, en excédent sur les besoins de leurs opérations courantes et dans les limites des réserves nécessaires aux développements éventuels de l'établissement, les dépôts de fonds faits à intérêts dans leur caisse, soit à terme, soit à vue. Les disponibilités provenant de ces dépôts de fonds sont placées soit en compte courant au Trésor, soit en valeurs du Trésor susceptibles d'escompte (Décr. 24 oct. 1918, art. 2).

23 *ter.* Les monts-de-piété peuvent consentir aux pensionnaires de l'Etat, sur le trimestre en cours de leur pension civile ou militaire, des avances représentant les arrérages courus d'un ou de deux mois. L'insaisissabilité des pensions n'est pas opposable aux monts-de-piété pour le remboursement de ces avances (L. 26 juill. 1917, art. 6).

25 *bis.* Le droit de timbre est de 0 fr. 25, 0 fr. 50 ou 1 franc, suivant qu'il s'agit de sommes ne dépassant pas 100 francs, ou comprises entre 100 ou 1 000 francs, ou supérieures à 1 000 francs (L. 25 juin 1920, art. 55).

25 *ter.* L'impôt sur le revenu des capitaux mobiliers n'est pas applicable aux emprunts des monts-de-piété ou caisses de crédit municipal pendant une période de 15 ans à partir du 1er janv. 1919 (L. 16 oct. 1919, art. 1er).

MONTAGNE (RESTAURATION ET CONSERVATION DES TERRAINS EN)

1 *bis.* La loi du 4 avr. 1882, relative à la restauration et à la conservation des terrains en montagne, a été modifiée dans certaines de ses dispositions par la loi du 16 août 1913, en vue d'assurer le reboisement du sol de la France.

MONUMENTS HISTORIQUES ET ARTISTIQUES

1 *bis.* Une loi du 10 juill. 1914 a institué une Caisse nationale des monuments historiques ayant pour objet de recueillir et de gérer des fonds destinés à être mis à la disposition du ministre de l'Instruction publique et des Beaux-Arts en vue de la conservation ou de l'acquisition des immeubles et meubles classés.

2-1°. Le classement et la conservation des monuments et objets historiques ou artistiques sont régis par la loi du 31 déc. 1913, modifiée par la loi du 31 déc. 1921 (art. 33 et s.), qui abroge les lois antérieures.

2-2°. — I. *Immeubles.* — Les immeubles dont la conservation présente, au point de vue de l'histoire ou de l'art, un intérêt public sont classés comme monuments historiques, en totalité ou en partie, par les soins du ministre des Beaux-Arts.

2-3°. Une liste des immeubles classés doit être tenue à jour et rééditée au moins tous les dix ans. Il doit être dressé, en outre, un inventaire supplémentaire de tous les édifices ou parties d'édifices publics ou privés qui, sans justifier une demande de classement immédiat, présentent cependant un intérêt archéologique suffisant pour en rendre désirable la préservation. L'inscription sur cette liste sera notifiée aux propriétaires et entraîne pour eux l'obligation de ne procéder à aucune modification de l'immeuble inscrit sans avoir auparavant avisé l'autorité préfectorale de leur intention.

2-4°. L'immeuble appartenant à l'Etat est classé par arrêté du ministre des Beaux-Arts, en cas d'accord avec le ministre dans les attributions duquel l'immeuble est placé. Dans le cas contraire, le classement est prononcé par un décret en Conseil d'Etat. — L'immeuble appartenant à un département, à une commune ou à un établissement public est classé par arrêté du ministre des Beaux-Arts, s'il y a consentement du propriétaire et avis conforme du ministre sous l'autorité duquel il est placé. En cas de désaccord, le classement est prononcé par un décret en Conseil d'Etat. — L'immeuble appartenant à toute autre personne est classé par arrêté du ministre des Beaux-Arts, s'il y a consentement du propriétaire. L'arrêté détermine les conditions du classement. S'il y a contestation sur l'interprétation ou l'exécution de cet acte, il est statué par le ministre des Beaux-Arts, sauf recours au Conseil d'Etat. A défaut du consentement du propriétaire, le classement est prononcé par décret en Conseil d'Etat ; le classement peut donner lieu au payement d'une indemnité représentative du préjudice pouvant résulter pour le propriétaire de l'application de la servitude de classement d'office.

2-5°. Les effets du classement suivent l'immeuble classé, en quelques mains qu'il passe. Quiconque aliène un immeuble classé est tenu de faire connaître à l'acquéreur l'existence du classement. Toute aliénation d'un immeuble classé doit être notifiée au ministre des Beaux-Arts par celui qui l'a consentie. L'immeuble classé qui appartient à l'Etat, à un département, à une commune ou à un établissement public, ne peut être aliéné qu'après que le ministre des Beaux-Arts a été appelé à présenter ses observations. Le ministre peut faire prononcer la nullité de l'aliénation consentie sans l'accomplissement de cette formalité. — L'immeuble classé ne peut être détruit ou déplacé, même en partie, ni être l'objet d'un travail de restauration, de réparation ou de modification quelconque, si le ministre des Beaux-Arts n'y a donné son consentement. Les travaux autorisés par le ministre s'exécutent sous la surveillance de son administration. Le ministre des Beaux-Arts peut toujours faire exécuter par les soins de son administration et aux frais de l'Etat, avec le concours éventuel des intéressés, les travaux de réparation ou d'entretien qui sont jugés indispensables à la conservation des monuments classés n'appartenant pas à l'Etat.

2-6°. Le déclassement total ou partiel d'un immeuble classé est prononcé par un décret en Conseil d'Etat, soit sur la proposition du ministre des Beaux-Arts, soit à la demande du propriétaire.

3-1°. — II. *Objets mobiliers.* — Les objets mobiliers, soit meubles proprement dits, soit immeubles par destination, dont la conservation présente, au point de vue de l'histoire ou de l'art, un intérêt public, peuvent être classés par les soins du ministre des Beaux-Arts.

3-2°. Le classement des objets mobiliers est prononcé par un arrêté du ministre des Beaux-Arts lorsque l'objet appartient à l'Etat, à un département, à une commune ou à un établissement public. En cas de réclamation, il est statué par décret en Conseil d'Etat. — Les objets mobiliers appartenant à toute autre personne peuvent être classés, avec le consentement du propriétaire, par arrêté du ministre des Beaux-Arts. A défaut du consentement du propriétaire, le classement est prononcé par décret en Conseil d'Etat.

3-3°. Tous les objets mobiliers classés sont imprescriptibles. Les objets classés appartenant à l'Etat sont inaliénables. Les objets classés appartenant à un département, à une commune, à un établissement public ou d'utilité publique ne peuvent être aliénés qu'avec l'autorisation du ministre des Beaux-Arts et dans les formes prévues par les lois et règlements. La propriété ne

peut en être transférée qu'à l'Etat, à une personne publique ou à un établissement d'utilité publique.

3-4°. Les effets du classement suivent l'objet en quelques mains qu'il passe. Tout particulier qui aliène un objet classé est tenu de faire connaître à l'acquéreur l'existence du classement. Toute aliénation doit être notifiée au ministère des Beaux-Arts par celui qui l'a consentie. — L'exportation hors de France des objets classés est interdite. — Les objets classés ne peuvent être modifiés, réparés ou restaurés sans l'autorisation du ministre des Beaux-Arts ni hors la surveillance de son administration.

3-5°. Le déclassement d'un objet mobilier classé peut être prononcé par le ministre des Beaux-Arts soit d'office, soit à la demande du propriétaire.

3-6°. Il doit être dressé un état des objets mobiliers propriétés privées existant en France au 1er janv. 1922 et qui, connus comme présentant un intérêt exceptionnel d'histoire ou d'art, seraient de nature à figurer dans les collections nationales. L'inscription sur cet état est notifiée au propriétaire et entraîne pour lui l'obligation d'aviser le ministre des Beaux-Arts de tout projet d'aliénation de l'objet inventorié. Dans les quinze jours de l'avis donné au ministre, celui-ci doit faire savoir au propriétaire s'il entend acquérir l'objet ou provoquer son classement (L. 31 déc. 1921, art. 33).

3-7°. Les différents services de l'Etat, les départements, les communes, les établissements publics ou d'utilité publique sont tenus d'assurer la garde et la conservation des objets mobiliers classés dont ils sont propriétaires, affectataires ou dépositaires, et de prendre à cet effet les mesures nécessaires. Les dépenses nécessitées par ces mesures sont, à l'exception des frais de construction ou de reconstruction des locaux, obligatoires pour le département ou la commune. En raison des charges par eux supportées pour l'exécution de ces mesures, les départements et les communes peuvent être autorisés à établir un droit de visite dont le montant est fixé par le préfet après approbation du ministre des Beaux-Arts.

3-8°. — III. *Fouilles et découvertes.* — Lorsque, par suite de fouilles, de travaux ou d'un fait quelconque, on a découvert des monuments, des ruines, des inscriptions ou des objets pouvant intéresser l'archéologie, l'histoire ou l'art, sur des terrains appartenant à l'Etat, à un département, à une commune, à un établissement public ou d'utilité publique, le maire de la commune doit assurer la conservation provisoire des objets découverts et aviser immédiatement le préfet des mesures prises. Le préfet en réfère, dans le plus bref délai, au ministre des Beaux-Arts, qui statue sur les mesures définitives à prendre. Si la découverte a lieu sur le terrain d'un particulier, le maire en avise le préfet. Sur le rapport du préfet, le ministre peut poursuivre l'expropriation du terrain en tout ou en partie pour cause d'utilité publique.

3-9°. — IV. *Infractions. Pénalités.* — Différentes pénalités sont applicables aux infractions aux dispositions ci-dessus par la loi du 31 déc. 1913. — Ces infractions sont constatées à la diligence du ministre des Beaux-Arts. — L'art. 463 c. pén. (circonstances atténuantes) est applicable.

3-10°. — V. *Droits de l'Etat en cas de vente publique.* — Toute vente publique de curiosités, antiquités, objets de collection, peintures, dessins, sculptures et tapisseries anciennes, donne lieu à la perception d'une taxe de 1 pour 100 au profit de la caisse des monuments historiques. La perception de cette taxe est soumise aux règles relatives à la taxe de 10 pour 100 sur les ventes d'objets de luxe (V. *Impôt sur le chiffre d'affaires*) (*L.* 31 déc. 1921, art. 36). — D'autre part, en cas de vente publique d'œuvres d'art, l'Etat peut exercer un droit de préemption par lequel il se substitue à l'adjudicataire. La décision du ministre doit intervenir dans le délai de quinze jours.

4 *bis* et suiv. Les édifices et objets mobiliers du culte présentant un intérêt artistique ou historique sont soumis aux prescriptions de la loi du 31 déc. 1913, sauf toutefois quelques dispositions spéciales stipulées au titre III de la loi du 9 déc. 1905, modifiée par les lois des 28 déc. 1908, art. 57, et 13 janv. 1912.

MORATORIUM. — V. *Guerre de 1914-1919* (*Loyer, Moratoire des échéances, Moratoire des opérations de bourse*).

MORPHINE. — V. *Substances vénéneuses*.

MUSÉES

1 *bis.* La loi du 8 avr. 1910 a investi de la personnalité civile le musée Guimet à Paris (art. 112).

1 *ter.* Un droit d'entrée de 1 franc au maximum peut être perçu, sauf les dimanches et jours fériés et les jeudis après-midi, pour la visite des musées, collections et monuments appartenant à l'Etat, à l'exception des édifices cultuels (L. 31 déc. 1921, art. 118). — Le droit de peindre, dessiner, photographier, etc., dans les musées, collections, etc., donne lieu à la perception d'une taxe spéciale (L. 31 déc. 1921, art. 119 et Décr. 28 juin 1922).

MUTILÉS. — V. *Donations entre vifs, Guerre de 1914-1919*.

MUTUALITÉ. — V. *Retraites ouvrières et paysannes*.

N

NAISSANCE. — V. *Actes de l'état civil*.

NANTISSEMENT

7 *bis.* Ligne 20-3° *in fine*, ajouter : La règle de l'art. 2076 c. civ. n'est pas sans exception. La loi du 17 mars 1909, sur le nantissement des fonds de commerce (V. *infra*, n° 24 *bis*), et les lois des 30 avr. 1906 et 8 août 1913, sur les warrants agricoles et le warrant hôtelier (V. *Warrant*, n°s 12, 19 et 27-1°), ont institué des nantissements sans dessaisissement du débiteur.

24 *bis.* — II. Nantissement des fonds de commerce. — 1° *Constitution du nantissement.* — Le nantissement d'un fonds de commerce doit être constaté *par écrit*. La loi exige un acte authentique ou un acte sous seing privé enregistré. — A l'égard des tiers, une autre formalité est nécessaire pour que le contrat leur soit opposable : c'est *l'inscription* du nantissement sur un registre public tenu au greffe du tribunal de commerce dans le ressort duquel le fonds est exploité. — Cette inscription est nécessaire, mais suffisante, pour assurer la conservation du privilège du créancier gagiste.

25 *bis.* Si le nantissement porte à la fois sur un fonds de commerce et sur ses *succursales*, l'inscription doit être faite, non seulement au greffe du tribunal de commerce de la maison principale, mais encore au greffe du tribunal dans le ressort duquel se trouve chaque succursale comprise dans le nantissement. — L'inscription doit être prise, à peine de nullité du nantissement, dans la quinzaine de l'acte constitutif. — Une formalité spéciale est édictée à l'égard des nantissements de fonds qui comprennent des brevets d'invention ou licences, des marques ou des dessins ou modèles. Ces nantissements doivent être inscrits non seulement au greffe, mais encore à l'Office national de la propriété industrielle.

25 *ter.* Le créancier gagiste représente, soit par lui-même, soit par un tiers, au greffier du tribunal de commerce l'un des originaux du titre constitutif du nantissement s'il est sous seing privé, ou une expédition s'il existe en minute. L'acte de nantissement sous seing privé reste déposé au greffe. — Il y est joint deux *bordereaux* sur papier libre contenant : les noms, prénoms et domiciles du créancier et du débiteur, ainsi que du propriétaire du fonds, si c'est un tiers ; leur profession, s'ils en ont une ; la date et la nature du titre ; le montant de la créance ; la désignation du fonds de commerce et de ses succursales, s'il y a lieu ; élection de domicile par le créancier gagiste dans le ressort du tribunal de la situation du fonds.

27 *bis.* L'inscription conserve le privilège du créancier gagiste pendant *cinq années* à compter du jour de sa date. — Elle doit être *renouvelée* avant l'expiration du délai de cinq ans ; faute de quoi son effet cesse. — Le créancier qui requiert le renouvellement d'une inscription n'est pas tenu de représenter de nouveau au greffier le titre en vertu duquel elle a été prise, mais il doit remettre les deux bordereaux mentionnés ci-dessus, n° 25-2°. — L'inscription garantit, au même rang que le principal, deux années d'intérêts. — Les inscriptions sont rayées, soit du consentement des parties intéressées et ayant capacité à cet effet, soit en vertu d'un jugement passé en force de chose jugée. — La radiation est opérée au moyen d'une mention faite par le greffier en marge de l'inscription. Il en est délivré certificat aux parties qui le demandent.

28 *bis.* Les greffiers des tribunaux de commerce sont tenus de délivrer à tous ceux qui le requièrent, soit l'état des inscriptions existantes, avec les mentions d'antériorités, de radiations partielles et de subrogations partielles ou totales, soit un certificat qu'il n'en existe aucune ou simplement que le fonds est grevé. Un état des inscriptions ou mentions effectuées à l'Office national doit de même être délivré à toute réquisition.

29 *bis.* — 2° *Objet du nantissement.* — Les seuls éléments du fonds de commerce qui soient susceptibles d'être grevés, dans les formes de la loi du 17 mars 1909, du privilège du créancier gagiste, sont les suivants : l'enseigne et le nom commercial, le droit au bail, la clientèle et l'achalandage, le mobilier commercial, le matériel ou l'outillage servant à l'exploitation du fonds, les brevets d'invention, les licences, les marques de fabrique et de commerce, les dessins et modèles industriels, et généralement les droits de propriété industrielle, littéraire ou artistique qui y sont attachés. Cette énumération est limitative. Sont, par suite, exclus du nantissement : les *créances*, les *marchandises*, les *livres de commerce* et la *correspondance*, l'*immeuble où s'exploite le fonds*.

30 *bis.* — 3° *Droits et obligations des parties.* — Le nantissement d'un fonds de commerce confère au créancier gagiste un *privilège*, assorti d'un droit de préférence et d'un droit de suite. — Le privilège ne porte que sur les éléments du fonds énumérés dans le contrat de nantissement. — Si l'acte constitutif du nantissement est à ordre, sa négociation par voie d'endossement emporte translation du privilège.

37 *bis.* — 5° *Payement des créanciers.* — Le rang des créanciers gagistes entre eux est déterminé par la date de leurs inscriptions. Les créanciers inscrits le même jour viennent en concurrence.

38 *bis.* La faillite du débiteur n'écarte plus aujourd'hui le vendeur du fonds (V. *suprà*, *Fonds de commerce*, n° 11-3°).

49 *bis.* — 6° *Enregistrement et timbre.* — Les droits d'inscription, d'enregistrement, de timbre, les émoluments du greffier auxquels donne lieu l'inscription du privilège du créancier gagiste, sont les mêmes que ceux perçus pour l'inscription du privilège du vendeur (Décr. 28 août 1909). Le principal des droits fixes est doublé, mais n'est plus soumis aux décimes (L. 25 juin 1920, art. 28).

NATIONALITÉ FRANÇAISE

8 *bis.* Pour la durée de la guerre, la loi du 3 juill. 1917, art. 1er, a modifié l'art. 8-4° c. civ. en déclarant Français tout individu du sexe masculin né en France d'un étranger et qui, à l'époque où il atteint l'âge de dix-huit ans, est domicilié en France, à moins qu'il ne décline la qualité de Français et ne prouve qu'il a conservé la nationalité de ses parents, par une attestation en due forme de son Gouvernement, laquelle doit demeurer annexée à la déclaration (V. *infrà*, n°s 12 *bis* et 19 *bis*).

12 *bis.* La naturalisation ne peut être accordée aux étrangers du sexe masculin visés par l'art. 1er de la loi du 3 juill. 1917 (V. *suprà*, n° 8 *bis*) qui ont décliné la qualité de Français (Même loi, art. 7, § 2).

19 *bis.* Les étrangers du sexe masculin qui ont décliné la qualité de Français dans le cas prévu par l'art. 1er de la loi du 3 juill. 1917 (V. *suprà*, n° 8 *bis*) sont déchus du droit d'opter pour la nationalité française lorsque, à l'époque de leur majorité, ils sont domiciliés à l'étranger (art. 9 c. civ. ; L. 3 juill. 1917, art 7, § 2).

56 *bis.* Le traité de paix avec l'Allemagne, signé à Versailles le 28 juin 1919 (Annexe à la section 5, partie III), déclare réintégrés de plein droit dans la nationalité française, à dater du 11 nov. 1918, jour de l'armistice : 1° les personnes qui ont perdu la nationalité française par application du traité de Francfort du 10 mai 1871, et qui n'ont pas acquis depuis lors une nationalité autre que la nationalité allemande ; 2° les descendants légitimes ou naturels des personnes ci-dessus visées, à l'exception de ceux ayant parmi leurs ascendants en ligne paternelle un Allemand immigré en Alsace-Lorraine après le 15 juill. 1870; 3° tout individu né en Alsace-Lorraine de parents inconnus ou dont la nationalité est inconnue. — Les Allemands nés ou domiciliés en Alsace-Lorraine n'acquièrent pas la nationalité française par l'effet du retour de ces provinces à la France ; ils ne peuvent obtenir cette nationalité que par voie de naturalisation, à condition d'être domiciliés en Alsace-Lorraine avant le 3 août 1914 et de justifier d'une résidence ininterrompue sur le territoire réintégré, pendant trois ans à compter du 11 nov. 1918.

NATURALISATION. — V. *Etranger*, *Nationalité française*.

NAUFRAGE

3 *bis*, **4** *bis*. L'assistance et le sauvetage des navires de mer en danger, des choses se trouvant à bord, du fret et du prix de passage, ainsi que les services de même nature rendus entre navires de mer et bateaux de navigation intérieure, sont soumis aux dispositions de la loi du 29 avr. 1916, sans qu'il y ait à tenir compte des eaux où ils ont été rendus.

NAVIGATION AÉRIENNE

1. La navigation aérienne est réglementée par le décret du 8 juill. 1920, modifié par celui du 10 juin 1921. En temps de paix, les aéronefs privés (ballons captifs ou libres, cerfs-volants, dirigeables, avions) ayant la nationalité des Etats avec lesquels la France a contracté des accords, ont la liberté de passage inoffensif au-dessus du territoire français (métropole, colonies, eaux territoriales). En cas de mobilisation totale ou partielle, le survol du territoire français est interdit. — Tout aéronef venant de l'étranger peut survoler le territoire français sans atterrir; mais il doit suivre une des routes aériennes fixées par l'Etat, et atterrir si l'ordre lui en est donné par les signaux réglementaires. Ces aéronefs doivent pénétrer en France par les passages qui ont fait l'objet d'accords internationaux ; ils ne peuvent atterrir que sur un des aérodromes douaniers désignés. — L'exploitation commerciale de la circulation aérienne en France est subordonnée à l'autorisation du Gouvernement. Les transports commerciaux entre deux points du territoire sont réservés aux aéronefs français.

2. Les aéronefs militaires, et ceux qui sont exclusivement affectés à un service d'Etat (postes, douanes, police), sont considérés comme aéronefs d'Etat. Les autres sont des aéronefs privés. Tous doivent remplir certaines conditions (certificats de navigabilité, immatriculation, insignes, possession de la liste des passagers, du connaissement, des livres de bord, etc.). Au départ et à l'atterrissage, les autorités françaises ont le droit de visiter l'aéronef. Le transport d'explosifs, d'armes et de munitions de guerre, de pigeons voyageurs, est interdit au-dessus du territoire français. Pour les appareils photographiques, une autorisation est nécessaire. Les appareils de T. S. F. ne peuvent être portés sans une licence spéciale; ces appareils sont d'ailleurs obligatoires à bord des aéronefs pouvant recevoir dix personnes ou davantage. Les explosifs, armes, appareils, etc., transportés en fraude sont saisis.

3. Les aérodromes sont publics ou privés; les premiers sont mis à la disposition des navigateurs aériens par l'Etat, les départements et les communes; les seconds, qui appartiennent aux particuliers, ne peuvent servir à l'atterrissage, sauf en cas de force majeure. La création et l'utilisation des aérodromes privés sont soumises à l'autorisation et au contrôle de l'Etat. L'utilisation des aérodromes publics donne lieu à la perception de taxes dont le Gouvernement fixe le tarif.

4. Des subventions et des primes sont allouées par l'Etat aux entreprises de navigation aérienne. (L. 31 juill. 1920, art. 103; L. 30 avr. 1921, art. 88).

5. Une convention relative à la navigation aérienne a été conclue, le 13 oct. 1919, entre la France, la Belgique, le Brésil, la Grande-Bretagne, la Chine, la Grèce, l'Italie, la Pologne, le Portugal, la Roumanie, etc. Elle a été rendue applicable, après ratification, par le décret du 8 juill. 1922.

NAVIGATION FLUVIALE

1. — I. Jaugeage et immatriculation des bateaux de navigation intérieure. — Tout bateau de navigation intérieure d'un tonnage égal ou supérieur à 20 tonnes doit être jaugé et immatriculé sur la requête du propriétaire (L. 5 juill. 1917, art. 1er). — L'immatriculation consiste dans l'inscription du bateau avec un numéro d'ordre sur un registre matricule spécial, tenu au bureau d'immatriculation auquel est rattaché le bureau qui a effectué le jaugeage du bateau. Un certificat d'immatriculation est délivré au propriétaire moyennant un droit fixe de 5 francs. — Les registres d'immatriculation sont publics, et toute personne peut en obtenir des copies certifiées conformes. — Le jaugeage et l'immatriculation sont confiés au ministère des Travaux publics. Des bureaux d'immatriculation et de jaugeage sont établis dans les localités désignées au tableau annexé au décret du 3 avr. 1919.

2. Aucun bateau d'un tonnage égal ou supérieur à 20 tonnes ne peut naviguer s'il n'est muni d'un certificat d'immatriculation. Tout bateau doit porter, en lettres bien visibles, son nom sur chacun des côtés de l'avant, et, à la poupe, son nom, la désignation de son bureau d'immatriculation et son numéro d'immatriculation. L'infraction à ces dispositions est punie d'une amende de 100 fr. à 300 francs, à la charge du capitaine ou patron et du propriétaire solidairement.

3. Toute modification aux caractéristiques du bateau inscrites sur le registre d'immatriculation doit être déclarée au bureau d'immatriculation. — En cas de perte ou innavigabilité définitive dûment constatée d'un bateau, le propriétaire est tenu d'en faire la déclaration au bureau d'immatriculation dans le registre duquel le bateau est immatriculé, en y joignant l'acte d'immatriculation, dont récépissé pour annulation lui est donné. L'infraction à cette disposition est passible d'une amende de 100 francs à 300 francs.

4. — II. Privilèges et hypothèques sur les bateaux. — Les bateaux de navigation intérieure demeurent affectés aux dettes que la loi déclare privilégiées pour les meubles. Sur les règles relatives au privilège du Trésor public en matière de contribution sur les bénéfices de guerre, V. *Guerre de 1914* (*Bénéfices de guerre*, n° 20). — Les bateaux d'un tonnage égal ou supérieur à 20 tonnes sont susceptibles d'hypothèque; toutefois ils ne peuvent être hypothéqués que par la convention des parties. — L'hypothèque peut être constituée sur un bateau en construction. Dans ce cas, elle doit être précédée d'une déclaration faite au bureau d'immatriculation dans la circonscription duquel le bateau est en construction.

5. Pour opérer l'inscription de l'hypothèque, il est présenté au greffe du tribunal de commerce un des originaux du titre constitutif d'hypothèque, lequel y reste déposé s'il est sous seings privés ou reçu en brevet, ou une expédition s'il en existe minute. Il y est joint deux bordereaux signés par le requérant, dont l'un peut être porté sur le titre présenté. Ils contiennent : 1° les noms, prénoms, profession, domicile et nationalité du créancier et du débiteur; 2° la date et la nature du titre; 3° le montant de la créance exprimée dans le titre; 4° les conventions relatives aux intérêts et au remboursement; 5° le nom et la désignation du bateau, la date et le numéro de l'immatriculation; 6° élection de domicile par le créancier dans la localité où siège le tribunal de commerce.

6. L'inscription conserve l'hypothèque pendant dix ans à compter du jour de sa date. Son effet cesse si l'inscription n'a pas été renouvelée avant l'expiration de ce délai, sur le registre du greffe du tribunal de commerce. — Les créanciers ayant hypothèque inscrite sur un bateau le suivent en quelques mains qu'il passe, pour être colloqués et payés suivant l'ordre de leurs inscriptions et après les créanciers privilégiés. — Le greffier du tribunal de commerce est tenu de délivrer à tous ceux qui le requièrent l'état des inscriptions hypothécaires existant sur le bateau, ou un certificat qu'il n'en existe aucune.

7. — III. Saisie et vente forcée des bateaux. — Il ne peut être procédé à la saisie d'un bateau de navigation intérieure que vingt-quatre heures après le commandement de payer fait à la personne du propriétaire ou à son domicile. — Le saisissant doit, dans le délai de trois jours, notifier au propriétaire copie du procès-verbal de saisie dressé par huissier, et le faire citer devant le tribunal civil du lieu de la saisie pour voir dire qu'il sera procédé à la vente.

8. Sont soumises au droit proportionnel de 5 pour 100, sans décimes, les mutations à titre onéreux de propriété ou d'usufruit, soit totales, soit partielles, de navires et bateaux de toute nature servant à la navigation intérieure, dont la jauge nette est supérieure à cent tonnes. Le droit est perçu soit sur l'acte ou le procès-verbal de vente, soit sur la déclaration faite pour obtenir l'immatricule au nom du nouveau possesseur (L. 25 juin 1920, art. 24). Toutefois, les marchés de construction demeurent soumis au droit fixe établi par l'art. 22 de la loi du 7 avr. 1902. Ce droit fixe a été doublé, c'est-à-dire porté à 6 francs, mais il n'est plus soumis aux décimes.

9. Le droit d'enregistrement de l'acte constitutif d'hypothèque, authentique ou sous seings privés, sur un bateau de navigation intérieure, est de 1 franc par 1000 francs du montant de la créance (L. 5 juill. 1917, art. 26).

NAVIGATION MARITIME

1 *bis.* Une loi du 22 juill. 1913 a réglementé la situation, au point de vue du rôle d'équipage, des pensions sur la caisse des invalides de la marine, etc., des bâtiments de mer accomplissant des parcours partie maritimes, partie fluviaux.

9. *bis.* L'art. 67 de la loi du 27 févr. 1912 a institué au ministère des Travaux publics un *Office national de la navigation.*

9 *ter.* La durée du travail effectif des navigateurs de l'un et de l'autre sexe et de tout âge, employés à bord d'un navire, ne peut excéder huit heures par jour ou quarante-huit heures par semaine, ou une limitation équivalente établie sur une période de temps autre que la semaine (L. 2 août 1919). V. *Travail*.

NAVIRE

2 *bis*, 32 *bis*. La loi du 5 juill. 1917 a édicté, en ce qui concerne les bateaux de rivière, des dispositions spéciales, relatives au jaugeage et à l'immatriculation, aux privilèges et hypothèques, à la purge des hypothèques, à la saisie et à la vente forcée (V. *suprà, Navigation fluviale*).

32 *ter*. Les navires à voile ou à vapeur, de 5 à 20 tonneaux de jauge brute, ou les navires munis d'un autre moyen de propulsion mécanique de 3 à 20 tonneaux de jauge brute totale, sont susceptibles d'hypothèque au cours de leur construction ou pendant les trois mois suivant leur mise en service ou la transformation de leur mode de propulsion, mais exclusivement au profit, soit du constructeur pour la garantie du payement du prix de vente, soit des sociétés de crédit maritime et de l'État pour la garantie du remboursement de leurs prêts et avances (L. 10 juill. 1885, art. 36, complété par L. 4 déc. 1913, art. 23).

37 *bis*. Toutes les fois que des inscriptions sont prises ou renouvelées, une copie du bordereau signée par le requérant est adressée par le receveur des douanes au siège de la direction des douanes à laquelle ressortit son bureau. En cas de changements de domicile, mutations, subrogations, radiations, saisies, etc., un extrait des réquisitions ou procès-verbaux y relatifs doit être également adressé à la direction des douanes. Lesdites copies ou extraits, accompagnés d'une ampliation de la soumission de francisation, sont certifiés par le receveur des douanes (L. 10 juill. 1885, art. 9, complété par L. 4 juill. 1914).

49 *bis*. Sont soumises au droit proportionnel de 5 p. 100, sans décimes, les mutations à titre onéreux de propriété ou d'usufruit, soit totales, soit partielles, de navires et bateaux de toute nature servant à la navigation maritime, dont la jauge nette est supérieure à cent tonnes. Le droit est perçu soit sur l'acte ou le procès-verbal de vente, soit sur la déclaration faite pour obtenir la francisation au nom du nouveau possesseur (L. 25 juin 1920, art. 24). Toutefois, les marchés de construction demeurent soumis au droit fixe établi par l'art. 22 de la loi du 7 avr. 1902. Ce droit fixe a été doublé, c'est-à-dire porté à 6 fr., mais il n'est plus soumis aux décimes (Même loi, art. 28).

NOM-PRÉNOM

14 *bis*. Les changements et additions de noms donnent lieu à la perception, au profit du Trésor, d'un droit de sceau de 1 500 francs, sans addition d'aucun droit d'enregistrement ni d'aucun décime. L'honoraire des référendaires au sceau est de 75 francs (L. 13 juill. 1920, art. 22 et 23).

NOMADES

1. Sont réputés nomades, *quelle que soit leur nationalité*, tous individus circulant en France sans domicile ni résidence fixes et ne rentrant dans aucune des catégories spécifiées par les art. 1er et 2 de la loi du 16 juill. 1912 (V. *suprà, Industrie et commerce*, nos 23 *bis* et 23 *ter*), même s'ils ont des ressources ou prétendent exercer une profession. Ces nomades doivent être munis d'un carnet anthropométrique d'identité. Quant aux nomades venant de l'étranger, ils ne sont admis à circuler en France qu'à la condition de justifier d'une identité certaine, constatée par la production de pièces authentiques, tant pour eux-mêmes que pour toutes personnes voyageant avec eux. Ils adressent leur demande de carnet à la préfecture ou à la sous-préfecture du département ou de l'arrondissement frontière. La délivrance du carnet anthropométrique d'identité n'est jamais obligatoire pour l'Administration. Elle ne fait pas obstacle à l'application des dispositions de la loi du 3 déc. 1849 sur le séjour des étrangers en France, non plus qu'à l'exercice des droits reconnus aux maires sur le territoire de leur commune, par les lois et règlements relatifs au stationnement des nomades.

2. Tous nomades séjournant dans une commune doivent, à leur arrivée et à leur départ, présenter leurs carnets, à fin de visa, au commissaire de police, s'il s'en trouve un dans la commune, sinon au commandant de la gendarmerie et, à défaut de brigade de gendarmerie, au maire. Le carnet anthropométrique d'identité doit être présenté par son titulaire à toute réquisition des officiers de police judiciaire ou des agents de la force ou de l'autorité publique. Toute infraction aux dispositions ci-dessus est punie des peines édictées contre le vagabondage (L. 16 juill. 1912, art. 3). — Les agents de la force ou de l'autorité publique doivent apposer leurs visas sur le carnet individuel de tout nomade qu'ils rencontrent, dans des cases ménagées à cet effet, avec indication du lieu, du jour et de l'heure (Décr. 16 févr. 1913, art. 12).

3. Indépendamment du carnet anthropométrique d'identité, obligatoire pour tout nomade, le chef de famille ou de groupe doit être muni d'un carnet collectif concernant toutes les personnes rattachées au chef de famille par les liens de droit ou comprises, en fait, dans le groupe voyageant avec le chef de famille. Ce carnet collectif est délivré en même temps que le carnet anthropométrique individuel.

4. Il est établi dans les préfectures et sous-préfectures des notices individuelles et collectives contenant toutes les indications figurant aux carnets visés ci-dessus. Un double de chaque notice est adressé au ministère de l'Intérieur (Décr. 1913, art. 10).

5. Les véhicules de toute nature employés par les nomades doivent, indépendamment des plaques prévues pour les voitures ordinaires (V. *Voiture*, no 12), être munis d'une plaque de contrôle spéciale (L. 16 juill. 1912, art. 4). Cette plaque est apposée à l'arrière de la voiture d'une façon apparente. Elle est délivrée par les préfectures et les sous-préfectures dans les mêmes conditions que les carnets d'identité.

6. Les dispositions ci-dessus ne sont pas applicables aux salariés de toute catégorie qui travaillent d'habitude dans les entreprises industrielles, commerciales ou agricoles (L. 1912, art. 8).

NOTAIRE-NOTARIAT

5 *bis*. Une loi du 29 mars 1907 a décidé que les notaires résidant, au jour de la mise en vigueur de la loi du 12 juill. 1905, dans le ressort d'une des justices de paix modifiées par cette loi, conservent le droit d'exercer sur tout le territoire où ce droit leur appartenait antérieurement. — Auront droit d'exercer sur ce même territoire les notaires qui viendront à être créés dans le ressort ci-dessus spécifié.

8 *bis*. Les clercs de notaire ont droit au repos hebdomadaire (L. 13 juill. 1911, art. 95).

16 *bis*. En vue de la constatation des mutations cadastrales et de leur application régulière dans les rôles de la contribution foncière, les notaires sont tenus de déposer au bureau de l'enregistrement, au moment où ils soumettent la minute des actes passés devant eux à la formalité de l'enregistrement, un extrait sommaire de ceux de ces actes qui portent à un titre quelconque translation ou attribution de propriété immobilière. Les extraits dont il s'agit sont établis sur des cadres fournis gratuitement par l'administration des Finances (L. 20 mai 1915).

19 *bis*. Les notaires sont tenus de délivrer un reçu, extrait d'un carnet à souche, pour toutes les valeurs déposées en leur étude (Décr. 22 oct. 1910).

26 *bis*, **27** *bis*. Les décrets du 25 août 1898 ont été modifiés par deux décrets du 29 déc. 1919. Il est alloué à tous les notaires, par vacation de trois heures, 12 francs, sans distinction de classe ni de résidence. Les honoraires par rôle de copie ou d'extrait analytique sont fixés à 4 francs. Mais, quelle que soit la longueur de l'expédition, le notaire n'a droit qu'à l'émolument de deux rôles pour les actes relatifs à des biens ou droits dont la valeur n'excède pas 2 000 francs dans le département de la Seine et 1 000 francs dans les autres départements. — Les frais de voyage dus au notaire qui est obligé de se transporter à plus de 2 kilomètres de sa résidence sont fixés, par kilomètre parcouru en allant et en revenant, à 0 fr. 20 cent. ou à 0 fr. 60 cent., suivant que le transport a eu lieu en chemin de fer ou autrement. Si le déplacement exige plus d'une journée, il est alloué, en outre, 20 francs par jour. — Pour les déclarations de successions, le tarif est, dans le département de la Seine, de 0,125 pour 100 sur les biens et valeurs déclarés, lorsqu'il n'y a ni inventaire ni liquidation ; les honoraires sont moindres s'il y a liquidation. Dans les autres départements, l'honoraire de déclaration est de 0 fr. 25 cent. pour 100 de 1 à 100 000 francs, de 0 fr. 15 cent. pour 100 de 100 000 à 500 000 francs, et de 0 fr. 10 cent. pour 100 au-dessus. Cet honoraire est de 0 fr. 10 cent. pour 100 s'il y a liquidation.

O

OBJETS D'ART. — V. *Impôt sur le chiffre d'affaires, Monuments historiques et artistiques, Vente publique de meubles.*

OBLIGATIONS

29 *bis*. Lignes 10-16. Les tribunaux ont confirmé, lors de la guerre de 1914, la jurisprudence antérieure et n'ont reconnu à l'état de guerre le caractère de cas de force majeure qu'autant qu'il a rendu absolument impossible l'exécution du contrat (V. *Guerre de 1914*, v° *Marchés à livrer*). — Cependant, à propos d'un litige entre une ville et la compagnie concessionnaire de l'éclairage au gaz, le Conseil d'Etat a décidé que la hausse extraordinaire survenue au cours de la guerre dans le prix du charbon, matière première de la fabrication du gaz, avait bouleversé l'économie du contrat de concession ; il a admis la prétention de la compagnie de ne plus assurer le service aux conditions prévues à l'origine, et reconnu son droit à une indemnité de la part de la ville concédante. Cet arrêt (dit du gaz de Bordeaux) a fait jurisprudence.

38 *bis*. Lignes 8-10, *lire* : Ces intérêts sont aujourd'hui de 5 pour 100 en matière civile et 6 pour 100 en matière commerciale (L. 18 avr. 1918, art. 2).

70 *bis*. Le droit de 1 pour 100 est porté à 3 pour 100, sans décimes, en ce qui concerne les actes portant obligation hypothécaire au profit du porteur de la grosse, les billets à ordre notariés contenant constitution d'hypothèque, ainsi que tous autres titres d'obligations hypothécaires dont la cession n'est pas soumise aux dispositions de l'art. 1690 c. civ. (L. 31 déc. 1921, art. 24). — Les droits fixes d'enregistrement sont doublés, mais ne sont plus soumis aux décimes (L. 25 juin 1920, art. 28).

OBLIGATION DE LA DÉFENSE NATIONALE. — V. *Trésor public.*

OCTROI

10 *bis*. Sont supprimées jusqu'au 25 juin 1925 toutes taxes et surtaxes d'octroi sur l'alcool, le vin, le cidre, le poiré, l'hydromel et la bière, à l'exception de la taxe sur les vins en bouteilles prévue par l'art. 4 de la loi du 29 déc. 1897 (L. 22 févr. 1918, art. 1er ; L. 31 déc. 1920, art. 19).

10 *ter*. Sur le produit total du droit de consommation sur l'alcool, un tiers est réparti entre les communes au prorata de leur population totale. Sur le produit total du droit de fabrication sur les bières, la moitié est attribuée aux communes et répartie entre elles au prorata des quantités consommées en 1913. Sur le produit total des droits de circulation sur les vins, cidres, poirés et hydromels, deux cinquièmes sont répartis entre les communes, au prorata des contingents obtenus pour chacune en appliquant aux quantités qui ont été consommées en 1913 les tarifs prévus par l'art. 2 de la loi du 29 déc. 1897. A défaut de constatations effectives, la consommation en bière, en vin, cidre et hydromel pour l'année 1913 est considérée pour chaque commune comme égale, par tête d'habitant, à celle constatée par les services d'octroi dans l'ensemble des communes du département ou, à défaut, des départements limitrophes (L. 22 févr. 1918, art. 3). — Dans les produits des droits de consommation, de fabrication et de circulation susvisés, les parts d'une commune ayant des recettes d'octroi ne peuvent être inférieures aux revenus que cette commune a tirés en 1913 des droits d'octroi. L'Etat remet chaque mois à toute commune ayant des recettes d'octroi une somme représentant un douzième des revenus procurés en 1913 à cette commune par lesdits droits. A l'expiration de l'année, il est procédé entre toutes les communes à une répartition des droits de consommation, de fabrication, etc., perçus pour elles par l'Etat, sans réduction des sommes déjà attribuées par des prélèvements mensuels aux communes ayant des recettes d'octroi (art. 4).

11 *bis*. Dans le but de protéger l'industrie des pêches maritimes, une loi du 13 août 1913 a fixé un maximum aux taxes d'octroi que les conseils municipaux peuvent établir sur le poisson de mer, les crustacés et les coquillages.

15 *bis*. Un décret du 30 mars 1918 a fixé des droits d'entrée applicables aux pièces détachées de voitures automobiles.

47 *bis*. Les amendes en matière d'octroi sont augmentées de 5 décimes, soit de 50 pour 100 (L. 30 mars 1902, art. 33 ; L. 25 juin 1920, art. 110).

ŒUVRES D'ART. — V. *Impôt sur le chiffre d'affaires, Monuments historiques et artistiques, Vente publique de meubles.*

OFFICE

14 *bis*. L'art. 6 de la loi de finances du 27 févr. 1912 déclare nulle et de nul effet toute *contre-lettre* ayant pour objet une augmentation du prix stipulé dans le traité de cession d'un office ministériel. Toute dissimulation dans le prix d'une cession d'office est punie d'une amende égale au quart de la somme dissimulée. L'officier public ou ministériel convaincu d'avoir consenti ou stipulé à son profit un prix supérieur à celui exprimé dans l'acte de cession est, en outre, destitué.

25 *bis*. Les droits d'enregistrement perçus à l'occasion de la transmission des offices ont été modifiés par l'art. 10 de la loi du 30 juill. 1913.

OFFICE AGRICOLE. — V. *Agriculture.*

OFFICE NATIONAL DE LA NAVIGATION. — V. *Navigation maritime.*

OFFICE NATIONAL DE LA PROPRIÉTÉ INDUSTRIELLE. — V. *Brevet d'invention, Nantissement, Propriété industrielle.*

OFFICE NATIONAL DES RETRAITES OUVRIÈRES. — V. *Retraites ouvrières et paysannes.*

OFFICE NATIONAL DU TOURISME. — V. *Stations hydrominérales.*

OFFICE PUBLIC D'HABITATIONS A BON MARCHÉ. — V. *Habitations à bon marché.*

OFFICE SCIENTIFIQUE DES PÊCHES MARITIMES. — V. *Pêche maritime.*

OFFICE DE VÉRIFICATION ET DE COMPENSATION. — V. *Guerre de 1914 (Sujets ennemis).*

OPÉRATIONS DE BOURSE. — V. *Guerre de 1914-1919 (Valeurs mobilières).*

OPIUM. — V. *Substances vénéneuses.*

OR-ARGENT-PLATINE

1 *bis*. Les dispositions relatives au régime de la garantie des matières d'or et d'argent sont également applicables au platine (L. 8 avr. 1910, art. 37, § 1er).

3 *bis*. Le titre légal des ouvrages de platine est de 950 millièmes (L. 8 avr. 1910, art. 37, § 2).

8 *bis*. Le droit de garantie sur les ouvrages en métaux précieux est de 150 francs par hectogramme pour le platine ; de 60 francs par hectogramme pour l'or, de 3 fr. 50 par hectogramme pour l'argent (L. 25 juin 1920, art. 90).

9 *bis*. L'art. 18 de la loi du 26 déc. 1908 règle à nouveau le remboursement du droit de garantie en cas d'exportation d'ouvrages neufs d'or ou d'argent.

19 *bis*. Les personnes qui fabriquent ou mettent en vente des objets d'or ou d'argent soumis aux prescriptions de la loi du 19 brum. an. 6, et qui mettent en vente ou fabriquent en même temps et dans le même local des objets en métaux divers, doublés, plaqués, dorés, argentés ou non, sont tenues d'indiquer de façon apparente dans les vitrines d'exposition, sur les catalogues et emballages, ainsi que sur les factures qu'elles délivrent aux acheteurs, la nature réelle de ces derniers objets (L. 8 avr. 1910, art. 34).

28 *bis*. La détention ou la vente par un fabricant ou marchand d'ouvrages d'or ou d'argent revêtus soit de l'empreinte de faux poinçons anciens, soit de marques anciennes entées, soudées ou contretirées, soit de l'empreinte de poinçons de fantaisie imitant les poinçons anciens, est punie, indépendamment de la confiscation des objets saisis, d'une amende de 200 à 500 francs et d'un emprisonnement d'un mois (L. 8 avr. 1910, art. 35, § 1er).

ORDRES CIVILS ET MILITAIRES

1 *bis*. Le port des décorations (forme des insignes, manière dont ils doivent être portés) est réglementé par le décret du 6 nov. 1920, qui abroge le décret du 10 mars 1891.

3 *bis*. Nul ne peut être proposé pour l'admission dans la Légion d'honneur, au titre de professions ou emplois se rattachant à l'agriculture, à l'industrie ou au commerce, s'il n'a vingt-cinq ans de pratique industrielle ou commerciale comme ouvrier, employé ou patron, à moins que la proposition ne soit motivée par des titres exceptionnels. Il est tenu compte du temps passé sous les drapeaux pour l'accomplissement du service militaire actif (L. 26 juill. 1912, art. 8, § 1 et 2).

3 *ter*. Les ministres de la Guerre et de la Marine peuvent accorder la croix de la Légion d'honneur aux militaires ou marins grièvement blessés dans l'accomplissement de leur devoir et dont la vie est en danger immédiat. Les décorations ainsi attribuées sont régularisées par décret dans le plus court délai (Décr. 10 août 1920).

3 *quater*. En principe, les nominations dans la Légion d'honneur ne peuvent être faites qu'au profit de personnes vivantes. Toutefois, en temps de paix comme en temps de guerre, les militaires ou marins et les civils peuvent être nommés après leur décès, pourvu que leur conduite ait fait l'objet d'une citation dans un délai maximum de six mois après la mort (Décr. 1er oct. 1918, modifié par Décr. 30 août 1919). Ce délai a été prolongé jusqu'au 1er janv. 1922 pour les militaires tués pendant la guerre de 1914-1919 (Décr. 12 janv. 1921).

3 *quinquiès*. Tout projet de décret portant nomination ou promotion dans la Légion d'honneur d'une personne n'appartenant pas aux services publics doit être accompagné d'une notice individuelle résumant l'enquête faite sur l'honorabilité et sur la moralité du candidat et d'un extrait n° 2 de son casier judiciaire datant de moins de deux mois. Ces dispositions s'appliquent également aux candidats présentés, en temps de paix, au titre des armées de réserve de terre et de mer et de l'armée territoriale (L. 26 juill. 1912, art. 9).

3 *sexies.* Les nominations et promotions dans la Légion d'honneur ne sont plus insérées au *Bulletin des lois* (L. 31 déc. 1921, art. 97).

6 *bis.* Les familles des personnes ayant fait l'objet d'une nomination posthume (V. *supra*, nº 3 *quater*) sont exonérées du payement des droits de chancellerie afférents à la délivrance des brevets, ainsi que du remboursement du prix des insignes (Décr. 1ᵉʳ oct. 1918, art. 5, modifié par Décr. 27 févr. 1919). — La même exonération est accordée aux mutilés de guerre ayant une invalidité de 100 p. 100 (Décr. 7 juill. 1921).

15 *bis.* L'insigne de la Médaille militaire est délivré gratuitement (Décr. 9 avr. 1918).

16 *bis.* Il a été créé, par la loi du 8 avr. 1915, une croix, dite *croix de guerre*, destinée à commémorer les citations individuelles, pour faits de guerre, à l'ordre du jour des armées de terre et de mer, des corps d'armée, des divisions, des brigades et des régiments. — Une croix de guerre spéciale, dont le ruban diffère de celui de la précédente, a été instituée pour commémorer les citations individuelles obtenues par les militaires et les marins sur les théâtres d'opérations extérieures (L. 30 avr. 1921).

17 *bis.* L'attribution des décorations universitaires (officier d'académie, officier de l'instruction publique) est réglée par le décret du 25 mars 1921, modifié par celui du 13 juin 1921, qui, abrogeant toutes les dispositions antérieures, énumère limitativement les catégories de personnes qui peuvent être nommées. Ce sont, en principe, les fonctionnaires de l'instruction publique, les membres des corps enseignants (public et privé), les délégués cantonaux, les personnes ayant contribué au développement des arts, des lettres et des sciences, etc. Certaines conditions d'âge et de temps de services sont imposées. Nul ne peut être nommé officier de l'instruction publique s'il n'est depuis cinq ans au moins officier d'académie.

20 *bis.* La médaille de la Famille française, créée par le décret du 26 mai 1920, a pour but de rendre hommage aux mères de famille françaises qui ont au moins cinq enfants légitimes simultanément vivants.

21-1º. La loi du 9 nov. 1911 a institué une médaille commémorative en faveur des anciens combattants de tout grade qui ont pris part à la campagne de 1870-1871. L'attribution de cette médaille a été étendue aux médecins, infirmiers, infirmières, aumôniers et aérostiers par la loi du 27 mars 1912.

21-2º. La loi du 23 juin 1920 a institué une médaille commémorative dite « Médaille de la Grande Guerre », qui est accordée à tout militaire ou marin présent sous les drapeaux ou à bord des bâtiments armés par l'Etat, entre le 2 août 1914 et le 11 nov. 1918, ainsi qu'aux marins de commerce et aux infirmières, infirmiers, médecins, pharmaciens, administrateurs bénévoles, ayant servi entre ces mêmes dates aux armées ou à l'intérieur, et aux gardes civils, agents de police et sapeurs-pompiers des villes bombardées.

21-3º. D'autre part, une médaille commémorative interalliée, dite « Médaille de la Victoire », a été créée par la loi du 20 juillet 1922 en ce qui concerne la France. Cette loi détermine les conditions auxquelles est subordonnée l'obtention de cette médaille. Le ruban, identique pour toutes les puissances alliées ou associées, figure deux arcs-en-ciel juxtaposés par le rouge, avec, sur chaque bord, un filet blanc.

21-4º. La médaille de la Reconnaissance française a été instituée pour remercier et distinguer les auteurs d'actes de dévouement accomplis dans l'intérêt public pendant la guerre de 1914-1919 (Décr. 13 juill. et 2 déc. 1917 et du 1ᵉʳ avr. 1922).

21-5º. Une médaille dite « de la Fidélité française » a été instituée par la loi du 3 juillet 1922. Elle peut être décernée à tous les Alsaciens et Lorrains des deux sexes ayant été, avec ou sans condamnation, emprisonnés ou exilés par les autorités allemandes à cause de leur attachement à la France. — Cette médaille est suspendue par un ruban aux couleurs du drapeau français, sur lequel est apposée une agrafe en métal portant le mot « Fidélité ». — Chaque année de prison ou d'exil est indiquée par une étoile en métal apposée sur le ruban.

21-6º. Une médaille commémorative destinée aux militaires et marins ayant pris part aux opérations de Syrie et Cilicie a été instituée par la loi du 18 juillet 1922.

ORPHELIN. — V. *Pensions civiles, Pensions militaires, Pupilles de la nation, Retraites ouvrières et paysannes.*

OUVRIER. — V. *Accidents du travail, Cautionnement des employés et ouvriers, Impôts directs, Louage de services, Mines, minières, carrières, Retraites ouvrières et paysannes, Syndicat professionnel, Travail.*

P

PANNEAU-RÉCLAME. — V. *Affiche.*

PAPIER TIMBRÉ. — V. *Timbre.*

PAPIERS D'AFFAIRES. — V. *Poste, télégraphes, téléphones.*

PARI AUX COURSES. — V. *Jeu-pari.*

PART DE FONDATEUR. — V. *Société par actions.*

PARTAGE D'ASCENDANT

27 *bis.* Les partages d'ascendants entre vifs de meubles et d'immeubles sont soumis aux droits

proportionnels ci-après, sans addition de décimes :
2 fr. 50 p. 100 lorsque le partage est fait entre
plus de deux enfants vivants ou représentés ;
4 fr. 50 p. 100 lorsque le partage est fait entre
deux enfants vivants ou représentés ; 6 fr. 50
p. 100 lorsque le partage est fait entre les descendants d'un enfant unique (L. 25 juin 1920, art. 32).
— Pour l'application de ces droits, doit être ajouté
au nombre des enfants vivants ou représentés du
donateur l'enfant qui : 1° est décédé après avoir
atteint l'âge de seize ans révolus ; 2° étant âgé de
moins de seize ans, a été tué par l'ennemi au
cours des hostilités, ou est décédé des suites de
faits de guerre, soit durant les hostilités, soit
dans l'année à compter de leur cessation (L. 25 juin
1920, art. 34).

PARTAGE DE SUCCESSION

8 *bis.* L'action en partage, à l'égard des cohéritiers mineurs ou interdits, peut être exercée
par leurs tuteurs, spécialement autorisés par un
conseil de famille. Cette autorisation n'est pas
nécessaire lorsque la demande en partage est
introduite par voie de requête collective présentée
par tous les intéressés. A l'égard des cohéritiers
absents, l'action appartient aux parents envoyés
en possession (C. civ. 817, modifié par L. 15 déc.
1921).

18 *bis.* Si toutes les parties sont d'accord, le
tribunal peut être saisi de la demande en partage
par une requête collective signée par leurs avoués.
S'il y a lieu à licitation, la requête doit contenir
une mise à prix qui sert d'estimation. Dans ce
cas, le jugement est rendu en chambre du conseil
et n'est pas susceptible d'appel si les conclusions
de la requête sont admises par le tribunal sans
modification (Civ. 822, § 2, ajouté par L. 15 déc.
1921).

55 *bis.* En vue de protéger les prêteurs de
bonne foi contre les conséquences par trop rigoureuses d'une application stricte des principes,
une loi du 31 déc. 1910 fait survivre l'hypothèque
consentie par tous les copropriétaires d'un immeuble indivis au partage ou à la licitation qui a
fait passer l'immeuble dans le patrimoine de l'un
d'eux.

77-X. Enregistrement. — V. *Succession*,
n° 12 *bis.*

PARTICIPATION. — V. *Société en participation.*

PASSEPORT

3 *bis.* Lignes 10-11, *lire :* Le prix des passeports à l'intérieur et à l'étranger est fixé à 5 francs
sans décimes y compris les frais de papier et
timbre et tous frais d'expédition. Chaque visa de
passeport donne lieu à la perception d'un droit
de 2 francs en principal. Les passeports destinés aux personnes véritablement indigentes sont
délivrés gratuitement et exemptés du droit de visa
(L. 31 déc. 1917, art. 15). — Le droit de visa est
perçu au moyen de l'apposition de timbres (Décr.
11 mars 1921). — La forme des passeports est
déterminée par ce dernier décret.

PATENTE. — V. *Impôts directs.*

PATERNITÉ (RECHERCHE DE LA). — V.
Filiation naturelle.

PATRON. — V. *Louage de services, Prud'hommes, Retraites ouvrières et paysannes, Syndicat professionnel, Travail.*

PAYEMENT

56 *bis.* Les titres, de quelque nature qu'ils
soient, signés ou non signés, faits sous signatures
privées, qui constatent des payements ou des versements de sommes, quels que soient le caractère
civil ou commercial du payement ou du versement et la qualité de celui qui le reçoit ou l'effectue, demeurent soumis au droit de timbre, dit
timbre de quittance, établi par l'art. 18 de la loi
du 23 août 1871 ; mais le taux en est de 0 fr. 25 cent.
pour les sommes n'excédant pas 100 francs, de
0 fr. 50 cent. pour les sommes comprises entre
100 et 1 000 francs, de 1 franc pour les sommes
excédant 1 000 francs (L. 25 juin 1920, art. 55,
§ 1er). Ce droit de timbre remplace l'impôt de
0 fr. 20 cent. sur les payements qui avait été institué par les art. 19 à 22 de la loi du 31 déc. 1917,
lesquels sont abrogés (L. 25 juin 1920, art. 54). —
Le droit de timbre exigible sur les titres comportant reçu pur et simple, libération ou décharge
de titres, valeurs ou objets, est fixé à 0 fr. 25 cent.
(L. 25 juin 1920, art. 55, § 2).

56 *ter.* Les reçus de chèques à *négocier* ou à
encaisser bénéficient de l'exemption prévue par
l'art. 4 de la loi du 30 mars 1872. Mais lorsque
les chèques sont *donnés en payement* les reçus
qui en sont délivrés sont assujettis au droit de
timbre-quittance, alors même que le reçu serait
donné par duplicata ou qu'il serait suivi d'une
quittance régulièrement timbrée.

56 *quater.* Sont exempts du droit de timbre de
quittance les écrits ayant pour objet soit la reprise
des marchandises livrées à condition ou des enveloppes et récipients ayant servi à des livraisons,
soit la déduction de la valeur des mêmes enveloppes ou récipients, que cette reprise ou cette
déduction soit constatée par des pièces distinctes
ou par des mentions inscrites sur les factures
(L. 8 avr. 1910, art. 24, complété par L. 13 juill.
1911, art. 9). — D'autre part, il n'est rien innové
en ce qui concerne les exonérations prononcées
par les lois antérieures au profit des *acquits* inscrits sur les chèques, sur les lettres de change,
billets à ordre et autres effets de commerce, ainsi
que des quittances ou reçus de 10 francs et au-dessous, quand il ne s'agit pas d'un acompte ou
d'une quittance finale sur plus forte somme.

58 *bis.* Au lieu de : 2 p. 100, 7 p. 100, *lire :*
5 p. 100, 10 p. 100 (L. 25 juin 1920, art. 24 et 25).

59 *bis,* **60** *bis.* Sur le doublement du droit
fixe, V. *Obligations,* n° 70 *bis.*

PÊCHE FLUVIALE

13 *bis.* Les locations, écrites ou verbales, du
droit de pêche sont soumises à une taxe annuelle
de 10 francs par 100 francs, qui est liquidée sur le
prix augmenté des charges et qui est à la charge
exclusive des preneurs (L. 31 juill. 1920, art. 19).
— La taxe ne s'applique pas aux locations de
pêche consenties aux sociétés de pêcheurs à la
ligne bénéficiaires de la loi du 20 janv. 1902
(L. 31 juill. 1920, art. 19, § 6).

19 *bis.* Lorsque le 15 juin tombe un dimanche,
le ministre de l'Agriculture et le ministre des
Travaux publics peuvent exceptionnellement
autoriser la pêche à la ligne, pour ce seul jour,
dans les départements où aucun inconvénient
n'en résulte pour la reproduction du poisson.
Toutefois, le colportage et la vente du poisson
restent rigoureusement interdits jusqu'au dimanche suivant, date définitive de l'ouverture de
la pêche (L. 13 juin 1913).

PÊCHE MARITIME

1 *bis*. La loi du 31 déc. 1918 (art. 10) a institué un Office scientifique et technique des pêches maritimes, établissement public, doté de l'autonomie financière, dont l'objet est de favoriser par les progrès de la science, (travaux de laboratoire, études océanographiques, etc.) le développement des opérations industrielles se rattachant à l'exploitation des richesses de la mer. Ses ressources proviennent, notamment, de taxes imposées aux navires de pêche de plus de 10 tonneaux (1 franc, 1 fr. 50 cent., ou 2 francs par tonneau de jauge brute, suivant le tonnage), aux établissements de pêche fixes et aux prises d'eau de mer (L. 7 janv. 1920).

4 *bis*. Une loi du 26 févr. 1911 a constitué sur de nouvelles bases le régime des encouragements aux grandes pêches maritimes, notamment à la pêche à la morue. Elle accorde des primes : 1° à l'armement aux grandes pêches ; 2° aux produits de pêche. L'application de ces dispositions a fait l'objet d'un décret du 9 nov. 1911.

5 *bis*. L'obtention des primes d'armement pour la grande pêche a été subordonnée, par le décret du 13 janv. 1908, à certaines conditions de sécurité et d'hygiène à remplir par les navires qui se livrent à cette pêche. — Sur les droits d'octroi applicables aux produits de la pêche maritime, V. *Octroi*, n° 11 *bis*.

PEINES

57 *bis*. Le montant des amendes pénales prononcées par les cours et tribunaux est majoré de 20 décimes (L. 25 juin 1920, art. 110), ou 200 p. 100, de sorte qu'une amende de 100 francs est en réalité de 300 francs. D'après l'administration de l'Enregistrement, la nouvelle majoration se superpose même aux 2 décimes et demi antérieurement existants, de sorte que la majoration atteint en fait, pour certaines amendes, 22 décimes et demi, soit 225 p. 100.

60 *bis*. La confiscation générale a été rétablie par la loi du 14 nov. 1918, dans le cas de condamnation prononcée pour crimes et délits contre la sûreté extérieure de l'Etat, pour trahison ou pour espionnage.

66 *bis*. Sur les décimes dont sont majorées les amendes fiscales, V. *supra*, *Enregistrement*, n° 105 *bis*.

67 *bis*. Le directeur général de l'Enregistrement statue sur les demandes de remise de pénalités, lorsque celles-ci n'excèdent pas 20 000 francs. Les directeurs départementaux sont compétents à l'égard des demandes relatives aux pénalités ne dépassant pas 5 000 francs (Décr. 10 déc. 1920).

PENSION ALIMENTAIRE. — V. *Aliments*.

PENSIONS CIVILES

1 *bis*. Ligne 2, *ajouter* : La loi du 9 juin 1853 a été modifiée par celle du 30 déc. 1913 sur les pensions.

2 *bis*. Sont nulles de plein droit et de nul effet les obligations contractées envers les intermédiaires qui se chargent, moyennant stipulation d'émoluments, d'assurer aux pensionnaires et gratifiés de l'Etat, des départements et des communes, et à ceux de la Caisse des invalides de la marine et de la Caisse nationale de prévoyance entre les marins français, le bénéfice des lois de pensions. Est passible d'une amende de 16 francs à 300 francs et, en cas de récidive, d'une amende de 500 à 2 000 francs, tout intermédiaire con-

vaincu d'avoir offert les services ci-dessus prévus (L. 26 juill. 1917, art. 3). L'art. 463 c. pén. (circonstances atténuantes) est applicable (art. 4).

4 *bis*. Les services rendus après l'âge de vingt ans dans le cadre local des administrations des départements, communes, colonies ou pays de protectorat sont admissibles pour l'établissement du droit à pension, pourvu que la durée des services rendus à l'Etat soit au moins de douze ans dans la partie sédentaire et de dix ans dans la partie active ou dans les services coloniaux (L. 30 déc. 1913, art. 32).

4 *ter*. Les fonctionnaires et employés civils peuvent être détachés au service des départements, communes, colonies, pays de protectorat, pays étrangers, établissements publics ou privés. Ils conservent dans cette position leurs droits à l'avancement hiérarchique et à la pension (art. 33). — Les militaires, marins et assimilés qui sont régulièrement détachés du service de l'Etat sont soumis aux mêmes dispositions (art. 34).

5 *bis*. Par dérogation à l'art. 3 de la loi du 9 juin 1853, les fonctionnaires et employés âgés de moins de vingt ans sont affranchis des retenues (art. 6).

7 *bis*. Les directeurs des services agricoles dans les départements et les professeurs d'agriculture sont inscrits au service actif (L. 21 août 1912, art. 9). — Sont également compris dans le service actif : 1° les directeurs, directrices, professeurs, maîtres adjoints et maîtresses adjointes des écoles pratiques de commerce et d'industrie ; 2° le directeur, les professeurs de théorie, les chefs et sous-chefs d'atelier de l'école nationale d'horlogerie de Cluses ; 3° les contrôleurs du travail des agents de chemins de fer ; 4° les commis des postes et des télégraphes du bureau flottant du Havre à New-York ; 5° les inspecteurs de police spéciale ; 6° les agents du service des poids et mesures (L. 30 déc. 1913, art. 3).

8 *bis*. Les services dans les armées de terre et de mer concourent, avec les services civils, pour établir le droit à pension, pourvu que la durée de ces derniers soit au moins de douze ans dans la partie sédentaire ou de dix ans dans la partie active. Si les services militaires ont été déjà rémunérés par une pension militaire, ils ne servent qu'à constituer le droit à pension civile pour leur durée effective et n'entrent pas dans le calcul de la liquidation. S'ils n'ont pas été rémunérés par une pension militaire, il en est fait état, au gré de l'intéressé, soit conformément à la législation sur les pensions militaires, soit conformément à la législation sur les pensions civiles (L. 30 déc. 1913, art. 2). — L'art. 91 de la loi du 8 avr. 1910 a admis dans le compte des années de service le temps passé dans certaines écoles préparatoires ou à l'étranger par les fonctionnaires de l'enseignement.

8 *ter*. La loi du 9 juin 1853 n'est pas applicable aux fonctionnaires admis dans les administrations de l'Etat après l'âge de trente ans. Des versements, comprenant, d'une part, les retenues de 5 p. 100 et du premier douzième du traitement, d'autre part, des subventions égales à la charge de l'Etat, sont effectués au nom de ces agents par chaque administration intéressée à la Caisse nationale des retraites pour la vieillesse, en vue de la constitution d'une rente viagère à l'âge de 60 ans (L. 30 avr. 1920, art. 15 ; L. 29 avr. 1921, art. 31). Toutefois ces dispositions ne s'appliquent pas aux magistrats et aux juges de paix nommés avant l'âge de 45 ans (L. 31 déc. 1921, art. 95).

9 *bis*. Les fonctionnaires, employés et agents civils de l'Etat qui, accomplissant en temps de guerre un service militaire, sont atteints, dans l'exécution de ce service, de blessures ou d'infirmités ouvrant droit à une pension militaire, peuvent, en renonçant à demander cette pension, réclamer le bénéfice de leur régime normal de retraites (L. 14 mars 1915, art. 1er). Ceux qui, ayant été victimes d'événements de guerre dans leur service, ne peuvent continuer l'exercice de leurs fonctions, ont droit à une pension exceptionnelle, s'ils renoncent à se prévaloir de la législation relative aux victimes civiles de la guerre (L. 25 avr. 1919, art. 1er).

14 *bis.* Les veuves des fonctionnaires civils ont droit à pension lorsque le mari a obtenu une pension de retraite ou a accompli vingt-cinq ans de services tant militaires que civils, pourvu que le mariage ait été contracté au moins *deux ans* avant la cessation de l'activité ou qu'il existe un ou plusieurs enfants issus du mariage antérieur à cette cessation (L. 30 déc. 1913, art. 5, § 1er).

15 *bis.* Peuvent opter pour le régime de pensions afférent à l'emploi civil les veuves ou orphelins des fonctionnaires, employés et agents civils de l'Etat visés par les lois du 14 mars 1915 et du 25 avr. 1919 (V. *suprà*, n° 9 *bis*), qui ont été tués dans l'accomplissement d'un service militaire en temps de guerre, ou qui sont morts des suites de blessures (L. 14 mars 1915, art. 2, § 1er).

17 *bis.* Dans le cas où la veuve d'un fonctionnaire civil tué à l'ennemi est en concours avec des enfants d'un autre lit, il est statué relativement à l'option à exercer et sur citation délivrée à la requête de la partie la plus diligente, par le tribunal civil du lieu de la succession siégeant en chambre du conseil (L. 14 mars 1915, art. 2, § 2).

19 *bis.* Lignes 11 et 12, *lire :* Le temps de surnumérariat ou de stage accompli, après l'âge de vingt ans, à l'entrée des carrières civiles, est admissible pour la constitution du droit à pension et pour la liquidation de la pension. Lors de son admission définitive dans les cadres, le surnuméraire ou stagiaire est astreint à verser rétroactivement les retenues légales sur son traitement initial de fonctionnaire titulaire (L. 8 avr. 1910, art. 85, modifié par L. 13 juill. 1911, art. 75).

19 *ter.* Les fonctionnaires et employés âgés de moins de vingt ans sont affranchis des retenues (L. 30 déc. 1913, art. 6).

20 *bis.* Lignes 3 à 10, *lire :* La pension est réglée à raison : de un soixantième du traitement moyen pour chaque année de services rendus dans la partie sédentaire ; de un cinquantième du même traitement pour chaque année passée dans la partie active (L. 30 déc. 1913, art. 1er).

20 *ter. Remplacer* les quatre dernières lignes par : traitements de 1 001 à 8 000 francs, deux tiers du traitement moyen sans pouvoir descendre au-dessous de 750 francs ni dépasser 4 000 francs ; traitements de 8 001 à 12 000 francs, moitié du traitement moyen ; traitements au-dessus de 12 000 francs, 6 000 francs (L. 30 déc. 1913, art. 4).

20 *quater.* Jusqu'à la promulgation d'une loi nouvelle sur le régime des pensions civiles, celles de ces pensions liquidées après le 30 juin 1919 continuent à être calculées sur la base des anciennes échelles de traitements, mais elles comportent une majoration fixée à 100 p. 100 pour la tranche inférieure à 750 francs, à 50 p. 100 pour la tranche comprise entre 750 francs et 1 800 francs, à 25 p. 100 pour la tranche comprise entre 1 800 et 6 000 francs. Il s'y ajoute, s'il y a lieu, un complément de pension destiné à tenir compte du relèvement des traitements (L. 25 mars 1920, art. 6).

20 *quinquiès.* L'allocation temporaire de 720 francs par an accordée par la loi du 18 oct. 1917, en raison du renchérissement du prix de la vie aux petits retraités, civils et militaires, de l'Etat (pensions de 4 000 francs au plus) a été remplacée par des majorations de pensions. Quels que soient le montant de ces pensions, l'âge, l'état civil, la situation de famille des titulaires, elles sont majorées de 100 p. 100 pour la part ou tranche ne dépassant pas 750 francs, de 50 p. 100 pour la part comprise entre 750 francs et 1 800 francs et de 25 p. 100 pour la part comprise entre 1 800 francs et 6 000 francs (L. 25 mars 1920, art. 1 et 2). — Cette allocation temporaire reste en vigueur jusqu'au 31 décembre 1922 (L. 30 juin 1922, art. 1 et 2). — Les allocations temporaires sont maintenues aux ayants droit tant qu'ils ne bénéficient pas des majorations de pensions (L. 31 déc. 1921, art. 86).

21 *bis.* Pour les veuves et les orphelins dont la pension était liquidée au 1er janv. 1920, la majoration est de 100 p. 100 pour la part allant jusqu'à 375 francs, de 50 p. 100 pour la part comprise entre 375 francs et 900 francs, de 25 p. 100 pour la part comprise entre 900 et 3 000 francs. Les pensions ainsi majorées ne peuvent être inférieures à 750 francs (L. 25 mars 1920, art. 1 et 2). — En ce qui concerne les pensions des veuves ou orphelins des fonctionnaires dont les services admissibles pour la retraite ont pris fin postérieurement au 30 juin 1919, elles continuent à être calculées sur la base des anciennes échelles de traitements, mais elles comportent, en outre, la majoration ci-dessus prévue, et, s'il y a lieu, un complément fixé d'après les règles indiquées *suprà*, n° 20 *quinquiès* (L. 25 mars 1920, art. 7).

23 *bis.* Les propositions de pensions civiles établies par les divers ministères sont soumises à l'examen du Conseil d'Etat par le ministre des Finances, qui contresigne seul les décrets de concession (L. 22 juill. 1909, art. 1er). Depuis la loi du 30 avr. 1921 (art. 48), l'examen du Conseil d'Etat n'est plus nécessaire que s'il y a désaccord entre le ministre des Finances et le ministre liquidateur, ou si le renvoi est demandé par l'un des ministres intéressés.

24 *bis.* A partir de la date de cessation de son service, le fonctionnaire mis à la retraite avant délivrance de son brevet reçoit, à titre d'avance, une allocation provisoire trimestrielle calculée sur les quatre cinquièmes de la somme à laquelle une liquidation sommaire établie en même temps que le décret décidant la mise à la retraite a permis d'évaluer sa pension. Si la pension n'est pas liquidée définitivement dans les douze mois de la cessation des fonctions, le cinquième réservé est payé au début du treizième mois, et, à partir de ce moment, la totalité de la pension est servie tous les trois mois sur les bases de la liquidation provisoire (L. 31 déc. 1920, art. 18, § 1 et 3).

26 *bis.* Les arrérages des pensions inscrites sur le grand livre de la Dette publique, dont la concession a été publiée au *Journal officiel* postérieurement à la promulgation de la loi du 31 déc. 1915, sont payables trimestriellement et à terme échu. La date des échéances est indiquée sur les titres de pension et fixée de manière à répartir également les payements sur l'ensemble du trimestre. — Les formalités du payement ont été modifiées par la loi du 5 sept. 1919. Désormais les titulaires reçoivent, à titre de certificat d'inscription, un livret muni de coupons indiquant la date de chaque échéance, et revêtu de la photographie du pensionnaire ou de son représentant légal, s'il s'agit d'un mineur ou d'un interdit. L'intéressé désigne le département où les arrérages doivent être assignés et le comptable public à la caisse duquel ils seront payables. Le payement a lieu, sans production de certificat de vie, sur la présentation par le pensionnaire ou par son représentant légal du livret de pension, et contre remise du coupon échu.

28 *bis.* Les pensions concédées aux veuves et orphelins de fonctionnaires civils ou militaires peuvent être cumulées, à concurrence de 10 000 francs, avec les traitements et indemnités quelconques payés aux titulaires de ces pensions par l'Etat, les départements, les colonies, les communes ou les établissements publics (L. 22 déc. 1910, modifié par L. 31 juill. 1920, art. 76).

28 *ter.* Les titulaires de pensions civiles ou militaires nommés à un emploi civil rétribué par l'Etat ou par les départements, colonies ou pays de protectorat, communes ou établissements publics, ne peuvent cumuler leur pension (y compris tous suppléments, allocations ou compléments) avec le traitement attaché à cet emploi qu'autant que le total n'excède pas 10 000 francs (L. 31 juill. 1920, art. 76), ou, s'il est supérieur à ce chiffre, le montant de leur dernier traitement d'activité sans les accessoires. Pour les fonctionnaires admis à pension avant le 1er juill. 1919, ce traitement est majoré de 50 p. 100 (L. 31 juill. 1920, même art.). Lorsque cette limite est dépassée, l'excédent est retenu sur la pension (L. 30 déc. 1913, art. 37).

30 *bis.* Le cumul de plusieurs pensions servies à leurs anciens agents par l'Etat, les départements, les colonies ou pays de protectorat, les communes ou établissements publics, est autorisé dans la limite de 10 000 francs. Si cette limite est dépassée, l'excédent est retenu sur la pension servie par l'Etat. Toutefois, le cumul est interdit pour les pensions acquises dans l'exercice d'un même emploi (L. 30 déc. 1913, art. 40; L. 31 juill. 1920, art. 76).

31 *bis.* En cas de saisie pratiquée à la requête des créanciers alimentaires ou privilégiés, la portion saisissable est calculée sur la totalité des arrérages du trimestre en cours, et le montant de la retenue est imputé proportionnellement sur les mensualités restant à payer sur ce trimestre (L. 26 juill. 1917, art. 11).

31 *ter.* — Avances sur pensions. — Est interdite, sauf les exceptions prévues ci-après, toute avance faite, sous quelque forme que ce soit, sur une pension civile ou militaire. Le prêteur est puni d'un emprisonnement de six jours à six mois et d'une amende qui peut s'élever à la moitié des capitaux prêtés (L. 26 juill. 1917, art. 1er). L'art. 463 c. pén. (circonstances atténuantes) est applicable (art. 4). Dans tous les cas et suivant la gravité des circonstances, les tribunaux peuvent ordonner, aux frais du délinquant, l'affichage du jugement et son insertion par extrait dans un ou plusieurs journaux du département (art. 2).

31 *quater.* L'interdiction ne s'applique pas aux sociétés philanthropiques jouissant d'une autorisation ministérielle à l'effet de consentir des avances gratuites aux pensionnaires de l'Etat, des départements, des communes, etc. — La Caisse nationale d'épargne, les caisses d'épargne ordinaires et les monts-de-piété sont autorisés à consentir aux pensionnaires de l'Etat, sur le trimestre en cours de leur pension, des avances représentant les arrérages courus d'un ou de deux mois. — Sur le montant de chaque avance il est retenu, pour intérêts et frais, une commission fixée à 1 p. 100, quelle que soit la durée de l'avance, sans toutefois que cette commission puisse être inférieure à 0 fr. 50 cent.

34 *bis.* Les pensions des ouvriers des manufactures de tabacs et d'allumettes, des magasins de transit des manufactures de l'Etat, de l'atelier général du timbre, des administrations des Postes et des télégraphes et des Monnaies et médailles,

des établissements militaires relevant du ministère de la Guerre, ainsi que des arsenaux et établissements de la marine, soumis au régime des versements à la Caisse nationale des retraites pour la vieillesse, sont régies par la loi du 21 oct. 1919. Le minimum de la pension est de 1 800 francs pour les hommes comptant 60 ans d'âge et 30 ans de services à l'Etat, et de 1 500 francs pour les femmes comptant 55 ans d'âge et 30 ans de services.

37 *bis.* La loi du 26 juill. 1917, qui réglemente les avances sur pensions (V. *supra*, nos 31 *ter* et *quater*), est applicable aux pensions des départements et des communes.

PENSIONS MILITAIRES

1 *bis.* — I. Pensions de l'armée de terre. — Les pensions militaires comprennent : 1° les pensions de retraite pour ancienneté; 2° les pensions proportionnelles; 3° les pensions temporaires (substituées aux gratifications renouvelables); 4° les pensions pour blessures ou infirmités. La matière demeure régie, en ce qui concerne les deux premières catégories de pensions, par la loi du 11 avr. 1831, reproduite dans ses dispositions essentielles, quant à l'armée de mer, par la loi du 18 avr. 1831. Mais les pensions pour infirmité, temporaires ou définitives, sont soumises à un régime nouveau, institué à la suite de la guerre de 1914-1918 par la loi du 31 mars 1919, qui consacre un système très différent de celui qu'avait établi la législation de 1831. Cette loi est commune aux armées de terre et de mer.

3 *bis.* Le *droit à pension* résulte : 1° des blessures constatées avant le renvoi du militaire dans ses foyers, à moins qu'il ne soit établi qu'elles ne proviennent pas d'événements de guerre ou d'accidents éprouvés par le fait ou à l'occasion du service; 2° des infirmités causées ou aggravées par les fatigues, dangers ou accidents éprouvés par le fait ou à l'occasion du service. Par infirmités, il faut entendre les affections suffisamment graves pour entraîner une invalidité (par exemple, la tuberculose).

9 *bis.* Les pensions sont *définitives* ou *temporaires.* La pension définitive est due quand l'infirmité causée par la blessure ou la maladie est reconnue incurable. La pension temporaire est due tant que l'infirmité n'est pas reconnue incurable. — La pension temporaire remplace l'ancienne gratification de réforme. Elle est concédée pour deux ans, sauf en ce qui concerne les réformés temporaires, qui n'y ont droit que pendant le temps où ils sont en position de réforme. Elle est renouvelable par périodes biennales, après examens médicaux. — La pension temporaire n'est pas indéfiniment renouvelable. Dans le délai maximum de quatre ans à partir du point de départ de la pension (décision de la commission de réforme), la situation du pensionné temporaire doit être définitivement fixée, soit par la conversion de la pension temporaire en pension définitive, soit par la suppression de toute pension, sous réserve du droit de revision.

10 *bis.* Les pensions définitives ou temporaires sont établies suivant le degré d'invalidité. Celle-ci doit être au moins de 10 p. 100. En cas de pluralité de lésions, dont l'une n'est pas incurable, le militaire ou marin est admis à pension temporaire pour l'ensemble de ses infirmités (L. 31 mars 1919, art. 4). — Le degré d'invalidité est apprécié de 5 en 5 p. 100, depuis 10 p. 100 jusqu'à 100 p. 100. L'invalidité de 100 p. 100, ou totale, résulte de la cécité, ou de l'amputation de deux membres, ou, d'après le décret du 17 oct. 1919, de la tuberculose pulmonaire confirmée. Pour un même grade, le centième d'invalidité a une valeur uniforme, de sorte que les pensions sont rigoureusement proportionnelles au degré d'invalidité. Ainsi, un soldat reçoit une pension de 240 francs s'il a 10 p. 100 d'invalidité, et de 2 400 francs s'il a 100 p. 100. — La pension varie également avec le grade, même à titre temporaire, dont l'intéressé était titulaire lors de la décision de la commission de réforme. Les principes ci-dessus sont applicables aux officiers et sous-officiers (comme aux hommes de troupe, mais le tarif de base, correspondant à 10 p. 100 d'invalidité, est d'autant plus fort que le grade est plus élevé (246 francs pour le sergent, 365 francs pour le lieutenant, 440 francs pour le capitaine, etc., 1 260 francs pour le général de division).

10 *ter*. Outre les pensions d'infirmité, certains avantages sont accordés aux militaires atteints d'invalidité. Ce sont : 1° la gratuité, leur vie durant, des soins médicaux, chirurgicaux et pharmaceutiques nécessités par la blessure ou la maladie ; — 2° l'hospitalisation dans un établissement public d'aliénés, lorsque la pension a été allouée pour cause d'aliénation mentale ; — 3° la rééducation professionnelle. En cas d'apprentissage d'un nouveau métier, l'invalide reçoit de l'État une allocation journalière de 1 franc au moins et 2 francs au plus (L. 1919, art. 76).

11 *bis*. Les pensions d'infirmité définitives peuvent être revisées si le taux de l'invalidité s'est accru de 10 p. 100 au moins depuis la concession de la pension, pourvu que le supplément d'invalidité soit exclusivement imputable à la blessure ou à la maladie, et que la revision soit demandée dans les cinq années qui suivent la concession de la pension (L. 31 mars 1919, art. 68).

13 *bis*. La gratification de réforme est remplacée par la pension temporaire (V. *suprà*, n° 9 *bis*).

16 *bis*. Les pensions définitives ou temporaires, majorations et allocations concédées conformément à la loi du 31 mars 1919, sont soumises à toutes les règles en vigueur concernant le cumul des pensions militaires avec une solde ou un traitement (L. 31 mars 1919, art. 58, § 1er). Toutefois, elles sont cumulables avec un traitement civil, sans limitation. — Tout militaire ou marin, atteint d'une invalidité ouvrant droit à pension et qui est admis à rester au service, a le droit de cumuler sa solde d'activité avec une pension, uniforme pour tous les grades, dont le taux est égal à celui de la pension allouée aux simples soldats atteints de la même invalidité (L. 30 avr. 1920, art. 2).

17 *bis*. Ont droit à pension : 1° les veuves des militaires et marins dont la mort a été causée par des blessures ou suites de blessures reçues au cours d'événements de guerre ou par des accidents ou suites d'accidents éprouvés par le fait ou à l'occasion du service ; 2° les veuves des militaires et marins dont la mort a été causée par des maladies contractées ou aggravées par suite de fatigues, dangers ou accidents survenus par le fait ou à l'occasion du service ; 3° les veuves des militaires et marins morts en jouissance d'une pension définitive ou temporaire correspondant à une invalidité égale ou supérieure à 60 p. 100, ou en possession de droits à cette pension (L. 1919, art. 14, § 1er). — A chacune de ces catégories correspond un taux particulier de pension.

17 *ter*. La veuve n'a droit à pension que si le mariage est antérieur soit à la blessure, soit à l'origine ou à l'aggravation de la maladie (L. 1919, art. 14, § 2). Aucune condition de durée de mariage n'est exigée ; l'antériorité suffit. Elle n'est même pas exigée dans un cas exceptionnel, celui des femmes qui ont épousé un mutilé de la guerre de 1914 atteint d'une invalidité égale ou supérieure à 80 p. 100.

17 *quater*. La séparation de corps prononcée contre la femme, et le divorce, même à son profit, emporte déchéance du droit à pension de veuve. Il en est de même : 1° lorsque le mari avait présenté une requête en séparation de corps ou en divorce ; 2° lorsque, n'ayant pas encore présenté une requête, il avait cependant exprimé, par écrit, l'intention formelle de la présenter ; 3° lorsque la veuve est déchue de la puissance paternelle (L. 31 mars 1919, art. 21). Les droits de la veuve sont transférés, le cas échéant, sur la tête des enfants mineurs du défunt. — L'action en déchéance est exercée par le procureur de la République, par les parents du mari, ou par le tuteur ou le subrogé tuteur des enfants. Elle doit être intentée dans l'année du décès (art. 22).

17 *quinquiès*. La veuve qui se remarie conserve la jouissance de sa pension. Mais elle peut y renoncer à l'expiration de l'année qui suit son nouveau mariage : elle a droit alors au versement immédiat d'un capital représentant trois annuités de la pension. Si le défunt a laissé des enfants mineurs, la pension est transférée sur leur tête jusqu'à la majorité du dernier d'entre eux. En outre, si la veuve qui se remarie et qui conserve sa pension a des enfants mineurs nés de son mariage avec le décédé, la jouissance de la moitié de la pension leur est déléguée jusqu'à la majorité du dernier d'entre eux. La jouissance des majorations leur appartient (L. 1919, art. 18).

18 *bis*. Les orphelins n'ont un droit propre à pension que si leur mère est décédée ou inhabile à recueillir sa pension. Dans ce cas, les droits qui appartiennent à la veuve ou qui lui auraient appartenu passent aux enfants mineurs du militaire (L. 31 mars 1919, art. 16), et même à ceux que la veuve a eus d'un précédent mariage, si le militaire en était le soutien (art. 17). — Lorsque les enfants sont issus d'un mariage antérieur du militaire, le principal de la pension de la veuve se partage également entre les deux lits. Une des parts est attribuée aux enfants. — La pension est servie jusqu'à la majorité du plus jeune enfant ; au fur et à mesure que les enfants deviennent majeurs, leur part est reversée sur les mineurs. Il est un cas où le bénéfice de la pension est maintenu au delà de la majorité, c'est celui où l'orphelin est atteint d'une maladie incurable le mettant dans l'impossibilité de gagner sa vie (art. 20, § 6).

18 *ter*. Les enfants naturels reconnus ont droit à pension. S'il n'y a ni veuve ni enfants légitimes, ils ont les mêmes droits que des enfants légitimes. S'il y a une veuve ou des enfants légitimes, les enfants naturels reçoivent une pension calculée conformément à l'art. 20, relatif aux orphelins d'un premier lit (L. 31 mars 1919, art. 25). Le bénéfice de ces dispositions est subordonné à deux conditions : il faut que les enfants aient été conçus avant le fait qui donne ouverture à pension et qu'ils aient été reconnus dans les deux mois de leur naissance, à moins d'empêchement justifié du père (art. 26).

18 *quater*. Les ascendants (père, mère, ou, à leur défaut, les grands-parents) du militaire ou marin décédé, ainsi que les personnes qui l'ont recueilli et élevé jusqu'à sa majorité ou son appel sous les drapeaux, ont droit à une allocation accordée pour deux ans, mais renouvelée d'office tant que les intéressés remplissent les conditions requises (L. 31 mars 1919, art. 28, 32 à 34). Ce droit est ouvert dans les mêmes cas qui donnent ouverture au droit à pension de veuve (V. *suprà*, n° 17 *bis*).

18 *quinquiès*. En cas de *disparition* du militaire ou marin, il est accordé à sa femme ou à ses enfants mineurs une pension provisoire liquidée sur le taux normal, avec application des majorations pour enfants (L. 31 mars 1919, art. 27, § 1er). Les ascendants ont également droit à leur allocation (art. 28). — La pension provisoire prend fin soit par suppression, quand l'existence du disparu est certaine, soit par conversion en pension définitive, quand le décès est établi officiellement ou que l'absence est déclarée par jugement (art. 27).

19 *bis*. Les demandes de pension, quelles qu'elles soient, sont adressées au ministre des Pensions (L. 17 et 27 avr. 1920); elles lui parviennent par la voie hiérarchique. — En ce qui concerne les pensions d'invalidité, il y a lieu de distinguer suivant que le militaire ou marin est présent sous les drapeaux ou rentré dans ses foyers. Dans le premier cas, l'intéressé adresse sa demande au chef de corps dont il relève, lequel fait constater l'origine de la blessure ou de la maladie et fait établir un certificat déterminant leur relation avec le service (Décr. 2 sept. 1919, art. 1er). Dans le second cas, la demande est adressée au directeur du service de santé de la région où réside l'intéressé. Elle doit être présentée dans les cinq ans de l'ouverture du droit à pension. Elle est transmise au centre de réforme (art. 2). — Pour les pensions de veuve, la demande est adressée par l'intéressée au fonctionnaire de l'intendance chargé du service des pensions dans le département où elle réside (Même décr., art. 20, 21 et 22). — Quant aux demandes de pension en faveur d'orphelins, elles sont formées par leur représentant légal (art. 20, § 3).

20 *bis*. Les pensions militaires (ancienneté, proportionnelles, d'invalidité, de veuves) sont liquidées par le ministre des Pensions. Elles sont concédées par arrêté ministériel signé par lui et par le ministre des Finances. Elles ne sont soumises à l'examen du Conseil d'Etat qu'en cas de désaccord entre les deux ministres (L. 27 avr. 1920). — Toute décision comportant rejet de la demande de pension doit, à peine de nullité, être motivée (L. 31 mars 1919, art. 6).

20 *ter*. En raison de la cherté de la vie, les pensions militaires proportionnelles sont majorées de 100 p. 100 pour la part allant jusqu'à 375 francs, de 50 p. 100 pour la part comprise entre 375 francs et 900 francs, de 25 p. 100 pour la part comprise entre 900 francs et 3 000 francs. Les pensions ainsi majorées ne peuvent être inférieures à 750 francs (L. 25 mars 1920, art. 2). Elles sont, en outre, augmentées d'un complément (L. 25 mars 1920, art. 8).

20 *quater*. Les pensions militaires d'ancienneté sont majorées comme les pensions civiles (V. *suprà*, *Pensions civiles*, n° 20 *quinquiès*). Elles comportent le complément prévu par l'art. 8 précité de la loi du 25 mars 1920.

22 *bis*. La pension pour blessures ou infirmités est liquidée d'après le grade ou échelon de solde dont le militaire était titulaire lors de la décision de la commission de réforme. Peu importe que le grade ait été conféré à titre temporaire ou auxiliaire (L. 31 mars 1919, art. 56, § 1er).

22 *ter*. Les pensions d'invalidité, définitives ou temporaires, sont augmentées de majorations annuelles, par enfant légitime ou naturel reconnu, né ou à naître, suivant un tarif qui va de 30 francs pour une invalidité de 10 p. 100 à 300 francs pour une invalidité de 100 p. 100. Ces majorations, in-

dépendantes du grade, sont payées pour chaque enfant jusqu'à l'âge de 18 ans; elles ne sont pas réversibles d'un enfant sur l'autre. Elles sont insaisissables (L. 31 mars 1919, art. 13 et 71). — D'autre part, les grands invalides (85 p. 100 au moins d'invalidité) ont droit : 1° à des allocations temporaires allant de 500 francs à 1 000 francs par an, et, pour ceux qui sont obligés de recourir aux soins d'une tierce personne, à des allocations temporaires de 3 500 francs et 5 000 francs par an; 2° à des majorations supplémentaires temporaires pour enfants (170 francs à 200 francs par an et par enfant) (L. 31 déc. 1921, art. 138).

23 *bis*. La pension des veuves de militaires morts au service est liquidée d'après le grade dont le militaire était titulaire au jour de son décès. L'art. 19 de la loi du 31 mars 1919 prévoit trois taux : le taux exceptionnel, le taux normal, le taux de réversion, qui correspondent aux trois catégories de veuves mentionnées à l'art. 14 (V. *suprà*, n° 17 *bis*). — La pension est majorée de 300 francs pour chaque enfant de moins de 18 ans (art. 19, § 5). — En cas de décès ou d'incapacité de la veuve, les orphelins reçoivent sa pension (V. *suprà*, n° 18 *bis*), majorée dans les mêmes conditions, mais seulement à partir du deuxième enfant de moins de 18 ans (art. 19, § 6).

23 *ter*. L'allocation des ascendants (V. *suprà*, n° 18 *quater*) est de 400 francs par an pour le père; de 800 francs pour la mère, veuve, divorcée ou non mariée; de 400 francs pour la mère veuve remariée, ou mariée depuis le décès du militaire; de 800 francs pour le père et la mère conjointement (L. 31 mars 1919, art. 30, § 2). L'allocation est augmentée de 100 francs par enfant décédé sous les drapeaux à partir du second (art. 31).

24 *bis*. La jouissance des pensions a pour point de départ : la décision de la commission de réforme, pour les pensions d'invalidité (L. 31 mars 1919, art. 3, § 4); le jour du décès, pour les pensions de veuves ou d'orphelins; le jour de la demande d'allocation, pour les allocations d'ascendants (art. 30). — Pour le payement des pensions, V. *Pensions civiles*, n° 26 *bis*.

24 *ter*. L'incessibilité et l'insaisissabilité édictées par les lois des 11 et 18 avr. 1831 s'appliquent aux pensions, allocations et majorations prévues par la loi du 31 mars 1919.

25 *bis*. — II. Pensions de l'armée de mer. — La loi du 31 mars 1919 (V. *suprà*, n°s 1 *bis*, 3 *bis* et s.) s'applique à l'armée de mer comme à l'armée de terre.

27 *bis*. Le droit à la pension d'ancienneté est acquis, après vingt-cinq années de services à l'Etat, aux officiers mariniers, quartiers-maîtres et marins (L. 8 août 1913, art. 7). Les pensions pour blessures et infirmités sont régies par la loi du 31 mars 1919 (V. *suprà*, n°s 3 *bis* et s.). En ce qui concerne le taux de ces pensions, V. *suprà*, n°s 10 *bis* et s.

28 *bis*. Pour les pensions des veuves et des orphelins, les allocations d'ascendants, V. *suprà*, n°s 17 *bis* et s., 18 *bis* et s., 23 *ter* et s.

29 *bis*. En ce qui concerne l'admission à la retraite pour invalidité, la demande de pension, l'instruction, la liquidation, la jouissance, V. *suprà*, n°s 19 *bis* et s.; 24 *bis*.

30 *bis*. Les officiers mariniers, quartiers-maîtres et marins qui, à l'âge de 39 ans, réunissent quinze ans de services effectifs ont droit à une pension proportionnelle à la durée du service accompli. Cette pension se cumule avec le traitement de l'emploi civil dont le pensionnaire peut être pourvu. Les dispositions relatives au régime des pensions proportionnelles dans l'armée de terre sont applicables aux officiers mariniers, quartiers-maîtres et marins (L. 8 août 1913, art. 7).

35 *bis.* Les inscrits maritimes réunissant au moins 180 mois de services dont cent au moins sur des bâtiments de commerce, de pêche ou de plaisance, que des infirmités évidentes reconnues mettent dans l'impossibilité définitive de naviguer, ont droit à une pension proportionnelle dont le taux est fixé par chaque mois de services à raison de 1/300 de la pension entière minimum (L. 14 juill. 1908, art. 11, modifié par L. 21 sept. 1916, art. 2; L. 30 déc. 1920, art. 5).

38 *bis.* La loi du 29 déc. 1905 a été modifiée par plusieurs lois ultérieures, notamment par la loi du 30 déc. 1920. Cette dernière loi a augmenté le chiffre des pensions, fixé les pensions de veuves et d'orphelins à la moitié du montant des pensions d'invalidité et déterminé les versements à effectuer par les marins et les patrons.

39 *bis.* — **III. Contentieux des pensions.** — Les contestations auxquelles donne lieu l'application de la loi du 31 mars 1919, sur les pensions pour cause de blessures ou d'infirmités (V. *suprà*, n°s 10 *bis* et s.), sont jugées par une juridiction spéciale : les tribunaux départementaux des pensions et les cours régionales des pensions. Les tribunaux sont composés de magistrats, d'un médecin, d'un pensionné, d'un fonctionnaire de l'intendance, celui-ci remplissant les fonctions de commissaire du Gouvernement. Les cours régionales sont constituées par un président de chambre et deux conseillers à la cour d'appel, et par un fonctionnaire de l'intendance, commissaire du Gouvernement (L. 31 mars 1919, art. 35, 36 et 37; Décr. 2 sept. 1919, art. 28 à 36). — L'intéressé doit saisir le tribunal départemental dans le délai de six mois à partir de la notification de la décision refusant la pension ou en arrêtant le chiffre. Le tribunal est saisi par l'envoi d'une lettre recommandée au greffier. Une tentative de conciliation a lieu devant le président entre le demandeur et le représentant du ministre des Pensions. En cas d'échec, le demandeur est cité devant le tribunal; il peut comparaître en personne ou se faire représenter; il a droit à l'assistance judiciaire. — Il peut être fait appel devant la cour régionale, dans les deux mois de la signification, par l'intéressé ou par le commissaire du Gouvernement (art. 42). — Les décisions des tribunaux départementaux et des cours régionales sont susceptibles de recours devant le Conseil d'État pour excès ou détournement de pouvoir, vice de forme ou violation de la loi (L. 1919, art. 35, 43). Le pourvoi est formé dans les deux mois de la signification de la décision, par voie de déclaration au greffe de la juridiction qui l'a rendue. Il a lieu sans frais.

41 *bis.* Les décisions des tribunaux départementaux et des cours régionales des pensions, les extraits, copies, grosses ou expéditions qui en sont délivrés, et généralement tous les actes de procédure auxquels donne lieu l'application de la loi du 31 mars 1919, sont dispensés de timbre et d'enregistrement (L. 1919, art. 44). — Les quittances données par les pensionnaires pour avances sur les arrérages de leur pension sont exemptes du droit de timbre (L. 26 juill. 1917, art. 10).

PÉRIODE D'EXERCICES MILITAIRES.
— V. *Louage de services, Recrutement de l'armée.*

PERMIS DE CHASSE. — V. *Chasse.*

PERMIS DE CIRCULATION. — V. *Voiture.*

PHARMACIE - DROGUERIE.

1 *bis.* Le diplôme de pharmacien de 2e classe a cessé d'être délivré depuis le 1er nov. 1917 (Décr. 24 nov. 1911).

3 *bis.* Les inspections ne peuvent être confiées, en ce qui concerne les officines de pharmacie et les dépôts de médicaments, qu'à des inspecteurs munis du diplôme de pharmacien. Les inspecteurs sont nommés et commissionnés par les préfets sur la proposition des directeurs des écoles supérieures de pharmacie, des doyens de facultés mixtes de médecine et de pharmacie, des directeurs des écoles de plein exercice ou préparatoires de médecine et de pharmacie (Décret du 5 août 1908).

3 *ter.* Ajouter *in fine* : Les drogueries et épiceries ne sont pas passibles du droit de 4 francs et sont assujetties à une taxe annuelle de 1 franc (L. 30 juill. 1913, art. 7).

4 *bis.* Les dépôts de médicaments tenus par les médecins et vétérinaires sont soumis, par le décret du 5 août 1908, à l'inspection exercée par les personnes désignées ci-dessus, n° 3 *bis.*

5 *bis.* V. le n° 3 *bis.* — Les inspecteurs ont seuls qualité, réserve faite des pouvoirs appartenant aux officiers de police judiciaire, pour opérer des prélèvements dans les officines de pharmacie et les dépôts de médicaments. Pour les autres établissements, la visite et la recherche des fraudes et falsifications en matière médicamenteuse peuvent être confiées à des inspecteurs adjoints choisis et commissionnés par les préfets (Décr. 5 août 1908, art. 5).

12 *bis.* Un supplément au Codex de 1908 a été mis en vigueur le 1er avr. 1920 (Décr. 8 janv. 1920).

13 *bis.* Au décès d'un pharmacien, la veuve, les enfants ou héritiers peuvent continuer de tenir son officine ouverte pendant un délai qui, en aucun cas, ne peut dépasser une année à compter du lendemain du décès, à la condition de présenter à l'agrément de l'école ou faculté dont dépend l'inspection de l'officine un étudiant majeur et pourvu d'au moins huit inscriptions de scolarité, en même temps qu'un pharmacien diplômé, établi ou non, sous la responsabilité duquel seront dirigées et surveillées toutes les opérations de l'officine. L'autorisation de gestion est délivrée, après avis conforme de l'école ou faculté, par le préfet du département dans lequel est située l'officine (L. 21 germ. an 11, art. 25 complété par L. 9 févr. 1916, art. 1er).

23 *bis.* Depuis la loi du 5 août 1916, il n'est plus délivré qu'un seul diplôme d'herboriste. Il est délivré par les facultés de pharmacie, les facultés mixtes de médecine et de pharmacie, ou par les écoles de plein exercice ou préparatoires de médecine et de pharmacie (Décr. 19 août 1920).

27 *bis.* Cependant les sérums et vaccins qui ne présentent aucun danger pour l'homme ni pour les animaux peuvent être délivrés aux particuliers et employés par eux, dans les conditions déterminées par arrêté du ministre de l'Agriculture, après avis du comité consultatif des épizooties (L. 12 janv. 1909).

27 *ter.* En ce qui concerne l'impôt sur les spécialités pharmaceutiques, V. *Impôts indirects*, n° 34 *ter.*

PHOSPHORE. — V. *Impôts indirects.*

PLACE DE GUERRE

1 *bis*. Le déclassement de l'enceinte fortifiée de Paris a été autorisé et organisé par la loi du 19 avr. 1919).

6 *bis*. L'art. 8 de la loi du 9 août 1849, fixant les pouvoirs des juridictions militaires sur les territoires déclarés en état de siège, a été modifié par l'art. 6 de la loi du 27 avr. 1916.

PLATINE. — V. *Or, argent, platine*.

POIDS ET MESURES

1 *bis* et **2** *bis*. Le tableau des unités de mesure légale annexé à la loi du 4 juill. 1837, et modifié par les lois des 11 juill. 1903 et 22 juin 1909 est remplacé, sauf en ce qui concerne les monnaies, par le tableau annexé à la loi du 2 avr. 1919 qui définit les unités de longueur (mètre), de masse (kilogramme), de temps (seconde), d'électricité (ohm et ampère), de température (degré centésimal), d'intensité lumineuse (bougie décimale). Ces unités sont les unités principales: Quant aux unités secondaires, elles sont énumérées et définies par le décret du 26 juill. 1919 (unités géométriques, de masse, de temps, mécaniques, électriques, calorifiques, optiques). — Les étalons, pour les mesures de longueur et de masse, demeurent le mètre et le kilogramme en platine iridié sanctionnés par la conférence générale des poids et mesures tenue à Paris en 1889, et déposés au pavillon de Breteuil à Sèvres.

12 *bis*. Depuis le 1er janv. 1922, une taxe annuelle est due en raison des poids, appareils et instruments que les assujettis ont en leur possession : elle est perçue en prenant pour base les recensements précédents et en tenant compte des déclarations d'ouverture et de fermeture d'établissements, d'augmentation et de diminution de matériel faites au bureau du vérificateur (L. 31 déc. 1921, art. 16).

POISON. — V. *Substances vénéneuses*.

POISSON. — V. *Pêche fluviale, Pêche maritime*.

POLICE DU TRAVAIL. — V. *Travail*.

POPULATION

1 *bis*. Auprès du ministre de l'Hygiène, de l'Assistance et de la Prévoyance sociales fonctionne le Conseil supérieur de la natalité, chargé de rechercher les mesures susceptibles de combattre la dépopulation, d'accroître la natalité, etc. (Décr. 27 janv. 1920, 5 janv. et 5 févr. 1921).

2 *bis*. Le dernier recensement de la population a eu lieu le 6 mars 1921 (Décr. 5 oct. 1920). Celui auquel il aurait dû être procédé en 1916 n'a pas eu lieu, en raison de la guerre.

PORT MARITIME DE COMMERCE. — V. *Voirie par eau*.

POSTE RADIO-TÉLÉGRAPHIQUE. — V. *Postes, télégraphes, téléphones*.

POSTES, TÉLÉGRAPHES, TÉLÉPHONES.

1 *bis*. L'administration des Postes est actuellement rattachée au ministère des Travaux publics; elle est dirigée par un sous-secrétaire d'Etat (Décr. 24 janv. 1920).

1 *ter*. La loi du 15 mars 1910, accordant un congé de deux mois avec traitement entier aux institutrices en couches, est applicable au personnel féminin des postes, télégraphes et téléphones (L. 13 juill. 1911, art. 140).

1 *quater*. L'Union postale universelle a été renouvelée à Madrid le 30 nov. 1920 sur un certain nombre de matières. Le décret du 17 févr. 1922 a été rendu pour son exécution.

2 *bis*. Le transport des objets de correspondance a lieu aussi par avions. — Les particuliers ayant leur domicile ou possédant un établissement commercial et industriel dans la circonscription d'un bureau de poste peuvent, moyennant le payement d'une taxe spéciale d'abonnement, retirer leur courrier au bureau même (L. 31 déc. 1918, art. 20). — L'administration des Postes délivre des cartes d'identité, valables un an, comportant la photographie, la signature, l'adresse et le signalement du titulaire. Le coût de cette carte est de 2 francs (L. 29 mars 1920, art. 6). Elle n'est pas soumise au droit de timbre établi par l'art. 15 de la loi du 29 avr. 1921.

7 *bis*. Dans le service *intérieur* et dans les relations franco-coloniales et intercoloniales, la taxe des lettres, des paquets clos, des papiers de commerce et d'affaires est fixée comme suit : jusqu'à 20 grammes, 25 centimes ; de 20 à 50 grammes, 40 centimes ; de 50 à 100 grammes, 50 centimes ; au-dessus de 100 grammes, 15 centimes par 100 grammes ou fraction de 100 grammes. Le poids maximum de ces lettres, paquets et papiers d'affaires est de 1500 grammes (L. 29 mars 1920, art. 1er). Les objets non affranchis ou insuffisamment affranchis sont taxés au double de l'insuffisance totale ou partielle d'affranchissement (L. 8 avr. 1910, art. 44). — Les correspondances transportées *par avions* sont passibles, en sus des taxes postales ordinaires, de taxes supplémentaires variables suivant le poids et la distance. — Les correspondances distribuées *par exprès* acquittent une taxe supplémentaire de 1 franc ou de 4 francs, suivant que la commune du destinataire est ou non pourvue d'une recette ou d'une agence postale (L. 29 mars 1920, art. 4). — Les objets de correspondance de toute nature, quelle qu'en soit l'origine, adressés *poste restante*, sont passibles d'une surtaxe de 5 centimes pour les journaux et écrits périodiques et de 20 centimes par objet pour les autres correspondances. Cette surtaxe ne s'applique pas aux correspondances adressées aux voyageurs de commerce titulaires d'une carte d'identité professionnelle et qui acquittent un droit d'abonnement de 10 francs par an, ni aux autres personnes moyennant un droit d'abonnement de 20 francs (L. 29 mars 1920, art. 5, modifié par L. 30 juin 1922).

7 *ter*. Dans le service *international*, la taxe des lettres est fixée ainsi qu'il suit : jusqu'à 20 grammes, 50 centimes; au-dessus de 20 gr., 25 centimes par 20 grammes ou fraction de 20 grammes. Le poids maximum est de 2 kilogrammes. En cas d'absence ou d'insuffisance d'affranchissement, le destinataire acquitte une taxe double de l'affranchissement manquant ou insuffisant, avec minimum de 30 centimes. Les correspondances transportées par avions, de Paris à Londres et de Paris à Bruxelles, Rotterdam et Amsterdam, sont passibles de la taxe ordinaire, plus une surtaxe aérienne (Décr. 1er mai 1921).

7 *quater*. Toutes les dispositions contraires à la libre revente des timbres-poste nationaux ont été abrogées par l'art. 52 de la loi de finances du 8 avr. 1910.

8 *bis*. Dans le régime intérieur, ainsi que dans les relations franco-coloniales et intercoloniales, la taxe des *cartes postales* simples (ordinaires ou illustrées) est de 20 centimes ; celle des cartes postales avec réponse payée est de 40 centimes ; celle des cartes illustrées dont la moitié du recto est réservée à la correspondance et l'autre moitié à l'adresse et dont le verso est occupé par une illustration, gravure, etc., à l'exclusion de toute autre annotation manuscrite, de 10 centimes (L. 30 juin 1922). — Dans le service international, la taxe est de 0 fr. 30 pour la carte simple et pour chaque partie de la carte avec réponse payée (Décr. 30 mars 1921). — L'absence ou l'insuffisance d'affranchissement donne lieu à la perception d'une double taxe comme pour les lettres.

8 *ter*. Les *cartes de visite* peuvent contenir les indications suivantes : 1° nom, prénoms, qualité, profession et adresse de l'expéditeur ; 2° jours et heures de consultation ou de réception ; 3° en congé, en disponibilité, retraité ou en retraite. Ces cartes, expédiées sous bande ou enveloppe ouverte, sont affranchies à 5 centimes. Elles peuvent porter une mention manuscrite de un à cinq mots quelconques ; elles supportent alors une surtaxe de 10 centimes (L. 30 déc. 1916, art. 22, modifié par L. 30 juin 1922).

9 *bis*. Dans le service intérieur et dans les relations franco-coloniales et inter-coloniales, le port des *imprimés* est fixé comme suit : *a*) Imprimés non périodiques : 1° imprimés présentés à l'affranchissement en numéraire, déposés en nombre au moins égal à 1 000, triés et enliassés par départements et par bureaux de distribution, jusqu'au poids de 20 grammes, 3 centimes ; 2° imprimés autres que ceux susvisés, jusqu'à 50 grammes, 5 centimes ; de 50 à 100 grammes, 15 centimes ; au-dessus de 100 grammes, 15 centimes par 100 grammes ou fraction de 100 gr. Le poids maximum est de 3 kilogrammes (L. 29 mars 1920, art. 1er) ; — *b*) Journaux et écrits périodiques : tarif variable suivant le poids de l'exemplaire, la distance (rayon limitrophe du lieu d'expédition, ou rayon général), et selon qu'il s'agit de journaux « routés » et d'envois « hors sac » ou de journaux non routés (Même loi, art. 1er). Ne sont considérées comme périodiques, au point de vue de l'application de la taxe, que les publications remplissant les conditions de la loi sur la presse, paraissant au moins une fois par trimestre et dont la fin ne peut être prévue d'avance. — Sont taxés comme imprimés ordinaires : 1° les feuilles d'annonces, les prospectus, les catalogues, les almanachs, les ouvrages publiés par livraisons et dont la publication embrasse une période limitée, et toutes autres publications similaires expédiées périodiquement sous forme de fascicules isolés ou ayant l'apparence d'un journal ou d'une revue ; 2° les journaux ou écrits périodiques et leurs suppléments, lorsque plus des deux tiers des uns ou des autres sont consacrés à des réclames ou annonces (L. 30 juill. 1913, art. 23).

9 *ter*. Les papiers de commerce et d'affaires sont soumis au régime des lettres et des paquets clos (V. *supra*, n° 7 *bis*). Toutefois, les factures, relevés de comptes et notes d'honoraires non acquittés, envoyés sous bandes ou sur carte à découvert et ne comportant pas de mentions manuscrites autres que celles relatives à la date, au nom et à l'adresse du débiteur et du créancier, au numéro de la facture, à la date et au numéro de la commande et du bon de livraison, à la nature, à la quantité, au prix des marchandises, au mode d'expédition, à la nature et au montant des honoraires, à la date, au lieu et au mode de payement, sont admis au tarif de 0 fr. 15 centimes jusqu'au poids de 20 grammes (L. 29 mars 1920, art. 1er, modifié par L. 31 déc. 1921, art. 43 et 30 juin

1922, art. 1er). — Les *échantillons* acquittent une taxe de 20 centimes jusqu'à 100 grammes, et, au-dessus de 100 grammes, de 15 centimes par 100 grammes ou fraction de 100 grammes. Le poids maximum est de 500 grammes (L. 29 mars 1920, art. 1er).

9 *quater*. Dans le service international, les taxes sont les suivantes : imprimés, 10 centimes par 50 grammes ou fraction de 50 grammes, avec poids maximum de 2 kilogr. (3 kilogr. pour les livres) ; papiers d'affaires, 10 centimes par 50 grammes ou fraction de 50 grammes (minimum de perception de 0 fr. 50, et poids maximum de 2 kilogr.) ; échantillons, 10 centimes par 50 grammes ou fraction de 50 grammes (minimum de perception de 0 fr. 20, et poids maximum de 500 grammes) (Décr. 30 mars 1921).

11 *bis*. Les envois effectués dans les conditions du tarif réduit, à destination de l'intérieur, qui sont reconnus porter ou contenir des notes de correspondance ou des inscriptions manuscrites non autorisées, sont passibles d'une surtaxe de 1 franc (L. 29 mars 1920, art. 7).

12 *bis*. Le prix du port des lettres et des boîtes *de valeur déclarée* se compose : *a*) d'une taxe calculée d'après le tarif applicable aux lettres ordinaires ; *b*) d'un droit fixe de recommandation de 50 centimes ; *c*) d'un droit proportionnel d'assurance de 20 centimes jusqu'à 1 000 francs et de 10 centimes par 1 000 francs ou fraction de 1 000 francs excédant. La limite de garantie des valeurs déclarées contenues dans une même lettre ou boîte est fixée à 20 000 francs (L. 30 juin 1922). Le poids maximum des lettres est de 1 500 grammes. Le poids des boîtes n'est pas limité ; leurs dimensions maxima sont fixées à $0^m,30 \times 0^m,10 \times 0^m,10$ (L. 29 mars 1920, art. 1er). Les valeurs-papier de toute nature insérées dans les lettres peuvent être déclarées au même titre que les billets de banque, coupons, etc. (L. 13 juill. 1911, art. 19).

13 *bis*. La taxe de *recommandation* est de 0 fr. 35 pour les lettres, paquets clos et cartes postales ; elle est de 0 fr. 25 pour les objets affranchis à prix réduit (L. 29 mars 1920, art. 1er). L'avis de réception des objets recommandés donne lieu à une taxe fixe de 0 fr. 25 centimes. — Tous les objets recommandés peuvent être grevés d'un remboursement dont le maximum est limité à 2 000 francs. — Dans le service international, la taxe de recommandation est de 0 fr. 50 (Décr. 30 mars 1921).

13 *ter*. Il est permis d'insérer dans les envois postaux recommandés des matières d'or ou d'argent, autres que des pièces de monnaie ayant cours, pourvu que la valeur de ces matières ne soit pas supérieure à l'indemnité accordée en cas de perte des envois (L. 27 févr. 1912, art. 14).

17 *bis*. Le droit de commission perçu sur les *mandats-poste* du régime intérieur de toutes catégories est fixé comme suit : jusqu'à 5 fr., 20 centimes ; de 5 fr. 01 à 10 francs, 30 centimes ; de 10 fr. 01 à 20 francs, 40 centimes ; de 20 fr. 01 à 40 francs, 60 centimes ; de 40 fr. 01 à 60 francs, 80 centimes ; de 60 fr. 01 à 100 francs, 1 franc ; de 100 fr. 01 à 200 francs, 1 fr. 20 ; de 200 fr. 01 à 400 francs, 1 fr. 40 ; de 400 fr. 01 à 600 francs, 1 fr. 60 ; de 600 fr. 01 à 800 francs, 1 fr. 80 ; de 800 fr. 01 à 1 000 francs, 2 francs ; de 1 000 fr. 01 à 5 000 francs, 2 francs pour les premiers 1 000 francs, plus 20 centimes par 200 francs ou fraction de 200 francs excédant ; au-dessus de 5 000 francs, 6 francs pour les premiers 5 000 francs, plus 1 franc par 1 000 francs ou fraction de 1 000 francs excédant. Les mandats payables à domicile sont passibles d'une taxe de factage de

25 centimes. Les mandats d'abonnement aux journaux acquittent, en sus du droit de commission, une taxe de 20 centimes (L. 29 mars 1920, art. 9). — Les mandats télégraphiques donnent lieu à la perception des mêmes droits, auxquels s'ajoute la taxe télégraphique correspondant au libellé du mandat (Même loi, art. 11). — Le montant des mandats payables à domicile ne peut excéder 5000 francs (art. 12).

17 *ter.* La loi du 17 juin 1913 a prévu la création d'un *mandat-retraite* exclusivement destiné au payement des retraites ouvrières et paysannes. — En ce qui concerne le mandat-contributions, V. *Impôts directs*, n° 28 *bis.*

18 *bis.* Le montant des *bons de poste* varie de 1 à 20 francs. Le droit à percevoir est de 10 centimes pour les bons de 1 à 5 francs, et de 20 centimes pour les bons de 6 à 20 francs (L. 29 mars 1920, art. 13).

19 *bis.* Ligne 4, *au lieu de* : 0 fr. 10, *lire* : 0 fr. 25 (L. 29 mars 1920, art. 15). — Les mandats-poste doivent être présentés au payement dans le délai d'un mois, deux mois ou quatre mois suivant la provenance. Pour les bons de poste, le délai de validité est d'un mois à partir du jour de l'émission (L. 29 mars 1920, art. 14, § 1 et 2). Après l'expiration de ces délais, les mandats et les bons sont périmés ; ils ne peuvent plus être payés que si le porteur a adressé à l'Administration une demande de renouvellement sur papier libre et moyennant payement d'une taxe égale à autant de fois le droit de commission primitif qu'il s'est écoulé de périodes de validité depuis la date d'expiration de la première, toute fraction de période étant comptée pour une période entière et le minimum de perception étant de 0 fr. 25 par période (L. 29 mars 1920, art. 14, § 3 et 4 ; L. 29 avr. 1921, art. 24). Toutefois la taxe de renouvellement ne peut dépasser la moitié du montant du titre lui-même (L. 30 juin 1922). — Deux ans après le jour du versement des fonds, les mandats sont atteints par la prescription. Les réclamations afférentes aux mandats qui ne peuvent être produits par les ayants droit ne sont recevables que pendant un an à partir de l'émission de ces titres (L. 30 juill. 1913, art. 24, modifié par L. 29 mars 1920, art. 16).

21 *bis.* Le montant des *valeurs à recouvrer* par la poste est illimité (L. 29 mars 1920, art. 17, § 2). — Les valeurs de plus de 5000 francs sont payables exclusivement à la poste (Même loi, art. 18).

22 *bis.* Dans le régime intérieur français, la taxe des envois de valeurs à recouvrer se compose d'une taxe d'affranchissement calculée d'après le tarif des lettres et d'une taxe de recommandation de 25 centimes (L. 29 mars 1920, art. 17). Il est perçu, pour chaque valeur recouvrée, un droit proportionnel d'encaissement ainsi fixé : jusqu'à 100 francs, 10 centimes par 20 francs ou fraction de 20 francs ; de 100 fr. 01 à 500 francs, 60 centimes ; au-dessus de 500 francs et jusqu'à 5000 francs, 60 centimes pour les premiers 500 francs, plus 10 centimes par 500 francs ou fraction de 500 francs excédant ; au-dessus de 5000 francs, 1 fr. 50 pour les premiers 5000 francs, plus 1 franc par 5000 francs ou fraction de 5000 francs. Chaque valeur demeurée impayée est assujettie à un droit de présentation fixe à 30 centimes.

23 *bis.* Ligne 6, *au lieu de* : 0 fr. 10, *lire* : 0 fr. 30.

25 *bis.* Les envois contre remboursement sont soumis au droit proportionnel d'encaissement et au droit de présentation prévus pour les valeurs à recouvrer (V. n° 22 *bis*) (L. 29 mars 1920, art. 19).

28 *bis.* Les taxes d'affranchissement des *colis postaux* circulant à l'intérieur de la France continentale sont fixées ainsi qu'il suit, non compris le droit de timbre du bulletin d'expédition : colis de 0 à 3 kilogrammes, en gare, 1 fr. 20 ; à domicile, 1 fr. 80 ; colis de 3 à 5 kilogrammes, en gare, 1 fr. 70 ; à domicile, 2 fr. 30 ; colis de 5 à 10 kilogrammes, en gare, 2 fr. 75 ; à domicile, 3 fr. 35. Le transport par voie de terre d'un colis par un correspondant du chemin de fer ou par un courrier de la poste donne lieu à une taxe supplémentaire de 0 fr. 60. La taxe d'exprès est fixée à 0 fr. 60 (Décr. 22 févr. 1920, art. 1er). Les colis postaux peuvent être l'objet d'une déclaration de valeur, moyennant un droit d'assurance de 0 fr. 15 jusqu'à 500 francs et de 0 fr. 15 par 500 francs ou fraction de 500 francs en sus. Ils peuvent aussi être expédiés contre remboursement, moyennant les taxes suivantes : 500 francs en gare, 1 fr. 20 ; 500 francs à domicile, 1 fr. 80 ; 1 000 francs en gare, 1 fr. 80 ; 1 000 francs à domicile, 2 fr. 40.

29 *bis.* Les taxes d'affranchissement et d'assurance à percevoir pour les colis postaux expédiés de la France continentale, de la Corse, de l'Algérie à destination de divers pays étrangers ont été réglées à nouveau par le décret du 27 juin 1922 et le tableau joint à ce décret.

31 *bis.* Les taxes applicables aux colis postaux ordinaires de Paris pour Paris sont fixées comme suit : *a)* colis déposés dans les agences des concessionnaires : 60 centimes par colis ne dépassant pas 5 kilogrammes ; 1 franc par colis de 5 à 10 kilogrammes ; *b)* colis enlevés en nombre, par les concessionnaires, au domicile des expéditeurs : 40 centimes par colis ne dépassant pas 1 kilogramme ; 50 centimes par colis de 1 à 5 kilogrammes ; 90 centimes par colis de 5 à 10 kilogrammes (Décr. 16 oct. 1919).

32 *bis.* Lignes 6 et suiv. *lire* : 35 francs pour les colis ordinaires jusqu'à 3 kilogrammes, 55 francs pour ceux de 3 à 5 kilogrammes, 85 francs pour ceux de 5 à 10 kilogrammes. L'expéditeur d'un colis perdu a droit, en outre, à la restitution des frais d'expédition.

33 *bis.* Les contestations relatives à la perte, à l'avarie ou au retard dans la livraison des colis postaux rentrent, depuis la loi du 12 juill. 1905, dans la compétence des juges de paix. V. sur ce point *Justice de paix*, n° 28.

51 *bis.* Dans le régime intérieur, les *taxes télégraphiques* sont fixées ainsi qu'il suit : télégrammes privés ordinaires, 0 fr. 15 par mot, avec minimum de perception de 1 fr. 20 ; cartes pneumatiques : jusqu'à 7 grammes, 0 fr. 60 ; au-dessus de 7 grammes jusqu'à 15 grammes, 1 franc ; au-dessus de 15 grammes jusqu'à 30 grammes, 1 fr. 50 (L. 29 mars 1920, art. 21). — Le port des télégrammes par exprès donne lieu à une taxe de 0 fr. 75 pour le premier kilomètre, et de 0 fr. 45 pour chacun des kilomètres suivants (Décr. 2 juin 1919).

52 *bis.* Le décret du 21 oct. 1922 a fixé la valeur du franc-or dans les relations télégraphiques avec l'étranger à 2,2 par rapport à la valeur de la monnaie autorisée à circuler en France.

53 *bis.* Le service de la *télégraphie sans fil* a été organisé par le décret du 5 mars 1907, modifié par ceux des 15 févr. et 20 nov. 1911. — Les particuliers ne peuvent, sans l'autorisation du ministre des Postes et télégraphes, établir des appareils radio-électriques. Toutefois les postes de réception horaires et météorologiques peuvent être autorisés par le chef du service local des postes moyennant la perception d'un droit de statistique de 5 francs par an et par poste. — En temps de guerre, tous les appareils privés doivent être supprimés (Décr.

24 févr. 1917). — La licence d'exploitation d'une station radio-télégraphique est soumise à un droit fixe de 100 francs (L. 31 juill. 1920, art. 42). Le contrôle de ces stations donne lieu à la perception d'une taxe annuelle de 100 francs par kilowatt.

55 *bis*. Dans le régime intérieur, des surtaxes ont été ajoutées aux taxes de *communication téléphonique*, aux taxes d'avis d'appel téléphonique et d'accusés de réception de ces avis par la loi du 29 mars 1920.

55 *ter*. Le taux des abonnements au téléphone a été relevé, pour les réseaux forfaitaires comme pour les réseaux à conversations taxées, par la loi du 29 mars 1920.

57 *bis*. La taxe des messages téléphonés est de 1 fr. 50 par trois minutes (L. 29 mars 1920, art. 36).

POUDRES ET SALPÊTRES

1 *bis*. Le service des études et de la fabrication des poudres et des substances explosives fabriquées par l'Etat, ainsi que la surveillance des fabriques privées de poudre, matières explosives, matières fulminantes et artifices, sont assurés par un corps d'ingénieurs militaires des poudres. Ces ingénieurs sont secondés par des corps militaires d'agents chimistes, agents techniques, agents comptables et sous-agents techniques. La loi du 25 mars 1914, modifiée par la loi du 25 mai 1916, a réglé la hiérarchie, la retraite, la solde, le recrutement, l'avancement, etc., de ces différents corps. Il existe un corps de complément des ingénieurs et des sous-agents (Décr. 8 déc. 1918).

6 *bis*. Le décret du 20 juin 1915 règle la conservation, la vente et l'importation de la dynamite et des autres explosifs à base de nitro-glycérine.

PRESCRIPTION CIVILE

8 *bis*. Les coupons, dividendes, actions, obligations, dépôts de sommes d'argent et avoirs en banque, atteints par la prescription, sont attribués à l'Etat (L. 25 juin 1920, art. 111 ; Décr. 14 mai 1921). V. *suprà, Domaine de l'Etat*, n° 4 *bis*.

88 *bis*. L'action des marchands pour les marchandises qu'ils vendent aux particuliers non marchands se prescrit par deux ans (C. civ. art. 2272, § 6, complété par la loi du 26 févr. 1911).

PRESSE-DÉLITS DE PRESSE

28 *bis*. Le gérant est tenu d'insérer les réponses de toute personne nommée ou désignée dans le journal ou écrit périodique (L. 29 juill. 1881, art. 13, modifié par L. 29 sept. 1919).

30 *bis*. Les héritiers, époux ou légataires universels de la personne nommée ou désignée peuvent user du droit de réponse (L. 29 juill. 1881, art. 34, § 2, modifié par L. 29 sept. 1919).

39 *bis*. Non compris l'adresse, les salutations, les réquisitions d'usage et la signature, qui ne sont jamais comptées dans la réponse, celle-ci est limitée à la longueur de l'article qui l'a provoquée. Toutefois, elle peut atteindre 50 lignes, alors même que cet article serait d'une longueur moindre, et elle ne peut dépasser 200 lignes, alors même que cet article serait d'une longueur supérieure (L. 29 juill. 1881, art. 13, § 4, modifié par L. 29 sept. 1919).

43 *bis*. Les réponses adressées à un journal ou écrit périodique quotidien doivent être insérées dans les trois jours de leur réception. Pour les journaux et périodiques non quotidiens, l'insertion doit être faite dans le numéro qui suit le surlendemain de la réception (L. 29 sept. 1881, art. 13, § 1 et 2, modifiés par L. 29 sept. 1919). — Pendant toute période électorale, le délai de trois jours est, pour les journaux quotidiens, réduit à vingt-quatre heures. La réponse doit être remise six heures au moins avant le tirage du journal dans lequel elle doit paraître.

44 *bis*. L'insertion doit être faite à la même place et dans les mêmes caractères que l'article qui l'a provoquée, et sans aucune intercalation.

45 *bis*. La réponse est toujours gratuite. Le demandeur en insertion ne peut excéder les limites fixées *suprà*, n° 39 *bis*, en offrant de payer le surplus (L. 29 juill. 1881, art. 13, § 5, modifié par L. 29 sept. 1919).

46 *bis*. L'action en insertion forcée se prescrit par un an révolu à compter du jour où la publication a eu lieu.

46 *ter*. Le tribunal prononce dans les dix jours de la citation sur la plainte en refus d'insertion. S'il est fait appel, il est statué dans les dix jours de la déclaration faite au greffe. — En période électorale, le délai de citation sur refus d'insertion est réduit à vingt-quatre heures, sans augmentation pour les distances, et la citation peut même être délivrée d'heure à heure sur ordonnance du président du tribunal.

118 *bis*. Les diffamations dirigées contre la mémoire des morts ne sont punissables que dans les cas où leurs auteurs ont eu l'intention de porter atteinte à l'honneur ou à la considération des héritiers vivants (L. 29 juill. 1881, art. 34, § 1er, modifié par L. 29 sept. 1919). — L'époux et le légataire universel du mort jouissent des mêmes droits que les héritiers.

139 *bis*. La loi du 16 nov. 1912 a interdit, par son art. 2, la publication des débats des procès en déclaration de paternité.

141 *bis*. La publication du compte rendu des débats des tribunaux pour enfants et adolescents est interdite. Il en est de même de la reproduction de tout portrait des mineurs poursuivis, de toute illustration les concernant ou concernant les actes à eux imputés. Les infractions à ces deux dispositions sont déférées aux tribunaux correctionnels et punies d'une amende de 100 à 2000 francs (L. 22 juill. 1912, art. 19).

142 *bis*. Le jugement rendu par un tribunal pour enfants peut être publié ; mais le nom du mineur ne doit être indiqué que par une initiale (L. 22 juill. 1912, art. 19).

214 *bis*, **231** *bis*. — IV. Procédure. — Toutes les exceptions d'incompétence doivent être proposées avant toute ouverture du débat sur le fond ; faute de quoi, elles sont jointes au fond et il est statué sur le tout par le même jugement ou arrêt (L. 29 juill. 1881, art. 62, § 3, ajouté par la loi du 4 juill. 1908).

PRÊT

1 *bis*. La loi du 26 juill. 1917 a interdit les prêts sur pensions, sauf certaines exceptions au profit de sociétés philanthropiques ou établissements publics. Le prêteur est puni d'un emprisonnement de six jours à six mois et d'une amende qui peut s'élever à la moitié des capitaux prêtés (V. *suprà, Pensions civiles*, n°s 31 *ter* et *quater*).

24 *bis*. Ligne 4, *après* n° 38, *ajouter* : et 38 *bis*.

24 *ter*. Les dispositions de la loi du 3 sept. 1807, limitant le taux de l'intérêt conventionnel en matière civile, sont suspendues pendant une période d'au moins cinq années à partir de la cessation des hostilités (L. 24 oct. 1919). Un décret déterminera la fin de cette suspension (L. 18 avr. 1918, art. 1er).

28 *bis*. La limitation en Algérie du taux de l'intérêt conventionnel à 8 p. 100 en matière civile ou commerciale est suspendue pendant le délai indiqué à l'art. 1er de la loi du 18 avr. 1918 (V. n° 24 *ter*). Le taux de l'intérêt légal, en matière civile ou commerciale, est fixé en Algérie à 6 p. 100 (L. 18 avr. 1918, art. 3).

32 *bis*. Les droits fixes sont doublés, mais ne sont plus soumis aux décimes (L. 25 juin 1920, art 28.)

32 *ter*. Les actes d'avances sur titres de fonds d'État français ou valeurs émises par le Trésor français sont dispensés de timbre et enregistrés gratis, quand la formalité est requise (L. 11 sept. 1919, art. 1er). — Les actes d'avances sur toutes autres valeurs sont soumis à un droit de timbre de 0 fr. 25 centimes par 100 francs ou fraction de 100 francs, acquitté par l'apposition de timbres mobiles que le prêteur doit oblitérer (Même loi, art. 2 et 3). En cas d'infraction à ces dispositions, le prêteur et l'emprunteur sont passibles chacun d'une amende de 6 p. 100 de l'avance consentie, avec minimum de 50 francs (L. 11 sept. 1919, art. 4). — Le droit d'enregistrement de ces actes est de 1 p. 100 sans décimes (art. 5, § 1er).

PRÊT SUR GAGES

4 *bis*. Les peines prévues à l'art. 411 C. pén. sont applicables à ceux qui achètent ou vendent habituellement des récépissés de nantissement de monts-de-piété ou caisses de crédit municipal (C. pén. art. 411, §-2, ajouté par L. 16 oct. 1919).

PREUVE LITTÉRALE

86 *bis*. Lignes 6 à 13, *lire* : De même, doivent être enregistrés dans les trois mois de leur date tous les actes sous seings privés constatant des conventions synallagmatiques, autres que ceux visés par l'art. 22 de la loi du 11 juin 1859 (marchés et traités réputés actes de commerce), qui ne sont pas assujettis par les lois existantes à l'enregistrement dans un délai déterminé (L. 29 juin 1918, art. 12, § 1er). Pour la répression des infractions, V. *Enregistrement*, n° 48 *bis*.

87 *bis*. Les parties qui rédigent un acte sous seings privés soumis à l'enregistrement dans un délai déterminé, soit par l'art. 12 de la loi du 29 juin 1918, soit par les lois antérieures, doivent en établir un double sur papier timbré revêtu des mêmes signatures que l'acte lui-même et qui reste déposé au bureau de l'enregistrement lorsque la formalité est requise (L. 29 juin 1918, art. 14).

91 *bis*. Les droits fixés sont doublés, mais ne sont plus soumis aux décimes (L. 25 juin 1920, art. 28).

PRIMES. — V. *Agriculture, Pêche maritime, Sociétés d'assurances*.

PRISE D'EAU. — V. *Eaux*.

PRISES MARITIMES

4 *bis* et s. Le régime des prises maritimes s'applique uniquement aux navires marchands et aux cargaisons (L. 15 mars 1916, art. 1er).

PRISONS ET ÉTABLISSEMENTS PÉNITENTIAIRES

7 *bis*. L'art. 89 de la loi du 13 juill. 1911 a transféré au ministre de la Justice les attributions antérieurement conférées au ministre de l'Intérieur par la législation relative à l'administration pénitentiaire.

PRIVILÈGES

1 *bis*. Une exception nouvelle très importante au droit de gage général des créanciers sur les biens de leur débiteur résulte de la loi du 12 juill. 1909, relative à la constitution d'un bien de famille insaisissable (V. *Bien de famille*).

12 *bis*, **13** *bis*. Le privilège s'applique non seulement aux salaires des gens de service pour l'année échue et ce qui est dû de l'année courante, mais encore aux appointements de tous ceux qui louent leurs services, pour les six derniers mois (C. civ. art. 2101-4°, modifié par L. 17 juin 1919). Cette disposition nouvelle, d'une portée tout à fait générale, n'autorise plus les distinctions faites au n° 12. — En ce qui concerne le privilège spécial des ouvriers, commis, placiers, artistes dramatiques, etc., en cas de faillite, de liquidation judiciaire ou de déconfiture de l'employeur, V. *Faillite*, n° 132 *bis*.

16 *bis*. — 7° Droit des adhérents des sociétés d'épargne à la répartition de l'actif. — Sous déduction des frais de gestion statutaires, l'actif des sociétés d'épargne françaises enregistrées est affecté à la répartition aux adhérents par un privilège qui prend rang après le paragraphe 6 de l'art. 2101 C. civ. (L. 3 juill. 1913, art. 11) (V. *Société d'épargne*).

47 *bis*. — 9° Créances nées d'un accident. — Les créances nées d'un accident, au profit des tiers lésés par cet accident ou de leurs ayants droit, sont garanties par un privilège portant sur l'indemnité dont l'assureur de la responsabilité civile se reconnaît ou a été judiciairement reconnu débiteur à raison de la convention d'assurance. Aucun payement fait à l'assuré n'est libératoire tant que les créanciers privilégiés n'ont pas été désintéressés (L. 28 mai 1913).

70 *bis*. Il y a lieu d'ajouter à cette énumération le privilège créé par l'art. 2 de la loi du 5 août 1911 en faveur des associations syndicales autorisées. V. *Association syndicale de propriétaires*.

84 *bis*. Ligne 3-4, *au lieu de* : sur ces registres, *lire* : sur un bordereau de même nature que ceux indiqués à l'art. 2148 C. civ. (V. *Hypothèques*, n° 54 *bis*) (C. civ. art. 1208, modifié par L. 1er mars 1918).

94 *bis*. Lignes 8 à la fin, *lire* : L'art. 2148, § 1er, C. civ., modifié par la loi du 1er mars 1918, autorise l'inscription, sans communication de titres, de la séparation des patrimoines.

PROCÉDURE

3 *bis*. Divers articles du Code de procédure civile relatifs aux délais ont été modifiés par la loi du 13 mars 1922. Cette loi ne sera exécutoire, qu'en vertu d'un décret qui fixera la date de sa mise en vigueur.

4 *bis* à **6** *bis*. Le jour de la signification et celui de l'échéance ne sont point comptés dans le délai fixé pour tous actes faits à personne ou à domicile. Lorsque, en vertu des lois, décrets et ordonnances, il y a lieu à augmentation du délai ordinaire, les délais prescrits pour tous actes faits à personne ou à domicile sont, selon les cas, augmentés de délais égaux à ceux prévus par les art. 5 et 73 (V. *infrà*, n° 9 *bis*) pour les citations et ajournements. Lorsque le dernier jour d'un délai quelconque de procédure est un jour férié, ce délai est prorogé jusqu'au lendemain (C. pr.

civ. art. 1033, modifié par L. 13 mars 1922, art. 8).

9 *bis.* Si celui qui est assigné demeure hors de la France continentale le délai est : 1° d'un mois pour ceux qui demeurent en Corse, en Algérie, en Tunisie, au Maroc, dans les Iles britanniques et dans les Etats soit de l'Europe, soit du littoral de la Méditerranée et de celui de la mer Noire, à l'exception de l'Asie Mineure, qui figure dans la deuxième zone ; 2° de deux mois pour ceux qui demeurent en Afrique (à l'exclusion de l'Algérie, de la Tunisie, du Maroc et des Etats du littoral de la Méditerranée qui figurent dans la première zone), dans l'Amérique du Nord et dans l'Asie Mineure ; 3° de trois mois pour ceux qui demeurent dans l'Amérique centrale et dans l'Amérique du Sud ; 4° de cinq mois pour ceux qui demeurent en Asie (à l'exception de l'Asie Mineure qui figure dans la deuxième zone), dans l'Océanie et dans tous les autres pays non visés ci-dessus. Ces délais sont doublés pour les pays d'outre-mer en cas de guerre maritime (C. pr. civ. art. 73, modifié par L. 13 mars 1922, art. 4).

PROCÈS - VERBAL

38 *bis.* Ligne 4 et suiv. : les préposés de l'administration des Eaux et Forêts sont dispensés d'affirmer les procès-verbaux qu'ils ont eux-mêmes écrits et signés (L. 29 déc. 1921).

52 *bis.* Le principal des droits fixes d'enregistrement est doublé, mais n'est plus soumis aux décimes (L. 25 juin 1920, art. 28).

PROFESSEUR. — V. *Enseignement.*

PROFESSIONS AMBULANTES. — V. *Industrie-commerce.*

PROFESSIONS LIBÉRALES. — V. *Impôts directs.*

PROPAGANDE ANTICONCEPTION-NELLE. — V. *Avortement.*

PROPRIÉTAIRE. — V. *Louage, Guerre de 1914 (Loyers).*

PROPRIÉTÉ

16 *bis.* Lorsque, dans un territoire qui peut dépendre d'une ou plusieurs communes ou sections de communes limitrophes, les propriétés non bâties sont morcelées et dispersées, il peut être procédé au *remembrement* au moyen d'une nouvelle distribution des terres. Le but exclusif de cette opération est l'amélioration de l'exploitation agricole des biens qui y sont soumis (L. 27 nov. 1918).

PROPRIÉTÉ INDUSTRIELLE ET COMMERCIALE

Sous-titre, *ajouter* : loi du 14 juill. 1909.

2 *bis.* L'Office national de la propriété industrielle est investi de la personnalité civile et de l'autonomie financière. Il relève directement du ministre du Commerce. Il perçoit les taxes dont la perception était auparavant confiée au Conservatoire des arts et métiers (L. 24 oct. 1919, art. 2).

3 *bis.* — I. Dessins et modèles industriels. — Tout créateur d'un dessin ou modèle et ses ayants cause ont le droit exclusif d'exploiter, vendre ou faire vendre ce dessin ou modèle dans les conditions prévues par la loi (L. 14 juill. 1909).

4 *bis.* Tout dessin nouveau, toute forme plastique nouvelle, tout objet industriel qui se différencie de ses similaires soit par une configuration distincte et reconnaissable lui conférant un caractère de nouveauté, soit par un ou plusieurs effets extérieurs lui donnant une physionomie propre et nouvelle est susceptible de propriété industrielle. Mais si le même objet peut être considéré en même temps comme une invention brevetable, et si les éléments constitutifs de la nouveauté du dessin ou modèle sont inséparables de ceux de l'invention, ledit objet ne peut être protégé que conformément à la législation sur les brevets d'invention (V. *Brevet d'invention*).

8 *bis.* Les dessins ou modèles régulièrement déposés jouissent seuls de la protection de la loi. Le dépôt est effectué au secrétariat du conseil des prud'hommes ou, à défaut de conseil de prud'hommes, au greffe du tribunal de commerce du domicile du déposant. Lorsque le domicile du déposant est situé hors de France, le dépôt est effectué au secrétariat du conseil de prud'hommes du département de la Seine.

9 *bis.* Le dépôt comporte deux exemplaires identiques d'un spécimen ou d'une représentation de l'objet revendiqué, avec légende explicative, si le déposant le juge nécessaire, le tout contenu dans une boîte hermétiquement fermée et sur laquelle sont apposés le cachet et la signature du déposant, ainsi que le sceau et le visa du secrétariat ou du greffe. Le même dépôt peut comprendre de un à cent dessins ou modèles, qui doivent être numérotés.

9 *ter.* La boîte déposée peut rester au secrétariat ou au greffe pendant une période de cinq années au maximum. Le déposant ou ses ayants cause peuvent toujours requérir la publicité du dépôt, soit à l'égard de tous les objets compris dans la boîte, soit à l'égard d'un ou de plusieurs d'entre eux. La boîte est adressée dans ce but à l'Office national de la propriété industrielle, qui fait reproduire, par un procédé photographique, l'un des deux exemplaires du dessin ou modèle, qui sera communiqué aux tribunaux, s'il y a lieu, tandis que l'autre demeurera à l'Office, où il sera communiqué dans les conditions déterminées par la loi.

9 *quater.* La durée totale de la protection accordée par la loi au dessin ou modèle déposé est de cinquante ans à partir de la date du dépôt. — A l'expiration des cinq premières années, la boîte, renfermant les objets pour le dépôt desquels la publicité n'a pas été requise avant ce terme est restituée au déposant sur sa demande. S'il veut maintenir son dépôt, le déposant doit requérir le maintien avant l'expiration des susdites cinq années, soit avec publicité, soit sous la forme secrète. Le dépôt ainsi maintenu à l'Office national prend fin vingt-cinq ans après la date de son enregistrement au secrétariat ou au greffe, si, avant l'expiration dudit délai, le déposant n'en a pas demandé la prorogation pour une nouvelle période de vingt-cinq ans.

9 *quinquies.* Au moment où les dépôts s'effectuent, il est versé au secrétariat du conseil ou au greffe du tribunal une indemnité de 3 fr. 95 par dépôt, plus 5 centimes par objet déposé. Lorsque, soit au cours, soit à la fin de la première période, la publicité du dépôt est requise, il est payé une taxe de 30 francs par chacun des objets pour lesquels la publicité est requise. La prorogation d'un dépôt à l'expiration des vingt-cinq premières années est subordonnée au payement d'une nouvelle taxe de 50 francs par chaque objet protégé si le dépôt a été rendu public, et de 75 francs s'il est resté jusqu'alors secret.

10 *bis*. Lorsque la publicité d'un dépôt ou son maintien avec ou sans publicité n'ont pas été demandés avant le terme de cinq années et que, à l'expiration de ce délai, la boîte scellée n'a pas été réclamée, les scellés sont ouverts et les objets renfermés dans la boîte sont transmis aux établissements qui auront été désignés à cet effet par décret.

16 *bis*. Toute atteinte portée sciemment aux droits garantis par la loi est punie d'une amende de 25 à 2000 francs. Dans les cas de récidive, ou si le délinquant est une personne ayant travaillé pour la partie lésée, il est prononcé, en outre, un emprisonnement d'un mois à six mois.

25 *bis*. — II. Marques de fabrique et de commerce. — Conformément à la convention de Genève du 6 juill. 1906, l'emploi, soit de l'emblème de la Croix-Rouge sur fond blanc, soit des mots Croix-Rouge ou Croix-de-Genève est réservé, en tout temps, pour protéger ou désigner le personnel, le matériel et les établissements du service de santé des armées de terre et de mer ainsi que des sociétés ou associations officiellement autorisées à lui prêter leur concours. En conséquence, est interdit en tout temps l'emploi, soit par des particuliers, soit par des sociétés ou associations autres que celles ci-dessus visées, desdits emblèmes ou dénominations, notamment dans un but commercial, par le moyen de marques de fabrique ou de commerce (L. 24 juill. 1913, art. 1er).

30 *bis*. Aucune transmission de propriété, aucune concession de droit d'exploitation, relativement à une marque déposée, n'est valable à l'égard des tiers qu'après avoir été inscrite sur le registre des marques de fabrique ou de commerce tenu à l'Office national de la propriété industrielle (L. 26 juin 1920, art. 2).

31 *bis*. Il doit être remis au greffe du tribunal de commerce où s'effectue le dépôt ou le renouvellement du dépôt de la marque : 1º une notice contenant l'énumération des produits ou classes de produits pour lesquels la marque doit être employée ; 2º en plus des trois exemplaires de la marque exigés par la loi du 23 juin 1857, un nombre d'exemplaires égal à celui des classes ou catégories de produits auxquelles la marque doit être appliquée ; 3º à peine de refus du dépôt, les pièces justificatives du payement des taxes de dépôt et d'enregistrement (V. *infrà*, nº 33 *bis*) (L. 26 juin 1920, art. 1er).

32 *bis*. Un des exemplaires de chaque marque déposée est inséré au registre spécial des marques de fabrique tenu par l'Office national de la propriété industrielle, sous un numéro d'ordre distinct, qui est reporté, avec le numéro d'inscription au greffe du tribunal de commerce, au *Bulletin officiel de la propriété industrielle et commerciale*, lors de la publication de la marque. — Les demandes à fin d'inscription sur le registre des marques sont déposées ou envoyées par la poste, sous pli recommandé, au ministère du Commerce (Direction de la propriété industrielle) ; elles indiquent les nom, prénoms, domicile du demandeur et sont accompagnées des pièces prévues au décret du 11 sept. 1920 et du montant des taxes de 10 francs et de 3 francs établies par la loi du 26 juin 1920 (V. *infrà*, nº 33 *bis*).

33 *bis*. Le dépôt ou le renouvellement de dépôt d'une marque donne lieu au payement : 1º d'une taxe fixe de dépôt de 25 francs perçue au profit de l'Etat ; 2º d'une taxe d'enregistrement de 10 francs par classe de produits auxquels la marque doit s'appliquer, perçue au profit de l'Office national de la propriété industrielle, sans que le montant total à verser de ce chef puisse excéder 100 francs (L. 26 juin 1920, art. 1er). — Toute inscription concernant la transmission de propriété, la cession ou la concession d'un droit d'exploitation ou de gage concernant une marque déposée (V. *supra*, nº 30 *bis*) donne lieu à la réception d'une taxe fixe de 10 francs au profit de l'Etat et d'une taxe de 3 francs par classe de produits auxquels la marque est applicable, au profit de l'Office national de la propriété industrielle. Toute autre inscription et toute radiation effectuées sur le registre des marques sont soumises à la perception d'une taxe de 3 francs par marque, au profit de l'Office national (L. 26 juin 1920, art. 2, § 2). — A titre de remboursement des frais résultant pour le greffier de la perception et du versement à l'Etat et à l'Office des taxes de 25 francs et de 10 francs, il lui est alloué, en sus de l'émolument établi par la loi du 23 juin 1857, une somme fixe de 2 francs par dépôt, quel que soit le nombre de marques comprises dans le dépôt (Décr. 11 sept. 1920, art. 5, § 5).

33 *ter*. L'Office national est tenu de délivrer à tous requérants, moyennant l'acquittement à son profit d'une taxe de 5 francs, une copie des inscriptions portées sur le registre des marques et des inscriptions subsistant sur les marques données en gage, ou un certificat constatant qu'il n'en existe aucune (L. 26 juin 1920, art. 2).

67 *bis*. La protection des appellations d'origine a été renforcée par la loi du 6 mai 1919, qui confère à toute personne lésée, soit une action civile si l'appellation employée indûment l'a été de bonne foi, soit une action correctionnelle en répression du délit consistant dans l'emploi d'appellations sciemment inexactes.

67 *ter*. Quiconque a apposé, sur des produits mis en vente, des appellations d'origine qu'il savait inexactes est puni d'un emprisonnement de trois mois au moins et d'un an au plus et d'une amende de 100 à 2000 francs ou de l'une de ces deux peines seulement. Le tribunal peut, en outre, ordonner l'affichage du jugement et son insertion dans les journaux aux frais du condamné. Quiconque a vendu des produits portant une appellation d'origine qu'il savait inexacte, est puni des mêmes peines (L. 6 mai 1919, art. 8). — Toute personne qui se prétend lésée par ce délit, tout syndicat ou association réunissant les conditions de durée et d'intérêt prévues par cette loi peut se constituer partie civile.

79 *bis*. — VI. Récompenses industrielles. — La loi du 8 août 1912 réglemente l'usage des *récompenses industrielles*. Ces récompenses comprennent les prix, médailles, mentions, titres qui ont été : 1º obtenus dans les expositions ou concours organisés, patronés ou autorisés par le Gouvernement ; 2º obtenus à l'étranger dans les expositions ou concours organisés, patronés ou autorisés par un Gouvernement étranger ; 3º décernés en France et dans les colonies ou possessions françaises ou à l'étranger par des corps constitués, des établissements publics, des associations ou sociétés françaises ou étrangères. — L'usage industriel ou commercial de ces récompenses n'est licite qu'à la condition : 1º que le palmarès de l'exposition ou du concours, ou le diplôme de l'exposant, ait été enregistré à l'Office national de la propriété industrielle ; 2º que la récompense soit employée par la personne ou la collectivité qui y a droit ; 3º que l'énonciation en soit accompagnée de certaines mentions énumérées par la loi du 8 août 1912.

80 *bis*. Pour faire usage d'une récompense, le titulaire doit pouvoir justifier de l'enregistrement, à l'Office national de la propriété industrielle, soit du palmarès, soit du diplôme, du certificat ou de leurs copies certifiées conformes à la requête du titulaire. Les récompenses enregistrées sont publiées au *Bulletin officiel* de la propriété industrielle. Des conventions diplomatiques conclues avec les pays ayant institué une procédure d'enregistrement peuvent dispenser de l'enregistrement en France les récompenses obtenues et enregistrées dans ces pays.

80 *ter*. Un règlement d'administration publique déterminera les mesures nécessaires pour l'application de la loi du 8 août 1912, laquelle entrera en vigueur six mois après la publication de ce règlement d'administration publique.

85 *bis*. Une protection temporaire est accordée aux inventions brevetables, aux dessins et modèles industriels, aux marques de fabrique ou de commerce pour les produits régulièrement admis aux expositions étrangères internationales, officielles ou officiellement reconnues. Cette protection, dont la durée est de douze mois à dater de l'ouverture officielle de l'exposition, a pour effet de conserver aux exposants ou à leurs ayants cause le droit de réclamer, pendant ce délai, la protection dont leurs découvertes, dessins, modèles ou marques sont légalement susceptibles (L. 13 avr. 1908, art. 1er).

86 *bis*. Le droit fixe d'enregistrement est doublé, mais n'est plus soumis aux décimes (L. 25 juin 1920, art. 28).

PROPRIÉTÉ LITTÉRAIRE ET ARTISTIQUE

2 *bis*. La législation relative à la propriété littéraire et artistique a été complétée par les lois du 9 avr. 1910, du 10 nov. 1917 et du 20 mai 1920.

18 *bis*. Les droits accordés par la loi du 14 juill. 1866 aux héritiers et autres ayants cause des auteurs, compositeurs ou artistes, sont prorogés d'un temps égal à celui qui s'est écoulé entre le 2 août 1914 et la fin de l'année suivant le jour de la signature du traité de paix (28 juin 1919) pour toutes les œuvres publiées avant l'expiration de ladite année et non tombées dans le domaine public à la date du 5 févr. 1919 (L. 3 févr. 1919).

24 *bis*. L'aliénation d'une œuvre d'art n'entraîne pas, à moins de convention contraire, l'aliénation du droit de reproduction (L. 9 avr. 1910).

24 *ter*. Les artistes ont un *droit de suite* inaliénable sur celles de leurs œuvres qui passent en vente publique, à la condition que ces œuvres, telles que peintures, sculptures, dessins, soient originales et représentent une création personnelle de l'auteur. Le même droit appartient aux héritiers et ayants cause des artistes (V. n° 18), et ce pour une période de temps égale à la durée de la propriété artistique d'après les lois en vigueur. Le droit de suite s'exerce nonobstant toute cession de propriété artistique que les artistes, leurs héritiers et ayants cause auraient consentie avant le 22 mai 1920 (L. 20 mai 1920, art. 1er). — Le tarif du droit de suite est de 1 p. 100 de 50 francs à 10 000 francs, de 1,50 p. 100 de 10 000 à 20 000 francs, de 2 p. 100 de 20 000 à 50 000 francs, de 3 p. 100 au-dessus de 50 000 francs. Le montant en est prélevé sur le prix de vente de chaque œuvre (Même loi, art. 2, mod. par L. 27 oct. 1922).

46 *bis*. La convention de Berne du 9 sept. 1886 et l'acte additionnel du 4 mai 1896 ont été modifiés et remplacés par une convention conclue à Berlin le 13 nov. 1908, approuvée, pour la France, par la loi du 28 juin 1910.

47 *bis*. Le droit proportionnel de 2 p. 100 a été

porté à 5 p. 100, sans décimes (L. 25 juin 1920, art. 24, § 1er).

PROSTITUTION

8. Une convention internationale, signée à Paris le 14 mai 1910 par les représentants de plusieurs États européens, a organisé la répression de la « traite des blanches » (L. 6 avr. 1912 et Décr. 23 août 1912).

PROTECTORAT

2 *bis*. Le protectorat français a été établi sur le Maroc par un traité conclu à Fez, entre le gouvernement de la République et le sultan, le 30 mars 1912. Ce traité, approuvé par la loi du 15 juill. 1912, a été promulgué par décret du 20 juill. 1912.

PROTÊT. — V. *Lettre de change.*

PRUD'HOMMES

Sous-titre, ligne 2, *lire* : du 8 mars 1912, du 3 juill. 1919, du 30 mars 1920 et du 20 juill. 1921 (*Petit Code du travail Dalloz*).

3 *bis*. *In fine, après* : Chaque section est autonome, *ajouter* : Les professions du commerce, qu'elles soient classées en une ou plusieurs catégories, sont toujours réunies dans une section spéciale (L. 3 juill. 1919, art. 14).

5 *bis*. *Ligne 6, lire* : 2° les personnes ayant rempli ces conditions pendant cinq ans au moins dans le ressort, pourvu qu'elles soient de nationalité française et qu'elles n'aient encouru aucune des condamnations prévues aux art. 15 et 16 du décret organique de 1852.

6 *bis*. *Ligne 11, ajouter* : ... le maire ou l'adjoint désigné par le préfet.

9 *bis*. *Ajouter* : Les élections nécessitées par le renouvellement triennal ont lieu dans la première quinzaine de novembre.

27 *bis*. Il est payé aux *secrétaires* des conseils de prud'hommes, en dehors de leur traitement, les sommes suivantes : pour la convocation, par simple lettre, devant le bureau de conciliation, 0 fr. 30 cent. ; pour la convocation, par lettre recommandée, avec avis de réception, devant le bureau de jugement, 0 fr. 50 cent., non compris la taxe postale ; pour chaque rôle d'expédition de vingt lignes à la page et de douze à quatorze syllabes en moyenne à la ligne, 0 fr. 80 cent. Le secrétaire touche directement des parties les droits qui lui sont alloués. — Il doit tenir des sommes encaissées par lui une comptabilité réglée par le décret du 20 mai 1922.

28 *bis*. Il est alloué à l'*huissier* : pour chaque citation, 2 francs ; pour la signification d'un jugement, 2 fr. 50 cent. S'il y a une distance de plus de 5 kilomètres entre la demeure de l'huissier et le lieu où doivent être remises la citation et la signification, il est payé par 10 kilomètres et fraction de 10 kilomètres en sus, aller et retour, pour la citation, 3 francs ; pour la signification, 4 francs (L. 20 juill. 1921, art. 1er).

29 *bis*. Il est alloué aux *témoins* entendus par les conseils de prud'hommes, qui en font la demande, une indemnité de comparution qui est ainsi fixée : à Paris, 6 francs ; dans les villes dont la population atteint 80 000 habitants, 4 francs ; dans les autres villes, 3 francs. Si les témoins ne sont pas domiciliés au lieu où se poursuit l'enquête, il leur est alloué pour chaque journée de séjour forcé en sus de la première : à

Paris, 8 francs ; dans les villes dont la population atteint 80 000 habitants, 6 francs ; dans les autres villes, 4 francs. Si les témoins sont domiciliés à plus de 2 kilomètres du lieu où se poursuit l'enquête, il leur est alloué en outre, à titre de frais de voyage, par kilomètre parcouru tant à l'aller qu'au retour : 0 fr. 20 cent. si le transport a été effectué par voie ferrée; 0 fr. 60 cent. si le transport a eu lieu autrement (L. 20 juill. 1921, art. 2).

42 *bis*. Quel que soit le chiffre de la demande, les conseils de prud'hommes sont seuls compétents pour connaître, en première instance, des différends visés à l'art. 1er (V. nos 1 et 30). Toutefois, les différends entre les employés et leurs patrons peuvent être portés par les demandeurs devant les tribunaux ordinaires, lorsque le chiffre de la demande est supérieur à 2 000 francs en capital. Les jugements des conseils de prud'hommes sont définitifs et sans appel, sauf du chef de la compétence, lorsque le chiffre de la demande n'excède pas 300 francs en capital (L. 27 mars 1907, art. 32, modifié par L. 3 juill. 1919, art. 16).

43 *bis*. *Ligne* 15, *ajouter* : Le conseil statue également sans appel en cas de défaut du défendeur, si seules les demandes reconventionnelles formées par celui-ci dépassent le taux de la compétence en dernier ressort, quels que soient la nature et le montant de ces demandes. Si une demande reconventionnelle est reconnue non fondée et formée uniquement en vue de rendre le jugement susceptible d'appel, l'auteur de cette demande peut être condamné à des dommages-intérêts envers l'autre partie, même au cas où, en appel, le jugement en premier ressort n'a été confirmé que partiellement (L. 1907, art. 33, § 1 à 4, modifié par L. 3 juill. 1919, art. 17).

44 *bis*. Les jugements susceptibles d'appel peuvent être déclarés exécutoires par provision avec dispense de caution : 1° en ce qui concerne la partie non contestée des salaires et appointements, jusqu'à concurrence des neuf dixièmes, s'il s'agit de salaires et appointements protégés par l'art. 51, liv. 1er, C. trav.; jusqu'à concurrence des trois quarts, s'il s'agit d'appointements de 2 000 à 6 000 francs par an; jusqu'à concurrence des deux tiers, s'il s'agit d'appointements supérieurs à 6 000 francs ; 2° en ce qui concerne les autres sommes, jusqu'à concurrence du quart de la somme, sans que ce quart puisse dépasser 100 francs. Pour le surplus, l'exécution provisoire peut être ordonnée à la charge par le demandeur de fournir caution (L. 1907, art. 33, § 6, modifié par L. 3 juill. 1919, art. 17).

PUBLICATION. — V. *Mariage.*

PUISSANCE PATERNELLE

Sous-titre, *ajouter* : loi du 6 avr. 1910 et du 15 nov. 1921.

27 *bis*. Le père est, du vivant des époux, administrateur légal des biens de leurs enfants mineurs non émancipés, à l'exception de ce qui leur aurait été donné ou légué sous la condition expresse d'être administré par un tiers. Lorsque le père est déchu de l'administration, la mère devient de droit administratrice en son lieu et place avec les mêmes pouvoirs que lui, sans avoir besoin de son autorisation maritale. En cas de divorce ou de séparation de corps, l'administration appartient à celui des deux époux auquel est confiée la garde de l'enfant, s'il n'en est autrement ordonné (Code civ., art. 389, modifié par la loi du 6 avr. 1910).

28 *bis*. L'administrateur légal accomplit seul les actes que le tuteur peut faire seul ou autorisé par le conseil de famille, et avec l'autorisation du tribunal les actes que le tuteur ne peut accomplir sans cette autorisation. Il est tenu toutefois de faire, en bon administrateur, emploi des capitaux appartenant à l'enfant, lorsqu'ils s'élèvent à plus de 1 500 francs, et de convertir en titres nominatifs les titres au porteur des valeurs mobilières lui appartenant.

29 *bis*. S'il y a opposition d'intérêts entre l'administrateur et le mineur, il est nommé à ce dernier un administrateur *ad hoc* par le tribunal statuant sur requête en chambre du conseil, le ministère public entendu. Il est procédé de même si le père et la mère, tous deux vivants, sont déchus de l'administration légale.

30 *bis*. L'administration légale cesse de droit d'appartenir à toute personne interdite, pourvue d'un conseil judiciaire, en état d'absence ou déchue de la puissance paternelle. Elle peut être retirée, pour cause grave, par le tribunal statuant en chambre du conseil, le ministère public entendu (Code civ., art. 389, § 9).

38 *bis*. La loi du 24 juill. 1889, modifiée et complétée par celle du 15 nov. 1921, a organisé la déchéance de la puissance paternelle et le retrait de tout ou partie des droits de puissance paternelle à l'égard de l'un ou de quelques-uns des enfants.

39 *bis*. Peuvent être déchus de la puissance paternelle, ou privés de tout ou partie de leurs droits de puissance paternelle à l'égard de l'un ou de quelques-uns de leurs enfants, les père et mère qui se trouvent dans l'un des cas énumérés par l'art. 2 de la loi de 1889, modifié par la loi du 15 nov. 1921 (V. nos 40 et 41).

41 *bis*. *Ligne* 16 *et suiv.*, *lire* : *f)* Lorsque l'enfant a été conduit dans une maison de correction par application de l'art. 66 Code pén., ou condamné par application de l'art. 67 du même code ; *g)* En dehors de toute condamnation, lorsque les père et mère compromettent par de mauvais traitements, par des exemples pernicieux d'ivrognerie habituelle ou d'inconduite notoire, par un défaut de soins ou par un manque de direction nécessaire, soit la santé, soit la sécurité, soit la moralité de leurs enfants ou d'un ou plusieurs de ces derniers (L. 24 juill. 1889, art. 2-6°, modifié par L. 15 nov. 1921).

43 *bis*. Sans prononcer la déchéance, le tribunal peut retirer aux parents tout ou partie de leurs droits de puissance paternelle à l'égard de l'un ou de quelques-uns de leurs enfants (L. 24 juill. 1889, art. 2, modifié par L. 15 nov. 1921).

45 *bis*. La procédure organisée par la loi du 24 juill. 1889 pour l'action en déchéance s'applique aussi à l'action en retrait de tout ou partie des droits de la puissance paternelle (L. 1889, art. 3 et s., modifiés par L. 15 nov. 1921).

51 *bis*. Dans le cas de déchéance facultative ou de retrait de tout ou partie des droits de la puissance paternelle, le tribunal qui prononce l'une ou l'autre de ces mesures statue par le même jugement sur les droits de la mère à l'égard des enfants nés et à naître, sans préjudice, en ce qui concerne ces derniers, de toute mesure provisoire à demander au tribunal pour la période du premier âge (L. 1889, art. 9, § 3, modifié par L. 15 nov. 1921).

56 *bis*. La restitution des droits de la puissance paternelle retirés est subordonnée aux mêmes conditions que la restitution de la puissance paternelle après déchéance (L. 1889, art. 15, § 1 et 2, modifiés par L. 15 nov. 1921).

57 *bis*. *Ligne* 8, *lire* : Le tribunal, en prononçant la restitution de la puissance paternelle ou des droits retirés, fixe, suivant les circonstances, l'indemnité due au tuteur ou à la personne à qui ces droits ont été délégués, ou déclare qu'à raison de l'indigence des parents il ne sera alloué aucune indemnité (L. 24 juill. 1889, art. 16, § 3, modifié par L. 15 nov. 1921).

61 *bis.* Lorsque, par l'intervention du père, de la mère, du tuteur, ou par décision de justice, l'enfant a été confié à une des personnes prévues à l'art. 19 de la loi du 24 juill. 1889, s'il est établi que le parent qui réclame l'enfant s'en est depuis longtemps complètement désintéressé, le tribunal saisi par le tiers qui a recueilli l'enfant peut, en considération de l'intérêt de l'enfant, en maintenir la garde aux personnes à qui elle a été confiée, sauf, s'il y a lieu, à déterminer les conditions dans lesquelles celui qui réclame pourra voir l'enfant. L'instance est poursuivie devant le tribunal du domicile de la personne à qui l'enfant a été remis et contradictoirement avec celui des parents qui le réclame. Il est statué sur les demandes d'assistance judiciaire comme pour les cas d'urgence (L. 24 juill. 1889, art. 20, § 3, ajouté par L. 5 août 1916).

PUPILLES DE LA NATION

1. La loi du 27 juill. 1917, instituant des pupilles de la nation, règle la participation de l'État à l'entretien, à l'éducation, à la tutelle de ces enfants. — Aux termes de l'art. 1er, la France adopte les orphelins dont le père, la mère ou le soutien de famille a péri, au cours de la guerre de 1914-1919, victime militaire ou civile de l'ennemi. Sont assimilés aux orphelins les enfants nés ou conçus avant la fin des hostilités, dont le père, la mère ou le soutien de famille sont dans l'incapacité de gagner leur vie par le travail, à raison de blessures reçues ou de maladies contractées ou aggravées par suite de la guerre.

2. Les pupilles de la nation ont droit à la protection et au soutien matériel et moral de l'État pour leur éducation jusqu'à l'accomplissement de leur majorité (L. 27 juill. 1917, art. 1er).

3. Sur la demande du représentant légal de l'enfant, à ce autorisé par une délibération du conseil de famille, et, à son défaut, à la diligence du procureur de la République, le tribunal civil, après avoir convoqué le représentant légal de l'enfant, vérifie si celui-ci réunit les conditions nécessaires pour être dit « pupille de la nation ». Le jugement est notifié au représentant légal de l'enfant par le greffier du tribunal. Dans le mois qui suit cette notification, appel peut être interjeté par le ministère public ou par le représentant légal de l'enfant, par simple lettre recommandée sans frais, adressée au greffier en chef de la cour d'appel (L. 27 juill. 1917, art. 6). — Un mois après le prononcé du jugement, si celui-ci n'est pas frappé d'appel, ou dans le mois qui suit l'arrêt de la cour, mention de l'adoption par la nation est faite, à la requête du ministère public, en marge de l'acte de naissance de l'enfant (L. 27 juill. 1917, art. 8).

4. L'Office national des pupilles de la nation, établissement public rattaché au ministère de l'Instruction publique, a pour attributions : 1° de prendre ou provoquer toute mesure d'ordre générale en faveur des pupilles de la nation ; 2° de répartir entre les offices départementaux les subventions de l'État ou le produit des fondations, dons ou legs à lui faits sans affectation spéciale ; 3° de diriger et coordonner l'action de ces offices (L. 27 juill. 1917, art. 11).

5. Au chef-lieu de chaque département existe un établissement public appelé office départemental des pupilles de la nation (L. 1917, art. 10), qui a pour attributions : 1° de veiller à l'observation des mesures de protection prévues par la loi sur les pupilles de la nation (V. *infrà*, n° 6) ; 2° de pourvoir au placement, dans les familles ou dans les établissements publics ou privés d'éducation, des pupilles dont la tutelle ou la garde provisoire lui est confiée ; 3° d'accorder des subventions en vue de faciliter l'entretien, l'éducation et le développement normal des pupilles dont le père, la mère, le tuteur ou le soutien manqueraient des ressources nécessaires à cet effet.

6. Dans chaque canton, l'office départemental choisit des correspondants parmi les élus cantonaux, les maires, les instituteurs et institutrices et les particuliers de l'un ou l'autre sexe offrant toutes garanties de moralité et de compétence, notamment parmi les membres des sociétés protectrices de l'enfance. Ces correspondants forment la section cantonale, dont le conseiller général, le ou les conseillers d'arrondissement sont membres de droit. — Les sections cantonales secondent l'action de l'office départemental, assurent son contrôle sur les pupilles, présentent éventuellement à l'agrément de l'office des personnes de confiance qui peuvent faire partie des conseils de famille ou remplir les fonctions de conseiller de tutelle (art. 18).

7. L'office départemental veille, concurremment avec le ministère public, à l'organisation et au fonctionnement des tutelles des pupilles de la nation (art. 19). — Si, dans les quinze jours qui ont suivi l'ouverture de la tutelle, la réunion du conseil de famille n'a pas été requise par le parent compétent, le juge de paix du lieu d'ouverture de la tutelle est tenu de convoquer d'office le conseil de famille.

8. S'il n'existe ni ascendants, ni tuteur testamentaire, ou si ceux-ci sont excusés de la tutelle ou en ont été exclus, le conseil de famille peut décider que la tutelle sera confiée à l'office départemental, qui la délègue ensuite, sous son contrôle, soit à un de ses membres, soit à toute autre personne de l'un ou l'autre sexe, agréée par lui.

9. L'office départemental a le patronage des orphelins de la guerre. Il assure leur protection par l'institution des *conseillers de tutelle*. À la première réunion du conseil de famille, le juge de paix invite le conseil à délibérer sur l'utilité de la désignation par l'office départemental d'un conseiller de tutelle, de l'un ou de l'autre sexe, pour seconder l'action morale du tuteur sur l'orphelin et protéger celui-ci dans la vie. — Le conseiller de tutelle, sans jamais s'immiscer dans l'exercice de la puissance paternelle ou de la tutelle, s'assure que les sommes allouées par l'État et l'office au pupille sont bien employées à son entretien et à son éducation ou mises en réserve à son profit. Il assiste le tuteur de son expérience, veille à ce que l'orphelin ne soit pas laissé à l'abandon, à ce qu'il fréquente régulièrement l'école ou l'atelier, etc. Le conseiller de tutelle propose à l'office départemental toutes mesures qu'il juge utiles dans l'intérêt de l'enfant.

10. À la demande des tuteurs ou des tuteurs délégués des offices départementaux, et par décision du tribunal, les pupilles de la nation peuvent être confiés, par l'intermédiaire de l'office départemental, soit à des établissements publics, soit à des fondations, associations ou groupements, soit à des particuliers présentant les garanties nécessaires.

11. Tous les actes ou pièces ayant exclusivement pour objet la protection des pupilles de la nation sont dispensés du timbre. Ils sont enregistrés gratis s'ils doivent être soumis à cette formalité. Ils ne peuvent donner lieu à d'autres frais qu'à une rémunération aux divers greffiers (L. 27 juill. 1917, art. 31).

PURGE DES HYPOTHÈQUES. — V. *Hypothèques.*

Q

QUITTANCE. — V. *Timbre.*

QUOTIENT ÉLECTORAL. — V. *Élections.*

R

RÉASSURANCE. — V. *Assurance contre l'incendie.*

RECEL

Sous-titre, *lire : Code pénal,* art. 61, 460 et 461.

4 *bis* et s. Les développements consacrés au recel de choses provenant de crimes ou de délits doivent être supprimés; la loi 22 mai 1915 a, en effet, abrogé les art. 62 et 63 du Code pénal et fait du recel, non plus un acte de complicité, mais un délit spécial puni par les art. 460 et 461 nouveaux du Code pénal. — Ceux qui sciemment ont recélé, en tout ou en partie, des choses enlevées, détournées ou obtenues à l'aide d'un crime ou d'un délit, sont punis des peines prévues par l'art. 401 Code pén. (V. *Vol*). L'amende peut même être élevée au delà de 500 francs, jusqu'à la moitié de la valeur des objets recélés. Le tout sans préjudice de plus fortes peines, s'il y échet, en cas de complicité de crime, conformément aux art. 59, 60 et 61 Code pén. (Code pén. 460 nouveau). — Dans le cas où une peine afflictive et infamante est applicable au fait qui a procuré les choses récélées, le recéleur est puni de la peine attachée par la loi au crime et aux circonstances du crime dont il a eu connaissance au temps du recélé. Néanmoins, la peine de mort est remplacée, à l'égard des recéleurs, par celle des travaux forcés à perpétuité. L'amende prévue par l'art. 460 peut toujours être prononcée (Code pén. 461 nouveau).

RÉCIDIVE-RELÉGATION

6 *bis.* Ajouter : Le recel est considéré, au point de vue de la récidive, comme le délit qui a procuré les choses recélées (Code pén. 58, § 5, ajouté par L. 22 mai 1915, art. 3).

16 *bis.* Ligne 10, *ajouter :* recel des choses obtenues à l'aide d'un vol, d'une escroquerie ou d'un abus de confiance (L. 27 mai 1885, art. 4-2°, modifié par L. 22 mai 1915, art. 4).

16 *ter.* Ligne 14, *au lieu de :* sur la voie publique, *lire :* dans les conditions spécifiées par l'art. 4 de la loi du 27 mai 1885, modifié par la loi du 27 déc. 1916 (V. *Vagabondage*, n° 7 *bis*).

RÉCOMPENSES INDUSTRIELLES. — V. *Propriété industrielle et commerciale.*

RECONNAISSANCE D'ENFANT. — V. *Filiation naturelle.*

RECRUTEMENT DE L'ARMÉE

1 *bis.* — I. Principes généraux. — La loi du 21 mars 1905 qui organisait le service de deux ans a été modifiée dans une importante mesure par la loi du 7 août 1913, qui a porté de nouveau la durée du service actif à trois ans. Toutefois la loi de 1905 reste en vigueur dans celles de ses dispositions qui n'ont pas été modifiées par la loi nouvelle. — Tout Français doit le service militaire personnel et le service militaire est égal pour tous. Il a une durée de vingt-huit années (L. 21 mars 1905, art. 2, modifié par L. 7 août 1913, art. 4).

5 *bis.* Le temps passé sous les drapeaux par les fonctionnaires, agents et sous-agents de toutes les administrations de l'Etat, par les ouvriers et employés des établissements de l'Etat, est compté pour le calcul de l'ancienneté de services exigée pour la retraite et pour le calcul de l'ancienneté exigée pour l'avancement, pour une durée équivalente de services civils (L. 1905, art. 7, modifié par L. 7 août 1913 et 31 déc. 1917). Les limites d'âge prévues par les lois, décrets et arrêtés pour l'admission aux concours ou emplois de l'Etat, des départements et des communes sont reculées d'un an pour les jeunes gens ayant accompli trois années de service militaire (L. 1913, art. 17).

8 *bis*. — II. **Appels**. — Les tableaux de recensement comprennent les noms de tous les jeunes gens qui ont atteint l'âge de dix-neuf ans révolus dans l'année précédente.

8 *ter*. En ce qui concerne les individus devenus Français par voie de *naturalisation*, ils sont portés sur les tableaux de recensement de la première classe formée après leur changement de nationalité, et ils sont incorporés en même temps que la classe avec laquelle ils ont pris part aux opérations de la revision, mais ils sont tenus d'accomplir le même temps de *service actif*, sans que, toutefois, cette obligation ait pour effet de les maintenir sous les drapeaux au delà de leur trente-cinquième année révolue. Ils suivent ensuite le sort de la classe avec laquelle ils ont été incorporés. Toutefois ils sont libérés à titre définitif à l'âge de cinquante ans au plus tard (L. 1905, art. 12, modifié par L. 1913, art. 8).

12 *bis*. A côté du conseil de revision et fonctionnant après lui, l'art. 10 de la loi de 1913 a créé une *commission médicale militaire* chargée d'examiner les cas douteux reconnus par l'expert médical du conseil de revision. Cette commission, réunie au chef-lieu de chaque subdivision de région, se compose de trois médecins militaires. Elle adresse au préfet un rapport sur chacun des hommes examinés. Le conseil de revision, dans sa séance finale, statue sur tous les cas présentés, en dehors de la présence des intéressés. Ultérieurement le préfet communique à chacun des hommes examinés la décision prise sur son compte.

14 *bis*. Les jeunes gens qui ont été *ajournés* sont astreints à comparaître les années suivantes, et jusqu'à leur passage dans la réserve de l'armée active, devant le conseil de revision du canton qui les a examinés une première fois. A chaque examen, ils sont, d'après leur état physique, soit déclarés propres au service armé, soit ajournés à nouveau, soit exemptés de tout service. Sous aucun prétexte, les hommes reconnus faibles de constitution ne peuvent être versés dans le service auxiliaire. Les jeunes gens ajournés une première fois, reconnus bons l'année suivante, font trois ans de service actif; après deux ajournements, les hommes pris par la revision font deux ans. Ceux qui, ayant été ajournés trois fois, sont pris au quatrième examen, ne sont astreints qu'à un an de service. Ceux enfin qui, après avoir été ajournés quatre fois, sont déclarés bons au dernier examen qu'ils doivent subir, sont versés dans la réserve et astreints aux périodes de la classe à laquelle ils appartiennent (L. 1913, art. 10).

14 *ter*. Les hommes de la quatrième catégorie (exempts de service) sont astreints à se présenter et à subir l'examen d'un conseil de revision : 1º à la date de leur passage dans la réserve active (vingt-quatre ans); 2º cinq ans après cette première visite (vingt-neuf ans); 3º au moment de leur passage dans l'armée territoriale (trente-cinq ans). Ceux reconnus, à l'un quelconque de ces examens, aptes au service militaire, sont immédiatement soumis aux obligations de la classe à laquelle ils appartiennent par leur âge (L. 1913, art. 9).

16 *bis*. En vertu de l'art. 22 de la loi de 1905, modifié par l'art. 12 de la loi de 1913, les familles des *soutiens indispensables de famille* incorporés peuvent recevoir en temps de paix, et sur leur demande, une allocation de un franc vingt-cinq centimes par jour, fournie par l'Etat pendant le temps de présence sous les drapeaux des soutiens de famille. Cette allocation est majorée de cinquante centimes par chaque enfant âgé de moins de seize ans à la charge du soutien de famille.

L'allocation est accordée par un conseil composé du juge de paix président, du contrôleur des contributions directes et du receveur de l'enregistrement. Le conseil municipal et le préfet émettent sur chaque demande un avis motivé. Appel de la décision de ce conseil peut être interjeté dans le mois devant le tribunal civil d'arrondissement qui statue en chambre du conseil.

17 *bis*. Les élèves des écoles qui concourent au recrutement des officiers de l'armée active (Ecoles polytechnique, Saint-Cyr, du service de santé militaire et du service de santé de la marine) entrent directement dans ces écoles pour y faire leurs années de service. Ils sont versés, chaque année, pendant deux mois, dans un corps de troupe, à la date du 1er août, pour y servir, la première année comme soldats, la deuxième année comme sous-officiers et participer aux grandes manœuvres. Ces jeunes gens, en entrant à l'école, contractent un engagement de huit ans. Ceux qui ne sont pas classés dans les armées de terre ou de mer à leur sortie de l'Ecole polytechnique, font deux ans de service comme sous-lieutenants de réserve. — Les élèves admis après concours à l'Ecole normale supérieure et à l'Ecole forestière sont assimilés aux élèves de l'Ecole polytechnique. — Les élèves de l'Ecole centrale, de l'Ecole des mines, de l'Ecole des ponts et chaussées ne bénéficient d'aucun régime spécial; ils sont soumis aux trois ans de service avec faculté d'obtenir des sursis d'incorporation.

17 *ter*. Les docteurs ou les étudiants en médecine ou en pharmacie, munis de douze inscriptions, qui ont subi avec succès, à la fin de leur première année de service, l'examen de médecin ou de pharmacien auxiliaire, peuvent être nommés à cet emploi et accomplissent en cette qualité leurs deux dernières années de service. La même situation est faite aux vétérinaires et élèves-vétérinaires de quatrième année.

18 *bis*. Le recrutement des officiers de réserve est encore assuré de la manière suivante : chaque année, au bout de six mois de service, entre les soldats incorporés, appelés ou engagés, un concours est ouvert pour l'admission aux écoles militaires d'infanterie, de cavalerie, d'artillerie, du génie et d'administration. Après un an de service à la caserne, les candidats admis entrent aux écoles. La durée des études y est d'un an. A leur sortie, les élèves sont nommés aspirants. Ils accomplissent le dernier semestre de leur troisième année de service comme sous-lieutenants de réserve. A leur libération, ils sont nommés officiers dans la réserve. — Les officiers de réserve sont astreints à des périodes d'exercice fixées par le ministre (art. 24, § 3 nouveau).

22 *bis*. — IV. **Service militaire**. — Tout Français reconnu propre au service militaire fait successivement partie : de l'armée active pendant trois ans; de la réserve de l'armée active pendant onze ans; de l'armée territoriale pendant sept ans; de la réserve de l'armée territoriale pendant sept ans. — Le service militaire est réglé par classe. L'armée active comprend, indépendamment des hommes qui ne proviennent pas des appels, tous les jeunes gens déclarés propres au service militaire armé ou auxiliaire et faisant partie des trois derniers contingents incorporés (L. 1905, art. 32, modifié par la loi de 1913, art. 18). — Par exception, la durée du service actif pour les appelés et les engagés de la classe 1920 est fixée à deux ans (L. 17 déc. 1921).

26 *bis*. Les militaires engagés ou appelés sous les drapeaux au titre des contingents annuels, accomplissant la durée légale du service, peuvent, en dehors des dimanches et jours fériés, obtenir des congés ou permissions jusqu'à concurrence d'un total de cent vingt jours, au cours de leurs trois années de service. Les hommes exerçant la profession d'agriculteur peuvent, de préférence aux autres, obtenir leurs permissions au moment des travaux des champs, en une ou deux périodes. Ces congés ou permissions ne peuvent être supprimés qu'en cas de punition grave (L. 1905, art. 38, modifié par la loi de 1913, art. 21).

29 *bis.* Les dispositions relatives aux soutiens de famille (V. *supra*, nº 16 *bis*) sont applicables aux réservistes, aux territoriaux et à leur famille pendant l'accomplissement de leurs périodes d'instruction (L. 7 août 1913, art. 50). — Le fait d'avoir, par le mariage, la charge de quatre ou de six enfants vivants est assimilé à la paternité légale et donne droit aux mêmes faveurs (passage anticipé dans l'armée territoriale ou dans la réserve de l'armée territoriale (L. 13 juill. 1911, art. 106).

37 *bis.* — V. Engagements volontaires et rengagements. — 1º *Engagements volontaires.* — La loi du 21 mars 1905, modifiée par celle du 7 août 1913, admet des engagements volontaires de quatre ou cinq ans pour les troupes métropolitaines et de trois, quatre ou cinq ans pour les troupes coloniales, ainsi que pour certains corps métropolitains d'Afrique.

43 *bis.* — 3º *Suppression des commissionnés.* — L'art. 58 de la loi du 21 mars 1905, qui réglait la situation des militaires maintenus sous les drapeaux en qualité de commissionnés, ayant été abrogé par l'art. 29 de la loi du 7 août 1913, il n'est plus accordé pour l'avenir de commissions nouvelles. Mais, aux termes de l'art. 41 de la loi de 1913, les militaires qui servent actuellement en qualité de commissionnés conservent cette situation jusqu'à leur libération, à moins qu'ils ne demandent eux-mêmes à continuer de servir comme rengagés.

REDEVANCE. — V. *Mines, Voirie par eau.*

RÉFÉRÉ

26 *bis.* Le principal des droits fixes d'enregistrement est doublé, mais n'est plus soumis aux décimes (L. 25 juin 1920, art. 28);

RÉGIME DOTAL

24 *bis.* Lorsque la femme est âgée de plus de 45 ans et que les époux n'ont ni enfants ni descendants vivants, elle peut, avec l'autorisation de son mari et celle de justice, donner ses biens dotaux pour des œuvres d'assistance et de bienfaisance publiques ou privées, ou pour des œuvres ayant plus spécialement pour objet le développement de la natalité, la protection de l'enfance et des orphelins de la guerre. Si le mari refuse son autorisation, celle de justice permet à la femme de passer outre, mais alors la jouissance des biens donnés reste au mari (Code civ. 1556, § 2, ajouté par L. 19 mars 1919, art. 1er).

38 *bis.* Ligne 11, *ajouter* : Les obligations de la défense nationale peuvent être affectées aux mêmes placements ou remplois que les rentes sur l'Etat (L. 10 juill. 1915).

RÉGION DE CORPS D'ARMÉE. — V. *Armée.*

RÉGIONS LIBÉRÉES. — V. *Actes de l'état civil, Guerre de 1914, Retraites ouvrières.*

REGISTRE DU COMMERCE
Lois du 18 mars 1919 et du 26 juin 1920.

1. Dans le ressort de chaque tribunal de commerce, ou du tribunal civil qui en tient lieu, il est tenu par le greffier un registre du commerce où sont immatriculés les commerçants français ou étrangers ayant en France leur établissement principal, une succursale ou une agence, les sociétés commerciales françaises, les sociétés commerciales étrangères ayant une succursale ou une agence en France, et où sont portées certaines mentions relatives à ces commerçants ou à ces sociétés.

2. Tout commerçant doit, dans le mois de l'ouverture ou de l'acquisition de son fonds, requérir son immatriculation au registre du commerce. Il remet au greffier une déclaration indiquant ses nom et prénoms et s'il y a lieu son surnom ou pseudonyme, la date et le lieu de sa naissance, sa nationalité, l'autorisation de faire le commerce s'il s'agit d'un mineur ou d'une femme mariée, le régime matrimonial, l'objet du commerce, les lieux où sont situées les agences et succursales, l'enseigne ou la raison de commerce de l'établissement, les établissements que le déclarant a précédemment exploités ou ceux qu'il exploite dans le ressort d'autres tribunaux. Le greffier copie sur le registre le contenu de la déclaration.

3. Doivent être mentionnés au registre : 1º tout changement ou modification se rapportant aux faits dont l'inscription sur le registre du commerce est prescrite; 2º les jugements ou arrêts prononçant la séparation de biens, la séparation de corps ou le divorce du commerçant; 3º l'acte rétablissant la communauté dissoute par la séparation de corps ou de biens; 4º le nantissement du fonds de commerce; 5º les brevets d'invention exploités et les marques de fabrique ou de commerce employées par le commerçant; 6º les jugements ou arrêts nommant un conseil judiciaire au commerçant inscrit ou prononçant son interdiction, ainsi que les jugements ou arrêts de mainlevée; 7º les jugements ou arrêts rendus en matière de faillite ou de liquidation judiciaire.

4. Doivent être immatriculées au registre du siège social les sociétés commerciales françaises en nom collectif, en commandite simple, en commandite par actions et anonymes. L'immatriculation doit être requise, dans le mois de la constitution de la société, par les gérants ou par les administrateurs. En même temps qu'ils déposent l'acte de société, les requérants produisent au greffier une déclaration signée d'eux, mentionnant : 1º les noms et prénoms des associés autres que les actionnaires et commanditaires, la date et le lieu de naissance, la nationalité de chacun d'eux; 2º la raison sociale ou la dénomination de la société; 3º l'objet de la société ; 4º les lieux où elle a des succursales ou agences, en France ou à l'étranger ; 5º les noms des associés ou des tiers autorisés à administrer, gérer et signer pour la société, des membres des conseils de surveillance des sociétés en commandite, la date et le lieu de leur naissance, ainsi que leur nationalité; 6º le montant du capital social et le montant des sommes ou valeurs à fournir par les actionnaires et commanditaires; 7º l'époque où la société a commencé et celle où elle doit finir; 8º la nature de la société; 9º si elle est à capital variable, la somme au-dessous de laquelle le capital ne peut être réduit. — Doivent aussi être mentionnés au registre du commerce : 1º tout changement ou modification se rapportant aux faits inscrits sur le registre; 2º les noms, prénoms, date et lieu de naissance, ainsi que la nationalité des gérants, administrateurs ou directeurs nommés pendant la durée de la société, des membres des conseils de surveillance des sociétés en commandite ; 3° les brevets d'invention exploités et les marques de fabrique ou de commerce employées par la société ; 4° les jugements et arrêts prononçant la dissolution ou la nullité de la société ; 5° les jugements et arrêts déclarant la société en faillite ou en liquidation judiciaire.

5. Les commerçants français ou étrangers ayant leur établissement principal à l'étranger et une succursale ou une agence en France sont assujettis aux obligations édictées par les art. 4 et 5 de la loi du 18 mars 1919 (V. *suprà*, n°s 1 à 3). — De même, les art. 6 et 7 s'appliquent aux sociétés de commerce étrangères qui ont une succursale ou une agence en France (V. *suprà*, n° 4).

6. Aucune demande d'immatriculation au registre du commerce ne peut être reçue par le greffier que sur la production d'un extrait du rôle de la contribution des patentes ou de l'impôt sur les revenus industriels et commerciaux, ou d'un acte de cession du fonds de commerce, ou, à défaut des pièces ci-dessus, d'un certificat délivré par le maire (à Paris, par le commissaire de police), attestant, après vérification, la réalité de l'existence de l'établissement commercial visé dans la déclaration (L. 26 juin 1920, art. 5).

7. Toute personne peut se faire délivrer par le greffier une copie, sur papier timbré, des inscriptions portées au registre, ou un certificat qu'il n'en existe aucune.

8. Chaque immatriculation au registre du commerce donne lieu à la perception d'un émolument de 1 franc au profit du greffier, et, au profit du Trésor, d'une somme de 10 francs, augmentée, lorsqu'il s'agit d'une société commerciale dont le capital social est supérieur à 100 000 francs, d'une taxe proportionnelle de 0 fr. 01 par 1 000 francs du capital social. Cette taxe proportionnelle n'est due que pour l'immatriculation des sociétés commerciales françaises au tribunal de leur siège social et pour l'immatriculation des sociétés étrangères au tribunal du lieu de la principale succursale ou agence (L. 26 juin 1920, art. 5). — Le greffier a droit, en outre, à 2 francs pour le prix des formules, les frais de registre, etc.

9. Le fait de ne pas requérir dans le délai légal les inscriptions obligatoires est puni d'une amende de 16 à 200 francs, prononcée par le tribunal de commerce. Le tribunal ordonne que l'inscription omise sera faite dans un délai de quinzaine. Si, dans ce délai, elle n'a pas été opérée, une nouvelle amende peut être prononcée.

RÈGLEMENT TRANSACTIONNEL

Lois du 2 juill. 1919 et du 28 avr. 1922.

1. En vue de venir en aide aux commerçants atteints par la guerre et d'éviter aux débiteurs malheureux la faillite ou la liquidation judiciaire, la loi du 2 juill. 1919 a institué un règlement transactionnel pour cause générale de guerre entre les commerçants et leurs créanciers. Ces dispositions exceptionnelles ne doivent demeurer en vigueur que pendant trois années à partir de la ratification du traité de paix, c'est-à-dire jusqu'au 14 oct. 1922. — Le bénéfice du règlement transactionnel ne peut être demandé que par les commerçants qui se trouvent dans l'impossibilité de faire face à leurs engagements *pour cause générale de guerre* (L. 2 juill. 1919, art. 1er, modifié par L. 28 avr. 1922).

2. — I. *Commerçants.* — Le débiteur qui veut obtenir le règlement transactionnel adresse au président du tribunal de commerce de son domicile une requête contenant l'exposé sommaire des faits qui motivent sa demande ; il y joint son bilan, la liste nominative de ses créanciers, avec l'indication de leur domicile et du montant de leurs créances échues et non échues, et ses propositions éventuelles de règlement. Le bilan doit contenir l'indication complète de la situation active et passive du débiteur, et notamment de tous les marchés à livrer, tant à son profit qu'à sa charge (L. 2 juill. 1919, art. 2, modifié par L. 28 avr. 1922). — Ces pièces sont sur papier libre. Elles sont déposées au greffe ; il en est donné récépissé. — Le président saisit de la requête le tribunal dans un délai de cinq jours au plus. Le tribunal statue en chambre du conseil dans les trois jours, le débiteur entendu. Si la requête est admise, le jugement nomme un des membres du tribunal juge délégué et désigne un administrateur. Ce jugement entraîne de plein droit un sursis provisoire à tous actes d'exécution. Il est mentionné au registre du commerce.

3. Le débiteur n'est pas dessaisi : avec l'autorisation du juge délégué et sous la surveillance de l'administrateur, il continue l'exploitation de son commerce ou de son industrie et conserve l'administration de ses biens. Toutefois, il ne peut ni contracter de nouvelles dettes, ni aliéner tout ou partie de son actif, ni intenter ou suivre aucune action mobilière ou immobilière sans l'autorisation et l'assistance de l'administrateur (art. 6).

4. La procédure d'affirmation et de vérification des créances est réglée par les art. 7, 8 et 9 de la loi du 2 juill. 1919. Dans la huitaine du jugement admettant la requête du débiteur, chacun des créanciers est avisé de ce jugement par lettre recommandée du greffier et est invité à produire ses titres de créance entre les mains de l'administrateur ou du greffier dans le délai de quinze jours. Le créancier est informé en même temps qu'il peut contester dans le même délai les créances produites. — La vérification des créances est faite par l'administrateur contradictoirement avec le débiteur. Les créances litigieuses peuvent être admises provisionnellement par décision du juge délégué.

5. Lorsqu'il n'existe pas de contestations, ou lorsque la dernière admission provisionnelle est ordonnée, le juge délégué déclare le procès-verbal d'admission des créances définitivement clos. Dans le délai de cinq jours, le débiteur est tenu de déposer au greffe, s'il ne l'a déjà fait, ses propositions de règlement signées par lui. Dans le même délai, l'administrateur doit déposer son rapport sur les opérations, contenant notamment la situation active et passive du débiteur (L. 2 juill. 1919, art. 10).

6. Le greffier, sur ordonnance du juge délégué, requise par l'administrateur, transmet à chaque créancier, par lettre recommandée, les propositions de règlement du débiteur, l'extrait du rapport de l'administrateur, et l'invite à faire connaître, en personne ou par mandataire, s'il adhère ou non à ces propositions, en l'informant que son silence sera interprété comme une adhésion. La déclaration écrite du créancier doit être adressée par lettre recommandée avec avis de réception au greffier, dans un délai fixé par le juge délégué. Les créanciers qui n'ont pas fait connaître leur réponse dans ce délai sont considérés comme acceptant les propositions du débiteur.

7. A l'expiration du délai de huitaine, le projet de règlement est soumis à l'examen du tribunal en la chambre du conseil. Le règlement sollicité ne peut comporter aucune réduction sur le chiffre des créances et ne peut que concéder des délais, d'une durée de cinq ans au plus. Le règlement est soumis à l'homologation facultative du tribunal, sur requête déposée au greffe par l'administrateur (L. 2 juill. 1919, art. 12, § 2, modifié par L. 28 avr. 1922). — Dans le cas où il existe des oppositions, les opposants et le débiteur sont convoqués pour s'expliquer contradictoirement en la chambre du conseil. Si l'accord n'a pu s'établir ou si de nouvelles propositions sont formulées, le tribunal ordonne que les créanciers seront convoqués en assemblée générale par les soins du juge délégué et sous sa présidence. Si, à la suite de cette délibération, le règlement proposé par le débiteur a réuni les acceptations de créanciers représentant, en nombre ou en sommes, l'une des majorités requises par l'art. 15 de la loi du 4 mars 1889 (V. *Faillite*, n° 102), le projet de règlement est soumis au tribunal, qui statue en chambre du conseil sur les oppositions. Si elles ne lui paraissent pas fondées, le règlement peut être homologué. Le tribunal peut imposer au débiteur le payement d'intérêts moratoires dont il fixe le point de départ et le taux dans les limite du taux légal (art. 12, § 6 nouveau). Les opposants qui n'ont point comparu devant le tribunal en chambre du conseil sont présumés faire abandon de leur opposition et considérés comme acceptant les propositions du débiteur (art. 12, § 3 à 7).

8. Le jugement d'homologation est mentionné au répertoire prévu à l'art. 2, ainsi qu'au registre du commerce. Il n'est l'objet d'aucune autre publicité, à peine d'une amende de 100 francs et de dommages-intérêts, s'il y a lieu. Un avis, contenant un extrait sommaire des conditions du règlement, est adressé dans la huitaine par les soins du greffier, sous pli recommandé avec avis de réception, à chaque créancier (art. 13, § 1er).

9. Après entière exécution des obligations résultant du règlement transactionnel, le débiteur peut introduire une requête à l'effet d'obtenir un jugement de décharge (art. 13, § 2).

10. Les créanciers opposants ont le droit de former appel par déclaration au greffe dans les dix jours de l'avis prévu à l'art. 13 (V. n° 8). — La cour statue dans le mois, en chambre du conseil, après audition de l'administrateur et des parties convoquées par le greffier. L'arrêt n'est pas publié. Un avis est adressé par le greffier à l'administrateur, aux créanciers et au débiteur (art. 14).

11. En cas de refus d'homologation du règlement, ou en cas de non-présentation de règlement, le tribunal déclare d'office le débiteur en état de liquidation judiciaire ou de faillite. La faillite peut également être prononcée, sans préjudice des poursuites pour banqueroute, si le débiteur a sciemment omis de faire connaître un de ses créanciers, dissimulé ou détourné une partie de son actif, induit en erreur le tribunal ou l'administrateur sur sa situation active ou passive, refusé systématiquement son concours pour l'administration de ses biens, enfin s'il a commis tout autre acte de fraude ou de mauvaise foi qui le rende indigne du bénéfice de la loi (art. 16). En outre, le commerçant qui a obtenu ou tenté d'obtenir le règlement transactionnel au moyen de manœuvres frauduleuses est puni des peines prévues par l'article 405 du Code pénal (escroquerie) (L. 2 juill. 1919, art. 18).

12. En cas d'inexécution du règlement, la résolution peut être poursuivie en présence des cautions qui y sont intervenues pour en garantir l'exécution totale ou partielle, ou elles dûment appelées. La résolution du règlement transactionnel ne libère pas ces cautions (art. 19).

13. — II. Sociétés. — Les sociétés peuvent obtenir de leurs créanciers le règlement transactionnel prévu par la loi du 2 juill. 1919. — Pour les sociétés en nom collectif ou en commandite, la requête est signée par celui ou par ceux des associés qui disposent de la signature sociale. Pour les sociétés anonymes ou en commandite par actions, la requête est signée par l'administrateur délégué, le directeur ou l'un des administrateurs spécialement autorisé à cet effet par une délibération du conseil d'administration (L. 2 juill. 1919, art. 22, § 3, modifié par L. 28 avr. 1922).

14. Lorsque le règlement transactionnel est demandé par une société ayant émis des obligations, parts de fondateurs, etc., le jugement ordonne que les obligataires seront convoqués séparément des autres créanciers en assemblée générale (L. 2 juill. 1919, art. 23).

15. Le règlement transactionnel ne peut être voté qu'à la majorité représentant plus de la moitié des obligations émises et non éteintes, déduction faite de celles qui sont en la possession de la société (L. 2 juill. 1919, art. 26, § 1er nouveau). Chaque obligataire dispose d'autant de voix qu'il possède d'obligations. — Le juge délégué peut, avant toute délibération, proroger l'assemblée et fixer une nouvelle date, éloignée de dix jours au moins, pour une convocation qui a lieu dans les mêmes conditions que pour la réunion précédente (art. 26, § 6 nouveau).

16. Le règlement transactionnel voté par les obligataires est soumis, en même temps que le règlement transactionnel obtenu des autres créanciers, au tribunal de commerce qui statue sur leur homologation par un seul et même jugement (L. 2 juill. 1919, art. 30, § 1er).

RÉHABILITATION

5 *bis*. Si le condamné appelé sous les drapeaux en temps de guerre a été, pour action d'éclat, l'objet d'une citation à l'ordre du jour, la demande en réhabilitation n'est soumise à aucune condition de temps ni de résidence. En ce cas, la cour peut accorder la réhabilitation même si les frais, l'amende et les dommages-intérêts n'ont pas été payés et si la peine corporelle n'a pas été subie (C. instr. crim., art. 621, § 5, mod. par L. 19 mars et 18 avr. 1919).

6 *bis*. Dans le cas prévu au numéro précédent, la demande, s'il s'agit de condamnations prononcées pour des infractions militaires, est admise de droit sur la simple constatation de la citation à l'ordre. Dans les mêmes circonstances, si le condamné a été tué à l'ennemi ou est mort des suites de ses blessures, la faculté de demander la réhabilitation appartient à son conjoint, à ses ascendants, à ses descendants ou au ministre de la Guerre ou de la Marine (Code instr. crim., art. 628, § 2 et 3, L. 19 mars 1919).

10 *bis*. La loi d'amnistie du 29 avr. 1921 a réhabilité de plein droit tous les commerçants déclarés en état de faillite ou de liquidation judiciaire antérieurement au 11 mars 1920 (art. 22).

11 *bis*. Peut obtenir sa réhabilitation, comme au cas des alinéas 1° et 2° de l'art. 605, § 1, C. com. (V. *Réhabilitation*, n° 11), et sans autre condition, le failli, même banqueroutier, ou le liquidé judiciaire qui, appelé sous les drapeaux pendant la guerre de 1914-19, a été, pour action d'éclat, l'objet d'une citation à l'ordre du jour. Si le failli ou le liquidé a été tué à l'ennemi ou est mort des suites de ses blessures ou de maladies contractées ou aggravées dans le service ou en captivité, la faculté de demander la réhabilitation appartient, dans les mêmes circonstances, à son conjoint, à ses ascendants, à ses descendants ou aux ministres de la Guerre ou de la Marine (L. 5 août 1916, art. 1er, modifié par L. 16 mars 1919, art. 2).

RENTES CONSTITUÉES

20 *bis.* Le droit proportionnel de 2 p. 100 est porté à 5 p. 100, sans décimes (L. 25 juin 1920, art. 24, § 1er).

21 *bis. Ajouter :* Lorsque l'amortissement ou le rachat d'une rente ou pension constituée à titre gratuit est effectué moyennant l'abandon d'un capital supérieur à celui formé de vingt fois la rente perpétuelle et dix fois la rente viagère ou la pension, un supplément de droit de donation est exigible sur la différence entre ce capital et la valeur imposée lors de la constitution (L. 18 avr. 1918, art. 16).

RENTES FONCIÈRES

6 *bis.* Le droit proportionnel de 7 p. 100 est porté à 10 p. 100, sans décimes (L. 25 juin 1920, art. 25).

RENTES SUR L'ÉTAT

20 *bis.* Le payement des coupons de la rente française au porteur ou mixte peut être demandé au guichet des bureaux de poste (Arr. min. 6 janv. 1917).

41 *bis.* La loi du 29 mars 1914, dont le titre II modifie la législation concernant l'impôt sur le revenu des valeurs mobilières, a maintenu, dans son art. 31, l'exonération d'impôt dont bénéficiait jusqu'alors la rente française. Mais cette immunité ne profite qu'aux rentes émises à la date de la promulgation de la loi précitée du 29 mars 1914. Pour les émissions à venir, l'Etat conserve, au point de vue de la taxation, toute sa liberté. Ainsi les rentes 3,5 p. 100 amortissables émises en vertu de la loi du 20 juin 1914 (emprunt de 805 millions de francs) jouissent des privilèges et immunités attachés aux rentes 3 p. 100 amortissables ; mais leurs arrérages sont soumis à l'impôt sur le revenu des valeurs mobilières (L. 20 juin 1914, art. 3). — Par contre, les rentes émises depuis lors sont exemptes de cet impôt.

44 *bis.* Les obligations de la défense nationale peuvent être affectées aux mêmes remplois que les rentes sur l'Etat (L. 10 juill. 1915).

REPOS HEBDOMADAIRE

Sous-titre : lire : Code trav. livre II, art. 30 à 51 (*Petit Code du travail Dalloz*).

1 *bis.* Les dispositions de la loi du 13 juill. 1906 ont été codifiées au Code du trav., livre II, art. 30 à 51.

4 *bis.* Lignes 9 à 13, *lire :* L'autorisation (de déroger à la règle du repos simultané le dimanche) accordée à un établissement doit être étendue aux établissements de la même ville faisant le même genre d'affaires, s'adressant à la même clientèle et compris dans la même classe de patente, une fraction d'établissement ne pouvant, en aucun cas, être assimilée à un établissement (Code trav., livre II, art. 36, modifié par L. 16 févr. 1922).

7 *bis. In fine, lire :* Un autre règlement d'administration publique, en date du 31 août 1910, a déterminé des dérogations particulières au repos des spécialistes occupés dans les usines à feu continu.

8 *bis.* Dernière ligne, *lire :* Code trav., livre II, art. 44.

9 *bis.* Dernière ligne, *lire :* Code trav., livre II, art. 40.

10 *bis.* Ligne 16, *lire :* Code trav., livre II, art. 47. Ligne 22, *lire :* art. 49. — Un décret du 29 avr. 1913 détermine, en ce qui concerne les femmes et les enfants, la nomenclature des catégories d'établissements admis à bénéficier des dérogations prévues par les art. 45, 46 et 47.

11 *bis.* Avant-dernière ligne, *lire :* Code trav., livre II, art. 50.

12 *bis.* Ligne 5, *lire :* Code trav., livre II, art. 93, 111.

13 *bis.* Dernière ligne, *lire :* Code trav., livre II, art. 160.

14 *bis.* Dernière ligne, *lire :* Code trav., livre II, art. 162.

16 *bis.* Dernière ligne, *lire :* Code trav., livre II, art. 178.

17 *bis.* Conf. Code trav., livre II, art. 182.

18 *bis.* Les art. 51 *a* à 51 *h* du livre II du Code du travail, ajoutés par la loi du 4 avr. 1914, réglementent le repos hebdomadaire aux *halles centrales* de Paris.

RÉQUISITIONS MILITAIRES

Sous-titre, ajouter : L. 22 juill. 1909, 23 juill. 1911, 26 déc. 1914, 20 juill. 1918, 29 avr. 1921 (art. 42), 30 avr. 1921.

13 *bis.* L'État est responsable des dégâts ou dommages occasionnés par les troupes dans leurs logements ou cantonnements. Les habitants qui ont à se plaindre adressent leurs réclamations au commandant de la troupe, par l'intermédiaire de la municipalité, qui en délivre accusé de réception indiquant la date et l'heure du dépôt. Les réclamations doivent, sauf le bénéfice des dispositions ci-après, être adressées, à peine de déchéance, avant le départ de la troupe ou six heures après, au plus tard. La constatation des dégâts a lieu sans désemparer. Un officier est laissé à cet effet, pendant six heures au moins, après le départ de la troupe, par le commandant, qui a préalablement fait connaître le jour et l'heure du départ au maire, lequel en informe immédiatement les habitants par voie de publications, de façon que ceux-ci soient prévenus au moins douze heures à l'avance. En cas de rejet par l'autorité militaire de sa réclamation, l'habitant peut requérir dans les vingt-quatre heures le juge de paix du canton dans lequel sont situés les immeubles où les dégâts ont été commis, de procéder à une enquête sur place à l'effet d'établir les causes et la nature des dégâts.

13 *ter.* Lorsqu'une personne, chez qui des dégâts ou des dommages ont été causés par des troupes, s'est trouvée dans l'impossibilité de produire sa réclamation dans les délais ci-dessus, cette personne peut demander au juge de paix de procéder à une enquête. Si le juge de paix admet les causes d'impossibilité invoquées, il fixe le jour de l'enquête et en avise l'autorité militaire. Si le juge n'admet pas les causes d'impossibilité, le réclamant peut, par simple requête, saisir de sa demande d'enquête le président du tribunal civil, qui rend une ordonnance motivée ; puis le juge de paix procède à l'enquête, si celle-ci est autorisée.

19 *bis.* La valeur des prestations doit être appréciée à la date de la réquisition. Elle doit être calculée en tenant compte uniquement de la perte que la dépossession de sa chose impose au prestataire et abstraction faite du gain qu'aurait pu lui procurer la hausse des prix, faussés par la spéculation, l'accaparement ou l'exercice même du droit de réquisition. Les tribunaux ont les pouvoirs les plus étendus pour déterminer cette valeur et l'indemnité représentative.

28-1°. — *Recensement, classement, réquisi-*

tion des voitures automobiles. — L'autorité militaire a le droit d'acquérir par voie de réquisition et dans les conditions générales prévues par la loi du 3 juill. 1877 les voitures automobiles nécessaires au service de l'armée (L. 22 juill. 1909). — Tous les ans, du 1er au 16 janvier, a lieu dans chaque commune, sur la déclaration obligatoire des propriétaires et, au besoin, d'office, le recensement des automobiles. Les listes de recensement doivent mentionner, en regard de chaque voiture, outre les noms des propriétaires, les noms des personnes habituellement préposées à la conduite de ces voitures, lorsque ces personnes sont soumises aux obligations du service militaire.

28-2º. Chaque année, le ministre de la Guerre fait procéder, du 16 janv. au 1er mars ou du 15 avr. au 15 juin, à l'inspection et au classement des voitures automobiles. L'inspection et le classement ont lieu, dans chaque département, dans les localités désignées à l'avance par l'autorité militaire, après entente avec les préfets. Le maire de chaque commune où il existe des automobiles ou son suppléant légal assiste à l'inspection et au classement.

28-3º. Sont exemptées de la réquisition en cas de mobilisation et ne sont pas portées sur la liste de classement : les voitures dont les fonctionnaires sont tenus d'être pourvus pour leur service ; les voitures indispensables pour assurer le service des administrations publiques ; les voitures appartenant aux docteurs en médecine à raison d'une voiture par médecin.

28-4º. Les voitures recensées sont présentées au classement en bon état de fonctionnement. A l'issue du classement, il est procédé pour chaque commune et, dans chaque commune, pour chaque catégorie de voitures, à un tirage au sort qui règle l'ordre d'appel des voitures en cas de mobilisation. Un double de ce tableau est déposé à la mairie de chaque commune jusqu'au classement suivant.

28-5º. Le contingent des voitures automobiles à fournir, en cas de mobilisation, dans chaque région, est fixé par le ministre de la Guerre. — Dès la réception de l'ordre de mobilisation, le maire prévient les propriétaires de voitures automobiles, d'après les numéros de tirage portés sur le dernier état de classement, et suivant la demande de l'autorité militaire, d'avoir à les faire conduire, aux jour et heure fixés, au point indiqué par cette autorité. — Les prix des voitures automobiles requises sont déterminés à l'avance et fixés d'une manière absolue d'après leur catégorie et leur ancienneté de fabrication. Les propriétaires des voitures reçoivent sans délai des mandats représentant le prix d'achat et payables à la caisse du receveur des finances le plus proche.

28-6º. Les propriétaires qui, sans motifs légitimes, n'ont pas conduit les voitures classées au lieu indiqué pour la réquisition, sont déférés aux tribunaux et, en cas de condamnation, frappés d'une amende de 50 à 5000 francs. — Les propriétaires qui ne se conforment pas aux autres prescriptions de la loi sont passibles d'une amende de 25 à 1000 francs. — Ceux qui ont fait sciemment de fausses déclarations sont frappés d'une amende de 50 à 2000 francs. — En temps de paix et hors le cas de mobilisation, l'art. 463 C. pén., relatif aux circonstances atténuantes, et la loi du 26 mars 1891 (loi Bérenger) sont applicables.

31 *bis*. — 8º *bis*. *Réquisition des établissements industriels*. — La loi du 23 juill. 1911 a complété la loi du 3 juill. 1877 en ce qui concerne la réquisition des établissements industriels et des marchandises déposées dans les entrepôts de douane et dans les magasins généraux ou en cours de trans-

port par voie ferrée. Cette loi a, en outre, modifié toutes les dispositions ajoutées à la loi du 3 juill. 1877, aussi bien par elle-même que par les lois antérieures du 17 avr. 1901 et du 27 mars 1906.

RESPONSABILITÉ CIVILE

22 *bis*. En ce qui concerne la réparation des dommages causés par la guerre de 1914, V. *suprà*, *Guerre de 1914 (Dommages de guerre)*.

25 *bis*. En cas de dommages causés aux tiers par suite d'explosions, émanations toxiques, etc., survenues dans les établissements de l'Etat (arsenaux et manufactures, navires, dépôts de munitions) ou dans les établissements privés travaillant pour la défense nationale, et si la réparation ne peut être obtenue par les recours de droit commun, les victimes peuvent invoquer la loi du 3 mai 1921, qui consacre la responsabilité de l'Etat.

127 *bis*. La jurisprudence a renversé en cette matière la charge de la preuve. D'après la Cour de cassation, l'art. 1384 c. civ. édicte une *présomption de faute* à l'encontre de celui qui a sous sa garde la chose inanimée qui a causé un dommage, et cette présomption ne peut être détruite que par la preuve d'un cas fortuit ou de force majeure ou d'une cause étrangère qui ne lui soit pas imputable.

RÉSERVE SPÉCIALE. — V. *Armée*.

RESPONSABILITÉ PÉNALE

34 *bis*. L'art. 66 du Code pénal a été modifié par l'art. 21 de la loi du 22 juill. 1912. Lorsque le prévenu ou l'accusé a *plus de treize ans* et moins de dix-huit ans, s'il est décidé qu'il a agi sans discernement, il est acquitté ; mais il est, selon les circonstances, remis à ses parents, à une personne ou à une institution charitable, ou conduit dans une colonie pénitentiaire, pour y être élevé et détenu pendant le nombre d'années que le jugement détermine, et qui, toutefois, ne peut excéder l'âge de vingt et un ans. — Dans le cas où le tribunal ordonne que le mineur sera remis à ses parents, à une personne ou à une institution charitable, il peut décider, en outre, que le mineur sera placé, jusqu'à l'âge de vingt et un an au plus, sous le régime de la liberté surveillée (V. le numéro suivant). A l'expiration de la période fixée par le tribunal, celui-ci statue à nouveau à la requête du procureur de la République.

34 *ter*. Les tribunaux (pour enfants) peuvent prononcer provisoirement la mise en *liberté surveillée* des mineurs de dix-huit ans, sous la garde d'une personne ou d'une institution charitable. Ils peuvent désigner des *délégués* chargés, sous leur direction, d'assurer et de contrôler la mise en liberté surveillée. Ces délégués sont choisis de préférence parmi les membres des sociétés de patronage, des comités de défense des enfants traduits en justice et des institutions charitables. Les délégués visitent les mineurs en liberté surveillée et fournissent des rapports sur leur conduite au président du tribunal. En cas de mauvaise conduite, le président peut, soit d'office, soit sur simple requête du délégué, ordonner de citer le mineur et les personnes chargées de sa garde pour qu'il soit statué à nouveau (L. 21 juill. 1912, art. 20 et s.). — Sur l'organisation des tribunaux pour enfants et adolescents, et les formes d'instruction et de jugement instituées par la loi du 22 juill. 1912, V. *suprà*, *Instruction criminelle*.

35 *bis*. *Ligne 1, au lieu de* : le mineur de seize ans, *lire* : « le mineur de plus de treize ans et de moins de seize ans ».

RESTAURATION. — V. *Monuments historiques et artistiques.*

RETRAITES OUVRIÈRES ET PAYSANNES

SECT. I. — Législation.

1. L'institution des retraites ouvrières et paysannes est régie par la loi du 5 avr. 1910, modifiée par les art. 54 à 62 de la loi de finances du 27 févr. 1912, par la loi du 27 déc. 1912 et par celles du 17 août 1915, 20 déc. 1918 et 18 avr. 1922. De nombreux décrets, arrêtés, circulaires et instructions ministérielles ont déterminé les conditions d'application desdites lois. — Des lois des 31 déc. 1915, 7 avr. 1918 et 6 août 1920 ont édicté des mesures exceptionnelles en faveur des assurés mobilisés (entrée en compte du temps de mobilisation pour le calcul de l'allocation viagère et de la bonification de l'Etat) et admis à faire des versements rétroactifs les assurés qui avaient omis de payer leurs cotisations de mai 1914 à août 1920.

SECT. II. — A quelles personnes s'applique la loi sur les retraites.

ART. 1er. — PERSONNES EXCLUES DU BÉNÉFICE DE LA LOI.

2. Les travailleurs auxquels la loi du 5 avr. 1910 est inapplicable peuvent être répartis en deux groupes. Dans le premier figurent les salariés de certaines collectivités au profit desquels existent des caisses ou des règlements de retraites : personnel des chemins de fer, ouvriers mineurs, inscrits maritimes, salariés de l'Etat, etc. (L. 5 avr. 1910, art. 10 modifié par L. 17 août 1915). Le second groupe comprend les personnes qui, bien qu'appartenant aux catégories appelées à bénéficier de la loi, ne peuvent s'en prévaloir à raison de la situation relativement aisée dans laquelle elles sont censées se trouver. De la combinaison des art. 10, § 5, et 36, § 6-1°, modifiés par la loi du 18 avr. 1921, qui rangent parmi les assurés obligatoires les salariés gagnant moins de 10000 francs par an, et parmi les assurés facultatifs ceux qui gagnent de 10000 à 12000 francs, il résulte que les *salariés dont la rémunération annuelle dépasse 12000 francs* ne peuvent, en aucun cas, se prévaloir des dispositions de la loi du 5 avr. 1910. — La même exclusion atteint : les *fermiers, métayers, cultivateurs, artisans et petits patrons qui ne remplissent pas les conditions spécifiées à l'art.* 36, § 1er (travailler habituellement seuls ou avec un seul ouvrier ou avec des membres de leur famille) ; ... les *membres de la famille* desdits fermiers, métayers, etc., à moins que ces parents ou alliés ne soient salariés, auquel cas ils sont assurés obligatoires ; ... les *femmes et veuves non salariées d'hommes auxquels le bénéfice de la loi est refusé.* — Toutefois, les assurés obligatoires dont la rémunération annuelle vient à dépasser 10000 francs peuvent, sur leur demande, continuer à bénéficier de l'assurance obligatoire s'ils comptent déjà quinze années au moins d'assurance obligatoire, pendant lesquelles ils ont effectué les versements réglementaires (L. 5 avr. 1910, art. 15, § 6, ajouté par L. 18 avr. 1922).

ART. 2. — PERSONNES AUXQUELLES S'APPLIQUE LA LOI.

§ 1er. — *Employeurs.*

3. Les patrons sont visés par la loi sur les retraites à un double titre : comme débiteurs de versements égaux à ceux qu'effectuent leurs salariés, et comme collecteurs (par voie de précompte sur les salaires) des cotisations des ouvriers ou employés. — A leur égard, la loi est aussi générale que possible : toute personne, quelle qu'elle soit (simple particulier, société, syndicat, association, congrégation religieuse, commune, département, établissement public, etc.), qui loue le travail ou les services d'une autre, est, à son sens, un employeur.

§ 2. — *Assurés.*

4. Les personnes appelées à bénéficier d'une retraite dans les conditions prévues par la loi du 5 avr. 1910 sont désignées sous le nom d'*assurés.* On distingue les *assurés obligatoires,* qui sont tenus de se constituer une retraite (Sur la sanction de cette obligation, V. *infrà,* n° 21), et les *assurés facultatifs,* qui sont libres d'accomplir cet acte de prévoyance ou de s'en abstenir.

A. — Assurés obligatoires.

5. Aux termes de l'art. 1er de la loi du 5 avr. 1910, sont assurés obligatoires « les salariés des deux sexes de l'industrie, du commerce, des professions libérales et de l'agriculture, les serviteurs à gages, les salariés de l'Etat qui ne sont pas placés sous le régime des pensions civiles ou des pensions militaires, et les salariés des départements et des communes ». — Cette disposition est aussi large que possible, puisqu'elle ne met d'autre condition au bénéfice de l'assurance obligatoire que la justification de la qualité de salarié. Toutefois, ce principe n'est pas sans exception. — D'abord, ainsi qu'on l'a vu *suprà,* n° 2, diverses catégories de salariés sont exclues, soit d'une façon absolue, soit sous certaines conditions, du bénéfice de la loi sur les retraites. — En outre, l'art. 10, § 5 (modifié par L. 18 avr. 1922), soustrait à l'obligation les *salariés dont la rémunération annuelle dépasse 10000 francs.* Il résulte de là que tous les salariés ne sont pas assurés obligatoires, mais, par contre, tous les assurés obligatoires, sans aucune exception, sont des salariés : une personne non salariée ne peut pas faire partie de cette catégorie.

6. En principe, les salariés étrangers travaillant en France sont soumis au même régime que les salariés français (L. 5 avr. 1910, art. 11, § 1er). — Un règlement d'administration publique déterminera les conditions dans lesquelles les dispositions de la loi du 5 avr. 1910 seront applicables aux salariés français qui sont occupés en dehors de la métropole (L. 5 avr. 1910, art. 1er, § 2, ajouté par L. 17 août 1915). V. Décr. 15 févr. 1916.

B. — Assurés facultatifs.

7. L'art. 36, § 1 et 6, de la loi du 5 avr. 1910 permet à certaines personnes, d'une condition généralement modeste, mais jouissant d'une indépendance que ne possèdent par les salariés, de se constituer une retraite de vieillesse, au moyen de versements volontaires majorés par l'Etat. — Ces *assurés facultatifs* peuvent être divisés en six groupes : 1° les *fermiers,* les *métayers,* les *cultivateurs* (auxquels il y a lieu d'assimiler les *domaniers*), les *artisans,* les *petits patrons* (de l'industrie, du commerce et de l'agriculture) ; 2° les *salariés dont la rémunération annuelle est supérieure à 10000 francs,* sans toutefois dépasser 12000 francs (V. n° 2) ; 3° les *membres de la famille des assurés obligatoires ou facultatifs* travaillant et habitant avec eux ; 4° les *femmes non salariées des assurés obligatoires ou facultatifs* et les *veuves non salariées des assurés* de l'une ou de l'autre catégorie qui, à la date du décès de leur mari, se trouvaient effectivement placées sous le régime de la loi ; 5° les *femmes* ou *veuves non salariées* dont les maris, appartenant actuellement ou ayant appartenu au moment de leur décès à l'une des catégories d'assurés facultatifs, n'ont pas bénéficié de l'assurance, ainsi qu'aux femmes ou veuves non salariées dont les maris sont ou étaient, lors de leur décès, retraités au titre de la loi ; 6° les *femmes* ou *veuves non salariées des agents, employés* ou *ouvriers* placés soit sous le régime des pensions civiles ou militaires, soit sous l'un des régimes spéciaux de retraite les excluant du bénéfice de la loi, lorsque l'ensemble des salaires et pensions de leurs maris n'excède pas 10000 francs.

8. Les étrangers ne peuvent être admis à se prévaloir des dispositions de la loi, concernant l'assurance facultative. Cependant, le bénéfice de l'assurance facultative ne saurait être refusé aux *salariés* étrangers travaillant en France, dont la rémunération est comprise entre 10000 et 12000 francs.

SECT. III. — Organisation administrative du service des retraites.

ART. 1er. — ÉTABLISSEMENT DES LISTES D'ASSURÉS.

9. Il est tenu, pour chaque commune, deux listes des personnes y résidant et appelées à bénéficier des assurances établies par la loi du 5 avr. 1910. — Sur la première liste sont inscrites d'office, ou sur leur demande, toutes les personnes françaises ou étrangères faisant partie des catégories énumérées à l'art. 1er de ladite loi (*assurances obligatoires*). — Sur la seconde liste sont inscrites toutes les personnes françaises qui le demandent et qui justifient qu'elles font partie des catégories énumées à l'art. 36 de la même loi (*assurances facultatives*).

§ 1er. — *Liste des assurés obligatoires.*

10. La liste des assurés obligatoires est revisée, chaque année, par une commission composée du maire et de deux membres que le conseil municipal choisit, l'un parmi les employeurs, l'autre parmi les salariés. Deux suppléants sont désignés dans les mêmes conditions. — Dans les communes où il a été procédé à un sectionnement, il y a autant de commissions que de sections.

11. La commission siège à la mairie sous la présidence du maire. Chaque année, dans la première quinzaine d'avril, elle revise la liste des personnes placées sous le régime de l'assurance obligatoire. Il suffit, pour l'établissement de la liste, d'y porter les noms des personnes qui *semblent pouvoir* bénéficier de l'assurance obligatoire, en y joignant les renseignements certains que la commission possède sur leur compte : profession, domicile, etc. — Les travaux de la commission doivent être terminés le 16 avril. A partir de cette date et jusqu'au 30 avril, la *liste provisoire* est tenue à la disposition du public au secrétariat de la mairie. Avis en est donné par voie d'affiches.

12. Dès l'établissement de la liste provisoire, le maire fait remettre à chaque intéressé inscrit pour la première fois un *bulletin* qu'il est invité à remplir et à signer et à déposer à la mairie dans la huitaine (Décr. 25 mars 1911, art. 4, § 1er). — L'une des pièces justificatives suivantes doit être jointe au bulletin : 1° Un contrat de travail dûment enregistré ; 2° Un extrait d'inscription sur la liste des électeurs ouvriers au conseil des prud'hommes ; 3° Un certificat dûment légalisé des em-ployeurs ; 4° A défaut de ces pièces, un certificat délivré par le maire, après enquête.

13. Au fur et à mesure du retour à la mairie des bulletins de renseignements, la commission communale complète les indications portées par elle sur la liste provisoire. — Lorsque la commission a complété et rectifié, comme il vient d'être dit, les indications primitives, le maire dresse, sur un imprimé réglementaire, fourni par l'Etat, la liste nominative des assurés obligatoires de la commune. Il transmet cette liste au préfet le 8 mai au plus tard.

14. A son arrivée à la préfecture, la liste est examinée par les bureaux spécialement constitués pour l'application de la loi des retraites (V. n° 22). Le préfet fait vérifier les indications qu'elle contient. — Ces opérations terminées, le préfet arrête la liste avant le 31 mai et notifie au maire les modifications qu'il y a apportées. — Le maire informe aussitôt les habitants, par voie d'affiche, que la liste est tenue à leur disposition au secrétariat de la mairie. Il fait connaître en même temps aux intéressés qu'ils peuvent faire valoir leurs réclamations. — Ces réclamations sont portées devant le juge de paix du canton dans un délai de trois mois par simple déclaration au greffe de la justice de paix. Le juge de paix statue dans les dix jours, sans frais ni forme de procédure. — La décision du juge de paix peut, dans les cinq jours de la notification à l'intéressé, être frappée d'appel par celui-ci ; le même droit appartient au préfet, dans les cinq jours de la réception du jugement. L'appel est porté devant le tribunal civil. Le tribunal statue dans les quinze jours de la réception des pièces. L'appel est instruit et jugé sommairement et sans frais ni forme de procédure.

§ 2. — *Listes des assurés facultatifs.*

15. L'inscription des assurés facultatifs sur la liste qui leur est propre a lieu suivant une procédure différente de celle qui est suivie pour les assurés obligatoires. La commission communale n'inscrit pas d'office les personnes susceptibles de bénéficier de l'assurance facultative ; c'est aux intéressés qu'il appartient de se faire inscrire. Le maire donne son avis sur la demande en la transmettant à la préfecture, et le préfet statue ; sa décision peut être attaquée, dans les formes indiquées au numéro précédent. La liste des assurés facultatifs est tenue constamment ouverte, pour chaque commune ou pour chaque section, à la mairie et à la préfecture. Les personnes qui désirent y être inscrites en font la demande à la mairie de leur résidence. Elles remplissent, à cet effet, un bulletin de renseignements analogue à celui qui est employé pour les assurés obligatoires. — A ce bulletin est joint un certificat du maire attestant que le demandeur fait partie de l'une des catégories prévues à l'art. 36 de la loi du 5 avr. 1910 (V. *supra*, n° 7).

ART. 2. — FONCTIONNEMENT DU SERVICE DES RETRAITES.

16. Les retraites sont constituées en majeure partie au moyen des versements des assurés et (pour les assurés obligatoires) de leurs employeurs. Ces versements ont lieu par voie d'apposition, sur une carte délivrée à chaque assuré (carte annuelle), de timbres spéciaux, dits « timbres-retraite » qui sont émis et vendus par l'Etat. Les sommes provenant de cette vente sont centralisées à la Caisse des dépôts et consignations, où elles forment un fonds spécial. — Chaque année, à l'anniversaire de sa naissance, l'assuré reçoit une nouvelle carte, et l'ancienne, couverte de timbres collés pendant les douze mois précédents, est envoyée au préfet, qui la transmet à la caisse d'assurance à laquelle est affilié l'intéressé, avec un bordereau indiquant le montant des versements constatés.

17. Tout assuré, obligatoire ou facultatif, doit avoir deux cartes : une *carte d'identité* et une *carte annuelle*. — La *carte d'identité* est délivrée à l'assuré une fois pour toutes ; il doit la conserver jusqu'à la liquidation de sa retraite. Cependant, il peut lui en être remis un duplicata, s'il en fait la demande, en certifiant que la carte primitive a été détruite ou perdue. — La *carte annuelle*, comme son nom l'indique, n'est valable que pour une année, ou, plus exactement, pour les douze mois qui s'écoulent entre deux anniversaires successifs de l'assuré. Elle est destinée à recevoir les timbres représentant les versements faits à son compte par lui-même, par son patron (s'il s'agit d'un salarié) ou par le propriétaire du sol (s'il s'agit d'un métayer). — Un *duplicata* de la carte annuelle est délivré à tout assuré qui en fait la demande en produisant sa carte d'identité et en certifiant que sa carte annuelle en cours a été détruite ou perdue. Dans le cas où l'assuré justifie que sa carte a été détruite, la valeur des timbres dont l'apposition sur cette carte est prouvée est portée à son compte par décision du ministre du Travail prise d'accord avec le ministre des Finances.

18. Une *carte annuelle supplémentaire* est délivrée au cours d'une année, en échange de la carte annuelle, à l'assuré qui justifie : soit que la caisse d'assurance où son compte était ouvert a cessé de fonctionner, soit qu'il n'est plus employé dans aucun des établissements adhérents à la caisse patronale ou syndicale où son compte était ouvert. — Enfin, en cours d'année, il peut être délivré une *feuille supplémentaire* à tout assuré qui le demande à la mairie en faisant constater qu'il n'y a plus sur sa carte de place libre pour apposer de nouveaux timbres.

19. Les cartes d'identité et les cartes annuelles sont fournies par l'Etat. Elles sont établies, au moyen des renseignements figurant sur les listes d'assurés, par les préfectures. Elles sont ensuite remises aux assurés, soit par l'intermédiaire de l'administration des Postes, soit par les soins des maires. Dans les cinq premiers jours du mois qui suit celui de l'anniversaire de sa naissance, chaque assuré reçoit du préfet, par la poste ou par l'intermédiaire du maire, une nouvelle carte en échange de la précédente. Toutefois, lorsque la première carte a été établie moins de quatre mois avant l'expiration du mois où s'est produit l'anniversaire, sa durée de validité est prorogée d'une année. — En recevant sa nouvelle carte, l'assuré rend la carte précédente, portant les timbres-retraite collés au cours des douze derniers mois. — Aussitôt qu'une carte périmée est parvenue à la mairie, les timbres sont oblitérés dans les conditions déterminées par le ministre du Travail.

20. Le préfet peut, lorsqu'il le juge utile, inviter les assurés facultatifs à produire à nouveau, au moment de l'échange de leur carte annuelle, les justifications nécessaires pour établir qu'ils continuent à faire partie de l'une des catégories énumérées à l'art. 36 de la loi du 5 avr. 1910.

21. Dans la première quinzaine de chaque mois, le maire ou l'administration des Postes transmettent au préfet les cartes dont la durée de validité est expirée depuis la fin du mois précédent et qui ont été échangées contre la carte nouvelle (Décr. 25 mars 1911, art. 24, § 1er, mod. par Décr. 3 sept. 1921).

22. Dans chaque préfecture sont organisés des bureaux spéciaux pour le service des retraites ouvrières, ayant à leur tête un fonctionnaire choisi par le préfet et agréé par le ministre du Travail.

SECT. IV. — **Éléments constitutifs de la retraite. — Versements des assurés et des patrons, allocations et majorations de l'Etat.**

ART. 1er. — DE QUOI SE COMPOSE LA RETRAITE.

23. La retraite des assurés obligatoires se compose de deux parties : la *pension* proprement dite et l'*allocation viagère* de l'Etat. — La pension est constituée par la capitalisation des versements de l'assuré et des contributions égales de son patron. — L'allocation viagère est une somme versée chaque année par l'Etat à tout assuré qui a obtenu la liquidation de sa retraite et qui remplit certaines conditions déterminées (V. *infrà*, nos 49 et s.) ; c'est un supplément de pension.

24. La situation des assurés facultatifs diffère sensiblement suivant qu'ils avaient moins de trente ans lors de la mise en vigueur de la loi (3 juill. 1911), ou qu'à cette date ils avaient accompli leur trentième année (L. 5 avr. 1910, art. 4, § 6, mod. par L. 27 févr. 1912). — Pour les assurés du premier groupe, à quelque catégorie qu'ils appartiennent (fermiers, métayers, artisans, femmes non salariées, etc.) la retraite est constituée par la capitalisation simultanée : 1° des versements de l'intéressé et, en ce qui concerne les métayers, des contributions du propriétaire ; 2° d'une majoration versée chaque année par l'Etat au compte personnel de l'assuré et égale à la moitié des versements effectués dans l'année. — Pour les assurés du deuxième groupe, la loi fait une distinction : a) les *cultivateurs, artisans, petits patrons, fermiers dont le fermage excède 600 francs*, reçoivent de l'Etat, outre la pension résultant de leurs versements et de la majoration de moitié, une bonification annuelle égale à la rente qu'eût produite un versement de 12 francs par an depuis l'âge de trente-cinq ans jusqu'à l'âge qu'ils avaient au moment où la loi est devenue exécutoire ; — b) les *métayers* et les *fermiers payant moins de 600 francs de fermage* ont droit, non seulement à leur pension, constituée au moyen de la capitalisation des versements, mais encore à une allocation viagère de l'Etat égale à celle qui est accordée aux assurés obligatoires du même âge. — On remarquera que les bonifications et allocations de l'Etat pour la période transitoire ne profitent ni aux assurés facultatifs visés à l'art. 36, § 5 (femmes et veuves non salariées d'assurés salariés), ni aux membres de la famille des autres assurés facultatifs : par suite, la retraite de cette catégorie d'intéressés consiste simplement dans la pension résultant de leurs versements et de la majoration de moitié.

ART. 2. — VERSEMENTS DES ASSURÉS.

§ 1er. — *Assurés obligatoires.*

25. Les salariés, — ainsi, du reste, que leurs employeurs, — sont *obligés* d'effectuer, en vue de la constitution de la retraite, les versements prescrits par la loi (art. 2). — Cette règle ne comporte qu'une exception prévue par l'art. 19, § 3. Aux termes de cette disposition, les salariés qui adhèrent aux caisses patronales ou syndicales de retraite ou aux caisses de retraite des syndicats de garantie solidaire autorisées par décret *peuvent*, par le décret même d'autorisation, *être dispensés des versements* prévus à l'art. 2, à la condition que les pensions soient au moins égales à celles qui seraient obtenues dans le même temps par application de la loi des retraites. — La sanction de l'obligation ci-dessus réside dans l'art. 23, § 1er, aux termes duquel l'assuré, *par la faute de qui* l'apposition des timbres prescrite par la loi n'aura pas eu lieu, sera passible d'une amende égale aux versements omis, sans préjudice de la condamnation, par le même jugement, au payement de la somme qu'il aurait dû verser, laquelle sera portée à son compte individuel, tandis que l'amende ira au fonds de réserve. — Le tribunal de simple police est compétent, à quelque chiffre que puissent s'élever l'amende et la somme représentant les versements non effectués. — L'art. 463 Code pén. (circonstances atténuantes) et la loi du 26 mars 1891 (loi Bérenger) paraissent applicables, quoique le texte de la loi soit peu explicite à cet égard.

26. Les versements obligatoires des assurés sont fixés ainsi qu'il suit : Pour les *hommes*, 9 francs par an, ou 0 fr. 75 par mois, ou 3 centimes par journée de travail ; — Pour les *femmes*, 6 francs par an, ou 0 fr. 50 par mois, ou 2 centimes par journée de travail ; — Pour les *mineurs de dix-huit ans des deux sexes*, 4 fr. 50 par an ou 0 fr. 375 par mois, — ou 1 centime et demi par journée de travail. — Toutefois, aucun versement ne peut comprendre de demi-centime ; le total à verser est toujours élevé, s'il comprend un demi-centime, au nombre de centimes supérieur. — Ces chiffres s'appliquent aux salariés travaillant « au temps » (c'est-à-dire à l'année, au mois ou à la journée, et à ceux qui travaillent à façon, aux pièces où à la tâche. — Pour ce qui est des ouvriers à domicile et des travailleurs dits « intermittents », qui sont occupés moins d'une journée par un même employeur, les versements sont calculés à raison de 1 p. 100 du salaire.

27. En vue de permettre aux assurés de se constituer une retraite plus importante, la loi les autorise à effectuer, en plus des versements auxquels ils sont tenus, des *versements facultatifs*. Il peut être apposé à cet effet sur les cartes annuelles, *sans limitation de valeur*, des timbres représentant les versements supplémentaires. — A la différence des versements obligatoires, les versements facultatifs n'entraînent aucune contribution corrélative à la charge des employeurs. Mais ils entrent en compte dans le calcul des cotisations annuelles exigées pour avoir droit à l'allocation viagère de l'Etat.

28. Lorsqu'un salarié qui gagnait moins de 10 000 francs lors de son inscription sur la liste des assurés obligatoires parvient à un salaire égal ou supérieur à ce chiffre, il est, en principe, rayé de cette liste et entre dans la catégorie des assurés facultatifs (toutefois V. L. 18 avr. 1922, art. 15, § 6, *suprà*, n° 2, *in fine*). Il en est de même si, abandonnant le salariat, il devient fermier, cultivateur, artisan, petit patron, etc. Quelle est, dans ces divers cas, sa situation au regard de la loi des retraites ? S'il profite de l'assurance facultative, les versements qu'il effectue en sa nouvelle qualité s'ajoutent à ceux qu'il avait faits antérieurement comme salarié et concourent à la formation de sa pension de retraite. S'il ne demande pas ou s'il n'obtient pas son inscription sur la liste des assurés facultatifs, il n'en conserve pas moins ses droits acquis ; c'est-à-dire que, lors de la liquidation de la retraite, à soixante ans, il a droit, non seulement à la pension constituée par la capitalisation de ses versements et des contributions patronales correspondantes, mais encore à l'allocation viagère de l'Etat, s'il remplit les conditions spécifiées à l'art. 4, § 2 et s., de la loi (V. *infrà*, n°s 43 et s.).

§ 2. — *Assurés facultatifs.*

29. Les versements des assurés facultatifs sont différents selon la catégorie à laquelle appartiennent les intéressés. A ce point de vue une distinction importante doit être faite : 1° Pour les fermiers, cultivateurs, artisans, petits patrons, femmes et veuves non salariées d'assurés salariés, gagnant de 10 000 à 12 000 francs par an, les versements annuels sont de 9 *francs au moins* et de 18 *francs au plus*. Les assurés facultatifs peuvent faire des versements au delà de 18 francs ; mais la contribution de l'Etat, qui est égale à la moitié des versements, reste limitée à 9 francs par an et par assuré. — 2° Pour les métayers, les versements annuels sont de 6 *francs au moins*; aucun maximum n'est établi par la loi ; celui de 9 francs, qui figure à l'art. 36, § 2, ne s'applique incontestablement qu'à la contribution corrélative du propriétaire.

30. Par définition, les assurés facultatifs sont libres de se constituer une retraite ou de ne pas le faire. Mais, lorsqu'ils se sont fait inscrire sur la liste et qu'ils ont reçu leur carte annuelle, ils doivent effectuer les versements prévus. Sans doute, aucune sanction pénale ne peut les atteindre s'ils s'en abstiennent, ou s'ils ne font que des versements inférieurs aux minima prescrits par la loi ; mais, dans le premier cas, ils se rayent pour ainsi dire eux-mêmes de la liste, puisqu'une nouvelle carte annuelle ne peut leur être délivrée que s'ils remettent en échange la précédente munie de timbres ; dans le second cas, ils s'exposent à perdre les cotisations qu'ils ont versées.

31. Lorsqu'un assuré facultatif tombe sous le régime de l'assurance obligatoire, — soit parce que, gagnant plus de 10 000 francs lors de son inscription sur la liste, il a vu son salaire descendre au-dessous de ce chiffre, soit parce qu'il a dû abandonner son exploitation agricole, sa petite entreprise, son petit commerce pour s'engager comme salarié, — les versements qu'il a effectués en sa précédente qualité s'ajoutent à ses versements obligatoires de salarié et concourent à la formation de sa pension de retraite.

ART. 3. — CONTRIBUTIONS DES EMPLOYEURS.

32. En règle générale, l'employeur qui occupe un *assuré obligatoire* doit verser pour lui. — Mais la contribution patronale cesse d'être due quand il a été effectué au compte du salarié, pour l'année en cours, des versements obligatoires égaux à ceux prévus par l'art. 2 de la loi. D'autre part, les versements obligatoires des salariés entraînent seuls le payement par les patrons de contributions égales : les versements facultatifs demeurent isolés.

33. Une exception importante à la règle des contributions patronales obligatoires résulte de l'art. 19, § 3, de la loi; aux termes de cette disposition, les employeurs, qui organisent chez eux des caisses de retraite ou qui adhèrent à des caisses syndicales ou à des caisses de syndicats de garantie solidaire, *peuvent être dispensés*, par le décret qui autorise la constitution de ces organismes, des versements prévus à l'art. 2, à la condition que les pensions soient au moins égales à celles qui seraient obtenues dans le même temps en vertu de la loi des retraites. En tous cas, les employeurs dont il s'agit sont dispensés des appositions de timbres prévues par l'art. 3.

34. Les patrons qui emploient des *salariés étrangers* sont tenus, conformément à la règle générale, de verser pour eux ; mais ces contributions patronales ne profitent aux intéressés et ne concourent à la formation de leur retraite que si des traités avec leur pays d'origine garantissent à nos nationaux des avantages équivalents ; dans le cas contraire, elles sont affectées au fonds de réserve (V. n° 92).

35. Que décider en ce qui concerne les *étrangers naturalisés ?* L'art. 40 de la loi énonce qu'ils n'ont droit au bénéfice des art. 4, 7 et 36 que s'ils ont été naturalisés avant l'âge de cinquante ans. Mais on remarquera que les dispositions visées par ce texte sont spéciales aux allocations et bonifications de l'Etat ; l'art. 2, relatif aux contributions patronales, n'est pas mentionné. Il suit de là que ces contributions profitent aux salariés étrangers naturalisés Français à quelque moment que soit intervenue la naturalisation.

36. L'employeur qui occupe comme *salarié* un *assuré facultatif* est-il tenu de faire pour lui un versement ? Dans ce cas spécial, il n'y a pour le patron obligation de verser que si l'assuré facultatif qu'il emploie momentanément moyennant salaire est habituellement un non-salarié (métayer, fermier, cultivateur, artisan, petit patron, femme ou veuve non salariée d'assuré). Au contraire, pareille obligation n'existe pas si l'assuré facultatif est un salarié que le taux élevé de sa rémunération (10000 à 12000 francs par an) a fait entrer dans cette catégorie.

37. Lorsqu'un patron emploie un *salarié (français ou étranger) en possession de sa retraite,* ou qui en a demandé la liquidation, il n'est pas dispensé de verser ; mais ses contributions, ne pouvant plus profiter au salarié, vont au fonds de réserve.

38. Aux termes de l'art. 36, § 2, de la loi du 5 avr. 1910, les cotisations annuelles des *métayers* emportent *de plein droit* le versement de pareille somme par les propriétaires, à concurrence d'un *maximum de 9 francs.* On a vu plus haut que le métayer peut constituer une retraite aux membres de sa famille, non salariés, qui travaillent et habitent avec lui. Les versements qu'il opère à cet effet demeurent entièrement à sa charge et ne peuvent, en aucun cas, ni incomber au propriétaire, ni entraîner pour celui-ci le payement de contributions corrélatives.

39. Les contributions des employeurs sont établies sur les mêmes bases que les versements *obligatoires* des assurés ; elles sont donc rigoureusement égales à ceux-ci (V. n° 26). Il suit de là que les versements facultatifs des assurés n'entraînent à la charge de leurs employeurs aucune contribution corrélative. Il en est de même pour les versements (toujours facultatifs) des salariés gagnant de 10000 à 12000 francs par an. Il est interdit aux employeurs de récupérer sur les salariés le montant des contributions auxquelles ils sont tenus ; ces contributions doivent demeurer à leur charge exclusive, toute convention contraire étant nulle de plein droit. Mais aucune sanction pénale n'est prévue pour les infractions à cette règle.

ART. 4. — PERCEPTION ET ENCAISSEMENT DES VERSEMENTS DES ASSURÉS ET DES CONTRIBUTIONS DES EMPLOYEURS.

§ 1er. — *Les timbres-retraite.*

40. Les versements des assurés et les contributions des employeurs sont acquittés par les intéressés au moyen de l'apposition, sur la carte annuelle, de timbres spéciaux, dits *timbres-retraite,* émis et vendus par l'Etat. Ces timbres sont actuellement d'un type uniforme et servent aussi bien à constater les versements ouvriers et patronaux

que ceux des assurés facultatifs (L. 5 avr. 1910, art. 3, § 5, modifié par L. 17 août 1915).

41. Les timbres-retraite sont mis en vente dans les bureaux de poste, chez les receveurs buralistes et dans les débits de tabac. — L'art. 24 de la loi du 5 avr. 1910 punit d'une amende de 100 à 2000 francs et d'un emprisonnement de cinq jours à deux mois l'assuré ou toute personne coupable d'avoir fait disparaître des cartes annuelles les timbres dûment apposés. L'art 463 Code pén. (circonstances atténuantes) et la loi du 26 mars 1891 (sursis à l'exécution de la peine) sont applicables à ce délit.

§ 2. — *Le précompte par l'employeur.*

42. La loi du 5 avr. 1910 prévoit deux modes de perception des versements. Le premier, qui ne peut s'appliquer qu'aux salariés, consiste dans le prélèvement, par les patrons, des cotisations des assurés sur les salaires qui leur sont dus ; on donne à cette perception le nom de *précompte,* parce qu'elle s'opère avant que les espèces soient comptées à l'assuré. — L'autre mode de versement consiste dans l'encaissement des cotisations par les sociétés de secours mutuels ou autres organismes autorisés à cet effet (V. *infrà,* n°ˢ 73 et s.). — Ces deux systèmes s'excluent l'un l'autre.

43. Le précompte s'effectue de la manière suivante : à chaque payement de salaire, le patron retient à l'ouvrier ou à l'employé le montant des cotisations dont celui-ci est redevable, d'après le temps pendant lequel il a travaillé pour son compte ; puis il colle sur la carte annuelle un ou plusieurs timbres-retraite représentant, au total, sa propre contribution et le versement de l'assuré. Il mentionne sur les timbres la date de l'apposition, à l'exclusion de toute autre indication (notamment de son nom) ; les timbres dépourvus de cette mention sont présumés représenter des versements personnels de l'assuré (L. 5 avr. 1910, art. 3, § 1, et § 5, modifié par L. 17 août 1915).

44. Le précompte est obligatoire pour le patron, en ce sens que celui-ci ne peut se borner à apposer sur la carte du salarié qu'il emploie un timbre d'une valeur égale à sa propre contribution, laissant ainsi à l'ouvrier, à l'employé, au serviteur, le soin de faire ses versements au moyen de timbres que celui-ci apposerait lui-même. En effet, l'art. 3, § 1er, dispose, en termes impératifs, que les versements des salariés « sont prélevés sur le salaire par l'employeur lors de chaque paye » ; et le paragraphe 5 du même article énonce que le montant total du prélèvement et de la contribution patronale est représenté par un timbre « que l'employeur *doit* apposer sur la carte de l'assuré ».

45. Ces dispositions de l'art. 3 doivent être observées par le patron toutes les fois qu'au moment de la paye l'employé présente sa carte, ou bien lorsque, celle-ci ne lui ayant pas encore été délivrée, il consent au prélèvement du versement à sa charge, sauf apposition ultérieure du timbre ; mais il en est autrement lorsque l'employé refuse soit de présenter sa carte, soit de subir le prélèvement. En pareil cas, l'employeur, qui se trouve dans l'impossibilité d'apposer le timbre prescrit, peut se libérer de la somme à sa charge en la versant, à la fin de chaque mois, directement ou par la poste, au greffier de la justice de paix ou à l'organisme reconnu par la loi, auquel est affilié l'assuré (L. 5 avr. 1910, art. 23, § 2). Le versement au greffe est facultatif pour le patron, et l'expression « la somme à sa charge » désigne seulement la contribution patronale. Le patron se trouve donc, par suite du défaut de présentation de la carte par l'ouvrier, affranchi de l'obligation de faire aucun prélèvement sur le salaire et exonéré de toute responsabilité pénale de ce fait.

§ 3. — *Encaissement des versements des assurés par les sociétés de secours mutuels, les caisses d'épargne, etc.*

46. Le précompte par l'employeur n'est pas le seul mode de perception des versements des assurés. Certaines institutions de prévoyance peuvent se charger de l'encaissement des versements obligatoires ou facultatifs de leurs adhérents, si ceux-ci en font la demande. — Les organismes admis à faire l'encaissement des cotisations des assurés sont, d'une part, les caisses d'épargne ordinaires et la Caisse nationale d'épargne; d'autre part, les sociétés et unions de sociétés de secours mutuels, et les caisses de retraites de syndicats professionnels (V. *infrà*, n° 68). Lorsqu'un assuré obligatoire effectue ses versements dans la caisse d'une société de secours mutuels ou de l'un des organismes autorisés à cet effet, le patron qui l'emploie n'opère évidemment aucune retenue sur son salaire; quant à sa propre contribution, il peut la faire encaisser par ces organismes dans les mêmes conditions. Lorsqu'il n'use pas de cette faculté, il s'acquitte de sa contribution en apposant sur la carte annuelle des timbres-retraite.

§ 4. — *Versements des assurés et des employeurs adhérents à une caisse patronale de retraite.*

47. Aux termes de l'art. 19, § 3, de la loi du 5 avr. 1910, les employeurs et les salariés qui adhèrent à des caisses patronales ou syndicales ou à des caisses de syndicats de garantie solidaire peuvent être dispensés, par le décret qui autorise la constitution de ces organismes, des versements et des contributions prévues à l'art. 2, pourvu que les pensions soient au moins égales à celles qui seraient obtenues dans le même temps en vertu de la loi des retraites. Dans tous les cas, c'est-à-dire même si les salariés et les patrons sont astreints aux versements, ils sont dispensés de l'apposition des timbres-retraite sur les cartes annuelles.

§ 5. — *Modes de versements des cotisations des assurés facultatifs.*

48. Deux modes s'offrent à l'assuré facultatif pour effectuer ses versements : 1° Il peut coller sur sa carte annuelle des timbres-retraite; 2° Il peut, comme l'assuré obligatoire, adhérer à l'un des organismes mentionnés *supra*, n° 46, et faire encaisser par lui ses versements. — La situation des métayers n'appelle aucune observation particulière : ces assurés font leurs versements suivant l'un des deux modes qui viennent d'être indiqués et ils présentent leur carte annuelle au propriétaire, qui y appose, dans la limite légale, les timbres représentant ses contributions.

ART. 5. — ALLOCATIONS VIAGÈRES, MAJORATIONS ET BONIFICATIONS DE L'ÉTAT.

§ 1ᵉʳ. — *Assurés obligatoires.*

49. Ainsi qu'on l'a déjà indiqué *supra*, n° 23, la participation de l'État à la constitution de la retraite des salariés consiste dans le service d'une *allocation viagère*, qui est liquidée et payée en même temps que la pension proprement dite. — Les conditions d'obtention de cette allocation viagère varient suivant l'âge qu'avait l'assuré le 3 juill. 1911, date de la mise en vigueur de la loi sur les retraites. Les assurés n'ayant pas, à cette date, trente ans accomplis font partie de ce qu'on ap-

pelle la « période normale » d'application de la loi ; ceux qui avaient dépassé, à la même époque, l'âge de trente ans appartiennent à la « période transitoire ».

A. — Période normale.

50. L'allocation viagère de l'État est de 100 francs par an. Elle est augmentée d'une bonification de un dixième pour tout assuré de l'un ou de l'autre sexe ayant élevé au moins trois enfants jusqu'à l'âge de seize ans. Si, au moment de la liquidation de la retraite, les enfants ou l'un d'entre eux ont moins de seize ans, la bonification du dixième est accordée lorsque le nombre des enfants élevés jusqu'à seize ans et des enfants vivants au moment de la liquidation, quel que soit l'âge de ces enfants, est de trois au moins. Ce supplément d'allocation de 100 francs par an n'étant pas réservé au chef de famille, et les assurés des deux sexes étant visés, le bénéfice doit en être accordé à la fois au mari et à la femme, lorsque tous deux ont fait partie des assurés obligatoires. — Le chiffre de 100 francs est susceptible d'être réduit : 1° lorsque l'assuré n'a pas effectué le nombre de versements annuels requis ; 2° lorsque, en exécution de l'art. 5 de la loi, il a demandé la liquidation anticipée de sa retraite.

51. Pour avoir droit à l'allocation entière (100 francs), l'assuré doit justifier, à *soixante ans*, d'au moins trente versements annuels atteignant chacun, y compris ses versements facultatifs, les cinq sixièmes de la double cotisation prévue à l'art. 2 de la loi, soit 15 francs pour les hommes, 10 francs pour les femmes, 7 fr. 50 pour les enfants au-dessous de dix-huit ans. — La durée effective du service militaire obligatoire dans l'armée active entre en compte pour la détermination du montant de l'allocation viagère, c'est-à-dire qu'un salarié ayant effectué vingt-sept versements annuels et justifiant de ses trois années de présence sous les drapeaux aura droit à l'allocation de 100 francs comme s'il avait fait trente versements. — Le temps pendant lequel les assurés ont été mobilisés entre également en compte pour la détermination du montant de l'allocation viagère (L. 31 déc. 1915). Cette disposition s'applique aux mobilisés dont l'inscription sur les listes de l'assurance obligatoire a été effectuée soit pendant les hostilités, soit au plus tard dans les six mois de la date de leur cessation (c'est-à-dire le 24 avr. 1920 au plus tard). Entre également en compte la durée pendant laquelle les assurés obligatoires ont été dans l'impossibilité d'effectuer leurs versements, en raison de leur séjour dans la partie du territoire occupée par l'ennemi (L. 7 avr. 1918, art. 1ᵉʳ).

52. Les assurés obligatoires qui, à leur anniversaire de naissance précédant le 1ᵉʳ mai 1914, avaient effectué les versements réglementaires prévus pour bénéficier de l'allocation viagère, et qui ont cessé de verser ou versé irrégulièrement pendant la guerre, ont pu être rétablis dans leur droit éventuel à cette allocation, moyennant le versement rétroactif des cotisations omises par eux entre l'anniversaire de naissance ci-dessus spécifié et celui qui a suivi le 6 août 1920 (L. 6 août 1920).

53. Pour les femmes, chaque naissance d'enfant, constatée par la déclaration faite à l'officier de l'état civil, compte pour une année dans la détermination du montant de l'allocation viagère (L. 1910, art. 4, § 4, complété par L. 27 févr. 1912, art. 54).

54. Si le nombre des années de versements est inférieur à trente, mais supérieur à quinze, l'allocation viagère est calculée à raison de 3 fr. 33 par année de versement complet. S'il n'y a pas eu quinze versements complets, il n'est accordé aucune allocation. — Il est tenu compte, pour le calcul de l'allocation réduite, des années de service militaire obligatoire, comme pour l'allocation entière.

55. L'allocation viagère de l'Etat n'est accordée aux salariés *étrangers* travaillant en France et assurés, que si des traités avec leurs pays d'origine garantissent à nos nationaux des avantages équivalents. — En ce qui concerne les *étrangers naturalisés*, ils ne peuvent réclamer le bénéfice de l'art. 4 que si leur naturalisation est intervenue avant qu'ils aient atteint l'âge de cinquante ans.

B. — Période transitoire.

56. Les assurés obligatoires âgés de trente ans au moins le jour de la mise en vigueur de la loi (3 juill. 1911) sont, comme les salariés plus jeunes, admis à soixante ans au bénéfice de la pleine allocation viagère de l'Etat (100 francs par an). Pour avoir droit à cet avantage, les salariés dont il s'agit doivent remplir les deux conditions suivantes : 1° justifier qu'à la date du 3 juill. 1911 ils faisaient partie, depuis trois ans au moins (c'est-à-dire depuis le 2 juill. 1908), des catégories de salariés visées à l'art. 1er de la loi (V. *suprà*, n° 5); 2° effectuer *chaque année*, depuis la mise en application de la loi jusqu'à l'âge de soixante ans, les versements de 9 francs (hommes), ou de 6 francs (femmes), prévus par l'art. 2. — La durée pendant laquelle les assurés ont été mobilisés entre en compte pour la détermination du montant de l'allocation viagère (L. 31 déc. 1915). Cette disposition s'applique aux mobilisés qui sont devenus assurés pendant les hostilités ou dans les six mois qui en ont suivi la cessation (c'est-à-dire le 24 avr. 1920 au plus tard).

57. L'allocation entière n'est servie qu'aux assurés qui ont fait chaque année des versements atteignant le chiffre fixé par le paragraphe 2 de l'art. 4 de la loi de 1910 (V. n° 51). S'il n'est pas satisfait à cette condition, l'allocation est l'objet d'une réduction proportionnelle. — L'allocation peut également être réduite en cas de liquidation anticipée de la retraite, à partir de cinquante-cinq ans, sur la demande de l'assuré.

C. — Avantages communs à la période normale et à la période transitoire. — Bonification par l'Etat des retraites anticipées d'invalidité.

58. On verra *infrà*, n° 100, que les assurés atteints, en dehors des cas régis par la loi du 9 avr. 1898 sur les accidents du travail, de blessures graves ou d'infirmités prématurées entraînant une incapacité permanente et absolue de travail, ont droit, à tout âge, c'est-à-dire à quelque période d'application de la loi (normale ou transitoire) qu'ils appartiennent, à la liquidation anticipée de leur retraite. Comme les victimes de cette incapacité peuvent en être atteintes à une époque où elles sont assurées depuis peu de temps, et où, par suite, elles ne sauraient prétendre à aucune allocation, ou qu'à une allocation très minime, l'Etat augmente la pension résultant des versements au moyen d'une bonification de 100 francs par an au maximum.

§ 2. — *Assurés facultatifs.*

59. Le mode de participation de l'Etat à la constitution de la retraite des assurés facultatifs diffère profondément de celui qui est applicable aux assurés obligatoires. Tandis que pour ces derniers l'Etat attend l'époque de la liquidation de la retraite pour verser, au moyen de crédits inscrits au budget, le montant de l'allocation viagère, pour les assurés facultatifs il verse chaque année, au compte de chacun d'eux, une somme appelée *majoration*, égale à la moitié des versements constatés sur la carte annuelle et qui est capitalisée en même temps. — Il y a lieu de distinguer, comme pour les assurés obligatoires, la période normale et la période transitoire.

A. — Période normale.

60. Les versements des assurés facultatifs bénéficient, sur les fonds de l'Etat, d'une *majoration* allouée chaque année, à capital aliéné, au compte de chacun des ayants droit. Cette majoration est égale à la *moitié des versements* effectués dans l'année par l'assuré, ou, en ce qui concerne les métayers, à la fois par l'assuré et le propriétaire. La rente provenant de la majoration de l'Etat est augmentée d'un dixième, sans que cette augmentation puisse dépasser 10 francs par an, au profit de tout assuré de l'un ou de l'autre sexe ayant élevé au moins trois enfants jusqu'à l'âge de seize ans. — Lors de la liquidation de la retraite, le montant de la majoration est augmenté de la rente qu'eût produite, à l'âge de soixante ans, un versement de 9 francs effectué à capital aliéné dans chacune des années qui le motivent, pour chaque année de service militaire obligatoire accomplie sous le régime de l'assurance pour les hommes et de naissance d'enfant constatée par la déclaration faite à l'officier de l'état civil pour les femmes, pourvu que la femme ait été placée sous le régime de l'assurance avant ladite naissance, sans qu'en aucun cas la rente viagère résultant à soixante ans de majorations puisse dépasser le chiffre de 100 francs. — Les majorations de l'Etat sont limitées à la fois quant à leur montant total et quant à leur taux annuel. En ce qui concerne le total, elles cessent d'être accordées dès que celles antérieurement allouées sont suffisantes pour servir à l'intéressé, à soixante ans, une rente annuelle de 100 francs. Pour ce qui est du taux annuel, il ne peut en aucun cas excéder 9 francs.

B. — Période transitoire.

61. Les assurés facultatifs qui étaient âgés de trente-cinq ans accomplis à la date du 3 juill. 1911 profitent, en outre de la majoration de leurs versements par l'Etat, d'allocations ou de bonifications destinées à améliorer leur retraite. Mais ces derniers avantages ne sont pas, comme la majoration, accordés à tous les assurés facultatifs indistinctement : le bénéfice en est réservé par la loi aux fermiers, aux cultivateurs, aux artisans, aux petits patrons et aux métayers, à l'exclusion des autres dont la situation est exactement la même en période transitoire et en période normale. — 1° Les *cultivateurs, artisans, petits patrons, fermiers payant plus de 600 francs de fermage, âgés de plus de trente-cinq ans le 3 juill.* 1911, bénéficient, comme en période normale, de la majoration accordée annuellement par l'Etat, au fur et à mesure des versements et égale à la moitié de ces versements. En outre, à leur retraite liquidée, l'Etat ajoute, chaque année, une *bonification* égale à la rente qu'eût produite à soixante ans un versement annuel de 12 francs depuis l'âge de trente-cinq ans jusqu'à l'âge qu'ils avaient au moment où la loi est entrée en vigueur (3 juill. 1911). Toutefois, elle ne peut en aucun cas s'appliquer à une période supérieure à vingt-cinq ans. — Pour avoir droit à la bonification dont il s'agit, les assurés ci-dessus visés doivent remplir les deux conditions suivantes : a) Justifier qu'à la date du 3 juill. 1911 ils faisaient partie depuis trois ans au moins (c'est-à-dire depuis le 2 juill. 1908), de la catégorie des cultivateurs, ou des artisans, ou des petits patrons, ou des fermiers payant plus de

600 francs de fermage ; — *b*) Avoir commencé leurs versements dès la mise en vigueur de la loi. — 2º Les *métayers âgés de plus de trente-cinq ans le 3 juill.* 1911, ainsi que les *fermiers du même âge payant moins de 600 francs de fermage,* sont assimilés aux assurés obligatoires du même âge. — Pour avoir droit à ces avantages, les intéressés doivent avoir fait chaque année, depuis la mise en vigueur de la loi, des versements personnels égaux à ceux que prévoit l'art. 4, § 2 (V. *supra*, nº 5), pour les salariés adultes.

62. Le temps pendant lequel les assurés facultatifs ont été mobilisés entre en compte pour la détermination de l'allocation ou de la bonification de l'Etat (L. 31 déc. 1915). Il en est de même du temps pendant lequel ces mêmes assurés ont été dans l'impossibilité d'effectuer leurs versements, en raison de leur séjour dans les régions envahies (L. 7 avr. 1918). — Les mobilisés qui se sont fait inscrire comme assurés facultatifs pendant les hostilités ou dans les six mois qui en ont suivi la cessation (c'est-à-dire avant le 24 avr. 1920) bénéficient de leur temps de mobilisation (L. 31 déc. 1915 art. 2).

63. Les assurés facultatifs qui, à leur anniversaire de naissance précédant le 1ᵉʳ mai 1914, avaient effectué les versements réglementaires prévus pour bénéficier des allocations et bonifications de l'Etat, et qui ont cessé de verser ou ont versé irrégulièrement pendant les hostilités, ont pu être rétablis dans leur droit éventuel à ces allocations et bonifications, moyennant le versement rétroactif des cotisations omises par eux entre l'anniversaire précité et celui qui a suivi le 6 août 1920 (L. 6 août 1920).

G. — Avantages communs à la période transitoire et à la période normale. — Bonification par l'Etat des retraites anticipées d'invalidité.

64. V. *supra*, nº 58, les explications fournies au sujet de cette bonification spéciale, qui peut être accordée aux assurés facultatifs aussi bien qu'aux assurés obligatoires.

SECT. V. — Constitution de la retraite. — Caisses d'assurance. — Gestion financière.

ART. 1ᵉʳ. — MODE DE CONSTITUTION DE LA RETRAITE.

§ 1ᵉʳ. — *Constitution de la pension proprement dite.*

65. Le système adopté pour la constitution de la pension de retraite est le système de la *capitalisation*, dans lequel les versements de l'assuré, les contributions de son patron, les majorations que l'Etat lui accorde (s'il est assuré facultatif), sont accumulés, employés en placements divers par les caisses d'assurances ; ils fructifient et arrivent à former, au jour de la retraite, un capital qui sert à payer la pension.

66. En principe, la retraite est constituée *à capital aliéné*, c'est-à-dire que l'assuré fait abandon de ses versements à la caisse de retraite et que, lors de son décès, ses ayants droit ne peuvent prétendre à rien sur les sommes qu'il a versées. Ce système est avantageux pour l'assuré, à qui il permet de se constituer une retraite assez importante au moyen de versements minimes. Mais la famille de l'intéressé est exposée, en cas de décès de celui-ci, à demeurer sans ressources. — Le même inconvénient ne se rencontre pas lorsque la retraite a été constituée *à capital réservé* : lors du décès de l'assuré, qu'il soit ou non en jouissance de sa pension, les sommes qu'il a personnellement versées sont remboursées à ses héri-

tiers, sans intérêts. Par contre, la retraite est notablement moins élevée qu'en cas d'aliénation du capital. — Les versements des assurés peuvent seuls être réservés ; les contributions des employeurs et les majorations de l'Etat (pour les assurés facultatifs) sont toujours liquidées à capital aliéné. — La réserve du capital provenant des versements doit être demandée par l'assuré ; cette demande n'est admise que s'il est majeur.

§ 2. — *Constitution des allocations, majorations et bonifications de l'Etat.*

67. Pour la constitution de ses allocations, majorations et bonifications, en général, l'Etat applique le système de la *répartition* : il s'acquitte au fur et à mesure des échéances annuelles, au moyen des crédits inscrits dans la loi de finances de chaque exercice. — Toutefois, pour la majoration de moitié des versements des assurés facultatifs, l'Etat emploie la *capitalisation* : ses majorations sont versées chaque année au compte de chaque assuré ; elles se capitalisent en même temps que les autres éléments de la retraite.

ART. 2. — CAISSES D'ASSURANCE.

§ 1ᵉʳ. — *Énumération. — Généralités.*

68. Les assurés peuvent se constituer leur retraite, à leur choix, dans l'une des caisses ci-après : 1º Caisse nationale des retraites pour la vieillesse ; 2º sociétés ou unions de sociétés de secours mutuels agréées à cet effet ; 3º caisses départementales ou régionales de retraites ; 4º caisses patronales ou syndicales de retraites, caisses de syndicats de garantie liant solidairement les patrons adhérents pour l'assurance de la retraite ; 5º caisses de retraites de syndicats professionnels (ouvriers ou mixtes). — Ces organismes sont les seuls où les comptes des assurés puissent être ouverts. Ainsi, les caisses d'épargne ordinaires et la Caisse nationale d'épargne postale, qui sont admises à encaisser les versements, ne font pas partie des établissements d'assurance (L. 1910, art. 14). — Les caisses de retraite ainsi énumérées jouissent de la personnalité civile, ce qui leur permet de recevoir des dons et des legs. — Elles sont soumises au contrôle financier du ministre des Finances et relèvent du ministre du Travail et de la Prévoyance sociale.

69. Chaque caisse, dans un délai de deux mois à compter de la réception par elle de la carte annuelle de chaque assuré, doit délivrer gratuitement à ce dernier un bulletin indiquant le total des versements obligatoires et facultatifs qu'elle a reçus depuis l'époque de la délivrance du précédent bulletin, ainsi que le montant de la rente éventuelle à soixante-cinq ans acquise par lui, après inscription à son compte des versements constatés à sa dernière carte échangée.

§ 2. — *Choix de la caisse d'assurance. — Changements de caisse.*

70. Les assurés majeurs choisissent librement, parmi les caisses mentionnées *supra*, nº 68, celle où ils désirent que leur compte soit ouvert. Ils ne peuvent être contraints d'adhérer à tel organisme plutôt qu'à tel autre. Toutefois, ce principe ne met pas obstacle à ce qu'un ouvrier, en entrant dans une maison où il existe une caisse patronale de retraite, ou dont le patron est adhérent d'un syndicat de garantie solidaire, s'engage, pour le temps durant lequel il appartiendra à l'entreprise, à demeurer affilié à la caisse patronale ou à celle du syndicat. — C'est aux assurés *seuls* qu'il appartient de choisir leur caisse ; le même droit n'appartient pas aux employeurs. Les contributions de ces dernier , associées aux versements des salariés, tombent dans la même caisse et se capitalisent en même temps.

71. L'assuré doit désigner la caisse où il entend faire ses versements sur le bulletin de renseignements qui lui est adressé par la mairie lors de son inscription sur la liste des assurés. S'il ne sait quelle caisse choisir, ou s'il ne veut en indiquer aucune, son compte est ouvert d'office à la Caisse nationale des retraites pour la vieillesse. Cet établissement se trouve être ainsi la caisse de droit commun. — Les assurés peuvent changer de caisse. En principe, le changement n'est possible qu'une fois par an, lors de l'échange de la carte annuelle. Toutefois, il peut avoir lieu en cours d'année : 1° lorsque l'assuré justifie que la caisse où son compte était ouvert a cessé de fonctionner ; 2° lorsqu'il justifie, dans le cas où il était affilié à une caisse patronale ou syndicale ou à une caisse de syndic t de garantie solidaire, qu'il n'est plus employé dans aucun des établissements adhérents à cette caisse. — L'assuré reçoit une carte complémentaire valable seulement pour le délai restant à courir jusqu'au prochain anniversaire.

§ 3. — *Régime administratif des caisses d'assurance.*

A. — Caisse nationale des retraites pour la vieillesse.

72. Il n'est rien changé par la loi du 5 avr. 1910 à l'organisation de la Caisse nationale des retraites pour la vieillesse. Cet établissement continue à être géré par la Caisse des dépôts et consignations, mais elle ouvre dans ses écritures une section spéciale pour les opérations afférentes à la loi des retraites ouvrières.

B. — Sociétés et unions de sociétés de secours mutuels.

73. Toutes les sociétés ou unions de sociétés de secours mutuels fonctionnant dans les conditions de la loi du 1er avr. 1898 (V. *Société de secours mutuels*, n° 1), peuvent être admises à constituer les retraites de leurs adhérents (L. 5 avr. 1910, art. 17). Lorsque l'une d'elles veut user de cette faculté, elle doit se faire *agréer* par décret. A cet effet, elle adresse au préfet du département dans lequel elle a son siège une demande signée par son président. Il est statué sur cette demande par un décret rendu sur la proposition du ministre du Travail et du ministre des Finances.

74. Les frais d'administration des sociétés agréées ne sont pas à la charge des assurés. Ils sont couverts par une allocation annuelle, payée au moyen du fonds de réserve et, subsidiairement, sur les crédits ouverts à cet effet au budget du ministère du Travail.

C. — Caisses de retraites des syndicats professionnels ouvriers ou mixtes.

75. Aux termes de l'art. 14 de la loi du 5 avr. 1910, les assurés peuvent faire ouvrir leur compte dans les « caisses de retraites de syndicats professionnels ». Cette expression désigne les syndicats *ouvriers* ou *mixtes,* à l'exclusion des syndicats patronaux, dont les caisses de retraites sont soumises à un régime spécial (V. *infra,* n°s 80 et s.). — Les caisses des retraites des syndicats professionnels sont entièrement assimilées aux sociétés de secours mutuels, tant en ce qui concerne les obligations et formalités à remplir qu'au point de vue des avantages spéciaux accordés par la loi.

D. — Caisses départementales [ou régionales de retraites.

76. Les caisses départementales ou régionales de retraites sont des institutions nouvelles, créées par décret dans le but exclusif de faire les opérations du service des retraites prévues par la loi du 5 avr. 1910 (L. 5 avr. 1910, art. 14-3° ; 19, § 2). — Seuls peuvent y adhérer les assurés résidant dans la circonscription de la caisse au moment de leur adhésion.

77. Chaque caisse est administrée par un *comité de direction définitif,* composé de douze membres, savoir : 1° quatre représentants du Gouvernement ; 2° quatre assurés élus par les assurés adhérents à la caisse ; 3° quatre employeurs élus par les employeurs qui comptent parmi leurs salariés des assurés adhérents à la caisse.

78. Comme les autres organismes assureurs, les caisses départementales ou régionales ont droit à une *indemnité de 2 francs par compte* individuel. — En outre, l'Etat consent à ces caisses des *avances remboursables* destinées à couvrir les frais de premier établissement (L. 1910, art. 38).

79. Une *caisse patronale* est une caisse de retraite fondée par un employeur au profit des ouvriers et employés qui travaillent dans son entreprise. — Une *caisse syndicale* est une caisse instituée par plusieurs patrons au bénéfice des travailleurs occupés dans leurs établissements. — Quant à la *caisse de retraite d'un syndicat de garantie solidaire,* c'est une association entre des patrons qui sont solidaires les uns des autres pour garantir les risques de la pension.

80. Les organismes dont il s'agit sont placés par la loi sous un régime d'exception. Ils sont libres de constituer les retraites de leurs adhérents comme ils l'entendent, sans faire les versements prévus à l'art. 2 de la loi, sans apposer de timbres-retraite sur les cartes annuelles (art. 19, § 3 et 4), mais à la condition expresse que les pensions qu'ils assurent soient au moins égales à celles qui seraient obtenues dans les mêmes périodes en vertu de la loi de 1910. De plus, les caisses patronales et syndicales doivent adopter le système de la capitalisation des versements. — La demande formée en vue d'obtenir l'autorisation de constituer une caisse patronale ou syndicale ou une caisse de garantie solidaire est adressée au ministre du Travail (L. 1910, art. 19, § 2).

81. Le conseil d'administration d'une caisse patronale doit être composé de six membres, savoir : 1° trois représentants de l'entreprise ; 2° trois représentants des assurés pris dans le personnel de l'entreprise. Le conseil d'administration d'une caisse syndicale doit comprendre un nombre pair de membres, qui ne peut être inférieur à six. Il se compose pour moitié de représentants des assurés pris dans le personnel des entreprises affiliées à la caisse. — Toutefois, pour ces deux catégories de caisses, le nombre des représentants des employeurs peut être supérieur d'une unité à celui des représentants des salariés lorsque les employeurs se sont engagés à fournir des contributions patronales dépassant d'un quart au moins les versements statutairement obligatoires des salariés.

82. Les caisses patronales ou syndicales et les caisses de syndicats de garantie solidaire ne peuvent commencer leurs opérations avant que les employeurs aient justifié auprès du ministre du Travail que le nombre des salariés ayant adhéré à la caisse a atteint 2 000. Cette justification résulte de la remise au ministre du Travail de la liste nominative des salariés adhérents, revêtue de leurs signatures.

83. Les caisses patronales ou syndicales et les caisses de retraites des syndicats de garantie solidaire ont droit, comme les autres caisses d'assurance, à l'indemnité de 1 franc par compte allouée par l'art. 12 de la loi. Elles peuvent également recevoir de l'Etat des avances remboursables (L. 1910, art. 38, modifié par L. 27 févr. 1912, art. 61).

§ 4. — Contrôle financier des caisses de retraite.

84. Les sociétés ou unions de sociétés de secours mutuels agréées pour le service des retraites, les caisses départementales ou régionales de retraite, les caisses patronales ou syndicales de retraite, les caisses de syndicats de garantie liant solidairement les patrons pour l'assurance de la retraite, et les caisses de retraite des syndicats professionnels sont placées, pour l'ensemble de leurs opérations d'encaissement et d'assurance régies par la loi du 5 avr. 1910, sous le contrôle des trésoriers-payeurs généraux et des receveurs particuliers des finances, sans préjudice du contrôle technique appartenant au ministre du Travail. Ces établissements sont également soumis aux vérifications de l'inspection générale des Finances (Décr. 25 mars 1911, art. 99, modifié par Décr. 6 août 1912).

§ 5. — Sanctions.

85. Sont passibles d'une amende de 100 à 2000 francs et d'un emprisonnement de cinq jours à deux mois les administrateurs, directeurs ou gérants de tous les organismes visés au titre II de la loi, en cas de fraude ou de fausse déclaration intentionnelle dans l'encaissement ou dans la gestion, le tout sans préjudice du retrait des autorisations ou des agréments prévus aux art. 17 et 19. L'art. 463 Code pén. (circonstances atténuantes) et la loi du 26 mars 1891 (loi de sursis), sont applicables (L. 5 avr. 1910, art. 24).

ART. 3. — GESTION FINANCIÈRE.

§ 1er. — Rôle de la Caisse des dépôts et consignations. — Comptes particuliers des caisses d'assurance.

86. L'art. 15, § 1er, de la loi du 5 avr. 1910 enlève aux caisses d'assurance la gestion des fonds provenant des versements de leurs adhérents pour la confier à la Caisse des dépôts et consignations. — Les sommes provenant de la vente des timbres retraite émis par l'Etat, sommes qui représentent les versements des assurés et des employeurs, ne sont pas versées aux caisses d'assurance : elles sont remises à la Caisse des dépôts et consignations, qui les verse à un fonds spécial dont elle a la gestion. — Toutefois, chaque semaine, les préfets notifient à la Caisse des dépôts et consignations le montant des sommes revenant à chaque caisse d'assurance sur le fonds spécial de la vente des timbres. La Caisse des dépôts et consignations transfère immédiatement ces sommes à un *compte spécial ouvert à chacune des caisses d'assurance*. La Caisse des dépôts et consignations joue donc, vis-à-vis des caisses, le rôle de banquier. — Les revenus du fonds spécial sont répartis par la Caisse des dépôts et consignations, à la fin de chaque année, entre les diverses caisses d'assurance au prorata des sommes attribuées à chacune d'elles pendant ladite année, en représentation du montant des timbres apposés sur les cartes de ses adhérents.

§ 2. — Placement des fonds.

87. L'art. 15 de la loi du 5 avr. 1910, modifié par la loi du 17 août 1915, détermine de façon très précise les valeurs entre lesquelles les sociétés et caisses de retraite peuvent choisir pour leurs placements. Les placements sont effectués, sur la désignation de chaque organisme intéressé, par la Caisse des dépôts et consignations, qui fait ces opérations gratuitement, sauf remboursement des droits et frais de courtage ou d'acquisition. Elle n'encourt aucune responsabilité au cas où ces opérations seraient malheureuses, et les assurés affiliés à ces caisses ne peuvent s'en prendre à l'Etat si, par suite d'une gestion maladroite ou imprudente, leurs retraites sont très minimes. Il en est différemment en ce qui concerne les assurés qui ont effectué leurs versements à la Caisse nationale des retraites pour la vieillesse, car celle-ci fonctionne sous la garantie de l'Etat.

88. Les sommes non employées (y compris les disponibilités du fonds de réserve) sont versées en compte courant au Trésor dans les limites d'un maximum et à un taux fixés annuellement par la loi de finances. Lorsque ce maximum est dépassé, la Caisse des dépôts et consignations peut mettre la caisse d'assurance intéressée en demeure de déterminer l'emploi de l'excédent ; à défaut de placements suffisants effectués sur l'ordre de la caisse d'assurance dans le délai d'un mois, la Caisse des dépôts emploie d'office l'excédent en rentes 3 p. 100 perpétuelles.

ART. 4. — COMPTES INDIVIDUELS. — TARIF DES RETRAITES.

§ 1er. — Comptes individuels.

89. Chaque assuré a un compte ouvert dans la caisse d'assurance dont il a fait choix. — Chaque année, le compte individuel de chaque assuré est crédité par la caisse d'assurance du montant des versements constatés sur la carte annuelle. — Les comptes des assurés facultatifs sont soumis à des règles spéciales (Décr. 25 mars 1911, art. 121).

§ 2. — Tarifs des retraites.

90. La rente viagère correspondant aux versements opérés pour le compte d'un assuré est calculée d'après les tarifs en vigueur aux dates auxquelles ces versements sont reçus par l'organisme d'assurance. — Chaque tarif est établi en tenant compte : 1o de l'intérêt composé du capital ; 2o des chances de mortalité calculées provisoirement d'après la table de mortalité de la Caisse nationale des retraites pour la vieillesse, et ultérieurement d'après des tables spéciales qui seront établies par décrets ; 3o du remboursement des versements personnels de l'assuré, à son décès, si l'assuré a stipulé ce remboursement. — Chaque année, avant l'expiration du deuxième trimestre, chaque caisse tient à la disposition des assurés le tarif qui sera appliqué aux versements dont la capitalisation commencera l'année suivante.

91. En vue de l'établissement des nouvelles tables de mortalité prévues par la loi, chaque caisse d'assurance doit adresser au ministre du Travail, avant le 1er juillet de chaque année, un état donnant la comparaison entre : 1o la mortalité prévue par les tables employées pour le calcul de ses tarifs et de ses réserves mathématiques ; 2o la mortalité réelle de ses assurés. Cet état est accompagné des documents justificatifs dont la nomenclature est arrêtée par le ministre du Travail.

ART. 5. — FONDS DE RÉSERVE.

92. Le fonds de réserve est alimenté : 1o par les versements prévus à l'art. 11 de la loi (contributions patronales afférentes à l'emploi soit de salariés étrangers dont les pays d'origine n'assurent pas à nos nationaux des avantages équivalents, soit de salariés (français ou étrangers) dont la retraite est liquidée ou en instance de liquidation); 2° Par les amendes prévues à l'art. 23 et par les versements effectués dans les greffes par les patrons qui se sont trouvés dans l'impossibilité de faire les appositions de timbres-retraite exigées par la loi, toutes les fois qu'il n'est pas possible de porter ces versements au compte individuel de l'assuré; 3° Par des dons et legs faits à l'État avec affectation spéciale au fonds de réserve. — Les dépenses du fonds de réserve sont, notamment, les allocations accordées aux caisses de retraite et aux organismes encaisseurs pour frais d'encaissement. Les prélèvements opérés à cet effet sont effectués par décision du ministre du Travail. — Le fonds de réserve est déposé à la Caisse des dépôts et consignations.

SECT. VI. — Liquidation et payement de la retraite. — Cumuls.

ART. 1er. — LIQUIDATION DE LA RETRAITE.

93. L'entrée en jouissance de la retraite est soumise à des conditions et à des règles différentes suivant qu'il s'agit de la retraite de vieillesse, qui est la retraite normale instituée par la loi du 5 avr. 1910, ou de la retraite anticipée d'invalidité, qui ne figure dans la législation nouvelle qu'à titre tout à fait accessoire. Dans le premier cas, l'âge seul de l'intéressé est pris en considération, tandis que dans le second c'est l'incapacité de travail à laquelle se trouve réduit l'assuré qui donne ouverture à son droit. Il y a donc lieu d'étudier séparément ces deux situations.

§ 1er. — *Retraite normale.*

A. — Liquidation de la retraite à soixante ans.

94. L'âge normal de la retraite, pour les assurés obligatoires comme pour les assurés facultatifs, est l'âge de *soixante ans*. Tout assuré a la faculté d'en ajourner la liquidation jusqu'à soixante-cinq ans. Cet ajournement n'est pas forcément de cinq années; la liquidation peut être demandée à 61, 62, 63, 64 ou 65 ans. — L'ajournement de la liquidation n'exonère pas l'État de l'obligation où il est, en vertu de l'art. 4, § 1er, de servir l'allocation viagère dès que l'assuré a atteint l'âge de soixante ans.

95. Lorsque l'assuré, obligatoire ou facultatif, n'a pas droit à l'allocation viagère ou à la bonification et lorsque sa pension n'atteint pas le chiffre annuel de 4 francs, il peut demander le remboursement intégral et sans intérêts des sommes portées à son compte.

96. L'assuré qui a atteint l'âge de la retraite doit faire une demande de liquidation conforme au modèle arrêté par le ministre du Travail et dont un spécimen est tenu dans chaque mairie à la disposition des intéressés. Cette demande est déposée à la mairie de la résidence de l'assuré en même temps que sa carte d'identité, sa carte annuelle en cours et un extrait de son acte de naissance. Il lui en est donné récépissé.

97. La demande est transmise par le maire au préfet avec les pièces qui l'accompagnent dans la semaine qui suit sa remise à la mairie. Chaque semaine, le préfet transmet au ministre du Travail les demandes de liquidation reçues au cours de la semaine précédente avec les pièces qui les accompagnent. Le ministre, après avoir fait

prendre copie des renseignements nécessaires à la liquidation de l'allocation viagère ou de la bonification à laquelle l'assuré peut avoir droit, transmet la demande et les pièces annexes à la caisse d'assurance à laquelle celui-ci se trouvait affilié en dernier lieu. En même temps, il invite les caisses auxquelles l'assuré avait antérieurement adhéré à transférer à cette dernière les réserves mathématiques afférentes aux portions de retraite acquises dans chacune d'elles. — Dans le mois qui suit la réception de la demande de liquidation, le ministre du Travail arrête le montant de l'allocation viagère ou de la bonification accordée à l'assuré en vertu des art. 4 et 36 de la loi.

98. Les salariés qui sont entrés en jouissance de leur retraite, soit normalement à soixante ans, soit par anticipation, et qui continuent à travailler, n'ont plus à effectuer de versements. La même dispense s'applique aux assurés dont la retraite n'est pas encore liquidée, mais qui n'ont plus de carte annuelle parce qu'ils ont fait une demande de liquidation. Par contre, les patrons qui emploient ces salariés sont tenus, en vertu de l'art. 11, § 4, de la loi, d'acquitter, au profit du fonds de réserve, les contributions qu'ils auraient à payer si les salariés dont il s'agit ne se trouvaient pas dans cette situation spéciale. Toutefois, cette dernière règle ne s'applique pas aux patrons qui occupent des salariés étrangers en possession de leur retraite ou en instance de liquidation : l'art. 11, § 4, ne vise en effet que les salariés *français*. Il suit de là qu'un employeur qui fait travailler un ouvrier de nationalité étrangère retraité n'a aucun versement à faire au fonds de réserve.

B. — Liquidation anticipée de la retraite à partir de cinquante-cinq ans.

99. En vue de permettre aux assurés, dont les forces seraient épuisées avant l'âge normal de la retraite, d'abandonner le travail sans avoir à redouter la misère, l'art. 5, § 2, de la loi autorise la liquidation anticipée de la retraite *à partir de cinquante-cinq ans*. Mais les *assurés obligatoires seuls* peuvent invoquer cette disposition, à l'exclusion des assurés facultatifs. — Pour les assurés de la période normale, aucune condition n'est mise à l'exercice de ce droit. Mais la pension, ainsi que l'allocation viagère, subissent nécessairement une réduction sensible. En ce qui concerne les assurés de la période transitoire, ils ne sont admis au bénéfice de la liquidation anticipée que si, pendant les cinq années qui ont précédé cette liquidation, ils ont appartenu aux catégories de travailleurs visées à l'art. 1er (assurés obligatoires, V. *supra*, n° 5), et s'ils ont versé chaque année, pendant ces cinq ans, des sommes au moins égales au montant des versements obligatoires prévus à l'art. 2. — Les formalités de la liquidation anticipée sont les mêmes que celles de la liquidation normale.

§ 2. — *Retraite anticipée d'invalidité.*

100. Les assurés qui sont atteints, en dehors des cas régis par la loi du 9 avr. 1898 sur les accidents du travail, et à l'exclusion de toute faute intentionnelle, de blessures graves ou d'infirmités prématurées entraînant une incapacité *absolue* et *permanente* de travail, ont droit, *quel que soit leur âge*, à la liquidation anticipée de leur retraite (L. 5 avr. 1910, art. 9, § 1er). — Le bénéfice de cette disposition n'est subordonné, pour les assurés obligatoires, à la justification d'aucun chiffre de versements. Il n'en est pas de même pour les assurés facultatifs, qui ne peuvent s'en prévaloir que s'ils ont effectué chaque année des versements d'au moins 9 francs depuis la mise en vigueur de la loi (3 juill. 1911) ou depuis leur entrée dans l'assurance, sous réserve qu'elle soit antérieure à l'âge de trente ans, ou, en cas contraire, qu'elle remonte à cinq ans au moins. Toutefois le temps pendant lequel les assurés facultatifs ont été dans l'impossibilité d'effectuer leurs versements, en raison de leur séjour dans les régions envahies, entre en compte pour conférer le droit à la retraite anticipée d'invalidité et pour déterminer la bonification de l'Etat (L. 7 avr. 1918, art. 1er). — Les assurés obligatoires ou facultatifs (période normale et période transitoire) qui, à leur anniversaire de naissance précédant le 1er mai 1914, avaient effectué les versements réglementaires prévus pour bénéficier de la retraite anticipée d'invalidité et de la bonification de l'Etat y afférente, et qui avaient cessé de verser ou versé irrégulièrement pendant la guerre, ont pu être relevés de la déchéance en effectuant rétroactivement les versements omis par eux (L. 6 août 1920).

101. L'assuré qui invoque une incapacité absolue et permanente de travail pour obtenir la liquidation d'une retraite anticipée d'invalidité, adresse sa demande au maire, dans les conditions indiquées *supra*, n° 73; en y joignant : 1° une déclaration rédigée sur un bulletin dont le modèle est arrêté par le ministre du Travail et faisant connaître la cause et la nature des blessures ou infirmités, les noms et adresses des personnes pouvant, le cas échéant, témoigner de ces circonstances : enfin, si l'assuré est un salarié, le nom et l'adresse de l'employeur chez lequel il travaillait en dernier lieu; — 2° un certificat du médecin traitant, indiquant la nature et les conséquences des blessures ou infirmités; — 3° une attestation émanant de l'assuré et portant que l'incapacité dont il se prévaut n'a fait l'objet d'aucune déclaration ni d'aucune enquête, par application de la loi du 9 avr. 1898 concernant la responsabilité des accidents dont les ouvriers sont victimes dans leur travail. Récépissé de la demande et des pièces qui l'accompagnent est remis par le maire à l'assuré. — Dans les trois jours, le maire transmet au préfet la demande ainsi que les pièces produites à l'appui; il y joint ses observations. — Le ministre du Travail statue après avis d'une commission consultative. Il porte immédiatement sa décision à la connaissance du préfet, qui la notifie sans retard à l'assuré dans la forme administrative. — La caisse d'assurance à laquelle l'intéressé est affilié doit effectuer la liquidation de la pension dans le délai d'un mois à partir de l'invitation qui lui en a été adressée par le ministre; elle fait connaître immédiatement à l'assuré, par un bulletin spécial, le montant annuel de la retraite ainsi liquidée. elle transmet la même indication au ministre du Travail.

102. La retraite anticipée d'invalidité est bonifiée par l'Etat au moyen de crédits spéciaux annuellement ouverts à cet effet par la loi de finances; cette bonification ne peut dépasser 100 francs par an, ni porter la retraite à un chiffre supérieur à 360 francs, bonification comprise.

103. Le payement de la retraite d'invalidité peut être suspendu par le ministre du Travail, sur l'avis du préfet, lorsqu'il est établi que le bénéficiaire a recommencé à travailler d'une manière habituelle ou manifeste la volonté d'effectuer à nouveau des versements facultatifs. Les réserves mathématiques correspondant à la retraite liquidée par anticipation, qui cesse d'être servie, sont employées par la caisse à la constitution, au profit de l'assuré, d'une retraite normale de vieillesse, dont le montant est calculé d'après le tarif en vigueur au moment de cette constitution.

Art. 2. — Payement de la retraite.

104. Les arrérages des pensions de retraite, ainsi que les allocations viagères et les bonifications, sont dus à partir du premier jour du mois qui suit celui de l'anniversaire de la naissance de l'assuré. — Ces arrérages sont payés trimestriellement et à terme échu, les 1er *février*, 1er *mai*, 1er *août* et 1er *novembre*, aux endroits et dans les formes prévus au règlement de chaque caisse. — Les allocations viagères et les bonifications liquidées dans les conditions prévues à l'art. 5, § 4, de la loi (ajournement de la liquidation de la retraite au delà de soixante ans) sont payables annuellement, à terme échu, le premier jour du mois qui suit celui de l'anniversaire de la naissance de l'assuré. — Le payement est fait au porteur de l'extrait d'inscription, sur la production d'un seul certificat de vie, quelque soit le nombre de trimestres échus à la date de ce certificat. Le certificat de vie est délivré par le maire de la résidence du rentier ou par un notaire. Toutefois, lorsque l'intéressé se présente en personne pour percevoir ses arrérages, le payement peut lui en être fait sans certificat de vie, sur la seule présentation de son titre de pension et d'une carte d'identité photographique (Décr. 25 mars 1911, art. 159, § 10, ajouté par Décr. 4 août 1921).

105. Aux termes de l'art. 12, § 4, de la loi du 5 avr. 1910, les tarifs ne comportent pas de prorata au décès. Cela veut dire que l'on ne verse pas aux ayants droit (héritiers, veuve) du retraité décédé les arrérages afférents à la période écoulée entre le dernier payement et le décès du bénéficiaire. Par exemple, un retraité a touché un terme de pension le 1er février; il meurt le 15 avril suivant : ses héritiers n'ont droit à rien pour ces deux mois et demi, bien que le payement ait lieu à terme échu.

Art. 3. — Cumul des retraites ouvrières et paysannes avec d'autres retraites.

106. Un assuré, obligatoire ou facultatif, peut se constituer dans une société de secours mutuels une retraite de vieillesse qui viendra s'ajouter à celle à laquelle il aura droit par application de la loi du 5 avr. 1910. Et la société de secours mutuels conserve, pour la constitution de cette pension, les avantages et bonifications d'intérêt dont elle bénéficie en vertu des lois des 1er avr. 1898 et 31 mars 1903. — De même, la possibilité du cumul de la retraite ouvrière et paysanne avec une retraite de la Caisse nationale des retraites pour la vieillesse ne saurait être mise en doute.

107. Aux termes de l'art. 8 de la loi du 5 avr. 1910, les assurés obligatoires conservent les avantages prévus par l'art. 20 de la loi du 14 juill. 1905 sur l'assistance aux vieillards, aux infirmes et aux incurables privés de ressources. La retraite acquise par les versements des salariés et les contributions patronales est considérée comme provenant de l'épargne, la rente étant calculée à cet effet comme si tous les versements avaient été effectués à capital aliéné. Ces avantages sont étendus par l'art. 36, § 11, modifié par la loi du 17 août 1915, aux assurés facultatifs qui, depuis la mise en vigueur de la loi, ou depuis leur entrée dans l'assurance, sous réserve qu'elle soit antérieure à l'âge de 30 ans, ou, en cas contraire, qu'elle remonte à cinq ans au moins, ont chaque année versé une contribution minimum de 9 francs.

Art. 4. — Incessibilité et insaisissabilité
DE LA RETRAITE.

108. Les retraites et allocations acquises, en
vertu de la loi du 5 avr. 1910 sont incessibles et
insaisissables, si ce n'est au profit des établissements publics hospitaliers pour le payement du
prix de journées du bénéficiaire de la retraite
admis à l'hospitalisation, sauf en ce qui concerne
les allocations en cas de décès. — Cette disposition s'applique non seulement à la pension proprement dite, mais aussi aux diverses allocations
prévues par la loi. — D'autre part, l'incessibilité
et l'insaisissabilité couvrent la *totalité* des retraites et allocations.

SECT. VII. — Situation des veuves et des orphelins.

Art. 1er. — Non-réversibilité
DE LA RETRAITE.

109. La retraite constituée conformément à la
loi du 5 avr. 1910 *n'est pas réversible* au profit de
la veuve et des orphelins. Les allocations prévues
par l'art. 6 (V. *infrà*, n° 110) sont, en effet, sauf
dans le cas prévu *infrà*, n° 111, réservées aux
ayants droit des assurés décédés avant d'être pourvus de leur pension. Par suite, en principe, lorsqu'un individu, en jouissance de sa retraite, vient
à mourir, ni sa veuve, ni, le cas échéant, ses enfants mineurs de seize ans, ne peuvent prétendre
à une part de la pension ou à une allocation quelconque. — A cette situation rigoureuse, la loi
de 1910 offre deux remèdes : 1° la stipulation de
la réserve du capital constitutif de la retraite
(V. *suprà*, n° 66); 2° l'assurance facultative de la
femme (non salariée) de l'assuré (V. *suprà*, n° 7).

Art. 2. — Allocations temporaires
AUX ORPHELINS ET AUX VEUVES.

110. Lorsqu'un assuré (obligatoire ou facultatif) meurt avant la date d'échéance du premier
terme de sa pension de retraite ou du premier
terme de l'allocation de l'Etat liquidée dans les
conditions prévues à l'art. 5, § 4 (ajournement de
la liquidation de la retraite au delà de soixante
ans), l'Etat verse à ses *enfants âgés de moins de
seize ans* une allocation fixe de 50 *francs par mois*,
pendant un temps qui varie suivant le nombre
des ayants droit. S'il n'y a qu'*un enfant*, l'allocation de 50 francs est servie pendant *quatre mois*,
— s'il y a *deux enfants*, elle est versée durant
cinq mois; — s'il y a *trois enfants*, ou davantage, le service de l'allocation dure *six mois*. —
Le mot *enfant* désigne ici uniquement les descendants au premier degré. — Si les enfants au
profit de qui l'allocation a été liquidée viennent à
décéder, la mère a droit aux mensualités de l'allocation qui ne leur ont pas encore été payées.

111. Dans le cas où un assuré décède après
échéance d'un ou plusieurs termes de sa pension
ou de l'allocation de l'Etat, mais avant que le
montant des arrérages échus atteigne le montant
de l'allocation au décès dont auraient pu bénéficier ses ayants droit, s'il avait été encore assuré
au moment de son décès, ces derniers ont droit
à l'allocation au décès, qui est alors liquidée
déduction faite des arrérages échus.

112. Lorsque l'assuré laisse une *veuve sans enfants de moins de seize ans*, il est alloué à celle-ci
50 francs par mois pendant *trois mois*. — Aux
termes de l'art. 6, § 4, en cas de divorce, les
avantages qui sont faits à la veuve sont alloués à
la femme non remariée, quand le divorce a été
prononcé aux torts exclusifs du mari.

Art. 3. — Remboursement des capitaux
RÉSERVÉS.

113. Les capitaux dont la réserve a été stipulée
au profit des ayants droit (V. *suprà*, n° 66) sont
remboursés à ceux-ci, *sans intérêts*, lors du décès
de l'assuré, sur la production de la carte d'identité
de l'assuré ou d'un acte de notoriété, d'un extrait
de l'acte de décès et d'un certificat de propriété
délivré dans les formes et suivant les règles prescrites par l'art. 6 de la loi du 28 flor. an VII. —
Le préfet du département où l'assuré décédé se
trouvait lorsque sa pension a été liquidée fournit
aux ayants droit, sur leur demande, la liste des
caisses d'assurance dans lesquelles l'assuré décédé
a stipulé une réserve de capital. Si la pension
n'est pas encore liquidée, la même liste est fournie aux intéressés par le préfet du département
où a été délivrée la dernière carte annuelle. La
créance des ayants droit se prescrit par trente ans
et non par cinq ans, car il ne s'agit pas ici d'arrérages.

SECT. VIII. — Immunités fiscales. Instances en justice.

114. Les certificats, actes de notoriété et toutes
autres pièces exclusivement relatives à l'exécution
de la loi sont délivrés gratuitement et dispensés
des droits de timbre et d'enregistrement. — Pour
les différends qui naissent de l'exécution de la
loi et qui sont déférés aux tribunaux civils, il
est procédé comme en matière sommaire et statué
d'urgence. Les bénéficiaires de la loi obtiennent
de plein droit l'assistance judiciaire devant la juridiction du premier degré. — Les recours au
Conseil d'Etat contre les arrêtés ministériels statuant sur les réclamations relatives aux allocations
prévues par la loi sont dispensés du ministère
d'avocat et ont lieu sans frais.

SECT. IX. — Statistique. — Conseil supérieur des retraites ouvrières. — Office national.

115. Le ministre du Travail établit la statistique de toutes les opérations effectuées en exécution de la loi du 5 avr. 1910 et en résume les résultats dans un rapport annuel adressé au Président de la République. Ce rapport est publié au
Journal officiel. — Il est institué, auprès du ministre du Travail et sous sa présidence, un Conseil
supérieur des retraites ouvrières chargé de l'examen de toutes les questions se rattachant au fonctionnement de la loi, composé de trente-deux
membres et comptant, en outre, des membres de
droit. Il se réunit au moins une fois par semestre
et nomme une section permanente ayant pour
mission de donner son avis sur les questions
qui lui sont renvoyées, soit par le conseil supérieur,
soit par le ministre du Travail. — Un décret du
16 juill. 1910 a créé un *Office national des
retraites ouvrières et paysannes.*

RÉVÉLATION DE SECRET. — V. *Secret
professionnel.*

REVENU. — V. *Impôts directs.*

REVISION

10 *bis*. L'art. 445 c. instr. crim. a été modifié
par la loi du 19 juill. 1917.

12 *bis*. Ligne 3, *lire :* notamment en cas de décès, de démence, de contumace... — Ligne 8, *lire :* Si l'annulation du jugement ou de l'arrêt...

RISQUE DE GUERRE. — V. *Assurances maritimes.*

RISQUE PROFESSIONNEL. — V. *Accidents du travail.*

RIVIÈRE. — V. *Eaux, Pêche fluviale.*

RÔLE. — V. *Impôts directs.*

ROULEMENT. — V. *Cour d'appel, Tribunal civil.*

ROUTE. — V. *Voirie, Voiture.*

RUE. — V. *Voirie.*

S

SAGE-FEMME. — V. *Actes de l'état civil, Médecine.*

SAISIE-ARRÊT

Sous-titre, 1re ligne, *au lieu de :* loi du 12 janv. 1895, *lire : Code du travail*, Liv. I, art. 61 à 73, modifiés par la loi du 27 juill. 1921.

17 *bis*. Ligne 6, *au lieu de :* 2 000 francs, *lire :* 6 000 francs (V. le n° suivant).

18 *bis*. Saisie-arrêt des petits salaires et traitements. — Les *salaires* des ouvriers et gens de service, les *appointements* ou *traitements* des employés ou commis et des fonctionnaires ne sont saisissables que jusqu'à concurrence du dixième si leur montant ne dépasse pas 6 000 francs par an (C. trav., art. 61, mod. par L. 27 juill. 1921). Dans ce chiffre ne sont pas comprises les allocations ou indemnités pour charges de famille, qui sont insaisissables, sauf pour les dettes alimentaires (V. *infrà*, n° 20 *bis*). L'insaisissabilité des neuf dixièmes ne s'applique pas aux salaires, appointements et traitements supérieurs à 6 000 fr. ; c'est-à-dire qu'ils sont, en principe, saisissables en totalité.

19 *bis*. Les salaires, appointements et traitements dont le montant annuel ne dépasse pas 6 000 francs peuvent être cédés dans la mesure où ils sont saisissables (C. trav., art. 62, § 1er, modifié par L. 27 juill. 1921), c'est-à-dire jusqu'à concurrence du dixième (indépendamment du dixième saisissable).

20 *bis*. Les cessions et saisies faites pour le payement des dettes alimentaires ne sont pas soumises aux restrictions qui précèdent, non plus que celles faites en vertu de la loi du 13 juill. 1907, relative à la contribution des époux aux charges du ménage (C. trav., art. 63, modifié par L. 27 juill. 1921).

38 *bis*. La saisie-arrêt ne peut être faite, même si le créancier a un titre, qu'après un essai de conciliation devant le juge de paix de la résidence du débiteur. A cet effet, sur la réquisition du créancier, le juge de paix convoque le débiteur devant lui, au moyen d'une lettre recommandée adressée par le greffier. — Le juge de paix dresse procès-verbal de la comparution des parties. Quand les parties ne conviennent pas d'un arrangement, le juge de paix, s'il y a titre ou s'il n'y a pas de contestation sérieuse sur l'existence ou le chiffre de la créance, autorise la saisie-arrêt dans une ordonnance où il énonce la somme pour laquelle elle sera formée (C. trav., art. 64 *a*).

39 *bis*. Dans les quarante-huit heures de l'ordonnance, le greffier en donne avis par lettre recommandée au tiers saisi. Cet avis vaut opposition. Le greffier donne également avis au débiteur lorsque celui-ci n'a pas comparu devant le juge. Le débiteur peut toucher la portion non saisie de ses salaires ou traitements (C. trav., art. 64 *b*).

39 *ter*. Lorsqu'une saisie-arrêt a été pratiquée, s'il survient d'autres créanciers, leur demande, signée et déclarée sincère et contenant toutes les pièces de nature à permettre au juge de faire l'évaluation de la créance, est inscrite par le greffier sur le registre exigé par l'art. 72 (V. *infrà*, n° 41 *quater*). Le greffier en donne avis dans les quarante-huit heures au tiers saisi par lettre recommandée qui vaut opposition, et aussi par lettre recommandée au débiteur saisi (C. trav., art. 65). — Tout créancier saisissant, le débiteur et le tiers saisi peuvent requérir la convocation des intéressés devant le juge de paix du débiteur saisi par une déclaration mentionnée sur le registre. Le juge de paix peut aussi ordonner d'office cette convocation. Dans les quarante-huit heures de la réquisition ou de l'ordonnance, le greffier adresse au saisi, au tiers saisi et à tous les créanciers opposants, un avertissement recommandé à comparaître devant le juge de paix à l'audience fixée par celui-ci. Le délai à observer est de trois jours francs. A cette audience, le juge de paix, prononçant sans appel dans les limites de sa compétence en dernier ressort, et à charge d'appel à quelque valeur que la demande puisse s'élever, statue sur la validité, la nullité ou la mainlevée de la saisie, ainsi que sur la déclaration que le tiers saisi est tenu de faire, audience tenante, à moins qu'il ne l'ait faite au préalable par lettre recommandée adressée au greffier. Cette déclaration indique exactement et avec précision la situation entre le tiers saisi et le débiteur saisi. Le jugement qui prononce la validité ne confère au saisissant sur les sommes saisies aucun droit exclusif au préjudice des intervenants. L'attribution des sommes saisies aux saisissants ou intervenants résulte des répartitions prévues à l'art. 70 (V. *infrà*, n° 41 *bis*), à concurrence de la somme répartie (C. trav., art. 66, modifié par L. 27 juill. 1921).

40 *bis*. Si le jugement est rendu par défaut, avis de ses dispositions est transmis par le greffier à la partie défaillante, par lettre recommandée, dans les trois jours du prononcé. L'opposition n'est recevable que dans les huit jours de la date de la lettre. Elle consiste dans une déclaration, au greffe de la justice de paix, sur le registre prescrit par l'art. 72 (V. *infra*, n° 41 *quater*). Toutes les parties intéressées sont prévenues, par lettre recommandée du greffier, pour la prochaine audience utile. Le jugement qui intervient est réputé contradictoire (C. trav., art. 67). — L'appel, lorsqu'il est possible (V. *supra*, n° 39 *ter*), doit être interjeté dans les dix jours. Ce délai court, pour les jugements contradictoires, du jour du prononcé; pour les jugements par défaut, du jour de l'expiration des délais d'opposition. Le jugement contradictoire n'a pas besoin d'être signifié (art. 68).

40 *ter*. Le versement, par le tiers saisi, des sommes retenues sur les salaires, appointements, etc., n'est pas fait entre les mains du saisissant, mais au greffe de la justice de paix, dans les quinze jours qui suivent chaque trimestre ou dans les quinze jours qui suivent l'époque où les retenues prennent fin. Le tiers saisi est libéré par la quittance du greffier. — Le tiers saisi peut faire ses versements au greffe au moyen d'un mandat-carte avec avis de réception; cet avis vaut comme quittance du greffier. Les versements sont accompagnés d'une note du tiers saisi indiquant les noms des parties, la somme versée et ses causes (C. trav., art. 69).

41 *bis*. La répartition des sommes encaissées est faite au greffe par le juge de paix, assisté du greffier. Le juge doit surseoir à la convocation des parties, sauf pour causes graves, tant que la somme à distribuer n'atteint pas, déduction faite des frais et des créances privilégiées, un dividende de 35 pour 100 au moins. S'il y a somme suffisante et si les parties ne se sont pas amiablement entendues devant le juge pour la répartition, celui-ci procède à cette opération et en dresse procès-verbal. Les sommes versées aux ayants droit sont quittancées sur le procès-verbal. Si les parties se sont entendues avant de comparaître devant le juge, la répartition amiable est visée par lui. Le juge la fait mentionner sur le registre. Il n'est pas fait de répartition de sommes au-dessous de 100 francs, à moins que les retenues opérées jusqu'à cette somme soient suffisantes pour désintéresser les créanciers (C. trav., art. 70, modifié par L. 27 juill. 1921).

41 *ter*. Si, depuis la première répartition, aucune nouvelle créance n'a été enregistrée au greffe, le juge de paix, lors de la deuxième répartition, invite les créanciers à donner mainlevée de leur saisie, sous la condition que leur débiteur s'acquittera du reliquat de ses obligations dans un délai qu'ils détermineront. Si plus de la moitié des créanciers, représentant au moins les trois quarts en sommes des créances validées, acceptent de donner mainlevée, le juge prononce, par ordonnance, la mainlevée de la saisie-arrêt. — Aucun créancier compris dans les répartitions ne peut former une nouvelle saisie-arrêt sur le salaire ou les appointements du débiteur, à moins qu'il ne soit pas payé à une des échéances convenues. Si un créancier, non compris dans les répartitions ou dont la créance est née postérieurement à l'ordonnance de mainlevée, forme une saisie-arrêt, ou si l'un des créanciers dont la saisie a été levée n'est pas payé au terme convenu et forme, pour cette cause, une nouvelle saisie, tous les créanciers, antérieurement saisissants ou intervenants, sont réinscrits d'office et sans frais pour la portion de leur créance non éteinte. Cette réinscription est faite par le greffier, qui en avise le tiers saisi (C. trav., art. 70 *b*).

41 *quater*. Le juge de paix qui a autorisé la saisie-arrêt reste compétent, même lorsque le débiteur a transporté sa résidence dans un autre canton, tant qu'il n'a pas été procédé à une saisie dans le canton de la nouvelle résidence contre le même débiteur, entre les mains du même tiers saisi (C. trav., art. 70 c). — Il est tenu au greffe de chaque justice de paix un registre sur papier non timbré, coté et paraphé par le juge de paix, et sur lequel sont mentionnés tous les actes, décisions et formalités auxquels donne lieu l'application des art. 61 à 73 c. trav. (art. 72). — Les frais de saisie-arrêt et de distribution sont à la charge du débiteur saisi. Ils sont prélevés sur la somme à distribuer. Les frais de toute contestation jugée mal fondée sont à la charge de la partie qui succombe (C. trav., art. 71).

41 *quinquies*. La *cession* de petits salaires ou petits traitements (V. *supra*, n° 19 *bis*) ne peut être être consentie que par une déclaration souscrite par le cédant en personne devant le greffier de la justice de paix de sa résidence. Le greffier fait mention de la déclaration sur le registre. Il adresse, lorsqu'il en est requis par les parties ou l'une d'elles, une notification, par lettre recommandée, au débiteur des salaires, appointements ou traitements, ou à son représentant préposé au payement dans le lieu où travaille le cédant. La retenue est opérée sur cette seule notification. Le cessionnaire touche directement les retenues du débiteur des salaires sur la production d'une copie de la mention de la déclaration faite au registre (C. trav., art. 62, modifié par L. 27 juill. 1921).

45 *bis*. Dernière ligne, *Lire :* inférieurs à 6,000 francs (C. trav., art. 61).

47 *bis*. Le principal des droits fixes est doublé, mais n'est plus soumis aux décimes (L. 25 juin 1920, art. 28).

49 *bis*. Ligne 4, *au lieu de :* ... de la loi du 12 janv. 1895, *lire :* ... des art. 61 et s. du livre 1er du Code du travail.

SAISIE - EXÉCUTION

11 *bis*. Le mobilier meublant, le linge, les vêtements et objets de ménage appartenant aux personnes protégées par l'art. 2 de la loi du 14 juill. 1913 sur l'assistance aux familles nombreuses (V. *Assistance publique*, n°s 31 et s.), régulièrement inscrites sur les listes dressées pour l'exécution de cette loi, ne peuvent être saisis pour aucune créance (C. pr. 593, § 3, ajouté par L. 14 avr. 1917).

33 *bis*. Le principal des droits fixes d'enregistrement est doublé, mais n'est plus soumis aux décimes (L. 25 juin 1920, art. 28).

SAISIE-GAGERIE

4 *bis*. L'art. 820 c. pr. civ. est abrogé en ce qui concerne les bateaux de navigation intérieure d'un tonnage égal ou supérieur à vingt tonnes (L. 5 juill. 1917, art. 49).

SAISIE IMMOBILIÈRE

12 *bis*. La loi du 12 juill. 1909 a créé, sous le nom de *biens de famille*, une nouvelle catégorie de biens insaisissables (V. *Bien de famille*).

SAISIE DES NAVIRES. — V. *Saisie-gagerie*.

SALAIRE. — V. *Accidents du travail, Impôts directs, Louage de services, Privilèges, Prud'hommes, Retraites ouvrières, Saisie-arrêt, Travail*.

SALUBRITÉ PUBLIQUE

Sous-titre. Ajouter : Lois des 25 nov. 1908, 6 avr. 1910, 17 juin 1915, 26 févr. 1917, 14 août 1918, 7 sept. 1919, 19 déc. 1921.

1 *bis*. Une loi du 6 avr. 1910, modifiée par celle du 26 févr. 1917, a interdit, en raison des dangers que présentent ces appareils pour la santé des nourrissons, la vente, la mise en vente, l'exposition et l'importation des biberons à tube, ainsi que des tétines et des sucettes fabriquées avec d'autres produits que le caoutchouc pur, vulcanisées par un autre procédé que la vulcanisation à chaud, et ne portant point, avec la marque de fabrique, ou du commerçant, l'indication spéciale : caoutchouc pur. Toute infraction est punie d'une amende de 25 à 100 francs et, en cas de récidive, d'un emprisonnement de huit jours à un mois. La confiscation peut être prononcée par les tribunaux. — Aucun thermomètre médical ne peut être livré, mis en vente ou vendu sans avoir été soumis à une vérification préalable, constatée par un signe spécial apposé sur l'instrument (L. 14 août 1918).

2 *bis*. *Assainissement des voies privées*. — Les lois et règlements relatifs à l'hygiène des voies publiques et des maisons riveraines de ces voies sont applicables aux *voies privées*, notamment en ce qui concerne l'écoulement des eaux usées et des vidanges et l'alimentation en eau (V. *Voirie*, n° 127 *bis*). Toutes les parties d'une voie privée dans laquelle doit être établi un égout ou une canalisation d'eau sont grevées d'une servitude légale à cet effet (L. 22 juill. 1912, art. 1er).

2 *ter*. Pour l'exécution de tous les travaux intéressant l'ensemble de la voie, les propriétaires de toute voie privée et les propriétaires des immeubles riverains sont tenus, sur la réquisition du maire ou, à son défaut, du préfet et après avis de la commission sanitaire de la circonscription, de se constituer en syndicat et de désigner un syndic chargé d'assurer l'exécution des travaux et de pourvoir à l'entretien de la voie (L. 22 juill. 1912, art. 2). — Les décisions du syndicat relatives aux travaux d'hygiène et d'assainissement obligent tous les propriétaires (art. 3). Si, dans le délai d'un mois, les propriétaires n'ont pas constitué le syndicat, il est procédé, sur la réquisition de l'Administration, à la désignation d'un syndic par le président du tribunal civil du ressort.

2 *quater*. Le syndic ainsi nommé a qualité pour faire exécuter tous travaux d'entretien et d'assainissement prescrits par le maire après l'accomplissement des formalités prévues par les art. 12 et s. de la loi du 15 févr. 1902 (L. 22 juill. 1912, art. 5). Les dépenses sont réparties par le syndic entre les propriétaires soit de la voie, soit des immeubles riverains de la voie, en raison de l'intérêt de chaque propriété à l'exécution des travaux.

2 *quinquies*. Le syndic peut, après avis de l'assemblée générale et avec l'autorisation du préfet donnée en conseil de préfecture, contracter des emprunts dans la limite de la dépense prévue (art. 10). — Les communes sont autorisées à faire des avances aux propriétaires qui ne peuvent faire face aux dépenses d'assainissement des voies privées (art. 14).

4 *bis*. — *Dispensaires d'hygiène sociale*. — Lorsque, pendant cinq années consécutives, le nombre des décès sur le territoire d'une ou de plusieurs communes a dépassé la moyenne de la mortalité en France, la création d'un dispensaire d'hygiène sociale et de préservation antituberculeuse peut être déclarée obligatoire par décret (L. 15 avr. 1916, art. 11).

5-1°. — *Mesures de prophylaxie*. — Les communes de moins de 20 000 habitants peuvent être autorisées par le ministre de l'Intérieur, sur l'avis conforme du comité supérieur d'hygiène, à avoir un service autonome de désinfection (L. 16 juill. 1913).

5-2°. En cas de guerre, de calamité publique, d'épidémie ou de menace d'épidémie, la vaccination ou la revaccination antivariolique peut être rendue obligatoire par décret ou par arrêtés préfectoraux pour toute personne, quel que soit son âge, qui ne pourra justifier avoir été vaccinée ou revaccinée avec succès depuis moins de cinq ans (L. 7 sept. 1915). — La vaccination antityphoïdique est obligatoire à l'égard des militaires de l'armée active. Dans le cas où les circonstances paraissent l'exiger, une décision ministérielle peut en prescrire l'application aux militaires des réserves convoqués pour une période d'instruction (L. 27 mars 1914).

5-3°. Un règlement d'administration publique du 3 mai 1913 a déterminé les mesures de prophylaxie, notamment les vaccinations et revaccinations périodiques, auxquelles sont soumis tous les ambulants, forains et nomades, ainsi que les étrangers. Les infractions aux dispositions de ce règlement sont punies d'un emprisonnement de six jours à un mois et d'une amende de 16 francs à 200 francs, ou de l'une de ces deux peines seulement.

5-4°. La déclaration de toute maladie ayant un caractère professionnel et comprise dans une liste établie par décret, est obligatoire pour tout médecin qui en reconnaît l'existence. Cette déclaration est adressée au ministre du Travail par l'intermédiaire de l'inspecteur du travail et de l'ingénieur des mines (L. 25 oct. 1919, art. 12).

5-5°. La loi du 7 sept. 1919 a prévu l'institution de *sanatoriums* spécialement destinés au traitement de la *tuberculose*. Ces établissements sont publics ou privés. Les sanatoriums publics sont ceux dont la gestion est assurée par l'Etat, les départements, les communes ou les établissements publics, les associations reconnues d'utilité publique, les sociétés et unions de sociétés de secours mutuels. Ces collectivités peuvent recevoir des subventions de l'État. D'autre part, l'Etat, les départements et les communes participent aux dépenses d'hospitalisation dans les sanatoriums des malades bénéficiant de l'assistance médicale gratuite. Les départements qui ne possèdent pas de sanatoriums où puissent être hospitalisés par leurs soins les tuberculeux sont tenus, avant le 9 sept. 1929, d'assurer cette hospitalisation en passant un traité avec un sanatorium public ou, à défaut, avec un sanatorium privé. En l'absence de délibération du conseil général dans ce délai, il y est pourvu par décret (L. 7 sept. 1919 et 31 déc. 1921).

8 *bis*. *Remplacer les quatre dernières lignes par les suivantes* (*après :* à leurs frais) : A l'expiration du même délai, si elle le juge préférable, la commune peut réclamer l'expropriation de l'immeuble et, dans ce cas, la prise en considération de sa demande est de droit (L. 1902, art. 14, § 1er mod. par L. 17 juin 1915, art. 2). — Lorsqu'il y a lieu à résiliation des baux, cette résiliation n'emporte, en faveur des locataires, aucuns dommages-intérêts (L. 1902, art. 17 modifié par la loi précitée 17 juin 1915, art. 3).

9 *bis*. *Ajouter in fine :* (L. 15 févr. 1902, art. 18 mod. par L. 17 juin 1915 et art. 18 *bis* ajouté par L. 17 juin 1915).

10 *bis*. Il a été créé, par le décret du 27 janv. 1920, un ministère de l'Hygiène, de l'Assistance et de la Prévoyance sociales, qui comprend, notamment, les services de la direction de l'assistance et de l'hygiène publique, précédemment rattachée au ministère de l'Intérieur.

10 *ter*. Le Comité consultatif d'hygiène publique de France a reçu le nom de Conseil supérieur d'hygiène publique de France.

13 *bis* et **14** *bis*. La police sanitaire maritime a été réorganisée par le décret du 26 nov. 1921.

19 *bis*. L'entrée en France des voyageurs provenant d'une région contaminée par le typhus exanthématique est réglementée par le décret du 8 juill. 1920.

22 *bis*. — Epizooties. — Un décret du 22 juin 1917 a ajouté à la nomenclature les gales, dans les espèces chevaline, asine et leurs croisements.

23 *bis*. Le service départemental des épizooties a été organisé par la loi du 12 janv. 1909 et par le décret du 3 avr. 1909. Ce service comprend un vétérinaire départemental placé sous les ordres directs du préfet et autant de vétérinaires sanitaires que les besoins l'exigent. — Les vétérinaires départementaux sont nommés par le ministre de l'Agriculture. Leurs fonctions sont incompatibles avec tout autre emploi public ou privé, avec l'exercice d'une profession soumise à la patente et avec un mandat électif.

SANATORIUM. — V. *Salubrité publique*.

SANTÉ PUBLIQUE. — V. *Salubrité publique*.

SAPEURS - POMPIERS

9 *bis*. Une loi du 8 avr. 1914 a fixé les conditions d'obtention de la médaille d'honneur des sapeurs-pompiers.

SATURNISME. — V. *Accidents du travail*.

SCEAUX, TIMBRES ET CACHETS OFFICIELS

Il est interdit de fabriquer les sceaux, timbres, cachets et marques de l'Etat ou d'une autorité quelconque sans l'ordre écrit des représentants attitrés de l'Etat ou de cette autorité. La livraison n'en peut être faite qu'à ces représentants ou au siège même de l'autorité (L. 18 mars 1918, art. 1er). Indépendamment des contrefaçons et usages frauduleux prévus par les art. 139 et s. Code pén. (V. *Contrefaçon des sceaux de l'Etat*), sont également interdits la fabrication, la détention, l'achat et la vente de sceaux, timbres, etc., susceptibles d'être confondus avec ceux de l'Etat ou d'une autorité quelconque. Ces dispositions sont applicables aux sceaux, timbres, etc., des gouvernements étrangers et des autorités étrangères. — Toute infraction est punie d'un emprisonnement de six jours à six mois et d'une amende de 16 à 2000 francs, ou de l'une de ces deux peines seulement, sans préjudice, s'il y a lieu, des pénalités prévues aux art. 139 et s. Code pén. L'art. 463 Code pén. (circonstances atténuantes) est applicable. Les sceaux, timbres, cachets, etc., sont confisqués (L. 18 mars 1918, art. 4).

SCELLÉS ET INVENTAIRES

Sous-titre, *lire* : *Code de procédure*, art. 907 à 944.

6 *bis*. En cas d'empêchement ou d'urgence, le juge de paix peut déléguer le greffier pour des opérations de scellés. Cette délégation n'est susceptible d'aucun recours et est affranchie de l'enregistrement (Code pr. civ., art. 907 complété par la loi du 2 juill. 1909).

14 *bis*. C'est, en principe, au juge de paix qui

a apposé les scellés qu'il appartient de les lever. Mais rien n'empêche qu'il soit procédé à cette opération par un suppléant. Il peut même, dans le cas d'empêchement de l'un et de l'autre, y être procédé par le greffier (V. *supra*, n° 6 *bis*).

32 *bis*. Le principal des droits fixes d'enregistrement est doublé, mais n'est plus soumis aux décimes (L. 25 juin 1920, art. 28).

SECOURS MUTUELS. — V. *Sociétés de secours mutuels*.

SECOURS PUBLICS. — V. *Assistance publique, Bureau de bienfaisance, Caisse nationale des retraites, Habitations à bon marché, Société de secours mutuels*.

SECRET PROFESSIONNEL

3 *bis*. Toute personne appelée, à l'occasion de ses fonctions ou attributions, à intervenir dans l'établissement, la perception ou le contentieux de l'impôt général sur le revenu et des impôts cédulaires sur les revenus, est tenue au secret professionnel et passible, en cas d'infraction, des peines prévues à l'art. 478 Code pén. (L. 15 juill. 1914, art. 23, L. 31 juill. 1917, art. 51). — Mais en aucun cas les administrations de l'Etat, des départements et des communes, ainsi que les entreprises concédées ou contrôlées par l'Etat, les départements et les communes ne peuvent opposer le secret professionnel aux agents de l'administration des Finances ayant au moins le grade de contrôleur ou d'inspecteur adjoint qui, pour établir les impôts institués par les lois existantes, leur demandent communication des documents de service qu'elles détiennent. Dans le cas d'information ouverte par l'autorité judiciaire, celle-ci doit donner connaissance à l'administration des Finances de toute indication qu'elle pourrait recueillir au cours de la procédure et de nature à faire présumer une fraude commise en matière fiscale, ou une manœuvre quelconque ayant eu pour objet ou pour résultat de frauder ou de compromettre un impôt (L. 31 juill. 1920, art. 31).

SECTIONS SPÉCIALES. — V. *Recrutement de l'armée*.

SEL

2 *bis*. L'administration des Contributions indirectes est chargée de la constatation et de la perception de l'impôt sur le sel dans les mines, sources ou puits d'eau salée, ainsi que de l'exercice des fabriques de soude sur toute l'étendue du territoire (Décr. 4 janv. 1921).

SÉPARATION DE CORPS

4 *bis*. La loi du 14 juill. 1909 a décidé que les dispositions de l'art. 247 Code civ., concernant les insertions dans les journaux qui peuvent être prescrites en cas de défaut du défendeur et la publication de la décision qui a prononcé le divorce par défaut, sont applicables à la procédure de séparation de corps.

16 *bis*. Ligne 3, *lire* : ... lorsqu'elle a duré trois ans, ...

16 *ter*. Exceptionnellement, pour les jugements rendus avant le 2 août 1914 comme pour ceux rendus au cours des hostilités (c'est-à-dire avant le 24 oct. 1919), le délai de trois ans court à partir du prononcé, si à cette époque le jugement de séparation de corps est devenu définitif (L. 24 mai 1919).

SÉPARATION DES ÉGLISES ET DE L'ÉTAT. — V. *Culte*.

SÉPULTURE

1 *bis.* Les déclarations de décès doivent être faites dans le délai de 24 heures à compter du décès (Décr. 15 avr. 1919, art. 8).

2 *bis.* Il est expressément interdit de procéder à aucune inhumation, exhumation ou réinhumation dans les cimetières sans l'autorisation du préfet de police à Paris, et du maire dans les autres communes (Décr. 15 avr. 1919, art. 1er).

33 *bis.* Une sépulture perpétuelle est assurée, aux frais de la nation, à tous les militaires et marins morts pour la France entre le 2 août 1914 et le 24 oct. 1919. Ces sépultures sont réparties entre les cimetières de guerre créés ou à créer dans les terrains acquis par l'Etat hors des cimetières existants, et les cimetières communaux dans lesquels les inhumations ont été faites durant la campagne (L. 31 juill. 1920, art. 105). — Les dépenses d'acquisition, de clôture, d'entretien et de garde des terrains affectés aux sépultures militaires sont à la charge de l'Etat (L. 29 déc. 1915, art. 6; L. 31 juill. 1920, art. 105). — Les opérations d'exhumation, de transport des corps et de réinhumation ne peuvent donner lieu à rémunération au profit des communes et des administrations de pompes funèbres. Celles-ci ne peuvent invoquer le bénéfice de leur monopole. En aucun cas cette suspension ne donne lieu à indemnité (L. 3 juin 1921, art. 1er). Les communes sont tenues de procéder aux opérations dont il s'agit moyennant un tarif fixé par l'art. 2 de la loi précitée du 3 juin 1921.

33 *ter.* Les lois et les règlements relatifs à la police et à la conservation des cimetières sont applicables aux terrains affectés à des sépultures militaires (L. 29 déc. 1915, art. 7).

33 *quater.* Les veuves, ascendants ou descendants des militaires ou marins morts pour la France ont droit à la restitution et au transfert aux frais de l'Etat des corps de ces militaires ou marins (L. 31 juill. 1920, art. 106).

38 *bis.* Les exhumations dans l'intérêt des familles ne peuvent être autorisées que sur le vu d'une demande formulée par le plus proche parent du mort ou par son fondé de pouvoir. La signature du requérant doit être légalisée. L'autorité qui permet l'exhumation prescrit les mesures à prendre dans l'intérêt de la salubrité. L'exhumation doit se faire en présence d'un parent ou tout au moins d'un ami de la famille, et du délégué prévu à l'art. 62 de la loi du 30 mars 1902. Celui-ci dresse un procès-verbal qui est transmis au préfet (Décr. 15 avr. 1919, art. 11).

52 *bis.* Ligne 5, *au lieu de :* 4 pour 100, *lire :* 8 pour 100 sans décimes (L. 25 juin 1920, art. 25). — Ligne 11, *au lieu de :* 0 fr. 20 cent., *lire :* 0 fr. 60 cent. sans décimes (L. 25 juin 1920, art. 26).

SERMENT

38 et **39** *bis.* Le principal des droits fixes d'enregistrement est doublé, mais n'est plus soumis aux décimes (L. 25 juin 1920, art. 28).

SERVICE MILITAIRE. — V. *Armée, Marine militaire, Recrutement de l'armée.*

SERVITUDES

52 *bis.* Le propriétaire sur le fonds duquel avancent les branches des arbres, arbustes et arbrisseaux du voisin, peut contraindre celui-ci à les couper. Si ce sont des racines, ronces ou brindilles qui avancent sur son héritage, le propriétaire a le droit de les couper lui-même à la limite de la ligne séparative (Civ. 673, § 2, modifié par L. 12 févr. 1921).

53 *bis.* Le droit de couper les racines, ronces ou brindilles ou de faire couper les branches des arbres, arbustes et arbrisseaux est imprescriptible (Civ. 673, § 3, modifié par L. 12 févr. 1921).

116 *bis.* Lignes 5 et 6, *lire :* fixé à 10 pour 100, sans décimes (L. 25 juin 1920, art. 25).

SITE ARTISTIQUE. — V. *Affiche, Monuments historiques et artistiques.*

SOCIÉTÉ

19 *bis.* Ligne 6, *au lieu de :* 0 fr. 20 cent. pour 100, *lire :* 1 pour 100 sans décimes.

20 *bis.* Ligne 2, *au lieu de :* 0 fr. 20 cent. pour 100, *lire :* 1 pour 100. — Lorsqu'un acte de société constatant un apport immobilier ne donne pas ouverture, à raison de cet apport, au droit de mutation entre vifs à titre onéreux, le droit d'enregistrement exigible sur la valeur en capital de cet apport est augmenté du droit de transcription de 2 pour 100, sans décimes (L. 25 juin 1920, art. 25, § 4). La formalité de la transcription au bureau du conservateur des hypothèques ne donne lieu à aucun droit proportionnel autre que la taxe établie par la loi du 27 juill. 1900 (V. *Transcription hypothécaire,* nos 15 et s.) (L. 13 juill. 1911, art. 8).

21 *bis.* Ligne 4, *au lieu de :* 0 fr. 20 cent. pour 100, *lire :* 1 pour 100. — Ajouter, *in fine :* Les sociétés anonymes à participation ouvrière sont affranchies, en ce qui concerne leurs statuts, des droits d'enregistrement exclusivement applicables au montant des actions de travail (L. 24 juill. 1867, art. 80, ajouté par L. 26 avr. 1917).

22 *bis.* Lignes 4 et 6, *au lieu de :* 0 fr. 20 cent. pour 100, *lire :* 1 pour 100; dernière ligne, *au lieu de :* 3 francs, *lire :* 6 francs.

23 *bis.* Ligne 6, *au lieu de :* 0 fr. 20 cent. pour 100, *lire :* 0 fr. 50 cent. pour 100 (L. 29 juin 1918, art. 15).

24 *bis.* Dernière ligne, *au lieu de :* 7 fr. 50 cent. pour 100, *lire :* 15 francs (L. 25 juin 1920, art. 28).

25 *bis.* Ligne 5, *au lieu de :* 0 fr. 20 cent. pour 100, *lire :* 0 fr. 50 cent. pour 100 (L. 29 juin 1918, art. 15).

26 *bis.* Ligne 8, *au lieu de :* 7 pour 100, *lire :* 10 pour 100 sans décimes (L. 25 juin 1920, art. 25). — Sont affranchis des droits de timbre exclusivement applicables au montant des actions de travail les statuts et actes d'augmentation de capital des sociétés anonymes à participation ouvrière (L. 24 juill. 1867, art. 80, ajouté par L. 26 avr. 1917).

SOCIÉTÉ PAR ACTIONS

Sous-titre, *ajouter :* lois du 30 janv. 1907, du 22 nov. 1913.

11 *bis.* Lorsqu'une décision de l'assemblée générale a pour effet de modifier les droits attachés à une catégorie d'actions, cette décision n'est définitive qu'après avoir été ratifiée par une assemblée spéciale des actionnaires de la catégorie visée. Cette assemblée spéciale, pour délibérer valablement, doit réunir au moins... les trois quarts du capital représenté par les actions dont il s'agit, si l'assemblée se réunit sur première convocation; ... la moitié, si elle se réunit sur deuxième convocation; ... le tiers, si elle se réunit sur troisième ou ultérieure convocation (Code com. art. 34, modifié par L. 22 nov. 1913, L. 24 juill. 1867, art. 31). Cette disposition ne visant que le *quorum* exigé pour la validité de l'assemblée spéciale, il semble que le droit de vote à cette assemblée demeure régi par les statuts, ainsi que la majorité nécessaire à la validité des décisions. — La règle ci-dessus est applicable aux sociétés constituées sous l'empire de la loi du 24 juill. 1867, antérieurement au 22 nov. 1913 (L. 22 nov. 1913, art. 4).

SOCIÉTÉ ANONYME

41 *bis*. Ligne 16, *après* : société anonyme, *ajouter* : et de l'énonciation du montant du capital social. — Si la société use de la faculté accordée par l'art. 48 de la loi de 1867, cette circonstance doit être mentionnée par l'addition des mots « à capital variable ». Si elle use de la faculté d'émettre des actions de travail, cette circonstance doit être mentionnée par l'addition des mots « à participation ouvrière » (L. 24 juill. 1867, art. 64, complété par L. 26 avr. 1917).

80 *bis*. Les dispositions de l'art. 31 de la loi du 24 juill. 1867 ont été modifiées par la loi du 22 nov. 1913, art. 1er. V. les numéros suivants.

81 *bis*. Nonobstant toute clause contraire de l'acte de société, dans les assemblées générales qui ont à délibérer sur les modifications aux statuts, tout actionnaire, quel que soit le nombre des actions dont il est porteur, peut prendre part aux délibérations avec un nombre de voix égal aux actions qu'il possède, sans limitation (L. 24 juill. 1867, art. 31, § 2, modifié par L. 22 nov. 1913).

82 *bis* à **85** *bis*. L'assemblée générale extraordinaire, délibérant dans certaines conditions (V. *infrà*, n°s 85 *ter*, 85 *quater*), peut *modifier les statuts* dans *toutes leurs dispositions;* elle ne peut toutefois changer la *nationalité* de la société, ni augmenter les *engagements des actionnaires* (L. 1867, art. 31, § 1er, modifié par L. 22 nov. 1913). — Les pouvoirs conférés à l'assemblée générale lui sont accordés « sauf dispositions contraires des statuts »; c'est-à-dire que les statuts peuvent contenir des clauses limitant, d'une façon plus rigoureuse que ne le fait le nouvel art. 31, les modifications susceptibles d'être apportées au pacte social.

85 *ter*. Les assemblées qui ont à délibérer sur les modifications touchant à l'*objet* ou à la *forme* de la société ne sont régulièrement constituées et ne délibèrent valablement qu'autant qu'elles sont composées d'un nombre d'actionnaires représentant les trois quarts au moins du capital social. Les résolutions, pour être valables, doivent réunir les deux tiers au moins des voix des actionnaires présents ou représentés (L. 24 juill. 1867, art. 31, § 3, modifié par L. 22 nov. 1913, art. 1er).

85 *quater*. Lorsque les modifications à apporter aux statuts ne concernent ni l'objet ni la forme de la société, le quorum varie suivant que l'assemblée est réunie sur première, ou sur seconde, ou sur troisième convocation (L. 1867, art. 31, § 4, modifié par L. 22 nov. 1913, art. 1er). — Dans l'assemblée qui se tient sur première convocation, le quorum exigé est des trois quarts au moins du capital social. La majorité doit être des deux tiers au moins des voix des actionnaires présents ou représentés. — Si ces conditions ne sont pas remplies, une deuxième assemblée peut être convoquée; le quorum est alors réduit à la moitié du capital social, la majorité demeurant fixée aux deux tiers des voix des actionnaires présents ou représentés. — Si cette deuxième assemblée n'a pu délibérer, faute de quorum suffisant, ou si la majorité n'a pas atteint le chiffre prescrit, il est permis de convoquer, dans les mêmes formes, une troisième assemblée, pour laquelle le quorum exigé n'est plus que du tiers du capital social, la majorité restant, comme précédemment, des deux tiers au moins des voix des actionnaires présents ou représentés.

85 *quinquies*. Pour la deuxième et la troisième assemblées, la loi prescrit que les convocations seront faites « dans les formes statutaires » et qu'elles seront insérées par deux fois, à quinze jours d'intervalle, dans le « Bulletin annexe au *Journal officiel* » (ou, plus exactement, dans le « Bulletin des annonces légales obligatoires à la charge des sociétés financières »), et dans un journal d'annonces légales du lieu où la société est établie, c'est-à-dire dans un journal du département du siège social (Code com. art. 31, modifié par L. 22 nov. 1913).

DES SOCIÉTÉS ANONYMES A PARTICIPATION
OUVRIÈRE

99. Il peut être stipulé dans les statuts de toute société anonyme que la société sera à participation ouvrière. Les sociétés dont les statuts ne contiennent pas cette stipulation peuvent se transformer en sociétés à participation ouvrière, en procédant conformément à l'art. 31 de la loi du 24 juill. 1867, modifié par la loi du 22 nov. 1913 (V. *suprà*, n°s 81 *bis*, 85 *ter* et *quater*). Les sociétés à participation ouvrière sont soumises, indépendamment des règles générales applicables aux sociétés anonymes, aux dispositions suivantes (L. 24 juill. 1867, art. 72, ajouté par L. 26 avr. 1917).

100. Les actions de la société se composent : 1° d'actions ou coupures d'actions de capital; 2° d'actions dites « actions de travail » (art. 73 nouveau).

101. Les actions de travail sont la propriété collective du personnel salarié constitué en société commerciale coopérative de main-d'œuvre. Cette société doit comprendre, obligatoirement et exclusivement, tous les salariés attachés à l'entreprise depuis au moins un an et âgés de plus de vingt et un ans.

102. Les dividendes attribués aux ouvriers et employés faisant partie de la coopérative ouvrière sont répartis entre eux conformément aux règles fixées par les statuts de la société ouvrière et aux décisions de ses assemblées générales. Toutefois, les statuts de la société anonyme doivent disposer que, préalablement à toute distribution de dividende, il sera prélevé sur les bénéfices, au profit des porteurs d'actions de capital, une somme correspondant à celle que produirait, à l'intérêt qu'ils fixent, le capital versé (art. 74, § 3).

103. Les actions de travail sont nominatives, inscrites au nom de la société coopérative de main-d'œuvre, inaliénables pendant toute la durée de la société à participation ouvrière et frappées d'un timbre indiquant l'inaliénabilité et l'incessibilité de ces actions (art. 75). — En aucun cas elles ne peuvent être attribuées individuellement aux salariés de la société anonyme, membres de la coopérative (art. 74, § 4).

104. Les participants à la société coopérative de main-d'œuvre sont représentés aux assemblées générales par des mandataires élus par ces participants, chacun de ceux-ci disposant pour cette élection d'autant de voix que son salaire annuel, établi sur les comptes arrêtés quinze jours avant l'assemblée générale, comprend de fois le chiffre du salaire le plus faible attribué par la société aux salariés âgés de plus de vingt et un ans. Ces élections ne sont valables que si les deux tiers des participants au moins ont assisté à la réunion où il y a été procédé. Les mandataires élus doivent être choisis parmi les participants. Leur nombre est fixé par les statuts de la société anonyme. Le nombre des voix dont disposent ces mandataires à chaque assemblée générale est au nombre des voix attribuées au capital qui y est représenté dans la même proportion que le nombre des actions de travail est à celui des actions de capital. Il est déterminé au début de chaque assemblée d'après les indications de la feuille de présence. Les décisions des assemblées générales des coopératives de main-d'œuvre doivent d'ailleurs être prises dans ces mêmes formes et conditions (art. 76).

105. Toutefois, les assemblées générales des sociétés anonymes à participation ouvrière délibérant sur des modifications à apporter aux statuts ou sur des propositions de continuation de la société au delà du terme fixé pour sa durée ou de dissolution avant ce terme, ne sont régulièrement constituées et ne peuvent valablement délibérer qu'autant qu'elles comprennent un nombre d'actionnaires représentant les trois quarts des actions de capital. Il en peut être décidé autrement par les statuts. Lorsqu'une décision de l'assemblée générale comporte une modification dans les droits attachés aux actions de travail, cette décision n'est définitive qu'après avoir été ratifiée par une assemblée générale de la coopérative de main-d'œuvre (art. 77).

106. Le conseil d'administration de la société anonyme à participation ouvrière comprend un ou plusieurs représentants de la société coopérative de main-d'œuvre ; ces représentants sont élus par l'assemblée générale des actionnaires et choisis parmi les mandataires qui représentent la coopérative à cette assemblée générale. Le nombre en est fixé par le rapport qui existe entre les actions de travail et les actions de capital. Ils sont nommés pour le même temps que les autres administrateurs et sont comme eux rééligibles ; toutefois, leur mandat prend fin s'ils cessent d'être salariés de la société et, par suite, membres de la coopérative. Si le conseil d'administration ne se compose que de trois membres, il doit comprendre au moins un représentant de la société ouvrière (art. 78).

107. En cas de dissolution, l'actif social n'est réparti entre les actionnaires qu'après l'amortissement intégral des actions de capital. La part représentative des actions de travail, conformément aux décisions prises par l'assemblée générale de la coopérative ouvrière convoquée à cet effet, est alors répartie entre les participants et anciens participants comptant au moins dix ans de services consécutifs dans les établissements de la société, ou tout au moins une durée de services sans interruption égale à la moitié de la durée de la société et ayant quitté la société pour cause de maladie ou de vieillesse. Toutefois, les anciens participants remplissant ces conditions ne figurent à la répartition que pour 9/10, 8/10, 7/10, etc., d'une part correspondant à la durée de leurs services, suivant qu'ils ont cessé leurs services depuis un an, deux ans, trois ans, etc. La dissolution de la société anonyme amène la dissolution de la coopérative de main-d'œuvre (art. 79).

108. Ces sociétés sont affranchies, en ce qui concerne leurs statuts et les actes d'augmentation du capital, des droits d'enregistrement et de timbre exclusivement applicables au montant des actions de travail (L. 24 juill. 1867, art. 80).

SOCIÉTÉ D'ASSURANCES

2 *bis*. La loi du 17 mars 1905 est applicable aux entreprises françaises et étrangères de toute nature d'assurance-nuptialité et d'assurance-natalité, c'est-à-dire qui s'engagent à verser un capital en cas de mariage ou de naissance d'enfants (L. 26 mai 1921, art. 1er).

4 *bis*. Ligne 8, *au lieu de* : 50000 francs, *lire* : 500000 francs (L. 17 mars 1905, art. 5, modifié par L. 21 mai 1921).

SOCIÉTÉ A CAPITAL VARIABLE

1 *bis*. Les sociétés coopératives ouvrières de production ou de crédit sont régies par la loi du 18 déc. 1915, modifiée par celle du 5 avr. 1919. Les coopératives de production ont pour but l'exercice en commun de la profession des associés pour l'entreprise de travaux, pour la vente des objets fabriqués ou travaillés par eux, ou produits par leur exploitation. Elles sont constituées sous l'une des formes prévues par la loi du 24 juill. 1867 sur les sociétés (commandite par actions, anonymes, à capital variable). Toutefois, elles doivent comprendre au moins sept personnes appartenant, soit, comme ouvriers, à l'industrie exercée dans l'entreprise sociale, soit, comme employés, à l'entreprise elle-même. Elles sont administrées par des délégués nommés et révocables par l'assemblée générale des actionnaires, dans les conditions déterminées par les statuts. Les deux tiers au moins des membres du conseil d'administration doivent être pris statutairement parmi les sociétaires ouvriers de l'industrie ou employés de l'entreprise. — Les sociétés coopératives ouvrières de production bénéficient du crédit au petit et au moyen commerce, à la petite et à la moyenne industrie (V. *supra*, *Crédit industriel et commercial*). Elles peuvent, en outre, recevoir des encouragements spéciaux de l'Etat, sous forme d'avances ou de subventions.

2 *bis*. Les sociétés coopératives ouvrières de crédit se proposent d'effectuer des opérations de crédit, soit avec leurs associés, soit avec d'autres sociétés coopératives (L. 18 déc. 1915, art. 7). Elles se constituent sous l'une des formes déterminées par la loi du 24 juill. 1867 (V. le numéro précédent). Elles doivent satisfaire aux conditions suivantes : 1° n'admettre comme actionnaires que des sociétés coopératives ouvrières de production ou des sociétés coopératives ouvrières de crédit, ou des membres de sociétés coopératives de production ; 2° n'effectuer d'opérations de banque que pour le compte des sociétés ouvrières de production ou de crédit ; 3° ne consentir de prêts ou d'ouvertures de crédit qu'aux sociétés ouvrières de production (art. 9). — Les coopératives de crédit peuvent faire des opérations d'escompte, d'avances, de transport de créances ou d'encaissement, avec leurs propres associés ou avec d'autres sociétés coopératives. Elles bénéficient de tous les avantages accordés par l'art. 6 aux coopératives ouvrières de production (V. le numéro précédent).

3 *bis*. Le montant des prêts consentis à une même entreprise ne doit jamais excéder 3 pour 100 du capital et des réserves de la société prêteuse (L. 18 déc. 1915, art. 11).

4 *bis*. Les sociétés coopératives de consommation sont des sociétés à capital et personnel variables, constituées conformément à la loi du 24 juill. 1867 par des consommateurs, en vue : 1° de vendre à leurs adhérents les objets de consommation qu'elles achètent ou fabriquent soit elles-mêmes, soit en s'unissant entre elles ; 2° de distribuer leurs bénéfices entre leurs associés au prorata de la consommation de chacun ou d'en affecter tout ou partie à des œuvres de solidarité sociale dans les conditions déterminées par leurs statuts (L. 7 mai 1917, art. 1er). Par dérogation à l'art. 49 de la loi du 24 juill. 1867, le capital peut être fixé à plus de 200000 francs, ou augmenté en une année de plus de 200000 francs (art. 1er, modifié par L. 14 juin

1920). — Elles peuvent ne pas vendre exclusivement à leurs membres, mais elles sont tenues alors de recevoir comme associés tous ceux qu'elles ont déjà admis comme clients habituels, pourvu qu'ils s'engagent à remplir les obligations statutaires (art. 2). — Les statuts peuvent prévoir la distribution, au capital versé, d'un intérêt prélevé sur les bénéfices, de 6 pour 100 au plus (art. 3). — Les art. 10 et s. de la loi du 7 mai 1917, modifiée par la loi précitée du 14 juin 1920, déterminent les conditions auxquelles les coopératives de consommation reçoivent des avances de l'État.

SOCIÉTÉ DE CAPITALISATION

3 bis. *Ajouter :* Le nombre des tirages au sort ne peut être supérieur à douze par an. Le mode et les conditions de la publicité relative aux tirages sont réglés par arrêté du ministre du travail (L. 19 déc. 1907, art. 4-8° complété par l'art. 1er de la loi du 31 juill. 1917).

5 bis. La loi du 31 juill. 1917, a institué auprès du ministre du Travail un comité consultatif des entreprises de capitalisation et d'épargne.

SOCIÉTÉ DE CAUTION MUTUELLE. —
V. Crédit industriel et commercial.

SOCIÉTÉ COMMERCIALE

5 bis. En ce qui concerne les formalités de publicité auxquelles est astreint l'apport d'un fonds de commerce à une société, V. *Fonds de commerce*, n° 11-13°.

SOCIÉTÉ D'ÉPARGNE

Loi du 3 juill. 1913.

1. Les sociétés d'épargne sont, aux termes de l'art. 1er de la loi du 3 juill. 1913, les sociétés ou entreprises de toute nature, françaises ou étrangères, qui, sous quelque dénomination que ce soit, ont pour objet de réunir et de capitaliser en commun les épargnes de leurs adhérents sans prendre à leur égard d'engagements déterminés. Les sociétés de capitalisation, au contraire, prennent des engagements envers leurs adhérents (V. ce mot). — La loi du 3 juill. 1913 règle la situation juridique des sociétés d'épargne et organise leur contrôle.

2. Il est interdit à ces sociétés de stipuler ou de réaliser aucune espèce de répartition par voie de tirage au sort, à moins que le tirage ait exclusivement pour objet de déterminer entre les ayants droit des attributions ou des priorités d'attribution ne réalisant au profit des attributaires aucun avantage particulier.

3. Les sociétés d'épargne doivent, préalablement à toute opération, déposer en triple exemplaire, à la préfecture ou à la sous-préfecture, leurs statuts et les noms, domiciles et professions de ceux qui, à un titre quelconque, sont chargés de leur administration et de leur direction. Les sociétés ainsi rendues publiques peuvent ester en justice, acquérir et aliéner à titre onéreux et effectuer tous les actes de gestion prévus par leurs statuts et conformes à leur objet.

4. Ces sociétés doivent spécifier dans leurs contrats et leurs statuts : 1° leur objet, leur titre et leur siège ; 2° la composition et les pouvoirs du conseil d'administration ; 3° la limitation, en proportion des versements, des sommes à prélever pour le fonctionnement de la société ; 4° les conditions de déchéance opposables aux souscripteurs ; 5° la quotité maximum que peuvent atteindre, le cas échéant, les retenues en cas de déchéance ; 6° la substitution de plein droit de tous les héritiers de titulaires de contrats nominatifs auxdits

titulaires, ainsi que l'interdiction pour la société de stipuler à leur décès aucun versement supplémentaire ou aucune retenue spéciale ; 7° la durée de capitalisation de chaque contrat, sans que cette durée puisse excéder vingt-cinq ans du premier versement effectué jusqu'à l'achèvement de la répartition ; 8° l'emploi obligatoire du produit intégral des amendes et, s'il en existe, des droits d'entrée à la capitalisation en commun ; 9° la quotité ou la proportion maximum des disponibilités à conserver en caisse avant placement.

5. Les sociétés qui ne sont point administrées et dirigées gratuitement, ou qui comportent, sous une forme quelconque, une rémunération relative à la constitution ou à la gestion de la société, celles qui ne répartissent le produit intégral de la capitalisation que dans un délai supérieur à quinze années à compter du premier versement, sont soumises à l'enregistrement préalable et au contrôle du ministre du Travail, dans les conditions prévues par les art. 2 et 3 de la loi du 19 déc. 1907.

SOCIÉTÉ DES NATIONS

1. La société des nations, dont le statut fait l'objet de la partie 1 (art. 1 à 26) du traité de paix du 28 juin 1919 avec l'Allemagne, groupe, en vue du maintien de la paix, les 27 États signataires du pacte (à l'exception des États-Unis, dont le Sénat n'a pas ratifié le traité) et ceux qui y ont adhéré dans les deux mois de son entrée en vigueur. L'Allemagne n'en fait pas partie et n'a pas été invitée à y accéder ; elle ne pourra être admise que par décision des deux tiers des membres, et moyennant certaines garanties. — On entend par membres de la Société des nations les États eux-mêmes. — L'action de la Société s'exerce par une assemblée et par un conseil, assistés d'un secrétariat permanent. L'assemblée se compose des représentants des membres ; chaque membre ne peut avoir plus de trois représentants et ne dispose que d'une voix. Le conseil se compose de représentants de la Grande-Bretagne, de la France, de l'Italie et du Japon, et de représentants de quatre autres membres de la société. — Le siège de la Société est à Genève (art. 7).

2. L'objet essentiel de la Société des nations étant le maintien de la paix, le conseil a pour mission d'élaborer un plan de réduction des armements et d'assurer par la conciliation et l'arbitrage le règlement des litiges internationaux, soit par lui-même, soit en les soumettant à une cour d'arbitrage ou à la cour permanente de justice internationale, ou encore à l'assemblée de la Société. En aucun cas un État ne doit recourir à la guerre avant l'expiration du délai de trois mois qui suit la sentence. Tout membre de la Société qui recourt à la guerre en violation de ses engagements est considéré comme ayant commis un acte de guerre contre tous les autres membres ; ceux-ci doivent rompre immédiatement avec lui toutes relations commerciales ou financières et faire cesser ces mêmes relations entre les nationaux de l'État belligérant et ceux de tout autre État, même n'appartenant pas à la Société. De plus, en pareil cas, le conseil règle avec les divers gouvernements intéressés la participation militaire de chacun aux mesures destinées à faire respecter les engagements pris envers la Société.

SOCIÉTÉ EN PARTICIPATION

Sous-titre, *ajouter :* loi du 24 juin 1921.
1 bis. Les associations en participation sont des sociétés dont l'existence ne se révèle pas aux tiers

(Code de com. 49, § 1er, modifié par L. 24 juin 1921). Elles ne constituent pas des personnes morales. Chaque associé contracte avec les tiers en son nom personnel (Code de com. 49, § 3 et 4 nouveaux). — Les parties déterminent librement l'objet de l'association (Code de com. 48, modifié par L. 24 juin 1921).

4 *bis*. Les associations en participation ont lieu pour les objets, dans les formes ou proportions d'intérêt et aux conditions convenues entre les parties (Code de com. 48, modifié par L. 24 juin 1921).

5 *bis*. Elles peuvent être constatées conformément à l'art. 109 Code de com. (V. *Preuve*, n° 7). Elles ne sont pas sujettes aux formalités de publicité prescrites pour les autres sociétés de commerce. — Il ne peut être émis de titres cessibles ou négociables au profit des associés (Com. 49, § 5 nouveau).

10 *bis*. Chaque associé contractant avec les tiers en son nom personnel, ceux-ci n'ont d'action que contre l'associé avec lequel ils ont contracté (Com. 49, § 3, modifié par L. 24 juin 1921).

SOCIÉTÉ DE PRÉVOYANCE ET D'ASSISTANCE. — V. *Sociétés de secours mutuels*.

SOCIÉTÉ D'HABITATIONS A BON MARCHÉ. — V. *Habitations à bon marché*.

SOCIÉTÉ DE SECOURS MUTUELS

2 *bis*. Les fonctions de membre du Conseil supérieur des sociétés de secours mutuels sont incompatibles avec celles de directeur ou d'administrateur à un titre quelconque d'une société créant, au profit d'une catégorie de ses membres et au détriment des autres, des avantages particuliers (L. 1er avr. 1898, art. 31 complété par la loi du 1er avr. 1914).

6 *bis. Ajouter in fine :* Le pourvoi est porté devant la chambre des requêtes pour y être statué définitivement par cette chambre (L. 1er avr. 1898, art. 6 modifié par la loi du 6 févr. 1914). — Les pourvois formés contre les décisions statuant sur des récusations sont également portés devant la chambre des requêtes pour y être définitivement statué par cette chambre. Les pourvois sont introduits dans les mêmes formes que les pourvois contre les décisions statuant au fond (L. 6 févr. 1914, art. 2).

16 *bis*. Un arrêté du 5 nov. 1918 a établi les subventions à allouer chaque année aux sociétés de secours mutuels approuvées et aux sociétés de secours des ouvriers mineurs. — Un arrêté du 26 déc. 1918 réglemente l'attribution de subventions aux sociétés de secours mutuels et aux sociétés de secours des ouvriers mineurs des régions libérées.

SPÉCIALITÉS PHARMACEUTIQUES. — V. *Impôts indirects, Pharmacie*.

SPÉCULATION ILLICITE

1. L'art. 10 de la loi du 20 avr. 1916, relative à la taxation des denrées et substances, réprime un délit nouveau, celui de spéculation illicite. Ses dispositions, édictées pour le temps de guerre, ont été maintenues en vigueur pendant trois ans, jusqu'au 24 oct. 1922, par la loi du 23 oct. 1919. Le délit est commis par quiconque, personnellement ou en tant que chargé à un titre quelconque de la direction ou de l'administration de toute société ou association, même sans emploi de moyens frauduleux, mais dans un but de spéculation illicite, c'est-à-dire non justifiée par les besoins de ses approvisionnements ou de légitimes prévisions industrielles ou commerciales, a opéré ou tenté d'opérer la hausse du prix des denrées ou marchandises au-dessus des cours qu'aurait déterminés la concurrence naturelle et libre du commerce (L. 20 avr. 1916, art. 10).

2. Le délit de spéculation illicite sur denrées et marchandises est puni d'un emprisonnement de deux mois à deux ans et d'une amende de 500 à 50 000 francs. La peine est d'un emprisonnement de un an à trois ans et d'une amende de 1 000 à 100 000 francs si la hausse a été opérée ou tentée sur les denrées alimentaires, boissons, combustibles, engrais commerciaux, vêtements ou chaussures. L'emprisonnement peut être porté à cinq ans et l'amende à 200 000 francs s'il s'agit de marchandises qui ne rentrent pas dans l'exercice habituel de la profession du délinquant. Dans tous les cas ci-dessus prévus, et sans préjudice de la peine d'emprisonnement, l'amende peut être portée au double du bénéfice illicite constaté, quel que soit le montant de ce bénéfice (L. 23 oct. 1919, art. 1er). — Le tribunal peut, en outre, prononcer l'interdiction des droits civiques et politiques et, en cas de récidive, la fermeture temporaire ou définitive ou la vente, par autorité de justice, du fonds de commerce ou de l'entreprise industrielle (L. 23 oct. 1919, art. 3, § 1er).

3. Pendant la période d'application de la loi du 23 oct. 1919 (V. *supra*, n° 1), sont punis des peines portées à l'art. 419 C. pén. (V. *Industrie et commerce*, n° 42) ceux qui, dans un but de spéculation illicite, soit individuellement, soit collectivement, ont provoqué ou tenté de provoquer la hausse du prix des baux à loyer au delà des taux que représentent l'augmentation des charges de la propriété bâtie et la concurrence naturelle et libre du commerce (L. 23 oct. 1919, art. 6).

4. Dans les villes de plus de 10 000 habitants, les propriétaires, gérants d'immeubles et de pensions de famille doivent faire afficher les logements vacants dans leurs immeubles. L'affichage doit porter l'indication des prix. En outre, partout où il existe des offices publics d'habitation institués par les municipalités, tous les logements vacants doivent, avec indication des prix, être déclarés à ces offices. Les infractions sont punies d'une amende de 500 à 20 000 francs (L. 23 oct. 1919, art. 7).

STATIONS HYDROMINÉRALES, CLIMATIQUES ET DE TOURISME

1. Les communes, fractions de communes ou groupes de communes qui possèdent sur leur territoire une ou plusieurs sources d'eaux minérales, peuvent être érigés en *stations hydrominérales*. Les communes, fractions ou groupes de communes qui offrent aux malades leurs avantages climatiques peuvent être érigés en *stations climatiques*. La création d'une de ces stations a pour objet de faciliter le traitement des indigents et de favoriser la fréquentation de la station et son développement par des travaux d'assainissement et d'embellissement (L. 24 sept. 1919, art. 1er, § 1, 2 et 3). — La liste des stations hydrominérales et climatiques est arrêtée par décret.

2. Les communes érigées en stations hydrominérales ou climatiques sont tenues de percevoir, pendant tout ou partie de l'année, une taxe de séjour, dont le produit doit être affecté intégralement aux travaux d'assainissement et d'embellissement (L. 24 sept. 1919, art. 2). Cette taxe est établie sur les personnes non domiciliées dans la commune et n'y possédant pas une résidence à raison de laquelle elles sont passibles de la contribution mobilière. Le tarif, par personne et par jour de séjour, est de 0 fr. 10 au moins et de 2 francs au plus jusqu'au 1er janv. 1934 (L. 31 juill. 1920, art. 56), il peut varier suivant le prix de location des locaux occupés, le nombre des personnes d'une même famille, l'époque de la saison. La taxe ne peut être due pour une durée de plus de quatre semaines. Certaines personnes en sont exemptées : les bénéficiaires des lois d'assistance, les mutilés, blessés et malades de guerre, les gardes-malades, etc. — La taxe est perçue par l'intermédiaire des logeurs, hôteliers et propriétaires et versée par eux au receveur municipal.

3. Dans chaque station hydrominérale ou climatique, il est institué par décret un établissement public appelé *chambre d'industrie thermale ou climatique*, composé pour moitié de membres élus par les personnes appartenant aux professions intéressées au développement de la station, et pour moitié de fonctionnaires, de médecins, etc. Cette chambre donne son avis sur les projets de travaux, sur la taxe de séjour, sur les emprunts de la commune; elle émet des vœux sur les questions intéressant la station (L. 24 sept. 1919, art. 7). — Au ministère de l'Intérieur existe une commission permanente des stations hydrominérales et climatiques, chargée d'étudier les questions intéressant la création et le développement de ces stations.

4. Les communes qui offrent aux visiteurs un ensemble de curiosités naturelles ou artistiques peuvent être érigées en *stations de tourisme*. Cette création a pour objet de faciliter la visite de la station et de favoriser sa fréquentation et son développement par des travaux d'entretien des monuments et des sites, d'assainissement et d'embellissement ou d'amélioration des conditions d'accès, d'habitation, de séjour ou de circulation (L. 24 sept. 1919, art. 10). — La liste des stations de tourisme est arrêtée par décret. — Dans les stations de tourisme, la taxe de séjour est facultative pour la commune. Lorsqu'elle existe, elle est établie sur les mêmes bases et suivant le même tarif que la taxe de séjour dans les stations thermales (V. *suprà*, no 2).

5. Dans chaque station de tourisme, il est institué par décret un établissement public sous le nom de chambre d'industrie touristique, dont la composition et les attributions sont analogues à celles des chambres d'industrie thermale et climatique (V. *suprà*, no 3) (L. 24 sept. 1919, art. 15).

6. Au ministère des Travaux publics fonctionne l'Office national du tourisme, qui a pour objet de centraliser et de mettre à la disposition du public les renseignements de toute nature concernant le tourisme sous toutes ses formes. L'Office national du tourisme est investi de la personnalité civile et de l'autonomie financière (L. 24 sept. 1919, art. 16).

7. A la taxe de séjour établie dans les stations hydrominérales, climatiques et de tourisme s'ajoute une taxe additionnelle de 10 p. 100 dans les stations où le produit net du principal de la taxe n'a pas dépassé, pendant l'année précédant l'imposition, une somme de 20 000 francs; de 15 p. 100 dans celles où ce produit net, supérieur à 20 000 francs, n'a pas dépassé 50 000 francs, de 20 p. 100 dans celles où ce produit net a dépassé 50 000 francs. La taxe additionnelle est perçue en même temps et dans les mêmes formes que la taxe principale (L. 24 sept. 1919, art. 18). — Le produit de cette taxe constitue un fonds commun dont les trois quarts sont attribués à l'Office national du tourisme et le quart à l'Institut d'hydrologie et climatologie rattaché au Collège de France.

STUPÉFIANTS. — V. *Substances vénéneuses.*

SUBSTANCES EXPLOSIBLES. — V. *Poudres et salpêtres.*

SUBSTANCES VÉNÉNEUSES

2 *bis.* L'ordonnance du 29 oct. 1846, concernant le commerce des substances vénéneuses, est abrogée et remplacée par le décret du 14 sept. 1916, dont les dispositions ont pour sanction les peines édictées par la loi du 12 juill. 1916 (V. *infrà*, no 8 *ter*). Selon leur degré de toxicité, les substances vénéneuses sont classées dans trois tableaux (A, B et C) annexés au décret. Les deux premiers comprennent les substances vénéneuses proprement dites; au tableau B figurent spécialement les stupéfiants (opium, morphine, cocaïne et leurs dérivés); le tableau C comprend les substances moins toxiques, mais néanmoins dangereuses. A chaque catégorie correspond un régime différent.

3 *bis.* Quiconque veut faire le commerce d'une ou plusieurs substances du tableau A ou exercer une industrie qui en nécessite l'emploi, est tenu d'en faire préalablement la déclaration au maire de la commune où est situé l'établissement. Certaines précautions sont imposées aux détenteurs commerçants ou industriels. Les substances toxiques doivent être renfermées dans des meubles fermant à clef, situés dans des locaux n'ayant aucune communication directe avec ceux où s'exerce un commerce de produits alimentaires; elles doivent être contenues dans des enveloppes ou récipients portant de façon très apparente le nom de la substance, accompagné du mot « poison », etc.

4 *bis.* Toute vente des substances dont il s'agit doit être inscrite sur un registre spécial, coté et paraphé par le maire ou le commissaire de police. Le registre doit être conservé pendant dix ans, pour être représenté à toute réquisition de l'autorité compétente. Aucune vente ne peut être consentie qu'à une personne de 18 ans au moins, connue du vendeur ou justifiant de son identité. Les substances ne sont délivrées que contre reçu ou commande daté et signé de l'acheteur et indiquant sa profession et son adresse; le reçu ou la commande doit être conservé pendant trois ans par le vendeur.

6 *bis.* Les substances du tableau A ne peuvent être délivrées pour l'usage de la médecine humaine ou vétérinaire que par les pharmaciens et, dans certains cas, par les médecins et les vétérinaires, et sur ordonnance de ces praticiens (Décr. 14 sept. 1916, art. 16 à 19). Certaines substances peuvent être néanmoins délivrées sur prescription des dentistes et des sages-femmes.

6 *ter.* Les substances classées au tableau B (opium, morphine, cocaïne) sont soumises à un régime particulièrement rigoureux. Nul ne peut en faire le commerce ni les transformer en vue de la vente s'il n'a souscrit la déclaration prévue à l'art. 2 (V. *suprà*, no 3 *bis*); la délivrance en est également interdite à quiconque ne justifie pas de cette déclaration ou ne présente pas une ordonnance médicale. Les achats et les ventes doivent être inscrits sur un registre spécial tenu dans les mêmes conditions que celui prescrit par l'art. 6 (V. *suprà*, no 4 *bis*), et qui s'impose à tous, y compris les pharmaciens.

8 *bis.* Concurremment avec les inspecteurs des pharmacies, les maires et les commissaires de police veillent à l'exécution du décret du 14 sept. 1916. Ils ont qualité pour visiter les officines, les dépôts de médicaments, laboratoires, magasins, entrepôts, etc., où se trouvent des produits médicamenteux ou hygiéniques. En cas d'infraction, ils dressent un procès-verbal qui est transmis au procureur de la République (Décr. 14 sept. 1916, art. 45 et 46).

8 *ter.* Les contraventions aux règlements d'administration publique sur la vente, l'achat et l'emploi des substances vénéneuses (V. *supra*, n°s 2 et s.) sont punies d'une amende de 100 à 3.000 francs et d'un emprisonnement de six jours à deux mois, ou de l'une de ces deux peines seulement (L. 19 juill. 1845, art. 1er, modifié par L. 12 juill. 1916). — Sont punis d'un emprisonnement de trois mois à deux ans et d'une amende de 1 000 à 10 000 francs, ou de l'une de ces deux peines seulement, ceux qui ont contrevenu aux dispositions de ces règlements concernant les stupéfiants. Sont punis des mêmes peines ceux qui ont usé en société desdites substances ou en ont facilité à autrui l'usage à titre onéreux ou à titre gratuit, soit en procurant dans ce but un local, soit par tout autre moyen. Les tribunaux doivent, en outre, prononcer l'interdiction de séjour pendant cinq ans au moins et dix ans au plus contre ceux qui sont reconnus coupables d'avoir facilité à autrui l'usage desdites substances. Ils peuvent enfin prononcer la peine de l'interdiction des droits civiques pendant une durée d'un à cinq ans et ordonner la confiscation des substances saisies (L. 19 juill. 1845, art. 2, mod. par L. 12 juill. 1916 et 13 juill. 1922). — Les lieux où l'on use en société de stupéfiants sont assimilés aux lieux livrés notoirement aux maisons de jeux ou à la débauche, en conformité de l'art. 10 du décret des 19-22 juill. 1791 (L. 19 juill. 1845, art. 4, mod. par L. 12 juill. 1916 et 13 juill. 1922).

SUBVENTION. — V. *Assistance publique, Commune, Enseignement, Habitations à bon marché, Hospices-hôpitaux, Sapeurs-pompiers.*

SUCCESSION

33 *bis.* Avant dernière phrase, *au lieu de :* Les parents au delà du douzième degré ne succèdent pas, *lire :* Les parents collatéraux au delà du sixième degré ne succèdent pas, à l'exception des descendants des frères et sœurs du défunt. Toutefois, les parents collatéraux succèdent jusqu'au douzième degré lorsque le défunt n'était pas capable de tester et n'était pas frappé d'interdiction légale (Civ. 755, § 1er, modifié par la loi du 31 déc. 1917, art. 17).

52 *bis.* Lignes 3-4, *supprimer à partir de :* Il cesse en outre, ... *jusqu'à la fin* (En effet, la loi du 3 avr. 1917 a abrogé le dernier alinéa de l'art. 767 C. civ. et maintenu l'usufruit légal au profit du conjoint survivant en cas de remariage).

92 *bis.* Ligne 10, *au lieu de :* immeubles, *lire :* meubles.

101 *bis.* Les droits de mutation par décès sont fixés aux taux ci-après, sans addition d'aucun décime, pour la part nette recueillie par chaque ayant droit (L. 25 juin 1920, art. 3) :

INDICATION des DEGRÉS DE PARENTÉ.	TARIF APPLICABLE A LA FRACTION DE PART NETTE COMPRISE ENTRE										
	1 fr. et 2 000 fr.	2 001 et 10 000 fr.	10 001 et 50 000 fr.	50 001 et 100 000 fr.	100 001 et 250 000 fr.	250 001 et 500 000 fr.	500 001 et 1 000 000 de fr.	1 000 001 et 2 000 000 de fr.	2 000 001 et 5 000 000 de fr.	5 000 001 et 10 000 000 de fr.	10 000 001 et 50 000 000 de fr.	Au delà de 50 000 000 de fr.
	P. 100	P. 100	P. 100	P. 100	P. 100	P. 100	P. 100	P. 100	P. 100	P. 100	P. 100	P. 100
Ligne directe descendante au 1er degré..	1 »	2 »	3 »	4 »	5 »	6 »	7 »	9 »	11 »	13 »	15 »	17 »
Ligne directe descendante au 2e degré et entre époux........	1 50	2 50	3 50	4 50	5 50	6 50	7 50	9 50	11 50	13 50	15 50	17 50
Ligne directe descendante au delà du 2e degré..........	2 »	3 »	4 »	5 »	6 »	7 »	8 »	10 »	12 »	14 »	16 »	18 »
Ligne directe ascendante au 1er degré.	2 50	3 50	4 50	5 50	6 50	7 50	8 50	10 50	12 50	14 50	16 50	18 50
Ligne directe ascendante au 2e degré..	3 »	4 »	5 »	6 »	7 »	8 »	9 »	11 »	13 »	15 »	17 »	19 »
Ligne directe ascendante au delà du 2e degré..........	3 50	4 50	5 50	6 50	7 50	8 50	9 50	11 50	13 50	15 50	17 50	19 50
Entre frères et sœurs.	10 »	12 »	14 »	16 »	19 »	22 »	25 »	28 »	32 »	36 »	40 »	44 »
Entre oncles ou tantes et neveux ou nièces.	15 »	17 »	19 »	21 »	24 »	27 »	30 »	33 »	37 »	41 »	45 »	49 »
Entre grands-oncles ou grand'tantes et petits-neveux ou petites-nièces et entre cousins germains..	20 »	22 »	24 »	26 »	29 »	32 »	35 »	38 »	42 »	46 »	50 »	54 »
Entre parents au delà du 4e degré et entre personnes non parentes............	25 »	27 »	29 »	31 »	34 »	37 »	40 »	43 »	47 »	51 »	55 »	59 »

Toutefois, les parts nettes ne dépassant pas 10 000 francs, recueillies dans les successions dont le montant total n'excède pas 25 000 francs, continuent à être soumises au tarif résultant de l'art. 10 de la loi du 8 avr. 1910, sauf application aux mutations entre époux du tarif fixé par cette loi pour les mutations en ligne directe au second degré (L. 25 juin 1920, art. 30, § 1er et art. 33).

101 *ter.* Des déductions sont accordées en raison de la situation de famille (nombre d'enfants) soit du défunt, soit de l'héritier ou légataire. — 1° Dans toute succession où le défunt laisse plus de quatre enfants vivants ou représentés, il est déduit de l'actif global net, pour la liquidation des droits de mutation par décès, 10 p. 100 par enfant en sus du quatrième, sans que cette déduction puisse excéder 15 000 francs par enfant (L. 25 juin 1920, art. 30. § 2). Au nombre des enfants vivants il faut ajouter tout enfant qui est décédé après avoir atteint l'âge de 16 ans révolus ou qui, âgé de moins de 16 ans, a été tué par l'ennemi au cours des hostilités ou est décédé des suites de faits de guerre, soit durant les hostilités, soit dans l'année à compter de leur cessation. — 2° Lorsqu'un héritier, donataire ou légataire, a quatre enfants ou plus vivants au moment de l'ouverture de ses droits à la succession, les droits de mutation sont diminués de 10 p. 100 pour chaque enfant en sus du troisième, sans que la réduction puisse dépasser 2 000 francs par enfant et que la réduction totale puisse excéder 50 p. 100 (L. 25 juin 1920, art. 31).

101 *quater*. Toutes les fois qu'une succession passe des grands-parents aux petits-enfants, par suite du prédécès du père ou de la mère tué à l'ennemi ou mort victime de la guerre, le tarif applicable est le tarif de la ligne directe descendante au premier degré, sauf aux héritiers à produire les justifications prévues par la loi (L. 25 juin 1920, art. 30, § 3).

101 *quinquies*. Le total de la fraction de la taxe successorale (V. *infrà*, n° 123 *ter*) incombant à un héritier ou légataire et des droits de mutation par décès (V. *suprà*, n° 101 *bis*) à la charge de cet héritier ou légataire ne peut excéder 80 p. 100 de la part nette qui lui est dévolue, calculée sur l'actif héréditaire net, sans déduction de la taxe successorale. La réduction porte sur les droits de mutation par décès.

102 *bis*. Ligne 6, à la fin, *lire :* En prenant pour exemple une part nette de 300 000 francs, les droits en ligne directe descendante au premier degré se liquideront comme il suit, conformément aux tarifs nouveaux établis par la loi du 25 juin 1920 :

à 1 fr. » p. 100 sur	2 000 fr. . . .	20 fr.
à 2 fr. » p. 100 sur	8 000 fr. . . .	160 fr.
à 3 fr. » p. 100 sur	40 000 fr. . . .	1 200 fr.
à 4 fr. » p. 100 sur	50 000 fr. . . .	2 000 fr.
à 5 fr. » p. 100 sur	150 000 fr. . . .	7 500 fr.
à 6 fr. » p. 100 sur	50 000 fr. . . .	3 000 fr.
Totaux. . . .	300 000 fr.	13 880 fr.

105 *bis*. Toute déclaration de mutation par décès, souscrite par les héritiers, donataires et légataires, leurs maris, tuteurs, curateurs ou administrateurs légaux, doit être terminée par une mention ainsi conçue : « ... Le déclarant affirme sincère et véritable la présente déclaration ; il affirme, en outre, que cette déclaration comprend l'argent comptant, les créances et toutes autres valeurs mobilières françaises ou étrangères, qui, à sa connaissance, appartenaient au défunt soit en totalité, soit en partie » (L. 18 avr. 1918, art. 7). Toute affirmation frauduleuse est punie des peines correctionnelles portées à l'art. 366 C. pén. (V. *Serment*, n° 36). Lorsque l'affirmation jugée frauduleuse émane d'un ou de plusieurs des cohéritiers solidaires, ou si la déclaration a été souscrite par un mandataire, les autres héritiers solidaires ou le mandant sont passibles des mêmes peines, s'il est établi qu'ils ont eu connaissance de la fraude et s'ils n'ont pas complété la déclaration dans un délai de six mois. Les peines ci-dessus prévues se cumulent avec les peines dont les lois fiscales frappent les omissions et les dissimulations. Les art. 59, 60 (complicité), 463 (circonstances atténuantes) C. pén. sont applicables à ce délit. Les poursuites sont engagées à la requête de l'administration de l'Enregistrement dans les trois ans qui suivent l'affirmation jugée frauduleuse ; elles sont portées devant le tribunal correctionnel du domicile du défunt.

105 *ter*. L'indication inexacte, dans une déclaration de mutation par décès, du lien ou du degré de parenté entre le défunt et les héritiers ou légataires, ainsi que toute indication inexacte du nombre d'enfants du défunt ou de l'héritier ou légataire est passible, à titre d'amende, d'un double droit en sus de celui qui est dû à titre supplémentaire. Les tuteurs, curateurs ou administrateurs légaux supportent personnellement la peine du double droit en sus lorsqu'ils ont passé une déclaration inexacte. L'action en recouvrement des droits simples et en sus exigibles s'exerce dans le délai de vingt ans (L. 18 avr. 1918, art. 13).

108 *bis*. Lorsqu'une succession comprend à la fois des biens imposables en Algérie et des biens imposables en France, la déclaration de l'ensemble de la succession est faite au bureau de l'enregistrement du domicile du défunt. Le receveur du bureau qui reçoit la déclaration est compétent pour liquider et percevoir les droits exigibles pour le compte du budget de la métropole ou de l'Algérie (L. 29 déc. 1919, art. 17).

109 *bis*. Les délais pour déclarer les successions sont réduits à huit mois lorsque le défunt est décédé en Algérie, en Tunisie ou au Maroc, et à une année s'il est décédé dans toute autre partie de l'Afrique, en Asie ou en Amérique (L. 29 déc. 1919, art. 21, § 1er). — Quand la déclaration des biens imposables en France doit être effectuée en Algérie, le délai pour la souscrire est le même que celui qui est accordé pour faire la déclaration des biens imposables en Algérie (Même art., § 2).

109 *ter*. Les héritiers, donataires ou légataires qui n'ont pas fait, dans les délais prescrits, les déclarations des biens à eux transmis par décès payent, à titre d'amende, 1 1/2 p. 100 par mois ou fraction de mois de retard, du droit dû pour la mutation. Toutefois, cette amende n'est que de 1/2 p. 100 pour le premier mois et de 1 p. 100 pour chacun des cinq mois suivants. Elle ne peut excéder en totalité la moitié du droit simple dû pour la mutation. Les tuteurs et curateurs supportent personnellement les peines ci-dessus lorsqu'ils ont négligé de faire les déclarations dans les délais.

113 *bis*. Ligne 9 avant la fin, *lire :* En ce qui concerne les immeubles, quelle que soit leur nature, ils sont estimés d'après leur valeur vénale réelle à la date du décès, d'après la déclaration estimative des parties. Toutefois, si dans l'année qui a précédé ou suivi le point de départ des délais de déclaration, les immeubles dépendant de la succession ont été vendus par adjudication publique, soit devant notaire commis, soit à la barre du tribunal, le prix de l'adjudication, augmenté des charges, est pris comme base pour la perception des droits, à condition que la consistance des immeubles n'ait pas subi, dans l'intervalle, de transformation susceptible d'en modifier la valeur. Les redevables dont les déclarations n'ont pas été admises en sont avisés par lettre motivée et recommandée, et ils ont la faculté de présenter des observations justificatives dans le délai d'un mois à partir de la réception de la lettre d'avis qui leur est adressée (L. 15 juill. 1914, art. 26 ; L. 27 mai 1918).

121 *bis*. Sur la demande de tout légataire ou donataire ou de l'un quelconque des cohéritiers solidaires, le montant des droits de mutation par décès peut être acquitté en plusieurs versements semestriels égaux, dont le premier a lieu au plus tard six mois après l'expiration du délai pour souscrire la déclaration de succession (V. n° 109, et *suprà*, n° 109 *bis*). Ces versements sont au nombre de deux, lorsque les droits exigibles n'excèdent pas 5 p. 100 des parts nettes recueillies, soit par tous les cohéritiers solidaires, soit par chacun des légataires ou donataires ; de quatre, lorsque ces droits n'excèdent pas 10 p. 100 des mêmes parts, et ainsi de suite, en augmentant de deux le nombre des versements, au fur et à mesure que les droits dépassent un nouveau multiple de 5 p. 100, mais sans que le nombre des versements puisse être supérieur à dix. Le nombre des versements successifs peut être réduit de moitié, sans pouvoir être inférieur à deux, lorsque les deniers comptants, les créances échues et les valeurs pratiquement négociables compris dans la succession, le legs ou la donation représentent une somme au moins égale au montant des droits exigibles (L. 13 juill. 1911, art. 7 ; L. 25 juin 1920, art. 35). — Les intérêts sur les droits différés sont calculés aux taux légal et ajoutés à chaque versement.

121 *ter*. La demande de délai pour versements est adressée au receveur de l'enregistrement du département où la succession doit être déclarée. Cette demande n'est recevable que : 1° si elle parvient au receveur deux mois au moins avant l'expiration du délai fixé pour la déclaration ; 2° si elle est accompagnée d'un projet de déclaration de succession ; 3° si elle contient la constitution d'une garantie suffisante pour le payement des droits différés.

121 *quater*. Indépendamment du privilège qui lui est conféré par l'art. 32 de la loi du 22 frim. an 7, le Trésor a, pour la garantie des droits différés, un privilège sur les immeubles, à charge par lui de l'inscrire dans les six mois à partir du jour de la déclaration de succession ou de l'expiration du délai pour la souscrire. Lorsqu'une succession ou legs ne comprend pas d'immeubles, ou que ceux-ci ne représentent pas au moins le double du montant des droits de mutation, la garantie doit consister en un nantissement de fonds de commerce ou de valeurs mobilières suffisant pour sauvegarder la créance du Trésor. En cas de retard dans la déclaration de succession ou dans le payement de l'un quelconque des termes échus, les droits en suspens deviennent immédiatement exigibles, sans aucune mise en demeure. Les droits dont le payement a été différé deviennent aussi immédiatement exigibles lorsqu'il est établi que les héritiers, donataires ou légataires qui en sont débiteurs ont réalisé des biens dépendant de la succession, de la donation ou du legs pour une valeur nette au moins égale au montant des droits restant dus (L. 25 juin 1920, art. 35, § 3).

121 *quinquiès*. Les héritiers, légataires ou donataires qui remettent en garantie des droits différés des titres de rentes sur l'État ou des obligations de la Défense nationale pour une valeur au moins égale au montant de ces droits, sont dispensés de tout versement semestriel et peuvent différer le payement de la totalité ou de partie de l'impôt à leur charge pendant cinq ans au maximum à compter de l'ouverture de la succession, quelle que soit la quotité de cet impôt par rapport au montant des parts nettes. La valeur des titres de rente sur l'État remis en garantie est déterminée par leur cours moyen à la Bourse de Paris à la date de la demande des intéressés, et celle des obligations de la défense nationale par leur montant nominal. La créance du Trésor est productive d'intérêts au taux de 5 p. 100.

123 *bis*. Aucun coffre-fort ou compartiment de coffre-fort tenu en location ne peut être ouvert par qui que ce soit après le décès, soit du locataire ou de l'un des locataires, soit de son conjoint s'il n'y a pas entre eux séparation de corps, qu'en présence d'un notaire requis à cet effet par tous les ayants droit à la succession ou du notaire désigné par le président du tribunal civil en cas de désaccord et sur la demande d'un des ayants droit. — Les sommes, titres ou objets trouvés dans un coffre-fort loué conjointement à plusieurs personnes sont réputés, à défaut de preuve contraire, et seulement pour la perception des droits, être la propriété conjointe de ces personnes et dépendre pour une part virile de la succession. — Ces dispositions sont applicables aux plis cachetés et cassettes fermées remis en dépôt aux banquiers, changeurs, escompteurs, et à toute personne recevant habituellement des plis ou cassettes de même nature (L. 18 avr. 1918).

123 *ter*. — 1) *Taxe successorale*. — Dans toute succession où le défunt ne laisse pas au moins quatre enfants vivants ou représentés, il est perçu, indépendamment des droits de mutation par décès, une taxe progressive et par tranches sur le capital net global de la succession. Cette taxe est fixée ainsi qu'il suit, sans addition d'aucun décime :

TARIF APPLICABLE A LA FRACTION COMPRISE ENTRE	NOMBRE D'ENFANTS LAISSÉS PAR LE DÉFUNT			
	Trois enfants vivants ou représentés.	Deux enfants vivants ou représentés.	Un enfant vivant ou représenté.	Point d'enfant vivant ni représenté.
	p. 100.	p. 100.	p. 100.	p. 100.
1 et 2000 francs........	0 25	0 50	1 »	3 »
2001 et 10000 —	0 50	1 »	2 »	6 »
10001 et 50000 —	0 75	1 50	3 »	9 »
50001 et 100000 —	1 »	2 »	4 »	12 »
100001 et 250000 —	1 25	2 50	5 »	15 »
250001 et 500000 —	1 50	3 50	6 50	18 »
500001 et 1000000 —	2 25	4 25	8 »	21 »
1000001 et 2000000 —	3 20	6 »	12 »	24 »
2000001 et 5000000 —	3 60	6 75	13 50	27 »
5000001 et 10000000 —	4 »	7 50	15 »	30 »
10000001 et 50000000 —	4 40	8 25	16 50	33 »
50000001 et 100000000 —	4 80	9 »	18 »	36 »
100000001 et 500000000 —	5 50	10 »	20 »	37 »
Au-dessus de 500000000 —	7 50	12 »	21 »	39 »

Sont applicables à cette taxe les dispositions qui régissent la liquidation, le payement et le recouvrement des droits de mutation par décès, ainsi que les pénalités pour défaut de déclaration dans le délai, omission ou fausse évaluation (V. *suprà*, nos 108 *bis* et s.). Le payement de la totalité de la taxe est à la charge des héritiers, donataires ou légataires universels ou à titre universel, qui doivent l'effectuer dans les mêmes délais que les droits de mutation par décès (L. 31 déc. 1917, art. 10, modifié par L. 25 juin 1920, art. 29). — Pour l'application de cette taxe, doit être ajouté au nombre des enfants vivants ou représentés du défunt tout enfant de celui-ci qui est décédé après avoir atteint l'âge de 16 ans révolus, ou qui, étant âgé de moins de 16 ans, a été tué par l'ennemi au cours des hostilités ou est décédé des suites de faits de guerre, soit durant les hostilités, soit dans l'année à compter de leur cessation (24 oct. 1919).

123 *quater*. Les départements, communes, établissements publics sont exemptés, pour les legs qu'ils recueillent, du payement de la taxe successorale ci-dessus prévue. Les dons et legs faits aux départements, communes, établissements publics ou d'utilité publique demeurent soumis, en ce qui concerne les droits d'enregistrement, aux tarifs édictés par les lois antérieures (L. 31 déc. 1917, art. 16).

SUCRE

1 *bis*. La législation relative au sucre et aux substances édulcorantes a été complétée et modifiée par les lois des 30 janv. et 29 juin 1907, 26 déc. 1908, art. 19, 8 avr. 1910, art. 40 et 41, 27 févr. 1912, art. 12, 7 avr. 1917, 25 juin 1920, art. 109 et 30 avr. 1921, art. 11.

2 *bis*. Les droits sur les sucres ont été portés aux taux ci-après, décimes compris : sucres raffinés ou agglomérés et sucres bruts livrés directement à la consommation, 50 francs par 100 kilogrammes, poids effectif ; sucres bruts destinés au raffinage, 50 francs par 100 kilogrammes exprimés en sucre raffiné ; sucres candis, 53 fr. 50 cent. par 100 kilogrammes (L. 25 juin 1920, art. 109).

2 *ter*. Le taux du droit de raffinage a été porté à 2 francs par 100 kilogrammes de raffiné (L. 30 janv. 1907, art. 26).

13 *bis*. Les brasseurs qui, en vue du dégrèvement sur les sucres prévu par la loi du 5 juill. 1904, effectuent plus de deux opérations de dénaturation par mois, sont tenus de supporter la totalité des frais nécessités par la surveillance de ces opérations (L. 8 janv. 1912).

14 *bis*. Les mélasses de raffinerie sont soumises à un droit de 2 fr. 50 cent. par 100 kilogrammes (L. 30 avr. 1921, art. 11).

15 *bis*. Le droit sur les glucoses a été porté à 15 francs par 100 kilogrammes, poids effectif (L. 25 juin 1920, art. 109).

16 *bis*. Une loi du 7 avr. 1917 a autorisé l'emploi de la saccharine ou de toute autre substance édulcorante artificielle pour remplacer le sucre dans la préparation de denrées ou boissons propres à la consommation. Les conditions de vente et d'usage en ont été fixées par plusieurs décrets en date des 20 juill. 1917, 16 avr. et 8 juill. 1918. — Un droit intérieur de consommation de 400 francs par kilogramme est perçu, à la sortie des fabriques, sur la saccharine et toutes autres substances édulcorantes artificielles ou produits chimiques assimilés (L. 25 juin 1920, art. 109).

SURENCHÈRE

27 *bis*. Dans le cas où l'adjudication (sur licitation ou en matière de vente judiciaire de biens de mineurs) a eu lieu devant notaire, le tribunal peut, par le jugement qui valide la surenchère, renvoyer la nouvelle adjudication devant le même notaire, qui procède sur le cahier des charges précédemment dressé (Code de proc., art. 965, § 2 et 973, § 7, modifiés par L. 15 déc. 1921, art. 2).

30 *bis*. La procédure prévue aux alinéas 1, 2 et 3 de l'art. 573 Code com. a été déclarée applicable à la vente des immeubles du failli poursuivie par le syndic *avant l'union* (Code com. art. 573, § 4, ajouté par la loi du 5 janv. 1914).

SUROFFRES. — V. *Spéculation illicite*.

SYNDICAT DE GARANTIE. — V. *Accidents du travail*.

SYNDICAT PROFESSIONNEL

Sous-titre : Ajouter L. 12 mars 1920 (*Petit Code du travail Dalloz*).

13 *bis*. La loi du 21 mars 1884 est applicable aux professions libérales (art. 9, § 1er, ajouté par L. 12 mars 1920, art. 4).

14 *bis*. La jurisprudence décide que les fonctionnaires ne peuvent former des syndicats professionnels. D'après l'art. 9, § 2, de la loi du 21 mars 1884, ajouté par la loi du 12 mars 1920 (art. 4), une loi spéciale fixera le statut des fonctionnaires.

17 *bis*. Peuvent continuer à faire partie d'un syndicat professionnel les personnes qui ont quitté l'exercice de leur fonction ou de leur profession, si elles l'ont exercée au moins un an (L. 21 mars 1884, art. 4, § 8, ajouté par L. 12 mars 1920, art. 1er).

18 *bis*. Les femmes mariées exerçant une profession ou un métier peuvent, sans l'autorisation de leur mari, adhérer aux syndicats professionnels. Les mineurs âgés de plus de 16 ans peuvent également adhérer aux syndicats, sauf opposition de leurs père, mère ou tuteur (L. 21 mars 1884, art. 4, § 6 et 7, ajoutés par L. 12 mars 1920).

21 *bis*. Les femmes mariées peuvent participer à l'administration et à la direction des syndicats professionnels. Ce droit reste refusé aux mineurs (L. 21 mars 1884, art. 4, § 6 et 7, ajoutés par L. 12 mars 1920, art. 1er).

27 *bis*. Le syndicat peut réclamer au membre démissionnaire la cotisation afférente aux *six mois* qui suivent le retrait d'adhésion (L. 21 mars 1884, art. 7, § 1er, modifié par L. 12 mars 1920, art. 1er).

29 *bis*. Les syndicats professionnels jouissent de la personnalité civile (L. 21 mars 1884, art. 5, § 1er, modifié par L. 12 mars 1920). Leur capacité a été notablement étendue par la loi précitée de 1920 (V. les nos suivants), qui, de plus, maintient en vigueur les dispositions des lois spéciales accordant aux syndicats des droits non visés par elle (art. 5 nouveau, § 15).

30 *bis*. Les syndicats ont le droit d'ester en justice (L. 1884, art. 5, § 1er, modifié par L. 12 mars 1920). Ils peuvent, devant toutes les juridictions, exercer tous les droits réservés à la partie civile relativement aux faits portant un préjudice direct ou indirect à l'intérêt collectif de la profession qu'ils représentent.

32 *bis*. Les restrictions apportées par la loi du 21 mars 1884 au droit de propriété des syndicats quant aux immeubles sont supprimées. Ils peuvent acquérir sans autorisation, à titre gratuit ou à titre onéreux, des biens meubles ou immeubles. — Les immeubles et objets mobiliers nécessaires à leurs réunions, à leurs bibliothèques, à leurs cours d'instruction professionnelle sont insaisissables (art. 5 nouveau, § 16).

33 *bis.* La capacité d'acquérir à titre gratuit est expressément reconnue aux syndicats par l'art. 5, § 1er, de la loi du 21 mars 1884, modifié par la loi du 12 mars 1920.

34 *bis,* **35** *bis.* Les syndicats professionnels peuvent créer, administrer ou subventionner des œuvres professionnelles, telles que : institutions professionnelles de prévoyance, laboratoires, champs d'expériences, œuvres d'éducation scientifique agricole ou sociale, cours et publications intéressant la profession. Ils peuvent subventionner des sociétés coopératives de production ou de consommation. Ils peuvent, s'ils y sont autorisés par leurs statuts et à condition de ne pas distribuer de bénéfices, même sous forme de ristournes à leurs membres : 1° acheter pour les louer, prêter ou répartir entre leurs membres tous les objets nécessaires à l'exercice de leur profession, matières premières, outils, instruments, machines, engrais, semences, plants, animaux, et matières alimentaires pour le bétail ; 2° prêter leur entremise gratuite pour la vente des produits provenant exclusivement du travail personnel ou des exploitations des syndiqués ; faciliter cette vente par expositions, annonces, publications, groupement de commandes et d'expéditions, sans pouvoir l'opérer sous leur nom et sous leur responsabilité. Ils peuvent passer des contrats ou conventions avec tous autres syndicats, sociétés ou entreprises (L. 21 mars 1884, art. 5, § 6 à 9, modifié par L. 12 mars 1920).

36 *bis.* Les syndicats peuvent déposer, en remplissant les formalités prévues par la loi (V. *Propriété industrielle*), leurs marques ou labels. Ces marques ou labels peuvent être apposés sur tout produit ou objet de commerce pour en certifier l'origine et les conditions de fabrication.

36 *ter.* Une partie des ressources des syndicats peut être affectée à la création d'habitations à bon marché et à l'acquisition de terrains pour jardins ouvriers, éducation physique et hygiène (L. 1884, art. 5 nouveau, § 4).

36 *quater.* Les fonds des caisses spéciales de secours mutuels et de retraites sont insaisissables dans les limites déterminées par l'art. 12 de la loi du 1er avr. 1898 sur les sociétés de secours mutuels (L. 21 mars 1884, art. 5 nouveau, § 16).

42 *bis.* En cas de dissolution volontaire, statutaire ou prononcée par justice, les biens du syndicat sont dévolus conformément aux statuts, ou, à défaut de dispositions statutaires, suivant les règles déterminées par l'assemblée générale. En aucun cas ils ne peuvent être répartis entre les membres adhérents (L. 21 mars 1884, art. 7, § 3, modifié par L. 12 mars 1920).

43 *bis,* **44** *bis.* Les syndicats professionnels régulièrement constitués peuvent librement se concerter pour l'étude et la défense de leurs intérêts économiques industriels, commerciaux et agricoles. Les art. 3 et 4 (V. n°s 13 *bis* et s.) sont applicables aux unions de syndicats, qui doivent, d'autre part, faire connaître le nom et le siège social des syndicats qui les composent. Ces unions jouissent en outre de tous les droits conférés par l'art. 5 aux syndicats professionnels (V. *supra*, n°s 29 *bis* et s.). Leurs statuts doivent déterminer les règles selon lesquelles les syndicats adhérents à l'union sont représentés dans le conseil d'administration et dans les assemblées générales (L. 21 mars 1884, art. 6, modifié par L. 12 mars 1920).

46 *bis.* Ligne 5, *au lieu de :* 3 francs, *lire :* 6 francs, sans décimes (L. 25 juin 1920, art. 28).

SYNDICAT DE PROPRIÉTAIRES. — V. *Association syndicale de propriétaires.*

T

TABLEAU - ANNONCE. — V. *Affiche.*

TAXATION. — V. *Guerre de 1914-1919* (*Bénéfices de guerre*), *Impôts directs.*

TAXE D'ABATAGE. — V. *Abattoir.*

TAXE DE LUXE. — V. *Impôt sur le chiffre d'affaires.*

TAXES DE REMPLACEMENT. — V. *Octroi.*

TAXE DES FRAIS. — V. *Frais et dépens.*

TAXE DES LETTRES. — V. *Postes, télégraphes, téléphones.*

TAXE HYPOTHÉCAIRE. — V. *Hypothèque, Transcription hypothécaire.*

TAXE SUCCESSORALE. — V. *Succession.*

TAXE SUR LE CHIFFRE D'AFFAIRES. — V. *Impôt sur le chiffre d'affaires.*

TAXE SUR LES SPECTACLES. — V. *Théâtre - spectacle.*

TÉLÉPHONE. — V. *Postes, télégraphes, téléphones.*

TÉMOIN

17 *bis.* Toute personne qui a dénoncé publiquement un crime ou un délit, et déclaré publiquement aussi qu'elle en connaissait les auteurs ou les complices, est punie, si elle refuse de répondre aux questions qui lui sont posées à cet égard par le magistrat instructeur, d'un emprisonnement de six jours à un an et d'une amende de 100 francs à 2 000 francs ou de l'une de ces deux peines seulement (Code instr. art. 80, § 2, ajouté par L. 1er juill. 1919).

31. Une loi du 23 mars 1914 régit les témoignages reçus par les commissions d'enquête parlementaire.

TESTAMENT

51 *bis.* Les testaments faits dans un lieu avec lequel toute communication est interceptée à cause de la peste ou autre maladie contagieuse peuvent être faits devant le juge de paix ou devant l'un des officiers municipaux de la commune en présence de deux témoins. Cette disposition a lieu tant à l'égard de ceux qui sont attaqués de ces maladies que de ceux qui se trouvent dans les lieux infectés, encore qu'ils ne soient pas actuellement malades (Code civ. art. 985, modifié par la loi du 28 juill. 1915). — Les testaments faits dans une île du territoire européen de la France où il n'existe pas d'office notarial, quand il y a impossibilité de communiquer avec le continent, peuvent être reçus ainsi qu'il est dit à l'art. 985. L'impossibilité des communications est attestée dans l'acte par le juge de paix ou l'officier municipal qui a reçu le testament (Code civ. 986, modifié par la loi précitée).

83 *bis*, **86** *bis.* Le principal des droits fixes est doublé, mais n'est plus soumis aux décimes (L. 25 juin 1920, art. 28).

THÉÂTRE - SPECTACLE

7 *bis.* Aucun film cinématographique, à l'exception des films reproduisant des faits ou des événements d'actualité, ne peut être représenté en public s'il n'a obtenu le visa du ministre de l'Instruction publique et des Beaux-arts, lequel statue après avis d'une commission spéciale de trente membres (Décr. 25 juill. 1919). — Les infractions à ce décret sont punies d'une amende de 100 à 5 000 francs, sans préjudice des peines édictées contre tous actes constituant des crimes ou délits. Si la responsabilité personnelle du directeur ou gérant de l'établissement où le film a été représenté est établie, le jugement peut, en outre, ordonner la fermeture de cet établissement pendant une période de 15 jours à trois mois (L. 31 déc. 1921, art. 50).

8 *bis.* La loi du 27 juin 1919 réprime le trafic des billets de certains théâtres. Elle punit d'une amende de 16 à 500 francs le fait de vendre ou céder, de tenter de vendre ou céder, à un prix supérieur à celui fixé et affiché dans les théâtres et concerts subventionnés ou avantagés d'une façon quelconque par l'État, les départements ou les communes, où moyennant une prime quelconque, des billets pris au bureau de location ou de vente desdits théâtres ou concerts.

10 *bis.* Le droit des pauvres au profit des établissements d'assistance publique est perçu sur les recettes nettes, c'est-à-dire sur le prix des places, et non sur les recettes brutes comprenant, outre le prix des places, l'impôt d'État, les taxes municipales et le droit des pauvres lui-même (L. 25 juin 1920, art. 96, § 1er, modifié par L. 31 juill. 1920, art. 39). Le recouvrement est opéré comme en matière de contributions indirectes (L. 25 juin 1920, art. 96, § 2).

§ 3 *bis.* — *Taxe sur les spectacles.*

10 *ter.* Il est perçu, au profit de l'État, sur les spectacles et autres attractions ou divertissements assimilés, une taxe dont le tarif est ainsi fixé : 1° Théâtres, cafés-concerts, cirques, ménageries, attractions, exhibitions, bals forains ou occasionnels : 6 p. 100 des recettes brutes, déduction faite du droit des pauvres et de toute autre taxe communale établie par la loi ; 2° Music-halls, courses vélocipédiques, pédestres, nautiques, matches d'escrime et de billard : 10 p. 100 ; 3° Cinématographes : 10 p. 100 jusqu'à 15 000 francs de recettes brutes mensuelles ; 15 p. 100 pour les recettes comprises entre 15 001 et 50 000 francs ; 20 p. 100 pour les recettes comprises entre 50 001 et 100 000 francs ; 25 p. 100 pour les recettes au-dessus de 100 000 francs ; 4° Dancings, bals, skatings, courses de taureaux, tirs aux pigeons, combats de coqs, 25 p. 100 du prix des places ou entrées (L. 25 juin 1920, art. 92-4°, et L. 31 juill. 1920, art. 39, § 3). Une taxe de 25 p. 100 est également perçue sur le prix des places de matches de boxe supérieurs ou égaux à 20 francs et une taxe de 10 p. 100 sur les prix des places inférieurs à 20 francs (L. 25 juin 1920, art. 92, § 12 ; L. 31 juill. 1920, art. 39, § 6).

10 *quater.* La taxe sur les spectacles ne s'applique pas aux représentations organisées au profit exclusif : 1° des établissements publics et des œuvres reconnues d'utilité publique ayant un caractère de bienfaisance ; 2° des sociétés de secours mutuels reconnues d'utilité publique ou approuvées ; 3° des œuvres de guerre autorisées par arrêté ministériel ; 4° sur l'avis conforme de l'Office national des sports, des fédérations et des sociétés dont les recettes sont exclusivement affectées au développement du sport, de l'éducation physique et de la préparation au service militaire ; 5° des associations amicales de réformés, mutilés et veuves de guerre, des associations amicales d'anciens combattants, des associations d'éducation populaire qui ont fait la déclaration prévue par la loi du 1er juill. 1901 et qui ne poursuivent la réalisation d'aucun bénéfice commercial ou financier. Pour bénéficier de l'exonération, les organisateurs des représentations doivent justifier auprès de l'administration des Contributions indirectes que la totalité des recettes a bien été affectée, sous la seule déduction des frais, à l'œuvre au profit de laquelle la représentation est donnée (L. 25 juin 1920, art. 93, § 1er).

10 *quinquies.* La taxe est encaissée par les soins des directeurs des établissements ou les organisateurs des représentations, puis versée par eux à l'État. Les directeurs peuvent, sur leur demande, être dispensés des formalités et obligations ainsi prévues, moyennant un abonnement consenti par l'administration des Contributions indirectes pour une période fixée par elle (Décr. 15 janv. 1917). — Toute infraction aux dispositions concernant la taxe sur les spectacles, ainsi que toute manœuvre tendant à frauder ou à compromettre l'impôt, est punie, en outre du quintuple des droits fraudés ou compromis, d'une amende de 500 francs au moins et de 2 000 francs au plus. La fermeture provisoire des établissements peut être ordonnée par l'Administration.

THERMOMÈTRE MÉDICAL. — V. *Salubrité publique.*

TIMBRE

30 *bis.* Le prix des papiers timbrés est fixé ainsi qu'il suit :

La feuille de grand registre. . .	12 fr.
La feuille de grand papier . . .	8 fr.
La feuille de moyen papier . . .	6 fr.
La feuille de petit papier . . .	4 fr.
La demi-feuille de petit papier. .	2 fr.

Ces droits ne sont pas sujets aux décimes (L. 13 brum. an 7, art. 8, modifié par L. 25 juin 1920, art. 36). — Le prix des feuilles de moyen papier est réduit à 3 francs pour les feuilles employées à la rédaction des expéditions des actes civils, administratifs, judiciaires et extrajudiciaires.

34 *bis.* Les quittances de produits et revenus de toute nature délivrées par les comptables de deniers publics sont assujetties au droit de timbre édicté par l'art. 55 de la loi du 25 juin 1920 (V. *suprà, Payement,* n° 56 *bis*) pour les quittances ou reçus délivrés par les particuliers. Toutefois, leur délivrance reste obligatoire et le prix du timbre, lorsqu'il est exigible, s'ajoute de plein droit au montant de la somme due et est soumis au même mode de payement. Les quittances des douanes et des contributions indirectes restent soumises au timbre qui leur est spécial (L. 25 juin 1920, art. 56). — En ce qui concerne le droit de timbre des quittances, reçus et décharges des particuliers, V. *Payement,* n° 56 *bis.* — Sont exempts du droit de timbre de quittance les écrits ayant pour objet soit la reprise des marchandises livrées à condition et des enveloppes et récipients ayant servi à des livraisons, soit la déduction de la valeur des mêmes enveloppes ou récipients, que cette reprise ou cette déduction soit constatée par des pièces distinctes ou par des mentions inscrites sur les factures (L. 8 avr. 1910, art. 24, modifié par L. 13 juill. 1911, art. 9).

51 *bis* et s. Il a été ajouté deux décimes et demi au principal de toutes les pénalités fiscales (L. 25 juin 1920, art. 110, § 1er). Sur cette disposition, V. *Enregistrement,* n° 45 *bis.*

TITRES. — V. *Valeurs mobilières.*

TOURISME. — V. *Stations hydrominérales, climatiques et de tourisme.*

TRAITÉ DE PAIX

Après la guerre de 1914, divers traités de paix ont été conclus entre la France et les puissances alliées, d'une part, et chacune des puissances ennemies, d'autre part. Ce sont : le Traité de Versailles (Allemagne), du 28 juin 1919, ratifié par L. 12 oct. 1919 et promulgué par Décr. 10 janv. 1920 ; — le Traité de Saint-Germain-en-Laye (Autriche), du 10 sept. 1919, ratifié par L. 1er juill. 1920 et promulgué par Décr. 20 juill. 1920 ; — le Traité de Trianon (Hongrie), du 4 juin 1920, ratifié par L. 22 juill. 1921 et promulgué par Décr. 18 août 1921 ; — le Traité de Neuilly (Bulgarie), du 27 nov. 1919, ratifié par L. 3 août 1920 et promulgué par Décr. 12 août 1920 ; — le Traité de Sèvres (Turquie), non encore promulgué. — En ce qui concerne le Traité de Versailles, V. *Dalloz, Le traité de paix avec l'Allemagne.*

TRAITEMENT

1 *bis.* Les traitements des fonctionnaires ont été relevés par diverses lois, à la suite de la guerre de 1914. — Au traitement s'ajoutent diverses indemnités : indemnités de cherté de vie, indemnité pour charges de famille, indemnité de résidence et de séjour. — Ces indemnités et ces augmentations de traitement n'ont d'ailleurs qu'un caractère temporaire : en effet, l'art. 39 de la loi du 30 avr. 1921 dispose que, dans un délai maximum de quatre années à partir de la promulgation de cette loi, c'est-à-dire avant le 1er mai 1925, une revision générale des traitements, soldes et indemnités de toute nature sera effectuée dans tous les services de l'État et dans les établissements publics de l'État dans un but de péréquation et en conformité du mouvement général des prix. Il sera tenu compte

dans cette revision des charges de famille des ayants droit.

11 *bis.* En ce qui concerne la saisie-arrêt des petits traitements des fonctionnaires, V. *Saisie-arrêt,* n° 31 *bis.*

13 *bis.* Il est interdit de cumuler en entier les traitements de plusieurs places, emplois ou commissions ; en cas de cumul de deux traitements, le moindre est réduit au quart ; en cas de cumul de trois traitements, le troisième est en outre réduit au huitième, et ainsi de suite en observant cette proportion. Cette réduction n'a pas lieu pour les traitements cumulés qui sont au-dessous de 5 000 francs, ni pour les traitements plus élevés qui en ont été exceptés par les lois (L. 28 avr. 1816, art. 78, modifié par L. 18 oct. 1919, art. 10).

TRAMWAY. — V. *Chemins de fer.*

TRANQUILLITÉ PUBLIQUE. — V. *Commune.*

TRANSACTION

12 *bis.* Le principal des droits fixes est doublé, mais n'est plus soumis aux décimes (L. 25 juin 1920, art. 28).

TRANSCRIPTION HYPOTHÉCAIRE

Sous-titre, *lire :* L. 23 mars 1855, modifiée par L. 24 juill. 1921.

1 *bis.* Depuis la loi du 24 juill. 1921, la transcription ne consiste plus dans la copie intégrale du titre sur un registre, mais dans le dépôt et la conservation, au bureau des hypothèques, d'une expédition de l'acte, ou, s'il s'agit d'un acte sous seings privés, d'un des deux originaux. — Le registre de transcription est supprimé (Décr. 28 août 1921, art. 8).

8 *bis.* La transcription s'opère par le dépôt simultané, à la conservation des hypothèques, de deux expéditions ou de deux extraits littéraux, absolument conformes, de l'acte à transcrire. L'un est rendu au déposant après avoir été revêtu par le conservateur de la mention de transcription ; l'autre, destiné à être conservé au bureau des hypothèques, doit, sous peine de rejet, être écrit à la main ou à la machine à écrire, en toutes lettres, sans surcharges, grattages ni interlignes, les blancs bâtonnés, sur du papier fourni par l'Administration, aux frais du requérant. Cette copie est certifiée exactement collationnée et conforme à la minute (L. 23 mars 1855, art. 13, § 1er, ajouté par L. 24 juill. 1921, art. 1er). — S'il s'agit d'actes sous seings privés, la transcription s'opère par le dépôt de deux originaux des actes à transcrire, dont l'un est rendu au déposant et l'autre conservé au bureau des hypothèques (L. 23 mars 1855, art. 13 nouveau, § 2).

13 *bis.* Le droit de transcription est de 2 p. 100, sans décimes. Il est compris dans le droit d'enregistrement pour les ventes et autres mutations à titre onéreux de biens immeubles, en ce sens que la formalité de la transcription d'un acte de vente ne donne lieu qu'à la perception du droit de mutation de 10 pour 100 (V. *Vente*). Le droit de transcription n'est pas perçu dans ce cas. Mais la taxe hypothécaire (V. le numéro suivant) demeure exigible (L. 25 juin 1920, art. 25, § 1 et 4).

16 *bis.* Le taux de la taxe hypothécaire est fixé à 0 fr. 10 cent. pour 100 pour les mentions des subrogations et des radiations, et à 0 fr. 40 cent. pour 100 pour toutes les autres formalités. Toutefois, le taux de 0,40 pour 100 est réduit de moitié pour la transcription des actes visés dans l'art. 12 de la loi du 23 mars 1855 et des partages d'ascendants, ainsi que pour l'inscription des hypothèques prises en vertu d'actes d'ouverture de crédit non réalisé ; le complément de la taxe de 0,40 pour 100 devient exigible lors de la réalisation ultérieure du crédit (L. 27 juill. 1900, art. 3, modifié par L. 30 avr. 1921, art. 5).

TRANSFERT. — V. *Agent de change.*

TRANSPARENT LUMINEUX. — V. *Affiche.*

TRANSPORT

55 *bis.* Une jurisprudence nouvelle a été consacrée par un arrêt de la Cour de cassation du 27 janv. 1913. Il est admis désormais que le voiturier, tenu de l'obligation contractuelle de transporter les voyageurs sains et saufs à destination, doit, en cas d'accident, prouver que l'inexécution de son obligation dépend d'une cause étrangère qui ne peut lui être imputée (Code civ., art. 1147).

58 *bis.* Le droit fixe a été doublé, mais n'est plus soumis aux décimes (L. 25 juin 1920, art. 28).

59 *bis.* Les droits de timbre de dimension ont été fixés par l'art. 36 de la loi du 25 juin 1920 ; le minimum est de 2 francs, sans décimes. Le droit de 0 fr. 10 pour les reçus d'objets est porté à 0 fr. 25 (Même loi, art. 55).

62 *bis.* Le droit de timbre des récépissés, bulletins d'expédition ou autres pièces en tenant lieu, délivrés par les administrations de voies ferrées d'intérêt général ou local, pour chacun des transports effectués en grande ou en petite vitesse, est fixé uniformément à 0 fr. 25 cent., y compris le droit de décharge donnée par le destinataire (L. 29 juin 1918, art. 34, § 1er).

62 *ter.* Les bulletins de bagages délivrés aux voyageurs par les administrations des voies ferrées d'intérêt général ou local sont soumis à un droit de timbre de 0 fr. 10 cent. (L. 29 juin 1918, précitée, art. 35).

TRANSPORT D'ÉNERGIE ÉLECTRIQUE.
— V. *Électricité.*

TRAVAIL

Sous-titre, lire : (*Petit Code du Travail Dalloz.*)

1 *bis.* L'organisation et le fonctionnement des conseils consultatifs du travail ont été réglés par le décret du 10 mai 1909 portant règlement d'administration publique pour l'exécution de la loi du 17 juill. 1908. — La loi du 8 avr. 1910 a rendu obligatoires pour les communes où ils sont établis la fourniture, le chauffage et l'éclairage des locaux nécessaires à la tenue des conseils consultatifs du travail. Les frais d'élection et de bureau sont à la charge des communes comprises dans la circonscription du conseil ; ils sont répartis entre elles proportionnellement au nombre des électeurs inscrits dans chacune d'elles (art. 100).

2 *bis.* Les dispositions légales relatives au contrat d'apprentissage ont été incorporées au Code du travail et de la prévoyance sociale, livre I, art. 1er à 18, 99 et 100.

21 *bis.* La dénomination de *contrat de travail,* appliquée au contrat de louage de services qui intervient entre un entrepreneur ou patron et un ouvrier, a été consacrée par le Code du travail et de la prévoyance sociale (liv. 1er, titre 11). Les règles relatives aux conditions de validité et aux effets du contrat n'ont du reste pas été modifiées. — En ce qui concerne les conventions collectives de travail, V. *Louage de services,* nos 5-1° et s.

22 *bis.* L'exploitation des ouvriers par des sous-entrepreneurs, ou marchandage, est interdite.

Les associations d'ouvriers qui n'ont point pour objet l'exploitation des ouvriers les uns par les autres ne sont point considérées comme marchandage (C. trav., livre I, art. 32). — Le délit de marchandage est puni d'une amende de 50 à 100 francs la première fois, de 100 à 200 francs en cas de récidive, et, s'il y a double récidive, d'un emprisonnement de un à six mois. Le produit des amendes sert à secourir les invalides du travail (C. trav., livre I, art. 103).

II. — POLICE DU TRAVAIL.

28 *bis.* — I. **Travail des enfants et des femmes.** — La loi du 2 nov. 1892, modifiée par celles des 30 mars 1900 et 22 déc. 1911, a été codifiée au livre II du Code du travail et de la prévoyance sociale. — Ces dispositions ont été modifiées ou complétées par les lois des 11 juin 1917, 5 août 1917 et 23 avr. 1919.

31 *bis.* La loi du 29 déc. 1900 a été codifiée au livre II du Code du travail.

34 *bis.* Sur l'emploi des enfants dans les professions ambulantes, V. Code trav., livre II, art. 6_0 à 63. — Quant à l'emploi des enfants dans les théâtres et cafés-concerts sédentaires, V. Code trav.$_s$ livre II, art. 58 et 59.

36 *bis* à **38** *bis.* Les dispositions de la loi du 2 nov. 1892 relatives à l'âge d'admission des enfants dans les établissements industriels, au certificat d'aptitude physique, à l'examen médical, ont été codifiées au livre II du Code de travail (art. 1er à 4).

39 *bis* à **41** *bis.* Les règles édictées par la loi de 1892 pour la durée du travail des enfants et des femmes dans les établissements industriels et pour les heures de repos, ont été codifiées au livre II du Code du travail (art. 14, 15, 17). En ce qui concerne les apprentis, V. art. 18 et 19. — La loi du 23 avr. 1919, sur la journée de huit heures, s'applique aux travailleurs des deux sexes et de tout âge (Code trav., livre II, art. 6 nouveau), et, dès lors, aux femmes et aux enfants. Les art. 14 à 19, précités, sont donc implicitement modifiés, quant à la durée du travail quotidien.

42 *bis.* Sur l'interdiction du travail par relais pour les enfants et des femmes, et sur le travail par postes ou équipes successives, V. Code trav., livre II, art. 16.

44 *bis.* Les enfants, ouvriers ou apprentis âgés de moins de dix-huit ans et les femmes ne peuvent être employés à aucun travail de nuit dans les établissements énumérés à l'art. 1er (Code trav., livre II, art. 20 a). — Tout travail entre neuf heures du soir et cinq heures du matin est considéré comme travail de nuit (Code trav., livre II, art. 21). — Le repos de nuit des enfants du sexe féminin et des femmes doit avoir une durée minimum de onze heures consécutives ; toutefois, cette durée peut être réduite à dix heures dans les cas prévus aux art. 17 et 23 (V. *infra,* n° 46 *bis*) (Code trav., livre II, art. 22).

45 *bis.* Exceptionnellement, le travail des enfants du sexe masculin est autorisé dans les travaux souterrains des mines, minières et carrières, de quatre heures du matin à dix heures du soir, quand il est réparti entre deux postes ne travaillant pas plus de neuf heures chacun et à la condition que le travail de chaque équipe soit coupé par un repos d'une heure au moins (Code trav., livre II, art. 27).

46 *bis.* Il est accordé, pour les femmes âgées de plus de dix-huit ans, à certaines industries déterminées par un règlement d'administration publique du 30 juin 1913, sur simple préavis, et dans les conditions qui sont précisées dans ledit règlement, la faculté de prolonger le travail jusqu'à dix heures du soir, à certaines époques de l'année, pendant une durée totale qui ne peut dépasser soixante jours. En aucun cas, la journée de travail ne peut être prolongée au delà de douze heures (Code trav., livre II, art. 23).

47. bis. Il est accordé à certaines industries énumérées par le décret du 30 juin 1913 l'autorisation de déroger temporairement, sur simple préavis et dans les conditions précisées par le règlement précité, aux dispositions des art. 20 et 21 (V. *supra*, n° 44 *bis*) (C. trav., livre II, art. 24).

48 bis. En cas de chômage résultant d'une interruption accidentelle ou de force majeure, le chef d'établissement peut, dans n'importe quelle industrie et dans la limite du nombre de journées perdues, déroger aux dispositions des art. 20 et 21 (V. *supra*, n° 44 *bis*), en avisant préalablement l'inspecteur du travail (V. Décr. 30 juin 1913, art. 6). Toutefois, le chef d'établissement ne peut faire usage de cette dérogation plus de quinze nuits par an sans l'autorisation de l'inspecteur (C. trav., livre II, art. 25).

49 bis. La législation relative au repos hebdomadaire est applicable aux enfants et aux femmes, sauf certaines exceptions.

49 ter. — *Repos des femmes en couches et des femmes allaitant leurs enfants.* — Dans tout établissement industriel ou commercial et dans ses dépendances, de quelque nature qu'il soit, public ou privé, même s'il a un caractère professionnel ou de bienfaisance, il est interdit d'employer des femmes accouchées dans les quatre semaines qui suivent leur délivrance (C. trav., livre II, art. 54 a, ajouté par L. 17 juin 1913). — Dans les mêmes établissements, pendant une année à compter du jour de la naissance, les mères allaitant leurs enfants disposent à cet effet d'une heure par jour durant les heures de travail. Cette heure est indépendante des repos prévus à l'art. 14 (V. n° 41 *bis*).

50 bis. V. conf. C. trav., livre II, art. 55 et 56.

51 bis. Pour tous les établissements industriels et commerciaux, les différents genres de travail présentant des causes de danger, ou excédant les forces, ou dangereux pour la moralité, qui sont interdits aux enfants de moins de dix-huit ans et aux femmes, sont déterminés par des règlements d'administration publique (C. trav., livre II, art. 72). Le décret du 13 mai 1893 a été remplacé par le décret du 21 mars 1914.

53 bis à 57 bis. Les dispositions des lois du 2 nov. 1892 et du 29 déc. 1900 relatives aux livrets, registres et affiches ont été codifiées aux art. 83 à 90 et 91 du livre II du Code du travail.

59 bis. Les inspecteurs du travail sont chargés d'assurer l'exécution des dispositions du livre II C. trav. Ils sont également chargés d'assurer l'exécution des articles du livre Ier énumérés par l'art. 107 dudit livre. Ils constatent les infractions aux dispositions des art. 11 et 31 de la loi du 9 avr. 1898, sur les accidents du travail (C. trav., livre II, art. 93).

67 bis. V. conf. C. trav., livre II, art. 159.

69. bis. En ce qui concerne les circonstances atténuantes, V. C. trav., livre II, art. 182.

74 bis. V. conf. C. trav., livre II, art. 178.

ART. 2. — DU TRAVAIL DES HOMMES.

75 bis. — 1° *Journée de huit heures.* — Dans les établissements industriels et commerciaux ou dans leurs dépendances, de quelque nature qu'ils soient, publics ou privés, laïques ou religieux, même s'ils ont un caractère d'enseignement professionnel ou de bienfaisance, la durée du travail effectif des ouvriers ou employés de l'un ou de l'autre sexe et de tout âge ne peut excéder soit huit heures par jour, soit quarante-huit heures par semaine, soit une limitation équivalente établie sur une période de temps autre que la semaine (C. trav., livre II, art. 6, modifié par L. 23 avr. 1919, sur la journée de huit heures). — La réduction des heures de travail ne peut, en aucun cas, être une cause de réduction des salaires. Toute stipulation contraire est nulle (L. 23 avr. 1919, art. 2).

75 ter. Des règlements d'administration publique déterminent par profession, par industrie, par commerce ou par catégorie professionnelle, pour l'ensemble du territoire ou pour une région, les conditions d'application de la loi. Ils sont pris après consultation des organisations patronales et ouvrières intéressées, et doivent se référer, le cas échéant, aux accords intervenus entre ces organisations (C. trav., livre II, art. 7, modifié par L. 23 avr. 1919). — Ces règlements déterminent, notamment : la répartition des heures de travail dans la semaine de quarante-huit heures, afin de permettre le repos de l'après-midi du samedi ou toute autre modalité équivalente ; ... la répartition des heures de travail dans une période de temps autre que la semaine ; ... les dérogations permanentes à admettre pour les travaux préparatoires ou complémentaires qui doivent être nécessairement exécutés en dehors de la limite assignée au travail général de l'établissement, ou pour certaines catégories d'agents dont le travail est essentiellement intermittent ; ... les dérogations temporaires destinées à permettre aux entreprises de faire face à des surcroîts de travail extraordinaires, à des nécessités d'ordre national ou à des accidents survenus ou imminents ; ... les mesures de contrôle des heures de travail et de repos et de la durée du travail effectif, ainsi que la procédure suivant laquelle sont accordées ou utilisées les dérogations (C. trav., livre II, art. 8 nouveau).

75 quater. Des règlements d'administration publique ont été rendus, notamment en ce qui concerne : ... les industries textiles (Décr. 13 déc. 1919 ; ... les industries du bâtiment et des travaux publics (Décr. 9 août 1920) ; ... la métallurgie et le travail des métaux (Décr. 15 août 1920) ; ... le commerce de gros et de demi-gros (Décr. 20 mai 1421) ; ... les réseaux de chemins de fer (Décr. 14 sept. 1922) ; ... la navigation maritime (Décr. 24 févr. 1920, mod. par Décr. 5 sept. 1921). Les décrets du 5 sept. 1922 (navigation maritime) et du 14 sept. 1922 (réseaux de chemins de fer) ont distingué expressément la durée effective du travail de la durée de présence.

79 bis. Il est interdit d'employer des ouvriers à la fabrication du pain et de la pâtisserie entre 10 heures du soir et 4 heures du matin (C. trav., livre II, art. 20, ajouté par L. 28 mars 1919). Cette disposition peut comporter des dérogations accordées par le préfet à l'occasion de foires ou de fêtes, en cas d'afflux temporaire de population, ou pour des raisons d'utilité publique (L. 28 mars 1919, art. 3).

83 bis. Ce projet de loi est devenu la loi du 5 avr. 1910, sur les retraites ouvrières et paysannes (V. *Retraites ouvrières et paysannes*).

TRAVAUX PUBLICS

16 bis. Les sociétés anonymes à participation ouvrière bénéficient des avantages accordés par les lois et décrets en vigueur aux sociétés coopératives en ce qui concerne les adjudications et soumissions de travaux publics (L. 21 juill. 1867, art. 80 ajouté par la loi du 26 avr. 1917).

TRÉSOR PUBLIC

16 *bis.* Aucun emprunt d'État ne peut être contracté, sous quelque forme que ce soit, qu'en vertu d'une loi spéciale. — La loi annuelle de finances autorise, en fixant leur montant, leur nature et leur durée, l'émission de valeurs du Trésor applicables au remboursement des valeurs du Trésor échéant dans l'année et au service de la trésorerie. Aucune émission supplémentaire ne peut être faite qu'en vertu d'une loi. Les conditions et modalités des émissions sont fixées par décret (L. 31 déc. 1921, art. 81).

29 *bis.* Le traitement fixe des trésoriers-payeurs généraux a été porté à 12000 francs par le décret du 6 janv. 1909. L'art. 29 de la loi du 27 févr. 1912 a limité à 40000 francs le produit net annuel des trésoreries générales. Les remises et commissions excédant ce chiffre doivent être reversées au Trésor. A titre transitoire, cette disposition n'est applicable qu'en cas de mutation aux trésoriers-payeurs généraux en fonctions à la date du 1er oct. 1911.

35 *bis.* Ligne 18, *au lieu de :* 60000 francs, *lire :* 100000 francs (V. *Budget de l'État, etc.,* n° 86 *bis*). — Ligne 22, *au lieu de :* 30000 francs, *lire :* 100000 francs (V. *Bureau de bienfaisance,* n° 3 *bis*).

TRIBUNAL CIVIL D'ARRONDISSEMENT

1 *bis,* **8** *bis.* Les tribunaux civils, en chambre du conseil, connaissent des infractions à la loi pénale commises par les mineurs de treize ans (L. 22 juill. 1912, art. 1er).

2 *bis.* La composition des tribunaux d'arrondissement ne comprenant qu'une chambre a été réglée à nouveau par une loi du 28 avr. 1919.

3 *bis.* La répartition en classes des tribunaux d'arrondissement a été réglée par la loi du 28 avr. 1919.

5 *bis.* Les conditions dans lesquelles le tribunal doit être complété ont été réglées par la loi du 28 avr. 1919.

7 *bis.* Les vacances judiciaires ont été fixées au 1er août par le décret du 29 mai 1910.

10 *bis.* Les chambres ou sections de chambres des tribunaux d'arrondissement doivent tenir quatre audiences par semaine, à moins qu'elles n'en soient dispensées par décision du garde des sceaux (L. 28 avr. 1919, art. 3).

31 *bis.* Le délai ordinaire des ajournements est de huit jours pour ceux qui sont domiciliés dans le département où siège le tribunal compétent ou dans les départements limitrophes; de quinze jours pour ceux qui sont domiciliés dans les autres parties de la France continentale. Hors la France continentale, l'art. 73 du Code de procédure civile est appliqué (V. *Procédure,* n° 9 *bis*). Dans les cas qui requièrent célérité, le président peut, par ordonnance rendue sur requête, permettre d'assigner à bref délai (Proc. 72, modifié par L. 13 mars 1922, art. 3).

TRIBUNAL DE COMMERCE

6 *bis* et **13** *bis.* Les pourvois relatifs aux élections consulaires sont portés devant la chambre des requêtes pour y être statué définitivement par cette chambre (L. 6 févr. 1914, art. 1er).

14 *bis.* Un décret du 14 nov. 1918 a divisé en onze chambres le tribunal de commerce de la Seine.

13. — ADDIT. AU PETIT DICT. DE DROIT. — 1923.

35 *bis.* Le délai d'ajournement devant le tribunal de commerce est : de trois jours, pour ceux qui sont domiciliés dans le ressort du siège du tribunal de commerce saisi; de huit jours, pour ceux qui sont domiciliés dans le département ou dans les départements limitrophes; de quinze jours, pour ceux qui sont domiciliés dans les autres parties de la France continentale. Hors de la France continentale, l'art. 73 du Code de procédure civile (V. *Procédure,* n° 9 *bis*) est appliqué (Proc. 416, modifié par L. 13 mars 1922, art. 7).

TRIBUNAL CORRECTIONNEL

3 *bis.* Les tribunaux correctionnels connaissent des crimes commis par les mineurs âgés de 13 à 16 ans, lorsque ceux-ci n'ont pas de complices présents au-dessus de cet âge (C. pén. 68, modifié par l'art. 26 de la loi du 22 juill. 1912. — V. *Instruction criminelle,* n° 45).

22 *bis.* Doivent également être mis en liberté, nonobstant appel, immédiatement après le jugement, le prévenu condamné soit à l'emprisonnement avec sursis, soit à l'amende, et aussitôt après l'accomplissement de sa peine, le prévenu condamné à une peine d'emprisonnement qui se trouve accomplie avant l'expiration du délai d'appel du procureur général (L. 13 juill. 1909, modifiant l'art. 206 Code d'instr. crim.).

TRIBUNAL DE SIMPLE POLICE

1 *bis.* A Paris, il existe deux juges de paix spéciaux chargés seuls, avec des suppléants, d'assurer le service du tribunal de simple police (L. 12 juill. 1905, art. 18, § 3).

4 *bis.* Les contraventions commises par les mineurs de treize ans sont déférées au tribunal de simple police siégeant dans le cabinet du juge de paix, hors la présence du public et en présence des parents, gardien ou tuteur (L. 22 juill. 1912, art. 14. — V. *Instruction criminelle,* n° 44).

TRIBUNAUX MILITAIRES. — V. *Justice militaire.*

TRIBUNAUX POUR ENFANTS. — V. *Instruction criminelle.*

TROMPERIE. — V. *Vente de substances falsifiées.*

TROTTOIR. — V. *Commune, Voirie.*

TUBERCULOSE. — V. *Salubrité publique.*

TUTELLE

8 *bis.* Ligne 4, *ajouter :* La même obligation est imposée à la tutrice, autre que la mère, qui se marie ou se remarie (Code civ. art. 395, § 3, ajouté par L. 20 mars 1917).

8 *ter.* Ligne 9, *ajouter :* La même responsabilité incombe au mari de la tutrice, autre que la mère, qui s'est mariée ou remariée sans avoir convoqué le conseil de famille (Code civ. art. 395, § 3, ajouté par L. 20 mars 1917).

9 *bis.* Ligne 2, *après :* à la mère, *ajouter :* ou à la tutrice autre que la mère (Code civ. art. 396, § 1er, modifié par L. 20 mars 1917).

12 *bis.* Ligne 4, *après :* tuteur, *ajouter :* ou une tutrice (Code civ. art. 397, modifié par L. 20 mars 1917).

13 *bis.* Lignes 1, 7 et 11, *après :* un tuteur, *ajouter :* ou une tutrice (Code civ. art. 399 et 400 nouveaux).

14 *bis.* La femme tutrice testamentaire est soumise, en cas de mariage ou de remariage, aux mêmes obligations que la mère tutrice légale (Code civ. art. 395, § 3, ajouté par L. 20 mars 1917. — V. *suprà*, nos 8 *bis* et s.).

15 *bis.* Ligne 2, *après :* Les ascendants, *ajouter :* ou ascendantes (Code civ. art. 402, modifié par L. 20 mars 1917). — Ligne 4, *après :* tuteur, *ajouter :* ou d'une tutrice (Même art.).

16 *bis.* Lignes 1 à 10 (*jusque :* préférence), *lire :* La tutelle appartient à celui des aïeux ou à celle des aïeules qui sont du degré le plus rapproché (Code civ. art. 402 nouveau). En cas de concurrence entre des aïeux ou des aïeules du même degré, le conseil de famille désigne le tuteur ou la tutrice, sans tenir compte de la branche à laquelle ils appartiennent (Code civ. art. 403 nouveau). — *Supprimer la dernière phrase.* (En effet, aux termes du nouvel art. 402, les ascendantes sont tutrices de droit.)

17 *bis.* Ligne 2, *après :* du tuteur, *ajouter :* ou de la tutrice. — Ligne 5, *après :* de tuteur, *ajouter :* ou de tutrice. — Ligne 6, *supprimer :* mâles. — Lignes 13, *lire :* Lorsque la veuve, ou la tutrice autre que la veuve, etc. — Ligne 16, *après :* le tuteur, *ajouter :* ou la tutrice (Code civ. art. 405, modifié par L. 20 mars 1917).

17 *ter.* La femme mariée nommée tutrice dative doit obtenir l'autorisation de son mari. Celui-ci est nécessairement cotuteur (Code civ. art. 405, § 2 nouveau). — La tutrice dative, célibataire ou veuve, qui se marie ou se remarie, est soumise aux mêmes obligations que le mère tutrice légale en pareil cas (C. civ. art. 395, § 3, ajouté par L. 20 mars 1917. — V. *suprà*, nos 8 *bis* et s.).

19 *bis.* Ligne 2, *après :* parents ou alliés, *ajouter :* de l'un ou de l'autre sexe (Code civ. art. 407, § 1er, modifié par L. 20 mars 1917). — Lignes 12-14, *supprimer depuis :* Le parent est

préféré, *jusque :* au plus jeune (Même art.). — *Ajouter, à la fin :* Le mari et la femme ne peuvent faire partie ensemble du même conseil de famille. La préférence est donnée à celui des deux dont le degré de parenté est le plus rapproché. A égalité de degré, le plus âgé est préféré (Code civ. art. 407, § 2 nouveau).

20 *bis.* Ligne 6, *lire :* Les frères ou sœurs germains (Code civ. art. 408, modifié par L. 20 mars 1917). — Ligne 8, *supprimer :* et les maris de ses sœurs germaines (en vertu de l'art. 408 et de l'art. 407, § 2 reproduit au no précédent).

28 *bis.* Lignes 6-7, *supprimer :* une femme. — Avant-dernière ligne, *après :* personne, *ajouter :* Le mari peut représenter sa femme, ou réciproquement. Le mandataire doit présenter une procuration écrite et sans frais (Code civ. art. 412, § 2, modifié par L. 20 mars 1917).

38 *bis.* Ligne 2, *après :* subrogé tuteur, *ajouter :* ou une subrogée tutrice (Code civ. art. 420, § 1er, modifié par L. 20 mars 1917). La femme mariée ne peut être nommée subrogée tutrice qu'avec l'autorisation de son mari (Même art., § 2).

40 *bis.* Ligne 9, *ajouter,* avant 2o : les femmes qui ne veulent l'accepter (Code civ. art. 428, modifié par L. 20 mars 1917).

42 *bis.* Ligne 7-11, *supprimer* le paragraphe 3o. En effet, l'incapacité pour les femmes d'être tutrices a été supprimée par la loi du 20 mars 1917, qui a abrogé l'art. 442-3o c. civ.

46 *bis.* Les femmes peuvent faire partie du conseil de famille (Code civ. art. 407 et 442, modifiés par L. 20 mars 1917).

88 *bis.* L'autorisation du conseil de famille n'est pas nécessaire au tuteur qui s'adjoint à la requête collective à fin de partage présentée par tous les intéressés, conformément à l'art. 822 c. civ. (Code civ. art. 465, modifié par L. 15 déc. 1921).

U

UNION LATINE. — V. *Monnaie.*

UNION DE SYNDICATS. — V. *Syndicat professionnel.*

USAGES FORESTIERS

33 *bis.* Le conseil municipal peut aussi décider la vente de l'affouage au profit des affouagistes (L. 8 avr. 1910, art. 121).

38 *bis.* En vertu de la jurisprudence actuellement établie du Tribunal des conflits et du Conseil d'Etat, c'est au conseil de préfecture qu'il appartient de connaître des conditions d'aptitude personnelle en matière d'affouage établies par l'art. 105

c. for., notamment des questions de domicile, de qualité de chef de famille ou de ménage.

USINÉ. — V. *Eaux, Manufactures et établissements dangereux.*

USURE

2 *bis*, **6** *bis.* La suppression temporaire de la limitation du taux de l'intérêt conventionnel (V. *Prêt*, no 24 *ter*) a pour effet de supprimer l'usure en matière civile et en matière pénale, pendant la durée d'application de la loi du 18 avr. 1918.

V

VACANCES JUDICIAIRES. — V. *Tribunal civil d'arrondissement.*

VACATIONS. — V. *Tribunal civil d'arrondissement.*

VAGABONDAGE-MENDICITÉ

1 *bis.* Sur l'application des peines du vagabondage aux nomades coupables de certaines infractions à la loi du 16 juill. 1912 qui les régit, V. *Nomades,* n° 1. — Sont considérés comme vagabonds les mineurs de 18 ans qui, ayant sans cause légitime quitté soit le domicile de leurs parents ou tuteurs, soit les lieux où ils étaient placés par ceux à l'autorité desquels ils étaient soumis ou confiés, ont été trouvés soit errants, soit logeant en garni et n'exerçant régulièrement aucune profession, soit tirant leurs ressources de la débauche ou de métiers prohibés (Code pén. art. 270, § 2, ajouté par L. 24 mars 1921).

4 *bis.* Lignes 4 et s., jusqu'à la fin, *lire :* Les vagabonds mineurs de 18 ans sont poursuivis et jugés dans les conditions prévues par la loi du 22 juill. 1912.

VALEUR LOCATIVE. — V. *Habitations à bon marché, Impôts directs.*

VALEURS MOBILIÈRES

Sous-titre, ligne 1, après 1872, *ajouter :* modifiée par celle du 8 févr. 1902.

15 *bis.* La loi du 8 févr. 1902, qui a modifié celle du 15 juin 1872 sur les titres au porteur, a été rendue applicable dans les colonies françaises par une loi du 22 févr. 1912.

15 *ter.* La loi du 15 juin 1872, modifiée par celle du 8 févr. 1902, est applicable aux obligations émises pour les besoins des chemins de fer de l'Etat (L. 8 mars 1912, art. 1er).

28 *bis.* V. cependant, quant aux obligations émises pour les besoins des chemins de fer de l'Etat, *supra,* n° 15 *ter.* — La loi du 31 juill. 1918 a réglementé la protection des bons et obligations de la Défense nationale dont les propriétaires ont été dépossédés, soit par suite de faits de guerre, soit par tout autre événement.

31 *bis.* Le droit de timbre proportionnel sur les titres ou certificats d'actions est fixé à 1 fr. par 100 fr., décimes compris, ou à 2 fr. par 100 fr., décimes compris, suivant la distinction mentionnée audit article (V. n° 31). Le droit de timbre proportionnel sur les titres d'obligations est fixé à 2 fr. par 100 fr., décimes compris (L. 25 juin 1920, art. 48).

32 *bis.* Le droit annuel d'abonnement est fixé à 0 fr. 10 cent. par 100 fr., décimes compris, quelle que soit l'époque à laquelle l'abonnement a été contracté (L. 29 mars 1914, art. 40, modifié par L. 25 juin 1920, art. 48). Toutefois, pour les sociétés qui, par suite de réduction de leur capital, payent la taxe d'abonnement sur un capital supérieur à leur capital existant lors de la promulgation respective des lois du 29 mars 1914 et du 25 juin 1920, les augmentations de tarifs édictées par ces lois ne s'appliquent qu'au capital réel de ces sociétés, tel qu'il existait au moment de la promulgation de chacune d'elles (L. 31 déc. 1921, art. 26).

32 *ter.* Les sociétés, compagnies, entreprises et les départements, communes et établissements publics qui ont contracté un abonnement pour l'acquittement des droits de timbre sur leurs actions ou leurs obligations, peuvent être dispensés par l'administration de l'Enregistrement de l'apposition du timbre à l'extraordinaire sur la souche et le talon des titres, et autorisés à remplacer cette apposition par une mention imprimée sur les titres (L. 31 déc. 1920, art. 10).

32 *quater.* Sont affranchies du droit proportionnel de timbre les actions de travail des sociétés anonymes à participation ouvrière dans lesquelles le nombre de ces actions est égal au moins au quart du nombre des actions de capital (L. 24 juill. 1867, art. 80, ajouté par la loi du 26 avr. 1917).

34 *bis.* Le droit de transmission établi sur le transfert des titres nominatifs des actions et obligations françaises est fixé à 0 fr. 90 p. 100, sans décimes (L. 29 mars 1914, art. 41, § 1er).

35 *bis.* Le taux du droit annuel de transmission auquel sont assujettis les titres au porteur d'actions ou d'obligations françaises, est fixé à 0 fr. 50 par 100 fr., sans addition de décimes (L. 25 juin 1920, art. 49, § 1er). Les actions de travail, dans les sociétés anonymes à participation ouvrière où le nombre de ces actions est égal au moins au quart du nombre des actions de capital, sont affranchies du droit de transmission (L. 24 juill. 1867, art. 80, ajouté par L. 26 avr. 1917).

36 *bis.* La conversion au porteur des titres nominatifs d'actions ou d'obligations françaises donne ouverture au droit de transmission de 2 fr. par 100 fr., sans décimes (L. 25 juin 1920, art. 49, § 2). — Lorsque le titulaire d'un titre nominatif a dû le convertir au porteur en vue de le vendre et qu'il a acquitté de ce chef le droit de 2 p. 100 ci-dessus prévu, il peut obtenir le remboursement de ce droit si, dans le délai d'un mois à compter de la conversion, il a employé le prix de la vente intégralement en valeurs mises au même nom et dont la conversion au porteur est assujettie au droit proportionnel (L. 31 juill. 1920, art. 17).

36 *ter.* Les actions, obligations ou parts bénéficiaires nominatives attribuées à une société française par actions en représentation de versements ou d'apports en nature ou en numéraire par elle faits à une autre société française dans les conditions prévues à l'art. 27 de la loi du 31 juill. 1920 (V. *infrà,* n° 38 *ter*), sont, lors de leur conversion au porteur, affranchies du droit de transmission (L. 31 juill. 1920, art. 28).

37 *bis.* L'impôt sur le revenu des capitaux mobiliers s'applique aux dividendes, intérêts, arrérages et tous autres produits des actions, parts de fondateurs, parts d'intérêt, commandites, obligations et emprunts de toute nature des sociétés et collectivités françaises désignées dans l'art. 1er de la loi du 29 juin 1872 (V. n° 37) et non affranchies de l'impôt sur le revenu des valeurs mobilières par les lois subséquentes (L. 29 mars 1914, art. 31). Sur l'imposition de la rente sur l'État français, V. *Rentes sur l'État*, n° 41 *bis.* — En ce qui concerne l'impôt sur le revenu des capitaux mobiliers qui n'affectent pas la forme de valeurs mobilières (créances, dépôts, etc.), V. *supra, Impôts directs*, n°s 92-44° et s.

37 *ter.* La loi de finances du 13 juill. 1911, art. 12, frappe d'une taxe annuelle les bénéfices qui, par suite de dispositions statutaires, sont distribués aux membres des conseils d'administration des sociétés, compagnies et entreprises désignées à l'art. 1er de la loi du 29 juin 1872. Cette taxe est avancée par lesdites sociétés, compagnies et entreprises et payée au bureau de l'enregistrement du siège social dans les vingt jours qui suivent la mise en distribution de ces bénéfices. A l'appui du payement, les sociétés, compagnies ou entreprises sont tenues de déposer un état certifié par leurs représentants légaux et énonçant le montant des bénéfices distribués, par suite de dispositions statutaires, aux membres des conseils d'administration (Décr. 22 août 1912, art. 1er).

37 *quater.* Depuis le 1er janv. 1917, les bénéfices qui, par suite de dispositions statutaires, sont distribués aux membres des conseils d'administration des sociétés, compagnies et entreprises *étrangères* sont soumis à une taxe équivalente à celle qui est établie sur les bénéfices distribués aux administrateurs des sociétés françaises (V. n° 37 *ter*). Cette taxe, dont le tarif est également fixé à 10 p. 100 (L. 25 juin 1920, art. 50), est perçue sur la quote-part des bénéfices distribués à ceux des membres du conseil d'administration qui sont domiciliés en France ou y résident. A défaut de payement par les sociétés, le recouvrement de la taxe peut être poursuivi directement contre chacun des membres des conseils d'administration (L. 30 déc. 1916, art. 12).

38 *bis.* L'impôt sur le revenu des capitaux mobiliers n'est pas applicable aux actions de travail des sociétés anonymes à participation ouvrière dans lesquelles le nombre de ces actions est égal au moins au quart du nombre des actions de capital (L. 24 juill. 1867, art. 80, ajouté par L. 26 avr. 1917); ... aux emprunts des monts-de-piété ou caisses de crédit municipal pendant une période de 15 ans commençant le 1er janv. 1919 (L. 16 oct. 1919, art. 1er); ... aux sociétés fondées uniquement en vue du reboisement, pour les dividendes afférents au premier exercice social (L. 31 déc. 1921, art. 22, § 3).

38 *ter.* Lorsqu'une société française par actions a reçu, en représentation de versements ou d'apports en nature ou en numéraire par elle faits à une autre société par actions, des actions, des obligations ou des parts bénéficiaires nominatives de cette dernière société, les dividendes distribués par la première société sont, pour chaque exercice, exonérés de la taxe sur le revenu des capitaux mobiliers dans la mesure des produits de ces parts, obligations ou actions touchés par elle au cours de l'exercice, à la condition que ces parts, obligations ou actions soient restées inscrites au nom de la société (L. 31 juill. 1920, art. 27).

38 *quater.* Indépendamment de ces exonérations d'impôt, il est accordé un dégrèvement de taxe aux petits porteurs de certains titres nomina-

tifs, émis par les villes ou départements français, le Crédit foncier et les sociétés ou compagnies concessionnaires de chemins de fer français ou coloniaux (L. 25 juin 1920, art. 51).

39 *bis.* Le taux de la taxe sur le revenu des valeurs mobilières est fixé à 10 p. 100 (L. 25 juin 1920, art. 50, § 1er). — La taxe sur les lots est fixée à 20 p. 100 (Même art., § 2).

39 *ter.* Le recouvrement de l'impôt sur le revenu des valeurs mobilières est assuré et les instances sont introduites et jugées comme en matière d'enregistrement.

40 *bis.* Le taux du droit annuel de transmission auquel sont assujettis les titres nominatifs ou au porteur étrangers, visés à l'art. 31-2° de la loi du 29 mars 1914, est fixé à 0 fr. 50 par 100 fr., sans addition de décime (L. 25 juin 1920, art. 49).

41 *bis.* Le droit de timbre au comptant des titres étrangers est fixé à 3 p. 100 (tarif ramené à 2 p. 100 par la loi du 4 avr. 1914), sauf en ce qui concerne les titres déjà timbrés soit au tarif de 0 fr. 50 p. 100 avant le 1er avr. 1907, soit au tarif de 2 p. 100 avant le 1er août 1913 (L. 30 juill. 1913, art. 13).

41 *ter.* Les valeurs étrangères non abonnées et les fonds d'États étrangers demeurent passibles du droit de timbre au comptant. L'art. 42, § 1er, de la loi du 29 mars 1914 a maintenu le taux de 2 p. 100 sur la valeur de chaque titre ou coupure pour les titres des sociétés étrangères. La loi du 4 avr. 1914 (art. 5) a ramené à 2 p. 100 le taux afférent aux fonds d'États étrangers.

41 *quater.* La négociation, l'exposition en vente, l'énonciation dans un acte ou écrit, soit public, soit sous seing privé, le remboursement et le transfert des titres ci-dessus visés, ne peuvent être effectués en France, lorsque ces titres n'ont pas acquitté le droit de timbre au comptant.

42. L'art. 31 de la loi du 29 mars 1914 assujettit à l'impôt sur le revenu des capitaux mobiliers les dividendes, intérêts, arrérages et tous autres produits : a) des actions, parts de fondateurs, parts d'intérêts, commandites, obligations et emprunts de toute nature des sociétés, compagnies, entreprises, corporations, villes, provinces étrangères, ainsi que tout autre établissement public étranger ; b) des rentes, obligations et autres effets publics des gouvernements étrangers.

43. Le taux de l'impôt sur le revenu pour les valeurs étrangères abonnées, autres que les fonds d'État, est de 10 p. 100 (L. 25 juin 1920, art. 50, § 1er). Il est de 12 p. 100 pour les valeurs étrangères non abonnées et pour les fonds d'État étrangers (Même art., § 3).

44. Quiconque fait profession ou commerce de recueillir, encaisser, payer ou acheter des coupons, chèques ou tous autres instruments de crédit créés pour le payement des dividendes, intérêts, etc., de valeurs étrangères non abonnées ou de fonds d'États étrangers, doit en faire la déclaration au bureau de l'enregistrement de sa résidence (L. 1914, art. 35, § 1er).

45. Il est interdit à toutes les personnes ci-dessus désignées de recueillir, encaisser, payer, acheter ou négocier les coupons, chèques ou autres instruments de crédit précités, sans opérer immédiatement la retenue de l'impôt ou sans en faire l'avance si, par suite de contrats existants, l'impôt est à la charge de l'émetteur du titre, à moins qu'il ne leur soit justifié que cette retenue ou cette avance a déjà été effectuée par un précédent intermédiaire soumis aux prescriptions de la loi du 29 mars 1914 (Même loi, art. 35, § 2).

46. Toute personne qui demande en France le payement de coupons, chèques ou instruments de crédit représentant les intérêts de valeurs étrangères non abonnées ou de fonds d'États étrangers, doit déposer, en même temps et à l'appui, un bordereau daté dont elle peut exiger un récépissé. Ce bordereau ne porte ni le nom, ni l'adresse de celui qui le dépose (L. 29 mars 1914, art. 36, § 1). Celui qui effectue le payement doit inscrire immédiatement sur le bordereau le montant de l'impôt qu'il a retenu ou avancé (art. 36, § 2). — Les personnes désignées au n° 44 qui négocient en France des coupons, chèques ou autres instruments de crédit sur lesquels l'impôt a déjà été retenu, soit par elles-mêmes, soit par un précédent intermédiaire, doivent joindre, à l'appui de chaque transmission, un bordereau daté et signé (art. 36, § 3). — Les mêmes personnes doivent tenir deux registres en papier non timbré, cotés et paraphés, sur lesquels elles inscrivent jour par jour, sans blanc ni interligne, toute opération de payement ou de négociation de coupons, chèques ou autres instruments de crédit sujets à la retenue de l'impôt (L. 1914, art. 36, § 4).

47. Le propriétaire ou usufruitier de titres ou valeurs mobilières étrangères (de collectivités non abonnées ou d'États étrangers), domicilié en France, qui se fait envoyer ou encaisse *à l'étranger*, soit directement, soit par un intermédiaire quelconque, les dividendes, intérêts, arrérages ou tous autres produits de ces valeurs, est tenu d'apposer annuellement sur chaque titre, au moment de détacher le premier coupon annuel, un timbre spécial, d'une valeur égale au montant de la taxe sur le revenu de l'année entière (Décr. 21 juin 1914, art. 14 et 15). Faute de se conformer aux prescriptions précédentes, le propriétaire ou usufruitier susvisé doit, dans les trois premiers mois de l'année, souscrire au bureau de l'enregistrement la déclaration du montant total de ces dividendes, intérêts, arrérages ou produits encaissés au cours de l'année précédente et acquitter la taxe sur ce total (V. Décr. 1914, art. 16 à 18).

48. En ce qui concerne les pénalités nouvelles édictées par l'art. 112 de la loi du 25 juin 1920 en matière de fraudes fiscales, V. *suprà, Impôts directs*, n° 46 *quater.*

VÉLOCIPÈDE. — V. *Impôts indirects, Voiture.*

VENTE

17 *bis.* Toute opération d'achat ou de vente de marchandises à terme ou à livrer, traitée aux conditions des règlements établis dans les bourses de commerce et de nature à être inscrite au répertoire dont la tenue est prescrite aux courtiers, commissionnaires, etc. (V. *suprà, Courtier,* n° 19 *bis*), est assujettie à un droit de statistique de 2 centimes par 5 quintaux ou 5 hectolitres. Ce droit est réduit à 1 centime pour les marchandises et denrées dont la moyenne des cours pratiqués pendant les cinq dernières années est inférieure à 40 francs par quintal ou hectolitre. Le droit est dû pour chaque achat et pour chaque vente. Il n'est pas soumis aux décimes (L. 27 févr. 1912, art. 9).

137 *bis,* **139** *bis.* La règle d'après laquelle la rescision pour lésion ne peut être poursuivie que par le *vendeur*, et en matière de *vente d'immeuble*, a reçu une exception notable du fait de la loi du 8 juill. 1907, qui donne à l'*acheteur* une action en réduction de prix en cas de lésion de plus d'un quart dans la *vente des engrais* (V. *Vente de substances falsifiées*, n° 34).

149 *bis.* Les ventes amiables de *meubles* sont assujetties à un droit d'enregistrement de 5 p. 100, sans décimes (L. 25 juin 1920, art. 24, § 1er). Le taux de 5 p. 100 est réduit de moitié pour les ventes d'animaux, récoltes, engrais, instruments

et autres objets mobiliers dépendant d'une exploitation agricole (Même art., § 2). — Le droit d'enregistrement des ventes amiables *d'immeubles* est fixé à 10 p. 100, sans décimes. Toutefois, lorsque l'acheteur déclare dans l'acte de vente qu'il achète l'immeuble en vue de le revendre, le droit est porté à 12 p. 100. Mais, dans ce cas, il est restitué à l'acheteur : 10 p. 100 si l'immeuble est revendu dans le délai d'un an; 8 p. 100 s'il est revendu dans le délai de deux ans; 6 p. 100 s'il est revendu dans le délai de trois ans; 4 p. 100 s'il est revendu dans le délai de quatre ans, et 2 p. 100 s'il est revendu dans le délai de cinq ans (L. 25 juin 1920, art. 25, § 1 et 2).

150 *bis.* Dans tout acte ayant pour objet une vente d'immeubles, chacun des vendeurs et acquéreurs, leurs maris, tuteurs ou administrateurs légaux sont tenus de terminer l'acte par une mention ainsi conçue : « La partie soussignée affirme que le présent acte exprime l'intégralité de la soulte convenue. » Cette mention doit être écrite de la main du déclarant ou de la partie à l'acte, si ce dernier est sous signature privée (L. 18 avr. 1918, art. 7). Toute affirmation frauduleuse est punie des peines prévues par l'art. 366 c. pén. (V. *Serment*, n° 36), lesquelles se cumulent avec celles dont les lois fiscales frappent les omissions et les dissimulations. Les art. 59, 60 c. pén. (complicité) et 463 c. pén. (circonstances atténuantes) sont applicables (Même loi, art. 8). Les poursuites peuvent être engagées par l'Administration dans les trois ans qui suivent l'affirmation frauduleuse (art. 9).

153 *bis.* Le principal des droits fixes est doublé, mais n'est plus soumis aux décimes (L. 25 juin 1920, art. 28).

155 *bis.* Avant-dernière ligne, *au lieu de :* 7 p. 100, *lire :* 10 p. 100.

156 *bis.* Dernière ligne, *au lieu de :* 7 p. 100, *lire :* 10 p. 100.

157 *bis.* Ligne 3, *au lieu de :* 2 p. 100, *lire :* 5 p. 100; ligne 4, *au lieu de :* 7 p. 100, *lire :* 10 p. 100.

VENTE DE FONDS DE COMMERCE. — V. *Fonds de commerce.*

VENTE PUBLIQUE D'IMMEUBLES

15 et s. *bis.* Le principal des droits fixes d'enregistrement est doublé, mais n'est plus soumis aux décimes (L. 25 juin 1920, art. 28).

16 *bis.* Ligne 2, *au lieu de :* 7 p. 100, *lire :* 10 p. 100 (L. 25 juin 1920, art. 25).

VENTE PUBLIQUE DE MEUBLES

14 *bis.* Sur toute vente publique d'œuvres d'art, l'État peut exercer un droit de préemption par lequel il se trouve subrogé à l'adjudicataire. La déclaration faite par le ministre des beaux-arts qu'il entend éventuellement user de son droit de préemption est formulée, à l'issue de la vente, entre les mains de l'officier public ou ministériel dirigeant les adjudications. La décision du ministre doit intervenir dans le délai de quinze jours (L. 31 déc. 1921, art. 37).

15 *bis.* Les ventes publiques de meubles sont soumises au droit proportionnel de 5 p. 100, sans décimes (L. 25 juin 1920, art. 24). — Lorsqu'une vente publique comprend des marchandises, denrées ou objets quelconques appartenant à une personne redevable de l'impôt sur le chiffre d'affaires (V. *Impôt sur le chiffre d'affaires*, n° 3 *bis*) et classés comme étant de luxe, la taxe de luxe de

10 p. 100 est perçue, lors de l'enregistrement du procès-verbal de la vente, sur le prix desdits objets, au lieu et place du droit d'enregistrement (L. 25 juin 1920, art. 71).

15 *ter*. En cas de vente publique de curiosités, antiquités, livres anciens et tous objets de collection, de peintures, aquarelles, pastels, dessins, sculpture originale et de tapisseries anciennes, il est perçu au profit de la Caisse des monuments historiques une taxe spéciale de 1 p. 100. La perception de cette taxe est soumise aux mêmes règles que la taxe de luxe.

VENTE PUBLIQUE DE NAVIRES ET BATEAUX

3 *bis*. Les actes et procès-verbaux de ventes de navires et bateaux de toute nature servant à la navigation maritime ou à la navigation intérieure, dont la jauge nette est supérieure à 100 tonnes, sont soumis au droit proportionnel de 5 p. 100, sans décimes (L. 25 juin 1920, art. 24, § 4 et 5).

VENTE PUBLIQUE D'OBJETS ABANDON- NÉS CHEZ LES OUVRIERS ET INDUSTRIELS

1 *bis*. La loi du 31 déc. 1903 a été incorporée au Code du travail, livre 1er, art. 48.

VENTE PUBLIQUE DE RÉCOLTES

3 *bis*. Le tarif des ventes de meubles (5 p. 100, sans décimes) est réduit de moitié pour les ventes de récoltes (L. 25 juin 1920, art. 24, § 2).

VENTE DE SUBSTANCES FALSIFIÉES

Sous-titre, *ajouter* : Lois du 5 août 1908, du 28 juill. 1912, du 20 mars 1919, du 31 déc. 1921 (art. 128).

7 *bis*. La loi du 6 mai 1919, relative aux appellations d'origine, confère à toute personne lésée, soit une action civile si l'appellation employée indûment l'a été de bonne foi, soit une action correctionnelle en répression du délit consistant dans l'emploi d'appellations sciemment inexactes. En outre, elle édicte des dispositions spéciales en vue de protéger les appellations de provenance s'appliquant aux vins et aux eaux-de-vie ; ces dispositions remplacent les règlements antérieurs relatifs à la délimitation des appellations régionales.

15 *bis*. Sont punissables ceux qui exposent, mettent en vente ou vendent, connaissant leur destination, des produits propres à effectuer la falsification des denrées servant à l'alimentation de l'homme ou des animaux, des boissons ou des produits agricoles ou naturels, et ceux qui provoquent à leur emploi par le moyen de brochures, circulaires, prospectus, affiches, annonces ou instructions quelconques (L. 1er août 1905, art. 3-5°, mod. par L. 28 juill. 1912).

18 *bis*. Ligne 13, *lire* : soit de produits propres à effectuer la falsification des denrées servant à l'alimentation de l'homme ou des animaux, des boissons ou des produits agricoles ou naturels (L. 1er août 1905, art. 4, § 6, mod. par L. 28 juill. 1912).

18 *ter*. Tombent également sous les mêmes peines tous vendeurs ou détenteurs de produits destinés à la préparation ou à la conservation des boissons qui ne porteront pas sur une étiquette l'indication des éléments entrant dans leur composition et la proportion de ceux de ces éléments dont l'emploi n'est admis par les lois et règle-

ments en vigueur qu'à doses limitées (L. 1er août 1905, art. 4, mod. par L. 28 juill. 1912).

19 *bis*. Sont punissables ceux qui, sans motifs légitimes, sont trouvés détenteurs des produits visés par la loi dans leurs magasins, boutiques, maisons ou voitures servant à leur commerce, dans leurs ateliers, chais, étables, lieux de fabrication contenant ces produits en vue de la vente, ainsi que dans les entrepôts, abattoirs et leurs dépendances, dans les gares, dans les halles, foires et marchés (L. 1er août 1905, art. 4, § 2, mod. par L. 28 juill. 1912).

28 *bis*. La loi du 5 août 1908, art. 1er, complétant l'art. 11-2° de la loi du 1er août 1905, a confié au Gouvernement le soin de statuer par des règlements d'administration publique : ... sur la définition et la dénomination des boissons, denrées et produits, conformément aux usages commerciaux, les traitements licites dont ils peuvent être l'objet en vue de leur bonne fabrication ou de leur conservation, les caractères qui les rendent impropres à la consommation, la *délimitation des régions* pouvant prétendre exclusivement aux appellations de provenance des produits. Cette délimitation doit être faite en prenant pour base les usages locaux constants.

28 *ter*. En exécution de cette disposition, des décrets en date des 17 déc. 1908, 1er et 25 mai 1909, 18 févr. 1911 ont délimité les régions ayant pour leurs vins et leurs eaux-de-vie un droit exclusif aux dénominations de champagne, cognac, armagnac, banyuls, bordeaux. Puis, en vue de rendre effective la délimitation de la Champagne et de garantir l'origine des vins de ce cru, la loi du 10 févr. 1911 a prescrit diverses mesures de contrôle, et le décret du 7 juin 1911 a délimité une région appelée Champagne deuxième zone. — Ces dispositions sont abrogées par l'art. 24 de la loi du 6 mai 1919, qui spécifie toutefois que les producteurs, fabricants, etc., des régions délimitées peuvent invoquer, à titre de présomption légale, les décrets précités, en tant qu'ils leur donnent le droit d'appliquer une appellation d'origine à leurs produits. Désormais, en ce qui concerne les produits vinicoles, cette matière est régie par les art. 10 à 23 de la loi du 6 mai 1919. Tout récoltant qui veut donner à son produit une appellation d'origine est tenu de l'indiquer dans sa déclaration de récolte. Le ministère de l'Agriculture procède à l'enregistrement et à la publicité de ces déclarations. L'appellation d'origine est acquise si elle n'est pas contestée dans le délai d'un an à partir de la déclaration.

29 *bis*. Les infractions aux dispositions de la loi du 6 mai 1919 sur les appellations d'origine sont punies d'un emprisonnement d'un mois à un an et d'une amende de 100 fr. à 5 000 fr., ou de l'une de ces deux peines seulement.

31 *bis*. Les frais de surveillance des fabriques de margarine et d'oléo-margarine ont été fixés par l'article 8 de la loi 16 avr. 1897, modifié par L. 30 déc. 1916, art. 9.

37 *bis*. L'art. 4 de la loi du 29 juin 1907 a été abrogé et remplacé par une disposition nouvelle en vertu de l'art. 4 de la loi du 28 juill. 1912.

VEUVE. — V. *Accidents du travail, Impôts directs, Mariage, Pensions civiles, Pensions militaires, Retraites ouvrières.*

VICES RÉDHIBITOIRES

Sous-titre, *lire* : Loi du 2 août 1884.

40 *bis*. Supprimer les lignes 6 à 13, *depuis* : Si la livraison... *jusqu'à la fin*. En effet, l'art. 6 de la loi du 2 août 1884, relatif à l'augmentation des

délais de garantie à raison des distances auxquelles a pu être conduit l'animal hors du lieu du
domicile du vendeur, est abrogé (L. 24 févr. 1914).

VIE (CERTIFICAT DE). — V. *Certificat de vie.*

VIEILLARDS (ASSISTANCE AUX). — V. *Assistance publique.*

VILLE DE LYON

Une loi du 8 mars 1912 a porté à 19 le nombre
des adjoints de la ville de Lyon, et à 7 celui des
arrondissements municipaux.

VILLE DE PARIS

11 bis. Les membres du conseil municipal de
Paris peuvent recevoir, sur les ressources ordinaires du budget municipal, une indemnité annuelle ne dépassant pas 6000 francs ; ils ont droit,
en outre, au remboursement des frais que nécessite l'exécution de mandats spéciaux. Une indemnité peut aussi être allouée au président du
conseil municipal pour frais de représentation
(L. 8 avr. 1914).

48 bis. La ville de Paris a été autorisée par la
loi du 29 déc. 1920 à relever le tarif de diverses
taxes de remplacement (taxes sur la valeur des
propriétés bâties ou non bâties, et sur la valeur
locative des locaux industriels, commerciaux et
d'habitation), et à créer de nouvelles taxes (sur
les domestiques, précepteurs et gouvernantes, et
sur les pianos, orgues et harmoniums).

VIREMENT EN BANQUE. — V. *Banque,
Banquier.*

VOIES PRIVÉES. — V. *Voirie.*

VOIRIE

32 bis. A Paris, tout constructeur de maisons
doit adresser à l'administration un plan et des
coupes cotées des constructions qu'il projette, et
se soumettre aux prescriptions qui lui seront faites
dans l'intérêt de la sûreté publique et de la salubrité, ainsi que de la conservation des perspec-
tives monumentales et des sites, sauf recours au
Conseil d'Etat par la voie contentieuse (Décr.
26 mars 1852, art. 4, § 1er, complété par L. 13 juill.
1911, art. 118).

46 bis. La loi du 14 mars 1919, sur l'extension,
l'embellissement et l'aménagement des villes (V.
Commune, n° 16 bis) dispose (art. 10) qu'à dater
de la publication du plan de reconstruction,
d'aménagement, etc., les propriétaires de terrains
en bordure des voies et places projetées doivent
se conformer aux règles édictées par la législation
sur l'alignement et ne peuvent édifier des constructions nouvelles sans avoir obtenu, au préalable, un permis de construire délivré par le
maire.

127 bis. Une loi du 22 juill. 1912 a rendu applicables aux *voies privées* les lois et règlements
relatifs à l'hygiène des voies publiques et des maisons riveraines de ces voies, notamment en ce
qui concerne l'écoulement des eaux usées et des
vidanges et l'alimentation en eau. Elle institue
une servitude légale frappant toutes les parties
d'une voie privée dans laquelle doit être établi un
égout ou une canalisation d'eaux. — Pour l'exécution de tous travaux intéressant l'ensemble de la
voie, les propriétaires de toute voie privée et les
propriétaires des immeubles riverains sont tenus
de se constituer en syndicat (V. *suprà, Salubrité
publique*, n° 2 *ter*).

VOIRIE PAR EAU

4 bis. Certains ports maritimes de commerce
sont administrés par un conseil d'administration
dont la loi du 12 juin 1920 règle la composition,
les attributions et le fonctionnement. Le conseil
statue définitivement sur tout ce qui concerne les
travaux, l'outillage et l'exploitation du port. Lorsqu'un port est doté de cet organisme, il constitue
un établissement public investi de la personnalité
civile. Ses ressources consistent, notamment, dans
le produit des droits de quai, des péages locaux,
des taxes et redevances de toute nature, de l'exploitation de l'outillage public, des subsides de
l'Etat, du département ou des communes, etc. —
La loi du 12 juin 1920 règle les formalités pour
l'exécution des travaux de construction et d'amélioration des ports maritimes de commerce, qu'ils
soient ou non placés sous le régime d'autonomie
institué par cette loi.

9 bis. La loi du 1er juill. 1921 autorise, en cas
d'encombrement, la vente aux enchères des marchandises en souffrance dans les ports maritimes,
après avis adressé au destinataire ou à l'expéditeur ou au commissionnaire, consignataire, etc.

14 bis. L'art. 67 de la loi de finances du
27 févr. 1912 a créé au ministère des Travaux publics un Office national de la navigation ayant
pour objet : 1° de centraliser et de porter à la
connaissance du public les renseignements de toute
nature concernant la navigation intérieure ; 2° de
rechercher tous les moyens propres à développer
la navigation, de provoquer et, au besoin, de
prendre toutes mesures tendant à améliorer l'exploitation des voies navigables. L'Office national
de la navigation est investi de la personnalité civile
et de l'autonomie financière.

16 bis. La police des voies de navigation intérieure est régie par le décret du 24 mars 1914.

17 bis. La circulation, sur les voies de navigation intérieure, des bateaux automobiles est réglementée par le décret du 5 déc. 1914, modifié
par celui du 6 juill. 1920.

24 bis. Lignes 3 à 13, *lire* : 1° Est réservé,
comme le cabotage, au pavillon français le remorquage entre ports français ou dans l'intérieur de
ces ports, ainsi que dans les eaux territoriales
françaises, limitées à trois milles marins des
côtes. Toutefois, le pavillon étranger est admis à
pratiquer le remorquage s'il n'existe pas de re-
morqueur français disponible ou suffisant sur
place, ni dans les ports français plus proches que
les ports d'attache des remorqueurs étrangers
(L. 11 avr. 1906, modifiée par L. 6 déc. 1917).

VOITURE

1 bis. La police de la circulation sur les voies
publiques est réglementée par le décret du 27 mai
1921, appelé communément « code de la route »,
qui abroge et remplace les décrets des 10 août
1852 et 24 févr. 1858 sur la police du roulage, les
décrets des 10 mars 1899, 10 sept. 1901 et 4 sept.
1919 concernant la circulation des automobiles,
ainsi que toutes dispositions contraires à celles du
nouveau règlement. — Le décret du 27 mai 1921
s'applique à toutes les voies ouvertes à la circulation publique ; il n'y a plus à distinguer entre les
routes nationales ou départementales et les chemins vicinaux de grande communication, d'une
part, et, d'autre part, les chemins vicinaux ordinaires, les chemins ruraux, les rues et places des
villes et villages. — Le délai d'un an accordé pour
l'application des dispositions des art. 4, 24, 37 a
été prorogé jusqu'au 1er janv. 1923 par le décret
du 3 juin 1922.

2 *bis.* Le décret du 27 mai 1921 réglemente la largeur des véhicules et la saillie des essieux et des moyeux. — Les roues des véhicules automobiles servant au transport des personnes et des marchandises, ainsi que les roues de leurs remorques, doivent toutes être munies de bandages en caoutchouc ou de tous autres systèmes équivalents au point de vue de l'élasticité.

4 *bis.* Lorsqu'ils sont croisés ou dépassés, les conducteurs doivent laisser libre à gauche le plus large espace possible et au moins la moitié de la chaussée quand il s'agit d'un autre véhicule ou d'un troupeau, ou 2 mètres quand il s'agit d'un piéton, d'un cycle ou d'un animal isolé (Décr. 27 mai 1921, art. 9). — Tout conducteur abordant une bifurcation ou une croisée de chemins doit annoncer son approche ou vérifier que la voie est libre, marcher à allure modérée et serrer sur sa droite.

5 *bis.* Lorsqu'un véhicule est immobilisé par suite d'accident ou que tout ou partie d'un chargement tombe sur la voie publique sans pouvoir être immédiatement relevé, le conducteur doit prendre les mesures nécessaires pour garantir la sécurité de la circulation et notamment pour assurer, dès la chute du jour, l'éclairage de l'obstacle (Décr. 27 mai 1921, art. 11).

9 *bis.* Un convoi doit être fractionné en tronçons mesurant chacun 25 mètres de longueur au plus, attelages compris, pour les convois de véhicules à traction animale; en tronçons mesurant 50 mètres de longueur au plus, remorques comprises, pour les convois de véhicules automobiles. L'intervalle entre deux tronçons consécutifs doit être d'au moins 25 mètres dans le premier cas et de 50 mètres dans le second (Décr. 27 mai 1921, art. 13).

11 *bis.* Sans préjudice des prescriptions spéciales aux automobiles (V. *infrà*, n° 17 *bis*), aucun véhicule marchant isolément ne peut circuler après la tombée du jour sans être signalé vers l'avant par un ou deux feux blancs et vers l'arrière par un feu rouge. L'un des feux blancs ou le feu blanc, s'il est unique, est placé sur le côté gauche du véhicule. Il en est de même du feu rouge. Celui-ci peut être produit par le même foyer lumineux que le feu gauche d'avant lorsque la longueur totale du véhicule, chargement compris, n'excède pas 6 mètres. Toutefois, les voitures agricoles, se rendant de la ferme aux champs ou des champs à la ferme, peuvent n'être éclairées qu'au moyen d'un falot porté à la main. Il n'est exigé, pour les voitures à bras, qu'un feu unique, coloré ou non (Décr. 27 mai 1921, art. 4).

15 *bis.* Les dispositions du décret du 27 mai 1921 ne font pas obstacle au droit conféré par les lois et règlements aux préfets et aux maires de prescrire, dans les limites de leurs pouvoirs, et lorsque l'intérêt de la sécurité ou de l'ordre public l'exige, des mesures plus rigoureuses que celles édictées par le nouveau règlement (art. 62).

17 *bis.* — **Règles spéciales aux automobiles** — La réglementation relative à la circulation des véhicules automobiles est contenue dans les art. 21 à 33 du décret du 27 mai 1921, dont l'art. 63 abroge les décrets des 10 mars 1899, 10 sept. 1901 et 4 sept. 1919.

19 *bis.* Les organes d'un véhicule automobile doivent être disposés de façon à éviter tout danger d'incendie ou d'explosion; leur fonctionnement ne doit constituer aucune cause de danger ou d'incommodité. Les moteurs doivent être munis d'un dispositif d'échappement silencieux, dont l'emploi est obligatoire dans les agglomérations et quand l'automobile croise ou dépasse, en rase campagne, des bestiaux ou des animaux de selle, de trait ou de charge (Décr. 27 mai 1921, art. 21). — Les automobiles pesant à vide plus de 350 kgr. doivent être munies de dispositifs de marche arrière. — Tout véhicule automobile doit être pourvu de deux systèmes de freinage à commande et transmission indépendantes; ces freins doivent être suffisamment puissants pour arrêter et immobiliser le véhicule sur les plus fortes déclivités (art. 23).

22 *bis.* En cas de dérangement en cours de route, les réparations et la mise au point bruyantes doivent, sauf impossibilité absolue, être opérées à 100 m. au moins de toute habitation (art. 30).

22 *ter.* Tout véhicule automobile autre que les motocyclettes doit être muni dès la chute du jour, à l'avant, de deux lanternes à feu blanc et à l'arrière d'une lanterne à feu rouge placée à gauche. Pour la motocyclette, l'éclairage peut être réduit soit à un feu visible de l'avant et de l'arrière, soit même, quand un appareil à surface réfléchissante rouge est établi à l'arrière, à un feu visible de l'avant seulement. En rase campagne, tout véhicule marchant à une vitesse supérieure à 20 kilomètres à l'heure doit porter au moins un appareil supplémentaire ayant une puissance suffisante pour éclairer la route à 100 mètres en avant. L'emploi de lumières aveuglantes est interdit dans les agglomérations pourvues d'un éclairage public; il ne peut être admis en dehors de ces agglomérations que si le faisceau de rayon aveuglant ne s'élève pas à plus d'un mètre du sol. Dès la chute du jour, les automobiles isolés doivent être munis d'un dispositif lumineux capable de rendre lisible le numéro inscrit sur la plaque arrière (Décr. 27 mai 1921, art. 24). — En rase campagne, l'approche de tout véhicule automobile doit être signalée, en cas de besoin, au moyen d'un appareil sonore susceptible d'être entendu à 100 mètres au moins et différent des types de signaux spécialisés à d'autres usages par des règlements d'administration publique ou des arrêtés ministériels. Dans les agglomérations, l'usage de la trompe est seul permis (art. 25).

22 *quater.* En principe, la vitesse des automobiles n'est pas limitée, sauf pour les véhicules dont le poids total en charge est supérieur à 3 000 kgr. Mais, sans préjudice des responsabilités qu'il peut encourir à raison des dommages causés aux personnes, aux animaux, aux choses ou à la route, le conducteur doit rester constamment maître de sa vitesse et ralentir ou même arrêter le mouvement toutes les fois que le véhicule, en raison des circonstances ou de la disposition des lieux, pourrait être une cause d'accident, de désordre ou de gêne pour la circulation (art. 31).

24 *bis.* — **Règles spéciales aux vélocipèdes** — Les cycles munis d'un moteur sont soumis à la réglementation applicable aux automobiles (V. *suprà*, n°s 17 *bis* et s.). Quant aux cycles dépourvus de moteur, ils sont régis par les art. 49 à 54 du décret du 27 mai 1921 (V. ci-après).

25 *bis.* Dès la chute du jour, tout cycle doit être pourvu, soit d'un feu visible de l'avant et de l'arrière, soit d'un feu visible de l'avant seulement et d'un appareil à surface réfléchissante rouge à l'arrière (art. 49). — Les cycles doivent également être munis d'un appareil avertisseur constitué par un timbre à note aiguë ou un grelot, dont le son puisse être entendu à 50 mètres au moins. L'emploi de tout autre signal sonore est interdit (art. 50).

25 *ter.* Tout cycle doit porter une plaque métallique indiquant le nom et le domicile du propriétaire (Même décret, art. 51).

26 *bis*. Les cyclistes doivent prendre une allure modérée dans la traversée des agglomérations, ainsi qu'aux croisements, carrefours et tournants des voies publiques. Ils ne peuvent former dans les rues des groupes susceptibles de gêner la circulation (Décr. 27 mai 1921, art. 52). — Les cyclistes doivent prendre leur droite lorsqu'ils croisent des véhicules quelconques, des cycles ou des animaux, et leur gauche lorsqu'ils veulent les dépasser; dans ce dernier cas, ils sont tenus d'avertir le conducteur ou le cavalier au moyen de leur appareil sonore et de modérer leur allure (art. 53).

26 *ter*. La circulation des cycles est admise sur les trottoirs, à condition que les machines soient conduites à la main. En outre, le long des routes et chemins pavés en état de réfection, la circulation des cycles est tolérée, en dehors des agglomérations, sur les trottoirs et contre-allées affectées aux piétons. Mais, dans ce cas, les cyclistes sont tenus de prendre une allure modérée à la rencontre des piétons et de réduire leur vitesse au droit des habitations (Décr. 27 mai 1921, art. 54).

27 *bis*. — Impôts sur les voitures publiques. — Tout propriétaire de voiture automobile publique servant au transport des personnes ou des marchandises doit être muni, pour chaque voiture, d'un permis de circulation dont la délivrance donne lieu au payement d'une taxe annuelle qui varie de 100 fr. à 500 fr., suivant la force du moteur (L. 25 juin 1920, art. 99 et 100). En outre, les automobiles publiques payent la moitié des droits prévus à l'art. 100, § *a*, de la loi précitée (Sur ces droits, V. *suprà*, *Impôts directs*, n° 172 *bis*). — Pour les side-cars et cycle-cars, V. *infrà*, n° 30 *ter*.

30 *bis*. Le droit fixe sur les voitures d'occasion et à volonté est établi d'après le tarif ci-après :

		Par an.		Par mois.	
		fr. c.		fr. c.	
Voitures droit fixe par voiture à :	1 et 2 places..	72	»	6	»
	3 places........	108	»	9	»
	4 places.......	144	»	12	»
	5 places..	180	»	15	»
	6 places..	204	»	17	»
Pour chaque place au-delà de :	6 jusqu'à 50 inclus......	18	»	1 50	
	50 jusqu'à 150 inclus.....	8 40		0 70	
	150.............	4 80		0 40	

30 *ter*. Les side-cars et les cycle-cars servant au transport public des voyageurs ou des marchandises sont soumis à une taxe de circulation respectivement fixée à 100 fr. et 200 fr. (L. 31 juill. 1920, art. 36).

30 *quater*. Les taxes que certaines communes avaient été autorisées à percevoir sur les voitures automobiles en remplacement des droits d'octroi, continuent à être établies et recouvrées suivant les règles et d'après les tarifs précédemment en vigueur, nonobstant les dispositions des art. 99 et 100 de la loi du 25 juin 1920 (V. *suprà*, n° 27 *bis*) (L. 30 avr. 1921, art. 9).

32 *bis*. Sur les chemins de fer d'intérêt général et les voies ferrées d'intérêt local, l'impôt est fixé : *a*) pour les voies ferrées d'intérêt général, exploitées par les grands réseaux d'intérêt général ou concédées à l'un d'eux, à 31,25 pour 100 sur le prix des places de voyageurs et sur le prix du transport des finances, chiens et bagages (toutes taxes accessoires comprises), et à 12,50 pour 100 sur le prix du transport des marchandises en grande et en petite vitesse (toutes taxes accessoires comprises); *b*) pour les autres voies ferrées d'intérêt général ou d'intérêt local, à 12,50 pour 100 sur le prix du transport des voyageurs, finances, chiens et bagages, ainsi que des marchandises en grande et petite vitesse (toutes taxes accessoires comprises); *c*) sur tous les réseaux : à 62,50 pour 100 en ce qui concerne les suppléments payés pour les places de luxe. Cet impôt s'applique aux prix de transport résultant des tarifs homologués, sans porter sur les majorations temporaires autorisées par la loi du 29 juin 1918 (V. *Chemin de fer*, n° 36 *bis*).

32 *ter*. Le droit de timbre des *récépissés*, bulletins d'expédition ou autres pièces en tenant lieu, délivrés par les administrations des voies ferrées d'intérêt général ou local, pour chacun des transports effectués en grande ou en petite vitesse, est fixé uniformément à 0 fr. 25 cent., y compris le droit de la décharge donnée par le destinataire (L. 29 juin 1918, art. 34, § 1er). — Les bulletins de bagages délivrés aux voyageurs par les administrations des voies ferrées d'intérêt général ou local sont soumis à un droit de timbre de 0 fr. 10 cent. (L. 29 juin 1918, précitée, art. 35).

VOITURIER. — V. *Transport*, *Voiture*.

W

WARRANTS ET RÉCÉPISSÉS

27-1°. — Warrant-hôtelier. — Aux termes de la loi du 8 août 1913, tout exploitant d'hôtel à voyageurs peut emprunter, sur le mobilier commercial, le matériel ou l'outillage servant à son exploitation, tout en en conservant la garde dans les locaux de l'hôtel, à la condition que ces objets ne soient pas immeubles par destination. Les objets servant de garantie à la créance restent, jusqu'au remboursement des sommes empruntées, le gage du prêteur et de ses ayants droit.

27-2°. La constitution de gage est inscrite sur un registre à souche, tenu au greffe du tribunal de commerce dans le ressort duquel l'hôtel est exploité. Le warrant est délivré par le greffier. Le warrant est transféré par l'emprunteur au prêteur par voie d'endossement daté et signé. Le prêteur doit, dans un délai de cinq jours, faire transcrire sur le registre le premier endossement.

27-3°. Le warrant est transmissible par voie d'endossement. Tous ceux qui ont signé ou endossé un warrant sont tenus à la garantie solidaire envers le porteur. En principe, l'escompteur et les réescompteurs sont tenus d'aviser, dans les huit jours, le greffier du tribunal de commerce par pli recommandé ; toutefois, l'emprunteur peut, par une mention spéciale inscrite sur le warrant, les dispenser de donner cet avis. Le greffier est tenu de délivrer à tout prêteur qui le demande un état des warrants inscrits pendant les cinq dernières années ou un certificat établissant qu'il n'existe aucune inscription de warrant. Il est tenu de faire la même délivrance à tout hôtelier ressortissant à son greffe, sur sa demande, mais seulement en ce qui concerne le fonds exploité par lui.

27-4°. La radiation de l'inscription est opérée sur la justification soit du remboursement de la créance garantie par le warrant, soit d'une mainlevée régulière. En outre, l'inscription est radiée d'office après cinq ans, si elle n'a pas été renouvelée avant l'expiration de ce délai.

27-5°. L'emprunteur conserve le droit de vendre les objets warrantés à l'amiable et avant le payement de la créance, même sans le concours du prêteur ; mais leur tradition à l'acquéreur ne peut être opérée qu'après désintéressement du créancier. — L'emprunteur, même avant l'échéance, peut rembourser la créance garantie par le warrant. En ce cas, il bénéficie des intérêts qui restaient à courir jusqu'à l'échéance, déduction faite d'un délai de dix jours.

27-6°. Le porteur de warrant doit réclamer à l'emprunteur payement de sa créance échue et, à défaut de ce payement, réitérer sa réclamation par lettre recommandée. Faute de payement à l'échéance, il a, pour la réalisation du gage, les droits que confèrent aux créanciers privilégiés ou garantis par un nantissement les art. 16 à 23 de la loi du 17 mars 1909 (V. *supra*, *Nantissement*, n° 30 *bis*). Toutefois le bailleur peut exercer son privilège jusqu'à concurrence de six mois de loyers échus, six mois de loyers en cours et six mois de loyers à échoir (L. 1913, art. 11, § 1 à 3, modifiés par L. 17 mars 1915, art. 3).

30 *bis*. — 3° *Warrant-hôtelier*. — La loi du 8 août 1913 accorde les mêmes dispenses que celle du 30 avr. 1906.

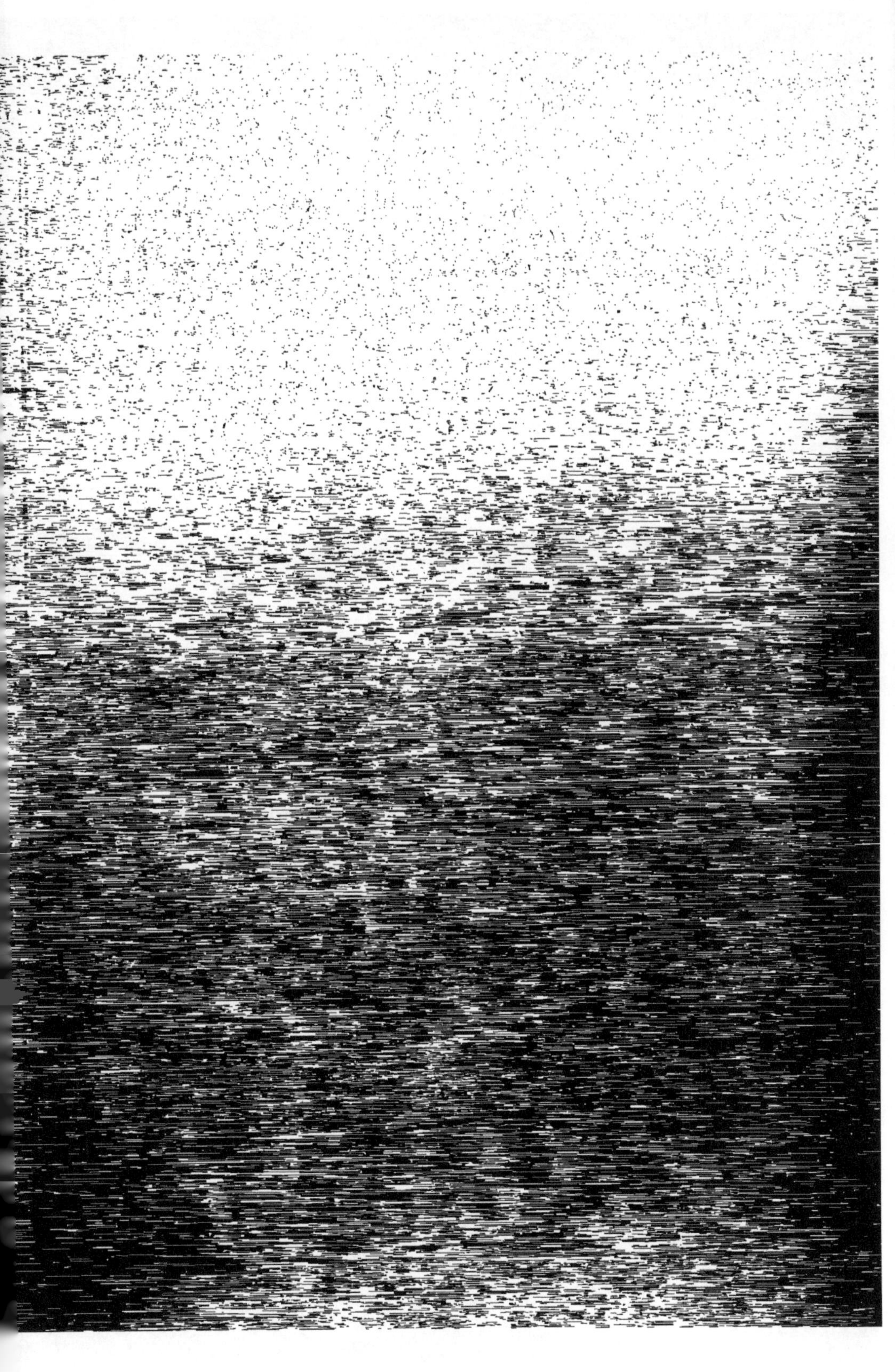

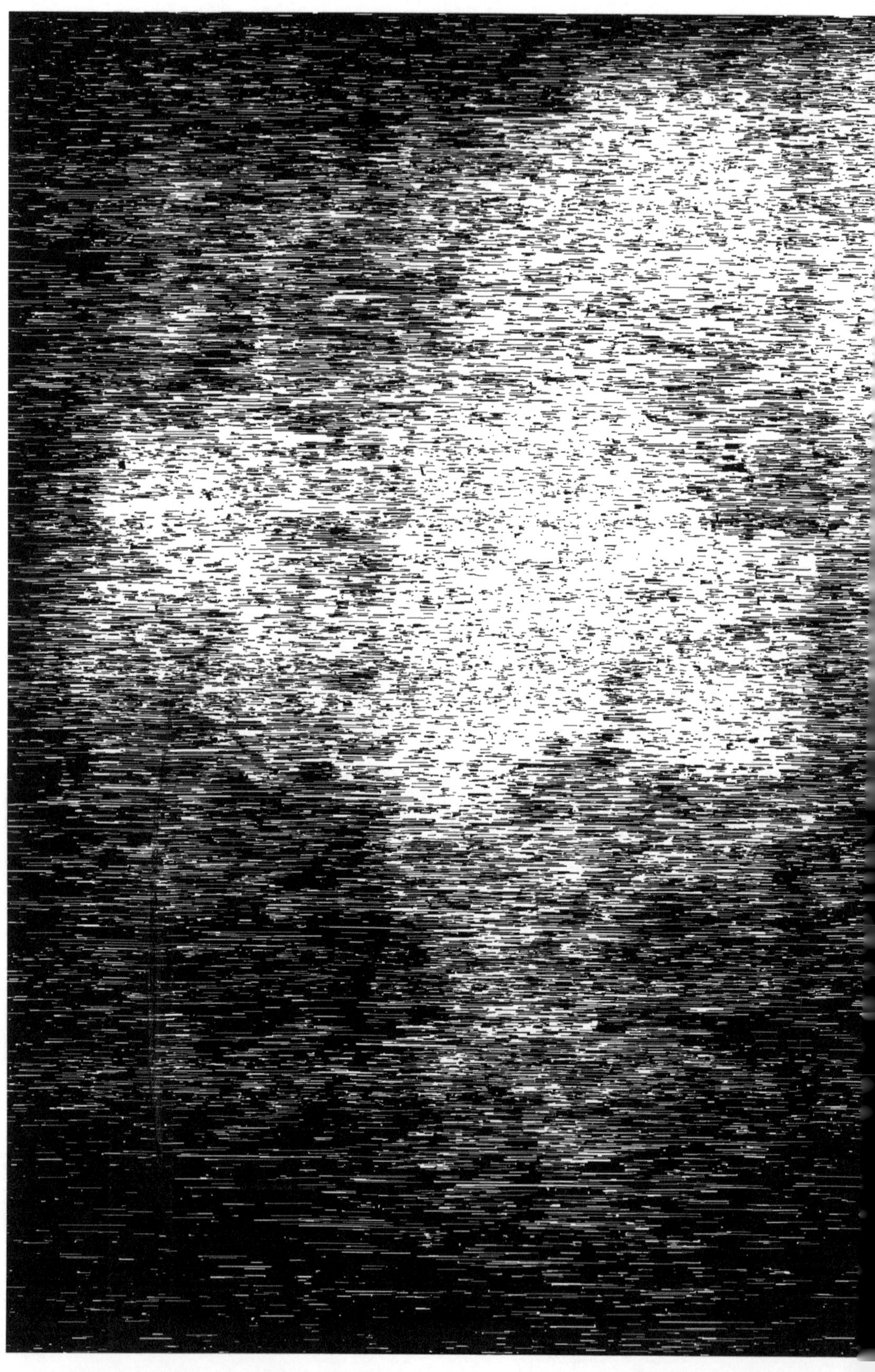